xxiiij

mich gehaben baz· waz ob ir denne
lieber ist· min frauwe denne min tru
ten·ich wünsche auch daz vñ sint
ir denne beide vnmere· so spilt ich
denne des einen gerner deime iens
daz dv verlorne were· O we daz m
ir so maniger misseboten sol· daz
clage ich hüte vñ immer rehter
hofescher· ir ist doch lützel denn
schapel stet so wol· ich enkunde m
doch ein hertze werendez leit· vñ
wer er von ir anders wa· wenne
daz ich gerne bi ir bin daz ist der
schade· ich bin oc gerne da· des muz
ich misseboten haben· ie doch swer
sine zuht behielte· dem stünde ein
schapel wol von syden· H̄ walther
So die blůmen vz dem grase dr
ingen· same sie lachen gen der
spilenden sunnen· in einem meyen
an dem morgen frů· vñ die cleine
vögellin singen· in ir besten wise
die sie kunnen· waz wunne mac
sich da glichen zů· ez ist wol halb
ein hymelriche· sulñ wir sprechen
waz sich dem geliche· so sage ich
wite waz mir baz· in minen augē
hat getan· vñ tete noch· gesehe
ich daz· Swa ein edele frauwe
schone vñ reine· wol gecleidet vñ
gebunden nhr eme· durch kurtze

wile· zů vil lüten gar höfelichen
wol gemůt· vmbesehen ein cleine
vnder stunden als die sunne gein dē
sterne stat· der meye bringe vns
al sin wunder· waz ist da so wunder
liches vnder· als ir vil wunnent
licher lip· wir lazen alle blůmē
stan· vñ kaffen an daz werde wip.
Aller werdekeit ein fügerinne
sit ir zware frauwe mazze· er selic
man der iuwer lere hat· der enda
rf sich nimmer geschamen ze
hofe noch zů strazze· des suche ich
frauwe auch gerne iuwern rat·
daz ir mich ebene werben leret·
wirbe ich hohe wirbe ich nider
ich bin verseret· ich was vil nach
ze nider tot· nu bin ich ze hohe siech
vnmazze la mich ane not· Nider
minne heizzet die da swachet· daz
der lip nach kranker liebe ringet·
dü minne tůt vnloblich we· hohe
minne   heizzet die daz mat
her· daz der můt so hohe stiget· die
winschent mir daz ich nur ir ge
nu entwei͡z· ich wes die mazze bei
ter· kummer die hertzeliebe ich
bin kleiner· min auge hat ein wip
ersehen· swie minneclich ir rede
si· mir mac wol schade von ir ge
schehen· Wol dan ir sult die warheit

Werk und Wirkung

Benjamin Senner
11C

Werk und Wirkung

Fünfzehn Jahrhunderte deutscher Dichtung

Herausgegeben von
Diether Krywalski und Walter Beimdick

Oldenbourg

Angaben über die Autoren

Walter Beimdick, Dr. phil., Studiendirektor in Dortmund
Hans-Udo Dück, Dr. phil., Studiendirektor a. D.
Ernst-Dietrich Güting, Oberstudienrat in Erwitte
Harald Hartung, Dr. phil., Universitätsprofessor in Berlin
Diether Krywalski, Dr. phil., Oberstudiendirektor in Icking
Renate Noll-Wiemann, Dr. phil., Universitätsprofessorin in Göttingen

Verzeichnis der Artikel mit ihren Autoren

Die deutsche Literatur von den Anfängen bis zum Ende des Mittelalters: *Diether Krywalski*
Renaissance, Humanismus, Reformation: *Renate Noll-Wiemann*
Barock: *Renate Noll-Wiemann*
Aufklärung: *Renate Noll-Wiemann*
Sturm und Drang – Klassik: *Ernst-Dietrich Güting*
Romantik: *Diether Krywalski*
Junges Deutschland und Vormärz: *Walter Beimdick/Diether Krywalski*
Biedermeier und Realismus: *Walter Beimdick/Renate Noll-Wiemann*
Jahrhundertwende: *Walter Beimdick*
Sachlichkeit und Pathos (1920–1945): *Walter Beimdick*
Gegenwartsliteratur im Westen: *Hans-Udo Dück*
Die Literatur in der DDR (1949–1990): Ein Rückblick: *Walter Beimdick/Hans-Udo Dück*
Wissenschaftliche Beratung zur Literatur der DDR: *Harald Hartung*

Das Papier ist aus chlorfrei gebleichtem Zellstoff hergestellt, ist säurefrei und recyclingfähig.

© 1993 R. Oldenbourg Verlag GmbH, München

Das Werk und seine Teile sind urheberrechtlich geschützt. Jede Verwertung in anderen als den gesetzlich zugelassenen Fällen bedarf deshalb der vorherigen schriftlichen Einwilligung des Verlages.

1. Auflage, 1993

Unveränderter Nachdruck   02 01 00 99 98 97
Die letzte Zahl bezeichnet
das Jahr des Drucks.

Umschlag: Rainald Schwarz, München
Umschlagfotos: Marie Luise Kaschnitz, Claassen Verlag, Hildesheim
Walther von der Vogelweide, Universitätsbibliothek Heidelberg
Layout: Helga Schörnig, Rainald Schwarz
Satz: Interdruck Leipzig GmbH
Druck und Bindung: Graphischer Großbetrieb Pustet, Regensburg

ISBN 3-486-88750-5

Inhaltsverzeichnis

Die deutsche Literatur von den Anfängen bis zum Ende des Mittelalters

Mittelalterliche Literatur und modernes Literaturverständnis	10
Sprache und Literatur der Frühzeit	15
Die deutsche Sprache	15
Die germanische Dichtung	17
Die althochdeutsche Literatur (750–1060)	22
Gebrauchsliteratur der Kirche	22
Christliche Dichtung	24
Die Rückkehr zum Latein	26
Die frühmittelhochdeutsche Literatur (1060–1170)	29
Die geistliche Dichtung	29
Weltliche Literatur und Spielmannsdichtung	31
Die Literatur der höfischen Zeit (1170–1230)	33
Die ritterlich-höfische Welt	33
Die höfische Epik	35
Der Minnesang	38
Wolfram von Eschenbach	40
Gottfried von Straßburg	45
Walther von der Vogelweide	47
Das Nibelungenlied	50
Die späthöfische Literatur (1230–1330)	55
Die Literatur des späten Mittelalters (1330–1400)	60
Der Ausgang des Mittelalters	63
Die Mystik	63
Das geistliche Spiel	65
Der Prager Humanismus	66
Nachwirkung	67

Renaissance, Humanismus, Reformation

Religion und Wissenschaft	70
Autoren und ihre Werke	74
Humanistisch geprägte und didaktische Literatur	74
Martin Luther	81
Neulateinische Poesie und Kirchenlied	84
Reformationsdramatik	85
Volksbücher	89
Nachwirkung	93

Barock

Antithetische Weltsicht	97
Autoren und ihre Werke	100
Opitz und die Sprachgesellschaften	100
Sonett, Ode und Kirchenlied	104

Englische Komödianten, Schulbühnen und
das Jesuitendrama ... 108
Der höfische Roman ... 111
Der realitätsbezogene Roman ... 113
Gryphius und Grimmelshausen ... 116
Zeitkritik ... 124
Nachwirkung ... 125

Aufklärung

Rationalismus und Pietismus ... 128
Autoren und ihre Werke ... 131
  Die Kunstrichter: Gottsched, Bodmer, Breitinger ... 131
  Johann Christian Günther ... 135
  Naturlyrik und Anakreontik ... 136
  Friedrich Gottlieb Klopstock ... 137
  Utopie und Empfindsamkeit im Roman ... 140
  Christoph Martin Wieland ... 143
  Gotthold Ephraim Lessing und das Drama ... 145
Nachwirkung ... 152

Sturm und Drang – Klassik

Tatendrang und Innerlichkeit, Maßlosigkeit und Begrenzung ... 154
Autoren und ihre Werke ... 156
  Anreger und Wegbereiter ... 156
  Tatmenschen und Kraftgenies ... 161
  Pathos, Idylle und Innerlichkeit ... 166
  Seelenerkundung ... 170
  Johann Wolfgang von Goethe ... 176
  Friedrich Schiller ... 195
  Gegenklassiker – Friedrich Hölderlin ... 207
  Jean Paul ... 211
  Heinrich von Kleist ... 214
  Jakobinische Literatur ... 218
  Triviale Massenliteratur ... 220
Nachwirkung ... 225

Romantik

Die Romantik als neue Erfahrung und Gestaltungsweise der
Wirklichkeit ... 228
Autoren und ihre Werke ... 235
  Die philosophischen Grundlagen der romantischen
  Geistesbewegung ... 235
  Die Blaue Blume – Frühe Romantik in Jena ... 239
  Des Knaben Wunderhorn – Die Heidelberger Romantik ... 246
  Patriotismus und Künstlertum – Die Berliner Romantik ... 253
  Die historische Schule ... 260
  Die schwäbische Romantik ... 264

Spätromantik – Ausklang und neue Töne 266
  Nachwirkung 267

Junges Deutschland und Vormärz

  Aufbruch zur Demokratie 272
  Autoren und ihre Werke 274
    Bruchstücke einer großen Rebellion 474
    Heinrich Heine 280
    Tendenz, Aktion und Aufruf 283
    Georg Büchner 290
  Nachwirkung 294

Biedermeier und Realismus

  Resignation, Realität und Repräsentation 298
  Autoren und ihre Werke 299
    Verklärung der reinen Wirklichkeit 299
    Poetizität des Prosaischen 308
    Dörfliches Leben 317
    Heroische Traumwelt 319
    Theodor Fontane 326
  Nachwirkung 328

Jahrhundertwende

  Geflecht von Stiltendenzen 332
  Autoren und ihre Werke 334
    Zeitschriften, Manifeste, Programme 334
    Provokation durch das Drama 338
    Konsequente Sprachexperimente 343
    L'art pour l'art 347
    Impression und Kairos 353
    Lob der Heimat 361
    [Expressionismus]: Aufbruch, Schrei und Verzweiflung 363
  Nachwirkung 370

Sachlichkeit und Pathos [1920–1945]

  Ungleichzeitigkeit des Gleichzeitigen 374
  Autoren und ihre Werke 376
    Erbe der Jahrhundertwende 376
    Kunst für das Proletariat 381
    Kritik durch Sachlichkeit 387
    Kabarett, Rundfunk und Film 396
    Autobiographie und Zeitlosigkeit 401
    Heldisches und nationales Pathos 406
    Nationalsozialistische Literatur 409
    Die Literatur der inneren Emigration 413
    Die Literatur des Exils 418
    Der Wartesaal 422
  Nachwirkung 423

Gegenwartsliteratur im Westen

Umbruch, Aufbruch, Engagement	428
Nachgeholte Rezeption	429
Blick ins Ausland	429
Exilliteratur	433
Nachkriegsliteratur	435
Bewältigung von Vergangenheit und Gegenwart:	
Roman und Erzählung	442
Vom Parabelstück zum Antitheater:	
Deutschsprachiges Drama seit 1945	457
Parabelstücke	458
Dokumentartheater	463
Realistisches Theater	465
Sprechtheater – Antitheater	466
Lyrik: Von der Naturmagie zum Zeitgedicht	471
Naturmagie	473
Zeichen und Chiffren	475
Konkrete Dichtung	478
Protest und Agitation	482
Literatur der Emanzipation	485
Arbeiterliteratur	485
Frauenliteratur	487

Die Literatur in der DDR (1949–1990): Ein Rückblick

Zur Frage: Gab es eine gesonderte Literaturentwicklung in der DDR?	492
Literaturpolitik und Literatur in der DDR	495
Die Nachkriegszeit bis zur Gründung der DDR (1945–1949)	495
Von der Gründung der DDR bis 1956	496
Von 1956 bis zum Ende der DDR	498
Formen und Tendenzen der Literatur in der DDR	504
Roman und Erzählung	504
Drama	513
Lyrik	519
Nachdenken über Christa Wolf	525

Das Problem der Literaturgeschichtsschreibung

Wagnis der Beschränkung	528
Über die Schwierigkeit, Literaturgeschichte zu schreiben	531

Anhang	
Literaturverzeichnis	537
Personenregister	547
Sachregister	557
Verzeichnis der Abbildungen	567

Die deutsche Literatur von den Anfängen bis zum Ende des Mittelalters

Mittelalterliche Literatur und modernes Literaturverständnis

Das Mittelalter ist dem heutigen Menschen fern und unverständlich. Ihm steht die Antike, vermittelt durch Humanismus und Renaissance, durch Dichtung und Philosophie im 18. Jahrhundert und durch die deutsche Klassik, näher. Hinzu kommt, daß das gebildete Bürgertum des 19. Jahrhunderts seine humanen Ideale im antiken Geist vorgebildet glaubte, während die mittelalterliche Geschichte und Kultur für dieses Bürgertum, aber auch für weite Kreise der Kunst und Wissenschaft, ein Vorbild für die Staatsform darstellte, die es zu erneuern galt. Die Reichsgründung von 1871 zeigt zahlreiche nur aus dem damaligen Zeitgeist erklärbare Bezüge zur mittelalterlichen Welt. Die Wiederentdekkung der mittelalterlichen Kultur durch die Romantiker versperrte den Zugang zu dieser Epoche mehr, als daß sie ihn öffnete, da die Verwissenschaftlichung den Weg zu den mittelalterlichen Quellen nur für den Fachmann aufzeigte und damit die bis ins 18. Jahrhundert fortwirkende naive Wirkung und Überlieferung beendete. Der romantische Wissenschaftsbetrieb erreichte so das Gegenteil seiner Absicht: Statt die mittelalterliche Kultur und Geistigkeit in das »Volk« – ein typisch romantischer Begriff – zu tragen, produzierte die Wissenschaft mit politischen Reichs- und Erlösungsideologien einen Volkstumsgedanken, der sich an mißverstandenen, popularisierten mittelalterlichen Vorbildern orientierte und der bis heute nicht endgültig überwunden wurde.

Der mittelalterliche Mensch lebte in einem völlig eigenen Weltverständnis, das nicht mit dem heute modischen Fortschrittsglauben oder der Überheblichkeit über eine sogenannte »finstere Epoche« abgetan werden kann. Die wichtigsten Merkmale dieses Weltverständnisses lassen sich folgendermaßen zusammenfassen:

Das Mittelalter ist eine Zwischenzeit zwischen der Antike und deren Wiederentdeckung im 15. Jahrhundert. Dabei darf nicht verkannt werden, daß zahlreiche antike Texte auch im Mittelalter bekannt waren und in unterschiedlichen Rezeptionsschüben auf Literatur, Philosophie und Kunst wirkten. Nach eigener Auffassung verstand sich das Mittelalter als heilsgeschichtliche Endzeit in der Tradition des Imperium Romanum, als Epoche zwischen der heidnischen Antike und der Erlösung der Menschheit am Jüngsten Tag. Gleichzeitig war das Mittelalter die Zeit der Popularisierung des Glaubens und Wissens, der Ausbildung eines Zeichensystems, das in Wissenschaft und Kunst strukturbildend wirkte, das nur aus seiner in sich geschlossenen Systematik verständlich ist und wirkungsgeschichtlich Grundlage der späteren europäischen Kultur wurde.

Die mittelalterliche Literatur umfaßt einen Zeitraum von einem knappen Jahrtausend, vom Ausgang der antiken Welt im 3. bis 6. Jahrhundert bis zum 15. Jahrhundert, zur Erfindung der Kunst des Buchdrucks und damit zum Wandel des gesamten Publikums, das sich zunehmend an der klassischen Literatur der Antike zu orientieren begann. Man muß sich die zeitliche Dimension der mittelalterlichen Literatur gegenüber der neuzeitlichen vor Augen halten, um ihr Gewicht richtig einschätzen zu können. Sicher sind in dieser stark traditionsverhafteten Epoche die Veränderungen in Geschmack und Mode langsamer vor sich gegangen als bei der schnellen Entwicklung aller Lebensbereiche in der Neuzeit, doch bilden die Strukturen, die sich in diesem mittelalterlichen Jahrtausend aufgefächert haben, das Fundament aller späteren künstlerischen Erscheinungen: So entstanden im Mittelalter die Grundlagen der gegenwärtigen abendländischen Völkergemeinschaft aus einer komplexen Durchdringung antiker, germanischer und christlicher Traditionen. Bis ins 14. Jahrhundert wurden die meisten wissenschaftlichen und künstlerischen Texte lateinisch aufgezeichnet. Diese lateinische Literatur war sehr umfangreich, umfaßte alle Gattungen und wandte sich nicht nur an gelehrte Geistliche, sondern auch an Laien, die in den Kloster- und Domschulen Latein gelernt und die geistig-geistliche Überlieferung seit der Antike studiert hatten. Erst auf diesem lateinischen Untergrund wird die volkssprachliche Dichtung verständlich und kann als eigene Schöpfung gewertet werden.

Besondere Wirkung auf das ganze Mittelalter hatten die vier lateinischen Kirchenväter: AMBROSIUS VON MAILAND (um 333–397) stand der Stoa nahe, schuf die christliche Hymnik und übte so entscheidenden Einfluß auf die spätere volkssprachliche Dichtung aus. HIERONYMUS (um 347–420) wirkte in der Nachfolge des Sextus Iulius Africanus († nach 240) vorbildlich auf die mittelalterliche Chronistik, in die er die Lehre von den vier Weltaltern übernahm, die bei dem Propheten Daniel vorgeprägt war. Mit der *Vulgata* schrieb Hieronymus den verbindlichen lateinischen Bibeltext für das Mittelalter. AURELIUS AUGUSTINUS (354–430) wirkte mit seinen *Confessiones* (Bekenntnisse) auf die zahlreichen Heiligenviten (Lebensbeschreibungen) der Folgezeit. Besondere Bedeutung gewann jedoch seine Geschichts- und Reichsphilosophie, die er in *De civitate Dei* niederlegte. Die Heilsgeschichte ist nach seiner Lehre geprägt durch den Dualismus der ewigen Civitas Dei (Gottesstaat) und der zeitlichen Civitas Mundi (Weltstaat). GREGOR I. DER GROSSE (geb. um 540; Pontifikat 590–604) stellte die benediktinische Frömmigkeit gegen die Askese der orientalischen Eremiten, schrieb zahlreiche theologische Schriften und reformierte die Kirchenmusik der römischen Scola Cantorum. Der nach ihm benannte Gregorianische Choral wurde der liturgische Gesang der Kirche bis in die Gegenwart.

Die Volkssprachen gewannen erst allmählich an Gewicht. Erst im späten Mittelalter mit breiten städtisch-bürgerlichen Leserschichten entstand eine vielfältige volkssprachige Literatur. Dabei darf nicht übersehen werden, daß der größte Teil der Dichtung, alles Brauchtum und alle Geschichte mündlich überliefert wurde und die erhaltenen Handschriften – sicher sind sehr viele verlorengegangen oder absichtlich vernichtet worden – sich stets an ein sozial, nicht individuell genau bestimmbares Publikum wandten, wobei auch der Autor und der Schreiber ständisch fixiert waren.

In diesem Sinne ist mittelalterliche Literatur immer ständische Literatur, wobei alle ständischen Gliederungen, die bisher vorgelegt wurden, den komplizierten rechtlichen Gesellschaftsstrukturen der mittelalterlichen Wirklichkeit nicht entsprechen. So bleiben individuelle Autoren und das Publikum für uns wenig greifbar. Wir kennen nur die Texte, die oft – wie die Bilder der romanischen Malerei – keinen Hintergrund zeigen. Die breite mündliche Überlieferung können wir heute nur aus wenigen Anspielungen und zufällig erhaltenen Zeugnissen erschließen: Die Handschriften, die in der Epoche entstanden, zeigen weitgehend übereinstimmend, daß die Texte für den mündlichen Vortrag bestimmt waren: das Publikum konnte bis in das 15. Jahrhundert selten lesen, forderte aber vom Gelehrten und Dichter Werke, die seinem Interesse und seiner Weltsicht entsprachen. Damit wird ein wichtiges Phänomen mittelalterlicher Literatur deutlich. Bis an die Schwelle der Neuzeit gab es einen engen ständischen Zusammenhang von Autor und Publikum. Einer konnte ohne den anderen nicht sein. Mit der Neuzeit, mit Buchdruck und vordringender Allgemeinbildung wird dieser Zusammenhang anonym, die Bindung zwischen Autor und Publikum wird immer geringer. Immer mehr produziert der Schriftsteller für einen anonymen Markt, auf dem sich der Leser nach seinem individuellen Geschmack seine Lektüre wählt.

Das geistige Leben des mittelalterlichen Menschen wird durch ein universales Weltverständnis geprägt. In diesem universal-hierarchischen Ordnungsbild des Seins wird das Individuum stets einem Ordo, einem Stand, zugeordnet. Diese Zuordnung erfolgte im Mittelalter nicht auf der Grundlage gesellschaftlicher Wertungen wie in der Neuzeit, sondern war rechtlich genau festgelegt. Mit der Geburt gehörte der Mensch einem Stand an; sich seines Standes zu überheben wurde als Verstoß gegen die Rechtsordnung verstanden – die Rechtsordnung galt jedoch als aus dem Willen Gottes hervorgegangen. Kleidung und Haartracht, Sprache und alle Symbole waren sichtbare Zeichen der Zugehörigkeit zu einem Stand. Erst in dem Maße, in dem der einzelne Teil dieses Standes wurde, gewann er Anteil an der universalen Realität der Gesellschaft, das heißt, daß das größere Recht, im Gegensatz zur Neuzeit, nicht beim Individuum, sondern bei der Korporation, der Gesellschaft lag. Sie garantierte dem Menschen aus christlichem Selbstverständnis eine geschützte Existenz. Nicht Selbstverwirklichung, sondern Teilhabe an der Gemeinschaft war das Ziel des menschlichen Lebens. Jeder Verstoß gegen dieses System bedeutete eine Infragestellung der Weltordnung schlechthin. Im 13. Jahrhundert begann sich diese Struktur zu öffnen, untergegangen ist sie erst in der Französischen Revolution von 1789.

Die christlich-abendländische Philosophie durchdrang im Mittelalter alle Lebensbereiche. Im 13. Jahrhundert setzte dann eine Säkularisierungstendenz ein, die allmählich in der gesamten geistigen und künstlerischen Welt ihren Niederschlag fand. Die Literaturgeschichte des Mittelalters betrachtet daher nicht nur ästhetisch besonders hervorragende Texte, sondern alle überlieferten sprachlichen Zeugnisse im Zusammenhang des geistigen, kulturellen und sozialen Lebens. Dabei muß sehr vorsichtig zwischen Reim und Prosa unterschieden werden. Sicher kann als allgemeine Regel gelten, daß der mittelalterliche Mensch gereimte Texte als fiktional, ungereimte als faktisch empfand, doch relativiert sich diese Feststellung sehr stark, wenn man bedenkt, daß etwa das Nibelungenlied, das als Geschichtsüberlieferung verstanden wurde, in sangbaren Strophen geschrieben ist, zahlreiche Texte der Fach- und Sachliteratur wie Rezepte, Handwerkssprüche gereimt überliefert sind. Mit der Frage nach dem Zusammenhang von Prosa und Reim stoßen wir an eine charakteristische Grenze unseres Mittelalterverständnisses. Viele derartige Probleme, die bis heute ungelöst sind, könnten hier aufgezählt werden. Alle lassen sie erkennen, wie wenig wir eigentlich von anderen Epochen verstehen.

So ist auch die heute gebräuchliche Gattungsgliederung in Epik, Lyrik und Dramatik für die Beschreibung mittelalterlicher Literatur kaum brauchbar, da der Literaturbegriff, der diesen Gattungen zugrunde liegt, für das Mittelalter zu eng ist. Abgesehen davon, daß es bei der vielschichtigen Überlieferung mittelalterlicher Texte nicht möglich ist, hohe und niedere Literatur zu trennen, da über die Wertvorstellungen des Publikums zuwenig bekannt ist, stehen alle literarischen und mündlichen Aussagen in einem Traditionszusammenhang, der dem einzelnen Text seinen Ort zuweist, ohne daß bestimmte Gattungsmerkmale für diese Zuweisung alleine Bedeutung haben. Wenn einzelne Dichter (Gottfried von Strassburg, Rudolf von Ems, Reinmar der Fiedler, Hugo von Trimberg) Ordnungsprinzipien einführten, so orientierten sie sich entweder an typologischen Elementen (Heilsdichtung, Geistliche oder Fahrende, Geschichte versus Erzählung), oder sie stellten die unterschiedlichsten Darstellungsformen einfach nebeneinander. Man kann ohne Einschränkung sagen, daß die mittelalterlichen Literaturgattungen erst mit dem einzelnen Werk entstehen. Eine Zusammenfassung mehrerer Werke unter einem Gattungsbegriff bleibt daher so lange problematisch, wie nicht bekannt ist, in welchem Zusammenhang das Werk entstand und an welches Publikum es sich wandte. Die überlieferten Namen – Taglied, Tanzlied, Leich, Maere – sagen nichts über die »literarische und soziale Gebrauchsfunktion«. Ein systematisches, strukturiertes Gattungssystem ist daher nicht konstruierbar.

Der Zugang zur mittelalterlichen Literatur und Geisteswelt wird besonders durch den Umstand erschwert, daß der moderne Leser gewöhnt ist, individuelle ästhetische Ansprüche zu erkennen, die sich seiner unverwechselbaren, einmaligen Persönlichkeit öffnen. Wer mit dieser Auffassung, die besonders durch die Klassik und Romantik geschaffen und ausgestaltet wurde, an die mittelalterliche Welt herangeht, findet keinen oder nur einen falschen Zugang. Das Mittelalter kennt den neuzeitlichen Individualitätsbegriff nicht: »Personsein aktualisiert sich unter herkömmlichen Vorstellungen, zu denen Schönheit und adelige Abstammung ebenso gehören wie ›tugent‹.« (Mertens)

Sprache und Literatur der Frühzeit

Die deutsche Sprache

Die deutsche Sprache ist eine germanische Sprache, die selbst wiederum zu den indoeuropäischen (indogermanischen) Sprachen gehört. Die Frage nach der Urheimat und Ursprache der Indoeuropäer kann bis heute nicht überzeugend beantwortet werden. Alle Erkenntnisse weisen darauf hin, daß die indoeuropäischen Stämme im 4. bis 3. Jahrtausend v. Chr. im Raum zwischen Ostsee und Schwarzem Meer lebten, ohne eine gesamtindoeuropäische Sprache gesprochen zu haben. Die indoeuropäischen Sprachen stimmen strukturell im alten Wortbestand, in der Wortbildung, Deklination, Konjugation und Syntax überein. Schon in sehr früher Zeit läßt sich eine Zweiteilung des Indoeuropäischen beobachten. Wir unterscheiden Centum(lateinisch)- und Satem-(sanskrit)- Sprachen nach dem jeweiligen Zahlwort für »hundert«. Aus dem Umkreis der Centum-Sprachen löste sich das Germanische durch die Erste Lautverschiebung, die etwa im 2. Jahrtausend v. Chr. in allen germanischen Dialekten einsetzte und eine ihrer Ursachen in der Festlegung des ursprünglich freien Akzents als exspiratorischer Akzent auf die Stammsilbe hatte. Diese Bindung des Akzents hatte bedeutende Folgen für die Sprache und besonders für die Versbildung, da im germanischen Vers Wortton, Verston und Sinn zusammenfallen mußten. Dies war die Voraussetzung für den Stabreim, der in einer Langzeile vier Hebungen aufweist, wobei die ersten drei mit dem gleichen Konsonanten oder einem Vokal beginnen müssen. Einen solchen gleichen Anlaut nennt man einen Stab:

> Ŕüste den Ŕatern ŕeichlichen Ťrank.
> (Edda – Übertragen von Felix Genzmer)

Zwischen den Hebungen konnten beliebig viele Senkungen auftreten (Füllungsfreiheit). Da in den germanischen Sprachen die Hauptwörter den Stab trugen, entwickelte sich die substantivische Rede als charakteristisches Stilmerkmal.
In Alliterationen wie »Herr und Hund«, »Mann und Maus«, »Kind und Kegel« und als Stilmittel in der Literatur wirkt der Stabreim bis heute fort.
Nach neueren Forschungen muß angenommen werden, daß sich aus den Urgermanen im 3. Jahrhundert v. Chr. die Süd-, Nord- und Nordseegermanen ausgegliedert haben. Die früher so genannten Ostgermanen (Goten, Burgunder, Vandalen, Heruler) sind Nordgermanen, die sich vorübergehend südlich der Ostsee angesiedelt hatten, in den Sprachen jedoch typische nordgermanische Elemente aufweisen.

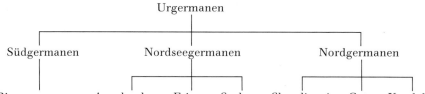

Im frühen Mittelalter vollzogen die Franken die Einigung der Elbgermanen und Weser-Rhein-Germanen und schufen mit den Binnengermanen den Kern der späteren deutschen Sprachlandschaft.

Das Deutsche löste sich aus dem Germanischen durch die Zweite oder Hochdeutsche Lautverschiebung. Sie setzte im alemannischen Raum etwa um 400 n. Chr. ein und klang nach Norden hin ab. Sie erfaßte alle oberdeutschen und mitteldeutschen Mundarten, die wir deshalb hochdeutsch nennen, und ergriff nicht mehr das Niederdeutsche und Niederfränkische. Etwa um 700 n. Chr. war diese Lautverschiebung abgeschlossen, dem hochdeutschen Konsonantismus gibt sie bis heute in den Mundarten den Klang. Einige Beispiele des Lautwandels sollen diese Sprachänderung verdeutlichen (Lateinisch wird hier als Sprachform gewählt, die die Lautverschiebung nicht mitgemacht hat und so als Kontrast dienen kann):

lateinisch	germanisch	mittelhochdeutsch	neuhochdeutsch
piscis	fisks	fisc	Fisch
tres	þreis	driu	drei
cornu	haúrn	horn	Horn
turba	þaúrp	dorf	Dorf
ego	ik	ih	ich

Etwa um 770 wurde das Frühdeutsche literarisch, so daß wir von diesem Zeitpunkt an vom Althochdeutschen (ca. 770–1050) sprechen. Diese Bezeichnung ist jedoch nicht ganz zutreffend, da altsächsische und altniederdeutsche Texte häufig zur althochdeutschen Literatur gerechnet werden. Das Wort »deutsch« entstand aus dem althochdeutschen »diutisc« oder »theodisk« (ahd. deot, theod = Volk). Erstmals wurde der Begriff in einem Bericht des Kardinalbischofs Georg von Ostia an den Papst Hadrian I. aus dem Jahr 786 gebraucht: er bezeichnete die Volkssprache im Gegensatz zum Latein der Gelehrten. Das Althochdeutsche ist keine Einheitssprache, sondern eine Summe unterschiedlicher Dialekte, die in sehr verschiedenen Aufzeichnungen erhalten sind. Mit dem 11. Jahrhundert beginnt dann die mittelhochdeutsche Sprachperiode, die bis ins 15. Jahrhundert andauert. Im Spätmittelalter wurde der Bürger zum Träger unterschiedlicher Hochsprachen, wobei die ritterliche Kunstsprache des Hochmittelalters zwar erhalten blieb, aber zu einer Sprache neben anderen wurde. Das Neuhochdeutsche entwickelte sich seit dem 13. Jahrhundert durch Veränderung des mittelalterlichen Vokalismus und durch Erweiterung des Sprachraumes.

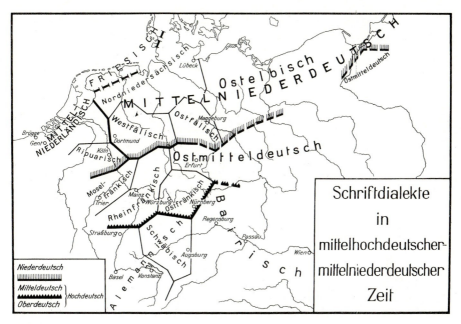

Abb. 1

Die germanische Dichtung

Die germanischen Völkerschaften schlossen sich unter Stammesherzögen zusammen und bildeten einen wechselseitigen, persönlich-rechtlichen Personenverband, der auf der Treue als Rechtsform begründet war. Deshalb griff die germanische Dichtung immer wieder die Frage nach der Rechtsstellung des Menschen auf, die er nicht verlieren konnte, ohne gleichzeitig ehrlos zu werden. Die religiöse Welt der Germanen ist nur in nordischen Zeugnissen überliefert: Am Anfang aller Zeit gab es die Urkluft (ginnungagap), aus der die Erde hervorging, im Norden lag das eisige Niflheim, im Süden das helle, warme Muspelheim. Beide Länder sandten Ströme aus, aus deren Begegnung der Urriese Ymir entstand, dem schlafend die Menschen entwuchsen. Als Stammvater der Hrimthursen und der Kuh Audumula ist er Vorfahre der Asen Odin, Wirle und We. Allgemein war der Glaube, daß die Midgardschlange die Erde umspannte, in deren Mitte die Weltesche Yggdrasil stand. Alle Götter, Menschen und Tiere lebten friedlich, bis die Nornen kamen und mit dem Besitz Haß und Feindschaft in die Welt brachten. Das Leben der Götter und Menschen ist seither durch steten Kampf gekennzeichnet. Im letzten Kampf wird die Erde in den Fluten versinken, um neugeboren zu friedlichem Leben zu erstehen.

Schon Tacitus berichtete von Liedern, in denen die Germanen den Tuisto und Herkules verehrten, und vom Schlachtgesang (barditus), der den Mut der Kämpfer steigern sollte. Von anderen antiken Autoren wurden besonders die Helden- und Preislieder erwähnt. Die Heldenlieder künden das Lob gefallener Krieger, führen nur die Höhepunkte der Handlung aus, münden meist in dialogartige Szenen und zeigen keine seelischen Züge der handelnden Figuren. Durch ihre heroische Haltung gegenüber dem Schicksal erweisen sich die Helden als Leitbilder der Gesellschaft. Im Gegensatz zum Heldenlied verkündet das Preislied den Ruhm lebender oder vor kurzer Zeit gestorbener Personen, deren Glanz in Kampf, Herrschaft und Treue hervorgehoben wird. In die germanische Frühzeit reichen auch die Anfänge kultischer dramatischer Gestaltungen zurück, die als Jahreszeitenumzüge lebendig blieben.

Von unschätzbarem Wert für die Kenntnis germanischer Sprachen ist die Bibelübersetzung, die der westgotische Bischof WULFILA (um 311 bis 383) zur Mission der Goten anfertigte. Sie ist das älteste Zeugnis einer germanischen Sprache. Mit der Bibelübersetzung versuchte Wulfila die heidnisch-germanischen Sprachinhalte mit christlich-antikem Geist zu füllen. Die Schriftzeichen entwickelte er aus griechischen und lateinischen Buchstaben sowie germanischen Runen. Die Bibelübersetzung ist in mehreren bruchstückhaften Handschriften überliefert, von denen der prachtvolle, in Italien im 6.Jahrhundert entstandene *Codex argenteus* zu den berühmtesten Handschriften der Welt gehört. Er liegt heute in der Universitätsbibliothek in Uppsala.

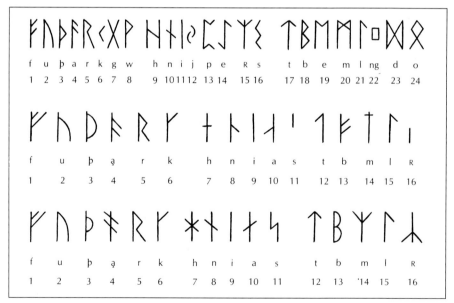

Abb. 2: Das germanische Runenalphabet *Futhark* in drei unterschiedlichen Ausgestaltungen

Etwa 100 v. Chr. entstanden unter Verwendung des nordetruskischen und lateinischen Alphabets im germanischen Raum die Runen zunächst als kultische Zeichen, die später auch als Buchstaben und Zahlen verwendet wurden. Das Runenalphabet nennen wir nach den ersten fünf Zeichen »Futhark«. Die Kunst, Runen richtig zu schneiden und zu deuten, war dem Runenmeister vorbehalten, der sein Wissen nur an einen eingeweihten Kreis weitergeben durfte. Über den Gebrauch der Runen berichtet die »Edda« in einer ausführlichen Runenlehre.
Auch das älteste Dokument germanischer Dichtung auf dem verlorengegangenen Goldhorn von Gallehus ist in Stabreimen in Runen geritzt. Die Inschrift lautete:

ek HlewagastiR HoltijaR horna tawido
(»Ich, edler Gast, machte aus Holz das Horn« oder
»Ich Leugast, Nachkomme des Holte, machte das Horn«)

Mit dem Namen *Edda* (wahrscheinlich »Buch von Oddi« nach dem Hof des angeblichen Verfassers Saemund Sigfusson) bezeichnen wir zwei altisländische Werke, wobei das jüngere, ein Prosalehrbuch der nordischen Kunstdichtung der Skalden (Hofsänger), der Überlieferung nach um 1230 von dem Isländer Snorri Sturluson verfaßt wurde, in seiner ersten Anlage aber wohl von Saemund herrührt. Der Name *Edda* wurde dann irrtümlich auf eine Sammlung von etwa dreißig stabenden Liedern übertragen, die um 1250 niedergeschrieben wurden. Die *Edda* gliedert sich in Götterdichtung (Völuspá), Spruchdichtung (hávamál, Runenlehren) und Heldendichtung (Wölundlied, Hunnenschlachtlied, Hamdirlied sowie verschiedene Fassungen des Atli- und Sigurdliedes, die als Vorstufen des Nibelungenliedes erkannt wurden). Hohen Wert für die Kulturgeschichte haben die etwa 40 Sagas, altisländische Familiengeschichten, die bei Festlichkeiten erzählt wurden. Sie berichten von Heldentaten, Ehre und Rache der Großbauern und ihrer Sippen in knappem, substantivischem Stil. Berühmt sind die Sagas »Vom weisen Njal«, vom »Skalden Egil« und von den »Leuten im Lachswassertal«. Die »Thidrekssaga« (Geschichte von Dietrich von Bern) wurde zum Sammelbecken zahlreicher europäischer Sagenüberlieferungen. Auf die »Völsungasaga« (Wälsungen-Saga) griff Richard Wagner in seiner Opern-Tetralogie »Der Ring des Nibelungen« zurück. Aus der germanischen mündlichen Überlieferung der Heldenlieder bildeten sich im 6. bis zum 8. Jahrhundert die Sagenkreise um Dietrich von Bern, Hildebrand und die Rabenschlacht im ostgotischen Raum, um Alboin und Rosimund bei den Langobarden, um Wieland den Schmied, Beowulf, Hilde und Gudrun bei den Nordseegermanen und um die Nibelungen bei den Burgunden.
Im deutschen Raum sind drei Texte erhalten, die germanische Geisteshaltung und Formgesinnung zeigen. In einem Codex des Klosters Fulda fand sich der fragmentarische Eintrag des *Hildebrandsliedes* in 68 stabenden Langzeilen, das um 830 von zwei Schreibern abgeschrieben und

20 Von den Anfängen bis zum Ende des Mittelalters

Abb. 3: Der Runenstein von Rök (Mittelschweden). Der Stein, der in der Mitte des 9. Jahrhunderts geschaffen wurde, zeigt die meisten Runenzeichen auf einem Zeugnis und ist schwer zu deuten, da Geheimrunen das Verständnis erschweren. Interessant sind zahlreiche Anspielungen auf Heldensagen.

sprachlich angeglichen wurde. Es ist das einzige germanische Heldenlied, das in einem binnengermanischen Dialekt erhalten ist. Der überlieferte Text ist eine Abschrift des langobardischen oder gotischen Originals, das ins Bairische umgesetzt worden war und schließlich nach Fulda gelangte, wo es sächsische Sprachelemente aufnahm. Das *Hildebrandslied* erzählt, daß Hildebrand seinem Herrn Theoderich (in der Sage »Dietrich von Bern«) in die Verbannung folgte. Als er nach dreißigjährigem Exil zurückkehrt, tritt ihm an der Grenze an der Spitze eines Heeres sein Sohn Hadubrand entgegen und fordert ihn zum Zweikampf. Hildebrand, der den Sohn erkennt, sucht, ihn vom Kampf abzubringen. Hadubrand erkennt den Vater nicht und wirft ihm Feigheit vor; jetzt muß Hildebrand das Schicksal vollziehen und den Kampf aufnehmen. Der Schluß des Liedes ist nicht erhalten, doch gilt als sicher – wie aus einem nordischen Bruchstück hervorgeht –, daß der Vater den Sohn erschlägt. Das *Hildebrandslied* setzt die Dietrich-Epik voraus. Auf christliche Einflüsse weist die zweimalige Anrufung Gottes durch Hildebrand. Daneben steht der germanische Schicksalsvollzug, der keinen Blick auf ein Jenseits kennt. Das Motiv des Verwandtenkampfes war in allen indogermanischen Literaturen bekannt. Das *Hildebrandslied* war im ganzen Mittelalter mündlich verbreitet, wie das sogenannte *Jüngere Hildebrandslied* des 15.Jahrhunderts beweist, das jede Tragik auflöst. In ihm erkennen sich Vater und Sohn und reiten glücklich zur wartenden Gattin Hildebrands nach Hause.
Aus alter Überlieferung stammen auch zwei Zaubersprüche, die im 10. Jahrhundert in Fulda niedergeschrieben und 1841 in der Dombibliothek zu Merseburg gefunden wurden. Typisch für die Zaubersprüche ist ihre Gliederung in zwei Teile. Zunächst wird der epische Bericht einer Situation gegeben, in der sich der Zauber bereits bewährt hat, der zweite Teil (Exorzismus) bringt das befehlende Zauberwort. Beide Teile sind durch den gemeinsamen Sinn verbunden. Der erste *Merseburger Zauberspruch* ist ein Löse- oder Entfesselungszauber, der sicher nicht sehr alt sein kann, da er neben dem Endreim zahlreiche christliche Motive enthält. Der zweite *Merseburger Zauberspruch*, ein Spruch gegen verletzte Glieder, zeigt die germanische Götterwelt und ein sicheres Formgefühl. Die christliche Mission setzte an die Stelle der germanischen Zauberformeln den Segen. Dabei löste sich der strenge liturgische Bau auf, an das Ende der Segen traten statt Exorzismen Anrufungen von Heiligen oder bestimmte Gebete. Die bekanntesten Segen sind der *Lorscher Bienensegen*, der *Straßburger Blutsegen* und der *Wiener Hundesegen*.

Die althochdeutsche Literatur (750–1060)

Um die Wende zum 9. Jahrhundert wurden Texte literarisch, die durch das Wirken Karls des Großen (Regierungszeit 768–814) und die geistliche Kultur der Klöster bestimmt und geprägt sind. Die Klöster wurden von Karl dem Großen besonders wirksam gefördert, da er erkannte, daß nur eine geistige Bindung der germanischen Stämme seines Reiches eine politische Einigung herbeiführen konnte. So versammelte er an seinem Hof berühmte Persönlichkeiten, die ihn in religiösen und politischen Fragen berieten, plante eine volkssprachliche Grammatik und eine Sammlung germanischer Heldenlieder, gab Anstöße zu einer volkssprachlichen Liturgie, nahm die Beschlüsse der Konzilien, die Glaubenslehre in der Volkssprache zu verkünden, auf und bestimmte in Reichsgesetzen (Capitularien) die Kirchenpraxis in seinem Reich. Im Kloster Fulda, dem Zentrum literarischen Lebens, war HRABANUS MAURUS (geb. um 784, gest. 856 als Erzbischof von Mainz) 822 bis 842 Abt. Zuvor war er Schüler des Alkuin gewesen und hatte in Fulda die Klosterschule geleitet. Obwohl er selbst ausschließlich lateinisch schrieb, wirkte er mit seinen Bibelkommentaren bis auf die frühmittelhochdeutsche geistliche Dichtung. Zahlreiche volkssprachliche Zeugnisse wurden auf seine Anregung hin aufgeschrieben; deshalb wird er auch häufig »Lehrer der Deutschen« genannt. Sein Schüler WALAHFRIED STRABO (um 810–849) vermittelte als Abt das karolingische Sendungsbewußtsein auf die Reichenau. Daneben entwickelten sich geistig-geistliche Zentren in St. Gallen, Murbach, Weißenburg, in St. Emmeram in Regensburg, in Tegernsee und an vielen anderen Orten.

Gebrauchsliteratur der Kirche

Die volkssprachliche Literatur der Kirche begann mit Übersetzungshilfen, bei denen die Schreiber »deutsche« Wörter in die Zwischenzeilen lateinischer Texte schrieben. Diese Glossen (Erklärungen) wurden in Wörterbüchern zusammengestellt. So entstand etwa um 765 in Freising für den Unterricht im Trivium der *Abrogans* als ältestes deutsches Buch. Den Namen hat es von dem ersten glossierten Wort abrogans (aotmot), das mit althochdeutsch »dheomodi« (demütig) wiedergegeben wird. Nach antikem Vorbild wurde in den mittelalterlichen Klöstern, später auch an den Hochschulen, die schulmäßige Bildungslehre über die »Sieben Freien Künste« (= »artes liberales«), die in zwei Gruppen gegliedert wurden, vermittelt: Das »Trivium« (= Dreiweg) beinhaltete als Grundlage der Studien Grammatik, Rhetorik und Dialektik, das »Quadrivium« (= Vierweg) die mathematischen Wissenschaften Arithmetik, Geometrie, Astronomie und Musik. Heute erinnert der Ausdruck »trivial« für »platt, geistlos, allgemeinbekannt« noch an die antike und mittelalterli-

che Unterrichtspraxis. Von großer Bedeutung für die Ausbildung der Volkssprache war auch die Glossierung der Benediktinerregel, die für nahezu alle klösterlichen Gemeinschaften verbindlich war.
Im fränkischen Gebiet wuchsen schließlich die Interlineatglossen zu Interlinearversionen (Übersetzungen zwischen den Zeilen) zusammen. Auf der Reichenau entstand eine Interlinearversion der Benediktinerregel, in Murbach fand sich ein interlineares Hymnar, das Versgebet *Carmen ad Deum* steht in einer Tegernseer Handschrift des 9. Jahrhunderts. Zur Belehrung der Laien wurden auch wichtige liturgische Formeln und Gebete in die Volkssprache übertragen. So geht eine kleine bairische Predigt – *Exhortatio ad plebem christianam* – auf das Reichsgesetz von 802 zurück, das die Kenntnis des Paternosters von den Laien forderte. Diese Übersetzungen und wenigen Texte der Volkskatechese werden sprachlich übertroffen von der Übertragung des Traktates *de fide catholica contra judaeos* des Isidor von Sevilla (gest. 636), den Übersetzungsfragmenten aus dem Kloster Murbach und der Übersetzung der Evangelienharmonie des Syrers Tatian in Fulda zur Zeit des Hrabanus Maurus.
Mit den Übertragungen des Isidor und des Tatian erreichte die althochdeutsche Schriftsprache ihren Höhepunkt und ihre Vollendung, da es erstmals gelang, abstrakte Aussagen in der Volkssprache zu formulieren.
Einen breiten Raum nahmen die Kommentare zu den heiligen Schriften, besonders die Paraphrasen des Hohen Liedes Salomonis ein.
Um 1065 schrieb der Rheinfranke WILLIRAM ABT VON EBERSBERG (ca. 1000–1085) eine Paraphrase des Hohen Liedes für die Predigt. Sie zeigte in einer Epoche überwiegend lateinischer Literatur das Entstehen einer deutschsprachigen Theologie und ist Zeugnis für das Aufkommen einer wissenschaftlichen Prosa. Man darf jedoch die volkssprachlichen Kommentare Willirams nicht überschätzen, da allein die lateinischen Texte liturgische und dogmatische Verbindlichkeit beanspruchen. Die Volkssprache verrät jedoch eine Zuwendung zur Laientheologie und eine »fromme Formvariation«, die in gewisser Weise an Otfrid anknüpft, der gefordert hatte, daß die Lehre und das Lob Christi in allen Sprachen verkündet werden müßten. Die frühmittelhochdeutsche Dichtung zeigt dieses Literaturmerkmal besonders ausgeprägt.
Die Naturwissenschaften standen in engem Bezug zur Kirchenlehre, die die Erscheinungswirklichkeit allegorisch deutet. Nicht das, was ist, sondern das, was es bedeutet, interessierte den Naturwissenschaftler. Zeugnis für dieses Naturverständnis ist der *Physiologus* (Naturforscher), ein zoologisches Lehrbuch der Antike, das in viele Volkssprachen übertragen wurde. Der *Ältere Physiologus* (»reda umbe diu tier«) dürfte in Hirsau entstanden sein. Um 1130 wurde der *Jüngere Physiologus* als belehrende Predigt geschrieben. Gleichzeitig wurde das Werk in Reime umgesetzt *(Millstätter Physiologus)*.

Christliche Dichtung

In einer lateinischen Sammelhandschrift des bairischen Klosters Wessobrunn ist der Anfang eines Schöpfungshymnus in Stabreimen überliefert, der die Schöpfung als das Werden aus dem Nichts darstellt. Während in der Schöpfungsgeschichte im Alten Testament Gott als einsamer Schöpfer vor den Menschen tritt, zeigt sich seine Allmacht im *Wessobrunner Gebet* in der Gefolgschaft.

De Poeta

Dat gafregin ih mit firahim firiuuizzo meista,
Dat ero ni uuas noh ufhimil,
noh paum, noh pereg ni uuas,
ni *sterro* nohheinig, noh sunna ni scein,
noh mano ni liuhta, noh der mareo seo.
Do dar niuuiht ni uuas enteo ni uuenteo,
enti do uuas der eino almahtico cot,
manno miltisto, enti dar uuarun auh manake mit inan
cootlihhe geista,enti cot heilac.
 Cot almahtico, du himil enti erda gauuorahtos enti
du mannun so manac coot forgapi: forgip mir in dina
ganada rehta galaupa enti cotan uuilleon, uuistóm enti
spahida enti craft, tiuflun za uuidarstantanne enti arc za
piuuisanne enti dinan uuilleon za gauurchanne.

Das Gedicht wurde wahrscheinlich in Fulda niedergeschrieben; die erhaltene Handschrift stammt aus einem bairischen Kloster (Augsburg?, Regensburg?), kam nach 955 in das Kloster Wessobrunn und stellt die christliche Weltentstehungslehre in germanischer Vorstellung dar. Gegen den Glauben an die zeitliche Unendlichkeit der Welt tritt die Schöpferkraft des ewigen Gottes, aus dessen Willen das endliche Sein hervorging.
Den Weltuntergang gestaltet das fragmentarisch erhaltene *Muspilli*, ein schwer deutbares Gedicht aus der Mitte des 9.Jahrhunderts. Im *Heliand* erzählt ein gelehrter Epiker – wahrscheinlich ein Mönch – das Leben Christi, der mit der Bergpredigt nach langem Warten vor sein Volk tritt und seine Jünger aussendet. Der *Heliand* erfuhr keine weite Verbreitung, da der germanische Gefolgschaftsbegriff und die Form wahrscheinlich bereits auf die Zeitgenossen antiquiert wirkten. Den Stabreim gebrauchte der Dichter nur als Schmuck: er verlegte das Satzende überwiegend in die Langzeilenmitte und führte so mit dem Hakenstil ein Element des Endreims ein. In einem Heliandfragment sind Teile einer altsächsischen Genesisdichtung erhalten. Beide Dokumente sind Beweis dafür, daß sich das Interesse der neubekehrten germanischen Stämme stark auf die inhaltsreichen, welterklärenden Texte der Bibel richtete.

Abb. 4: Das Wessobrunner Gebet

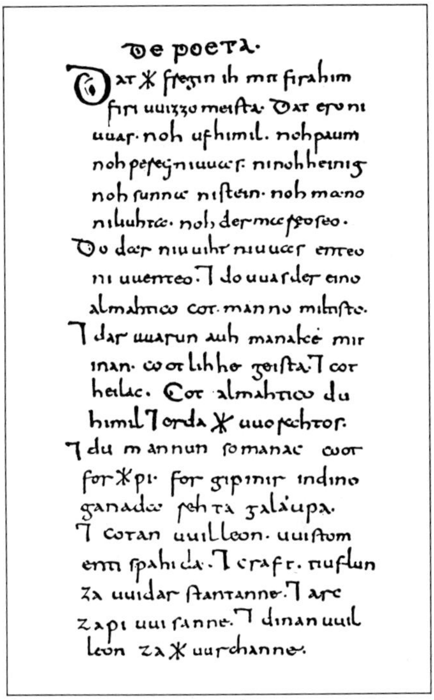

> DE POETA.
>
> Dat ga fregin ih mit firahim
> firi uuizzo meista. Dat ero ni
> uuas. noh ufhimil. noh paum
> noh pereg niuuast. ninoh heinig
> noh sunna nistein. noh mano
> niliuhta. noh der meo seo.
> Do dar niuuiht niuuuas enteo
> ni uuenteo. Jo uuas der eino
> almahtico cot. manno miltisto.
> J dar uuarun auh manake mit
> inan. cootlihho geista. J cot
> heilac. Cot almahtico du
> himil J orda ga uuorahtos.
> J du mannun so manac cuot
> for gab. for gipmir indino
> ganada rehta galaupa.
> J cotan uuilleon. uuistom
> enti spahida. J craft. tiuflun
> za uuidar stantanne. J arc
> za pi uuisanne. J dinan uuil
> leon za ga uurchanne.

Im 9. Jahrhundert gelangte der Endreim des lateinischen Hymnenverses in die volkssprachliche Dichtung: OTFRID VON WEISSENBURG – der erste namentlich bekannte deutsche Dichter –, der in Fulda Schüler des Hrabanus Maurus gewesen war, schrieb um 860 eine Evangelienharmonie mit Endreimen, die sehr gut überliefert ist. In einer Wiener Handschrift besitzen wir sogar ein Exemplar, das der Dichter selbst überarbeitet hat. Otfrid folgte den vier Evangelien nach der Vorlage des Tatian, erzählte und deutete das Leben Christi für Mönche, wobei er den einzelnen Abschnitten Auslegungen widmete, die durch Überschriften »moraliter«, »spiritualiter« und »mystice« hervorgehoben sind.
Zahlreiche kleinere Endreimdichtungen des 9. Jahrhunderts zeigen die Beliebtheit dieser neuen Gestaltungsweise. Zu einer Art frühen Kirchengesangs gehört das *Georgslied*, das anläßlich der Überführung der Georgsreliquien auf die Reichenau entstand. Kaum älter als Otfrids Werk scheint das *Freisinger Petruslied* zu sein, das den liturgischen Wechselgesang zwischen Vorsänger und Volk in Neumen (Notenhilfszeichen) angibt. Das germanische Preislied, das sonst nur aus dem nordgermanischen Raum bekannt ist, erfuhr eine christliche Gestaltung im *Ludwigslied*, in dem ein unbekannter Dichter den Sieg des Westfrankenkönigs Ludwig III. über die Normannen bei Saucourt (881) verherrlichte.

Die Rückkehr zum Latein

Nach 870 verstummte die volkssprachliche schriftliche Überlieferung. Lateinische Texte füllen den folgenden Zeitraum. Dennoch gibt es Zeugnisse dafür, daß in den Klöstern die Volkssprache weiter gepflegt wurde. So schrieb Notker der Deutsche (etwa 950–1022) eine deutsch-lateinische Mischsprache, in der er die »Sprechsprache zur Schreibsprache« umformte und phonetisch-orthographische Regeln zu entwickeln suchte. Geistesgeschichtlich bildet Notker den Höhepunkt antiker Rezeption in althochdeutscher Zeit, da seine Texte meisterhafte Übersetzungen antiker Autoren für den Unterricht sind. Mischsprachlich ist auch ein politisches Gedicht eines unbekannten Geistlichen, *De Heinrico*, geschrieben, das möglicherweise zur Wahl Heinrichs II. aufrufen sollte. Wie mühsam es in dieser Zeit auch für die Mönche war, volkssprachlich zu schreiben, zeigt das Gebet des Leiters der St. Emmeramer Klosterschule, Otloh (1000–1070), der dieses »erste persönliche Gebet in deutscher Sprache« erst lateinisch schrieb und dann ins Deutsche übersetzte.

Abb. 5: Perikopenbuch Kaiser Heinrichs II.
Verkündigung an die Hirten

Eindrucksvoll ist besonders die erste weltliche Dichtung des Mittelalters, die ebenfalls in lateinischer Sprache entstand. Einige Beispiele können dies verdeutlichen:
Im Kloster Tegernsee wurde in leoninischen Hexametern (= Hexameter mit Endreim und Zäsur) als erster Ritterroman der *Ruodlieb* geschrieben, der leider nur fragmentarisch erhalten ist. In diesem Roman mischen sich Märchenmotive und Heldensagen, Volks- und Schwankdichtung zur Darstellung einer realistischen Welt des 11. Jahrhunderts, in die die höfische Idealisierung noch nicht eingedrungen ist. Der *Ruodlieb* stellt in der gesamten mittelalterlichen Literatur einen Sonderfall dar, da nicht die Geschichte eines Typus, sondern ein individuelles Einzelschicksal erzählt wird. Vor 1160 schrieb ein Tegernseer Mönch das Spiel *Ludus de Antichristo*, das die Erneuerung des Reichs aus konservativem Geist frühstaufischer Politik zeigt. In einem Turnierspiel besiegt der Antichrist die Könige der Welt. Zuletzt wird unter dem Kaiser eine siegreiche neue Herrschaft errichtet. Das Spiel verbindet theologische Spekulation und Reichspolitik, der Kaiser erscheint endzeitlich als Garant einer irdischen Ordnung.
WALTHER VON CHATILLON (etwa 1135 bis 1200) gestaltete alle lyrischen Gattungen sehr persönlich. HUGO VON ORLEANS (etwa 1093 bis 1160) wurde von seinen Schülern mit dem Ehrennamen »Primas« ausgezeichnet. Er pries voll Witz und Lebensfreude Würfelspiel, Kneipenleben und Mädchen. Dieser Dichter kannte keine formalen Probleme und beherrschte souverän die antike Geistigkeit. Der ARCHIPOETA (etwa 1130 bis nach 1165) stand in enger Beziehung zum Stauferhof und stellte sich als Dichter gleichrangig neben den Kaiser, für den er den Hymnus *Salve mundi domine, Cesar noster ave ...* schrieb. Leider ist nur ein Teil seines lebensfrohen Werkes erhalten; nach einem kometenhaften Aufstieg verlöschen die Zeugnisse über sein Leben nach 1165. Die Lieder dieser und anderer Vaganten sind in einigen berühmten Handschriften überliefert. Die bekannteste ist die sogenannte *Carmina Burana* (eigentlich ein Plural: die Carmina Burana) aus Benediktbeuern, die ein oberdeutscher Geistlicher im 13. Jahrhundert wahrscheinlich in einem Kärntner Kloster zusammenstellte und von mehreren Schreibern niederschreiben ließ. Die Handschrift ist nicht prunkvoll ausgestattet, doch erlauben die zahlreichen Neumen die Rekonstruktion vieler Melodien. Die Carmina Burana werden heute in der Bayerischen Staatsbibliothek in München aufbewahrt. Die Handschrift überliefert neben moralisch-satirischen Dichtungen auch Liebes-, Trink- und Spielerlieder sowie geistliche Dramen. Carl Orff hat Lieder dieser Handschrift zu einem eigenen Zyklus zusammengefaßt und vertont.

Abb. 6: Carmina Burana – Das Rad der Fortuna. Das Rad der Fortuna ist in der mittelalterlichen und frühneuzeitlichen Dichtung (vgl. Abb. 11, S. 78) als Zeichen für die Vergänglichkeit des Glückes sehr beliebt und findet auch in der neuzeitlichen Dichtung Verwendung, obwohl hier der theologische Hintergrund nicht mehr wirksam ist.

Die frühmittelhochdeutsche Literatur (1060–1170)

Mit dem Aussterben der ostfränkischen Karolinger (911) verstummte die deutsche Literatur für nahezu 150 Jahre. Kulturträger blieb der Klerus, der in der Frühscholastik die mittelalterliche Theologie schuf. In der ottonischen und salischen Reichskirche wurde die Geistlichkeit zum Träger der Diplomatie, ihre Sprache war Latein. Im 10. und 11. Jahrhundert suchten zwei klösterliche Reformbewegungen einen Ausgleich der Gegensätze zwischen dem weltlichen und dem geistlichen Herrschaftsanspruch des hohen Klerus zu erreichen. Die Bewegung, die vom lothringischen Kloster Gorze ausging, blieb im Rahmen der Reichskirche. Heinrich II. und Heinrich III. waren Förderer ihrer weltbejahenden Frömmigkeit und Kunstproduktion. Daneben trat eine hierarchische Reformbewegung, die von dem 910 gegründeten Kloster Cluny über Frankreich, Italien und Lothringen nach Deutschland gelangte. Sie forderte die Trennung von Kirche und Staat und die Erneuerung des geistlichen Lebens.

Die deutsche Literatur nach 1060 ist geistliche Dichtung, durchschnittlich gebildete Mönche und Weltgeistliche sind die Verfasser. Diese religiöse Dichtung entstand nicht aus der Weltverachtung cluniazensischer Reformtheologie, denn Weltverachtung und Dichtung schließen einander aus. Geistliche Dichtung bejaht die Welt als Ort der Heilsgeschichte. Ihr durchgehendes Thema ist die Auslegung des Heilsgeschehens, wobei der Ton der Bußpredigt überwiegt. Der Stoff wurde stets der Bibel entnommen, die als Heilsverkündung ebenso Bedeutung hatte wie als Geschichtserzählung. Über Jahrhunderte – bis zum Barock und der europäischen Aufklärung – bot sie für geistliche und weltliche Literatur einen unerschöpflichen Vorrat von Handlungen, Beispielgeschichten, Gleichnissen und Inhalten. Die Lösung der europäischen Literatur aus der biblischen Tradition, die Verselbständigung einzelner literarischer Gattungen – wie Drama oder Roman – erfolgte erst im 17. und 18. Jahrhundert und ist bis heute keineswegs abgeschlossen. In der mündlichen Volkstradition lebt diese Überlieferung immer noch fort.

Die geistliche Dichtung

Die frühmittelhochdeutsche Dichtung begann um 1060 mit vier überragenden Texten, die alle in eigenständiger Weise auf die Bibel zurückgreifen. Um 1060 dichtete der Bamberger Kanoniker Ezzo ein Lied, das in einer späteren predigtartigen Fassung um 1130 als *Cantilena de miraculis Christi* genannt wird. In diesem Text wird auch der Bischof Gunther von Bamberg als Anreger des Liedes genannt, das den Pilgern 1065 auf dem Zug ins Heilige Land vorgesungen wurde. Das Lied weist auf Bamberg als geistiges Zentrum des 11. Jahrhunderts. Das *Ezzolied* erzählt, auf vielfache Quellen zurückgreifend, von Schöpfung und Menschheitsgeschichte im Spiegel der Heilsgeschichte, die als Anlaß aller Geschichte gesehen wird.

Im 11.Jahrhundert wurde im Kloster Siegburg das strophische *Annolied* geschrieben, das nur in einem Druck, den Martin Opitz 1639 veranstaltete, erhalten ist. Das Lied erzählt Heilsgeschichte in einem doppelten Ablauf als Geschichte der Menschheit bis zu Anno (gest. 1075), der als siebter Heiliger Bischof von Köln wurde, und als Geschichte der vier Weltreiche und des Erzbistums Köln, dessen 33. Bischof Anno war. Anno erscheint so als die Erfüllung der Welt- und Heilsgeschichte. Das *Annolied* wurde Vorbild für die *Kaiserchronik* und die Geschichtsschreibung des 12. Jahrhunderts.

Von der zukünftigen Existenz des Menschen spricht das alemannische *Memento mori* eines Noker, das »sich mit stärkster sozialer Tendenz gegen die Beugung des Rechts durch die Reichen wendet« (Kuhn). Aus der Polarität von Welt und ewigem Heil entwirft der Dichter eine Daseinsordnung und ruft zur Verwirklichung eines rechten Lebens, das angesichts eines allgegenwärtigen Todes nur in »minne« (paradiesischer Zustand der Adamskinder) oder im »reht« (Ordnungskategorie einer sündigen Welt) möglich ist. Das Gedicht ist nicht – wie oft behauptet – aus cluniazensischem Geist geschrieben, sondern tief in der Rechtstradition verwurzelt. Im Hintergrund des Textes muß die zeitgenössische Gottesfriedensbewegung gesehen werden, die den Adel und das entstehende Rittertum in eine gerechte Lebensordnung einfügen wollte.

Um 1060 wird auch die sogenannte *Wiener Genesis* entstanden sein, die mehrfach abgeschrieben wurde; eine Handschrift überliefert auch eine *Exodus*-Dichtung. In diesen Texten wird deutlich, wie stark besonders das Alte Testament als Erzählstoff beim Publikum beliebt war, so daß wir auch hier eine mündliche Erzähltradition voraussetzen müssen. Neben die lebendige Erzählung treten immer wieder Erklärungen der einzelnen Bibelstellen, wobei besonders eindringlich auf die Vorausdeutungen auf das Heilsgeschehen eingegangen wird. Der Gedanke, daß das auserwählte Volk Israel zu Gott in einem Dienst-Lohn-Verhältnis stehe, wurde im hohen Mittelalter in Epik und Lyrik in der Beziehung von Ritter und Dame wieder aufgegriffen.

Um die Wende zum 12. Jahrhundert entfaltete sich eine vielschichtige geistliche Dichtung, die von Anbeginn in einer problematischen Situation stand; denn je stärker sich die Reichsministerialität als eigener Stand in einer weltlichen Ordnung begriff, um so mehr wurde die geistliche Dichtung zu einer Literatur gegen die Gesellschaft. Aus der großen Zahl frühmittelhochdeutscher geistlicher Texte können nur einige Beispiele genannt werden, die diese Wandlung der Weltsicht eindringlich deutlich machen.

Als erste deutsche Dichterin schrieb FRAU AVA (gest. 1127) mit Hilfe ihrer geistlichen Söhne eine volkssprachliche Geschichte Christi, ohne auf die Lehre Jesu einzugehen. Dabei griff sie neben der Bibel auch auf liturgi-

sche Osterspiele als Quellen zurück. Dies ist für die Deutung der mittelalterlichen Literatur von großer Bedeutung, da die Spieltexte erst aus viel späterer Zeit schriftlich überliefert sind. Außerdem können wir hier jene mündliche Überlieferung erschließen, die durch das gesamte Mittelalter die eigentliche Grundlage und Voraussetzung aller Literatur bildete.
Als eigene Form geistlicher Dichtung entstand im 12. Jahrhundert in der Volkssprache die Legende gegen die weltliche Erzählung und drang bald in die Erzählkunst und Predigt als Exemplum ein. Vielen Heiligen wurden Legenden geschrieben, die man im späten Mittelalter zu Zyklen zusammenfaßte. Dabei wurde die *Kaiserchronik* zur unerschöpflichen Quelle der Legendendichtung (Crescentia, Margarethe, Silvester, Veronika, Brandan u. v. a.). Die Mariendichtung nahm bereits Züge des 13. Jahrhunderts vorweg, da die volksfrömmige Marienverehrung dem zeitgenössischen Frauenkult, wie er sich auch im Minnesang und höfischen Roman zeigte, entgegenkam. Aus den Klöstern Melk, Arnstein, St. Lambrecht und Seckau sind Mariendichtungen erhalten. Die *Mariensequenz von Muri* und die *Driu liet von der maget* des Priesters WERNHER sind bereits eigenständige Mariendichtungen, die von den lateinischen Vorbildern abgerückt sind. Inhalt und Frömmigkeit weisen die Mariendichtung dem 12. Jahrhundert zu, Gestaltung und Wertordnung gehören der ritterlich-höfischen Welt an.

Weltliche Literatur und Spielmannsdichtung

Neben das theologische Schrifttum trat nach 1150 die weltliche Erzählung für ritterliches Publikum nach französischen Vorbildern. Diese Dichtung hatte betont konservative Züge und wandte sich gegen neue gesellschaftliche Strukturen und politische Theorien, die die alte Form des Reiches zu bedrohen schienen.
Wahrscheinlich der Mitte des 12. Jahrhunderts gehört die Regensburger *Kaiserchronik* (17 248 Verse) an, die gleichzeitig mit der Chronik Ottos von Freising entstanden sein dürfte. Sie erzählt die Geschichte des Römischen Reiches, wobei die Übertragung des Römischen Reiches auf die Franken (Translatio Imperii ad Francos) unter Karl dem Großen besonders hervorgehoben wird. Um 1160 entstand die Übersetzung des *Alexanderliedes* durch den PFAFFEN LAMPRECHT. Der Stoff dieses »ersten Romans der mittelalterlichen Literatur« erfreute sich bis ins 16. Jahrhundert großer Beliebtheit. Lamprecht suchte wie seine provenzalische Vorlage ein gelehrtes Bildungswerk zu schreiben und zeigt den Helden als »geistlichen« Herrscher. Das formelhafte fragmentarische Werk ebnete der antiken Tradition und dem französischen Einfluß den Weg in die deutsche Literatur. Aus einzelnen Anspielungen muß geschlossen werden, daß Lamprecht Kenntnisse der Heldensagen beim Publikum voraussetzen konnte; so spielt er deutlich auf die Sage von Hilde und

Gudrun an. Im Auftrag des bairischen Herzogs Heinrichs des Löwen übertrug der PFAFFE KONRAD das *Rolandslied*, einem französischen epischen Heldenlied (Chanson de geste) folgend, zunächst ins Lateinische, dann ins Deutsche. Während das französische Vorbild stark nationale Züge trägt, hebt die deutsche Fassung die Übertragung des Reiches von den Römern zu den Deutschen hervor. Die Kreuzzugsatmosphäre des 12. Jahrhunderts ist in diesen Text ebenso eingedrungen wie die Überzeugung, daß wahres Heldentum nur aus christlicher Demut erwachsen kann. Das christliche Rittertum, das uns in den Romanen des 12. Jahrhunderts entgegentritt, lebte außerhalb der höfischen Kultur, denn es kannte keinen Minnedienst, kein weltliches Persönlichkeitsideal und keine Toleranzidee.

Im 12. Jahrhundert nimmt die sogenannte Spielmannsdichtung eine Sonderstellung ein, da sie weder Heldensage noch höfische Dichtung ist und der Unterhaltung der ritterlichen Gesellschaft diente. Den Spielmann, in dem die Romantiker den Träger des »Volkstums« verehrten, hat es als Dichter sicher niemals gegeben. Deshalb ist auch der Name »Spielmannsdichtung« für die Form irreführend. Zur Spielmannsdichtung zählt man fünf Werke: *König Rother, Herzog Ernst*, die Legendenromane *St. Oswald* und *Orendel* sowie das humorvoll-groteske Gedicht *Salman und Morolf*. Als Typus der Spielmannsdichtung kann der *König Rother* dienen. Das Werk erzählt mit Anspielungen auf Zeitereignisse die zweimalige Werbungsfahrt König Rothers um die Tochter des Kaisers von Konstantinopel und verbindet gewaltsame und listenreiche Entführung als Grundtypen der Brautwerbungsfabel, die in der Spielmannsdichtung beliebig wiederholt werden können, da die Werke nicht wie die höfische Dichtung auf die gesellschaftliche Integration und persönliche Vollendung des Helden zielen. Auch das Spielmannsgedicht versteht sich in dem heilsgeschichtlichen Dualismus von Civitas Dei und Civitas Mundi. Indem Rother einen heilsgeschichtlichen Ort erhält, wird er zum Muster eines christlichen Helden – nicht eines Ritters. Deshalb ist das Gedicht über die vordergründige Unterhaltungshandlung hinaus ein Text, der zur Verbreitung des Reichsgedankens beitragen soll. Die teilweise höfische Atmosphäre hat sicher mit bewirkt, daß dieses Werk auch im 13. Jahrhundert überliefert wurde. Charakteristisch für das Spielmannsepos ist es auch, daß neben dem Rittertum die Welt der Bürger und Handelsleute gestaltet wird.

Die Literatur der höfischen Zeit (1170–1230)

Die ritterlich-höfische Welt

An der Wende vom 12. zum 13. Jahrhundert erreichten Kaisertum und Papsttum als universale Mächte ihre höchste Machtentfaltung und zugleich die tiefste Krise, die bis zur Reformation und darüber hinaus die Weltgeschichte bestimmen sollte. Friedrich I. (Regierungszeit 1152–1190) wurde von den Zeitgenossen als der vorbildliche ritterliche Herrscher gepriesen, der zum einen den alten Streit zwischen Welfen und Staufern im Reich beilegen sollte, zum anderen die ritterliche Kultur einleitete und ihr mit der Schwertleite seiner Söhne beim Mainzer Pfingstfest 1184 Muster und Leitbild gab. Mit der Belehnung der Babenberger mit der Ostmark 1156 öffnete er erneut der oströmischen Kultur den Weg nach Europa. Bald wurde der Babenberger Hof in Wien zu einem literarischen Zentrum der Zeit. Nach dem Tode des Kaisers erreichte unter seinem Sohn Heinrich VI. die weltliche Macht einen letzten strahlenden Höhepunkt und verfiel in der Doppelherrschaft Philipps von Schwaben und Ottos IV. rasch. Die zeitüberragende Gestalt um die Jahrhundertwende wurde der junge Papst Innozenz III. (Pontifikat 1198–1216), der die Kirche zur höchsten Machtentfaltung führte. Im Kampf zwischen Kirche und Staat, mit dem Tode Friedrichs II. (Regierungszeit 1212–1250), der in Unteritalien und Sizilien bereits einen ersten modernen Staat verwirklicht hatte, und mit dem Aussterben der Babenberger (1247) endete die Epoche, deren politische Vielfalt auch Grundlage der höfisch-klassischen Literatur gewesen war.
Gleichzeitig erlebte die mittelalterliche Philosophie eine grundlegende Wandlung. An die Stelle des frühscholastischen Dualismus von Diesseits und Jenseits trat in der Hochscholastik der Gradualismus, der die Wirklichkeit universal hierarchisch deutete und so Gott als die höchste Wahrheit und Wirklichkeit an die Spitze eines gestuften Seins stellte. Die philosophischen Schulen traten nun zugunsten überragender Persönlichkeiten zurück, die unter dem Einfluß der Aristotelischen Philosophie, die sie über die Araber kennengelernt hatten, Wissenschaft als Erkenntnislehre von der Theologie trennten. In großen Systemen – sogenannten Summen – suchten sie die menschliche Erkenntnis und die offenbarte übervernünftige Heilswahrheit zu vereinen. Überzeitliche Bedeutung behielten für das abendländische Denken Albertus Magnus (1193–1280), Thomas von Aquin (1225/26–1274) und Duns Scotus (um 1266–1308).
Als erster Träger einer weltlichen Kultur im Mittelalter trat im ausgehenden 12. Jahrhundert das Rittertum auf, das im 13. Jahrhundert seine Hochblüte und bereits den Anfang des Untergangs erfahren sollte. Seit Kaiser Konrad II. (Regierungszeit 1024–1039) die Lehen der kleinen Ministerialen erblich gemacht hatte, entwickelte sich in ganz Europa ein

einheitlicher Ministerialenstand, der in sich zwar ein starkes soziales Gefälle zwischen den reichen und mächtigen Reichsfürsten und den armen Rittern auf entlegenen Burgen zeigte, dessen einheitlicher Ordo (Stand) jedoch im äußeren Zeichen des Schwertes und in der Rechtsgrundlage des Lehenswesens sichtbar wurde. Der hochmittelalterliche Gradualismus drang auch bald in das Verständnis des Lehenswesens ein, indem Gott als oberster Lehensträger verstanden wurde. Nur aus dem Lehensrecht wird die ritterliche Ethik verständlich, die als erste weltliche mittelalterliche Kultur ihre eigene Wertordnung schuf. Durch die Kreuzzüge war seit dem 12. Jahrhundert ein internationales ritterliches Bewußtsein entstanden, der edle Heide konnte jetzt alle ritterlichen Qualitäten in sich vereinigen und war nicht mehr ausschließlich Objekt christlicher Mission und Bekehrung wie in der Dichtung des 12. Jahrhunderts. Diese Selbsterfahrung des eigenen Standes führte zur Entfaltung eines Humanitätsideals: die Werte »zuht«, »mâze«, »milte«, »staete«, »êre«, und »werdekeit« wurden für das abendländische Rittertum gültig und erstrebenswert. Da sich das gesamte mittelalterliche Leben in der Öffentlichkeit vollzog, wurde das höfische Fest zum Ausdruck und Symbol der Freude, die nur »hoher muot« gewähren konnte und deren letztes, ewig erstrebenswertes, nie verwirklichtes Ziel und gnadenhaftes Geschenk die »saelde« (Glück) war. Ein Verstoß gegen die höfische Freude war ein Verstoß gegen die Gesellschaft schlechthin. In dieser Welt erscheint das Inhumane als das Häßliche, der edle Mensch ist notwendig schön und der schöne edel. Diese höfische Laienkultur entstand zunächst in Südfrankreich, gelangte dann nach Nordfrankreich, wo Eleonore von Poitou den ersten Minnehof gründete, und drang über das niederrheinische Gebiet – hier wirkte Heinrich von Veldeke als Vermittler –, über die mittelrheinische sogenannte Spielmannsdichtung und die frühhöfische Epik nach Deutschland.

Aller höfischen Kultur dieser Zeit ist die Hochschätzung der Frau gemein. Nicht mehr als Trägerin der Erbsünde, sondern als Minneherrin im Sinne der Lehensordnung wird sie zur sittlichen Macht: Dichtung zu ihren Ehren steigert die höfische Freude. Weil jedoch die Huld der verheirateten Frau unerreichbar ist, wird der Ritter zu stetem Streben aufgerufen. Minne ist in dieser Welt keine private Angelegenheit, sondern gibt dem Ritter und der Dame erst ihren Ort in der Gesellschaft. Rechte Minne schenkt der Gesellschaft Freude, dem einzelnen jedoch »hohen muot«. Nur wer sich der Mühe (arebeit = lat. labor) unterzieht, diese Ideale zu erstreben, kann hoffen, nicht nur »êre« und »guot«, Ansehen und Besitz, sondern als Krönung auch »gotes hulde« zu erlangen. Damit ist dem Rittertum die Aufgabe gestellt, den ewigen Widerspruch, Gott und der Welt zu gefallen, in der ritterlichen Tat aufzuheben. Gesehen haben dieses Grundproblem menschlichen Lebens nur wenige Ritterkünstler in den beiden Generationen zwischen 1170 und 1230. Bald setzte epigonaler Leerlauf und derbe Sinnlichkeit der Spiritualisierung und Humanisierung ein Ende.

Die höfische Epik

In der zweiten Hälfte des 12. Jahrhunderts entstand unter französischer Wirkung am Unterrhein eine frühhöfische Epik, die besonders auf antike Stoffe zurückgriff. Diese Epik zeigte keinen Einfluß des zeitgenössischen Geschichtsverständnisses, sie erzählte naiv die ritterlichen Kämpfe, die noch nicht als Aventiuren erfaßt und gestaltet wurden. Die Minne ist in dieser Welt nicht der Mittelpunkt des gesellschaftlichen Lebens, sondern eine dämonische, lebensvernichtende Macht, die den Menschen seiner Freiheit beraubt und alle ethischen Normen zerstört. Sie führt notwendig in Schuld und Sünde und findet zuletzt nur in der Ehe Anerkennung und Erfüllung. Diese frühhöfische Epik ist – abgesehen von den Werken der Dichter Eilhart von Oberge und Heinrich von Veldeke – nur in Bruchstücken überliefert.
Der Ministeriale EILHART VON OBERGE aus dem Gebiet um Braunschweig übertrug, einem französischen Vorbild folgend, um 1180 die Tristansage ins Deutsche und zeigte erstmals die Spannung zwischen Individuum und Gesellschaft, die für diesen Text charakteristisch ist. Die Tristanerzählung, die im Kern die Märchenformel von der Feenliebe mit einem Ehebruchschwank verbindet, zeigt, daß die Minne die feudale Ordnung, die wider die Natur ist, zerstört. Die absolute Treue der Liebenden schließt die Gesellschaft aus, so daß am Ende des Werkes notwendig die Frage steht, ob die Minne an der Gesellschaft oder die Gesellschaft an der Minne zerbrechen muß.
Von den höfischen Epikern wurde der Ministeriale HEINRICH VON VELDEKE, der – aus der Gegend um Maastricht stammend – im 12. Jahrhundert dichtete, häufig als Vorbild erwähnt. Er besaß eine gelehrte, vielleicht geistliche Bildung, beherrschte Latein und Französisch und hinterließ ein vielfältiges Werk. Die *Servatiuslegende*, die die Lebensgeschichte des Vetters Christi erzählt, betont die Reichstreue der Menschen im Maastrichter Raum und wirkte bis Süddeutschland. Auf eine französische Vorlage griff Veldeke in seiner *Eneit* zurück; die »Aeneis« des römischen Dichters Vergil war im ganzen Mittelalter bekannt und wurde viel gelesen. Veldeke änderte jedoch die überlieferte Darstellung, indem er Äneas zum Minnehelden stilisierte, dessen Verbindung mit Dido alle höfische Ordnung aufhebt. Nur in der Ehe mit Lavinia wird die Minne zuletzt als ordnungsstiftende Macht anerkannt. Deshalb kann man die *Eneit* aufgrund des ritterlichen Ethos als erstes höfisches Epos bezeichnen, auch wenn noch Aventiure und Artusidealität fehlen.
Von größter Bedeutung für die hoch- und spätmittelalterliche Erzählkunst ist die Sage von König Artus und seiner Tafelrunde. Die Artussage stammt aus keltischer Überlieferung. Erstmals wird der König Arthur in der *Historia Britonum* im 9. Jahrhundert erwähnt, doch wird die Sagengestalt erst durch die *Historia Regum Britanniae* des Geoffrey von Monmouth (um 1135) zum literarischen Typus. Um 1155 bearbeitete

Wace dieses Werk in Versen und führte die ritterliche Tafelrunde ein. In die Artussage drangen auch rasch zahlreiche Märchenmotive: Die keltische Volkssage kannte ein Totenreich, das von einer Feenwelt umgeben war; deutlich trägt Artus noch die Züge eines Wind- und Totengottes, während die höfischen Damen, besonders Laudine, die Minneherrin und Gattin des Iwein, feenhafte Züge zeigen. Die Zauberwelt der Sage wurde hier zur höfischen Welt, deshalb ist es unmöglich, den Artushof geographisch zu fixieren: Artus residiert in Nantes oder in Tintagel, doch außerhalb der Stadt oder Burg liegt das Land der Aventiure, die an den Ritter herantritt oder die er suchen muß. Diese Aventiurenfahrten folgen immer demselben Schema: Durch Kampf schafft sich der Ritter Eingang in die Wunderwelt, befreit und erwirbt seine Dame, kehrt an den Artushof zurück und fällt hier in Schuld. Eine erneute Aventiurenfahrt – die sogenannte Leidensfahrt – schließt sich an. Jetzt muß sich der Ritter bewähren, »saelde« und »êre« neu gewinnen und zuletzt den Minnelohn seiner Dame erwerben. Die enge Verbindung von Aventiure und Minne ist der charakteristische Grundzug des Artusromans.

Der Schöpfer des höfischen Romans ist CHRÉTIEN DE TROYES (vor 1150–vor 1190), der König Artus zum Mittelpunkt des höfischen Lebens machte. Für Artus und die Königin Guenièvre ziehen die Mitglieder der Tafelrunde auf Aventiure – ihre Erlebnisse sind die Inhalte der Romane Chrétiens: *Erec et Enide; Cligès; Yvain (le chevalier au lion); Lancelot (del chevalier de la charrete); Perceval*. Die Artuswelt hat weder zur Heilsgeschichte noch zur politischen Wirklichkeit Bezug, das Leben vollzieht sich in der Stimmung des »hohen muotes« als andauernde Aventiure, die dem Ritter Ansehen (êre) gibt. Diese Idealwelt kennt keine Tragik. Sie findet die höchste Entfaltung im höfischen Fest, in der gesellschaftlichen Freude.

Durch HARTMANN VON AUE (um 1165–um 1215), der wahrscheinlich einem Schweizer Ministerialengeschlecht angehörte und eine gute Ausbildung – vielleicht in einem Kloster (Reichenau?) – erhalten hatte, kam die Artusdichtung nach Deutschland. Hartmann, ein universeller Dichter, der mühelos alle Gattungen beherrschte, war zunächst nur weltlichen Stoffen zugewandt. Durch den Tod seines Herrn wurde er jedoch so erschüttert, daß er lange Jahre ausschließlich religiöse Werke schrieb, am Kreuzzug teilnahm und zuletzt gewandelt ein zeitlos gültiges Menschenbild im *Iwein* entwarf. Hartmann übersetzte Chrétiens Artusepik nicht nur, sondern steigerte sie zur »ersten weltlichen Problemdichtung des Mittelalters«. Am Beginn des epischen Werkes steht der *Erec*, in dem Hartmann dem typischen Handlungsgerüst der Artusepik folgt. Während Erec Enite durch Aventiure gewinnt, fällt er – an den Artushof zurückgekehrt – in Schuld, zieht nicht mehr auf Aventiure und verstößt so gegen die gesellschaftlichen Regeln. Er verliert sein Ansehen, das er in einem leidvollen Aventiurenzug neu gewinnen muß. Am Ende erringt er – sich selbst überwindend und besiegend – das hohe

Gut der »mâze«. Nach dem Tode seines Herrn wandte sich Hartmann der Legende zu und erzählte im *Gregorius* (Gregor büßt die Schuld seiner Eltern, eines Geschwisterpaares, und seine eigene – er heiratet unwissentlich seine Mutter) im Stil geistlicher Dichtung des 12. Jahrhunderts die Legende vom Inzest und der vollkommenen Buße, die den Sünder zuletzt Gnade gewinnen läßt und ihm das Papsttum als sichtbares Zeichen der Vergebung gewährt. *Der arme Heinrich* knüpft an die Geschichte des Dienstherrn des Dichters an und erzählt Krankheit und Genesung des Ritters Heinrich, der nur durch das freiwillige Opfer eines reinen Mädchens geheilt werden kann. Indem sich der Ritter selbst überwindet und das Opfer des Kindes nicht annimmt, wird ihm die Heilung von aller Krankheit als Gnade zuteil. Hartmann krönte sein episches Werk, indem er wieder auf die Artuswelt zurückgriff und im *Iwein* das gültige Bild des Rittertums gestaltete. Wie im *Erec* folgt auch hier die Handlung einem doppelten Verlauf, doch haben Sprache und Gestaltung jetzt höchste Vollendung und Dichte erreicht. Doch mehr noch: Indem Hartmann nach dem rechten Leben in der höfischen Welt fragt, wirft er das Problem der Möglichkeit und Notwendigkeit einer weltbejahenden Humanität für Zeitgenossen und Nachkommen auf. Nicht Artusminne ist das Ziel ritterlichen Strebens, sondern die Zuneigung zweier Menschen aus freien Stücken über alle höfischen Konventionen hinaus. Erst nach dieser Problematisierung des Scheins werden die Werke Wolframs von Eschenbach und Gottfrieds von Straßburg möglich und verständlich.

Kritik an der höfischen Welt, ihrer steten, unbeschwerten Freude und Rittersaelde übt um 1195 ein Elsässer Dichter, der sich HEINRICH nennt und entweder ein Fahrender oder ein Straßburger Bürger war. Der Beiname »Glîchezaere« (Gleißner), der ihm fälschlich zugelegt wird, bezieht sich auf den Helden seines kurzen Epos *Reinhart Fuchs*, in dem er zahlreiche ältere – besonders nordfranzösische und antike – Quellen zusammenfaßte.

Heinrich parodiert die Struktur des höfischen Romans und das mittelalterliche Publikum, das gewöhnt war, in Gattungsstrukturen Abbilder einer sozialen, religiösen oder sogar kosmischen Ordnung zu sehen und zu erleben. Er verstand die Gattungsparodie als verkehrtes Abbild einer geordneten Welt. Besonderer Beliebtheit erfreute sich die Kontrafaktur, bei der meist alle Strukturelemente (Reim, Melodie, Aufbau) beibehalten, die geistlichen Texte jedoch vertauscht wurden. Auch der mittelalterliche *Reinhart Fuchs* wurde beliebt, da der Dichter die höfische Welt in einer Kontrafaktur parodierte. Gegen die Helden der Epik trat der Fuchs Reinhart, der jegliches höfische Ethos negierte: So erscheint Reinhart als das Gegenbild des höfischen Menschen, der »êre« und »saelde« durch »triuwe« gewinnt, ja »triuwe« ist für den höfischen Menschen und damit für das Menschenbild des höfischen Romans die Grundlage des Daseins schlechthin. Für den mittelalterlichen Menschen ist Gott Garant der »triuwe«, und die Treue als Rechtsprinzip ermöglicht erst ein gerechtes Leben in der Welt. Reinharts Welt ist das Unrecht, die »untriuwe«, die »list« (Betrug) und die »unminne« (Verrat). Er zerstört die Freude des pfingstlichen Hoffestes, das Ausdruck ritterlicher Gesinnung ist, er pervertiert den ausgerufenen Landfrieden, und er korrumpiert den rechtsbrecherischen König Vrevel, der als »rex iniustus« (ungerechter Herrscher) zum Gegenbild, zur Kontrafaktur der Artusgerechtigkeit wird. Reinharts »untriuwe« läßt die Gefährdung der ritterlichen Welt und die zerbrechende Einheit der ständischen Ordnung erkennen. Mehr noch: Im *Reinhart Fuchs* wird die Willkür des ungerechten Herrschers gezeigt, er zerstört die hierarchische Ordnung der Gesellschaft, er vernichtet aus Eigennutz und Selbstsucht das Reich. Am Ende beweinen die Tiere trotzdem den Tod des Königs, denn sein Tod öffnet den Blick in eine heillose Zukunft, die Verbrechern und Lügnern, dem Betrüger und »Vrevler« Reinhart gehört. Im Umbruch der Zeit und in der Hoffnung der Menschen auf ein staufisches »sacrum imperium« (Heiliges Endreich) fand die elsässische Fassung der Fuchsgeschichte keine Nachfolge, doch blieb der Stoff über Jahrhunderte bis in das Volksbuch und zu Goethe sehr beliebt.

Der Minnesang

Die Lyrik des 12. und 13. Jahrhunderts ist nicht nur Ausdruck einer ersten weltlichen Kultur des Mittelalters, sondern ständisch an das Rittertum gebunden. Der Minnesang – das Wort »Minne« weist auf Erinnern, Gedenken und deutet auf die geistige Bindung zweier Menschen – übertrug das Lehenswesen auf das Verhältnis zwischen Ritter und Dame und führte zu einer neuen Wertung der Frau in Literatur und Gesellschaft. Jetzt wurde die Dame zum Mittelpunkt der höfischen Kultur. Minne verbindet Ritter und Dame, hebt beide aus der Gesellschaft und bezeugt so eine erste – wenn auch nur literarische – Form der Selbstentfaltung. Die verehrte Dame trägt in diesen Liedern keine individuellen Züge, sie vertritt die Dame schlechthin – ihre äußere Vollkommenheit ist Spiegel ihrer inneren Reinheit. Unnahbarkeit und Unerreichbarkeit zeigen sich darin, daß sie stets verheiratet ist und ständisch höher als der sie verehrende Ritter steht. Minnesang war auch keine Erlebnisdichtung, sondern öffentliche Kunst und ohne verbindendes Publikum undenkbar: es gestand dem Ritter, der in seinem Lied das »Ewig-Weibliche« vollkommen gepriesen hatte, den Preis zu. Dabei ging es in diesen Liedern niemals um Originalität im modernen Sinn – Kunst war vielmehr die Fähigkeit, vorgegebene Formen im freien Spiel zu variieren. Der ästhetische Genuß lag im Erkennen und Erleben der neuen Gestaltungen durch ein Publikum, das sowohl die Schönheit als auch die ethische Qualität dieser formal und inhaltlich vergeistigten Kunstform zu schätzen und nachzuvollziehen wußte. Das ethische Programm wird deutlich in der Tatsache, daß die Dame keinen

Lohn gewähren darf, der Ritter sich aber stets strebend bemühen muß, ihre Huld zu erringen, die die Dame in einem Lächeln, einem Gruß als Minnelohn andeutet und damit Freude schafft und steigert. Dieses Spiel wirkt auf den Ritter erziehend. Minnedienst ist deshalb nicht nur ein gesellschaftliches Spiel, sondern schafft erst den höfischen Menschen als Ideal und Vorbild für Jahrhunderte.

Die Herkunft des Minnesangs ist bis heute ein ungelöstes Rätsel. Sicher bildete die Übertragung des Dienst-Lohn-Verhältnisses aus dem Lehenswesen auf die Beziehung von Ritter und Dame die gesellschaftliche Voraussetzung, doch traten eine Reihe von unterschiedlichen Gestaltungen und Traditionen dazu: Zum einen wurden volkssprachliche mündliche Überlieferungen im österreichischen Raum literarisch – wir bezeichnen diesen Typus als »donauländlichen Sang« –, zum anderen drangen Vorbilder aus dem Ausland nach Deutschland. Neben diesen volkssprachlichen Gedichten wirkten auf die Entstehung des Minnesangs die lateinischen Liebeslieder der Vaganten, die Marienverehrung des 12. Jahrhunderts, arabische Vorbilder, die über die Kreuzzüge vermittelt wurden, und besonders die provenzalischen Lieder der Troubadours, die an die Stelle des Erlebens und Erinnerns im frühen Sang die Minnereflexion und den Minnemonolog des Ritters stellten.

Im Donaugebiet – etwa im Raum um Linz – traten um 1160 Dichter auf, die die seelische Begegnung von Ritter und Dame in der Minne gestalteten. Diese Minnenden sprechen in Wechsel- und Rollenstrophen sowie in Frauenklagen über verlorenes Liebesglück nicht miteinander, sondern nebeneinander, ja für sich selbst. Der epische Monolog ist das kennzeichnende Merkmal dieser Dichtung, in der die angesprochene Gesellschaft nur als verbindendes Glied erscheint. Formal sind diese Gedichte durch die Verwendung der Langzeile charakterisiert, wie sie in der epischen Heldendichtung, aber auch beim späten Walther von der Vogelweide gebräuchlich ist. Daß es sich beim »donauländischen Sang« um höfische Dichtung handelt, steht außer Zweifel: »triuwe«, »staete«, »hôher muot«, »lôn« und »dienst« sind die stets wiederholten Vokabeln der ritterlichen Gesellschaft. Als bedeutendster Vertreter gelten DER VON KÜRENBERG (um 1150–1170), der selbstbewußt einen Strophenzyklus nach sich benannte und im berühmten *Falkenlied* den ersten von einer Frau gesprochenen Liebesmonolog dichtete, sowie DIETMAR VON AIST (um 1170), der mit dem Natureingang seiner Gedichte – die Stimmung der Natur wird als Spiegel der Stimmung der Liebenden gesehen – einen Typus in die Lyrik brachte, der Jahrhunderte weiterwirkte. Er dichtete auch das erste epische Taglied, in dem Ritter und Dame am Morgen Abschied nehmen. Es erreichte dann seine Blüte bei Wolfram von Eschenbach und hat über Meistersang und Volkslied bis auf die Dichtung unserer Tage Einfluß.

Vermittler der Troubadourlyrik war in erster Linie FRIEDRICH VON HAUSEN (geb. um 1150), der dem Stauferhof nahestand und in vier- bis sechsstrophigen Liedern vielfältige Reimformen und Rhythmen verwendete.

Von Hausen war der erste Minnedichter, der die unlösbare Spannung von Gottes- und Minnedienst durchlebte. Er kündigte zuletzt der Dame den Dienst und wählte den Dienst für Gott als Lehensherrn. Während des Kreuzzugs ist er 1190 gestorben. Um die Jahrhundertwende erreichte dann der Minnesang mit Albrecht von Johan(n)sdorf, Hartmann von Aue, Heinrich von Morungen und Reinmar dem Alten seine erste volle Blüte. Diese Dichter verwendeten allgemein als Strophenform die Kanzone, bei der jede Strophe in den Aufgesang, der aus zwei symmetrischen Teilen (»Stollen«) besteht, sowie einen Abgesang gegliedert ist und die möglicherweise in magischen Vorbildern ihren Ursprung hat.

HEINRICH VON MORUNGEN (um 1150–1222) stammte aus thüringischem Dienstadel, führte ein wechselvolles Leben an den Kulturzentren des Reiches und starb im Thomaskloster in Leipzig. In der Gestalt des »edlen Möringers« blieb er in der Volksballade bis in die Gegenwart lebendig. Seine Lyrik ist ein Höhepunkt sinnlicher Sprache und leuchtender Bildhaftigkeit. Seine Minneauffassung erinnert an die frühhöfische Epik, auch ihm ist Minne eine dämonische, todbringende Macht, die in der Vereinigung der Liebenden sogar religiöse Züge aufweist und an die Tristanminne Eilharts erinnert. Gegenfigur zu von Morungen war REINMAR DER ALTE (auch VON HAGENAU), der, aus dem Elsaß stammend, zum Hofdichter der Babenberger und zum Lehrer Walthers von der Vogelweide am Wiener Hof wurde. Vor 1210 ist er hier gestorben. Reinmars Wirkung ist nur mit der Walthers von der Vogelweide zu vergleichen. An die Stelle provenzalischer Formen trat bei ihm die Kanzone als klassische Strophe. Ihm war Minne »unerfüllbare Sehnsucht« (de Boor), um die sein Dichten kreiste. Diese Gedankenlyrik – Ludwig Uhland hat Reinmar den »Scholastiker der Minne« genannt – kennt keine private Erlebniswelt, sondern nur durchgeistigtes Minnedenken. Diese Denkbereitschaft setzt er auch bei seinem Publikum voraus. So werden im Schönheitspreis die Erziehung des Ritters und die Überhöhung der Dame sichtbar. Der Minneschmerz, der aus dem Verzicht von Ritter und Dame folgt, erhöht nur die edle Freude der Gesellschaft.

Zwischen 1200 und 1230 erfuhr die hochmittelalterliche Literatur ihren Höhepunkt und geriet gleichzeitig in eine Krise, in der sich die Umwertung des Menschenbildes, die das späte Mittelalter vollzieht, bereits ankündigte. Alle großen Dichter der Epoche haben diese Herausforderung an sich selbst erfahren und in sehr persönlicher und eigenständiger Weise darauf geantwortet.

Wolfram von Eschenbach

Der fränkische Ministeriale WOLFRAM VON ESCHENBACH, der sein Leben (um 1170–etwa 1220) im Dienst der Herren von Wertheim, Wildenberg und Thüringen verbrachte, verband in seiner schillernden Persönlich-

keit ritterliches Selbstbewußtsein mit künstlerischem Ethos. Er war sicher hoch gebildet; obwohl er keine theologischen Studien genossen haben dürfte, konnte er fließend Französisch und schrieb eine Sprache, die funkelnd von Witz und Humor, Hintergründigkeit und dunklen Anspielungen ist; er gehört zu den bedeutendsten Gestaltern der deutschen Sprache und Literatur. Mit seinen epischen Tagliedern vollendete er — wahrscheinlich als junger Dichter — eine überlieferte Gattung und wirkte mit den Inhalten seiner Epen und ihrer formalen Gestaltung auf zahlreiche Dichter des Mittelalters (Ulrich von Türheim, Ulrich von dem Türlîn, Albrecht von Scharfenberg, Claus Wisse und Philipp Colin) und der Neuzeit (Ludwig Uhland, Karl Immermann, Richard Wagner, Gerhart Hauptmann, Ernst Stadler und Dieter Kühn). Wolframs unvergängliche Leistung war es, daß er die ästhetische Harmonie der Artuswelt mit der transzendenten Religiosität der Gralswelt verband und eine neue Humanität und Toleranz begründete, die nicht mehr aus der ritterlichen Hofkultur oder der christlichen Offenbarung, sondern aus der staunenden Erfahrung kreatürlichen Seins erwuchs. Das Hauptwerk Wolframs, der *Parzival*, den er zu Beginn des 13. Jahrhunderts schrieb, ist breit und vielfältig überliefert, wobei zahlreiche Handlungsorte in der fränkischen Heimat des Dichters erkannt werden können. Das Publikum erfuhr so nicht nur eine der tiefsten und gehaltvollsten abendländischen Dichtungen, sondern es konnte sich auch selbst unmittelbar in das Geschehen versetzen, da ihm der Handlungsraum aus eigener Lebenserfahrung vertraut war.
Wolfram verband die keltische Gralssage, wie sie Chrétien de Troyes um 1180 in seinem *Perceval* — einer Dümmlingsgeschichte — erzählt hatte, mit der Gralssage des Robert de Boron, auf die die Bernhardinische Mystik starken Einfluß gewonnen hatte. Der Gral ist bei Wolfram nicht näher beschrieben. Als wundertätiger Stein und magisches Tischlein-deck-dich, als kostbares Gefäß mit dem Blut Gottes ist er Symbol der Einheit (lat. unio) des gläubigen Menschen mit Gott. Das Epos wurde auch aus dem Orient — etwa durch die Sage vom Priesterkönig Johannes — und durch lateinisch-christliches Erzählgut — etwa das Pseudoevangelium des Nicodemus — beeinflußt. Auch zeithistorische Ereignisse wie das Königreich Jerusalem, die Antichristmythe und die Schwanenrittersage fanden Eingang in die Dichtung. Der Provenzale Kyot, den Wolfram als Gewährsmann benennt, bleibt ein Rätsel aller Forschung.
In 16 Büchern erzählt Wolfram drei nahezu selbständige Handlungen: Die ersten beiden Bücher berichten die Abenteuer von Parzivals Vater Gahmuret, von dessen Orientfahrten und Ehen mit der Heidenkönigin Belacâne und der »Prinzessin« aus dem Gralsgeschlecht Herzeloyde. Der zweite Handlungsstrang (Bücher 7, 8, 10–13), der über weite Strecken die Haupthandlung bildet, berichtet die Aventiuren des vorbildlichen Ritters Gawan und demonstriert in der Artuswelt die Vollendung der höfischen Freude. Die eigentliche Parzivalhandlung (Bücher 3–6, 9,

14–16) greift auf den berühmten Prolog des Werkes zurück, der den »zwivel« (Verzweiflung) als schwerste Sünde nennt und »triuwe« (Treue) und »staete« (Beständigkeit) als höchste Werte preist, und zeigt, wie der Held nach »zwivel« und Gottesferne zuletzt die »saelde« als irdisch-überirdisches Glück gnadenhaft empfängt. Parzivals Lebensgeschichte ist kein Entwicklungsroman, da der Held von Anbeginn – Herzeloyde stammt aus der Gralsfamilie und Gahmuret gehört zur Artussippe – zum Gralskönigtum bestimmt ist. Für ihn ist die höfische Welt nur ein Durchgang zu einem höheren Sein im Gral, der nicht Weltflucht, sondern sakrales Königtum symbolisiert, in dem die höfische Antinomie – Gott und der Welt zu gefallen – als nicht existent aufgehoben ist.

In der Waldeinsamkeit wird Parzival von seiner Mutter Herzeloyde ohne christliche und ritterliche Bildung namenlos aufgezogen, und dennoch verrät sich seine Berufung zum Rittertum im Mitleid mit der toten Kreatur und in der Frage nach Gott, die ihm die Mutter beantwortet: Gott ist lichter als der Tag – Gottes »triuwe« ist Ordnung. Als Parzival erstmals Rittern begegnet, hält er sie für Götter, will ihnen gleichen, wird von der Mutter in ein Torengewand gekleidet und reitet, ohne zurückzublicken, auf Aventiure. Er sieht nicht, daß die Mutter beim Abschied stirbt. Dreifach lernt Parzival die Welt bei dieser Ausfahrt kennen: Um Minne zu erlangen, entreißt er Jeschute, der Gattin des Königs Orilus, Brosche und Kuß. Von seiner Verwandten Sigune, die über dem Leichnam ihres Bräutigams Schiunatulander in tiefem Leid trauert, erfährt er seinen Namen. Er tötet Ither, den Roten Ritter – einen Verwandten –, auf unritterliche Art und zieht in dessen geraubter Rüstung, die er über das Torengewand zieht, am Artushof ein. Äußerlich ist er nun Ritter – innerlich bleibt er der Tor. So zerstört er die Freude des Artushofs und zieht auf neue Aventiure. Wiederum sind es drei Stationen, die Parzival in der »Welt« erfährt: Bei seinem Oheim Gurnemanz, einem edlen Burgherrn, wird Parzivals höfische Erziehung vollendet, hier lernt er das Christentum kennen und wird in den höfischen Anstandsregeln unterwiesen. In Pelrapeire befreit er die belagerte Königin Condwiramours und nimmt sie zur Frau. Weiterziehend – er will seine Mutter besuchen – kommt er an die Gralsburg, wo eine Schar ausgewählter Ritter den Gral bewacht, der Spender allen Glücks sein soll. Hier sieht er die Leiden des Königs Anfortas, sieht den Gral und die blutige Lanze, fragt aber aus falsch verstandenem höfischem Anstand nicht nach dem Leiden des Menschen Anfortas. Am Morgen aus der Gralsburg mit Schimpf entlassen, begegnet er Sigune, die ihn verflucht. Dennoch beginnt sich bereits Parzivals Läuterung abzuzeichnen: er besiegt Orilus und versöhnt ihn mit Jeschute. Drei Blutstropfen im Schnee erinnern ihn an Condwiramours und versenken ihn in tiefen Minnezauber, den erst der vollendete Ritter Gawan zu lösen vermag. Gemeinsam reiten sie zum Artushof, wo Cundrie, die Gralsbotin, erscheint und Parzival fluchend aus der Gesellschaft verstößt. In tiefer Gottesferne kündigt nun Parzival Gott den Dienst auf und zieht aus, den Gral zu ertrotzen.

Wiederum sind es drei Stationen, die seinen Weg markieren: Sigune, die als Einsiedlerin über dem Grab ihres Geliebten mit Ring und Psalter – Weltminne und Gottesminne vereinigend – lebt, löst den Fluch. Der Pilger Kahenis weist Parzival, der am Karfreitag in voller Rüstung reitet, den Weg zum Einsiedler Trevrizent, dem Bruder des Anfortas und Oheim Parzivals. Dieser nennt ihm seine Schuld – die Schuld am Tod der Mutter, die Ermordung Ithers und das Unterlassen der Mitleidsfrage am Gral –, spricht ihn von seinen Sünden los und belehrt ihn über das Geheimnis des Grals. Der letzte Weg führt Parzival zur Begegnung mit seinem heidnischen Halbbruder Feirefiz, der sich im Zweikampf als vollendeter Ritter erweist. Gemeinsam ziehen sie zum Artushof, Cundrie löst den Fluch und kündet Parzival das Gralskönigtum. In der Gralsburg stellt er nun die Mitleidsfrage, so daß Anfortas sterben kann, trifft auf Condwiramours an der Stelle, wo er den Minnezauber der Blutstropfen erlebte, und kehrt mit seinen Söhnen Kardeis und Lohengrin zum Gral zurück. Am Weg findet er Sigune tot über dem Sarg des Geliebten. Die anschließende große Gralsfeier ist nur für Christen sichtbar. Erst nachdem Feirefiz die Taufe empfangen hat, kann er den Gral sehen. Er fällt in Minne zur Gralsträgerin Repanse de Schoye und begründet mit ihr im Orient das christliche Reich des Priesterkönigs Johannes. So mündet Wolframs *Parzival* zuletzt in die Vision eines christlichen Kosmos.

Wolframs *Parzival* vollzieht sich in drei aufsteigenden Kreisen: Die Welt des Abenteuers und des Orients, die durch Gahmuret, Belacâne und Feirefiz repräsentiert wird, zeigt Elemente der Kreuzzugsatmosphäre, die wir aus der sogenannten Spielmannsdichtung kennen. Die Artuswelt, Ausdruck höchster irdischer Vollkommenheit, deren Tugend die »êre« (Ansehen) und deren Repräsentant Gawan ist, bildet den zweiten Kreis. Die Gralswelt, die auf tiefe Demut gegründet ist, enthüllt sich als höchste Seinsform des Menschen. Sie ist christlich, aber nicht kirchlich, nicht kontemplativ, sondern aktiv im Geiste Christi, denn Gott ist die überdauernde Liebe »sît got selbe ein triuwe ist«. Gralsritter sind nicht Kreuzritter, ihr Zeichen ist nicht das Kreuz, sondern die Taube. Indem Wolfram das Menschenbild der Artusepik mit dem Christentum zu vereinigen sucht, überschreitet er den Horizont mittelalterlicher Welt.

Die späten Epen Wolframs erreichten weder Gestaltungskraft noch Gehalt des *Parzival*. Im *Willehalm* folgte Wolfram einem Chanson de geste und wandte sich der Legendendichtung zu, in der der Kampf der Ritter gegen die Heiden – wie seinerzeit im Rolandslied – im Mittelpunkt steht. Doch Wolfram sieht auch im Heiden den Ritter und das Kind Gottes. Giburc, die tragische Heldin zwischen heidnischer Familie und christlichem Gemahl, spricht Wolframs zeitlose Toleranzidee aus: »hoert eines tummen wîbes rat, schônet der gotes hantgetât«. Vom letzten Roman *Titurel*, der in einer eigenen Strophenform geschrieben ist, sind nur zwei Bruchstücke erhalten. Das Werk erzählt die Jugendzeit

Abb. 7: Seite aus der Wiener Handschrift des *Willehalm* Wolframs von Eschenbach. Der *Willehalm* ist in zahlreichen besonders spätmittelalterlichen Handschriften überliefert, die die große Beliebtheit des Werkes belegen.

und Minne Sigunes und Schiunatulanders und den durch Sigune verschuldeten Tod des Bräutigams.
Wolframs Werk ist Gipfelpunkt hochmittelalterlicher Dichtung, wie Dantes *Göttliche Komödie* den Höhepunkt der spätmittelalterlichen Literatur darstellt.

Gottfried von Straßburg

GOTTFRIED VON STRASSBURG (etwa 1170–um 1210), den die moralisierende Literaturwissenschaft des 19. Jahrhunderts gegen den religiösen Dichter Wolfram von Eschenbach abwertete, gestaltete in seinem Epos *Tristan und Isolde* das Leitbild höfischer Dichtung. Während Wolframs *Parzival* seine Erfüllung in der Gesellschaft findet und somit als tief soziales Werk gedeutet werden muß, zeigt Gottfried von Straßburg die zerstörende Macht der Minne in einer gesellschaftlichen Wirklichkeit und das höchste Bildungsziel in der individuellen Vervollkommnung des einzelnen, wobei diese Vervollkommnung notwendig zur Auflösung der Gesellschaft und ihrer gesetzten ethischen Normen führen muß. Gottfried von Straßburg griff auf keltische Sagenmotive zurück und gestaltete einen Stoff, der im Mittelalter vielfache Ausprägungen erfuhr (Eilhart von Oberge, im Tschechischen, Skandinavischen und im Volksbuch) und in der Neuzeit von Richard Wagner und Thomas Mann wieder aufgegriffen wurde. Inhaltlich verbindet die Erzählung Sagentraditionen mit Märchenmotiven, Schwankelementen sowie höfischen und spielmännischen Erzählformen.
Über Gottfrieds Leben wissen wir nichts. Vielleicht war er Bürger, vielleicht Geistlicher. Sicher gehörte er zur hochgebildeten Elite Straßburgs, da er Latein und Französisch beherrschte und gründliche Kenntnisse der Philosophie und Theologie der Zeit besaß. Das Epos *Tristan und Isolde*, das um 1210 unvollendet abgebrochen wurde, ist in zahlreichen Handschriften gut überliefert und geht auf das Vorbild des Thomas von Bretanje zurück. ULRICH VON TÜRHEIM (um 1230) und HEINRICH VON FREIBERG (um 1290) haben das Epos unter Benützung des Textes von Eilhart als Vorlage zu Ende gedichtet.
Zu Beginn des Epos entwickelt Gottfried in einem literaturtheoretischen Prolog, in dem er auch seinen Namen in einem Akrostichon (die Anfangsbuchstaben jeder Strophe weisen zusammen gelesen auf den Namen des Dichters) nennt, sein ästhetisches Programm. Mit der tragischen Vorgeschichte des Helden, die die Liebe der Eltern Tristans, Riwalin und Blancheflur, der Schwester des Königs Marke von Cornwall, erzählt, setzt die Handlung ein. Tristan, das elternlose Kind, wird vom Reichsverweser aufgezogen, der ihm auch den Namen gibt: »von triste Tristan was sin nam«. Mit 14 Jahren kommt er als Fremdling an den Hof seines Oheims Marke, wird von diesem erkannt und durch die Schwertleite in den Ritterstand aufgenommen. Von Markes Hof aus

bricht Tristan auf Abenteuerfahrt auf, tötet den Riesen Morold, den Bruder der zauberkundigen Königin von Irland, im Zweikampf und läßt seine vergiftete, im Kampf empfangene Wunde von ebendieser Königin heilen. Als Spielmann verkleidet verschafft er sich Eintritt an ihrem Hof. Nachdem Tristan nach Cornwall zurückgekehrt ist, hört Marke von der Schönheit Isoldes, der Tochter der irischen Königin Isolde, und entsendet den Neffen als Brautwerber, der einen Drachen erschlägt, die Verbrechen eines verräterischen Truchseß enthüllt, als Mörder Morolds erkannt wird, doch als Werber für Marke in Gnade Aufnahme findet. Während der Überfahrt nach Cornwall trinken Tristan und Isolde versehentlich von dem Minnetrank, den Isoldes Mutter mitgegeben hatte, um Isoldes Bindung an Marke unauflösbar zu machen. Tristan und Isolde verfallen einer untrennbaren, unendlichen Minne, die zahlreiche Listen nötig macht, um den mißtrauischen Marke zu täuschen. Schließlich werden sie vom Hof verbannt und erfahren in der Waldeinsamkeit der Minnegrotte die höchste Form liebender Unio. Hier sieht Marke sie in Unschuld auf einem kristallenen Bett ruhen, nimmt sie für kurze Zeit wieder am Hof auf, erfährt erneut vom Betrug der Liebenden und verbannt Tristan, der in der Ferne in Isolde Weißhand eine neue Isolde findet. Hier bricht das Epos ab. Wahrscheinlich konnte der Dichter, der die Minneproblematik bis ins äußerste Extrem gesteigert hatte, keine überzeugende Lösung mehr finden, denn ohne Gemeinsamkeit können die Liebenden ebensowenig leben wie ohne Gesellschaft. Liebende Vereinigung und gesellschaftliches Leben schließen sich jedoch aus, oder anders formuliert: »Ein absolutes Minnegesetz zerstört jegliche gesellschaftliche Ordnung.« (Weber)
Gottfrieds Epos ist ein Dokument höchster formaler Vollendung, in dem Sprache und Rhythmus, Reim und Melodik eine im Mittelalter unerreichte Meisterschaft erlangten. Das häufig vorgebrachte Argument, Gottfried sei nur Formalist ohne die gedankliche Tiefe Wolframs zu erreichen, ist völlig unbegründet. Im Prolog nennt der Dichter sein Programm: Durch »lop« aus der Gesellschaft entsteht überhaupt erst »êre«. Ohne gesellschaftliche Anerkennung kann es weder ethische noch ästhetische Werte geben und damit der Mensch auch nicht bestehen. Gegen das Ansehen, die »êre«, ist Minne die vereinzelnde, gesellschaftszerstörende Macht, die im Zauber des Minnetranks zeichenhaft sichtbar wird, da sein Genuß bei Gottfried nur eine bereits innerlich vollzogene Vereinigung und Absonderung sichtbar macht. Gottfried wendet sich mit seiner Dichtung an die »edelen herzen« als Publikum, an jene Menschen, die in Freude und Leid, Leben und Tod in der Minne diese Einheit erfahren haben. »Tristanminne ist nur erfahrbar im Gegensatz zur Liebeslehre des zeitgenössischen Frauendienstes des Minnesangs und des Artusromans.« (Schwietering) Minne löst den Menschen aus der Gesellschaft und zerstört sein Ansehen. Indem sich Tristan und Isolde zur Minne bekennen, verwirklichen sie das »Leid« als Lebenswirklichkeit der »edelen herzen«. Marke verwechselt Minne und Ehe und ge-

hört deshalb nicht in den Kreis der vollendeten Menschen. Gottfrieds Werk kennt keine religiöse Transzendenz. Es ist durchzogen von einem Gedanken: der Tristanminne, die Selbstverleugnung fordert und bereit sein muß, jedes Unrecht zu ertragen. Nicht in Gott, sondern in der Verneinung Gottes finden die Liebenden den gemeinsamen Grund ihrer Einheit – wo Tristan ist, kann Gottesminne nicht sein. An die Stelle Gottes tritt die dämonische Macht der Minne und macht in der Relativierung aller Weltordnungen die geistig-geistliche Krise des beginnenden 13. Jahrhunderts sichtbar.

Walther von der Vogelweide

WALTHER VON DER VOGELWEIDE (etwa 1170–vor 1230) erlangte bei seinen Zeitgenossen und bei den nachfolgenden Generationen bis zur Gegenwart eine einzigartige Berühmtheit, ja vielen scheint er bis heute der Prototyp des mittelalterlichen Dichters zu sein. Dennoch ist sein Werk bis in unsere Tage umstritten und viel Unechtes in den Handschriften unter seinem Namen überliefert. Walther war Minnesänger und Spruchdichter von unerreichter Höhe. Im Minnesang verband er die unterschiedlichsten europäischen Traditionen zu einem unverwechselbaren persönlichen Stil. In der Spruchdichtung griff er auf vorhandene, meist mündlich vermittelte Vorbilder zurück und begründete eigentlich diese Gattung als eigene literarische Form, in der Politik und Minnetheorie, Belehrung, Schelte und Preis gesungen werden. Walthers Spruchdichtung umfaßte alle Lebensbereiche, wobei die politischen Sprüche, mit denen sich der Dichter immer in die Rechtsordnung des Reichs stellte, die bedeutendsten politischen Dichtungen des Mittelalters bilden. In Walthers Nachfolge wurde die Spruchdichtung zu einer ständischen Gattung, die besonders von Fahrenden und bürgerlichen Literaten gepflegt wurde und über diese unmittelbar in den Meistersang gelangte. Mehrere Sprüche, die den gleichen metrischen Aufbau haben und nach der gleichen Melodie gesungen wurden, nannte man einen »Ton«.

Walthers Leben läßt sich nahezu ausschließlich aus seiner Spruchdichtung erfassen, da er historisch nur in einer Quelle bezeugt ist. Der Bischof Wolfger von Passau notierte sich 1203 in einer Reiseabrechnung, daß er dem Sänger Walther von der Vogelweide Geld zum Kauf eines Pelzmantels gegeben habe. Ein Zeugnis, das häufig als Hinweis auf die Armut des Dichters gedeutet wurde, aber auch den Schluß zuläßt, daß Walther von der Vogelweide in offizieller Funktion des Reiches ein standesgemäß angemessenes Honorar erhalten hat. Sicher stammte der Dichter aus einem österreichischen Ministerialengeschlecht, erhielt am Wiener Hof seine höfische und unter Reinmars Einfluß die literarische Bildung. Bald jedoch stimmte er nach dem Vorbild der Dichtung Morungens Töne an, die zum Konflikt mit Reinmar führen mußten. Als

Dichter einer konservativen Hofgruppe stellte Walther auch donauländische Minnesangtraditionen gegen das künstliche Minnespiel Reinmars. 1198 mußte er auf dem Höhepunkt der Auseinandersetzungen Wien verlassen. In den folgenden Jahren wurde er am Stauferhof zum Sprecher Philipps von Schwaben und lernte den Minnesang der Hausen-Schule kennen, traf auf der Wartburg mit Wolfram von Eschenbach zusammen und erfuhr nachhaltige Einflüsse von der lateinischen Vagantendichtung. In diesen Jahren wurde Walthers Spruchdichtung Stimme des Reiches: »mich hât daz rîche und ouch diu krône an sich genomen«. Im *Philippston* trat er für den Staufer ein und vereinigte im *Reichston* staufischen Herrschaftsanspruch, universales Geschichtsbild und das Ethos des christlichen Ritters. In der Haltung dieses Tones hat ihn das Mittelalter gesehen und in die Bilder der Handschriften aufgenommen. 1203 kehrte Walther für kurze Zeit nach Wien zurück. In seinem *Preislied* singt er nicht mehr das Lob der höfischen Dame, sondern des weiblichen Wesens schlechthin und wendet sich in aller Schärfe gegen Reinmars Unterscheidung von wîp (Frau) und frouwe (Dame) mit der programmatischen Formulierung »wîp muoz iemer sîn der wîbe hôhste name, // und tiuret baz den frouwen, als ichz erkenne«. Mit der Forderung nach wechselseitiger Liebe »minne ist zweier herzen wunne« brach Walther endgültig mit dem Wiener Hof und übertrumpfte variierend Reinmars Minnesehnsucht »stirbet sie, sô bin ich tôt« mit der Erklärung, daß die Dame überhaupt erst Leben durch den Dichter erhalte: »stirbe ab ich, so ist si tôt«. Daneben entstanden zahlreiche Sprüche, die zu besonderen Gelegenheiten verfaßt wurden und die uns in das bewegte Leben des Dichters blicken lassen. Um 1220 hat Walther vom Staufer Friedrich II. im Würzburger Raum ein Lehen erhalten. Ergreifend und erschütternd ist sein Dank.

Seine unvergänglichen Gedichte schrieb Walther als Minnesänger. In den Wanderjahren nach 1203 kam er mit Liedern Neidharts in Berührung – ob sich die Sänger persönlich trafen, bleibt zweifelhaft. Dabei haben die »ungefuegen doene« der niederen Minne und die bäuerliche Welt, in der diese Lieder angesiedelt waren, Walther erschreckt. Nicht Zerstörung des Minnesangs, sondern menschliche Erfüllung war sein Ziel. So stellte er gegen das Treiben der Bauern, die die höfische Gesellschaft nachahmen und durch ihr tölpelhaftes Verhalten parodieren, die Forderung nach »mâze«, gegen die niedere Minne das »ebene werben«. Diese Stufe des Dichters Walther ist durch das Lied *herzeliebez frouwelîn* gekennzeichnet, in dem sich unterschiedliche Traditionen vereinigen. Bereits die Ansprache »herzeliebez frouwelîn« (liebe junge Dame) ist persönliches Programm – einigend und distanzierend. Das vertrauliche »Du« der ersten Strophe schwindet in dem Gedankenspiel der zweiten und dritten und erscheint dann wieder auf einer neuen Ebene. Drei neue Aspekte werden in diesem Gedicht deutlich, sie sind für Walthers Dichten von nun an prägend: Zum ersten Mal tritt die »herzeliebe« als personale werthaltige Neigung eines Menschen zu einem anderen Menschen gegen die gesellschaftliche Minneform. Nur die »herzeliebe« vermag für Walther innere Schönheit zu schaffen – aus ihr entwirft er sein Menschenbild. Zum anderen ist die Bindung zwischen Ritter und Dame wie im donauländischen Minnesang wechselseitig: Der Ritter verehrt die Dame, die von aller Zuneigung nicht unberührt bleibt. Zuletzt sind auch nicht mehr Schönheit und Besitz äußere Zeichen innerer Qualitäten, vielmehr erhalten auch an sich wertlose Dinge einen Wert durch die Person, die sich diesen Dingen zuwendet. Das »herzeliebe frouwelîn« gehört weder zur hohen noch zur niederen Gesellschaft, sondern vertritt eine Wirklichkeit jenseits aller ständischen Grenzen, ohne daß dabei die höfische Wertordnung auch nur andeutungsweise in Frage gestellt wird.

Aus der kunstvollen Mischung von vier typischen Liedformen, die Walther in Wien und während der Wanderjahre kennengelernt hatte, entwickelte er seine späte Minnelyrik. Als deutsche Gattung lernte er den Frauenmonolog kennen, der als alte lyrische Form von volksliedhaften Strophen über epische Gestaltungen zu reiner Gedankenlyrik reicht. Der Frauenmonolog ist entweder als Lied einer wartenden Frau überliefert oder als Wechselgesang, wobei die Liebenden nicht miteinander, sondern nebeneinander über ihre Minne sprechen. Auch das Taglied, eine andere volkssprachliche Gattung, die den Abschied der Liebenden am Morgen nach gemeinsamer Nacht gestaltet, steht dem Frauenmonolog nahe und lebt in der Dichtung über das Volkslied bis in die Gegenwart. Aus der lateinischen Dichtung übernahm Walther Elemente der Mädchenklage, einer Gattung, die seit Ovid gebräuchlich und an keine ständische Festlegung gebunden ist. Hier klagt das verlassene Mädchen auf der Heide, einer stilisierten Landschaft, ihr persönliches Leid. Dieser Liedform steht die Pastourelle gegenüber, sie ist ein dialogisierendes Schäfergedicht, in dem ein Ritter oder Schäfer um eine Schäferin wirbt. Diese erotische Atmosphäre, die in der lateinischen Dichtung sehr direkt spürbar ist, hat sich in der Gesellschaft bis ins Rokoko erhalten.

Walther übernahm wohl Anregungen, doch arbeitete er sie in sehr eigenwilliger Weise um und fand so zu neuen Formen, Aussagen und Gestaltungen des Minnesangs. Traum und Wirklichkeit sind in dieser Dichtung kaum zu unterscheiden. So bietet der Dichter in einem Gedicht dem einfachen Bauernmädchen den Kranz als Symbol der Liebe und wirbt um es wie um die Dame der Gesellschaft, bittet es zum gemeinsamen Weg auf die »Heide«, auf der rote (Symbol der Liebe) und weiße (Symbol der Keuschheit) Blumen blühen. Mit der Einladung zum Blumenbrechen – zur Erfüllung der Liebe – schwenkt Walther vom Ich-du-Gespräch zum verbindenden »wir«. Das einfache Mädchen nimmt errötend in Ehren den Kranz an und dankt liebend dem Werber. Diese Dame fordert nicht Verehrung – wie die Minnedame des hohen Sangs –, sie schenkt Liebe, ohne daß auch nur ein Element niederer Minne eindringt. Das volle Glück ist aber nicht zu verwirklichen. Im Augenblick der liebenden Zuneigung schlägt die Erlebnisebene um: der

Ruf des Tagliedes »dô taget ez« enthüllt die Begegnung mit dem Mädchen als Traum, »denn in der Wirklichkeit gibt es kein einfaches natürliches Mädchen, das Dame ist«. So bleibt dem Sänger die sehnsüchtige Suche nach seinem Ideal. Nur in der Traumwelt ist wirkliche Erfüllung möglich, hier sind die Damen nicht übertrieben hehr und unnahbar, hier vereinigen sie gesellschaftliches Ansehen und menschliche Wärme, hier ist Zuneigung möglich, hier gilt Walthers »mir ist umbe dich, reht als dir ist umbe mich«. In dem berühmten Lied *under der linden an der heide* erinnert sich das Mädchen in einem Monolog seligen Gedenkens an gemeinsames, wirkliches Erleben. Die Liebeslandschaft, die Heide, wird hier bis ins einzelne erfaßbar: an die Stelle des Baumes tritt die Linde, als Vogel wird die Nachtigall genannt, aus roten Blumen werden Rosen. Dieses »schwebende« Lied, an der Grenze von Frauenmonolog, Taglied, Pastourelle und Tanzlied, zeigt in spielerisch leichten Versen eine natürliche Liebe. Die zarte, offene Sprache des Mädchens, das nur aus seiner Liebe lebt, enthält vorhöfische Formeln, wenn etwa der Ritter als Freund (= vriedel) angesprochen wird, und religiöse Aussagen und verbindet Weltliebe mit Gottesliebe, wenn im Bild der »hehren Dame« Maria sichtbar wird und an die Stelle von »fröhlich« der Begriff »selig« tritt.

Der alternde Walther erfuhr zuletzt die Eitelkeit der Welt, die Vergänglichkeit einer Ordnung, der er sein Leben lang gedient hatte. Jetzt wandte er sich im Marienleich dem Preis der Gottesmutter zu und sah im geplanten Kreuzzug von 1227 Auftrag und Erfüllung des Rittertums. Zuletzt sagte Walther der Welt ab, rechtfertigte sich vor der Gesellschaft, für die er ein Leben lang gesungen hatte, und kehrte noch einmal in seine Heimat zurück. Er kam als Fremder in eine gewandelte Welt. Die Langzeilenstrophe der donauländischen Lyrik, die in Walthers Jugend gesungen worden war, wurde in der sogenannten *Elegie* zur Form des Abschieds. Walthers Resignation ist getragen von staufischem Reichsbewußtsein – politische und kulturelle Ordnung scheinen in einer tiefen Krise, die Walther als persönliches Geschick erlebt. In Würzburg ist er bald nach Vollendung des letzten Gedichtes gestorben, im Lusamgärtlein soll er begraben sein.

Das Nibelungenlied

Wie ein erratischer Block ragt in die höfische Dichtung des 13. Jahrhunderts das *Nibelungenlied*, in dem sich Sage und Märchen, Spielmännisches und Urmythos zu einem komplexen Gebilde vereinigen, dessen Zusammenhänge bis heute ungelöst und auch in Zukunft nicht erhellbar sind. Das *Nibelungenlied* ist in der christlichen Welt des Mittelalters nicht zum Nationalepos geworden, da es im Kern unchristlich ist und weder Volks- noch Nationalgefühl kennt. Dennoch ist es in zahlreichen

Handschriften überliefert und wurde bis ins 16.Jahrhundert immer wieder abgeschrieben. Neben der uns im *Nibelungenlied* erhaltenen Fassung gab es im Mittelalter eine Fülle anderer Überlieferungen des Stoffs: Im Norden erzählen die *Atli- und Sigurdlieder*, die *Völsungasaga* und die *Thidrekssaga* den Stoff, während in Mitteleuropa im *Volksbuch vom Hürnen Seyfried*, das auf eine Volksballade zurückgeht, und in zahlreichen Sagen andere Erzählstränge erhalten blieben. In den meisten Handschriften schließt sich an das Lied die »Klage« an, eine Wiederholung der ganzen Erzählung in höfischen Reimpaaren. Der Dichter des Liedes ist unbekannt. Diese Anonymität ist sicher in der Gattung begründet, denn Heldendichtung überliefert nach mittelalterlichem Verständnis Geschichte, wobei der Verfasser hinter dem objektiven Wahrheitsanspruch des Stoffes zurücktritt. Formal ist das *Nibelungenlied*, wie auch andere Heldendichtungen, nicht in vierhebigen Reimpaaren, sondern in singbaren Strophen geschrieben, die große Ähnlichkeit mit der »Kürenberger Weise« des donauländischen Minnesangs zeigen. Eine Strophe besteht aus jeweils vier paarreimenden Langzeilen, die durch eine Zäsur in An- und Abvers gegliedert werden. Während die ersten drei Abverse jeweils dreihebig sind, ist der letzte vierhebig und eignet sich formal durch seine Schwere zu Zusammenfassungen und Vorausdeutungen.

> Ez wúohs in Búrgóndèn[1] ein vil édel mágedîn,
> dáz in állen lándèn niht schóeners möhte sîn,
> Kríemhìlt gehéizèn: si wárt ein schóene wîp.
> dar úmbe múosen dégenè víl verlíesèn den lîp.

[1] (Die Hebungen können auch in folgender Weise verteilt werden: Ez wúohs ìn Burgóndèn ...)

Die Erhellung der Sagengeschichte des *Nibelungenliedes* gehört zu den erregendsten Forschungskapiteln der mittelalterlichen Philologie. Gegen die ursprüngliche Annahme, daß das Lied aus mehreren Liedern zusammengewachsen sei, erkannte Andreas Heusler, daß alle Heldenepik eine typische Entwicklung durchläuft, an deren Anfang ein kurzes balladenhaftes Lied steht, das im Laufe der Zeit immer mehr erweitert wird. Als Vorstufen der beiden Teile des *Nibelungenliedes* nahm Heusler jeweils ein fränkisches Erzähllied des 5.Jahrhunderts an, das einmal von Brünhild, zum anderen vom Burgundenuntergang handelte. Für das Burgundenlied konnte er die Zerstörung des Burgundenreichs 436 und den plötzlichen Tod Attilas 453 als historischen Kern erschließen, während die Brünhildsage ihren Ursprung in der Merowingergeschichte haben dürfte. Heusler entwarf – ausgehend von diesen beiden erschlossenen Liedern und unter Berufung auf nordische Überlieferungen – einen Stammbaum der Sagengeschichte. Nach seinen Erkenntnissen hat ein österreichischer Dichter zwischen 1200 und 1205 die beiden Sagenstränge vereinigt, Widersprüche geglättet und die eigene

Strophenform geschaffen. Sicher ist Heuslers Modell für die Beschreibung der wirklichen Überlieferung zu einfach, denn neben der Sagengeschichte wirkten auf die Überlieferung die französische und deutsche Epik, eine eigene Sage von Siegfrieds Jugendtaten, Märchenmotive wie »der Held mit dem gebundenen Leben« oder die »Brautwerbungsfabel«, andere Sagen wie die ostgotische Dietrichssage sowie eigenständige Schöpfungen wie die Gestalt des Rüdeger von Bechlaren. Über dieses komplexe Gebilde breitete der letzte Dichter ein ritterlich-christliches Gewand. So enthüllt sich bei näherem Zusehen fast in jeder Strophe ein schillerndes Neben- und Ineinander alter Kerne, neuer Stofferweiterungen und einer glättenden Bearbeitung des letzten Dichters.

Das *Nibelungenlied* umfaßt 39 Aventiuren, wobei ein deutlicher Einschnitt nach der 19. Aventiure die beiden Sagenkreise trennt. Das Epos beginnt mit der Jugend Kriemhilds und der Werbungsfahrt Siegfrieds nach Worms, wo er aus seiner reckenhaften Freiheit in die höfische Gebundenheit tritt, für den Burgundenkönig Gunther gegen die Sachsen kämpft und ihm durch List (untriuwe; Rechtsbruch) Brünhild als Gemahlin erwirbt. Nach der prunkvollen Doppelhochzeit Siegfrieds mit Kriemhild, Gunthers mit Brünhild und der Bezwingung Brünhilds in der Brautnacht durch Siegfried als Helfer Gunthers kehren Kriemhild und Siegfried in die niederländische Heimat des Helden zurück. Zehn Jahre später dringt Brünhild darauf, daß der »Vasall« Siegfried nach Worms zum Hofdienst geladen werde. Mit Kriemhild wird er bei seiner Ankunft feierlich empfangen, doch bald geraten die beiden Königinnen darüber in Streit, welche den edleren Gatten habe. Kriemhild stellt gegen Brünhilds Behauptung, Siegfried sei Vasall Gunthers, die Beleidigung, Siegfried habe Brünhild als Nebenfrau geliebt, und beweist den Vorwurf, indem sie Ring und Gürtel vorweist, die der Held Brünhild in der Brautnacht abgenommen hatte. Hagen, Gunthers treuester Lehensmann, wird jetzt zur treibenden Kraft des Geschehens: er fordert Rache, warnt vor einem Machtverlust des Königs, wenn ihm legitime Erben fehlen, und stellt den Burgunden den sagenumwobenen Hort Siegfrieds in Aussicht. Auf der Jagd tötet Hagen Siegfried heimtückisch, bekennt sich vor Kriemhild zum Mord und versenkt den Nibelungenhort im Rhein.

Der zweite Teil des Liedes beginnt mit der Werbung Etzels um Kriemhild, die diese erst annimmt, als Etzels Dienstmann Markgraf Rüdeger von Bechlaren ihr einen unbedingten Treueid leistet. Jahre später überredet sie ihren Gatten, ihre Verwandten an den Hunnenhof einzuladen. Diese nehmen, gegen Hagens Warnung, die Einladung an. Ausführlich wird der Zug der Burgunden geschildert, wobei die Einkehr am Hofe Rüdegers ein letztes, idyllisches Verweilen bringt. Ein neuer Sippenbund, den man hier schließt, wird zum Kern tragischer Konflikte. Am Etzelhof werden die Burgunden zunächst freundlich empfangen, obwohl sie von Dietrich von Bern gewarnt worden waren. Am nächsten Tag läßt Kriemhild die gesamte Gefolgschaft ihrer Brüder töten, während Hagen das Kind Kriemhilds und Etzels erschlägt. Damit sind die Konstellationen gestellt. In zahlreichen Einzelkämpfen beweisen die Burgunden ihre Tapferkeit. Den Höhepunkt erreichen die Auseinandersetzungen, als Kriemhild Rüdeger zwingt, seinen Eid zu erfüllen und gegen die Freunde zu kämpfen, wobei er fällt. Zuletzt greift Dietrich von Bern selbst in den Kampf ein und nimmt Gunther und Hagen gefangen. Als Kriemhild von Hagen die Herausgabe des Hortes fordert, verweigert er dies mit der Begründung, er könne nicht über den Hort verfügen, solange sein Herr Gunther lebe. Jetzt läßt die Königin den Bruder erschlagen und tötet Hagen eigenhändig, als er sich weigert, das Versteck des Hortes zu nennen. Hildebrand, Dietrichs greiser Waffenmeister, richtet zuletzt Kriemhild, da er es nicht ertragen kann, daß ein Held wie Hagen von der Hand einer Frau stirbt.

Das *Nibelungenlied* ist eine Dichtung von Leidenschaft und Leid, getragen von der Überzeugung, daß aus Freude notwendig Leid entstehen muß. Das Heldenlied bewertet kein Ereignis, sondern berichtet Tatsachen. Hier gibt es kein individuelles Verhalten, sondern nur Handeln aus Notwendigkeit. In dieser archaischen Welt gilt nur das Lebensrecht des Stärkeren. Indem Siegfried und Brünhild in die höfische Welt der Burgunden treten, verlieren sie ihre Stärke und damit ihr Daseinsrecht. Diese Welt der Archaik bleibt jedoch dem letzten Dichter verschlossen – er wandelt Siegfried zum strahlenden Helden, die Walküre Brünhild zum Kraftprotz. Einzig Hagen als Verkörperung der Gefolgschaftstreue und Rüdeger als tragische Gestalt höfischer Wertordnung sind dem Dichter in ihren Lebensformen erfahrbar. Kriemhild als verbindende Gestalt des Liedes schafft die Konstellationen, ihre Handlungen bestimmen das Geschehen, indem sie Fakten setzt. Im *Nibelungenlied* singt der Dichter nicht zum Ruhme der Toten – wie der germanische Skalde –, sondern erhebt die Klage über der »Nibelunge nôt«.

In dieser archaischen Welt, die nur oberflächlich Züge der höfischen Kultur annimmt, stehen zwei Gestalten dem letzten Dichter besonders nahe. Dietrich von Bern, der landlose König, der stets seinen Heldenglanz mit persönlicher Tragik entgelten muß, wird am Ende der Dichtung eine überragende Gestalt. Er weiß – wie Hagen –, was die Burgunden erwartet, er weiß, daß er mit seinen Vasallen seine ganze Macht – sein Ansehen – verlieren wird, er weiß, daß er die Freunde Hagen und Gunther dem Tode ausliefert, und vollzieht als Wissender dieses Schicksal. Damit bewährt er sich als vorbildlicher Held und Ritter, als Beispiel für Tapferkeit und Selbstverachtung, denn – hier ist der Dichter ganz gläubiger Christ – nur wer sich selbst erniedrigt, kann »êre« gewinnen. So gesehen schließt sich in dem Seufzer »ich armer Dieterich« das Wissen um Land- und Heimatlosigkeit, um die Flucht und die sagenhafte Schlacht vor Ravenna und um die Schuld am Tod der Söhne Etzels – wie dies die Sage berichtet – sowie die Schuld am Tod der Treuen und Freunde. Indem Dietrich diese Schuld annimmt, wird er zum Vorbild aller ritterlichen Kultur. Neben Dietrich und in sein Schicksal verwoben, steht die tragische Gestalt des Markgrafen Rüdeger, der bei der Werbung Etzels um Kriemhild dieser stete Lehenstreue gelobte, der seine Tochter mit Giselhêr, dem Bruder Gunthers, verlobt und damit als Verwandter in den Kreis der Burgunden tritt. Sein Konflikt entsteht aus der doppelten rechtlichen Bindung, der er sich nicht entziehen kann. Nur im Tod vermag er die Gegensätze zu überwinden, die tragische Selbstauslöschung ist die notwendige Konsequenz. Einzig Hagen und sein Freund, der Spielmann Volker von Alzey, erkennen Rüdegers Geschick. So bittet Hagen Rüdeger um dessen Schild, als seiner zerschlagen ist, und gelobt, daß er niemals gegen den Freund kämpfen werde. Zuletzt ist es Gernot, der Rüdeger – selbst fallend – mit dem Schwert erschlägt, das der Markgraf ihm zum Gastgeschenk gab. Deutlich zeigt sich in diesen Konflikten, daß es im *Nibelungenlied* nicht um individuelle Schuld wie im höfischen Roman geht, sondern um objektive Rechtskonstellationen, deren Vollzug notwendig tragisch ist. Auf die ritterlich-höfische Gesellschaft des 13. Jahrhunderts muß diese Problematik erschütternd gewirkt haben, da die Gestalt des Markgrafen für jeden einzelnen Adeligen nacherlebbar war. Hier hat der Dichter des *Nibelungenliedes* für die Zeitgenossen und Nachfahren eine Gestalt geschaffen, die wie keine andere in die Freiheit und Gebundenheit des Lebens im 13. Jahrhundert blicken läßt. In der deutschen Literatur hat die Nibelungensage eine lange und vielfältige Tradition bis zu Friedrich Hebbels Trilogie *Die Nibelungen* und Richard Wagners Tetralogie *Der Ring des Nibelungen*. Niemals wurde jedoch die Gestaltungskraft, Fülle und Geschlossenheit des mittelalterlichen Epos erreicht.

Etwa gleichzeitig mit dem *Nibelungenlied* entstand das *Kudrunepos*, das nur in einer Handschrift des 15. Jahrhunderts – dem Ambraser Heldenbuch, das Kaiser Maximilian aufschreiben ließ – erhalten ist. Im Mittelalter fand die Sage, die im Ostseeraum beheimatet sein dürfte, aber auch bairische Einflüsse zeigt und die die Geschichte Kudruns, ihrer Eltern und Großeltern erzählt, wenig Verbreitung. So ist auch die ursprüngliche Form schwer zu rekonstruieren; dazu überdecken spielmännische Formeln sehr stark den Kernbestand der Sage. Eigentlich wurde das *Kudrunepos* erst im 19. Jahrhundert wiederentdeckt. In der leidenden Kudrun sah man eine Antikriemhild und überbewertete den Text stark gegenüber dem *Nibelungenlied*. Heute ist die Erkenntnis allgemein, daß es sich bei diesem Epos weniger um ein Heldenlied denn um eine Spielmannsdichtung handelt, in die zahlreiche volkstümliche Traditionen Eingang gefunden haben.

Die späthöfische Literatur (1230–1330)

Mit der Herrschaft Friedrichs II. (Regierungszeit 1212–1250) vollendete sich im Reich die Ausbildung der landesherrlichen Gewalten, die Hausmachtpolitik einzelner Adelsgeschlechter erreichte einen ersten Abschluß. Wohl zeigte der hochmittelalterliche Staat unter Heinrich VII. (Regierungszeit 1308–1313) noch einmal die Machtfülle des Kaisertums, doch bereits unter Ludwig dem Baiern (Regierungszeit 1314–1347) begründete Marsilius von Padua (um 1275–1342/43) theoretisch den weltlichen demokratischen Staat auf der Grundlage der Volkssouveränität. Gleichzeitig lehrte – ebenfalls in München am Hofe Ludwigs des Baiern – Wilhelm von Occam (um 1285–1347) die Unabhängigkeit des Staates von der Kirche, und der Kurverein von Rhense entschied, daß der deutsche König auch ohne päpstliche Anerkennung oder Krönung römischer Kaiser sei. Das Heilige Römische Reich Deutscher Nation nahm hier seinen Anfang. Der spätmittelalterliche Säkularisierungsprozeß fand auch seinen Niederschlag in der Ausbildung privilegierter kaiserlicher Städte, sogenannter Reichsstädte, gegen die Fürsten und in der wirksamen Rezeption der Aristotelischen Philosophie. Die großen theologischen Summen des Albertus Magnus (1193–1280), Thomas von Aquin (1225/6–1274) und Duns Scotus (um 1266/70–1308) schlossen das hohe Mittelalter geistig ab, während sich in den Klöstern, besonders in den Franziskanerklöstern der Städte, unter dem Einfluß Bernhards von Clairvaux (um 1090–1153) und Hugos von St. Victor (um 1096–1141) erste mystisch-individualistische Strömungen beobachten lassen.

Vor diesem vielfältigen Hintergrund müssen die literarischen Strömungen der späthöfischen Zeit gedeutet werden. So erfuhr die Minnelyrik in diesem Jahrhundert ihre Vollendung und wurde gleichzeitig zu gesellschaftlich unverbindlichem Spiel, da die ritterliche Gesellschaft als Träger dieser Literatur ihre Bedeutung verlor. Bei der großen Zahl von Minnedichtern, die in dieser Zeit namentlich erwiesen sind, zählte nicht die Originalität, sondern Traditionsbewußtsein und formelhafte Stilistik. Die meisten Texte stammen aus dem Südwesten des Reichs, doch dürfte dies dadurch erklärbar sein, daß hier die großen Sammelhandschriften – etwa die berühmte Große Heidelberger Liederhandschrift, die fälschlicherweise häufig Manessehandschrift genannt wird – entstanden sind. Von Interesse sind für uns einige wenige Dichter, denen es gelang, gegen den herrschenden epigonalen Geist eigene Gestaltungsweisen zu entwickeln. Am eindrucksvollsten ist sicher das Werk des bairischen Sängers NEIDHART VON REUENTAL (etwa 1180/90–um 1245), dessen Leben, wie das Walthers von der Vogelweide, im dunkel bleibt. Mit zwei neuen Gattungen bereicherte er inhaltlich und formal die Minnelyrik des 13. Jahrhunderts. In den Sommerliedern griff er auf volksliedhafte Tanzstrophen zurück, pries die Freuden des Sommers und den Tanz auf dem Anger. In diesen Liedern ist der Ritter Kavalier des Bauernmädchens, das oft den Anlaß für eine rechte Prügelei am Ende des Liedes bietet. So werden die Sommerlieder zur Parodie und Travestie des höfischen Minnesangs. Die Winterlieder Neidharts sind formstrenge Kanzonen und zeigen die Tanzfreuden der Bauern in der Kneipe. Der »dörperliche« Gegensatz zum Ritter Neidhart, der in diesen Liedern persönlich auftritt, nimmt Züge des *Meier Helmbrecht* des Wernher der Gartenaere vorweg. Neidharts Lieder wurden bald zu einem beliebten Typus, und im späten Mittelalter wurde der Dichter selbst zur Schwankfigur.

Formal erreicht der späte Minnesang im spätstaufischen Dichterkreis um König Heinrich (VII.), den unglücklichen Sohn Friedrichs II., seinen Höhepunkt. BURKHART VON HOHENFELS, GOTTFRIED VON NEIFEN und ULRICH VON WINTERSTETTEN übersteigerten den kunstvollen Aufbau der Lieder, deren Inhalt nahezu bedeutungslos wird. Diese Dichtung war nur noch Spiel einer sehr gebildeten Gesellschaft, die sich in Anspielungen der Texte wiedererkannte. Dagegen beschrieb ULRICH VON LICHTENSTEIN – Truchseß und Marschall der Steiermark – im *Frauendienst* sein Minneleben in 60 Liedern und übertrug dabei die Aventiure in die Wirklichkeit. Dies wurde von der mitspielenden höfischen Gesellschaft freudig aufgenommen. Der Oberpfälzer Dichter TANNHÄUSER zeigte in seinen Tanzliedern und Leichstrophen eine außergewöhnliche Sinnlichkeit, die bald zum Anlaß der Verdammung seiner Dichtung und Person durch ein prüdes Bürgertum wurde. Während der späthöfische kunsthandwerkliche Formalismus bei KONRAD VON WÜRZBURG, einem verheirateten Baseler Bürger, als gelehrter Minnepreis sich selbst ans Ende führte, parodierte der Schwabe STEINMAR nahezu alle überlieferten Gattungen, Inhalte und Formen und wurde zum Neubegründer eines Gegensanges. Im *Herbstlied* wandte er sich vom Preis der Dame ab, sang das Lob des Fressens und Saufens und wirkte als Vermittler germanischer Jahreszeitenkulte in das Fastnachtsspiel.

Zu den beliebtesten mittelalterlichen Literaturgattungen gehört die didaktische Dichtung, die in vielfältiger Weise dem Menschen seinen Ort in der Schöpfungsordnung zuwies. Die Ausprägungen reichen von Predigten über Traktate, Sprüche und Lügengeschichten. Unter den großen Sittenlehren nimmt *Der Welsche Gast* des THOMASIN VON ZERCLAERE eine überragende Stellung ein, während der *Renner* des Bamberger Schulmeisters HUGO VON TRIMBERG sprunghaft, ohne Kontinuität und Vertiefung zu allen Lebensbereichen seine Lehre gibt. Die Spruchdichtung, die bis in germanische Zeit zurückreicht und wahrscheinlich von bürgerlichen Fahrenden gepflegt wurde, zeigt neben übertriebener Gelehrsamkeit oft recht hausbackene Züge. Unter den zahlreichen Spruchdichtern ragen hervor REINMAR VON ZWETER, FREIDANK, dessen *Bescheidenheit* (Unterscheidungslehre) zur Gattungsbezeichnung für zweizeilige Sprüche wurde, und der manieriert dichtende HEINRICH VON MEISSEN, genannt FRAUENLOB (um 1260–um 1319), der in Mainz die er-

ste Meistersingerschule gegründet haben soll und 448 Spruchstrophen hinterließ.
Auch die erzählende Literatur erreichte im 13. Jahrhundert eine weite Verbreitung, wobei der Einfluß Hartmanns von Aue und Gottfrieds von Straßburg sichtbar wird. In diesen Erzählungen wurde die Artuswelt zum Unterhaltungsstoff, wie etwa im *Wigalois* des WIRNT VON GRAFENBERG. Daneben wurde mit dem *Lanzelot* des ULRICH VON ZATZIKHOFEN der problematischste und bis heute verkannte Artusstoff in Deutschland literarisch. Vermittler und Vorbild für die spätere Epik wurden Rudolf von Ems (gest. zwischen 1230 und 1254) und Konrad von Würzburg (gest. 1287): RUDOLF VON EMS stellte im *Guten Gerhard* den Wert der Kaufleute gegen die höfische Sittlichkeit, übertrug in *Barlaam und Josaphat* die Buddhalegende ins Christliche, schrieb mit *Wilhelm von Orlens* den Minneroman mit der größten Wirkung auf die spätmittelalterliche Romanliteratur, erzählte in dem unvollendeten Roman *Alexander* die Vorgeschichte des Reiches und begründete mit seiner unvollendeten *Weltchronik* in 36000 Versen die spätmittelalterliche Reimchronistik. KONRAD VON WÜRZBURG war Berufsdichter für das Bürgertum und die hohe Geistlichkeit in Basel. Sein kunsthandwerklicher »geblümter Stil« wurde Ausdruck und Vorbild des gotischen Kunstverständnisses. Mit den Legenden, Verserzählungen, Romanen und dem Marienlob *Die goldene Schmiede* (eigentlich »Das goldene Geschmeide«) wirkte er in kaum zu überschätzender Weise auf die Dichtung des späten Mittelalters. In die Heldenepik des 13. und 14. Jahrhunderts drang die Aventiure aus der Artus- und Abenteuerdichtung, wobei sich neben stofflichen Auswucherungen eine Vorliebe für höfischen Glanz und eine Verbindung aller Sagen miteinander zeigte. Den breitesten Raum nahm die Dietrichsepik ein, die den historischen König Theoderich sagenhaft umgestaltete. Auch inhaltlich wurden die Sagen verbunden; so erzählt der *Wormser Rosengarten* von einem Turnier der Helden des Burgundenhofes mit Dietrich von Bern und seiner Gefolgschaft. Über die späthöfische Zeit hinaus blieben zahlreiche Sagen als Unterhaltungsliteratur bis in die Neuzeit wirksam, ja manche Stoffe wurden erst nach dem 15. Jahrhundert literarisch. *Die wunderschöne Historie von dem gehörnten Siegfried und der Jungfrau Florigunde*, eine Sproßerzählung der Jungsiegfriedsage, in der »gehörnt« nicht mehr als »mit Horn überzogen« verstanden wird, erscheint als Volksbuch erstmals 1726 im Druck.
Europäische Verbreitung erreichte seit dem 13. Jahrhundert die Verserzählung, die sich vom Individuellen zum Typischen wendete und die Welt in begrenzten Ordnungen zu deuten suchte. Der didaktische Zug ist Merkmal der Gattung und tritt auch in den großen europäischen Sammlungen – den *Gesta Romanorum*, dem *Decameron* des Boccaccio und den *Canterbury Tales* Chaucers – deutlich hervor. Das neue bürgerliche Milieu und Publikum wird in der aus Frankreich stammenden Skandalgeschichte *Moritz von Craôn* ebenso greifbar wie bei dem frän-

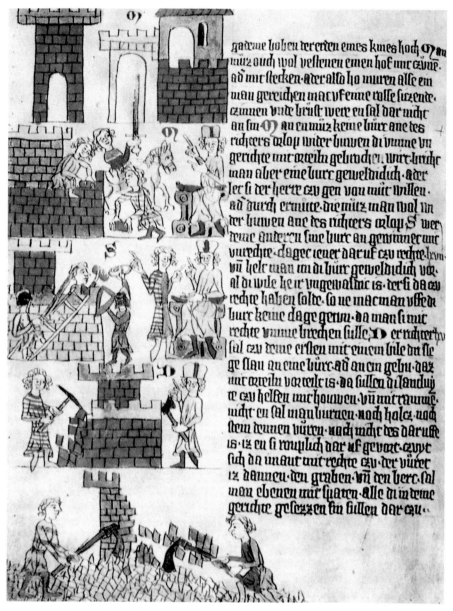

Abb. 8: Seite aus dem *Sachsenspiegel* des Eike von Repgow. Heidelberger Handschrift um 1320

kischen fahrenden Bürger DER STRICKER, der in der eigenen Gattung des »bîspels« Schwankmotive und Didaktik verbindet. Aufklärerisch zeigt er in der Schwankerzählung vom *Pfaffen Amîs,* wie die Ordnung der Welt durch Dummheit zerstört wird, und schlägt grotesk in den

Schwänken *Der betrogene Ehemann, Vom durstigen Einsiedler* und *Der Weinschlund* dasselbe Thema an. Ihren Höhepunkt erreichen die Verserzählungen im *Meier Helmbrecht* des bairisch-österreichischen Dichters WERNHER DER GARTENAERE, der in der zweiten Hälfte des 13. Jahrhunderts erzählt, wie der reiche Bauernsohn Helmbrecht die soziale Ordnung durchbrechen und Ritter werden will. Doch die ritterliche Welt bleibt ihm verschlossen, als Wegelagerer wird er mit seinen Spießgesellen zum Schrecken der Bauern, ja er vermählt sogar seine Schwester Gotelind mit einem der Räuber. Zuletzt wird die Bande ausgehoben, verurteilt und gerichtet. Nur Helmbrecht wird nach mittelalterlichem Herkommen als zehnter begnadigt, geblendet und verstümmelt. Als er nach Hause zurückkehrt, wird er vom Vater vom Hof gejagt und von den Bauern, die er einst plünderte, gehenkt. Diese Verserzählung berichtet von der Gerechtigkeit des Vaters Helmbrechts, der als Abbild des richtenden Gottes erscheint. In dem jungen Helmbrecht, der wie das Raubrittertum und die verweltlichte Geistlichkeit gegen die göttliche Ordnung verstößt, wird das Bild einer gefährdeten Welt sichtbar. Die Verserzählung blieb über Jahrhunderte bis zu Lafontaine und Johann Peter Hebel als Typus eine beliebte Literaturgattung, auch wenn in der Neuzeit bald die Prosa an die Stelle des Verses trat.

Prosa war durch das ganze Mittelalter die Stilform der Sachliteratur, deren Anspruch in erster Linie darin bestand, wahrheitsgemäß zu berichten. In diesem Zusammenhang trugen um 1190 für Heinrich den Löwen Braunschweiger Geistliche eine Summe der Kosmographie, Geographie und Theologie unter dem bezugsreichen Titel *Lucidarius* (= »Leuchter«) zusammen; diese Enzyklopädie ist als Dialog zwischen einem fragenden Schüler und einem lehrenden Meister gestaltet. Um 1230 schrieb der Anhalter Schöffe EIKE VON REPGOW neben der *Sächsischen Weltchronik* die bislang mündlich tradierten Rechtsgrundsätze im *Sachsenspiegel* nieder, dessen Land- und Lehensrecht auf die Rechtsgeschichte einen großen Einfluß gewann. Allein 200 Handschriften sind von dem Werk erhalten, und bis ins 19. Jahrhundert blieben in Sachsen und Thüringen zahlreiche Grundsätze gültiges Recht. Der *Schwabenspiegel* übernahm Formulierungen wörtlich und öffnete dem Gesetzbuch des Eike von Repgow den Einfluß in Süddeutschland. Auch die Legendenliteratur fügte sich in das neue Realitätsverständnis. Seit dem 12. Jahrhundert wurden Legenden- und Mariendichtungen zyklisch geordnet und zu umfangreichen Sammlungen etwa im *Passional* oder im *Väterbuch* vereinigt, die vielfach abgeschrieben und verbreitet wurden.

Die Literatur des späten Mittelalters (1330–1400)

Die Goldene Bulle von 1356 beendete endgültig den Streit um Kaiserwahl und Kaiserrechte. Neben Kaiser und Reich trat nunmehr das Bürgertum der Städte als politisches und kulturtragendes Element mit neuen Formen der Frömmigkeit, mit Stiftungen und Wallfahrten, mit Häresien als grundsätzlicher Kritik an der überlieferten Kirchenreligion, mit neuer Lehrpraxis und einem neuen Lebensgefühl. Die noch häufig vertretene Auffassung, daß das späte Mittelalter eine Epoche des Verfalls gewesen sei, ist sicher völlig falsch. Abgesehen davon, daß mit dieser Auffassung eine ganze Epoche nur deshalb abgewertet wird, weil ihre ästhetischen und staatspolitischen Ideale nicht mit den auch zeitabhängigen Vorstellungen der Kritiker übereinstimmen, ist eine solche Betrachtungsweise tief unhistorisch. Sicher ging im späten Mittelalter vieles unter, was über Jahrhunderte gegolten hatte. Vieles blieb auch, wandelte sich und wirkt im geistigen Leben bis heute. Zahlreiche neue geistige und literarische Erscheinungen bildeten sich jetzt erst aus. Man muß lernen, das späte Mittelalter als eine Zeit des Neubeginns mit einem neuen Publikum zu begreifen. Die Lebenskreise, in denen sich spätmittelalterliches Dasein vollzog, sind durch ein erstaunliches und verwirrendes Nebeneinander von Institutionen, Gesellschaften und Ordnungen charakterisiert. Überall wurde ein Drang zur realistischen Darstellung, zur Veranschaulichung geistiger Inhalte sichtbar. Hexenwahn und Verfolgung von Minderheiten fanden weite Verbreitung. Die Gesellschaft des 14. und 15. Jahrhunderts erfuhr diesen Umbruch im Ende der Ritterheere und dem aufkommenden Söldnertum, im Übergang von der Natural- zur Geldwirtschaft, im Spannungsfeld eines entstehenden Individualismus. Das Bürgertum schuf sich bald eine Literatur, deren Gestaltungsweisen im Meistersang und in der Fachliteratur, im geistlichen Spiel und Traktat, im Fastnachtstreiben und in einem breiten Strom didaktischer Aufzeichnungen überliefert sind. Auch die bäuerliche Welt wurde jetzt erkennbar – wenn auch nur in der Parodie durch andere Stände.

Im 14. Jahrhundert nahm auch die Zahl der Sammelhandschriften zu, da an die Stelle des teuren Pergaments nun das Papier trat und die neue Bildungsgesellschaft im Buchbesitz ihre geistige Aufgeschlossenheit zeigen wollte. Zunftmäßig organisierte Schreibwerkstätten – etwa die Sammlung des *Lochamer Liederbuchs* um 1452/56 oder das *Liederbuch* der KLARA HÄTZLERIN um 1471 – traten bald in Konkurrenz zu den frühen Inkunabeldrucken der Bibel und der Kalender. Am Ende des Mittelalters entstanden dann die prachtvollen und umfassenden Sammelhandschriften – etwa das *Ambraser Heldenbuch*, das der Zöllner HANS RIED für Kaiser Maximilian fertigte und das uns als einzige Handschrift Texte wie den *Erec* (mittlerweile wurden zusätzliche Fragmente gefunden) oder die *Kudrun* überliefert, oder das große *Buch der Abenteuer* des ULRICH FUETRER um 1473/78. Mit dieser breiten Überlieferung schwand das Publikum, das durch das ganze Mittelalter sichtbar Träger jeder literarischen Tradition gewesen war, in die Anonymität. Während Ulrich von Lichtenstein sein Minneleben mit der Gesellschaft gespielt hatte, demonstrierte der Bürger JOHANNES HADLAUB Minneleben als Spiel vor und für eine städtische Patrizierschicht, die an dem Spiel als Zuschauer Freude hatte. Eine Epoche später wurde Cervantes' *Don Quijote*, in dem literarische Phantasie und Erlebniswirklichkeit gleichgesetzt werden, zum Außenseiter und Minnenarren. An diesen Werken zeigt sich deutlich der Wandel spätmittelalterlicher Welt und Wirklichkeit. Gleichzeitig wird die letzte ritterlich-höfische Rezeption im 15. Jahrhundert als gesamtgesellschaftliche Modeströmung deutlich.

Das 14. Jahrhundert weist in allen Gattungen ein Drängen zu realistischer Gestaltung und persönlichem Erleben auf. Oft blieben von den großen literarischen Werken nur noch auswechselbare Handlungsgerüste für ein stoffhungriges Publikum, das fasziniert auf die versinkende ritterliche Kultur blickte. Daneben entstand in den Städten – meist anonym – eine realistische, derb-zotige, oft in Prosa geschriebene Schwankdichtung mit stark lehrhaften Elementen. Der Umfang dieser Literatur, die keine überzeitlichen Werke hervorbrachte, ist so groß, daß er bis heute noch gar nicht ganz erfaßt werden konnte. Typisch für das Selbstverständnis des städtischen Patriziats ist etwa das *Buch von Troja*, das der Nördlinger Ratsherr HANS MAIR im Ausgang des 14. Jahrhunderts schrieb und in dem er den Untergang der größten Stadt der antiken Welt als Folge der superbia (Hochmut) den Zeitgenossen beispielhaft vorführte. Daß eine derartige Darstellung große Anerkennung fand, zeigt sich in der Verbreitung des Textes bis in das Volksbuch.

Diese Literatur überragt *Der Ring* des HEINRICH WITTENWILER um 1410, der den Lauf der Welt exemplarisch an einem Dorfschwank demonstriert. Die zotige Hochzeit des Bauernflegels Bärtschi Triefnas aus Lappenhausen mit dem Stalltrampel Mätzli Rüerenzumpf aus Nissingen endet in einer furiosen Vernichtung Lappenhausens bei der Prügelei der Bauern. Bei aller Ironie und Spottlust, Lebensfreude und prallen Komik zeigt auch dieses Werk den Geist einer neuen Epoche. Nicht zufällig beschließt Bärtschi als Einsiedler im Schwarzwald sein Leben – zweihundert Jahre später wird Grimmelshausens Simplex auf ähnliche Weise der Welt entsagen.

Mit Beginn des 14. Jahrhunderts endete auch die Minnesangtradition. Volks-, Gesellschafts- und Minnelieder wurden jetzt literarisch oder entstanden als neue Gattungen. Die *Limburger Chronik* des TILEMANN ELHEN VON WOLFSHAGEN verzeichnet sogar die »Schlager«, die jährlich in Mode kamen. Nur bei drei Liederdichtern wurden in diesen Jahren neue Ansätze sichtbar: Am Hofe des Bischofs Pilgrim II. von Salzburg (1365–1396) übertrug der MÖNCH VON SALZBURG lateinische Hymnen ins Deutsche, wobei sowohl der originale Wortbestand als auch die Melodien erhalten blieben. Daneben dichtete er in der Tradition Steinmars

etwa 60 Lieder weltoffen und genußfroh als Neujahrsgrüße und Abschiedslieder, die Ausdruck einer freien Weltsicht und persönlichen Frömmigkeit sind. Aus dem vorarlbergischen Adel stammte HUGO VON MONTFORT (1357–1423), der nach einem politisch bewegten Leben Landeshauptmann der Steiermark wurde. Doch nicht das öffentliche Leben, sondern die private Welt ist das Thema seiner Lieder, die sich stark an die Minnesangtradition anschließen, doch diese insoweit überwinden, als nicht mehr die Dame schlechthin, sondern die eigene Frau besungen wird. Zuletzt wird auch bei diesem Dichter die Seelenangst des späten Mittelalters sichtbar, wenn er, um der Eitelkeit der Welt zu entfliehen, in den Wald geht, in diesem Symbolraum Parzival begegnet und ihm in einer hinreißenden Weltklage über Schisma, Ämterhandel und Doppelwahl die Verfallenheit der hochmittelalterlichen Ordnung vorstellt. Höhepunkt und Vollender spätmittelalterlicher Lieddichtung war der Alleskönner, Weltenbummler, Raufbold und Reichsherold, Narr und Realist, Minnedulder und treue Ehemann OSWALD VON WOLKENSTEIN (1377–1445), für den Minne zwar eine Wertkategorie des Daseins war, der jedoch in allen Liedern seine eigene Wirklichkeit spielerisch gestaltete, ohne jemals ganz aus der Tradition zu treten: Die Rolle des Wächters im Taglied übernimmt nun die Hausfrau, die die faule Magd zur Arbeit treibt; von Alm zu Alm singen sich die Senner zu, und in einem kompliziert gereimten Lied ahmt Oswald das Gezwitscher der Vögel nach. Persönliche Innigkeit spüren wir in dem Gespräch der Eheleute Margarete von Schwangau (Gretlein) und Oswald (Öslein). Diese unmittelbare Seelenwärme – sie zeigt sich auch in der religiösen Dichtung des alternden Sängers – erschloß der Literatur neue Wirklichkeiten. So gesehen war Oswald nicht nur der große Vermittler mittelalterlicher Lyrik, sondern Begründer moderner Lyrik deutscher Sprache.
In den Städten entstand gleichzeitig der Meistersang als gelehrte bürgerliche und regelhafte Dichtung, die an den Sieben Freien Künsten geschult war. Als Vorbilder dieser bürgerlichen Dichtung galten die alten Meister, deren Melodien verbindlich weiter verwendet wurden. Der Meistersang, den man in Singschulen pflegte, verband Minnesang und Gelehrsamkeit. Der Name wird von lateinisch »Magister« abgeleitet, das soviel wie »Gelehrter« bedeutet und den untersten Grad eines Studienabschlusses darstellte. In recht kunstvoller Form gestalteten die Meistersinger religiöse und weltliche Themen. Bald organisierten sich die freien Singschulen nach den üblichen Zunftgesetzen, legten bestimmte Regeln für die Dichtung fest und nahmen auch seßhafte Handwerker als Mitglieder auf. Der Legende nach hat Heinrich von Meißen, genannt Frauenlob, um 1300 in Mainz die erste Singschule begründet. Bald fand sie zahlreiche Nachahmungen, und berühmte Dichter wie Suchensinn, Muskatblüt, Rosenplüt (Hans Schnepperer), Hans Folz und Hans Sachs gingen aus Singschulen hervor. Neben Minne- und Meistersang wurde seit dem 14. Jahrhundert das Volkslied aufgeschrieben. Volkslieder sang man zu verschiedenen Anlässen – Geburt, Hochzeit,

Tod und Arbeit. Sie zeigen einfache, formelhafte Texte und eingängige Melodien. Diese Volkslieder wurden nicht vom Volk gedichtet und weisen auch nicht den rührseligen Geist auf, den ihnen spätere Jahrhunderte andichteten. Sie tragen – immer ständisch gebunden – in starren Gattungen austauschbare Formeln vor. Die Texte sind einfach, der Satzbau ist durchweg parataktisch, Satz und Vers bilden eine Einheit, die Sprache sucht eine durchlaufende einheitliche Stimmung zu erzeugen und verwendet gerne Anreden, Ausrufe und Beteuerungen. Der fließende Rhythmus und die einfachen, oft nur angedeuteten Bilder treffen allgemeinmenschliches Empfinden.

Auch die Heilsgeschichte wird im Spätmittelalter breit überliefert, doch sank die Qualität zur reinen Verbrauchsliteratur ab. Überragende, zeitlose Dokumente einer großen Überlieferung sind die *Magdeburger Schöppenchronik* und die *Schedelsche Weltchronik* von 1493. Im Anschluß an die Spruchdichtung entstanden zahlreiche Traktate, die Fachliteratur wurde unübersehbar und als Rechts-, Sitten- und Tugendlehre sehr beliebt. In dieser Literatur nehmen die 100 gereimten Fabeln des ULRICH BONER in der Sammlung *Der Edelstein* eine Sonderstellung ein, da sie – in Berner Kanzleisprache geschrieben – nicht Weltflucht oder Lebensfreude künden, sondern auf die tägliche Lebenserfahrung und Lebensbewältigung bezogen blieben.

Der Ausgang des Mittelalters

Am Ausgang des Mittelalters stehen drei literarische Traditionen, die wohl auf lange Vorgeschichten zurückgehen, jetzt jedoch ihre volle Entfaltung und Wirksamkeit für die Zukunft entwickeln. Wir können sie an der Wende zur Neuzeit als die drei großen weiterwirkenden Impulse bezeichnen: Mystik, geistliches Spiel und Prager Humanismus.

Die Mystik

Der Begriff Mystik meint eine Erkenntnisweise, die danach trachtet, Gott innerlich zu schauen. Die geheimnisvolle intellektuelle Vereinigung mit Gott wird als »unio mystica« bezeichnet, also als Herstellung der wesenhaften Einigung des Menschen mit Gott. In den spätmittelalterlichen Städten entstand als Voraussetzung der Mystik eine tiefe Laienfrömmigkeit, die bis zur unmittelbaren Imitatio (= Nachfolge) Christi strebte. Im 13. Jahrhundert gewann die Predigt zunehmend an Bedeutung: BERTHOLD VON REGENSBURG (um 1210–1272) geißelte die Laster der

Zeit, um den Frommen und Einfältigen die Einkehr ins »Oberland« der Seligen zu verheißen.

In Deutschland hatte es schon früh mystische Texte gegeben, und früh war auch eine gefühlsbetonte Religiosität entstanden, die sich in einer mystischen Lyrik und in visionären Ekstasen niederschlug. Im 13. Jahrhundert blühte die mystische Frauenfrömmigkeit im Zisterzienserkloster Hefta. MECHTHILD VON MAGDEBURG (um 1212–um1282) ließ in ihrem Werk *Das fließende Licht der Gottheit* erstmals mystische Gedanken und Erfahrungen in deutscher Sprache niederschreiben. Gegen diese Strömung wandte sich die spekulative Mystik, die annahm, daß der göttliche Grund in der Materie (= Seelengrund) durch äußere Eigenschaften, sogenannte Akzidentien, verdeckt sei. Da die Mystiker nicht immer scharf genug zwischen dem zeitlichen, geschaffenen Seelengrund und der zeitlosen Existenz Gottes unterschieden, gerieten sie häufig in den Verdacht, als pantheistische Häretiker die Identität von Gott und Welt zu lehren.

Die schönste Ausprägung erfuhr die Mystik bei MEISTER ECKHART (um 1260–1327). Er stammte aus dem hohen Adel von Hochheim bei Gotha, trat früh in den Dominikanerorden ein, wurde Vorstand der thüringischen Ordensprovinz und 1302 Magister, leitete 1303 bis 1311 den Orden in Sachsen und Thüringen, ging 1311 als Lehrer nach Paris, 1313 nach Straßburg und 1322 als Vorstand des Studium generale und Nachfolger des Albertus Magnus nach Köln. Auf Betreiben der Franziskaner wurde 1326 in Avignon gegen seine Lehre ein Prozeß eröffnet, doch Eckhart starb 1327 vor seinem Aufbruch nach Avignon, wo 1329 eine Reihe seiner Sätze verurteilt wurden. Im Denken Meister Eckharts trafen zahlreiche Traditionen zusammen. Seine Predigten besitzen wir nur in deutschen Nachschriften seiner Hörer. Aus seiner Feder stammen unmittelbar die deutschen Werke *Reden der Unterscheidung*, das *Buch der göttlichen Tröstung* und der Traktat *Vom edlen Menschen*. Meister Eckharts Denken geht von Gott und seinem Wesen aus: Gott ist das einzige Sein, und alles Sein ist nur soweit Sein, als es dieses Sein von und durch Gott hat. Deshalb liebt der Mensch nicht die Kreaturen, sondern nur deren Sein. Auch der Seelengrund des Menschen (»bürglîn«) ist Gefäß des Schöpfergeistes (=»fünklîn«), der aus Gott im Menschen geboren wird. Nur im Seelengrund kann der Mensch Gott erleben. Dazu bedarf es als erster Stufe der »gelâzenheit« und »abegescheidenheit«, um auf der zweiten Stufe die mystische Geburt Gottes im Seelengrund zu vollziehen. Diese Vereinigung vollzieht sich außerhalb der Zeit im »ewigen Nû« (zeitloser Augenblick) und bringt das kreatürliche Dasein zum göttlichen Sein zurück (=»unio mystica«). Diese Gleichheit des Seelengrundes mit der Ungeschaffenheit Gottes ist ein Akt der Gnade. Die Predigten Meister Eckharts wirkten auf das theologische Denken und erweiterten, indem sie das Geheimnis der »unio mystica« stets neu zu formulieren suchten, die deutsche Prosasprache, ja machten sie erst fähig, philosophische Inhalte aufzunehmen. Diese Sprache schuf die Vor-

aussetzungen für die Bibelübersetzung Martin Luthers im 16. Jahrhundert.
In der praktischen Nachfolge Meister Eckharts standen JOHANNES TAULER (um 1300–1361), der als Prediger in Straßburg, Köln und Basel wirkte, und HEINRICH SEUSE (um 1295–1366), der in der geistigen Nachfolge des Bernhard von Clairvaux und des Minnesangs eine Liebesmystik gestaltete.

Das geistliche Spiel

Das geistliche Spiel steht in keinem Zusammenhang mit dem antiken Theater, obwohl es wie dieses aus einer kultischen und einer mimischen Wurzel entstanden ist. Als sich seit dem 10. Jahrhundert in ganz Europa der Wunsch nach Anschaulichkeit des Gottesdienstes ausbildete, entstanden liturgische Spiele als Darstellung eines zeitlichen Vorgangs vor einer zeitlos ewigen Wirklichkeit. Ostern und Weihnachten waren die Feste, deren Liturgie leicht veranschaulicht werden konnte. Aus der Osterliturgie entstand das geistliche Spiel. Seit dem 10. Jahrhundert gab es in Deutschland in der Kirche das Heilige Grab, dessen Verehrung sich bald mit der Kreuzverehrung in der Karwoche (Kreuzesanbetung = adoratio crucis; Kreuzeserrichtung = depositio crucis; Kreuzerhebung = elevatio crucis) verband, ohne Teil der Meßliturgie zu werden. Im 10. Jahrhundert drang aus byzantinischem Brauch die »visitatio crucis« (Gang der Marien zum Grabe) nach Deutschland. Ein Wechselgesang zu Beginn der Liturgie wurde zur Keimzelle des Spiels: Zwei Priester – Engel symbolisierend – in Chorhemden und mit Palmenzweigen setzten sich neben das Heilige Grab, drei andere kamen mit Weihrauchfässern und übergezogener Cappa (eine Art Kapuze) – Frauen symbolisierend – durch das Längsschiff der Kirche zum Grab, an dem sie im Wechselgesang die Osterbotschaft verkündeten. Das leere Grab und das Leichentuch Christi dienten als sichtbarer Beweis der Auferstehung. An den nichtliturgischen Stellen drangen bald neue Handlungen ein, z. B. Gang nach Emaus, Wettlauf zum Grab, Kauf der Spezereien. Im 11. Jahrhundert trat Christus erstmals als Gärtner in der Magdalenaszene auf. In den Spielen, die ursprünglich der Andacht dienten, wurden häufig burleske oder belehrende Ereignisse besonders ausgestaltet. Dabei lassen sich mehrere Schichten der Bearbeitung in allen Texten, deren Grundbestand immer gleich ist, feststellen.
Das bedeutendste deutsche Osterspiel ist das *Osterspiel von Muri*, das ganz aus dem Geist der ritterlich-höfischen Welt gestaltet ist. Der Text fordert 18 Rollen und zahlreiche Handlungsorte, so daß die Aufführungen wahrscheinlich vor der Kirche stattfanden. Die wichtigsten Osterspiele des 14. und 15. Jahrhunderts sind das *Innsbrucker Osterspiel*, *Das Wiener Osterspiel* und das *Redentiner Osterspiel* des PETER KALFF. Seit dem 14. Jahrhundert brachten die »clerici vagantes« (fahrende Theolo-

gen und Studenten) ganze Passionsspiele zur Aufführung. Die wichtigste Passion, die aus dem Rheinland stammen dürfte, ist uns in den *Carmina Burana* erhalten. In der Mitte des 14. Jahrhunderts übernahm das Bürgertum das Passionsspiel, das jetzt auf den Märkten und in den Zunfthäusern aufgeführt wurde. Die Passionen blieben bis ins 18. Jahrhundert lebendig, wobei im bürgerlich-volkstümlichen und katholischen Süddeutschland das Spiel (etwa Erl oder Oberammergau), im kirchlich-protestantischen Raum die Musik (etwa die Passionen J. S. Bachs) dafür Zeugnis geben.

Wie die Osterspiele entstanden auch die Weihnachtsspiele aus der Liturgie und wurden allmählich um zahlreiche Szenen erweitert. Analog zum Gang zum Grabe in den Osterspielen wurden in den Weihnachtsspielen die Verkündigung an die Hirten und der Gang zur Krippe zum Kern des Spiels. Im Weihnachtsspiel entstand bald eine zweite, weltliche Handlung mit dem Zug der Weisen aus dem Morgenland, dem Herodesspiel und dem Kindermord zu Bethlehem. Diese weltliche Erweiterung wirkte wiederum auf das Osterspiel zurück, wo sich um Pilatus und den Hauptmann Longinus ein eigener Handlungsteil entwickelte. Das wichtigste Weihnachtsspiel des Mittelalters stammt aus dem bairischen Kloster Benediktbeuern. Im späten Mittelalter wurden auch Legenden dramatisiert: *Theophilus* (1280), *Eisenacher Spiel von den zehn Jungfrauen* (um 1330) und das *Spiel von Frau Jutten* (1480). Die Zünfte pflegten Passionsspiele mit Andachten, Disputationen und lebenden Bildern. In der Kreuzwegandacht der katholischen Kirche haben sich Reste dieser Spielform erhalten.

Im 14. Jahrhundert wurden vom Bürgertum Fastnachtsspiele aufgeschrieben, die in handfest-derber Sprache auf kultisches Brauchtum zurückgingen. Besonders das Jahreszeitenbrauchtum, wie es im Winteraustreiben oder in den Herbstliedern – etwa bei Steinmar oder Hadlaub – überliefert ist, bildete hier die Grundlage. Bald entwickelten sich Umzüge, die schwankhafte Szenen aus dem Eheleben, der Gerichtsbarkeit und dem Kaufmannswesen vorstellten. Zu einem beliebten Typ wurde in diesen Spielen der Minnesänger Neidhart. Mit der Ausbildung der Zünfte wurden die Spiele auch in Zunfthäusern und Kneipen dargeboten, wobei das Stegreifspiel bis zu Hans Rosenplüt und Hans Folz überwog. Erst mit Hans Sachs (1494–1576) wurde der Text auch für das Fastnachtsspiel verbindlich, das dann seine eigentliche Blütezeit erfuhr.

Der Prager Humanismus

Im 13. Jahrhundert entstand in Italien, anknüpfend an die römische Vergangenheit, ein neues, diesseitsbezogenes Weltverständnis (Petrarca, Boccaccio, Poggio). In Deutschland fanden die italienischen Gedanken Eingang am Hofe Karls IV. (Regierungszeit 1347–1378), der mit dem

Revolutionär Cola di Rienzo ebenso zusammentraf wie mit Petrarca, 1348 in Prag ein »Allgemeines Studium« als erste mitteleuropäische Universität einrichtete und in seinem Kanzler Johann von Neumarkt den Schöpfer der kaiserlichen Kanzleisprache gewann, die über Luther auf die Gegenwartssprache als Vorbild wirkte. Dieser Prager Humanismus war eine literarische Beamtenbewegung und eine stilistische Schule. Als Krönung kam aus seinem Geist das *Streitgespräch zwischen dem Ackermann und dem Tod (Der Ackermann aus Böhmen)* des JOHANNES VON TEPL (auch VON SAAZ) – ein Werk, das eine Epoche abschließt und bereits den Geist der Neuzeit ahnen läßt. Anlaß der Dichtung war der Tod der Ehefrau des Dichters im Jahr 1400. In 33 Kapiteln führen der Ackermann, wie sich der Autor in gelehrter Anspielung auf die Vertreibung aus dem Paradies und im Stil des Humanismus nennt, und der Tod einen Prozeß um den Sinn des menschlichen Lebens, um das Lebensrecht des Menschen. Recht, göttliches Recht, als Grundlage weltlicher Ordnung war im Mittelalter ein vertrauter Gedanke. In dem Streitgespräch geht es um eine Rechtsordnung in einer Zeit, die politisch und geistig tief erschüttert ist. Steht der Tod zunächst als Werkzeug Gottes im Recht, so tritt er aus seiner Ordnung, wenn er den Sinn jeglichen Daseins leugnet. Hier gewinnt der Ackermann sein Recht und, in der weltlichen Lebensverwirklichung, seine Ehre. Indem sich der Tod als Prinzip des Nichts versteht, verliert er – wie Mephisto im Faust – in einer geschaffenen Welt seinen Ort. Zuletzt fällt Gott selbst das Urteil.
Dieses Zeugnis rhetorischer Kunst ist auch ein Dokument personaler Frömmigkeit, ohne daß der Kirchenglaube nur einmal erwähnt wird. Die Renaissance wird greifbar in der Idealisierung, in der geistig-seelischen Gelassenheit nach dem Vorbild der antiken stoischen Philosophie und in der diesseitigen Bewunderung der Schöpfung. Mit dieser Haltung endet die deutsche Literatur des Mittelalters, die Neuzeit wird von anderen Kräften geprägt. (Wie stark die neuzeitlichen Stil- und Lebenselemente sind, die in diese Dichtung eingedrungen sind, wird im folgenden Kapitel verdeutlicht.)

Nachwirkung

Obwohl sich mit Humanismus und Vorreformation, mit dem Buchdruck und einer breiten bürgerlichen Laienkultur die kulturelle Welt im 15. Jahrhundert äußerlich grundlegend zu wandeln scheint, leben die mittelalterlichen Stoffe, Themen und literarischen Gestaltungen in unterschiedlichen Ausprägungen in den gesellschaftlichen Gruppen fort und werden von einem stoffhungrigen Publikum weiter tradiert. So entsteht etwa am Münchener Hof im 15. Jahrhundert eine wahre »Ritterrenaissance«; hier sammelt der Ratsherr und Freund des Herzogs, Püterich von Reichertshausen, zahlreiche Sagen aus der Antike und dem Artuskreis in einer für die damalige Zeit erstaunlichen Privatbibliothek. Sein Freund, der Dichtermaler Ulrich Fuetrer, stellt diese dann in einer riesigen Sammlung unter dem Titel *Buch der Abenteuer* in Anlehnung an die mittelalterliche Titurelstrophe zusammen. Wenig später entfaltet sich auch am habsburgischen Hof in Tirol eine ritterliche Nachblüte, die ihren Ausdruck im Ambraser Heldenbuch, das der Zöllner Hans Ried im Auftrag des Kaisers zusammenstellt, findet. Diese berühmte Handschrift überliefert an der Wende zur Neuzeit als einzige so bedeutende Texte wie die *Kudrun* oder Hartmann von Aues *Erec* in einer nahezu vollständigen Fassung. Möglicherweise hat Kaiser Maximilian selbst mit den Dichtungen *Teuerdank* und *Weißkunig* auf diese Rezeption der Ritterdichtung Einfluß gewonnen.

Die höfischen Stoffe finden bald Eingang in die Volksbücher und werden in sprachlich angepaßter, häufig in Prosa aufgelöster Form über Jahrhunderte tradiert. Auch die lyrische Dichtung wirkt über das Volkslied und den Meistersang in vielfacher Weise ungebrochen auf die neuzeitliche Kultur.

Eine Wende in dieser Tradition, man kann sogar von einem Bruch sprechen, erfolgt im 18. und 19. Jahrhundert, als gelehrte Aufklärer – wie die Schweizer Bodmer und Breitinger – darangingen, die mittelalterliche Literatur wissenschaftlich zu erfassen und in Übersetzungen zu verbreiten. Die Romantiker popularisierten eine Generation später die Gedanken der Aufklärung und verklärten die mittelalterliche Literatur im Sinne der Vorstellung, daß sich in den frühen Kulturen, in den frühen Sprachen und Dichtungen der Geist und das Volkstum einer Nation erfassen ließen. Sie übersetzten und edierten die Originaltexte mittelalterlicher Dichter und zerstörten die unmittelbare Fortwirkung der mittelalterlichen Literatur in die Gegenwart.

Wer jetzt Zugang zur Dichtung und Kultur des Mittelalters suchte, fand diesen nicht in einer lebendigen Tradition, sondern in Texten, die sich aus romantischem Geist den Originalen näherten und beim Rezipienten die Kenntnis der alt- und mittelhochdeutschen Sprache voraussetzten. So wurde die mittelalterliche Literatur zu einer Literatur für Gelehrte. Diese Gelehrten popularisierten diese erneut, doch war dies kein naives Fortwirken wie in früheren Jahrhunderten, sondern eine Kanalisation der mittelalterlichen Gedanken und Gestaltungsweisen, Stoffe und Themen im Geiste einer nationalliberalen Romantik, deren Wirkung über ästhetisch-literarische Gestaltungen hinaus rasch politisches Bewußtsein popularisierte. Das nationale Bewußtsein breiter bürgerlicher Bildungsschichten im 19. und 20. Jahrhundert ist durch diese romantische Umdeutung des Mittelalters geprägt.

Renaissance, Humanismus, Reformation

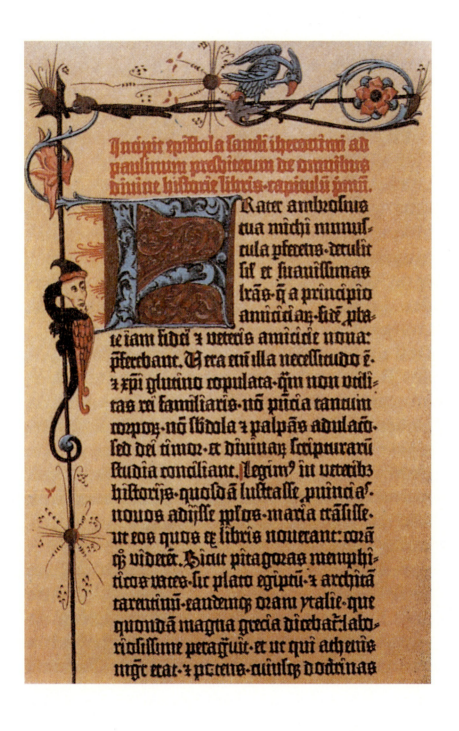

Das 20. Jahrhundert ist eine Zeit der Auseinandersetzungen in vielen Bereichen des Lebens, so in der Politik durch die Diskussion über unterschiedliche Staats- und Gesellschaftsformen, so im weltanschaulichen Bereich durch die Suche nach tragenden und erfüllenden Sinninhalten, die in der Religion, in Sekten, in Ideologien gesucht oder durch die Flucht in Scheinerfüllungen überdeckt werden. Auch das 16. Jahrhundert war eine Epoche der geistigen Unruhe und der Verunsicherung, die sich ganz besonders in der Suche nach dem wahren Glauben widerspiegelt, in der Erneuerung der Kirche durch Luthers Reformation. Die lange Übergangszeit vom Mittelalter zur Grundlegung der modernen Welt kannte sehr extreme Haltungen: vom hohen Idealismus und Sendungsbewußtsein bis zum tiefsten Pessimismus, zu Skepsis und Resignation. Die menschliche Grunderfahrung der Unsicherheit, der Suche nach neuen Werten findet sich ausgeprägt in der Literatur der Zeit – deshalb kann der moderne Leser auf dies Schrifttum zurückgreifen, deshalb darf er es nicht als historisch (oder gar als totes Bildungsgut) abtun. Während heute viele Medien zur Verfügung stehen, in denen die geistigen Probleme diskutiert werden können, waren es in jenem Jahrhundert fast ausschließlich die darstellende Kunst und die Literatur. So entwickelte und pflegte das 16. Jahrhundert eine große Vielfalt literarischer Formen, die bis heute ihre Geltung behalten haben. Viele Auseinandersetzungen, die sich heute in Hinblick auf Schule und Universität abspielen, betreffen Wert und Zweck der humanistischen Bildung. Ihre entscheidenden Ursprünge sind im 16. Jahrhundert zu finden, in dem der Humanismus die bestimmende Bildungsmacht wurde.

Religion und Wissenschaft

Im geistigen Leben vollziehen sich nie eindeutige Zäsuren. Dies gilt ganz besonders für die Zeit, die durch die Begriffe Renaissance, Humanismus, Reformation gekennzeichnet wird und die den langsamen Beginn der Neuzeit markiert. Die Loslösung von dem in sich geschlossenen, symbolisch ausgerichteten und hierarchisch geordneten, auf das Jenseits bezogenen Weltbild des Mittelalters erstreckte sich über Jahrhunderte. Hier können nur einige Etappen auf diesem Weg angeführt werden. Philosophisch bedeutsam war der Sieg des Nominalismus, das Bejahen der Realität der Einzeldinge – hier lag eine zentrale Voraussetzung für die Hinwendung zum Diesseits, zur eigenen Wirklichkeit, die ihren Niederschlag in der Literatur fand. Der Blick richtete sich auf die Umwelt, es kam zur allmählichen Erkenntnis neuer Möglichkeiten auf allen Gebieten. Die Pest, die 1348/49 in Europa wütete und zu einem erheblichen Rückgang der Bevölkerung führte, löste eine allgemeine Krise aus, die zu einer langsamen, aber kontinuierlichen Veränderung des Lebens führte, die dann im 16. Jahrhundert zur vollen Entfaltung kam. Die soziale Struktur änderte sich, insofern als die politische und wirtschaftliche Macht der Feudalherren immer stärker zugunsten neuer Schichten wie des Bürgertums zurückgedrängt wurde. Der Aufschwung des Handels, die Intensivierung des Geldwesens führten zu neuen Wirtschaftszentren und zu einem veränderten Bild des Kaufmannsstandes, der sich durch rationalen Geschäftssinn, Präzision, Vorausschau und Sicherheitsdenken auszeichnete und dessen bekanntester Vertreter Jakob Fugger aus Augsburg wurde. Auf dem immer mächtiger werdenden Rationalismus basierte der Aufschwung der Wissenschaften, besonders der Naturwissenschaften, was sich literarisch im Anschwellen der Fachliteratur bemerkbar machte. Überhaupt entfaltete sich in der Prosa ein bis dahin nicht gekannter Reichtum an kleinen literarischen Formen, die sich wegen ihrer Kürze und der durch den Buchdruck ermöglichten schnellen Verbreitung besonders gut für informierende, didaktische und polemische Zwecke eigneten. In der Fülle der Flugschriften, Traktate, Sendbriefe, Dialoge, der Lehr- und Spruchdichtung, der »Büchlein«, der Streitschriften lagen von der Funktion und von der Art der Gestaltung her wichtige Voraussetzungen für den Journalismus der Folgezeit. Die Romanform, die in den späteren Jahrhunderten eine so entscheidende Rolle spielt, findet man dagegen nur ansatzhaft in den Volksbüchern. Die induktive Methode zur Erforschung der physischen Umwelt, wie sie durch den Nominalismus möglich wurde, führte zur eigentlichen naturwissenschaftlichen Erfahrung, etwa bei Galilei und Paracelsus. Daneben bestanden durchaus metaphysische Betrachtungsweisen weiter, so daß sich Wissenschaft und Magie oft seltsam mischten. Der Fortschritt der Technik dokumentierte sich besonders in der Erfindung des Schießpulvers, wodurch eine neue Form der Kriegsführung begann, sowie in der Weiterentwicklung der Alchemie und – für die Literatur von überragendem Einfluß – in der Erfindung von Papierherstellung und Buchdruckerkunst. Um 1440 entwickelte der Mainzer Patrizier Johann Gutenberg den mechanischen Buchdruck mit einzelnen, beweglichen und daher beliebig zusammensetzbaren Lettern aus Holz (später Metall) und der Vervielfältigung durch die Presse. In dem *Ständebuch* (1568) von JOST AMMAN, in dem alle damaligen Berufe – vorgestellt durch einen Holzschnitt und einen Vers von Hans Sachs – erscheinen, findet man auch die Arbeit des Buchdruckers dargestellt. Die Druckerkunst wurde zur Voraussetzung für den Buchdruckerberuf, aber auch für weitere Spezialisten: Schriftgießer, Reißer, Formschneider, Papierer, Briefmaler und Buchbinder. Sie schuf außerdem die Grundlage für eine billige Produktion und eine umfassende Verbreitung des geschriebenen Wortes. Neue Leserschichten wurden erfaßt; in der Frage nach der soziologischen Zusammensetzung und dem Umfang des lesenden Publikums in dieser Epoche ist man allerdings auf Vermutungen angewiesen. Der Buchdruck wirkte sich sowohl auf die Produktion als auch auf das Publikum nivellierend aus, da quantitative Gesichtspunkte in beiden Fällen an Gewicht gewannen. Für die schnelle Verbreitung des re-

Ich bin geschicket mit der preß
So ich aufftrag den Firniß reß/
So bald mein dienr den bengel zuckt/
So ist ein bogn papyrs gedruckt.
Da durch kombt manche Kunst an tag/
Die man leichtlich bekommen mag.
Vor zeiten hat man die bücher gschribn/
Zu Meintz die Kunst ward erstlich triebn.
F iij   Der

Abb. 9: Der Buchdrucker in dem *Ständebuch* (1518) von Jost Amman

formatorischen Gedankenguts bildete der Buchdruck die wichtigste Voraussetzung. Luther wird manchmal als »Gutenbergmensch« bezeichnet, weil er sich der Presse so geschickt zu bedienen verstand. Rückwirkungen auf die literarischen Gattungen waren ebenfalls vorhanden: die neue mehrblätterige Flugschrift diente der Behandlung aktueller politischer, religiöser, sozialer Tagesfragen in leicht verständlicher Weise, um einen möglichst großen Kreis zu informieren und zur aktiven Stellungnahme zu veranlassen – das gedruckte Wort übernahm mit einer sehr viel stärkeren Ausstrahlung die Funktion der gesprochenen Rede.

Unter dem Begriff Renaissance versteht man allgemein das Wiederaufleben vergangener Kulturerscheinungen; insofern ist es ein zeitloser, immer wieder mit neuem Gehalt zu füllender Terminus. In seiner eingeschränkten Bedeutung bezieht er sich auf die europäische Kulturepoche von etwa 1350 bis 1600 und umfaßt alle Neuansätze, welche die allmähliche Trennung vom mittelalterlichen Vorstellungsbereich ausmachen. Ausgehend von der Wiederentdeckung der Antike kam es zu einer zunehmenden Betonung des Rationalismus, zur Hinwendung zum Diesseits, zum Individuum, zur Natur, zur eigenen Nation und Kultur. Während man in der älteren Forschung in der Renaissance etwas zu einseitig die Elemente des Neubeginns betonte, wird in neueren Untersuchungen zu dieser Epoche mehr die Kontinuität zum Mittelalter gesehen. In enger Wechselbeziehung zur Renaissance steht der Begriff des Humanismus, der sich mehr auf die wissenschaftlich-geistige Seite der neuen Sehweise bezieht. Das Studium der Antike führte zur Weltanschauung der Römer und Griechen zurück und bewirkte ein Nachstreben im geistigen und formalen Bereich. Die Nachahmung bleibt in der deutschen Literatur, besonders in der Lyrik, das zentrale Merkmal – der italienische Humanismus dagegen zeichnete sich durch Schöpfertum und Originalität aus. Die Dichtung war eher eine Art »literarisches Kunsthandwerk«, hinzu kam noch eine ausgeprägte didaktisch-pädagogisch-moralische Seite. Wesentliches Anliegen des Humanismus war die Synthese von Antike und Christentum; sie wurde von einigen berühmten Vertretern auch persönlich beispielhaft vorgelebt und repräsentiert. Mit Erscheinen der ersten Schriften Luthers wurde das gesamte geistige Leben in Deutschland durch die reformatorische Bewegung überlagert, die eine intensive Fortführung der vorhandenen Tendenzen, etwa des christlich geprägten Humanismus, war und zu dem neuen, innerweltlich orientierten Weltbild führte. Einige »moderne« Züge des Luthertums sind: der Individualismus, der die Religion zu einer Sache des inneren Erlebens macht und dadurch Selbständigkeit und Verantwortung stärkt; die demokratische Gliederung der Kirche, in der jeder Gläubige auch gleichzeitig Priester ist; die Aufwertung der Arbeit und des Alltags, des Diesseits. Obwohl die Reformatoren grundsätzlich das religiöse Leben vom Staat trennen wollten, kam es doch sehr schnell zu einer Politisierung und zu kriegerischen Auseinandersetzungen, wobei der Bauernkrieg von 1524/25 eine besondere Bedeutung hatte. Die reformatorischen Ideen verstärkten die schon lange vorhandenen Unruhen und revolutionären Tendenzen unter den Bauern gegen zentralistische Bestrebungen und den Machtanspruch der Landesfürsten. Der mystischem Gedankengut verpflichtete Theologe Thomas Müntzer, für den die innere Erleuchtung wesentlicher als Bibel und Schriftdeutung war, wurde zum Gegenspieler Martin Luthers, da für ihn politisch-soziale Reformbestrebungen mit in das Konzept der geistigen und religiösen Umwandlung gehörten. Während sich Luther auf die Seite des Staates stellte, stand Müntzer auf der Seite der Bauern und wurde 1525 hingerichtet. Die Tragik des Bauernkrieges lag darin, daß die stärker rückwärts zum Mittelalter hin orientierte Richtung die sozialen Mißstände klarer und besser erkannte als die politisch in die Zukunft gerichtete Bewegung, in der es um die Ausbildung von Nationalstaaten ging. Der »Augsburger Religionsfriede« 1555 verfestigte diese Tendenzen: die Gleichberechtigung beider Konfessionen wurde anerkannt, das Reformationsrecht und die Festlegung des Bekenntnisses lagen aber allein bei den Landesfürsten, wobei dem einzelnen Gläubigen nur das Recht auf Auswanderung blieb. In den Reichsstädten galt die freie Wahl des Bekenntnisses. Durch die Reformation wurde geistesgeschichtlich endgültig die Macht der Kirche an den Staat gegeben, und die Verweltlichung auf allen Gebieten begann. Die damit geschaffene Verquickung von Religion und Politik führte im folgenden Jahrhundert zum Ausbruch des Dreißigjährigen Krieges.

Die Literatur des Reformationszeitalters kann insofern eine Sonderstellung in der deutschen Literatur beanspruchen, als niemals vorher oder später das Schrifttum einer relativ langen Zeit inhaltlich-thematisch so stark von einer außerhalb des Literarischen liegenden Idee und Auseinandersetzung geprägt worden ist. Alle Gattungen – besonders die Dramatik – stehen in der ersten Hälfte des 16. Jahrhunderts im Dienst des konfessionellen Konflikts. Aufgrund der Bilderfeindlichkeit, der Abschaffung der Heiligenverehrung und der Abneigung gegen die volkstümliche Darstellung des Heilsgeschehens auf protestantischer Seite wurde das mittelalterliche geistliche Spiel nicht weiter fortgeführt, und es kam auch zur Aufgabe der umfangreichen Legendenliteratur. Das Reformationsdrama gab entscheidende Impulse dadurch, daß es in Anknüpfung an den Humanismus das personale Drama weiterführte, also Schicksale von Einzelmenschen unter einem bestimmten moralisch-weltanschaulichen Aspekt darstellte. Die durch Luther bedingte Aufwertung des Diesseits, die Heiligung des Alltags, förderte die Hinwendung zur Realität in der Kunst, wobei man im Drama teilweise auf die heimische Tradition volkstümlicher Stücke, so der Fastnachtsspiele, zurückgreifen konnte.

Autoren und ihre Werke

Humanistisch geprägte und didaktische Literatur

Das spätmittelalterliche Werk, dessen Aussage inhaltlich und künstlerisch den höchsten Rang in dieser Epoche beanspruchen kann, ist *Der Ackermann aus Böhmen* (um 1400) des JOHANN VON TEPL, ein Streitgespräch zwischen dem Tod und einem Landmann, dessen Frau gerade gestorben ist. Dies Werk hat die unterschiedlichsten Deutungen erfahren, die sich meistens in der Frage zuspitzten, inwiefern dieses literarische Kunstwerk dem Mittelalter oder der Neuzeit zuzurechnen sei. Die Auseinandersetzung zwischen dem Ackermann und dem Tod steht stellvertretend für die zwischen neuer und alter Zeit. Der Ackermann ist der Repräsentant und Advokat des Lebens, er ist bereits individuell gesehen, da er autobiographische Züge trägt; er betont Eigenwert und Schönheit des Diesseits. Außerdem strebt er ein neues, direktes Verhältnis zu Gott ohne die Mittlerrolle der Heiligen an. Auch die Todesauffassung erscheint verändert: der Tod wird nicht mehr ausschließlich als Strafe, sondern als natürliches Ereignis des Lebens erfahren. In dem Streitgespräch drückt sich darüber hinaus die Nachempfindung eines persönlichen Erlebnisses aus, die tiefe Trauer, der Schmerz und die ohnmächtige Wut um den Tod eines geliebten Menschen. Ebenso zeugt die klare sprachliche Form vom Geist der neuen Zeit des Humanismus. Für die Verwurzelung der »Ackermann«-Dichtung im Mittelalter spricht ebenfalls vieles, so die strukturellen und thematischen Bezüge zu vorangegangenen Werken (etwa zu der umfangreichen mittelalterlichen Streitgesprächsliteratur und zu Senecas *De remediis fortuitorum*, einer Schrift, die große Wirkung im Mittelalter hatte) und die Tatsache, daß sie bewußt als rhetorisches Kunstwerk verfaßt wurde. (Die Stellung des Streitgesprächs *Der Ackermann aus Böhmen* im Zusammenhang der spätmittelalterlichen Dichtung wurde auf S. 67 dargestellt.) *Der*

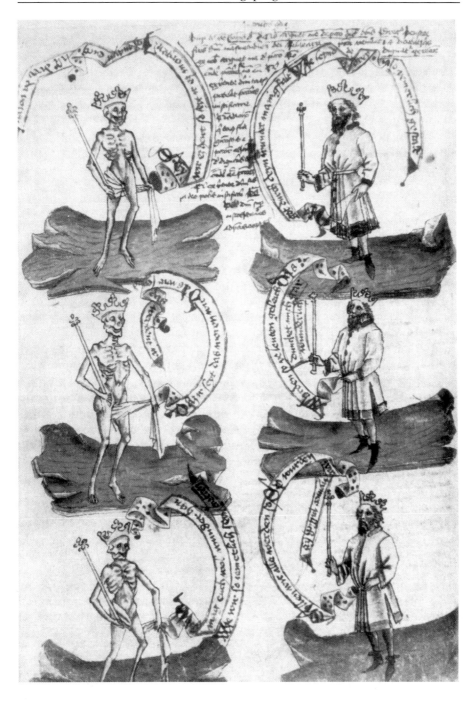

Abb. 10: Die drei Lebenden und die drei Toten (St. Emmeran, 1446–1460)

Ackermann aus Böhmen nimmt eine Zwischenstellung ein, er spiegelt den Charakter der Übergangszeit vom Mittelalter zur Neuzeit; so ist das Ineinander der unterschiedlichsten geistigen Gehalte nicht erstaunlich. Die Zeitlosigkeit des Themas, die Konfrontation des Menschen mit dem Tod, die überzeugende Art der Darstellung und der literarische Rang sind wesentliche Gründe für den großen Erfolg nicht nur im 15. und 16. Jahrhundert (an den vielen Handschriften und Drucken nachweisbar), sondern auch bis in die Gegenwart. Innerhalb des zeitgenössischen Schrifttums steht das Werk isoliert und ohne Nachfolge. Die Allgegenwart des Todes, die Vergänglichkeit, Weltverachtung und Lebensangst – diese beherrschende Thematik des ausgehenden Mittelalters, die bis in die Barockliteratur zu verfolgen ist, fand eine vielfältige Gestaltung in Literatur und Kunst, so in den Jedermannspielen, den Totentänzen oder der »Ars Moriendi«, einer Anleitung zum guten Sterben. In dem Gleichnis von den »Drei Toten und den drei Lebenden« erhielt dieses Motiv zeitlose Gestaltung: drei junge Edelleute begegnen unverhofft drei grausigen Toten, die auf ihre eigene irdische Größe, die nun vergangen ist, hinweisen und gleichzeitig auf das baldige Ende der Edelleute vorausdeuten.

Humanistisches Gedankengut fand dann etwa 75 Jahre später durch Übersetzungen aus dem Italienischen und Lateinischen erneut Eingang in die deutsche Literatur. Durch die Tätigkeit von ERHART GROSS, NIKLAS VON WYLE, ALBRECHT VON EYB, HEINRICH STEINHÖWEL wurden dem deutschen Publikum in erster Linie die Stoffe der italienischen Renaissance vermittelt, und es kam dadurch zur weiteren Ausbildung der deutschen Sprache. In besonderer Weise bemühte sich Steinhöwel darum, die fremden Texte in allgemeinverständlicher Form wiederzugeben und stärker die Möglichkeiten des Deutschen auszuschöpfen, etwa durch Verwendung sprichwörtlicher Redewendungen und heimischer Vorstellungsbilder. Von Niklas von Wyle stammen die *Translaten*, in denen eine Auswahl der beliebtesten und der qualitativ hervorragendsten Werke des italienischen Humanismus dargeboten wird. In dieser Sammlung befindet sich die bekannte Novelle *Euryolus und Lucretia* von Enea Silvio Piccolomini, dem späteren Papst Pius II. In der leidenschaftlichen Liebe des Franken Euryolus zu der verheirateten Lucretia spiegelt er die Liebesbeziehung seines Freundes, des Kanzlers Schlick, zu einer Frau in Siena. Die Gestalten der Erzählung bekennen sich bewußt zu ihren Gefühlen, obwohl sie von vornherein ahnen, daß sie dadurch nur Unglück auf sich laden. Bedeutsam ist die freie Entscheidung des Individuums über sein Schicksal, die sich hier offenbart. Am Ende erweist sich der Mann als der Schwächere, weil er mit Rücksicht auf seine Ehre und seine Stellung vor der bedingungslosen Hingabe der Frau zurückweicht. Lucretia überwindet die Trennung nicht, sie stirbt an gebrochenem Herzen, während Euryolus in einer Standesehe glücklich wird. Trotz vieler inhaltlicher und formaler Übernahmen aus der antiken Literatur und besonders aus Werken des Boccaccio zeigt sich das Neue: die Auffassung der Liebe als einer Naturgewalt und die Differenziertheit in der psychologischen Sicht des Liebespaares. Für die Weiterentwicklung der deutschsprachigen Prosa sind diese Ansätze wie auch die Wahl der Liebesthematik von wesentlicher Bedeutung.

Die deutsche Literatur des Spätmittelalters kennt die Satire in den verschiedensten Formen. Eine besondere Vielfalt entwickelt sich im 16. Jahrhundert. Das ist nicht verwunderlich, da Zeiten der inneren Spannung und des Übergangs immer günstig für die Satire sind, die gegen bestimmte Fehler und Schwächen zu Felde zieht und dabei Kritik mit Belehrung in persönlicher Färbung verbindet. Im Humanismus war die didaktische Komponente stark ausgebildet, außerdem traten die Schriftsteller bewußt aus ihrer Anonymität heraus und bekannten sich stolz zu ihrem Werk. SEBASTIAN BRANT (1457–1521) gehörte zu den vielseitigsten und aufgeschlossensten Repräsentanten seiner Zeit. Der Straßburger Jurist trat auf literarischem Sektor als Herausgeber, Bearbeiter und Verfasser fachlicher, religiöser, politisch-historischer und moralisch-lehrhafter Schriften hervor. Sein Hauptwerk *Das Narrenschiff*, eine Moralsatire in Reimpaaren, war ein sofortiger Erfolg und von nachhaltiger Wirkung auf die »Narrenliteratur« des 16. und 17. Jahrhunderts. Es gehört zu den wenigen Werken dieser Zeit, die auch im 20. Jahrhundert bekannt geblieben sind. Brant spricht in der Vorrede von einem »Narrenspiegel«, vorgeführt werden die einzelnen menschlichen Torheiten, wobei die mittelalterlichen sieben Todsünden der Hoffart, Wollust, Völlerei und Trägheit, des Neides, Geizes und Zornes die Basis bilden. Andere Narrheiten oder menschliche Schwächen, die von Brant in insgesamt 112 Kapiteln gegeißelt werden, sind »von zuvil sorg«, »von vnnutze studieren«, »von vndanckbarkeyt«, »von spielern«, »von bosen wibern«. Als didaktische Grundtendenz gibt Brant zu Beginn an: »Zů nutz vnd heylsamer ler/ vermanung vnd ervolgung der wyßheit/ vernunfft vnd gůter sytten: Ouch zů verachtung vnd straff der narheyt/ blintheyt yrrsal vnd dorheit/ aller ståt/ vnd geschlecht der menschen«. Der lehrhaften Absicht und Wirkung sehr förderlich ist der Kunstgriff des Autors, alle Laster zu personifizieren und auf einem Schiff zusammenzuführen. Die Narrheit wird als Sünde gesehen, und zwar hauptsächlich die verstockte Weigerung des einzelnen, seine Torheit als Sünde zu begreifen. Nur Selbsterkenntnis und Weisheit können die Befreiung bringen. Immer gegenwärtig sind die Nähe des Todes und die Warnung vor dem Weltende, so daß Brant wiederholt zur Buße aufruft. Wer die Weisheit gewonnen hat, ist auch für das Jenseits, für die Welt nach Verlassen des irdischen Narrenhauses gerüstet – dieser Gedanke von der Hochschätzung der Weisheit kehrt in der Literatur der Zeit immer wieder. Brant bediente sich einer ausgesprochen volkstümlichen Sprache, er verwendete sprichwörtliche Redewendungen, bildliche Formulierungen, fügte Erzählungen ein und wählte eine einprägsame Versform. Sprache, Inhalt und Bild wirken zusammen, um einen breiten Leserkreis zu erreichen. Jedem Kapitel steht als Motto ein

Abb. 11: Sebastian Brant: *Das Narrenschiff* – Das Rad der Fortuna. Vgl. Abb. 6, S. 28

zusammenfassender Dreizeiler voran, der Holzschnitt dient als Illustration und Interpretation. So verdeutlicht das für die Zeit typische Rad der Fortuna die Vergänglichkeit auch der größten Macht und Gewalt. Die Schlußfolgerung der Ausführungen heißt, daß alles Vergängliche närrisch ist. Die gelungene Verbindung von Text und Bild hat wesentlich zum Erfolg des *Narrenschiffes* beigetragen. Brant stand an der Wende vom Mittelalter zum Humanismus, er war von einem starken Reformwillen erfüllt, ohne allerdings eine totale Veränderung anzustreben. Diese Zwischenstellung gilt ebenfalls für den Franziskaner THOMAS MURNER (1475–1537). Im Humanismus sah er den Versuch, die sittliche Besserung des Menschen mit Hilfe antiker Werte zu erreichen. Er setzte sich für Reformen ein, die ihm innerhalb des Gegebenen als sinnvoll und nützlich erschienen, ein Aufgeben der Tradition bedeutete für ihn Chaos. Von der Predigt kam er zur Moralsatire, die bei ihm noch volkstümlicher gefaßt ist, noch stärker gegenwartsbezogen und realistischer als bei Brant und dem Leser durch Holzschnitte eindringlich nahegebracht wird. In der *Narrenbeschwörung* stellte der Dichter dar, wie den Narren und dem Teufel die Laster ausgetrieben werden. *Der schelmen Zunft* bietet in einer Selbstdarstellung der Narren deren besondere Charaktereigenschaften, nach denen ein »Zunftmeister« sein Urteil fällt. Der Dialog führt zu Ansätzen dramatischer Spannung. Eine Abrechnung mit dem entarteten Minnedienst war die Satire *Die Geuchmatt*, in der weibische Männer bloßgestellt werden. Bereits in die reformatorische Streitliteratur gehört die Schrift *Von dem großen Lutherischen Narren* (1522). Derbheit, Volkstümlichkeit, scharfe Einzelbeobachtungen, Anschaulichkeit, Rücksichtslosigkeit bestimmen dieses polemisch gegen Luther gerichtete Epos. In der Reformation sah Murner die Entfesselung zerstörerischer Mächte, weil die Einheit des Glaubens zerbrochen worden war.

Kritik durch Satire ist auch für das Prosaschrifttum charakteristisch. JOHANN FISCHART (um 1546–1590) entfaltete in seinem Hauptwerk *Affenteurliche und Ungeheurliche Geschichtsschrift vom Leben, Rhaten und Thaten der for langen Weilen Vollenwolbeschraiten Helden und Herrn Grandgusier, Gargantoa und Pantagruel, Königen in Utopien und Nienenreich* eine derbe Moralsatire auf das Bürgertum. Im Schicksal einer Riesenfamilie prangerte er die Laster seiner Zeit an, wobei der unterhaltende Aspekt durchaus den Vorrang vor der erzieherischen Absicht behielt. Dies erklärt sicher auch die Beliebtheit dieses Werkes bis ins 17. Jahrhundert. Der sprachlichen Vielfalt, der Verselbständigung der Sprache, die man erst wieder bei Jean Paul finden kann, entsprechen die Abschweifungen, Assoziationen, die unzähligen Einfälle. Obwohl bei Fischart Groteske und Satire vorherrschend sind, stellt sein Reimgedicht *Das Glückhafft Schiff von Zürich* ein Loblied auf die bürgerlichen Tugenden dar, nämlich Arbeit und Fleiß, Sitte und Anstand.

Eine erzieherisch-satirische Absicht verfolgte die im ausgehenden Mittelalter und im 16. Jahrhundert reich vertretene Fabel- und Tierdichtung. Durch Steinhöwels Übersetzung der Fabeln Äsops wurde dieses klassische Werk breiten Schichten zugänglich und blieb bis zum 18. Jahrhundert die wesentliche Quelle für die Fabel, die menschliche Schwächen und Zeitmißstände darstellt oder allgemeine Wahrheiten und moralische Grundsätze darlegt, indem sie ein exemplarisches Geschehen von Tieren agieren läßt. Luther, der fast alle Gattungen der Reformationsliteratur beeinflußt hat, verdeutschte auch einige Fabeln Äsops und fügte ihnen eine einfache Nutzanwendung bei. ERASMUS ALBERUS und BURKHARD WALDIS schrieben besonders zu kirchlich-polemischen Zwecken. *Hans Sachs* brachte Fabelstoffe in die Form von Spruchgedichten. Tierepen, in denen nicht, wie in der Fabel, einzelne Laster behandelt werden, sondern in denen die Autoren ein satirisches Zeitpanorama entwerfen, stammen von Fischart und GEORG ROLLENHAGEN (1542–1609). Seine Satire *Froschmevseler. Der Frösch vnd Mevse wvnderbare Hoffhaltvng* (1595) hat folgende Rahmenhandlung: Mäuseprinz Bröseldieb und Froschkönig Baußback unterhalten sich über ihre

Reiche und die Vor- und Nachteile einzelner Institutionen. Baußback lädt Bröseldieb zu einem Staatsbesuch ein. Bei der Überquerung eines Flusses begegnen sie einer Schlange, bei dem Ausweichmanöver fällt der Mäuseprinz vom Rücken des Frosches und ertrinkt. Dies ist der Anlaß für einen Krieg der rachsüchtigen Mäuse, in dem aber die Frösche schließlich siegen. Viele eingefügte Geschichten beleuchten menschliche Verhaltensweisen und gestalten das Werk volkstümlich-unterhaltsam. Die klare Zeitbezogenheit (Luthers Kampf gegen die alte Kirche, die Kirchenspaltung und der anschließende Krieg) dokumentiert sich in der thematischen Zuordnung der drei Bücher. So schildert das erste Buch das bürgerliche Kleinleben mit Betonung seiner Tugenden. Im zweiten Buch wird am Staatswesen gezeigt, daß auf eine Veränderung der Religion auch eine Änderung der Regierungsform folgt. Als höchste Autorität gelten die Bibel und, im staatlich-politischen Bereich, der König. Im dritten Buch wird dem Leser eindringlich die Sinnlosigkeit eines jeden Krieges vorgeführt. Rollenhagens Moralsatire, die auf Vermittlung von »Weisheit, Tugend und guten Sitten« ausgerichtet ist, hat viele Auflagen erfahren und war noch bis zur Zeit Goethes lebendiger Lesestoff.

Schwanksammlungen blieben wie schon im 15. Jahrhundert auch in der Reformationszeit sehr beliebt. Sie waren auf Unterhaltung und Belustigung speziell der mittleren und unteren Bürgerschichten eingestellt und lebten weitgehend von Situationskomik, Parodie, Burleske, von einem meisterhaften Spiel mit der Sprache, von realistischen Darstellungen und vom Obszönen.

Meistens waren die Schwänke in zyklischer Form angeordnet, so daß ein verbindendes Element hervortrat. *Schimpf und Ernst* (1522) des JOHANNES PAULI und das *Rollwagenbüchlein* (1555) von JÖRG WICKRAM sind auch über ihre Zeit hinaus bekannt geblieben. Eine sehr erfolgreiche und wirkungsvolle Satire in Gedichtform stammt von FRIEDRICH DEDEKIND, nämlich der neulateinische *Grobianus* (1549), der 1551 von Kaspar Scheidt mit dem Untertitel »Von groben sitten, und unhöfflichen geberden« übersetzt wurde. Mit viel Phantasie und Humor wird der Held Grobianus geschildert: ungewaschen, äußerlich völlig verkommen, ohne Manieren, verhält er sich provozierend-frech und fühlt sich am wohlsten in der Gesellschaft von Schlemmern, wo er mit Vorliebe Schlägereien anzettelt. Der besondere Kunstgriff Dedekinds besteht darin, daß er durch das Vorbild des Grobianus anscheinend zu einem ungesitteten Verhalten auffordert und damit um so abschreckender wirkt. Der Übersetzer erweiterte das Werk um das Doppelte und erhob Grobianus sogar zum Lehrmeister der Rüpelhaftigkeit. Kulturgeschichtlich bietet diese Dichtung einen eindrucksvollen Einblick in die Sitten der Zeit. Der Kampf des späten Mittelalters gegen die immer stärkeren Auswüchse des täglichen Lebens erreichte hier einen Höhepunkt. Dedekind hat der ganzen Gattung den Namen »Grobianismus« verliehen, sie knüpfte an die höfischen Anstandslehren und »Tischzuchten« an (häufig

wurden in höfischen Epen lange Passagen über richtige Verhaltensweisen bei Tisch aufgenommen).
Die psychologisch-realistische Erfassung des Menschen, die für die Entwicklung aller literarischen Gattungen so wichtig ist, ist ansatzweise in den Selbstzeugnissen, in Briefen, Tagebüchern, Familienchroniken, Reisebeschreibungen und Lebensbeschreibungen der Zeit zu verfolgen. Sie befaßten sich hauptsächlich mit religiösen, politischen, sozialen Auseinandersetzungen, mit der Beschreibung fremder Orte und Sitten, mit dem Aufzählen historischer oder zeitgenössischer Ereignisse. Aber manchmal wurde der Blick dann auf die eigene Person, das eigene Schicksal gelenkt, wenn etwa in eine Stadtchronik die eigene Familiengeschichte eingefügt wurde oder wenn bei der Beschreibung einer Pilgerfahrt die zwiespältigen persönlichen Gefühle – Freude auf das Kommende, Zweifel am Gelingen der Fahrt, Trauer des Abschieds – dargestellt wurden. Die Selbstzeugnisse des 16. Jahrhunderts pflegten den Gebrauch der deutschen Sprache, sie bildeten eine wichtige Voraussetzung für die intensiver werdende Beschäftigung mit dem Menschen, sie gewähren auch heute noch einen umfassenden Einblick in den Alltag der damaligen Zeit.

Martin Luther

Die überragende Gestalt des 16. Jahrhunderts war Martin Luther. Er verdankte sowohl in Hinblick auf seine theologischen Überzeugungen und Reformen als auch auf seine literarische Tätigkeit den europäischen Humanisten viele entscheidende Anregungen. An erster Stelle ist in diesem Zusammenhang Erasmus von Rotterdam (um 1466–1536) zu nennen, der von der Wiederbelebung der Antike zur Erneuerung des Christentums gelangte. Er vertiefte die humanistischen Gehalte durch Einbezug des Christlich-Theologischen, er strebte eine harmonische, sittlich-religiöse Gesamthaltung an, die auch den Alltag einbeziehen sollte. Er selbst verband Form und Maß der Antike mit den sittlichen Grundforderungen des Christentums, Glaube und Vernunft bildeten eine Einheit. Die Anwendung der philologischen Methode auf die Bibel und die frühchristliche Literatur (Herausgabe des griechischen Textes des Neuen Testaments mit Kommentar) bereitete Luther den Weg für die Bibelübersetzung. Erasmus beherrschte alle Formen der Darstellung und hat eine Fülle von Anregungen gegeben. Hier sei nur seine Satire *Lob der Torheit* erwähnt, ein Meisterwerk an Humor und Ironie, das er seinem Freund, dem bedeutendsten englischen Humanisten Thomas Morus, widmete. Die Welt wird als Bühne der allgemeinen Narrheiten dargestellt. Die Torheit hält eine Lobrede auf sich selbst und beweist, daß alles Glück von ihr abhängt, daß der Mensch die Torheit zum Trost und zur Selbstbestätigung braucht. Die Bloßlegung aller menschlichen Unzulänglichkeiten stellt in charakteristischer erasmischer

Selbstironie das ganze Leben in Frage. Die erlösende Kraft des Lachens steht hinter dem Werk; es soll aus den Niederungen in die geistige Freiheit, in die Humanität führen. Das Werk ist für die deutsche Literatur wichtig, weil Satire und Narrenthematik im 16.Jahrhundert zentrale Bedeutung gewinnen.

Unter den deutschen Humanisten ragt besonders JOHANN REUCHLIN (1455–1522) hervor. Der Jurist und Staatsmann, von dem die eindrucksvollste Komödie der Epoche stammt, nämlich das spannend aufgebaute Drama *Henno* (1497), vereinte in sich die philologisch-literarische und die religiös-philosophische Seite der neuen Bewegung. Er hat die europäische Renaissance um das Griechische und Hebräische bereichert. Unter dem Titel *Epistolae clarorum virorum* veröffentlichte er 1514 eine Sammlung von fiktiven Schriften berühmter Humanisten, die seine Partei im Streit mit dem jüdischen Konvertiten Johann Pfefferkorn ergreifen, indem sie seine Rechtfertigung der hebräischen Literatur unterstützen: ausschließen soll man nur die jüdischen Schriften mit offenkundigen Schmähungen gegen die Christen. Anscheinend als Antwort erschienen anonym von 1515 bis 1517 die *Epistolae obscurorum virorum*, die wirkungsvollste Satire des Humanismus. Die Briefe vermitteln den Eindruck, als ob ihre Verfasser, nämlich Crotus Rubeanus und Ulrich von Hutten, auf der Seite Pfefferkorns, also der orthodoxen mittelalterlichen Tradition, stehen. Durch schlechtes Latein, geistige Beschränktheit, Rückständigkeit und philiströse Enge enthüllen sie das Orthodoxe und festigen so den Sieg des Humanismus.

Das neue Klima geistiger Freiheit sowie die Anerkennung des Menschen als Individuum waren wesentliche Voraussetzungen für MARTIN LUTHER (1483–1546). Er gab den entscheidenden Anstoß zur Reformation: er formulierte Gedanken, die durchaus schon vorher geäußert worden waren (so etwa von John Colet, Erasmus oder Zwingli), aber er war der überzeugendste Sprecher im historisch günstigen Augenblick, und er hatte alle neuen theologischen Glaubenserfahrungen zuerst persönlich durchlebt. Die zentralen Grundlagen seiner Lehre sind die unbedingte Gerechtigkeit Gottes, der direkte und unmittelbare Zugang der Gläubigen zu Gott, die Rechtfertigung des Menschen »allein durch den Glauben« und die alleinige Anerkennung der Bibel als Autorität in allen Glaubensfragen. Die scheinbare Einfachheit dieser Ideen darf nicht über die dialektische Spannung hinwegtäuschen, in der Luther sie in seinen theologischen Schriften abhandelt. So nimmt seine berühmte Schrift *Von der Freiheit eines Christenmenschen* (1520) ihren Ausgang von den beiden Sätzen: »Ein Christenmensch ist ein freier Herr über alle Dinge und niemand untertan«, »Ein Christenmensch ist ein dienstbarer Knecht aller Dinge und jedermann untertan«. Die christliche Existenz wird gedeutet als Freiheit im Glauben und als Dienst der Liebe. Der Dienst am Nächsten (nicht als gutes Werk, mit dem man die Seligkeit erlangt) steht zentral in Luthers Ethik: die liebende Hinwendung zum Mitmenschen soll Gottes große Tat am Menschen widerspiegeln.

Abb. 12: Luthers vollständige Bibelübersetzung (1534) – Titelblatt des Erstdrucks

Für die Literaturgeschichte ist Luther aus mehreren Gründen von großer Bedeutung, obwohl er selbst die Literatur wie alle Künste und wie die Wissenschaft nur insofern schätzte, als sie die Diener der Theologie seien und für die Vermehrung von Gottes Ruhm zu sorgen hätten. In Luthers Werk sind fast alle literarischen Kleinformen der Prosa vertreten, die in der Reformationsliteratur eine wichtige Rolle spielen: Traktate, Flugschriften, Vorlesungen, Disputationen, Programmschriften, Briefe, Predigten, Fabeln, schriftlich niedergelegte Gespräche. Luthers Pflege dieser Formen hat anregend und vorteilhaft auf deren weitere Entwicklung und ihren Einsatz im reformatorischen Kampfschrifttum gewirkt. Das Hauptwerk der deutschen Übersetzungsliteratur dieser Epoche ist die Übersetzung der Bibel: 1522 das *Neue Testament*, 1523 das *Alte Testament*, 1534 *Biblia, das ist, die gantze Heilige Schrifft Deutsch*. Sie steht zentral im neuen theologischen Konzept: die Bibel ist die einzige Quelle religiöser Erkenntnis, aus ihr entnimmt der Gläubige die Offenbarung des göttlichen Willens, und nur anhand der Heiligen Schrift kann der Mensch eine Entscheidung für oder gegen Gott treffen. Um jedem einzelnen den Zugang zum Wort Gottes zu verschaffen, war die Übersetzung in die Muttersprache theologische Notwendigkeit. Luther ging nicht nur – wie andere Übersetzer vor ihm – auf die lateinische Vulgata zurück, sondern auf die durch Erasmus erschlossene griechische Fassung. Zuerst bemühte er sich um ein Erfassen des Textes nach grammatischen Kriterien, dann um das Verständnis der Einzelstelle von der gesamten Bibel her, und erst als dritten Schritt suchte er das deutsche Äquivalent. Sein Bestreben war die klare, einfache und einprägsame Sprache, wie sie »die mutter jhm hause, die kinder auff der gassen, der gemeiney man auff dem marckt« sprechen. Verständlichkeit, klanglich-rhythmische Schönheit und Volkstümlichkeit durch das Vorherrschen bildlich-konkreter Ausdrücke und das Vorbild der gesprochenen Sprache kennzeichnen seinen Stil und erklären die breite Resonanz und Wirkung bis ins 20. Jahrhundert. Luthers Überzeugungskraft basierte auch darauf, daß er aus tiefem religiösem Erleben schrieb. Abgesehen von der theologischen und literarischen Bedeutung der Bibelübersetzung ist ihr Wert als Sprachkunstwerk in Hinblick auf die Formung der deutschen Hochsprache kaum hoch genug zu veranschlagen. Luthers diesbezügliches Verdienst ist von den späteren Dichtern immer wieder gewürdigt worden. So meinte Goethe, daß die Deutschen erst durch Luther ein Volk geworden seien, und Nietzsche sprach von der Luther-Bibel als einem »Meisterstück deutscher Prosa«.

Neulateinische Poesie und Kirchenlied

Die lyrische Dichtung ist in der Literatur des 16. Jahrhunderts umfangreich vertreten. Sie hatte aber für die Folgezeit keine Wirkung, weil sie zumeist in neulateinischer Sprache abgefaßt wurde, stark auf Nachahmung antiker Vorbilder fixiert blieb und noch weit entfernt war von der neuzeitlichen Konzeption der Lyrik als Bekenntnisdichtung. Gattungen und Versmaß orientierten sich völlig an der griechischen und römischen Antike. Neben Gelegenheitsdichtungen wie Hochzeits-, Begräbnis- oder Abschiedsgedichten und Lobgedichten auf Persönlichkeiten sind Liebesdichtungen vertreten, außerdem nationale, geistliche und idyllische Poesie. Zu den bevorzugten Themen gehörten die Unsterblichkeit des Dichters, ein für die gesamte Renaissance zentraler Topos, in dem sich das Bewußtsein von der Einmaligkeit der menschlichen Persönlichkeit niederschlägt; weiterhin die irdische Vergänglichkeit, Aufforderung zu Lob und Genuß des Lebens und seiner Güter. Diese Lyrik war für eine höhere Bildungsschicht gedacht und didaktisch-belehrend ausgerichtet.

Zwei berühmte Vertreter sind KONRAD CELTIS (1459–1508) und ULRICH VON HUTTEN (1488–1523).
Die deutschsprachige Lyrik spaltet sich in die weltliche und religiöse Dichtung. Als Formen tauchen dabei das volkstümliche Singlied mit dem zentralen Liebesthema, mit Legenden- und Balladenstoffen auf, das historisch-politische Lied sowie die Spruchdichtung. Daneben steht der noch aus dem Mittelalter stammende Meistersang, der im 16. Jahrhundert schulmäßig organisiert war und besonders in den Städten durch die Handwerkerzünfte intensiv gepflegt wurde. Die Dichter verfaßten nach strengen Gesetzen (Tabulatur) Lieder, die neben religiösen Themen gern historische Stoffe behandeln. Der Zweck war Erbauung, Belehrung, Unterhaltung und auch einfach Kunsterprobung. Durch die straffe Organisation, den Regelzwang und die gesellschaftliche Einschränkung der Mitglieder kam es bald zur Stagnation, da der Kontakt zu den geistig-literarischen Strömungen nicht gepflegt wurde. Nur wenige Persönlichkeiten ragen heraus, so die Nürnberger *Hans Sachs, Hans Folz, Hans Rosenplüt*. In der religiösen Lyrik nahm neben dem geistlichen Lied besonders das evangelische Kirchenlied – beeinflußt vor allem durch Luther – einen beherrschenden Platz ein; hier liegt der Beginn einer großen Tradition, die im 17. Jahrhundert einen literarischen Höhepunkt erreichte. Luther machte das von der Gemeinde gesungene Lied zu einem festen Bestandteil des Gottesdienstes, es diente der Verbindung der Gläubigen und war Ausdruck ihres gemeinsamen Anliegens. Er stellte das Lied als Verkündigung seiner Ideen und als geraffte Wiedergabe seiner neuen Glaubenslehre in den Dienst der Reformationsbewegung. Das erste *Sangbüchlein* war sein Werk. Die von ihm verfaßten Kirchenlieder gehören zu den wenigen Dichtungen der Zeit, die bis heute lebendig geblieben und in ihrem künstlerischen Rang sowie der Prägnanz und Tiefe ihrer Aussage kaum übertroffen worden sind. Teilweise sind sie Bearbeitungen lateinischer Vorlagen, so etwa die Lieder *Mitten wir im Leben sind mit dem Tod umfangen*, teilweise handelt es sich um Umdichtungen von Psalmen *(Ein feste Burg ist unser Gott, Aus tiefer Not schrei ich zu dir)* oder um Neuschöpfungen wie den Choral *Nun freut euch, liebe Christen gmein*, der eine der zentralen Ideen der Reformation zum Thema hat, nämlich die Vergebung der Sünden nicht aufgrund von Werken, sondern allein durch Gottes Barmherzigkeit.

Reformationsdramatik

Die Entwicklung des Dramas vollzog sich ähnlich wie die der Lyrik, allerdings mit dem Unterschied, daß das Drama in den Auseinandersetzungen der Reformationszeit eine wirkungsvolle Rolle spielte und sich dadurch allmählich von der Nachahmung löste, so daß auch für die Folgezeit wichtige Impulse weitergegeben werden konnten. In dieser Epoche wurden wesentliche Grundlagen der Dramatik gelegt. Das Hauptcharakteristikum der Reformationsdramatik ist die Spiegelung der konfessionellen Auseinandersetzungen und die klare Unterordnung des Stoffes unter bestimmte Lehrmeinungen: das Publikum sollte im Glauben unterwiesen und zum Lobpreis Gottes angehalten werden.

Im Rahmen der humanistischen Beschäftigung mit der Antike kam es zur vorurteilsfreien Rezeption der Komödien von Terenz und Plautus, der Tragödien Senecas und schließlich auch der griechischen Dramen. Man orientierte sich daneben am italienischen und französischen Humanistendrama, und man griff auf die heimische Tradition zurück, nämlich auf die mittelalterlichen Moralitäten und die allegorischen Spiele. Von hier erklären sich der Einbezug volkstümlicher und schwankhafter Elemente sowie die Neigung, die Stücke jeweils unter eine bestimmte Lehre oder Tendenz zu stellen. Das lateinische Vorbild wurde in formaler Hinsicht richtungweisend: durch die Gliederung in fünf Akte mit Szenenunterteilungen, durch die Verwendung von Chor, Prolog, Epilog und Monolog. Die mittelalterliche Gemeinschaft von Schauspieler und Zuschauer wurde durch die »Terenzbühne«, nämlich den festen Spielort, allmählich aufgehoben. Durch die Komödie wurden Personen der unteren und mittleren Stände als Handlungsträger bühnenfähig, während für die Tragödie noch lange das Gesetz galt, daß nur hochstehende Persönlichkeiten als Figuren auftreten konnten. Die inhaltlichen Anfänge humanistischer Dramatik bestanden hauptsächlich in Gesprächen und Dialogen, die das neue Bildungsprogramm vorstellten und rechtfertigten, so bei JAKOB WIMPHELING, JOHANN KERCKMEISTER, HEINRICH BEBEL. Das lateinische Schuldrama bezweckte darüber hinaus die Pflege und Ausbildung der Sprache, die Unterweisung in guten Sitten und öffentlicher Rede. Aus Italien wurde früh die Form des Festspiels übernommen, in dem in allegorischer Verkleidung moralische Lehren vermittelt und einzelne Persönlichkeiten gepriesen werden. So ist in Deutschland Kaiser Maximilian in den reich mit Tanz, Musik und Masken ausgestatteten Spielen von Konrad Celtis oft Anlaß und Mittelpunkt dieser höfischen Festspiele. Johann Reuchlin schrieb zwar unter dem Einfluß der antiken Dichtung, aber durch Einbezug eigener Erlebnisse und zeitgenössischer Erfahrungen sowie durch eine geistreiche Handlung, verbunden mit einer allgemein gültigen Moral, sind seine Stücke relativ lange lebendig geblieben. Wegweisend wie in allen Gattungen ist der Niederschlag persönlicher Erfahrungen im Werk und damit die Distanzierung von vorgegebenen Schemata.

Das Drama der Reformationszeit stand der eigenen Gegenwart sehr nahe, es wurde vielfach bewußt im konfessionellen Kampf eingesetzt und diente propagandistischen Zielen. Der Weg von der lateinischen zur deutschen Sprache vollzog sich allmählich, zuerst durch eine deutsche Zusammenfassung der Handlung, dann durch eine Zusammenfassung nach jedem Akt. Schließlich faßte man das ganze Stück in der Muttersprache ab. Der größte Teil der Dramen wurde aus protestantischer Sicht geschrieben. Der Berner NIKLAUS MANUEL bot mit dem Stück *Aplaßkremer* (1525) ein folgerichtig und sehr wirkungsvoll aufgebautes Drama, in dem er das Heuchlertum der Ablaßverkäufer enthüllt und anprangert und in dem die neue Glaubensgewißheit, daß allein Gottes Gnade von Sünde befreien kann, herausgestellt wird. Ebenso richtete sich THOMAS NAOGEORGS Werk *Pammachius* (1538) in scharf polemischer Weise unter Ausnutzung aller verfügbaren dramatischen Kunstgriffe gegen den päpstlichen Mißbrauch der Macht. In diesem satirischen Zeitgemälde setzte Naogeorg wirkungsvoll Elemente des antiken Dramas und volkstümlich-schwankhafte Züge der heimischen Tradition ein und zeigte in symbolischer Form den Verfall der alten Kirche als einen lang andauernden Prozeß, der durch die Reformation zur Entscheidung gelangt. Was dies Stück aus der Masse der üblichen Streit- und Rechtfertigungsdramen sowie der bloßen Dramatisierung einer Argumentation heraushebt, sind die überzeugende Motivation hinter den Figuren, die dramatische Dialogführung und das in sich schlüssige, über den unmittelbaren Anlaß hinausreichende gedankliche Konzept. Die Breite des Interesses, die geistige Aufgeschlossenheit, die Vielfalt der Themen sichern NIKODEMUS FRISCHLIN (1547–1590) einen Platz in der Dramatik des Jahrhunderts. Er war bemüht um die Festigung des wahren Glaubens, um die Pflege des Lateinischen, um die Betonung der nationalen Besonderheit: damit reflektierte er wesentliche zentrale Tendenzen seiner Zeit. Frischlins Stärke lag in den komischen Nebenhandlungen, in der Gestaltung von Figuren, die menschliche Schwächen oder extreme Charaktereigenschaften repräsentieren. Dadurch kommt ein Spannungs- und Unterhaltungselement in seine Stücke, die sonst sehr auf Belehrung und ernste moralische Unterweisung ausgerichtet sind.

Die unterschiedliche Bearbeitung eines Stoffes und die Weiterentwicklung des Dramas sowie der dramatischen Technik läßt sich am *Jedermann* geeignet darstellen. Ein Grund hierfür liegt in der zeitlosen Thematik: der Mensch im Angesicht des Todes. Der Satz »Media in vita in morte sumus« umschreibt einen wesentlichen Grundzug des mittelalterlichen und frühneuzeitlichen Selbstverständnisses. In den *Jedermann*-Dramen steht das Problem der moralischen Rechtfertigung des Menschen (Jedermann) vor Gott im Mittelpunkt. Das Sündenbewußtsein, das sich in der sehr realen Angst vor der ewigen Verdammung manifestiert, war im spätmittelalterlichen Menschen stark ausgeprägt, es bildete für Luther den eigentlichen Anlaß für seine verzweifelte Suche nach Erlösung. Seine Überzeugung, daß Gnade nicht durch die kanonischen Gnadenmittel, also gute Werke, Pilgerfahrten, Ordensgelübde, sondern nur durch die unmittelbare Hinwendung zu Gott zu gewinnen sei, wurde die Grundidee seiner Reform. Die Korrespondenz dieses Lutherischen Kerngedankens mit einem bereits gestalteten literarischen Thema mußte fast zwangsläufig zu einer intensiven Neubehandlung führen. Umstritten ist bis heute, ob der *Jedermann*-Stoff seinen Ursprung in England oder Holland hat. Die Moralitäten *Everyman* und

Abb. 13: Jaspar von Gennep: *Homulus* – Titelblatt der Auflage von 1548

Elckerlyc stehen noch ganz in der vorreformatorischen Frömmigkeit: nur durch seine guten Werke kann Jedermann entsühnt werden, wenn er in der Stunde seines Todes vor den strengen Richter Gott tritt. Alle weiteren Bearbeitungen des *Jedermann*-Stoffes sind dann ausgesprochen konfessionell geprägt: je nach dem Verfasser werden protestantische oder katholische Lösungen für Jedermanns Problem angeboten, ob und wie er seine Rechtfertigung vor Gott findet. An der Gestaltung der *Jedermann*-Dramen wird einmal deutlich, wie bewegende Fragen der

Zeit in der Literatur ihren Niederschlag fanden, und zum anderen, wie sich gleichzeitig der allmähliche Übergang zu einer individuelleren und stärker realitätsbezogenen Darstellungsweise vollzog.

Die Fastnachtsspiele, die sich seit dem 14. Jahrhundert als schwankhaft-volkstümliche Spiele im Zusammenhang mit Volksfesten (so Fastnacht und Frühlingsfeste) als literarische Form herausbildeten, wurden im 15. Jahrhundert mehr zur Standessatire ausgebaut: die städtischen Bürger verspotteten Sitten und Verhalten von Bauern oder Raubrittern. Zur Reformationszeit wurden auch die konfessionellen Auseinandersetzungen ein Thema, man bezog Stellung zu Tagesfragen. Die Fastnachtsspiele des Nürnberger Handwerkers HANS SACHS (1494–1576) zeichnen sich dadurch aus, daß sie sehr kurz sind, einen einfachen, linearen Handlungsstrang haben, das Ende zwar häufig auf Einbeziehung der Zuschauer beispielsweise durch Tanz abzielt, aber doch die Handlung folgerichtig abschließt und eine belehrende Nutzanwendung verkündet. Gehaltlich wendete sich Sachs von der üblichen Derbheit und Obszönität ab und beschäftigte sich mit moralisierenden oder sozialkritischen Themen (etwa in *Der farend Schüler im Paradeiß, Der Narrenfreßer, Der Pawrenknecht wil zwo Frauen haben*). Damit vollzog er den Schritt von dem rein unterhaltenden Rollenspiel zur zeitgenössischen Realität. In seinen Tragödien (61) und Komödien (64) stellte er vielfach den Alltag seiner Umwelt dar. Der ernste Hintergrund des Lebens bricht auch in seinen Komödien durch, die sich von den Tragödien allein durch den guten Ausgang unterscheiden. In seinen Meistersingerdramen verarbeitete er Stoffe aus der Bibel, den Volksbüchern, der Sagenwelt, den Geschichten des klassischen Altertums, dem *Decamerone* des Boccaccio. Sachs übertrug hier epische Vorlagen in die dramatische Form und schloß jeweils mit einer moralischen Belehrung. Es ging ihm um handlungsreiches Geschehen und um anschauliche Typen, die dann stärkere Individualität gewinnen, wenn sie als Verkörperungen menschlicher Schwächen in einer bürgerlichen Umwelt beheimatet sind. Eine besondere Leistung gelang Sachs in dem Spiel *Der Tod im Stock*. Er griff auch hier auf einen tragischen Stoff der Weltliteratur zurück: ein Einsiedler findet einen verborgenen Goldschatz und wird deshalb von drei neidischen Räubern ermordet, die sich dann gegenseitig umbringen, weil sie sich den Reichtum nicht gönnen. Sachs erreichte durch detaillierte Charakterdarstellung eine ungewöhnlich bedrohlich-unheimliche Atmosphäre.

Volksbücher

Auch in der Epik wurde noch vielfach die neulateinische Sprache verwendet, die Anlehnung an die antiken Vorbilder war zwangsläufig groß. In der deutschen erzählenden Literatur liegen wesentliche Ansätze für die Weiterentwicklung der Prosa, speziell des Romans. Dies gilt besonders für die sogenannten Volksbücher. Dieser Begriff, der in der Romantik von Görres analog zum Begriff »Volkslied« geprägt wurde, bezeichnet die unterhaltende Erzählprosa des 15. und 16. Jahrhunderts. Diese Werke wurden aber keineswegs vom Volk verfaßt, sondern sind Leistungen von Einzelpersönlichkeiten. Die Entwicklung beginnt mit ELISABETH VON NASSAU-SAARBRÜCKEN und ELEONORE VON VORDER-ÖSTERREICH, die in der ersten Hälfte des 15. Jahrhunderts die ritterlich-abenteuerlichen Unterhaltungsromane (Chansons de geste) aus dem Französischen übersetzten. Durch den Buchdruck und die zunehmende Vergrößerung der Leserschichten wuchs die Nachfrage gerade nach Unterhaltung, und die Volksbücher erfüllten diesen Zweck sehr viel besser als das übrige, hauptsächlich religiös-didaktische Schrifttum. Neben den Übersetzungen besonders aus den romanischen Sprachen (so etwa *Die schöne Magelone, Die Vier Haimonskinder, Die schöne Melusine*) gehörten die Prosaauflösungen mittelhochdeutscher Epen zum Stoffbereich der Volksbücher, so etwa *Tristant und Isalde, Wigalois, Herzog Ernst*. Die für die Folgezeit wichtigste Gruppe bildeten die vier deutschen Neuschöpfungen, deren Verfasser bis auf den erst 1971 ermittelten *Eulenspiegel*-Autor HERMANN BOTE unbekannt sind. Bei den vier originalen Werken handelt es sich um *Eulenspiegel* (erster bekannter Druck ca. 1510), *Fortunatus* (1509), *Dr. Faustus* (1587) und *Schiltbürger* (1598). Sie haben die spätere Zeit immer wieder zu Neubearbeitungen angeregt und sind auch in ihrer ursprünglichen Form bis zum 20. Jahrhundert lebendig geblieben. Während *Eulenspiegel* und *Schiltbürger* schwankhafte Erzählungen enthalten, die um eine Figur bzw. um eine Gruppe angeordnet sind und thematisch sowie von der Aussage her ein festes Konzept verfolgen, enthält das *Volksbuch von Fortunatus und seinen Söhnen* bereits alle wesentlichen Strukturelemente eines Romans. Erzählt wird die wechselvolle Lebensgeschichte von drei Generationen, die durch je eine Figur vertreten werden. Alle drei haben ein sehr ähnliches Schicksal: sie lernen den Reichtum in seinem ganzen Ausmaß kennen und erleben in ebenso extremer Form Armut und Not. Theodor, Fortunatus Vater, und der Enkel Andolosia sind zu Beginn ihrer Laufbahn reich mit irdischen Gütern bedacht und fallen durch eigene Schuld und widrige Umstände in äußerste Not und Verlassenheit. Nur in der mittleren Generation ändert sich diese Abfolge: Fortunatus beginnt mit dem Nichts, erhält durch Fortuna den nie versiegenden Glückssäckel und kann durch Glück, aber auch durch Klugheit, geschickte Handelsabschlüsse und weises Umgehen mit dem Geld seine materielle Position festigen, gesellschaftlich ein hochgeachteter Bürger werden und auch privat seine Erfüllung finden. Seine Söhne verlieren das Erreichte, einerseits durch übergroße Vorsicht und Beschränktheit, andererseits durch mutwilliges Verlassen der bürgerlichen Lebenssphäre und durch den blinden Glauben, daß allein das Geld alle Wege ebne. Die persönlichen Erlebnisse der Hauptfiguren, ihre Tugenden und Schwächen stehen im Mittelpunkt. Das klar gegliederte Gesche-

Abb. 14: *Fortunatus* – Titelblatt der Ausgabe von 1509

hen, nämlich das Verfolgen einer biographischen Grundstruktur, dazu die Ansätze zu einer individuellen Charakterisierung und die enge Bezogenheit von Figur und Geschehen, die Ansiedlung der Handlung in einem konkreten Raum und einem nachprüfbaren Zeitgerüst bilden die entscheidenden formalen Grundlagen eines Romans. Er beschreibt anhand einer privaten, historisch nicht exakt verifizierbaren Welt, was »für den Zustand einer Epoche die Wahrheit darstellt«. Die in *Fortunatus* gestaltete Erfahrungswirklichkeit läßt sich durch viele zeitgenössische Parallelen und Realitätsbezüge historisch nachweisen: so durch die bedeutsame Rolle, die Stadt und städtisches Bürgertum spielen, durch die Bedeutung des Handelswesens und seiner Auswirkungen auf den einzelnen, durch die Macht des Geldes, das neben den wirtschaftlichen auch die persönlichen Beziehungen bestimmt und beeinflußt. Das Volksbuch bestätigt den Vorrang wirtschaftlicher Gesichtspunkte vor ständischen Verhältnissen: das reiche, aufsteigende Bürgertum imitiert den aristokratischen Lebensstil, während der verarmte Adel sich um Kontakte mit der bürgerlichen Schicht bemüht (Fortunatus heiratet eine ihm vom König vermittelte Grafentochter). Mit der Verankerung der Geschichte in der persönlichen Alltagserfahrung des Verfassers, nämlich in dem bürgerlichen Handelsmilieu der Fuggerstadt Augsburg, wird im Bereich der Prosa erstaunlich früh literarisches Neuland betreten. Fortunatus repräsentiert ebenso wie Faust am Ende des Jahrhunderts einen charakteristischen Zug des neuzeitlichen Menschen, das unbedingte Vertrauen auf sich selbst und die eigenen Möglichkeiten. In die Richtung des Romans weist auch die Tendenz des Erzählens, »durch das Vergnügen zu unterrichten«, wie es bereits in einer der frühesten deutschen Romanpoetiken in Anlehnung an Horaz heißt.

In Hermann Botes Volksbuch *Eulenspiegel* wird ein breites Panorama der zeitgenössischen Wirklichkeit entfaltet, denn dem Helden gelingt es aufgrund seiner geistigen Wendigkeit, Vertreter aller Stände zu foppen. Die Till-Eulenspiegel-Schwänke werden bis heute als witzige Unterhaltung empfunden, was nicht darüber hinwegtäuscht, daß hier aus der Sicht des Bauern scharfe Kritik an der Selbstgefälligkeit des Bürgertums und an kirchlichen Mißständen geübt wurde. Die Doppelseitigkeit spiegelt sich in Tills Streichen: neben der naiven Schadenfreude steht die lehrhaft-satirische Absicht, neben derber Komik die stete Kritik am Wortglauben der Reformatoren. Bloße Schwanksammlungen sind weder das *Lalebuch* noch die ein Jahr später erschienene Bearbeitung *Die Schiltbürger*. Gleicher Personenkreis und Schauplatz sowie die gleiche Grundidee prägen alle einzelnen Geschichten: durch die Macht der Gewohnheit, den Glauben an Überlieferung und Tradition nehmen die Schiltbürger allmählich die Narrheit an, die sie anfänglich nur vortäuschen wollten, um ihre Weisheit zu verbergen.

Das vierte original deutsche Volksbuch ist von Anfang an sehr erfolgreich gewesen und hat die stärkste Nachwirkung gehabt: die *Historia von D. Johann Fausten* eines unbekannten, streng lutherischen Verfassers. Eine zwielichtige Gelehrtengestalt des Humanismus, um die sich schon bald Anekdoten bildeten, war der historische Ausgangspunkt. Faust schließt den Pakt mit dem Teufel, um dadurch sein unbändiges Wissensverlangen erfüllt zu bekommen. Das Buch stellt die Begegnungen des negativ gesehenen Helden mit dem teuflischen Geist dar, außerdem die Disputationen über verschiedene Themen, in denen es zur Ausbreitung des zeitgenössischen Wissensstoffes kommt, die Zauberkunststücke, die Höllenfahrt mit Vorstellung der »hellischen Geister« und das schreckliche Ende, das durch Reue, Wehklagen und Mahnungen an den Leser gekennzeichnet ist. Das zentrale Thema ist die Warnung vor dem Bösen, gestaltet in einem Menschenschicksal, das sich dem Teufel verbindet, einige glänzende Erlebnisse und Befriedigungen erfährt, dann aber unausweichlich einem furchtbaren Ende verfällt. Sogar der Teufel macht zuletzt Faust Vorwürfe: »Wann ich ein Mensch erschaffen were, wie du, wolte ich mich biegen gegen Gott, allweil ich einen Menschlichen Athem hette, vnnd mich befleissen, daß ich Gott nicht wider mich zu Zorn bewegte, seine Lehre, Gesetz vnnd Gebot, so viel mir möglich, halten, jn alleine Anruffen, Loben, Ehren vnnd Preisen, damit ich Gott gefällig und angenehme were, vnnd wüste, daß ich nach meinem Absterben, die ewige Frewde, Glori vnnd Herrligkeit erlangte.« Im Zusammenhang mit der Literatur des Reformationszeitalters kann das Faust-Volksbuch sachlich-thematisch und von der didaktischen Absicht her der Teufelsliteratur zugeordnet werden, die aus betont kirchlich-lutherischer Sicht die Laster und Sünden als jeweils personifizierte Teufel bekämpft, etwa den Zauber-, Sauf- oder Wucherteufel. Das Interesse am Übernatürlichen und Magischen war in dieser Zeit besonders ausgeprägt, der allgemeine Erkenntnisdrang machte auch vor diesem Bereich nicht halt, sondern zog oft dämonische Mächte zur Erklärung ihm fremder Phänomene heran. Gerade die Alchemie als eine der »schwarzen Künste« übte Faszination aus. Faust war in vieler Beziehung der vollendete Ausdruck seiner Zeit: Humanist, Gelehrter, Protestant, Schwarzkünstler, Goldmacher. Er wird als »Symbol des spätmittelalterlich-neuzeitlichen Menschentums« gesehen, weil in ihm der Erkenntniswille des modernen Menschen, der dem Diesseits neue Werte verleiht, erstmalig gestaltet wurde.

Die im *Fortunatus*-Volksbuch vorhandenen Ansätze wurden von JÖRG WICKRAM (etwa 1505–1562) weitergeführt. Zu Beginn schrieb er noch Romane, in denen die Figuren von ritterlichem Stand sind. In dem Werk *Der Jungen Knaben Spiegel* (1554) wird ein armer Bauernsohn aufgrund seiner Tugenden Fleiß, Gehorsam, Bescheidenheit zum Vorbild für einen verlotterten Grafensohn und bringt es schließlich bis zum Kanzleramt bei einem Landesfürsten. Auf moralisches Vorbild und Belehrung war auch der Roman *Von Guten und Bösen Nachbaurn* (1556) ausgerichtet, dessen Handlung im bürgerlichen Milieu von Handelsstädten spielt. Anhand von drei Generationen führt Wickram vor, wie segensreich sich Freundschaft, Frömmigkeit und ehrliche Sittsamkeit auswirken. Für die weitere Entwicklung des Romans war die breite Entfaltung des Liebesmotivs bedeutsam, ebenso die Tatsache, daß die Gefühle der Figuren detailreich und überzeugend dargestellt sind.

Nachwirkung

Die durch die Reformation eingetretene Glaubensspaltung hatte weitgehende historische und theologische Konsequenzen; erst im 20. Jahrhundert bemühte man sich im Zusammenhang ökumenischer Bestrebungen darum, beide Konfessionen einander anzunähern und die Unterschiede zu überbrücken. Eine Fülle von Luther-Dramen verdeutlicht die Faszination, die von der Gestalt des Reformators ausgeht: noch 1971 sorgte das Stück *Martin Luther & Thomas Münzer oder Die Einführung der Buchhaltung* von Dieter Forte für heftigen Widerspruch.

Abb. 15: Hugo von Hofmannsthal: *Jedermann* – Szenenphoto von der Salzburger Aufführung 1953

Für die Entwicklung des Romans und des Dramas gab die Literatur des 16. Jahrhunderts wesentliche Impulse, weil durch die Beschäftigung mit dem individuellen Menschen, mit der Realität des Lebens wichtige Bereiche der literarischen Darstellung eröffnet wurden. Die Neubearbeitung des *Jedermann* (1911) durch Hugo von Hofmannsthal stellte ein wichtiges Thema der damaligen Zeit erneut zur Diskussion. *Das Spiel vom Sterben des reichen Mannes,* so der Untertitel, wurde das Kernstück der Salzburger Festspiele; bis heute führt man es jedes Jahr auf dem Domplatz auf. Motivgeschichtlich sind auch die Volksbücher bedeutsam, Bearbeitungen und Umdichtungen gibt es bis ins 20. Jahrhundert. Neben den Schwanksammlungen *Eulenspiegel* und *Die Schiltbürger*, die als Kinder- und Jugendbücher bekannt sind und gelesen werden, hat die *Historia von D. Johann Fausten* eine herausragende Bedeutung, weil die Faust-Problematik zum wichtigsten Thema der deutschen Literatur wurde. Die Entwicklung im 18. Jahrhundert begann mit der Szene *Faust und die sieben Geister* (1759) aus dem 17. Literaturbrief von G. E. Lessing und führte über Goethe, Ludwig Tieck, Christian Dietrich Grabbe und eine Reihe anderer Autoren bis zu Thomas Manns Roman *Doktor Faustus. Das Leben des deutschen Tonsetzers Adrian Leverkühn, erzählt von einem Freunde* im 20. Jahrhundert.

Barock

Abb. 16: Treppenhaus in der Würzburger Residenz. Erbaut von Balthasar Neumann (1720/1744)

Das 17. Jahrhundert fällt mit der Epoche zusammen, die stilgeschichtlich Barock genannt wird. Es handelt sich – wie schon bei der Renaissance und auch bei der Aufklärung – um eine europäische Erscheinung. Herkunft und Bedeutung des Wortes Barock sind umstritten: es gilt als Bezeichnung für eine unregelmäßige, schiefe, verzerrte Perle oder eine nicht den Regeln entsprechende rhetorische Figur. Die lange vorherrschende Abwertung des barocken Stils und die Gleichsetzung mit Übertreibung, Verzerrung, Schwulst ist vor dem Hintergrund der klassischen Formideale von Maß, Harmonie und Geschlossenheit, wie sie die Renaissance pflegte, zu verstehen. Die Lösung von dieser »Kunst des schönen, ruhigen Seins« vollzog sich langsam, aber konsequent in der Baukunst, in der bildenden Kunst, in der Malerei und in der Literatur. Der neue barocke Stil beabsichtigte andere Wirkungen; »er will packen mit der Gewalt eines Affekts, unmittelbar, überwältigend. Was er gibt, ist nicht gleichmäßige Belebung, sondern Aufregung, Ekstase, Berauschung«. So formulierte der Kunsthistoriker Heinrich Wölfflin (1864–1945) wesentliche Aspekte des Barockstils und leitete damit die entscheidende positive Umwertung des Barock als einer eigenständigen Kunstepoche ein. In der Architektur, speziell dem Kirchenbau, fand der

barocke Stil seine auch heute viel bewunderte vollendete Ausgestaltung. Es sei hingewiesen auf die Wiener Karlskirche, die Dresdner Frauenkirche, den Salzburger Residenzbrunnen, die Würzburger Residenz mit dem Treppenhaus von Balthasar Neumann. Es kommt immer auf den überwältigenden und großartigen Gesamteindruck an, auf theatralische Effekte (viele Spiegelwirkungen), auf das Spiel mit Licht und Dunkel, die Aufhebung der Grenze zwischen Kunst und Wirklichkeit, die Verschmelzung der Künste. In den kunstvollen Treppenbauten, die nicht in erster Linie praktische Zwecke zu erfüllen hatten, kamen wesentliche barocke Merkmale zum Ausdruck, wie das Ineinander von Architektur, Malerei, Stuck und Plastik, der gewaltige Raumeindruck, der Reiz der Überschneidungen, die Überraschung durch ungewöhnliche Durchblicke.
In Malerei (Rembrandt, Rubens) und Musik (Johann Sebastian Bach, Georg Friedrich Händel, Christoph Willibald Gluck, Georg Philipp Telemann) brachte das Barockzeitalter Schöpfungen hervor, die in ihrer zeitlosen Gültigkeit und Aussagekraft international lebendig geblieben sind. Für die Literatur gilt das nicht unbedingt, obwohl auch in der deutschen Dichtung in dieser Epoche wesentliche Grundlagen für die weitere Entwicklung gelegt wurden und einige zeitlos gültige Werke entstanden.

Antithetische Weltsicht

Das 17. Jahrhundert war gekennzeichnet durch die Vertiefung der Glaubensauseinandersetzungen, durch die Stärkung der Gegenreformation speziell im Jesuitenorden, durch die Weiterführung der Säkularisierung, den gewaltigen Machtzuwachs der Fürstenhäuser und die Grundlegung des Absolutismus. Herausragendes Ereignis war der Dreißigjährige Krieg, der seinen Ursprung zwar in religiösen Gegensätzen hatte, aber schon bald zu einem Gegeneinander der unterschiedlichsten politischen Machtinteressen wurde. Der Westfälische Frieden von 1648 brachte die Gleichberechtigung der Konfessionen und führte zur Ohnmacht des deutschen Reiches durch die Aufsplitterung in Einzelstaaten und die katastrophale wirtschaftliche Situation. Demgegenüber standen die Machtzentrierungen in Frankreich, Schweden, bei den Habsburgern. Die Grundsätze der religiösen Toleranz und der individuellen Gewissensfreiheit führten immer konsequenter zur Verweltlichung aller Lebensformen, die ihren Niederschlag gerade auch in Kunst und Wissenschaft fand. Die Theologie wurde durch die Staatsphilosophie abgelöst, der Rationalismus setzte sich immer stärker auf allen Gebieten des Lebens durch, die empirische Methode wurde die Grundlage messender Naturbeschreibung.

Das zentrale Merkmal des barocken Lebensgefühls ist die Antithetik. Noch einmal wurde der Versuch gemacht, das Ordodenken des Mittelalters, den Universalismus, den Gleichklang des Mikrokosmos mit dem Makrokosmos zu verwirklichen. Dazu gehörte die Betonung der Tradition, der Rhetorik, der Regeln, der Form. Sie bildeten die Grundlage von Leben und Kunst. Zentrale Stilmerkmale der Literatur im Barock sind daher ihre Bildlichkeit und ihr dekorativer Aspekt, der mit dem höfisch-repräsentativen Grundzug des Lebens korrespondierte. Die charakteristischen Ausdrucksformen der Bildlichkeit waren Allegorie und Emblematik. Die Allegorie drückt einen abstrakten Begriff durch ein konkretes Zeichen aus: die Welt als Bühne. Das Emblem ist ein Zeichen, ein Bild, dem ein ganz bestimmter Sinn zugeordnet ist: die Palme als Sinnbild der Treue, der vom Blitz unberührte Lorbeer als Sinnbild der Tugend, der das Böse nichts anhaben kann. Seit der Renaissance existiert eine große Menge von Sammlungen zur Emblematik. In ihnen werden zahlreiche Embleme jeweils in einem Dreierschritt vorgeführt: Überschrift (inscriptio), Bild (pictura), Deutung (subscriptio). Die Bedeutung der Embleme war dem zeitgenössischen Leser bekannt, so daß ein Bild (etwa das Titelbild eines Romans) oder eine Nennung für ihn einen ganzen Sinnzusammenhang erhellte. Hier liegt eine Schwierigkeit für den modernen Leser, der dies Vorwissen nicht hat und dem deshalb viele Feinheiten barocker Kunst leicht verborgen bleiben können. Die Emblematik bildete auch einen wichtigen Bestandteil als Stilmittel und Bedeutungsträger in den literarischen Gattungen. In der Dramatik geschah dies beispielsweise durch die Requisiten und, noch entscheidender, durch die Sprache. Wenn eine Figur vor ihrem Eintritt ins Kloster ihrem treuen Diener einen Ring schenkte, so war dies nicht nur als Belohnung oder als Erinnerung gedacht: der Ring ist auch Emblem, also Sinnbild für das Ewigwährende und Unendliche, eine Mahnung zur christlichen Lebensführung (so in dem Drama *Theodoricus* von Johann Christian Hallmann). Das Theater, das im Leben des 17. Jahrhunderts einen wichtigen Platz einnahm, wurde selbst zum »emblematischen Schaugerüst«, das Himmel, Erde und Hölle widerspiegelte. Emblematik und Betonung der Form dokumentieren besonders deutlich die Gebundenheit des Barock an die Tradition.
Entsprechend der antithetischen Grundhaltung kam es immer wieder zum Durchbruch des Lebens, des Persönlichen, des Individuellen. Die barocke Dichtung lebt aus dieser inneren Spannung. Was sich beim gleichen Dichter an Gegensätzen zeigt, das Nebeneinander von Kontrasten, wiederholt sich im gesamten Leben: so die selbstverständliche Unterordnung des einzelnen unter die Gesetze der Gesellschaft und das durch Religion und mystische Traditionen geweckte Bewußtsein der Individualität, die Schrecken des Krieges neben den Schäferspielen, die prunkvolle Repräsentation und der Lebensgenuß neben streng asketischen Neigungen an den Höfen. Alle diese Gegensätzlichkeiten wurden im barocken Bewußtsein durchaus als vereinbar betrachtet, weil man

Abb. 17: Das Emblem *Intacta Virtus* (Übersetzung sinngemäß: *Unberührte Tugend*. So bleibt vom Bösen unverletzt die schönste Tugend unverändert: Wie der Lorbeerbaum von den Blitzen unversehrt ist.)

INTACTA VIRTUS.

Sic illaesa malis constat pulcherrima virtus:
Laurus ut est diris integra fulminibus.

letztlich immer noch in einer theologisch begründeten Schöpfungsordnung lebte und von dieser Ganzheit aus urteilte.
Im 17. Jahrhundert wurde endgültig die Trennung vom Lateinischen vollzogen, das Deutsche gewann durch Opitz und die zahlreichen Poetiken seinen festen Rang als Sprache der Dichtung. Damit waren die Voraussetzungen dafür geschaffen, daß die deutsche Literatur den Anschluß an andere Nationalliteraturen finden konnte. Das literarische Leben war weitgehend dadurch gekennzeichnet, daß es auf bestimmte Orte konzentriert war: auf die Höfe und die Sprachgesellschaften. Schlesien war geographisch der geistige Mittelpunkt, von hier kamen viele Dichter, andere suchten hier Zuflucht. Schlesien, das lange Zeit vom Krieg verschont geblieben war, bot in gesellschaftlicher, kultureller, konfessioneller, weltanschaulicher Hinsicht ein buntes Nebeneinander, so daß gute Voraussetzungen für dauernde geistige Auseinandersetzungen und Diskussionen gegeben waren. Der Nordosten Deutschlands war protestantisch, der Süden wurde durch die katholische Erneuerung geprägt. Die Kunst wurde überall als repräsentativ und als Unterhaltung der Gesellschaft verstanden, deshalb hatten Drama, aufwendige Theateraufführungen, vor allem Schäferspiele große Wirkung. Die

Oper als Gesamtkunstwerk, als Verbindung von Musik, Malerei, Dichtung, entsprach dem Zeitgeschmack in ganz besonderer Weise. Manche Gattungen blieben noch völlig in dem vom Mittelalter vorgegebenen Weltbild, so das Jesuitendrama, das Kirchenlied und der höfische Roman. Daneben gab es in der Lyrik und im Roman deutliche Ansätze zu einer gegenständlichen, persönlich geprägten Kunst. Die Lyrik zeigte dabei eine Vielfalt von Formen wie Sonett, Ode, Lied, Arie, Elegie, Epigramm, Lehrgedicht, heroischer Brief. Die Bevorzugung der strengen Formen – vorgegebener Aufbau, festes metrisches Schema – spiegelte die Neigung zur Regel, zur Gesetzmäßigkeit gerade auf dichterischem Gebiet wider. Auch drückte sich hier die das Barock kennzeichnende Spannung aus: persönlich Erlebtes, Individuelles wurde in der objektiven Form verallgemeinert. Auch die Lyrik hatte gesellig-öffentlichen Charakter, was sich in der Fülle der Gelegenheitsdichtung niederschlug.

Autoren und ihre Werke

Opitz und die Sprachgesellschaften

MARTIN OPITZ (1597–1639), der die ersten Jahrzehnte des 17. Jahrhunderts durch seine Bemühungen um eine theoretische Grundlegung der Dichtung prägte, wurde auch für die nachfolgende Generation barocker Dichter wichtig: in ihm sah man den geistigen Vater. Seine literarhistorische Bedeutung besteht darin, daß er die Voraussetzungen für einen relativ geschlossenen Kunststil geschaffen hat, durch den die »lateinische Tradition« endgültig überwunden wurde. 1624 gab Julius Wilhelm Zincgref die Sammlung *Martini Opicii teutsche Poemata und Aristarchus* heraus, die 146 Gedichte von Opitz und 52 Gedichte von Paul Melissus Schede, Georg Rudolf Weckherlin und vom Herausgeber enthielt. Diese Sammlung bestätigt, daß sich ein frühbarocker Dichterkreis in Heidelberg gefunden hatte. Sie bildete den Auftakt der neuen Kunstrichtung. Durch das Dichten in der Muttersprache bekundete man deren Würde und deren Gleichrangigkeit mit dem Lateinischen. Der Mustercharakter der Sammlung dokumentierte sich darin, daß sehr viele lyrische Formen vertreten waren: Epigramm, Sonett, Ode, Kunstlied, Elegie. Die Themen (Lob eines gelehrten Freundes, eines Gönners, einer Stadt), das starke Übergewicht der Rhetorik und die vielen mythologischen Anspielungen machen den Abstand zu dem Lyrikverständnis deutlich, wie es seit Goethe mit dem Begriff »Erlebnislyrik« umschrieben wird. Hier ging es nicht um Originalität, hinter der Sammlung stand vielmehr die Konzeption von der Lehr- und Lernbarkeit der Dichtung. So bildete gerade die Nachahmung berühmter Vorbilder einen nicht geringen Anteil des lyrischen Werkes. Opitz fand seine neuen Formideale durch diese Sammlung bald nicht mehr angemessen vertreten und verfaßte als persönliche Rechtfertigung das *Buch von der deutschen Poeterey* (1624), die erste maßgebliche deutsche Poetik, die eine Zusammenfassung der bekanntesten Regeln darstellt und hauptsächlich auf den ausländischen und antiken Theoretikern Aristoteles, Horaz, Quintilian, Scaliger, Ronsard basiert. Die Lehrbarkeit der Dichtung war ein wichtiges Thema dieser Poetik. Als Aufgabe der Poesie verkündete Opitz die Vermittlung von Weisheit, aber dies blieb eine auch von ihm selbst nicht erfüllte ideale Forderung. Wesentlich für die Folgezeit waren die Erörterungen über die poetische Praxis mit der Ablehnung von Fremdwörtern sowie der Hochschätzung des bildlichen Ausdrucks, der Lautmalerei, sinnvoll zusammengesetzter Neubildungen und der allgemeinen Ausschmückungstendenz – diese Regeln und Vorschriften wurden gegen den Willen von Opitz die Grundlegung des barocken »Schwulstes«. Außerdem bot Opitz eine Versreform: Reinheit des Reimes und regelmäßiger Wechsel von betonten und unbetonten Silben statt der Silbenzählung als metrisch-rhythmisches Gesetz. Dies führte zu einer Verdrängung des Hexameters zugunsten des Alexandriners. Abgesehen von der großen Wirkung auf die Dichtung des 17. Jahrhunderts lag der Wert dieser Poetik darin, daß die deutsche Dichtung eine feste, für alle verbindliche Grundlage erhielt. Opitz bot stofflich nichts eigentlich Neues, sondern faßte Bekanntes in einprägsamer Form zusammen. Er leistete das, was in den anderen europäischen Ländern früher erfolgt war, weshalb die Nationalliteraturen dieser Länder viel schneller innere Geschlossenheit und qualitative Höhe erreicht hatten. Das weitere literarische Schaffen von Opitz stand ganz unter dem Zeichen seiner eigenen Reformvorstellungen und seiner Bemühungen um die Förderung der deutschen Literatur, der er vielfältige Anregungen gegeben hat. So wurde seine Übersetzung von John Barclays *Argenis* zum Vorbild des heroischen, historisch-idealistischen Romans, der das ganze Jahrhundert Geltung und Beliebtheit behielt. Besondere Verdienste erwarb er sich bei der Einführung der italienischen Oper in Deutschland. Die Schäferdichtung, in der Renaissance nach den Eklogen Vergils neu belebt und in den europäischen Literaturen aller Gattungen aufgenommen, wurde von Opitz durch Übersetzungen und durch eigene Beiträge in der deutschen Literatur heimisch gemacht. Kennzeichen dieser Form sind eine stilisierte und idealisierte Naturlandschaft (Arkadien), in der sich junge, als Schäfer verkleidete Menschen ihren Gefühlen hingeben: Liebe und Freundschaft, Sehnsucht, Klage, Einsamkeit, Trennung, Versöhnung. Sie leben losgelöst von der Realität, in Eintracht mit Natur und Tierwelt und oft auch mit mythologischen Gestalten. Besonders in der Lyrik und im Lehrgedicht verwirklichte Opitz sein großes Ziel, nämlich die deutsche Dichtung der antiken gleichzusetzen. Am eindrucksvollsten gelang dies in dem *Trost Gedichte in Widerwertigkeit desz Krieges* (1633). Er war sich als Dichter der Neuheit seiner Aufgabe bewußt:

statt der üblichen Liebesgedichte oder der Lobpreisung irgendwelcher Gönner machte er die gegenwärtige Realität des Krieges zum Thema, er mahnte zur Einheit und zur Toleranz in Glaubensfragen. Den größten Raum nimmt nach einer Beschreibung der Grauen des Krieges der Trostgedanke ein. Der Krieg ist von Gott, dem Lenker und Ordner aller Dinge, verhängt, damit der Mensch sich ständig der Wechselhaftigkeit des Lebens und der Vanitas bewußt bleibe. Er soll zur Einsicht in den Wert der »vernunftbestimmten Tugend« kommen. In typisch humanistischer Gelehrsamkeit werden verschiedene Trostmittel aufgezeigt, so das gute Gewissen, die Märtyrerhaltung, die Hoffnung auf den Nachruhm und die Aussicht auf den Tod, nach dem das ewige Heil dem irdischen Unglück ein Ende setzt. Der Dichter vertritt stoisch-christliche Ideale, die der beste Schutzwall gegen Fortuna sind – damit erwies sich Opitz ganz der Gedankenwelt seiner Zeit verbunden.

Der Einfluß von Opitz ist weit gespannt und umfaßt die unterschiedlichsten Bereiche. So ist die Folge seiner Konzeption des Dichters als eines Gelehrten und der normativen Vorschriften für die dichterische Gestaltung, daß eine wahre Flut von Poesie zu jedem Anlaß entstand. Obwohl diese Produkte schon früh der Lächerlichkeit anheimfielen, lag in der darin zum Ausdruck kommenden allgemeinen Anstrengung und Übung in der Muttersprache eine Voraussetzung für die hohe Entfaltung von Sprache und Literatur im ausgehenden 18. Jahrhundert. Der Pflege der Sprache waren auch die »Sprachgesellschaften« gewidmet, die ein typisches Phänomen der Barockzeit waren und in enger Beziehung zu Opitz standen. Es handelte sich hierbei um Vereinigungen von Fürsten, Adligen, Gelehrten, Dichtern, später auch bürgerlichen Literaten, die, letztlich in der humanistischen Tradition stehend, durch die intensive Bemühung um Sprache und Literatur eine neue Kultur schaffen wollten. Wie viele Erscheinungen des Barock wurden auch die Sprachgesellschaften nach ausländischen Vorbildern gegründet, so der erste deutsche »Orden«, die »Fruchtbringende Gesellschaft« in Weimar (1617), in Anlehnung an die »Accademia della Crusca« in Florenz. Der Palmbaum symbolisierte das Motto »Alles zu Nutzen«: die Früchte kann man essen, die Blätter eignen sich zum Dachdecken, das Holz wird für den Schiffsbau verwendet. Weitere Sprachgesellschaften waren die »Aufrichtige Tannengesellschaft« (Straßburg), die »Teutschgesinnte Genossenschaft« (Hamburg), die »Pegnitzschäfer« (Nürnberg), der »Elbschwanorden« (Lübeck), die »Musikalische Kürbishütte« (Königsberg). In ihnen waren fast alle bedeutenden Dichter der Zeit vertreten. Reinerhaltung der deutschen Sprache (Purismus), Streben nach einer einheitlichen Schriftsprache, Vereinheitlichung der Rechtschreibung, systematische Untersuchungen zur Grammatik und Sprachgliederung besonders von Justus Georg Schottel gepflegt, Bemühungen um Poetik und Versreform waren die wesentlichen selbstgestellten Aufgaben der Gesellschaften. Die »Pegnitzschäfer« nahmen insofern eine Sonderstellung ein, als sie die Gesellschaftsdichtung in den Vordergrund rückten. Maßgeblich hieran

Abb. 18: Programm der *Fruchtbringenden Gesellschaft*; Kupferstich von M. Merian, 1636

beteiligt waren GEORG PHILIPP HARSDÖRFFER (1607–1658) und JOHANN KLAJ (1616–1656). Harsdörffer war, was den enormen Umfang seiner Produktion anbelangt, ein Großliterat. Er hat viele Anregungen gegeben und es sehr geschickt verstanden, das literarisch Erfolgreiche zu erkennen und zu pflegen. Seine achtteilige Sammlung der *Frauenzimmer-Gesprächsspiele* (1641–1649) enthält Geschichten, Rätsel, Sprichwörter, geistliche und weltliche Gedichte, auch Dramen und Schäferspiele. Inhaltlich-thematisch ist die Sammlung gleichermaßen weit gespannt, so daß man von diesem Werk als einer »Enzyklopädie des zeitgenössischen Wissens« gesprochen hat. Die *Gesprächsspiele* finden als Unterhaltung zwischen drei Frauen und drei Männern statt, was Zwanglosigkeit und Weitläufigkeit von der Anlage her garantiert. Die Tendenz ist belehrend und unterhaltend. Das Werk diente außerdem dazu, die aufstrebenden Mittelschichten in höfischer Sitte zu unterweisen und ihnen damit den sozialen Aufstieg zu erleichtern. Ebenso wurde von Harsdörffer die Bedeutung und Funktion der Frau in der neuen gesellschaftlichen Schicht erkannt. Obwohl das vorgebrachte Wissen ganz in der Tradition wurzelte, lagen in der gewählten Dialogform wesentliche Neuansätze zur inneren Freiheit, denn einzelne Themen wurden von mehreren Seiten beleuchtet, in Frage gestellt und oft nicht endgültig abgeschlossen und beurteilt. Dem Intellekt wurde eine entscheidende Rolle zugewiesen, so daß die Voraussetzungen für Rationalismus und Aufklärung schon in der Barockliteratur angelegt waren. Die *Gesprächsspiele* bilden durch Bevorzugung literarischer Kleinformen, durch ihre Zielsetzung und die Leichtigkeit ihres Tones eine wichtige Vorstufe für den Journalismus.

Sonett, Ode und Kirchenlied

Der Einfluß der Poetik von Opitz auf die Lyrik des Barock ist besonders groß. Die Masse der unbedeutenden Gelegenheitsdichtungen und die Betonung des Formal-Technischen sowie die vielen sprachlichen Spielereien, die den modernen Leser jede Ernsthaftigkeit und jedes echte Gefühl in Frage stellen lassen, erzeugen berechtigte Vorbehalte gegenüber der Barocklyrik. Aber sie zeichnet sich auch durch große Vielseitigkeit aus, durch Differenziertheit und durch einen überzeitlichen Aussagegehalt. Noch vor Opitz pflegte GEORG RUDOLF WECKHERLIN die Ode. Mit seinem Werk wollte er die deutsche Sprache für die hohe Kunstdichtung ausbilden, er wandte sich bewußt an die gebildeten Kreise und stellte seine Verse in den höfischen Dienst. Die Ode war hierfür besonders geeignet, da es sich um eine Art geselliges Kunstgedicht handelt, das viele Bildungselemente enthält und thematisch gern um die Verherrlichung erlauchter Persönlichkeiten kreist, um den Preis der Liebe und des Lebens. Daneben enthielten die stärker reflektierenden Oden stoisches Gedankengut, so die zentrale Vanitas-mundi-Idee. Weckherlin hat eine relativ isolierte Stellung, weil kurz nach Erscheinen seiner *Oden und Gesänge* (1618/19) unabhängig von ihm eine Rezeption der französischen (Oden-)Dichtung erfolgte und er selbst den Rest seines Lebens in England verbrachte. Er verdeutlicht ein Problem, das in der deutschen Literaturgeschichte nicht vereinzelt ist, daß nämlich der Einfluß von außen oft stärker als die heimische Leistung sein kann.
Die Nachfolger von Opitz (etwa Andreas Tscherning, Johann Rist, Heinrich Albert sowie die Königsberger Robert Robertin und Simon Dach) ahmten das große Vorbild nach, orientierten sich an der neuen Verslehre, wagten aber auch Neuerungen, etwa durch parodistische Darstellung des Schäferwesens, durch eine natürliche Direktheit bei Liedern aus dem studentischen Bereich, durch Einbringen realistischer Einzelbeobachtungen. Da die Lyrik oft zum Singen bestimmt war, gingen volkstümliche Elemente ein. In der reichhaltigen Gelegenheitsdichtung vollzog sich der Übergang zur »volkstümlichen Gebrauchskunst«.

Der Mediziner PAUL FLEMING gehörte zu den größten Lyrikern seiner Zeit; die Forschung hat seine Sonderstellung, seine innere Selbständigkeit überzeugend nachgewiesen. Flemings Selbsteinschätzung »Mein Schall floh überweit. Kein Landsmann sang mir gleich« wurde bereits von seinen Zeitgenossen akzeptiert, die ihn teilweise über Opitz stellten. An Flemings Entwicklung lassen sich die typischen Stationen der barocken Dichtung – hier durch die kurze Lebenszeit 1609 bis 1640 eng zusammengedrängt – verfolgen: Nachahmung und Übersetzung romanisch-neulateinischer Autoren, Textparaphrase, Pflegen des eigenen Stils. Als besonderes Verdienst Flemings gilt seine Überwindung des Petrarkismus. Hierbei handelt es sich um einen festen Bestand an Formeln, Ausdrucksweisen, Motivkreisen und Aussagegehalten in der Liebesdichtung, wie zum Beispiel die stereotype Wiederkehr der Situation des ruhelosen, sich vor Liebesglut verzehrenden, leidenden Mannes und der schönen, aber unbarmherzigen, bewußt grausamen Frau. Fleming übernahm den petrarkistischen Kanon, aber ihm gelang es bald, persönliche Empfindungen und eigene Gefühle auszusprechen. Das auslösende biographische Ereignis war eine Reise nach Persien, die ihn aus allen gesellschaftlichen Bindungen in eine existentielle Isoliertheit führte und ein neues Lebensgefühl begründete, eben das Erkennen der eigenen Individualität und den Mut zur inneren Wahrhaftigkeit. Er vermied fortan Übertreibungen, grelle Effekte, konventionelle Aussagen und erreichte damit Echtheit und Natürlichkeit, was die Stimmung, die ausgedrückten Gefühle und die ernste (nicht verspielte) Grundhaltung angeht. In der posthum herausgegebenen Sammlung *Teutsche Poemata* (1642) sind thematisch und formal sehr unterschiedliche Gedichte vereinigt: Liebeslieder, Trinklieder; Reflexionen über die Zeit, das Reisen, das menschliche Leben; Oden, Sonette, Epigramme. Das Sonett *An Sich* enthält dem Zeitalter geläufige Ideen, die hier aber als selbst erfahrene und dem eigenen Wesen entsprechende Gedanken dargeboten werden. Es wird über die verschiedenen Widerstände und Versuchungen des Daseins reflektiert, am Schluß steht die Erkenntnis der menschlichen Würde im Wissen um eine letzte innere Freiheit. Das stoizistische Ethos Flemings, die tiefe christliche Frömmigkeit, die Unabhängigkeit von Fortuna – all dies wird in einfacher Sprache und in einer der Sonettform (zwei Quartette, zwei Terzette) entsprechenden Gedankenführung ausgesprochen. Manche noch heute allgemein bekannten Gedichte stammen von Flemings so *In allen meinen Taten* oder *Ein getreues Herze wissen.*

Einen wesentlichen Bestandteil der Barockdichtung bildete die geistliche Lyrik – ein weiterer Beweis dafür, daß religiöses Denken die deutsche Barockdichtung bestimmend prägte. FRIEDRICH SPEE VON LANGENFELD (1591–1635) stellte sein Werk als überzeugter Jesuit ganz in den Dienst der katholischen Erneuerung. Die Schrift *Güldenes Tugend-Buch* und die Sammlung *Trutz Nachtigal, Oder Geistlichs-Poetisch Lust-Waldlein, Deßgleichen noch nie zuvor in Teutscher sprach gesehen* sind von

✶✶✶✶✶✶✶✶✶✶✶✶✶✶✶✶:✶✶✶✶✶✶✶✶✶✶

XXV.
An Sich.

SEy dennoch unverzagt. Gieb dennoch unverlohren.
 Weich keinem Glücke nicht. Steh' höher als der Neid.
Vergnüge dich an dir / und acht es für kein Leid /
hat sich gleich wieder dich Glück'/ Ort/ und Zeit verschworen.
 Was dich betrübt und labt / halt alles für erkohren.
Nim dein Verhängnüß an. Laß' alles unbereut.
Thu / was gethan muß seyn / und eh man dirs gebeut.
Was du noch hoffen kanst/ das wird noch stets gebohren.
 Was klagt / was lobt man doch? Sein Unglück und sein
  Glücke
ist ihm ein ieder selbst. Schau alle Sachen an.
Diß alles ist in dir/ laß deinen eiteln Wahn/
 und eh du förder gehst / so geh' in dich zu rücke.
Wer sein selbst Meister ist/ und sich beherrschen kan/
dem ist die weite Welt und alles unterthan.

Auff

Abb. 19: Das Sonett *An sich* von Paul Fleming

der Tendenz her religiös erbauliche Dichtungen. Die Themen sind: Betrachtung der Geburt und des Leidens Jesu, Lob des Schöpfers, Weltabsage und Jenseitssehnsucht, Gottessuche. Charakteristisch für sein Schaffen waren die mystische Färbung, der Grundton der Innigkeit, Schlichtheit und religiöse Überzeugung. Spee dichtete aus subjektivem Erleben heraus. Der von ihm oft geschilderte Prozeß von tiefer Zerknirschung und Buße bis zur Ekstase der himmlischen Freude basierte auf eigener Erfahrung, weshalb er auch heute überzeugen kann. Häufig sind Spees geistliche Themen in Naturschilderungen eingebettet. Dies, der einfache Strophenbau und die Sprachmusikalität bedingen die Nähe zum Volkslied. So waren Spees Lieder bis hin zur Romantik sehr beliebt und wurden teilweise in die Volksliedersammlung *Des Knaben Wunderhorn* aufgenommen. Spee dichtete unabhängig von Opitz, teilte aber wie alle Zeitgenossen dessen Vorstellungen von der Gleichrangigkeit der deutschen Sprache mit der lateinischen, was er in der Vorrede zur *Trutz Nachtigal* in der Form einer kleinen Poetik niederlegte. In der lateinischen Lyrik ragte der Jesuit JAKOB BALDE (1604–1668) heraus, dessen Werke in gelungener Synthese einige der Hauptmerkmale des Barock enthalten: Christentum, humanistische Ideenwelt und humanistisches Wissen, engagiertes Eintreten für die katholische Erneuerung, Überzeugung von der Eitelkeit des Irdischen und der Gedanke des Lebens als eines Spieles.

Auf protestantischer Seite ragt PAUL GERHARDT (1607–1676) hervor, der nach Luther volkstümlichste Liederdichter. Er gehörte keiner Schulrichtung an, er gelangte über das persönliche Andachts- und Erbauungslied zur Dichtung. Seine Lieder stellen den Inhalt des Evangeliums, die Glaubenserfahrung und die feste Aussicht auf das ewige Heil dar. Gerhardt gibt sich ganz dem Schutz Gottes anheim, sein persönliches Schicksal und die grausame Erfahrung des Dreißigjährigen Krieges haben ihn Gott als den einzigen Trost und die einzige Zuflucht erleben lassen. Die Schlichtheit des Ausdrucks, seine sprachliche Meisterschaft, die enge Beziehung zwischen Gesehenem, Gefühltem und Ewigem sichern Gerhardts Liedern in der Literatur einen festen Platz. Einige seiner bekanntesten Lieder sind die Weihnachtslieder *Wie soll ich dich empfangen* und *Ich steh an deiner Krippen hier*, das Lied zum Jahresende *Nun laßt uns gehn und treten*, die Passionslieder *Ein Lämmlein geht und trägt die Schuld* und *O Haupt voll Blut und Wunden* sowie jene Lieder, die Gottes Güte und seine Werke preisen: *Befiehl du deine Wege, Die güldne Sonne voll Freud und Wonne, Nun ruhen alle Wälder, Geh aus mein Herz, und suche Freud* – viele seiner Werke sind im Laufe der Jahrhunderte zu Volksliedern geworden. Von nachhaltiger Wirkung war das von mystischer Religiosität geprägte Werk des Mediziners JOHANN SCHEFFLER (1624–1677). Nach seinem Übertritt zum Katholizismus wurde er ein leidenschaftlicher Kämpfer für die katholische Erneuerung. Seine Dichtungen veröffentlichte er unter dem Namen ANGELUS SILESIUS, sein berühmtestes Werk waren die *Geistreichen Sinn- und Schlußreime*, seit der zweiten Auflage 1674 unter dem Titel *Cherubinischer Wandersmann* bekannt. Es ist eine umfangreiche Sammlung von meist zweiteiligen Sinnsprüchen in Alexandrinern, die kein in sich geschlossenes Weltbild darbieten, sondern im wesentlichen um die Ausdeutung des christlichen Glaubens, um die Erkenntnis Gottes durch den Menschen kreisen: der beste Weg zur Erfahrung Gottes ist die Lösung von der Welt, die Einkehr in sich selbst; die Verneinung des Willens führt zur inneren Ruhe und schafft damit die Voraussetzung für die Unio des Menschen mit Gott. Angelus Silesius wurde im Pietismus bewußt rezipiert, und die Romantiker schätzten ihn wegen seiner mystischen Tendenzen und seiner Entscheidung für den Katholizismus hoch ein.

Ein Aspekt, der im allgemeinen Bewußtsein einen Hauptgrund für die negative Bewertung der Literatur des Barock insgesamt bildet, ist der Schwulst, das Überkünstelte und Überladene im Ausdruck wie in der Aussage. Kulturhistorisch und literarisch handelt es sich hierbei um eine europäische Erscheinung mit verschiedenen Namen: Gongorismus, Euphuismus, Marinismus. Der letzte ist der im Deutschen am häufigsten verwendete Terminus, um eine bestimmte, speziell lyrische Richtung zu charakterisieren, die in Deutschland erst relativ spät von der sogenannten »Zweiten Schlesischen Schule« gepflegt wurde und sich in folgenden Merkmalen manifestierte: Virtuosität der Formen, Streben nach immer neuen Reizen, Geziertheit, überreiche Verwendung rhetorischer Figuren, inhaltliche Konzentration auf die sinnlichen Aspekte der Liebe. Der hervorragende Repräsentant dieser Richtung war CHRISTIAN HOFMANN VON HOFMANNSWALDAU (1617–1679). Das Liebesthema dominiert in seinem Werk, seine *Sinnreichen Helden-Briefe* sind eine nach dem Vorbild von Ovid entstandene Sammlung von fingierten Briefen, die berühmte historische Liebespaare gewechselt haben sollen. Seine Lyrik umfaßt Epigramme (*Grabschriften*), Oden, Sonette und trennt sich thematisch in weltliche sowie geistliche Stoffe. Hervorstechende Merkmale sind Lebensfreude und Liebesgenuß, das artistische Spiel mit Erotik und »geistreicher Eleganz«. Neben dem Triumph der irdischen Lust steht in seiner Lyrik, wie es für das barocke Lebensgefühl charakteristisch war, die Absage an die Welt, die Erkenntnis der Vergänglichkeit, so in den Gedichten *Die Welt* oder *Wo sind die Stunden der süßen Zeit*.

Englische Komödianten, Schulbühnen und das Jesuitendrama

Das Drama hatte durch den Einfluß von Humanismus und Reformation neue Impulse erhalten, und auch in der Folgezeit wirkten mehrere Kräfte zusammen, um die Entwicklung entscheidend voranzutreiben. Einen wichtigen Anteil am Theaterleben von der zweiten Hälfte des 16. Jahrhunderts an hatten die englischen Komödianten, die sich durch eine besondere Bühnenreform (zweigeteiltes Spielfeld mit Vorder- und Hinterbühne, Galerie als Oberbühne) und durch einen reichhaltigen Spielplan auszeichneten. Neben Moralitäten und biblischen Stücken wurden die Dramen der elisabethanischen Epoche aufgeführt und breitere Schichten als Publikum gewonnen. Man entdeckte das Alltagsleben für die Bühne, nicht heilsgeschichtlich ausgerichtete Stoffe, sondern »innerweltlich begründete und verstandene Charaktere und Schicksale« rückten in den Vordergrund. In diesem Zusammenhang ist die Bedeutung typisierender Gestalten, besonders der komischen Figur (Clown, Narr, Pickelhering), zu sehen: sie bedient sich der Prosa oder Mundart, sie glänzt durch solch unverwüstliche Züge wie Mißverstehen, Wörtlichnehmen, Vergessen, das Sicherinnern an der falschen Stelle. Diese Rolle, die oft von dem Anführer der Truppe gespielt wurde, hatte daneben die Aufgabe, die Bühnenhandlung und aktuelle Anlässe zu kommentieren. Der Weg der englischen Komödianten, die bald in deutscher Sprache spielten und dann von heimischen Schauspielern ergänzt wurden, führte von den Höfen in die Städte, in die bürgerliche Sphäre der

Abb. 20: Sammlung englischer
Dramen (1620) – Titelblatt

Märkte und Messen. Alle diese Aspekte – berufsmäßiges Schauspielertum, eigene Bühnenhäuser, thematische Hinwendung zum Alltag, Erfassung neuer, bürgerlicher Publikumsschichten – bildeten die Voraussetzung für die ästhetische Autonomie des Dramas und seine künftige Entwicklung.

Die vielen Schulbühnen, die sich bereits unter humanistischem Einfluß um das Drama bemühten, waren eine weitere Pflegestätte der Schauspielkunst. Man begnügte sich bald nicht mehr mit der Aufführung antiker Autoren, sondern schrieb Stücke besonders für Schulvorstellungen. Ihre wesentliche Aufgabe bestand in der Übung der lateinischen Sprache und bewußter moralischer Unterweisung, aber auch hier sind Ansätze einer neuen Entwicklung erkennbar: menschliche Charaktertypen werden dargestellt, anhand von eindringlichen Beispielen führt man die Belohnung der Guten und die Bestrafung der Bösen vor. Der Gedanke, daß das Drama Unterhaltung und Erholung bieten soll, gewann zunehmend an Bedeutung. Bühneneffekte, wirkungsvolle Situationen, dämonische Figuren, ein riesiges Personenaufgebot, mythologische und allegorische Gestalten, Einfügung von erklärenden Chorliedern weisen voraus auf die barocken Festspiele und zeigen Parallelen zum Jesuitendrama.

Das Jesuitendrama wurde im 17. Jahrhundert zum dichterischen Ausdruck der Gegenreformation, es stellte gleichzeitig einen Höhepunkt barocker Theaterkunst dar. Die Stoffe stammen aus der Weltliteratur, vorzugsweise aber aus der Bibel, doch nicht die Handlung ist das eigentliche Anliegen, sondern die Darlegung eines geistigen Gehalts, was meistens in allegorischer Form geschieht. Die wesentlichen Aspekte sind die Mahnung zur Buße, zur Standhaftigkeit und inneren Bewährung und zur Frömmigkeit. Pädagogisch-didaktische und religiös-propagandistische Ziele standen neben der Übung des Lateinischen und der rednerischen Gewandtheit für die Schüler im Mittelpunkt. Da die Zuschauer Latein oft nicht mehr beherrschten, waren sie auf den Gesamteindruck der Aufführung angewiesen, weshalb großer Wert auf äußere Requisiten gelegt wurde: Musik, Ballett, Prunkdekorationen, ausdrucksstarke Effekte, viele Darsteller. Das Jesuitendrama war nicht in erster Linie Wort-, sondern Bildkunst. Die Sinne des Publikums wurden angesprochen, der Festspielcharakter prägte diese Aufführungen. Durch die künstlerische Verklärung der Wirklichkeit und den breiten allegorischen Apparat wurde im Zuschauer die sittlich-moralische Erschütterung bewirkt, die in der Theorie des Jesuitendramas als Zweck betont wurde und die etwa dem Katharsisbegriff der Aristotelischen Tragödie entspricht (Erschütterung durch das tragische Geschehen und dadurch Lösung aus Leidenschaften, Unfreiheit und Schuld mit dem Ziel der inneren Befreiung des Schauspielers und Zuschauers). Bedeutende Dramatiker und Theoretiker waren Jakob Gretser, Jakob Pontanus, Nikolaus von Avancini, Alexander Donatus. Besonders wirkungsvoll ist das Drama *Cenodoxus* (1602) von JAKOB BIDERMANN (1578–1639), einem hochbegabten Professor, der von 1606 bis 1614 am Jesuitenkolleg in München lehrte. Das Drama schildert das Leben des Cenodoxus, eines gelehrten und berühmten Professors der Medizin in Paris. Obwohl äußerlich ein Vorbild der Tugend und Frömmigkeit, ist Cenodoxus ein hartnäckiger Heuchler, voller Eitelkeit und Hochmut. Egoismus ist die treibende Kraft seiner Handlungen, auch seiner wenigen guten Taten. Alle Versuche der guten Mächte, die ständig sein Gewissen zur Einkehr bewegen möchten, schlagen fehl. Er beharrt in seiner Eigensucht und folgt blind den Einflüsterungen des Teufels: er hat die Freiheit der Entscheidung zwischen Gut und Böse, bleibt aber seinem eitlen Leben verhaftet. Auch in der Todesstunde kommt er nicht zur Reue, Christus verurteilt ihn deshalb zur ewigen Verdammnis. Das Drama demonstriert besonders eindringlich Gerechtigkeit und Gericht Gottes, wie sie von den Jesuiten interpretiert wurden. *Cenodoxus* kennt nicht die Gnade und Erlösung des in letzter Minute reuigen Sünders, wie die *Jedermann*-Spiele der Reformationszeit, das Jesuitendrama stand im Dienst der Gegenreformation. Bidermann veranschaulichte einen ihrer Kerngedanken, nämlich die unerbittliche Gerechtigkeit Gottes, die nicht als Härte, sondern als Notwendigkeit empfunden wurde. Die ungewöhnliche Wirkung des Dramas *Cenodoxus* auf die Zeitgenos-

sen ist durch einen Bericht überliefert, der besagt, daß vierzehn Hofbeamte ihre Ämter niederlegten und sich ins Klosterleben zurückzogen, nachdem sie eine Aufführung in München (1609) miterlebt hatten.
Die im Jesuitendrama angelegte Tendenz zur festlichen Repräsentation fand ihre vollkommene Ausprägung in der Oper. Auch hier bewies Martin Opitz Gespür für den Zeitgeschmack. Er übertrug 1627 die italienische Vorlage des Spiels *Dafne*, Heinrich Schütz schrieb die Musik (die nicht erhalten ist) dazu. Mit der Aufführung dieses Werkes aus Anlaß einer Fürstenhochzeit setzte der Siegeszug der Oper ein. Die Oper als eine Art Gesamtkunstwerk kam dem Barockmenschen durch die Verschmelzung von Musik, Tanz, Dichtung und dramatischer Vergegenwärtigung sowie durch ihren festlichen, höfisch-repräsentativen Charakter besonders entgegen. Die gleiche Neigung zu prächtiger Selbstdarstellung und Verbindung von Wort und Musik zeigte im kirchlichen Bereich das Oratorium.
Wie in der Lyrik und beim Roman gibt es auch im Drama eine Richtung, die häufig als »barocker Schwulst« abqualifiziert wird und deren wichtigster Repräsentant DANIEL CASPAR VON LOHENSTEIN (1635–1683) war. In seinen Trauerspielen, deren Stoffe aus der Antike oder aus der Geschichte stammen, ging er vielfach bis an die Grenze des Erträglichen, was die Darstellung von Grausamkeiten und die Fülle von Sensationen angeht. Hinzu kommt eine bilderreiche, von Metaphern bestimmte, auf Pathos und auch grelle Effekte ausgerichtete Sprache. Trotz aller Übersteigerungen gab Lohenstein seinen Dramen eine sehr genaue Strukturierung durch die Aufeinanderfolge von »Abhandlungen«, die den Akten/Aufzügen entsprechen und die dramatische Handlung zeigen, und »Reyen«, die eine Deutung der Handlung oder kommentierende Aussagen enthalten und damit den Zuschauer zum Mitdenken zwingen. Lohenstein gelang es auch, durch menschliche Leidenschaften ausgelöste Konflikte darzustellen und damit Spannung zu erzielen. In der Gestaltung der Figuren vollzog er ansatzweise den Schritt vom Typus zum individuell gesehenen Charakter. Seine Wirkung auf das 18. Jahrhundert war bedeutend, weil er Ausdrucksformen für persönliche, sehr emotionale Seelenlagen geschaffen hat.

Der höfische Roman

Die Barockzeit kannte neben dem Schelmenroman den höfischen, heroischen, galanten oder historisch-politischen Heldenroman, der von zeitgenössischen Lesern besonders geschätzt wurde. Für spätere Jahrhunderte wird der Zugang zum Verständnis dieser Romane durch die ungewöhnliche und starke Zeitgebundenheit versperrt. Diese Form ging auf spanische und französische Vorbilder zurück, speziell auf den *Amadis*-Roman und seine Fortsetzungen. Die zentralen Merkmale des höfischen Romans, der weitgehend auf den protestantischen Raum beschränkt blieb, waren höfisch-aristokratisches Milieu, eine Vielzahl von handelnden Figuren, das Ineinander von Abenteuern und Liebesgeschichten, Bewährung der Treue als Grundmotiv, Verwechslungen und Verkleidungen, dauernde Wechselfälle des Glücks zur Demonstration der Unbeständigkeit Fortunas, Befrachtung mit Sachwissen aus den verschiedensten Bereichen, pädagogisch-moralische und unterhaltende Tendenzen. Eindrucksvoll wurde in immer neuen Beispielen der Sieg der Guten über die Bösen vorgeführt, der Erbauungscharakter dieser Romane entspricht den Tendenzen des Jesuitendramas im katholischen Raum. Mit ANDREAS HEINRICH BUCHHOLTZ begann der selbständige deutsche höfische Roman. Sein Werk *Des Christlichen Teutschen Gross-Fürsten Herkules und des Böhmischen Königlichen Fräulein Valiska Wunder-Geschichte* (1659) bot in bewußter Absetzung von den *Amadis*-Romanen »gute Moralia«, erbauliche Diskurse über geistliche und weltliche Angelegenheiten und den Triumph der christlichen Lehre. Die Figuren sind zwar den Mächten der Fortuna und der Leidenschaft unterworfen, aber letztlich erhalten alle Leiden ihren Sinn von der religiösen Grundkonzeption. Buchholtz war bestrebt, den Lesern die Daseinsberechtigung und Bedeutung der sittlichen Ordnung vor Augen zu führen. Herzog ANTON ULRICH VON BRAUNSCHWEIG (1633–1714), der das höfische Leben aus eigener Anschauung kannte, gilt als wichtigster Repräsentant dieser Romanform des Barock. Seine beiden Hauptwerke *Die Durchleuchtige Syrerinn Aramena* und *Die Römische Octavia* bieten vor historischem Hintergrund ein breites Handlungsgefüge, das von einer großen Anzahl frei erfundener Figuren getragen wird. Im Gegensatz zu früherer Ansicht, daß hier »formloser Schwulst« vorläge, hat die Forschung inzwischen die sehr genaue Gliederung und Formung nachgewiesen. Die Schicksale der einzelnen Personen werden ausführlich dargestellt. Wenn auch noch nicht von einer psychologischen Entwicklung gesprochen werden kann, so liegt das Schwergewicht doch auf dem vielfältigen Zusammenspiel der Figuren und den sich aus den einzelnen Erfahrungen entwickelnden Charakteren. Anton Ulrichs Romane sind nicht mit Wissensstoffen beladen und zeigen trotz aller Weitläufigkeit eine straffe Handlungsführung. Inhaltlich geht es um Liebesbeziehungen, die vielen Proben und Belastungen ausgesetzt werden und die immer mit politischen Verhältnissen verknüpft sind; zur glücklichen Verbindung gelangen die Paare nur bei charakterlicher Harmonie und gleicher politischer Einstellung. Das Anliegen des Autors war es, den Triumph der göttlichen Gerechtigkeit, der sittlichen Wertordnung und der Tugend zu demonstrieren. Allerdings ist der Sieg nicht mehr ganz selbstverständlich, denn manche Paare und Figuren erhalten trotz aller »richtigen« Voraussetzungen nicht mehr ihre »Belohnung«, der Gedanke der Gnade spielt eine wesentliche Rolle. HEINRICH ANSHELM VON ZIEGLER UND KLIPHAUSEN hat mit seinem Roman *Die Asiatische Banise oder Das blutig-doch mutige Pegu* (1689) auf die folgenden Generationen – bis hin zu Goethe – große Faszination ausgeübt. Hier erreichen blutrünstige Grausamkeit, übermenschliches Heldentum und barocke Darstellung (Übertreibung, Ausweitung, Hang zum Bombastischen) einen Höhepunkt, hier trifft eine Formulierung Eichendorffs zu, der von den Romanen der Barockzeit als den »tollgewordenen Enzyklopädien« sprach. In der Geschichte der deutschen Literatur war der höfische Roman das letzte Beispiel einer reinen Standesdichtung, die Autoren stammten aus höfischem Umkreis und schrieben zur Unterhaltung und Belehrung der höfischen Gesellschaft. Sie vermittelten ein idealistisch verklärtes christliches Weltbild, in dem alle Gegensätze in einer glücklichen Synthese verbunden sind und in dem der barocke Dualismus überwunden zu sein scheint, mit dem fürstlichen Menschen als Vorbild.

Der realitätsbezogene Roman

PHILIPP VON ZESEN (1619–1689), einer der wichtigsten und vielseitigsten Literaten, wirkte im Sinn von Opitz im norddeutschen Raum und gründete 1643 in Hamburg die »Teutschgesinnte Genossenschaft«, als deren Aufgaben er »Erbauung der Muttersprache und Erhaltung guter Freundschaft« festsetzte. Seine Reformbestrebungen – in Hinblick auf die deutsche Sprache soll die Aussprache in der Schreibweise erkennbar sein (also »Wüzz« statt »Witz«) – wie seine puristischen Bestrebungen (Verdeutschung von Fremdwörtern wie Zeitblick für Minute, Zeugemutter für Natur, Tageleuchter für Fenster) muten heute nur noch skurril an. Modern und in die Zukunft weisend waren seine Welterfahrung und Weltoffenheit, die sich in einer reichen Übersetzertätigkeit niederschlugen, und die Tatsache, daß er im Gegensatz zu seinen Kollegen weder einen festen Beruf noch einen adligen Gönner hatte. Er verdiente sich seinen Lebensunterhalt als freier Literat, als Übersetzer, Lektor, Herausgeber, Verfasser. Aus seinem umfangreichen Werk ist die *Ritterholds von Blauen Adriatische Rosemund* (1645) besonders bedeutsam, weil es sich hier um einen Vorläufer des bürgerlichen Romans handelt, wie er von der Mitte des 18. Jahrhunderts an die Literatur beherrscht. Von Zesen ging es um eine möglichst »lebenswahre Darstellung« (R. Newald) und differenzierte seelische Verhaltensweisen und nicht, wie es im heroisch-galanten Roman der Fall war, um überdimensionale Staatsaktionen und die darin zum Ausdruck kommenden idealen Haltungen und Gesinnungen des Helden. Das private Verhalten der Figuren steht im Mittelpunkt, und diese entstammen der bürgerlichen Schicht, die allerdings in dieser Epoche noch keine repräsentative Klasse darstellte. Der Roman hat ein durchaus aktuelles Thema, nämlich die aufgrund des Konfessionsunterschiedes unglückliche Liebe von Markhold und Rosemund. Der junge schlesische Dichter Markhold verliebt sich in die Venezianerin Rosemund, die vor den Wirren des Krieges nach Amsterdam geflüchtet war. Da ihr Vater nur in eine Heirat einwilligen will, wenn sie ihren katholischen Glauben behalten kann, muß ihre Liebe unerfüllt bleiben, denn für den protestantischen Helden ist diese Bedingung unannehmbar. Das im Vergleich zum höfischen Roman sehr handlungsarme Werk zeigt das Verhältnis der beiden Liebenden als mit vielen Hindernissen und Bewährungsproben belastete Gemeinsamkeit und eröffnet damit die Möglichkeit einer breiten Darstellung der seelischen Vorgänge und Stimmungen. Eine große Rolle spielt die Empfindsamkeit der Hauptfiguren. Die beiden Protagonisten zeichnen sich durch leichte Erregbarkeit aus, sie erblassen oder verstummen häufig, leiden unter Schlaflosigkeit und Einbildungen, sie schweben dauernd zwischen Furcht und Hoffnung. Viele wichtige Gefühle werden in Briefen mitgeteilt, was bereits auf den so einflußreichen englischen Romanautor Samuel Richardson und dessen Briefromane im 18. Jahrhundert hinweist. Eingelagert in das Geschehen sind didaktisch-unterhaltende Partien und »kurzweilige Erzählungen«. Bedeutsam und für das 17. Jahrhundert sehr ungewöhnlich war der Einbezug autobiographischer Elemente. Der Held trägt deutliche Züge des Verfassers, wie auch bestimmte Ereignisse in von Zesens Leben in Markholds Laufbahn wiederkehren. Die Abhängigkeit von zeitgenössischen Strömungen wie der Schäferdichtung zeigt sich darin, daß die Heldin während einer Reise des Geliebten ihre Zeit als Schäferin verbringt. Formal orientierte sich von Zesen an französischen Vorbildern: strenge Gliederung des Inhalts, Beschränkung der Handlungsdauer auf ein Jahr (alles Vorangegangene wird in einem Bericht Markholds an seinen Freund nachgeholt), die sechs Bücher umfassen einen Tag.

Drei Romanschriftsteller aus der zweiten Hälfte des 17. Jahrhunderts sind erst durch die Forschung des 20. Jahrhunderts in ihrer Bedeutung für die weitere Entwicklung der Gattung gewürdigt worden. JOHANN BEER (1655–1700) verarbeitete eigene Erfahrungen und läßt in seinen Werken eine unbeschwerte Erzählfreude erkennen. Die Romane *Teutsche Winter-Nächte* und *Die Kurtzweiligen Sommer-Täge* (1682, 1683) zeichnen sich aus durch einen starken Wirklichkeitsbezug, durch Darstellung des alltäglichen Milieus, durch die Gebundenheit an bestimmte, geographisch festgelegte Räumlichkeiten und feste soziale und wirtschaftliche Verhältnisse und durch die Freude am Ausmalen einzelner Situationen. Formal bietet Beer eine Einheit von pikareskem (Motive der unbekannten Herkunft, der Einsiedelei, des Vagabundenlebens) und höfischem Roman (Auffächerung der Handlung in verschiedene Stränge). Gehaltlich bedeutsam ist, daß der Mensch und die einzelne Situation persönlich, individuell gesehen werden. Der Held erfährt zwar auch die Heillosigkeit der Welt, aber er zieht sich nur kurzfristig in die Askese zurück: die Einsiedelei ist eigentlich nur für Heilige möglich. Beers Held lernt aus dem Erlebten, eignet sich praktische Weltklugheit an, um sich zu behaupten. Er ist in einem genau bestimmbaren Lebensraum zu Hause, womit das psychologische Interesse am Individuum gefördert wird. Der Gedanke der Autonomie der Welt und des Menschen wird auch im Werk von CHRISTIAN WEISE (1642–1708) bedeutsam. Er hat sich als Gelegenheitslyriker betätigt und als Dramatiker wichtige Anregungen für das bürgerliche Drama in deutscher Sprache und den Ausbau der Theaterpraxis gegeben. Sein Roman *Die drey ärgsten Ertz-Narren in der gantzen Welt* (1672) wählt einen auch später gern benutzten Eingang: Florindo darf sein Erbe erst antreten, wenn er die drei größten Narren gefunden und ihre Bilder der Schloßgalerie hinzugefügt hat. Auf der anschließenden Reise durch Deutschland und mehrere europäische Länder findet er reichlich Gelegenheit, die unterschiedlichsten Narren und Narrheiten kennenzulernen: Büchernarren, brotlose Gelehrte, Streitsüchtige, Heuchler, Pantoffelhelden, Spieler, Verliebte, Hochstapler. Von diesem Ausgang her ergibt sich der lose Aufbau, die hauptsächlich motivisch zusammenhängende Aneinanderreihung der Begebenheiten. Anschaulichkeit und präzise Einzelcharakterisierungen kennzeichnen die Erzählweise. Weises Bedeutung liegt darin, daß er den Übergang von der höfisch orientierten Kultur des Barock zur bürgerlichen des 18. Jahrhunderts markierte. Er gilt als Begründer des »politischen Romans«, der im ausgehenden 17. Jahrhundert und in den beiden ersten Jahrzehnten des 18. Jahrhunderts zur beliebten literarischen Mode wurde. Unter dem Begriff »politisch« sind die Weltklugheit, die Anpassungsfähigkeit an die Spielregeln der Gesellschaft und die Bewährung des einzelnen im Rahmen dieser Gesellschaft zu verstehen. Es ging nicht mehr in erster Linie um das ewige Heil, sondern sehr konkret um die irdische Glückseligkeit und um das in der Vorrede ausgesprochene pädagogische Anliegen Weises, daß die Leser (»die entweder nicht viel vornehmer sind, als ich, oder die zum wenigsten leiden müssen, daß ich mich vor ihnen nicht entsetze«) »die klugen Lebens-Regeln« lernen sollen. Während Weise bürgerliche Tugenden und Ideale empfahl, vollzog CHRISTIAN REUTER (1665–um 1712) einen weiteren Schritt, indem er die Hohlheit der höfischen Barockkultur und auch gleichzeitig die Fragwürdigkeit der bürgerlichen Imitation offenlegte. In dramatischer Form verspottete er die vornehmen Ambitionen und das unechte Gehabe einer wohlhabenden Bürgerfamilie, die durch Heirat in den Adel aufsteigen will. Die groben Manieren, die Roheit des Auftretens kontrastieren wirkungsvoll mit dem schönen, anständigen Schein. Reuter verwertete in der Komödie *L'honnête femme oder Die Ehrliche Frau zu Pliszine* eigene Erlebnisse aus seiner Leipziger Studentenzeit. Auch sein Roman *Schelmuffskys. Curiose und Sehr gefährliche Reiszebeschreibung zu Wasser und Land* (1696) ging auf diesen Erfahrungskomplex zurück. Es handelt sich, wie beim *Simplicissimus*, dem Hauptwerk der Epoche, von der Anlage her um einen Schelmen- und Abenteuerroman; der Unterschied besteht darin, daß bei Grimmelshausen jedes einzelne Geschehen trotz allen Realitätsbezuges seinen genauen Stellenwert und seine Beispielfunktion innerhalb der Gesamtaussage hat, während bei Reuter jede Episode ihren Eigenwert erhält, sich durch realistische Beobachtungen auszeichnet und häufig satirische Tendenzen verfolgt. Der

Held Schelmuffsky, der an Oskar Matzerath in dem Roman *Die Blechtrommel* von Günter Grass erinnert, kommt als Frühgeburt zur Welt, kann sofort sehr gewandt parlieren, wird bis zum zwölften Lebensjahr von Ziegenmolke ernährt, erweist sich für jede Tätigkeit als ungeeignet und begibt sich auf eine Kavalierstour. Er durchläuft eine Fülle von Abenteuern, wobei die Komik aus dem dauernden Umschlagen der gezierten Vornehmheit in den Grobianismus und die Rüpelei erwächst. Die Romantiker haben diesen Roman neu entdeckt und sehr geschätzt. Er steht in der bis zum 20. Jahrhundert lebendigen Tradition des Schelmenromans, dem Zeitsatire und Parodie zentrale Anliegen sind.

Gryphius und Grimmelshausen

Gryphius und Grimmelshausen sind die beiden herausragenden Repräsentanten der deutschen Barockdichtung. Sie verkörpern entgegengesetzte Pole barocker Literatur: Grimmelshausen zeigte in seinem vielseitigen Romanwerk einen ausgeprägten Bezug zur Realität, Gryphius dagegen repräsentierte in seiner Lyrik und seinem dramatischen Werk Form, Maß und religiöse Bindung der barocken Epoche, er ist sozusagen die »Summe« seiner Zeit.

Das Leben von ANDREAS GRYPHIUS spiegelt wesentliche Züge des 17. Jahrhunderts, es gibt ein Bild von den Auswirkungen der Glaubensauseinandersetzungen und der Wechselfälle des Dreißigjährigen Krieges auf ein Einzelschicksal. Seine persönlichen Berührungen mit dem Tod sind nicht nur eine biographische Erklärung für die Todesthematik in seinem Werk, sondern sie zeigen auch, daß diese Todesthematik, die in der barocken Dichtung so häufig aufgegriffen wurde, sowohl individuell wie auch zeitgeschichtlich bedingt war. Gryphius wurde 1616 in Glogau geboren. Sein religiös und politisch stark engagierter Vater starb 1621, seine Mutter heiratete ein Jahr später wieder und starb, als Gryphius zwölf Jahre alt war. Kämpferische Auseinandersetzungen zwischen den Angehörigen der beiden christlichen Religionen führten zur Vertreibung aller Protestanten, wovon auch der junge Gryphius betroffen war. Seine schulische Ausbildung erfuhr verschiedene Unterbrechungen, bis er mit sechzehn Jahren an das Gymnasium nach Fraustadt kam. Während seiner Schulzeit arbeitete er als Hauslehrer, er erlebte mehrere Pestepidemien mit. In diese frühe Zeit fällt seine erste Dichtung, ein lateinisches Herodesepos. Begonnen wurde dies Werk als Hausaufgabe für die Schule. Wie es damals üblich war, wurden schon in den unteren Klassen die Gesetze der Poetik und Rhetorik gelehrt, und in den höheren Stufen gehörte das Abfassen lateinischer Gedichte zum normalen Pensum eines Schülers. Die Bearbeitung von Gryphius zeichnet sich durch dramatische Gestaltung aus und, es finden sich bereits einige für sein späteres Werk typische Stilmerkmale wie die Häufung von Aufzählungen, die Tendenz zur Zusammendrängung des

Wortmaterials, der Gebrauch von ausdrucksstarken Antithesen, die Neigung zum Superlativ und zu einer fast naturalistischen Schilderung. In der Widmung zog Gryphius eine Parallele zwischen den furchtbaren Greueltaten des Herodes und den Grausamkeiten des Dreißigjährigen Krieges. Durch diesen aktuellen Bezug wurde das Epos sehr viel mehr als nur eine Schülerarbeit. 1634 ging Gryphius nach Danzig, damals eine der reichsten und wirtschaftlich bedeutendsten Städte Europas, außerdem ein Mittelpunkt für Wissenschaftler und Künstler. Unter dem Einfluß der vielen Anregungen vollzog Gryphius hier den entscheidenden Schritt von der lateinischen zur deutschen Sprache. Von Danzig führte ihn der Weg nach Schönborn als Erzieher der Kinder des Georg von Schönborn, eines gelehrten Politikers. Mit einem lateinischen Lobgedicht auf seinen Gönner, in Anlehnung an antike Muster geschrieben, fügte sich Gryphius noch einmal ganz dem literarischen Modebetrieb. Die Protektion Schönborns gestattete dem jungen Gryphius, an seinen deutschen Dichtungen weiterzuarbeiten, 1637 erschien seine erste deutsche Sonettsammlung. Ein weiteres Werk, das ebenfalls den literarischen Konventionen des Jahrhunderts entspricht, war eine Darstellung der verheerenden Feuersbrunst, die den Wohnort seines Bruders zerstörte. Die Gelegenheitsdichtung *Fewrige Freystadt* stand bereits unter der zentralen Idee des Gesamtwerkes, dem Vanitas-Gedanken. Mit 22 Jahren ging Gryphius nach Holland, um an der berühmten Universität in Leyden zu studieren und sehr bald selbst eine Reihe von Kollegs abzuhalten. Noch stärker als in Danzig erfuhr er hier eine Erweiterung seines Weltbildes. 1639 veröffentlichte er den Band der *Sonn- und Feiertagssonette*, 1643 folgte eine Sammlung lateinischer und deutscher Epigramme, Sonette und Oden, 1644 begab er sich auf eine längere Reise, die ihn über Paris, Angers, Marseille, Florenz, Rom, Bologna, Venedig schließlich nach Straßburg führte, wo er sein erstes Trauerspiel *Leo Armenius* (1650) beendete. Diese Bildungsreise gehörte lange zum notwendigen Rüstzeug junger Gebildeter und Aristokraten. Gryphius wurde sie durch großherzige Mäzene ermöglicht; dies war ein nicht seltenes Ereignis in der damaligen Zeit. Nach Schlesien zurückgekehrt, vollendete er 1647 das Drama *Catharina von Georgien*. Trotz vieler verlockender Angebote blieb er in der Heimat. 1650 wurde er Landessyndikus von Glogau (Rechtsberater der Landstände), ein Amt, das er bis zu seinem Tod 1664 erfolgreich versah. Während seiner Glogauer Jahre erfuhr Gryphius zahlreiche Ehrungen, so wurde er 1662 in die »Fruchtbringende Gesellschaft« aufgenommen und erhielt den Beinamen »Der Unsterbliche«.

Die Lyrik von Gryphius spiegelt seine eigenen bedrückenden Erfahrungen, die chaotischen Verhältnisse des Dreißigjährigen Krieges und die daraus entstandenen Leiden, dazu kommt eine persönliche Neigung zur fast selbstquälerischen Analyse des Unglücks. Die zentrale Thematik wird immer erneut aufgegriffen und in den verschiedensten lyrischen Formen behandelt: die Idee der Vanitas, der totalen Vergänglichkeit und Eitelkeit alles Irdischen (so in dem bekannten Sonett *Es ist alles eitel*). Das sehr früh erschienene Sonett *Threnen des Vatterlandes. Anno 1636* ist nicht nur eine dichterische Klage über die Schrecken des Dreißigjährigen Krieges, sondern ein zeitloses Dokument über die Sinnlosigkeit und das Chaos des Krieges – es kann sich durchaus mit entsprechenden Gedichten des 20. Jahrhunderts vergleichen, etwa mit Trakls *Grodek*. Die Sonettsammlungen kreisen thematisch um die Vergänglichkeit, um den Tod, das Jenseits, um Liebe und Tugend. Daneben sind die für die Barocklyrik so charakteristischen Gelegenheitsdichtungen vertreten wie die *Sonn- und Feiertagssonette*, in denen biblische Texte den Ausgangspunkt für zeitkritische Erwägungen bilden. Auch die Oden gestalten das Elend des menschlichen Daseins und die Erlösung in Gott. Das Epigramm erfüllte Gryphius im Gegensatz zu seinen Zeitgenossen mit stärkerem Ernst und innerem Engagement. Auch hier versuchte er intensiv, die Fehler und Schwächen seiner Zeit zu analysieren und zu bekämpfen. Eine Sammlung von Gedichten unter dem Titel *Kirchhoffs-Gedancken* (1657) dokumentierte seine schon fast dialektische Frömmigkeit: die Betrachtung der irdischen Vergänglichkeit führt zur Erschließung des himmlischen Reiches, der Friedhof – in eindringlich grausigen Bildern des Todes und der Verwesung vergegenwärtigt – wird schließlich zu einem Ausdruck der Beständigkeit des Ewigen. Gryphius schätzte seine Leistungen auf dramatischem Gebiet besonders hoch ein; seine Bedeutung liegt hier in dem Bemühen, ein deutsches Trauerspiel zu begründen. Als Vorbilder dienten ihm das Jesuitendrama, der holländische Dramatiker Jost van den Vondel, Pierre Corneille und die antiken Meister. Formale Charakteristika seiner Tragödien sind die Aufteilung in fünf Akte, der Chor und die strenge Beachtung der drei Einheiten von Zeit, Raum, Handlung. Das Besondere liegt nicht in der Ausgestaltung der Handlung, sondern auf dem Gebiet der Deklamation, der Entfaltung von Pathos und Rhetorik. Die Helden zeichnen sich durch christlichen Stoizismus aus, den sie bis zum Tod bewahren und durch den sie sittlich den Sieg behalten. Das Trauerspiel *Leo Armenius* behandelt die Wechselfälle der Fortuna und den harten, erbarmungslosen Kampf um die Macht. Gegenspieler sind der Tyrann Leo, dessen unbegrenzte Herrschergewalt in deutlichem Gegensatz zu seiner menschlichen Schwäche steht, und sein Feldherr Balbus, der durch eine Verschwörung auf den Thron kommt. Viele Zeichen weisen darauf hin, daß mit Balbus nur ein neuer Tyrann an die Macht gelangt ist. Wie in Shakespeares Königsdramen wird um das Problem des Gottesgnadentums der Herrscher gerungen, um die Berechtigung der Ablösung eines Tyrannen. Die Vergänglichkeit des Irdischen wird in den beiden Phasen des Kampfes um die Macht dargestellt, in ihrer Eroberung und in ihrem Verlust. Das Trauerspiel *Catharina von Georgien*, ein bewußt als Gegenstück zum Jesuitendrama verfaßtes Werk, stellt den letzten Tag im Leben der christlichen Königin Catharina dar, die ihre »unaussprechliche Beständigkeit« trotz aller Drohungen und Versu-

Abb. 21: Andreas Gryphius: *Catharina von Georgien* – Szenenkupfer (1655)

chungen bewahrt. Was dem Leser einer späteren Zeit ungewohnt scheint, ist das Fehlen der dramatischen Spannung, die innere Statik des Geschehens. Es gibt keine psychologische Entwicklung. Catharina verkörpert von Beginn an die »hohe Geduld« und »Hertzhafte Beständigkeit«; ihr Gegenspieler ist dadurch charakterisiert, daß er unbeherrscht und den Affekten ausgeliefert bleibt. Das Stück gilt als aufschlußreiches Beispiel für die Form des Märtyrerdramas, das die Willenskraft von Glaubenszeugen oder die tugendvolle Standhaftigkeit weltlicher Figuren so darzustellen versucht, daß der Zuschauer Mitleid empfindet und im Glauben gestärkt wird. Das Spiel *Cardenio und Celinde* (1657) ist insofern für die weitere Entwicklung des Dramas von Bedeutung, als die Figuren erstmalig dem verbürgerlichten Kleinadel entstammen, einer Schicht »fast zu nidrig vor ein Traur-Spiel«, wie sich Gryphius in der Vorrede entschuldigt. Die Struktur unterscheidet sich ebenfalls beträchtlich von den Märtyrerdramen: in zwei parallelen Handlungen wird die verhängnisvolle Wirkung ungezügelter Leidenschaft dargestellt, wobei am Ende nach vielen Irrungen die Tugend siegt und die Figuren zu einer sittlichen Lebensführung zurückfinden. Für das Drama des 18. Jahrhunderts war die Wahl der Liebesthematik von Bedeutung, weil sich damit neue dramatische Möglichkeiten auch in Hinblick auf das Publikumsinteresse eröffneten.

Den Lustspielen von Gryphius widmet die Forschung im 20. Jahrhundert einige Aufmerksamkeit, weil sie auf sprachlicher Ebene Neues zeigen durch die Sprachmischung, die Zuordung unterschiedlicher Sprachebenen zu den einzelnen Figuren, etwa Mundart, Umgangssprache, soldatische oder gestelzte Sprache. Thematisch schloß sich Gryphius an die volkstümlichen und humanistischen Überlieferungen des 16. Jahrhunderts an, wobei die satirische Konzeption stark ausgeprägt ist: das Ziel war die Belustigung der höheren Stände durch die Roheit des volkstümlichen Spiels, die eigene Bildung erfuhr so ihre Bestätigung. Das Spiel *Absurda Comica Oder Herr Peter Squentz* (1658), das noch manchmal als Laienspiel aufgeführt wird, behandelt den Stoff von Pyramus und Thisbe, den William Shakespeare in der Komödie *Ein Sommernachtstraum* als komisches Spiel der Handwerker aufgenommen hatte, und bietet eine Parodie des künstlerischen Dilettantismus, des Meistersangs und Fastnachtsspiels. Die Komik liegt einerseits in solch erprobten Kunstgriffen wie Aus-der-Rolle-Fallen, Textvergessen, Prügeleien, dauernden Verwechslungen von Realität und Spiel, andererseits ganz ausgeprägt in der Sprache selbst, in Wortspielen, Wortverdrehungen, falschen Wortanwendungen.

HANS JAKOB VON GRIMMELSHAUSEN wurde wahrscheinlich 1622 in Gelnhausen (Hessen) geboren und lernte den Dreißigjährigen Krieg aus eigener Erfahrung kennen, denn 1634 wurde seine Heimatstadt verwüstet, 1635 wurde er von Soldaten geraubt und verbrachte seine Jugend unstet umhergetrieben und mehrfach die kriegerischen Parteien wechselnd. Seit 1639 beim kaiserlichen Heer, brachte er es zum Regimentsschreiber. 1649 heiratete er, nachdem er vermutlich zum Katholizismus übergetreten war. Er gab seine militärische Laufbahn bald darauf auf und wurde Verwalter bei einem Grafen im Schwarzwald. Er machte sich dann als Wirt in Gaisbach selbständig. Seit 1667 hatte er das Amt eines Schultheißen von Renchen. Zu seinen Aufgaben gehörten die Ausübung der niederen Gerichtsbarkeit und der polizeilichen Ordnung, Notariatsgeschäfte, die Führung des Grundbuches und der Einwohnerlisten. Kurz vor Ende seines Lebens wurde seine Heimat noch einmal von feindlichen Truppen heimgesucht. Er starb 1676 in Renchen als »honestus et magno ingenio et eruditione praetor«. Seit ungefähr 1665 ist seine schriftstellerische Tätigkeit nachweisbar, die wahrscheinlich durch wirtschaftliche Not ausgelöst wurde. 1666 erschienen die Erzählungen *Satyrischer Pilgram*, ein moral-didaktisches Werk, und der christliche Unterhaltungsroman *Histori vom keuschen Joseph*. Der Roman *Der Abentheuerliche Simplicissimus Teutsch* (1669) hatte sogleich großen Erfolg, der den Autor zu mehreren Fortsetzungen veranlaßte: *Der seltsame Springinsfeld* (1670), *Trutz Simplex: Oder ... Lebensbeschreibung der Ertzbetrügerin und Landstörtzerin Courasche* (1670), *Das wunderbarliche Vogel-Nest* (1672f.). Grimmelshausen bewies sein Erzähltalent außerdem auf dem Gebiet des Kalenders. Noch bis ins 19. Jahrhundert diente der Kalender der Belehrung, der Unterhaltung

und Erziehung breiter Schichten der Bevölkerung, er war häufig außer der Bibel das einzige Buch im Haus. Grimmelshausens *Ewig währender Calender* (1670) gibt Aufschluß über den Zeitgeschmack. Hier sind Stoffe aus der Sage, der Geschichte, der Mythologie vertreten, es werden Schreckens- und Wunderberichte, Anekdoten und Erzählungen gebracht. Grimmelshausen erweist sich auch hier als Volksschriftsteller. Er schöpft aus der eigenen Erfahrung, er neigt zur Unterweisung seiner Leser, er zeichnet sich durch einen ausgeprägten Sinn für das Reale, durch ein sicheres Urteil und durch Wahrheitsliebe aus.
Grimmelshausens Hauptwerk, das in seiner Bedeutung und seinem Wert sofort erkannt wurde, ist der Roman *Simplicissimus*, der gerade im 20. Jahrhundert viele Leser gefunden hat, weil sich in dem breit entfalteten Panorama der Schrecken des Dreißigjährigen Kriegs mit seinen Auswirkungen auf Einzelschicksale zeitgenössische Erfahrungen im Anschluß an zwei Weltkriege wiederfinden lassen. Die gattungsmäßige Zuordnung des Romans erweist sich als schwierig. Er wird thematisch als früher Bildungs- und Entwicklungsroman oder auch als religiöser Roman verstanden. In der Struktur entspricht er dem Schelmenroman. Hierbei handelt es sich um eine Form des Abenteuerromans, in dessen Mittelpunkt der Schelm (Picaro) steht. Eine Vielzahl von Erlebnissen führt ihn durch alle gesellschaftlichen Schichten, die auf diese Weise in ihren Schwächen und in ihrer Problematik illusionslos bloßgelegt werden. Hieraus ergibt sich die Gesellschaftssatire als zentrale Funktion des Schelmenromans. Der Picaro-Held ist meistens unbekannter oder niedriger Herkunft, er hat keinen festen individuellen Charakter, er macht auch keine Entwicklung durch, sein Hauptmerkmal ist die Wendigkeit und geschickte Anpassung. Er ist kein Rebell, der an der sozialen Struktur rüttelt, er entlarvt sie bloß. Die Heimat des Schelmenromans ist Spanien, hier wurde 1554 mit dem *Lazarillo de Tormes* das erste Beispiel der Gattung veröffentlicht. In der Ich-Form berichtet Lazaro seine Lebensgeschichte, die ihn durch alle Höhen und Tiefen seiner Zeit führt. Er kennt keine sittlichen Maßstäbe, wodurch er zum Gegenbild des spanischen Ritters wird. Er schlägt sich mit wechselndem Erfolg und unter Anwendung unredlicher Methoden durchs Leben, aber trotzdem gehört ihm die Sympathie des Lesers. Die Ablehnung richtet sich gegen die ihm übergeordneten und von ihm übertölpelten Klassen, die in ihrer Lasterhaftigkeit und Verdorbenheit enthüllt werden. Der *Lazarillo* fand in Spanien bald Nachfolger und wurde durch Übersetzungen in die anderen europäischen Sprachen Vorbild für eigene Leistungen auf dem Gebiet des Schelmenromans, der lange Zeit bewußt als Opposition zum Ritterroman gepflegt und verstanden wurde. Die deutschen Bearbeitungen des *Lazarillo* und des zweiten bedeutenden Romans dieser Art, des *Guzmán de Alfarache* von Matteo Alemán, sind dadurch gekennzeichnet, daß sie in religiöser Hinsicht erzieherisch wirken wollen.
Der Roman *Simplicissimus* erschien 1669. Die Länge des Titels und die zugefügte knappe Inhaltsangabe sind typisch für das 17. Jahrhundert.

Abb. 22: Erstausgabe von 1668

Bei der Autorenangabe handelt es sich um ein Anagramm, also um die Umstellung der im richtigen Namen vorkommenden Buchstaben zu einer anderen Reihenfolge. Von Grimmelshausen sind sieben verschiedene Anagramme bekannt, etwa German Schleifheim von Sulsfort oder Melchior Sternfels von Fuchshaim. Dies war eine beliebte literarische Sitte im 16. und 17. Jahrhundert, die dem barocken Grundgedanken von der Wandelbarkeit alles Irdischen entsprach.

Der *Simplicissimus*, dessen Erfolg so groß war, daß bereits 1669 ein Nachdruck und eine Erweiterung durch das sechste Buch (Continuatio) erfolgte, gliedert sich in fünf Bücher, die genau aufeinander bezogen und bedeutungsvoll für die Entwicklung des Helden sind. Simplicius, der seine Geschichten in der Ich-Form berichtet, wird aus seinem friedlichen bäuerlichen Leben im Spessart plötzlich herausgerissen, als Soldaten den elterlichen Hof plündern und der Junge in den Wald flieht. Hier findet er Zuflucht bei einem Einsiedler, der den ungebildeten Knaben unterrichtet und zwei Jahre im christlichen Glauben erzieht. Er legt ihm besonders drei Dinge nahe: sich selbst erkennen, böse Gesellschaft meiden und beständig bleiben. Nach dem Tod des Eremiten geht Simplicius in die Welt und kommt nach Hanau ins protestantische Lager. Dort verlacht man ihn als reinen Toren, der er auch ist. Aber allmählich

eignet er sich weltliche Klugheit an, ohne nach außen den Schein der Narrheit aufzugeben – er benutzt sie erfolgreich als Tarnung. Dies hat ein Ende, als er von den Kroaten geraubt wird. Er schlägt sich als Picaro durchs Land, hat viele aufregende Erlebnisse und sammelt als Diener unterschiedlicher Herren wichtige Erfahrungen. Schließlich gerät er ins kaiserliche Lager und gewinnt durch waghalsige Unternehmungen Berühmtheit als »Jäger von Soest«. Aber auch diese Phase findet ihr Ende, als er von schwedischen Truppen gefangengenommen wird. Ein halbes Jahr erzwungenen Aufenthaltes führt ihn ins bürgerliche Leben ein, dem er nicht viel abgewinnen kann. Ein schlauer Pfarrer zwingt ihn zur Ehe mit der Tochter, denn man hat es auf den Goldschatz abgesehen, den Simplicius zufällig gefunden hatte. Eine Reise nach Köln bringt neue Verwicklungen, so daß er schließlich nach Paris verschlagen wird. Als »Beau Aleman« feiert er Triumphe in der Damenwelt. Eine Krankheit entstellt ihn, er zieht als Quacksalber weiter und trifft auf seinen Streifzügen auf Olivier, den er aus seiner Magdeburger Zeit kennt. Olivier repräsentiert das konsequent Böse und damit die eine Position, mit der Simplicius konfrontiert wird. Der ältere und der jüngere Herzbruder, die die Ordnung des Guten darstellen, begegnen Simplicius ebenfalls an entscheidenden Stationen seines Lebens. Simplicius schließt eine zweite unglückliche Ehe und erfährt durch Zufall, daß der Einsiedler sein wirklicher Vater war und einer hohen Adelsfamilie entstammte. Auf seinen Reisen, die ihn bis nach Moskau führen und die in einem märchenhaften Abstieg in die Geheimnisse des Mummelsees gipfeln, erlebt der Held noch viele Abenteuer, die ihm wie sein ganzes bisheriges Leben nur eine Lehre vermitteln: die Unbeständigkeit der Welt. Er beschließt sein Leben so, wie er es begonnen hat, als Einsiedler. In der Schlußabrechnung mit der Welt kommt es zu der typischen barocken Weltabsage: nur in der Hinwendung zu Gott ist Gnade und Frieden zu finden.
Der Roman hat unterschiedliche Deutungen erfahren. Obwohl Grimmelshausen nachweislich aus vielen Quellen geschöpft und manches ziemlich genau übernommen hat, handelt es sich nicht einfach um eine Aneinanderreihung von Episoden, die um eine Mittelpunktsfigur gruppiert sind. Der Roman hat einen klar gegliederten Aufbau, der an ein fünfaktiges Drama erinnert: die Einsiedelei in den Büchern I und V als umfassende Klammer, hier werden die prägenden Gedanken für die ethisch-moralische Seite des Lebens gegeben; II zeigt erneut die Perspektive der Ewigkeit, indem Simplicius der Welt gegenüber skeptisch bleibt und durch Herzbruder die Ordnung des Guten gegenwärtig ist; IV stellt die völlige Verfallenheit an die Welt dar, die Verbindung mit Olivier verstärkt den Eindruck des Bösen; III bildet den Höhepunkt mit den Schwänken als Jäger von Soest, die für den Helden den Übergang vom Pechvogel zum Glückskind bedeuten und die Unbeständigkeit des Glücks demonstrieren. Dazu kommt in der Jupiter-Episode ein satirischer Zerrspiegel der simplicianischen Aufschneidereien, die Prophezei-

ungen dieses Narren in der Maske des Jupiter sind ein Ausdruck der erschütternden Sehnsucht nach Frieden. Trotz einiger Verwandtschaft wird der *Simplicissimus* nicht zu den Bildungsromanen gezählt, weil die Titelfigur keine psychologische Einheit im Sinn späterer Helden wie Wilhelm Meister darstellt, sondern eher eine repräsentative Universalfigur ist: Simplicius spielt verschiedene Rollen wie die des Kindes, des Jünglings, des Narren, des Mannes. Die Nähe zum Schelmenroman dokumentiert sich in der breiten Entfaltung der unterschiedlichsten gesellschaftlichen Schichten und in den vielen Zufälligkeiten. Im Gegensatz zum Schelmenroman ist der Aufbau jedoch nicht durch bloße Reihung gekennzeichnet, sondern es gibt Umstellungen, Einfügungen von anderen Lebensgeschichten, nachträgliche Aufklärung von Verwechslungen, Vorausdeutungen und andere Verzahnungstechniken, die vom höfischen Roman übernommen sind, so daß der *Simplicissimus* formal als eine Synthese von pikareskem und höfischem Roman betrachtet wird. Wie viele barocke Werke ist er gehaltlich vom Theologischen her zu verstehen. Die Wirklichkeit der »verkehrten« Welt mit der Sündhaftigkeit des der Vanitas verfallenen Menschen wird geschildert, sie ist dem göttlichen Plan genau entgegengesetzt. Der Mensch soll lernen, den Schein der Dinge zu durchschauen und seine heilsgeschichtliche Bestimmung zu erkennen. Diese scharfe Antithetik Gott–Welt beherrscht den Roman, es kommt zu keiner gegenseitigen Durchdringung der beiden Pole, so daß es auch nur eine einzige sinnvolle und totale Entscheidung gibt. Der Roman bietet ein konsequentes, in sich geschlossenes Weltbild. Das Göttliche ist die absolute und normative Instanz für den Menschen. So erweist sich eins der zentralen Werke des 17. Jahrhunderts durch seine Aussage als fest verbunden mit der vorhergegangenen Zeit.

Zeitkritik

Grimmelshausen wird oft gerühmt wegen der realistischen Schilderung von Mißständen seiner Zeit und wegen der darin enthaltenen Kritik. Vor ihm wurde diese Zeitkritik mit großem Erfolg und mit erstaunlicher Nachwirkung von JOHANN MICHAEL MOSCHEROSCH (1601–1669) ausgeübt. Er wendete sich gegen die Laster, wie er sie vorfand, und übersetzte und dichtete eigenständig, ohne sich im geringsten an die Vorschriften von Opitz zu halten. *Les Visiones de Don Francesco de Quevedo Villegas oder Wunderbahre Satyrische gesichte Verteutscht durch Philander von Sittewald* (1643); in dieser mehrfachen Verfremdung veröffentlichte der Autor seine wichtigste Moralsatire. *Philander von Sittewald* will dem Publikum in der Form einer Traumfiktion und unter Verwendung fast aller literarischen Kleinformen die allgemeinen »Untugenden und Thorheiten« in scherzhafter Weise vorführen. Einige Themen bzw. Gesichte sind der Schergen-Teufel, das Weltwesen, die Venusnarren, das Toden-Heer (gegen die Mediziner), Letztes-Gericht (gegen die Jesuiten), Hof-Schule, Alamode-Kehraus (gegen die Überfremdung durch das Ausland auf allen Gebieten der Kultur, der Literatur, des öffentlichen Lebens), Soldatenleben. Das Grundübel sah Moscherosch in der Heuchelei: »Und wann ich eben die Teutsche Wahrheit reden soll, so haben Zorn, Schwälgerey, Stoltz, Geiz, Üppigkeit, Faulheit, Mord, und viel tausend andere Sünden einzig und allein ihren Ursprung in der Heuchelei. Die Welt steht sub specie praetextu.« Die breite Standessatire bietet gleichzeitig einen guten Einblick in das Sittenleben der Epoche.

Zeitsatire und Zeitkritik wurden auch von FRIEDRICH VON LOGAU (1604–1655) in seinen Epigrammen geübt und in der Sammlung *Deutscher Sinn-Gedichte Drey Tausend* (1654) zusammengefaßt. Logau war unpolitisch und antihöfisch, er empfand die Not des Menschen, konnte sich aber auch den Freuden des Daseins hingeben. Ein besonderes Anliegen war ihm die Ablehnung des Alamodewesens und das Eintreten für die deutsche Sprache und die deutsche Eigenart. Ihn kennzeichnete wie viele barocke Persönlichkeiten eine tiefe Frömmigkeit und Glaubensgewißheit, die über den Konfessionen stand. Lessing hat Logau sehr geschätzt und neu entdeckt, noch Gottfried Keller verwendete ein Epigramm Logaus als Ausgangspunkt für seinen Novellen-Zyklus *Das Sinngedicht* (»Wie willst du weiße Lilien zu roten Rosen machen? Küss' eine weiße Galatée: sie wird errötend lachen.«) Zeitkritiker waren auch der Protestant JOHANN BALTHASAR SCHUPP mit seinen immer auf persönliche Lebens- oder Berufserfahrung zurückgehenden und oft sehr satirischen Glossen zum Alltag, die für die Entwicklung des Journalismus von Bedeutung waren, und der Augustinermönch ABRAHAM A SANCTA CLARA, der sich intensiv um Bildung und Besserung der Menschen bemühte und sich durch eine gekonnt volkstümliche, bilderreiche und durch Antithesen geprägte Sprache, durch Humor und Ironie auszeichnete. Die wirkungsvolle Darbietung seiner Kritik unter Verwendung literarischer Kurzformen wie Schwank, Witz oder Anekdote, seine klare, unbestechliche Beobachtungsgabe, die die Grundlage seiner Lebenserfahrungen und Menschenkenntnis bildete, und seine Phantasie machten Abraham a Sancta Clara zu einem der größten deutschen Volksprediger und Sittenkritiker.

Nachwirkung

In der Barockdichtung lagen Ansätze, die für die Folgezeit bedeutsam wurden. Wichtig war der Durchbruch persönlich-individueller Aspekte und realistischer Einzelheiten, denn hier liegen die Verbindungen zur Bekenntnis- und Erlebnisdichtung des nächsten Jahrhunderts, zur Entfaltung des Romans und des Dramas. Einige Strukturen wie die des Schelmenromans blieben bis ins 20. Jahrhundert tragfähig, wie die Romane *Bekenntnisse des Hochstaplers Felix Krull* von Thomas Mann oder *Die Blechtrommel* von Günter Grass zeigen. In der Zeit des Barock wurde auch der materielle Aspekt der Literatur wesentlich. Viele Autoren betrieben ihre schriftstellerische Arbeit neben einer anderen Tätigkeit, manche waren abhängig von Gönnern und Mäzenen, wieder andere versuchten, ganz von ihrer künstlerischen Tätigkeit zu leben. Das führte zu Formen des Literaturbetriebs, die auch später zu finden sind: ein erfolgreiches Werk zieht viele Fortsetzungen nach sich, Literatur wird auf Gelegenheiten ausgerichtet.

Von besonderer Aktualität wurde die Lyrik der Barockzeit. Der Expressionismus erkannte schnell eine innere Verwandtschaft mit ihr, etwa in der metaphorischen Kraft der Sprache. Hinzu kam eine besondere Aufgeschlossenheit für die Thematik der Weltklage, der Vanitas-Idee, für das philosophische Grübeln und die religiöse Schwärmerei. Die Erfahrungen des Ersten Weltkrieges führten zu einer ähnlichen Gestimmtheit wie während des Dreißigjährigen Krieges.

Die Barockliteratur ist nicht nur von historischem Interesse und wichtig als Stufe in der Entwicklung der deutschen Literatur, sie ist auch lebendig geblieben. So werden Dramen von Gryphius und Lohenstein hin und wieder aufgeführt, so wurde der Roman *Simplicissimus* verfilmt und in preiswerten Ausgaben aufgelegt, was auf das Interesse eines breiten Publikums schließen läßt.

Aufklärung

»Aufklärung ist der Ausgang des Menschen aus seiner selbstverschuldeten Unmündigkeit. Unmündigkeit ist das Unvermögen, sich seines Verstandes ohne Leitung eines anderen zu bedienen. Selbstverschuldet ist diese Unmündigkeit, wenn die Ursache derselben nicht am Mangel des Verstandes, sondern der Entschließung und des Mutes liegt, sich seiner ohne Leitung eines anderen zu bedienen ... Habe Mut, dich deines eigenen Verstandes zu bedienen, ist also der Wahlspruch der Aufklärung.« Diese Erklärung Kants (1784) umschreibt den wichtigsten Gedanken, der der Auffassung von Philosophie, Kunst und Wissenschaft im 18.Jahrhundert zugrunde lag. Mit der Hinwendung zum Rationalismus, zur Herrschaft der Vernunft, wurde der in der Renaissance begonnene Aufbruch in die Neuzeit abgeschlossen. Der aufgeklärte Mensch glaubte fest daran, mit Hilfe der Vernunft (und nicht mehr der Religion) alle Probleme des Lebens meistern, die Wahrheit erkennen und das Glück im irdischen Bereich erlangen zu können. Alle Menschen konnten und sollten aufgeklärt, von alten Vorurteilen befreit werden. Der Mensch sollte von Natur aus frei und allen anderen gleich sein, das Weltbürgertum wurde angestrebt. Von dieser Voraussetzung, die verbunden war mit dem Glauben an die Bildungs- und Besserungsfähigkeit eines jeden Menschen, erklären sich der Optimismus und die Fortschrittsgläubigkeit der damaligen Zeit. Die literarische Epoche, deren Werke wesentlich durch das Gedankengut der Aufklärung bestimmt sind, datiert man von ungefähr 1720 bis 1785.

Rationalismus und Pietismus

Die Aufklärung war ein europäisches Phänomen. Der Franzose Descartes stand am Anfang des erkenntnistheoretischen Rationalismus, der Engländer Bacon begründete den Empirismus, für den Engländer John Locke wurde das menschliche Bewußtsein allein durch die Erfahrungen geprägt, für ihn gab es keine »eingeborenen Ideen« mehr. In Deutschland war GOTTFRIED WILHELM LEIBNIZ (1646–1716) der erste Philosoph der Aufklärung, gleichzeitig auch der letzte universale Denker. Er versuchte mit seiner Monadenlehre (harmonisches Wirken beseelter Organismen im Weltall) eine Synthese von Empirismus, Rationalismus und Christentum. Er verband noch ein letztes Mal die unterschiedlichsten Denk- und Glaubensrichtungen; in seiner Schrift *Theodizee* (1710) legte er die Vereinbarkeit des Bösen mit der Güte Gottes dar. Auf ihn geht eine der zentralen Überzeugungen des Jahrhunderts zurück: daß nichts ohne »zureichenden Grund« geschieht, daß also alles sinnvoll ist. Diese Gedanken wurden durch CHRISTIAN THOMASIUS (1655–1728) populär gemacht und gelangten damit zu praktisch-pädagogischer Entfaltung. Er sah das Christentum als ethische Erlösungsreligion, weil er an die auto-

nome Vernunft des Menschen glaubte und die Ethik ganz auf die Vernunft stellte. CHRISTIAN WOLFF (1679–1754) gilt als Dogmatiker der Aufklärung; er bemühte sich um konkrete Nutzanwendung, wie die Vernunft das Leben bessern, wie das Glück erworben werden kann. Wesentlich war, daß die Gedanken der Aufklärung nicht auf einige führende Kreise beschränkt blieben, sondern daß sich die aufstrebende Schicht des Bürgertums die neue Ideenwelt zu eigen machte und auf alle Lebensgebiete übertrug. Politisch-wirtschaftlich ging es dabei um das Streben nach Freiheit, Gleichheit und Selbständigkeit. Diese Ziele wurden am schnellsten in England erreicht. Deutschland, das in viele kleine, absolutistisch regierte Territorien zersplittert war, verlagerte die aufklärerischen Forderungen stärker in den persönlichen, den moralisch-privaten Bereich. Es war das besondere Verdienst Gottscheds, daß er durch seine Poetik die Kunst und Dichtung in den allgemeinen Bildungs- und Erziehungsprozeß einbezog. Damit wurden die Gedanken der Aufklärungsphilosophie bewußt in das literarische Schaffen übernommen.
Starke Wirkung erreichten im 18. Jahrhundert zahlreiche Geheimgesellschaften (Freimaurer, Gold- und Rosenkreuzer, Orden der Asiatischen Brüder, Illuminaten), in denen sich Männer aus verschiedenen Ständen zusammenfanden, um die Ideen der Aufklärung – Freiheit, Menschenwürde, Achtung der Andersgläubigen, Rechtsgleichheit – im täglichen Leben durchzusetzen. 1723 hatten die englischen Freimaurer, eine Bruderschaft, die sich auf das alte Geheimwissen der spätmittelalterlichen Bauhütten berief, ihre »Pflichten« schriftlich formuliert. Ihre Zusammenkünfte fanden in Nebenräumen von Gaststätten statt – daher der Begriff »Loge« (engl. lodge). Für ihre Sitzungen entwickelten sie einen geheimnisvollen und bedeutsamen Ritus, um etwaige Fremde zu erkennen, die die Bedeutung der Zeichen nicht wußten. In den Logen berieten sie über Möglichkeiten, das Leben der Menschen auf vernünftige Weise zu humanisieren.
Bald gab es in ganz Europa Logen, viele Adlige, Geistliche und Bürger erstrebten die Aufnahme in die Geheimbünde. Um diese zu erreichen, mußten die Neophyten (Schüler) sich zahlreichen Prüfungen unterziehen und absolutes Stillschweigen geloben. Die Aufnahme selbst erfolgte in der Weise, daß der Neophyt Einlaß begehrte, mit verbundenen Augen in die Loge geführt wurde und nach der Einweihung im »Tempel« seine Brüder sehen und erkennen konnte. Wolfgang Amadeus Mozart komponierte nach dem Text von Emanuel Schikaneder detailgetreu eine solche Initiation: *Die Zauberflöte* (1791). Goethe hat 1794 eine Fortsetzung für diese Oper geschrieben und auch die unheilvollen Wirkungen mancher Erzschelme, die sich als Geheimbündler mit höherem Wissen – wie der Zauberer Cagliostro – ausgaben, in dem Lustspiel *Der Groß-Cophta* (1791) gestaltet. Nahezu alle Dichter, Gelehrte, Staatsmänner und Theologen von Rang, wie Casanova, Goethe, Haydn, Herder, Klopstock, Knigge, Lessing, Montesquieu, Mozart, Swift, Washing-

ton, Wieland, gehörten im 18. Jahrhundert einer Loge an. Das aufgeklärte Gedankengut der Französischen Revolution ist ohne die Wirksamkeit der Logen nicht zu verstehen.

Zum Wesen des 18. Jahrhunderts gehörte nicht nur der Rationalismus, sondern ebenso die Gegenströmung des Pietismus und der Empfindsamkeit. Der Pietismus war eine religiöse Bewegung innerhalb des Protestantismus, die an Reformation und mystische Tendenzen anknüpfte. Es ging hier um die Abkehr vom Dogmatismus und um die Hinwendung zum Gefühl, zur persönlichen Frömmigkeit, zum inneren Erleben Gottes, das man mit Gleichgesinnten teilte. So dokumentieren es die verschiedenen pietistischen Freundeskreise wie etwa die Herrnhuter Brüdergemeinde: man strebte ein »praktisches Herzenschristentum« an. Mit der Aufklärung gemeinsam hatte der Pietismus die Ablehnung jeder Orthodoxie und aller erstarrten Formen sowie das Eintreten für Toleranz. Für die Literatur zeigte der Pietismus Wirkung insofern, als durch ihn die Gefühlswelt als Thema aktuell wurde. Unter dem Begriff der Empfindsamkeit faßt man daher alle Werke zusammen, die in der Zeit von 1740 bis 1780 die subjektiven Bereiche des menschlichen Lebens in den Mittelpunkt der Darstellung rückten. Vertiefung des Naturgefühls, genaue psychologische Beobachtung, Sinn für unbedeutende Einzelheiten sind charakteristische Merkmale empfindsamer Dichtung, die alle Gattungen einschließt und in Goethes Roman *Die Leiden des jungen Werthers* gipfelt. Die deutsche Sprache erfuhr eine große Bereicherung durch diese Entdeckung des Gefühlslebens. Aufklärung und Empfindsamkeit sind nicht als Gegensätze zu verstehen, sondern als sich ergänzende Strömungen. Vernunft und individuelles Gefühl sind entsprechende wechselseitig bezogene Qualitäten des Einzelmenschen, dem sich das Interesse der Literatur immer mehr zuwandte.

Im Zusammenhang mit der Literatur der Aufklärungsepoche ist noch eine weitere Strömung zu berücksichtigen, nämlich das Rokoko. Der Begriff ist von der bildenden Kunst und der Architektur übernommen, wo er verfeinerte und übersteigerte Tendenzen des barocken Stils bezeichnet, die sich durch Grazie, Leichtigkeit und prächtigen Schmuck auszeichnen. Als »literarisches Rokoko« werden jene Werke bezeichnet, die in der Zeit von ungefähr 1730 bis 1770 entstanden und den Aspekt der Unterhaltung besonders betonten. Irdisches Glücksstreben, Freude am Genuß der schönen Gaben des Lebens, Scherz und Spiel, Ironie und frivole Tändelei kennzeichnen das literarische Rokoko, das seinen Niederschlag nicht nur in der Lyrik fand, sondern auch im galanten Roman, in der Komödie, in der Schäferdichtung. Typisch für viele Werke ist die Flucht aus der Zivilisation, aus der Gegenwart in eine friedvolle, glückliche und naturnahe Welt, in der Empfindungen und Gefühle die zentrale Rolle spielen. Die Literatur des Rokoko steht damit in einem gewissen Gegensatz zur Aufklärungsliteratur, deren Ziel es war, den Menschen zu belehren, ihn zu einem vernünftigen, moralisch-tugendhaften Wesen zu erziehen. Deshalb gewannen die Formen der unterweisenden Dichtung in dieser Zeit besonderes Gewicht: Fabel, Epigramm, Lehrgedicht, Satire, Bildungsroman, Staatsroman und die Komödie, die die unvernünftigen Handlungen dem Gelächter und Spott preisgibt. Für die Verbreitung der aufklärerischen Ideen und ihre Popularisierung wurden die moralischen Wochenschriften ein wichtiges Medium; sie handelten in vielerlei Kurzformen Probleme des Alltags gemäß den neuen Anschauungen ab und erreichten breite Leserschichten. Die auf englischen Einfluß zurückgehenden moralischen Wochenschriften unterstützten ebenso wie die Übersetzung der Romane von Richardson, Sterne und Goldsmith die Tendenz zur Empfindsamkeit. Die Aufgeschlossenheit für die kleinen Dinge des Lebens, die Anteilnahme am privaten Geschick relativ unbedeutender Menschen führten zu einer ersten Blüte des Romans und zur Entwicklung des bürgerlichen Trauerspiels. Für die Zukunft bedeutsam war der Impuls, der durch den Pietismus auf die bekenntnishaften literarischen Formen wie Autobiographie, Brief und Tagebuch ausging. Die Lyrik profitierte schnell von der Neubewertung der Gemütskräfte; Ode und Lied waren bevorzugte Ausdrucksformen. Großes Interesse – besonders zu Beginn der Epoche – wurde der Poetik gewidmet. Die Frage nach Wesen und Funktion der Literatur beschäftigte die führenden Gelehrten und Dichter der Zeit. Der Nutzen stand naturgemäß im Vordergrund, Literatur wurde nicht als ästhetischer Selbstzweck, sondern als für die Bildung des neuen Menschen bestimmt gesehen. Erst unter der Einwirkung der Empfindsamkeit setzte sich dann immer stärker ein neues Bild vom Dichter durch: er ist nicht nur gelehrter Könner, sondern »Sänger«, prophetischer Seher.

Autoren und ihre Werke

Die Kunstrichter: Gottsched, Bodmer, Breitinger

Es ist nicht erstaunlich, daß die Aufklärung als eine auf den Menschen und seine vernünftige und moralische Erziehung gerichtete Bewegung die Literatur als ein pädagogisch geeignetes Medium erkannte und sich theoretisch mit ihr beschäftigte. Dies geschah durch die Poetiken, in denen die Dichtung unter das Gesetz der Vernunft gestellt und damit Regeln unterworfen wurde zu dem Zweck, die Vollkommenheit der Welt und ihre vernünftige Ordnung widerzuspiegeln, den Menschen zu belehren und zu unterhalten. Die führende Rolle als Kunstrichter seiner Zeit spielte JOHANN CHRISTOPH GOTTSCHED (1700–1766).
Er stammte aus Ostpreußen und fand später als Universitätslehrer in Leipzig, dem Mittelpunkt des damaligen literarischen Lebens, seine geistige Heimat. Obwohl Gottsched in bewußter Opposition zum Barock

Abb. 23: Titelblatt der Erstausgabe von 1730

stand, führte er dort angelegte Tendenzen fort. Seine Schrift *Versuch einer Critischen Dichtkunst vor die Deutschen* (1730) war die führende Poetik der Aufklärung, in der die Lehre von der Dichtkunst als rationalistische Wissenschaft verstanden wird. Wie im Barock erscheint die Dichtung als lehrbar und lernbar. Eine »Fabel«, also ein Stoff oder Inhalt, verbunden mit einer allgemein nützlichen moralischen Wahrheit, wird durch »Verpackung« in die geeigneten Stilmittel zu einem Kunstwerk. Als Wesen der Dichtung gilt die Nachahmung der mit dem Wahren identischen schönen Natur. Entsprechend der vernunftbestimmten Ausrichtung werden das Wunderbare, das Irrationale ausgeschaltet. Gottsched orientierte sich an französischen Vorbildern, was sich besonders in der Darstellung des Dramas niederschlug: er trat ein für die strikte Einhaltung der drei Einheiten von Handlung, Zeit, Raum, für den Wegfall des unnatürlichen Monologs (dafür wird dem Helden eine Vertrauensfigur zugeordnet), für Kostümtreue, für eine ausführliche Exposition – mit der Konsequenz, daß die eigentliche Handlung oft recht dürftig blieb – und lehnte entschieden den Hanswurst ab. Dem Lustspiel wies er die Aufgabe zu, durch die Vorführung einer lasterhaften Handlung deren Lächerlichkeit bloßzulegen, um dadurch den Zuschauer zur Tugend zu bekehren. In seiner Schrift *Deutsche Schaubühne nach den Regeln und Exempeln der Alten* (1740–1745) veröffentlichte Gottsched Musterstücke, die seinen Vorstellungen von einem neuen

Abb. 24: Vorstellung der Neuberschen Wanderbühne im Hofe des Fechthauses zu Nürnberg (um 1730)

Drama und Theater entsprachen. Mit Hilfe einer Theatertruppe, die sein Programm unterstützte und unter der Leitung der bekannten Prinzipalin Friederike Caroline Neuber stand, konnte er seine Ideen auf der Bühne erproben. Dieser Versuch zur Überwindung der Kluft zwischen Literatur und Theaterpraxis gehört zu den besonderen Verdiensten Gottscheds. Sein Drama *Der sterbende Cato* (1731), die erste in Alexandriner geschriebene Tragödie – stellt dar, wie Cato trotz seines Selbstmordes durch die stoische Tugend der Selbstbestimmung den moralischen Sieg über Caesars Tyrannentum davonträgt. Cato verfügt als freier Mensch über sein Schicksal, er bewahrt in der Entscheidung für den Freitod die ethische Unverletzlichkeit des aufgeklärten Menschen, die höher als das Leben zu veranschlagen ist. Mit der Untersuchung *Grundlegung einer deutschen Sprachkunst* (1748) setzte Gottsched die Bemühungen des 17. Jahrhunderts um die Hochsprache fort. Seine philologischen Studien wurden erweitert durch die wissenschaftliche Beschäftigung mit der Literatur des Mittelalters und durch die Herausgabe althochdeutscher und mittelhochdeutscher Texte. Damit legte er wichtige Grundlagen für die spätere Zeit, speziell für Herder und die Romantiker und deren Auseinandersetzung mit der »altdeutschen« Literatur. Gottscheds Blick war in bezug auf Dichtung und Poetik ganz nach Frankreich gerichtet, in einer Beziehung allerdings ahmte er die Engländer nach. Nach dem Vorbild der »moral weeklies« von Addison und Steele gab Gottsched die moralischen Wochenschriften *Die vernünftigen Tadlerinnen* und *Der Biedermann* heraus. Für die Verbreitung der Ideen zur Aufklärung war diese literarische Sonderform des Journalismus von erheblicher Bedeutung. Hier wurden Fragen und Probleme des alltäglichen Lebens aufgegriffen und gemeinverständlich im Sinn der Vernunft gelöst. In den Beiträgen konnte der Leser sich und seine Welt wiedererkennen, er wurde auf angenehm-unterhaltende Weise belehrt, besonders in Hinblick auf ein moralisch einwandfreies und tugendhaftes, vernunftbestimmtes Leben. Die Wochenschriften förderten außerdem das allgemeine Interesse an Kunst und Literatur.

Eine führende Rolle spielte Gottsched in dem vielleicht bekanntesten Literaturstreit der deutschen Literaturgeschichte. Er und seine Schweizer Gegner JOHANN JACOB BODMER (1698–1783) und JOHANN JAKOB BREITINGER (1701–1776) waren von dem gleichen Gedanken, nämlich der Erneuerung der Dichtkunst, bewegt, und sie formulierten auch weitgehend gleiche Gedanken, so die Verteidigung von Regeln für den dichterischen Schaffensprozeß. Wie Gottsched widmeten sich auch Bodmer und Breitinger der systematischen Erfassung der mittelhochdeutschen Literatur und bereiteten so die philologischen Studien der Folgezeit vor. In der Schrift *Kritische Abhandlung von dem Wunderbaren in der Poesie* (1740) rückte Bodmer etwas von einem rein rationalen Konzept ab und bezog auch Dinge in den Themenbereich der Kunst mit ein, die nur in der Phantasie beheimatet sind. Die Einbildungskraft des Dichters »ist nicht auf die sichtbare Welt beschränkt, auch nicht auf die unsichtbar-wirkliche, sondern sie kann sich auch mögliche Welten bilden; sie hat also das Wirkliche und Mögliche zum Schauplatz«. Breitinger schränkte in seiner Schrift *Kritische Dichtkunst* (1740) den zentralen Begriff der Nachahmung insofern ein, als er das »Neue«, das »Wunderbare« noch höher ansetzte und von der Dichtung verlangte, daß sie eine ins Ideale gesteigerte Wirklichkeit darstellen solle. Im Gegensatz zu Gottsched wollten beide nicht direkt über den Verstand auf den Leser/Hörer wirken, sondern ebenso über die Einbildungskraft, die Phantasie. Die Kontroverse entzündete sich konkret an der unterschiedlichen Bewertung von John Miltons religiösem Epos *Paradise Lost* (Übersetzung von Bodmer 1732). Gottsched lehnte es wegen der Überschreitung der Erfahrung ab und wandte sich gegen die barocke Sprache und Metaphorik in diesem Werk. Dagegen bewerteten die Schweizer es als einen Höhepunkt der Poesie, als die Verwirklichung einer »verdichteten Welt«. Die Hinwendung zur englischen Literatur durch die Schweizer setzte sich im 18. Jahrhundert gegenüber Gottscheds Orientierung an französischen Vorbildern als richtungweisend durch dies erfährt in Lessings 17. Literaturbrief seine Bestätigung und vertiefte theoretische Begründung.

Johann Christian Günther

Eine Gestalt des Übergangs vom Barock zum 18.Jahrhundert ist JOHANN CHRISTIAN GÜNTHER (1695–1723). Sein kurzes Leben war durch teils selbst verschuldete bittere Erfahrungen geprägt: unüberbrückbare Kluft zum Vater, mehrere Liebesenttäuschungen, berufliche Fehlschläge, Krankheit, unstetes Wanderdasein, Verfolgungen, Verleumdungen. Das Neue seiner Lyrik liegt darin, daß er seine persönlichen Empfindungen und Gefühle in seinen Gedichten ausdrückte und formale Aspekte, überlieferte Gedanken und Bilder zurücktreten läßt zugunsten des individuellen Erlebnisses. In den Liebesgedichten wird die ganze Skala von Erwartung, Sehnsucht, Glück des Zusammenseins, Schmerz und Verzweiflung der Trennung entfaltet, wobei innere Ergriffenheit und existentielle Beteiligung, in ausdrucksstarken Bildern gestaltet, immer klar durchscheinen.

Neben der Liebe war die Klage das beherrschende Thema Günthers, was ebenfalls biographisch begründet ist: Reue und Schuld, Bitten um Vergebung und Aussöhnung. Das zwiespältige Verhältnis zum Vater wurde auf die Beziehung zu Gott übertragen. Günther schwankte zwischen Hoffnung und tiefer Hoffnungslosigkeit, damit bereits moderne Zweifel und Skepsis vorwegnehmend. Ihn erschütterte der Gedanke an die Unwiederbringlichkeit der Zeit, er zweifelte an den durch die Vernunft bestimmten Tugenden und sagte sich bewußt von ihnen los (so etwa in dem Gedicht *Als er durch innerlichen Trost bei der Ungeduld gestärkt wurde*). Zentrum seiner Gedichte war die Beschäftigung mit sich selbst, mit seinem persönlichen Schicksal; ihm war es gegeben, »ein zweites Leben durch Poesie hervorzubringen«. Günther gab die für die barocke Lyrik typische Distanz zu seiner eigenen Person auf, er spiegelte sein Leben in seinen Gedichten und verwandelte es damit – die Lyrik wurde für ihn zu einer Art Lebensersatz. Er zeigte gegenüber diesen für die weitere Entwicklung der Lyrik so wesentlichen Aspekten eine starke Gebundenheit an die Epoche des Barocks, was sich in einer umfangreichen Gelegenheitsdichtung, in barocker Ausdrucksfülle und in bestimmten Formelementen dokumentiert (etwa in den Gedichten *Als er der Phillis einen Ring mit einem Totenkopf überreicht* oder *Die Eitelkeit des menschlichen Lebens*). Zentral ist die Thematik der Vergänglichkeit. Wie in der Literatur des Barock ist der Gedanke des Todes, des irdischen Vergehens trotz aller Lebensfreude und Lebensbejahung immer gegenwärtig, aber für Günther bedeutete Vergänglichkeit nicht eine starre Formel, sondern existentielle Erfahrung: das Leben steht permanent unter der Bedrohung des Todes und der Verheißung der himmlischen Ewigkeit. Eine schon früh für sich selbst verfaßte Grabinschrift beschreibt sein Leben, das zwischen Hoffnung und Verzweiflung stand: »Hier starb ein Schlesier, weil Glück und Zeit nicht wollte, /Daß seine Dichtkunst zur Reife kommen sollte; /Mein Pilger lies geschwind und wandre deine Bahn, sonst steckt dich auch sein Staub mit

Lieb und Unglück an«. Goethe sah in Günther einen Vorläufer: er sei ein »entschiedenes Talent« gewesen, begabt mit »Sinnlichkeit, Einbildungskraft, Gedächtnis, Gabe des Fassens und Vergegenwärtigens, fruchtbar im höchsten Grade«.

Naturlyrik und Anakreontik

Am Beginn der eigentlichen Aufklärungslyrik steht BARTHOLD HINRICH BROCKES (1680–1747), ein Hamburger Patrizier, der in seinem Werk *Irdisches Vergnügen in Gott, bestehend in Physicalisch- und Moralischen Gedichten* (1721–1748) zentrale Ideen der Epoche aussprach: zuversichtliche Gelassenheit und ungetrübten Optimismus, einen fast kindlich-naiven Glauben an die Harmonie des menschlichen Daseins und eine ausgeprägt teleologische Ausrichtung – also die Überzeugung, daß alles nützlich und sinnvoll ist. Beobachtung und Beschreibung der realen Natur, wie sie Brockes bot, waren die Voraussetzung für die Entwicklung des Naturgefühls in den folgenden literarischen Generationen. Die Gedichte des *Irdischen Vergnügens* fallen in den Komplex der Lehrdichtung: auf die Anschauung folgt jeweils die Lehre. An Brockes wird deutlich, wie tiefgehend sich die Zeit seit dem Barock geändert hatte: die Allegorisierung der Welt war einer neuen Wirklichkeitskunst gewichen, die Hinwendung zum persönlichen Lebensraum war charakteristisch. Der Schweizer ALBRECHT VON HALLER (1708–1777) schuf mit dem Lehrgedicht *Die Alpen* (1729) ein Vorbild für die beschreibende Natur- und Landschaftspoesie. Neben dem Lobpreis der Gebirgswelt steht die Darstellung der Alpenbewohner, die in ihrer Genügsamkeit, Eintracht und Zufriedenheit ein Abbild des »Goldenen Zeitalters« sind, ein Traum des 18. Jahrhunderts. Landschaftsschilderung und Ideendichtung bilden eine überzeugende Einheit. Der Naturwissenschaftler und Medizinprofessor Haller war in seinem Vertrauen auf wissenschaftliche Wahrheitserkenntnis durchaus ein Repräsentant der Aufklärung. Gleichzeitig konnte er aber nicht den Optimismus eines Brockes teilen, im Gegenteil: Schwermut, Ängste, Pessimismus, Zweifel am Sinn (auch) der Wissenschaft und ein dauerndes Ringen um Gottes Gnade kennzeichnen sein Leben. In das Barockzeitalter zurück verweisen seine Überzeugung von der irdischen Nichtigkeit, seine Auseinandersetzung mit dem Todesproblem. Er gilt als einer der ersten, die unter der Diskrepanz von überlieferter Offenbarungsreligion und empirischer Naturforschung gelitten und keine Lösung gefunden haben.
Bis ungefähr 1730 überwog das philosophische Lehrgedicht, danach gewann die anakreontische Lyrik im Rahmen der Rokokodichtung an Beliebtheit und Bedeutung. Der Motivkreis der Anakreontik – der Name geht auf den griechischen Lyriker Anakreon zurück – ist genau umgrenzt und sehr einfach: Macht der Liebe, Lob des Weins und des geselligen Treibens, Preis eines epikureischen Lebens. Vertreter der anakre-

ontischen Lyrik, der weltlichen Lebensfreude, waren FRIEDRICH VON HAGEDORN, JOHANN GLEIM, JOHANN UZ, JOHANN GÖTZ. Sie verfolgten keine didaktischen Zwecke, ihre Lyrik ist auch nicht Ausdruck subjektiver Gefühle, sondern spielerisches Besingen von Liebesfreude und Weltglück, was man in dem Gedicht *Anakreon* von Hagedorn besonders deutlich sehen kann. Gehaltlich schwingt die Gedankenwelt der Aufklärung mit, welche die neue Sittlichkeit, die die Menschen gesellig miteinander verbindet, und das Ideal des tugendhaften Menschen, zeigt der sich durch Aufrichtigkeit, Zufriedenheit sowie eine harmonische Verbindung von Vernunft und Gefühl auszeichnet. Bei einigen anakreontischen Lyrikern wie bei IMMANUEL PYRA oder SAMUEL LANGE wird ein stärkerer moralischer Ernst deutlich: die zwanglose Geselligkeit beispielsweise wird zur erhabenen Freundschaft vertieft.

Friedrich Gottlieb Klopstock

FRIEDRICH GOTTLIEB KLOPSTOCK (1724–1803), zu Lebzeiten hoch geachtet und verehrt wie kaum ein anderer Dichter, wurde bereits im 19. Jahrhundert, und noch radikaler im 20. Jahrhundert, als historisch-musealer Autor abgetan. Sein Beitrag zur Geschichte der deutschen Literatur aber war revolutionär neu, viele seiner Themen erreichen durch ihre Zeitlosigkeit gerade auch den modernen Leser. Klopstock stammte aus Quedlinburg, seine Begabung zum Dichter äußerte sich schon früh. In seiner Abschiedsrede als Abiturient legte er seine literarischen Pläne

Abb. 25: Erstdruck 1748.
Der *Messias* Klopstocks galt im 18. Jahrhundert als die bedeutendste religiöse Dichtung in Deutschland. In ihr verbindet sich religiöser Glaube, die literarische Tradition von Miltons *Paradise Lost* und eine neue Naturfrömmigkeit. Die Wirkung des Werkes auf alle Künste und das Lebensgefühl des 18. Jahrhunderts ist vielfältig.

dar: seine Vorstellungen über ein repräsentatives deutsches *Heldengedicht*, das an die großen epischen Vorbilder Tasso und Milton anknüpfen und den Kräften des Gemüts, dem »fühlenden Herzen«, entspringen sollte. In dem Epos *Der Messias*, dessen erste drei Gesänge 1748 in der Zeitschrift »Bremer Beiträge« erschienen, führte er diese Idee aus und begündete damit seinen literarischen Ruhm. 1750 kam er in Zürich mit Bodmer zusammen, hier begann er mit der Abfassung seiner Oden. Im darauffolgenden Jahr wurde er durch die Vermittlung des Grafen von Bernstorff an den dänischen Hof Friedrichs V. berufen, der als gläubiger Christ und Menschenfreund, als patriotisch gesinnter und der Kultur gegenüber aufgeschlossener Fürst ganz dem Ideal der Aufklärung entsprach. Klopstock erhielt die notwendige materielle Absicherung, ohne in sklavische Abhängigkeit zu geraten, und er konnte sich völlig seiner dichterischen Tätigkeit widmen, besonders der Vollendung des *Messias*. Neben vielen anderen Ehren erhielt er 1774 den Rang eines Hofrates. Außer als Dichter von Oden trat er als vaterländischer Dramatiker hervor, in dem Drama *Hermanns Schlacht* (1769) verherrlichte er den Freiheitssinn und die sittliche Größe der Germanen. Die Französische Revolution wurde von ihm begeistert begrüßt, man ernannte ihn sogar zum französischen Bürger. Er wandte sich aber enttäuscht und verbittert ab, als er die grausamen Entartungen der Revolution sah. Ein Schwerpunkt seiner weiteren Arbeit war die theoretische Beschäftigung mit der deutschen Sprache. Seine letzten Lebensjahre verbrachte er hochgeehrt in Hamburg.

Klopstock nimmt eine Mittlerstellung in der Geschichte der Literatur ein. Er überwand die Verstandeskultur der Aufklärung und bereitete den Weg für die Erlebnisdichtung. Er verschaffte der Phantasie, der Einbildungskraft, dem seelischen Erleben ihre Berechtigung in der Dichtung. Dichten wurde von ihm als schöpferischer Akt, nicht mehr als rationaler Vorgang gesehen. Wie Klopstock übernommene Themen verändert und neu gestaltet, ist anhand der Freundschaftsthematik erkennbar. In der Aufklärungsliteratur wurde die Freundschaft als wichtige Hilfe dargestellt, um das Leben zu bestehen, oder man betonte ihren moralischen Nutzen. Für Klopstock dagegen war die freundschaftliche Beziehung einer der kostbarsten Werte des Menschen, er stellte Freundschaft als seelisches, verinnerlichtes Erlebnis dar, er pries die Gemeinsamkeit mit dem Freund als »nicht unwürdig der Ewigkeit«.

Die bestehende, an der Ratio orientierte Dichtungstheorie wurde von Klopstock provoziert, indem er in dem Epos *Der Messias* übernatürliche Wesen darstellte und eine Handlung vorführte, die den menschlichen Erfahrungsbereich überschreitet. Der Stoff zu diesem letzten großen Epos der deutschen Literatur entstammt der Bibel, in der Gestaltung orientierte sich Klopstock an Milton. Der Kampf zwischen dem guten und bösen Prinzip wird durch die Erlösungstat des Messias zugunsten des Menschen entschieden. Nicht eine distanzierte Darstellung der be-

kannten Vorgänge wird geboten, sondern die religiösen Ereignisse und Erfahrungen werden durch das subjektive Empfinden der Handelnden und des Dichters wiedergegeben. Lyrische Stimmung, rhapsodische Begeisterung, Verklärung beherrschen den Stil. Der Dichter fungiert als religiöser Sänger, von hier erfährt sein Beruf eine neue Weihe. Die ungeheure Wirkung des *Messias* auf die Zeitgenossen bestand darin, daß der Mensch in erster Linie als Empfindender gesehen wurde. Goethe, der zu dem großen Kreis der Bewunderer gehörte, lenkte den Blick auf das Thema der göttlichen Liebe in der Erlösungstat: »Die lebendigen Himmel jauchzen in tausend Engelstimmen um den Thron, und ein Liebesglanz übergießt das Weltall, das seinen Blick kurz vorher auf eine greuliche Opferstätte gesammelt hielt. Der himmlische Friede, welchen Klopstock bei Konzeption und Ausführung dieses Gedichtes empfunden, teilt sich noch jetzt jedem mit.« Formal bedeutsam und neu war die Wahl des Hexameters als Versmaß, der größere sprachliche Beweglichkeit und Freiheit gewährt. Klopstock erweiterte das Deutsche um viele neue Wortzusammensetzungen, er schuf differenzierte Neubildungen, um den unterschiedlichen Gefühlsstimmungen Ausdruck zu verleihen.
Neben dem Epos *Der Messias* war es die Ode, die durch ihn eine innere Umgestaltung erfuhr und die seine zeitgenössische Bedeutung wie auch seine literarhistorische Stellung begründete. Er schuf die »enthusiastische Ode«, die unmittelbare Leidenschaft, subjektives Erleben und Empfindungsfülle und nicht mehr Objektivierung des Erlebten gestaltete. Thematisch wurde Erhabenes in der Ode besungen: Gott und Unsterblichkeit, Tugend, Freundschaft, Freiheit, Liebe, Natur. Klopstock ist nicht nur ein Wegbereiter der Epochen Sturm und Drang und Klassik, sondern er nimmt bereits etwas vorweg, was im 20.Jahrhundert neu gewonnen wird: die Verbindung modernen naturwissenschaftlichen Denkens mit den Glaubensvorstellungen des Christentums. Konkret bedeutet dies, daß er das kopernikanische Weltbild bewußt in seine Dichtung übernahm und sich von der bis dahin gültigen Vorstellung löste, die in der Erde den Mittelpunkt des Kosmos sah, den Himmel als Ort der Gottheit und die Hölle als Ort des Teuflischen. Die Erde wurde jetzt als der winzige Punkt im Weltall, der »Tropfen am Eimer« erfahren, und damit erhob sich die drängende Frage nach dem Platz und der Bedeutung des Menschen, nach dem Sinn seines Lebens angesichts seiner Verlorenheit im All. Klopstock begriff den Menschen trotz seiner Kleinheit im Universum als zentralen Brennpunkt göttlicher und satanischer Mächte, dessen Rettung nur durch die Vermittlung Jesu möglich wird: »Hier steh ich. Rund um mich Ist alles Allmacht und Wunder alles! Mit tiefer Ehrfurcht schau ich die Schöpfung an, Denn du, Namenloser, du schufst sie.«
Klopstock pflegte viele Kontakte mit seinen literarischen Zeitgenossen, besonders intensiv waren seine Beziehungen zum Göttinger Hainbund. Dieser 1772 erfolgte Zusammenschluß junger Dichter basierte auf der

Verehrung Klopstocks, der Name der Gruppe entstand in Anlehnung an dessen Ode *Der Hügel und der Hain*. Man wandte sich in diesem stark von der Empfindsamkeit geprägten Kreis gegen den Rationalismus der Aufklärung, gegen gesellschaftliche Konventionen und gegen die ausländischen, besonders französischen Einflüsse auf die Literatur. Man forderte die Freiheit der Phantasie, schwelgte in religiösen, sittlichen und patriotischen Idealen, Tugend und Freundschaft wurden besungen, im Mittelpunkt stand ein schwärmerisches Naturgefühl. Es kam zur Wiedererweckung von volks- und naturverbundener Dichtung, die Kunstballade erreichte in Gottfried August Bürgers Gedicht *Lenore* einen ersten Höhepunkt. Der Göttinger Hainbund, zu dem Ludwig Heinrich Hölty, Heinrich Christian Boie, die Brüder Stolberg und Johann Heinrich Voss gehörten, ist literarhistorisch durch die Betonung der empfindsam-subjektiven Elemente einerseits als Vorstufe zum Sturm und Drang zu sehen, andererseits auch als Bewahrer alter Traditionen, so in der Beibehaltung des Bundesgedankens oder in der Hochschätzung der nationalen Tugenden.

Utopie und Empfindsamkeit im Roman

In den Romanen Beers, Weises und Reuters kündigten sich bereits die Loslösung von barocken Motiven und die Hinwendung zur realen Wirklichkeit, zur eigenen Zeit und Welt an. Folgerichtig stellte der Roman im 18. Jahrhundert die Erfahrung des Individuums, den Alltag des Bürgers in den Mittelpunkt. In den Poetiken begegnete man der Romanform noch lange sehr skeptisch, weil das unterhaltend-phantastische Elementen als zu stark überwiegend empfunden wurde. Die Romane setzte man gleich mit Liebesgeschichten, die keinen ernsthaften pädagogischen Wert hätten. Erst mit CHRISTIAN FRIEDRICH VON BLANCKENBURGS *Versuch über den Roman* (1774) erfolgte eine theoretische Besinnung, die sich nicht in Regeln erschöpfte, sondern von den vorhandenen Romanen ausging. Blanckenburg wies dem Roman einen hohen Rang zu, indem er ihn ästhetisch dem Epos gleichsetzte. Er plädierte für den allwissenden Erzähler als Vermittler zum Leser, er gab als Stoff die »Handlungen und Empfindungen des Menschen« an, die Figuren sollten die »möglichen Menschen der wirklichen Welt« sein. Für die Zukunft war bedeutsam, daß man auf die Entwicklung der dargestellten Figuren besonderes Gewicht legte; dies war die Voraussetzung dafür, daß der »Bildungsroman« zu einer typisch deutschen Form des Romans wurde.

Das praktische Romanschaffen in der ersten Hälfte des 18. Jahrhunderts war durch eine Vielzahl von Formen gekennzeichnet, ohne daß jedoch ein Werk geschrieben wurde, das über seine Zeit hinaus wirkte. So existierten Formen weiter, die für das Barock typisch waren, wie der politische, der höfisch-historische und der Schäferroman. Eine kurzlebige

Sonderform war der galante Roman, eine Säkularisierung des höfischen Romans, der unterhaltende Liebesgeschichten brachte. So gilt der Autor AUGUST BOHSE (1661–1742) als der erste erfolgreiche und gut bezahlte Unterhaltungsschriftsteller in der deutschen Literatur. Die *Verliebte und Galante Welt* (1700) – dies der Titel eines Romans von CHRISTIAN FRIEDRICH HUNOLD – ist durch absoluten Konformismus gekennzeichnet, durch Anerkennung der gesellschaftlichen Ordnungen und Konventionen, durch Anpassung und Wendigkeit. Noch zählt nicht die Einzelpersönlichkeit, sondern die Gesellschaft, das Allgemeine. Es gibt keine Tragik, alle Probleme werden durch Konzilianz und Anpassungsfähigkeit der Figuren glatt gelöst, man genießt den Reiz des Augenblicks. Großen Einfluß auf die literarische Entwicklung hatte die englische Literatur. So leitete Defoes Roman *Robinson Crusoe* eine Fülle von Robinsonaden und Utopien ein. Grundtendenz ist die Verbürgerlichung, wie sie sich in der erfolgreichsten Utopie, der *Insel Felsenburg* (1731) von JOHANN GOTTFRIED SCHNABEL, niederschlägt. Zwei Paare gründen nach einem Schiffbruch auf der Insel Felsenburg ein ideales Gemeinwesen. Hier herrschen religiös-philanthropisches und soziales Denken, die Tugenden der Treue, der Keuschheit, der ehelichen Liebe, der persönlichen Opferbereitschaft, des Altruismus und der Redlichkeit. Maßstab des Handelns ist die Nützlichkeit. Die Figuren sind nicht individuell gesehen, sondern stark typenhaft. Die Anlage ist streng schematisch: der bösen, sündhaften Welt draußen wird das auf Vernunft und Redlichkeit gegründete Inseldasein gegenübergestellt. Der Roman gehörte bis zur Goethezeit zur beliebten Lektüre, er spiegelt eindringlich die neue bürgerliche Bewußtseinsstruktur von Empfindsamkeit und Vernunft. Der Roman als Seelengemälde und Seelengeschichte erhielt den entscheidenden Anstoß wiederum aus England, speziell durch die Briefromane von Samuel Richardson, die bis zu Goethe unzählige Bewunderer und Nachahmer fanden. Das Medium Brief ist besonders gut geeignet, unmittelbare Gefühle wiederzugeben. Angezogen fühlt man sich von der idealistischen Vorstellungsart des Menschen und der Darstellung der inneren Kämpfe eines durch Schuld und Reue gequälten Herzens. Zwei populäre deutsche Briefromane waren *Sophiens Reise von Memel nach Sachsen* (1769/73) von JOHANN HERMES und – als erster deutscher Frauenroman – von SOPHIE VON LAROCHE *Geschichte des Fräuleins von Sternheim* (1771/72). Überlieferte Motive dienen dazu, seelische Vorgänge sichtbar zu machen, den Sieg wahrer Liebe zu zeigen und die Entsagung als Voraussetzung einer wertvollen Lebensaufgabe, nämlich der Erziehung, darzustellen. Bemerkenswert ist, daß man nicht nur Ideale vorführt und die Empfindsamkeit pflegt, sondern daß philanthropische und soziale Tätigkeit als Aufgabe der Frau propagiert wird. Die Betonung von Erziehung und Entwicklung verdeutlicht den Einfluß Rousseaus in den letzten Jahrzehnten des 18. Jahrhunderts. Der französische Philosoph und Romanschriftsteller Jean-Jacques Rousseau (1712–1778) wollte mit seiner Forderung »Zurück zur Natur« den Menschen wieder zu den heilen, natürlichen Ursprüngen zurückführen. Zivilisation und Kultur bedeuteten für ihn die Entartung des von Gott gewollten Zustands.

Zu den vielseitigsten und beliebtesten Dichtern der Epoche zählt CHRISTIAN FÜRCHTEGOTT GELLERT (1715–1769). In ihm verkörpern sich die Tendenzen der Zeit – Aufklärung und Pietismus – besonders überzeugend, weil er Extreme mied und immer den Kompromiß anstrebte. Weltanschaulich trat Gellert für Genügsamkeit, das stille Glück innerhalb der durch Natur und Moral gesetzten Schranken ein. Nach dem Vorbild von Richardsons Roman *Pamela* (1740, dt. 1742) schrieb er 1747/48 *Das Leben der schwedischen Gräfin von G ...*, ein Werk, das breite Resonanz fand. Wie bei Richardson steht eine Frau im Mittelpunkt, die sich durch unerschütterliche Tugend, feste sittliche Grundsätze und Nüchternheit auszeichnet. Die Gräfin, die ihr Schicksal in der Ich-Form berichtet, muß eine Vielzahl von bitteren Erfahrungen machen, trägt aber alles mit einer nahezu übermenschlichen Gelassenheit. Die leidenschaftslose Atmosphäre ist das Hauptmerkmal des Romans, dessen Handlung durch viele Gewalttaten wie Giftmord, Doppel- und Geschwisterehe, Verbannung, Verleumdung gekennzeichnet ist. Alle Figuren bejahen willig das ihnen von Gott Auferlegte, sie bleiben in ihrem Glauben an die Liebe Gottes und ein harmonisches menschliches Miteinander unerschüttert. Neben den gelassenen, passiven Figuren, denen offenbar Gellerts Sympathie gehörte, erscheint eine negativ gezeichnete Figur; sie begehrt gegen ihr Schicksal auf und nimmt sich schließlich aus Schwermut das Leben. Hier kündigt sich bereits der Protest des Sturm und Drang gegen das Gelassenheitsideal der Aufklärung an. Gellert verwies in diesem Roman darauf, daß sich das menschliche Herz nicht nur von der Vernunft her begreifen läßt. Er markierte so die Zeitenwende vom Rationalismus zur Empfindsamkeit. Gellerts *Fabeln und Erzählungen* (1746/48) wurden zum moralischen Hausbuch des Bürgers. Die Fabel bietet sich für Belehrung und Unterweisung an. Gellert formulierte sein Ziel so: »Dem, der nicht viel Verstand besitzt, Die Wahrheit, durch ein Bild, zu sagen«. Beispiel und Gegenbeispiel werden vorgeführt, woraus der Leser das richtige, tugendhafte Verhalten ableiten kann. Probleme des Alltags und ihre Lösungen werden in den Erzählungen gezeigt.

Zum Bereich der Prosa sind auch Kurzformen zu rechnen, in denen sich didaktisch-rationale und unterhaltende Elemente verbinden. Von vielen Vertretern der Aufklärung wurden die Fabel, das Epigramm, die Satire und der Dialog aufgegriffen, um ihr Gedankengut zu verbreiten. Als Begründer der Kunst des Aphorismus in Deutschland gilt GEORG CHRISTOPH LICHTENBERG (1742–1799). Der Aphorismus ist ein prägnant und geistreich formulierter Gedanke, der scheinbar Allgemeingültigkeit beansprucht, den Leser aber zur eigenen Stellungnahme herausfordert und zum Nachdenken zwingt: »An nichts muß man mehr zweifeln als an Sätzen, die Mode geworden sind.«

Christoph Martin Wieland

Die Lebensdaten von CHRISTOPH MARTIN WIELAND (1733–1813) verdeutlichen, daß dieser Autor von mehreren Epochen der deutschen Literatur beeinflußt war und selbst mehrere mitprägte. Da sein Werk, seine Persönlichkeit und seine Entwicklung ebenfalls kein einheitliches Bild vermitteln, löste er schon bei seinen Zeitgenossen widersprüchliche Urteile aus. Sein Lebensgang war durch ständige Auseinandersetzung mit den geistigen Strömungen seiner Zeit gekennzeichnet: mit Pietismus, mit Schwärmerei, mit Idealismus. Er rang lange um einen Ausgleich zwischen Rationalismus und Empirismus. In seinem Leben wechselten Optimismus und sinnliche Daseinsfreude, die Hingabe an die graziöse, weltmännische Lebenskunst im Zeichen des Rokoko mit Weltschmerz und Zurückgezogenheit. In dem mehrfach überarbeiteten Roman *Geschichte des Agathon* (1766) spiegelt sich weitgehend Wielands eigene Entwicklung. Der hübsche Athener Agathon, in den Lehren Platons ausgebildet, wird von Seeräubern nach Smyrna entführt. Hier soll er unter Anleitung des Hippias von dem Wahn befreit werden, die »Welt nach Ideen umzuschmelzen«, man will ihn in die Welt der Nützlichkeit, der Dinglichkeit einführen und die gesunde Vernunft an die Stelle der Schwärmerei setzen. Hippias rät ihm, dem zentralen Naturgesetz, nämlich der Befriedigung seiner natürlichen Begierden, zu folgen. Agathon wird in seiner moralischen Vollkommenheit erst schwankend, als Hippias ihn in die Sinnenwelt stürzt, aber Agathon kann seine Beziehung zu Danae in aufrichtige Liebe umgestalten. Durch Intrigen und List versucht der negative Mentor Hippias, seinen Schüler weiter zu verunsichern, aber alle Verirrungen und Fehltritte Agathons dienen letztlich nur dazu, ihn zu läutern und in seinen Grundsätzen zu festigen. In dem Philosophen und Staatsmann Archytas begegnet dem Leser das Idealbild eines durch Vernunft bestimmten Menschen, der auch der Wirklichkeit ihr Recht zuerkennt – er verkörpert die Synthese von Idee und Realität. Durch sein Vorbild wird Agathon zur harmonischen Gestaltung des eigenen Daseins geführt, er tritt in den Dienst der Republik Tarent, durchdrungen von dem Gedanken, »daß der Geist mich über die Tierheit erhebt und mich Gerechtigkeit, Göttlichkeit, Harmonie lehrt«. Mit dem Roman *Agathon* begann die Tradition des deutschen Bildungsromans; das Geschehen reflektiert trotz der antiken Verkleidung die eigene Gegenwart. Grundlage ist die Auseinandersetzung des Ichs mit der Wirklichkeit, auch wenn diese Konfrontation bei Wieland noch stärker im ideellen als im gegenständlichen Bereich angesiedelt ist. Anerkennung der Pflicht und Bereitschaft zum Einfügen in ein größeres Ganzes sowie zur tätigen Mitarbeit am Gemeinwohl stehen am Ende, wie dies auch im Bildungsroman der späteren Jahre der Fall sein wird. Formal verwertete Wieland Anregungen aus Henry Fieldings Roman *Tom Jones* (1749) und aus dem spätantiken Abenteuerroman. Das weitere Romanwerk Wielands greift das Erziehungsproblem wiederholt auf, wie etwa aus dem Titel *Der Sieg der Natur über die Schwärmerei oder Die Abenteuer des Don Sylvio von Rosalva* (1764) hervorgeht. Die Form des Staatsromans, die auch durch das konservative Alterswerk Albrecht von Hallers repräsentiert wurde, nahm Wieland mit dem Roman *Der goldene Spiegel oder Die Könige von Scheschian* (1772) auf und handelte in der Form eines »unverbindlichen Salongesprächs« politische und religiöse Probleme ab. Angestrebt wird das, was sich aus der Lehre der Geschichte als am nützlichsten für die menschliche Gemeinschaft erwiesen hat.

In anderen Prosawerken, so den *Komischen Erzählungen*, pflegte Wieland einen bewußt zweideutigen, frivolen Stil, der zwischen sinnenhafter Direktheit und elegant-graziöser Verschleierung schwankt. Der Roman *Die Abderiten* (1774–1780) ist eine geistreiche, witzige Bloßstellung allgemeiner menschlicher Schwächen und Torheiten (in der literarischen Nachfolge von Sebastian Brants *Narrenschiff* oder den *Schiltbürger*). Wiederum verlegt Wieland den Schauplatz in das klassische Griechenland, obwohl die Zustände real nachvollziehbar sind. Zeitlosigkeit, Abschwächung der Kritik und damit Nachsicht gegenüber der menschlichen Narrheit, heitere Toleranz kennzeichnen das Werk. Wielands Schaffen war durch große Vielseitigkeit auch der Formen geprägt, neben der Prosa schrieb er Verserzählungen, Singspiele, lyrische Dramen. Das romantische Heldengedicht *Oberon* (1780), von Goethe als »Meisterstück poetischer Kunst« geliebt, enthält Wielands Bekenntnis zum Geist der Humanität. In geistvoll-spielerischer Weise behandelte er mittelalterliche Stoffbereiche und bereitete damit bereits Tendenzen der Romantik vor. Für die Folgezeit sehr wesentlich waren die journalistische Tätigkeit, *Teutscher Merkur* (1773–1810), und die Prosa-Übersetzungen von Shakespeares Dramen. Wieland verfuhr dabei teilweise recht eigenwillig, veränderte auch entsprechend dem Zeitgeschmack; überall aber scheint seine Bewunderung für Shakespeare als Kenner des menschlichen Herzens durch. Wielands Übersetzungen waren darüber hinaus die wichtigste Voraussetzung für das Shakespeare-Erlebnis der kommenden Epoche und für die Sturm-und-Drang-Dramatik. Ebenfalls in die Zukunft, speziell in die Romantik verweisend ist der fragmentarische Charakter mancher Werke Wielands. Es war dem Dichter nicht mehr möglich, die Einzelheiten in einen sinnvollen, in sich geschlossenen Zusammenhang zu stellen, sie gewinnen ein Eigenleben. Reizvoll – auch für den modernen Leser – ist der ironische Grundtenor von Wielands Prosa. Der Roman wird zu einem »geselligen Gespräch« zwischen Autor und Rezipient. Jede Illusion wird bewußt zerstört, indem Exkurse, Kommentare, die Herausgeber-Fiktion, angebliche Textlücken oder freies, manipuliertes Arrangieren des Stoffes immer wieder die Spannung durchbrechen und an den denkenden Leser appellieren. Dieses Spiel mit dem Leser hat Wieland von einem der führenden englischen Romanautoren des 18. Jahrhunderts, Laurence Sterne, übernommen, vor allem aus dessen Roman *Tristram Shandy*.

Gotthold Ephraim Lessing und das Drama

Drama und Theater der Aufklärungszeit wurden in Theorie und Praxis wesentlich von Gottsched bestimmt; wichtig für die Entwicklung der deutschen Komödie war sein Eintreten für die satirische Typenkomödie. Anhand einer Figur werden allgemeine Torheiten und menschliche Schwächen vorgeführt, die als Mangel an Vernunft definiert werden. Der Zuschauer als der Überlegene reagiert mit Lachen und zieht aus dem Vorgeführten Lehren für sein eigenes Leben. Feste Bestandteile dieser Form sind weiterhin die Liebesgeschichte und die Intrige. Daneben entwickelte sich das rührende oder empfindsame Lustspiel, das wichtige Impulse aus Frankreich und England erhielt. Hier wird nicht nur der Verstand angesprochen, sondern auch das Gefühl. Der Zuschauer lacht nicht mehr über vorgeführte Laster, sondern er ist oft bis zu Tränen ergriffen von den dargestellten Tugenden wie Liebe, Mitleid, Treue, Selbstlosigkeit. Wie im Roman rückt das menschliche Seelenleben aus moralischem und empfindsamem Interesse in den Vordergrund. Als eine Mischung von satirischer und rührender Komödie gilt Gellerts Drama *Die Betschwester* (1745). Einerseits wird das Stück durch die Titelgestalt geprägt, eine lasterhafte Person, die hinter falscher Frömmigkeit und übertriebener religiöser Demut Intoleranz und Geiz verbirgt. Andererseits werden in einer Liebeshandlung vollkommene Tugenden demonstriert: das großmütige Lorchen, das seinen geliebten Simon mit selbstlosem Eifer einem anderen Mädchen zuführen will. Alle Ereignisse dienen dazu, daß die »guten« Figuren ihre Tugenden und ihre Vernunft unter Beweis stellen können, denn in der vernünftigen Tugendhaftigkeit liegt das große Glück. Vertreter der Aufklärungskomödie waren außer Gottsched und Gellert noch Johann Elias Schlegel, Johann Christian Krüger und Christian Felix Weiße. Der junge Lessing lehnte sich in seinen frühen Lustspielen an die Typenkomödie an, bediente sich der bewährten Motive und verfolgte didaktische Zwecke, wie beispielsweise den Abbau von Vorurteilen in dem Einakter *Die Juden* (1749). Eine Niveauanhebung bahnte sich in der Sprache, in der genauen Ausgestaltung des Dialogs an. Auch in der Zielsetzung wurde der Akzent verlagert: an die Stelle von Gottscheds »Verlachen« tritt das wertfreie, verstehende Lachen. Mit dem Lustspiel *Minna von Barnhelm* (1767) gelang Lessing der Höhepunkt und die Überwindung der Komödie der Aufklärung. Das Schema der Intrige, traditionelle Figuren wie Kammerzofe, Wirt und Riccault sowie das Herausstellen von Tellheims »Laster«, nämlich seinem überspannten Ehrgefühl, das man mit vernünftigen Argumenten beseitigen möchte – diese dramaturgischen und gehaltlichen Aspekte verbinden das Lustspiel mit zeitgenössischen Werken. Neu sind die Zeit- und Lebensnähe, der Hintergrund des Siebenjährigen Krieges mit seinen Problemen sowie die individuelle Charakterisierung auch der Nebenfiguren, die eng in die Struktur des Dramas eingegliedert werden. Hinzu kommt der

Durchbruch zu komplexen und differenzierten Charakteren anstelle von Typen: so wird die Tugend der Ehre zum Problem eines psychologisch vielschichtig gezeichneten Mannes, sie erhält gleichzeitig nationale Bedeutung und wird menschlich relativiert durch Minnas Natürlichkeit und Anmut. Die Gestalten sind konkret, lebendig und wirklichkeitsnah.

Vom Geist der Aufklärung her ist es verständlich, daß das Trauerspiel oder die Tragödie kaum Raum gewinnen konnte. Ein Wertekonflikt ist angesichts fester Normen unmöglich: entweder verwirklichte man die Normen, oder aber man lehnte sich gegen sie auf und verstieß gegen sie. Die Helden der frühen Trauerspiele – etwa Caesar in Gottscheds Drama *Der sterbende Cato* – waren Übeltäter, die durch ihr negatives Handeln das Wertesystem bestätigten. Die moralische Schwarzweißmalerei mußte literarisch notwendig in einer Sackgasse enden. Das bürgerliche Trauerspiel, wie es mit Lessings Stück *Miss Sara Sampson* (1755) als wichtigem Neubeginn in der Geschichte des deutschen Dramas einsetzt, hatte seine Voraussetzungen im rührenden Lustspiel und im englischen Vorbild, speziell in George Lillos *The London Merchant* (1731). Tragische und traurige Stoffe und Konflikte werden in den zeitgenössischen Alltag verlegt und spielen sich im privaten bürgerlichen Mittelstand ab. Das bürgerliche Trauerspiel wird als »nützlich« definiert, weil es sittliche Besserung durch die Ansprache des Gemüts bewirken kann. Dies ist für die Charakterbildung entscheidender als der Appell an den Intellekt. Wichtigste Empfindung, die ausgelöst werden kann, ist das Mitleid. Lessing bezeichnet das bürgerliche Trauerspiel deshalb als »ein Gedicht, welches Mitleid erregt«. Am sichersten wird der Zuschauer dies empfinden, wenn er sich mit den Personen identifizieren kann. Deshalb müssen die dargestellten Figuren vorzugsweise moralisch durchschnittlich und in Lebensstil und Gesinnung einer umgrenzten Gemeinschaft verhaftet sein sowie in zwischenmenschlichen Bindungen wie Vater, Sohn, Freund stehen. Der private Aspekt hat also den absoluten Vorrang vor dem ständischen, die Ständeklausel der älteren Poetik verliert damit ihre Bedeutung. Der Begriff »bürgerlich« ist nicht so sehr soziologisch zu verstehen, sondern gleichzusetzen mit »mitmenschlich«, »privat«, »moralisch«, »gefühlvoll«. Die genannten Forderungen werden von Lessings Drama »Miss Sara Sampson« erfüllt. Dargestellt wird eine Dreiecksgeschichte mit einer leidenden tugendhaften Heldin, die am Ende ihrer Mörderin und Nebenbuhlerin selbstlos vergibt. Der lasterhafte, schwankende Verführer Mellefont endet durch Selbstmord. Hinter dem Stück, das bereits von den Zeitgenossen als epochemachend empfunden wurde, steht der Glaube an die grundlegende Güte des Menschen und seine moralische Besserungsfähigkeit.

GOTTHOLD EPHRAIM LESSING (1729–1781), von dem entscheidende Impulse für das Drama, für die Poetik und für die literarische Kritik ausgingen, bezeichnet den Höhepunkt und gleichzeitig die Wende der Epoche, er verkörpert durch seine Persönlichkeit das Idealbild nicht nur seiner, sondern auch der folgenden Zeit. Er stammte aus einem protestantischen Pfarrhaus in der Oberlausitz, studierte Theologie und später Medizin in Leipzig, wo er in Kontakt mit Gottsched und dem Theater gelangte und mit seiner literarischen Tätigkeit begann. 1748 ging er nach Berlin und wagte es, sich als freier Schriftsteller niederzulassen: er arbeitete als Kritiker und Redakteur. Weitere berufliche Stationen waren Breslau (Sekretär des schlesischen Generalgouverneurs) und Hamburg (Dramaturg, Versuch der Gründung eines ersten deutschen Nationaltheaters). Ab 1770 bis zu seinem Tod arbeitete er als Bibliothekar in Wolfenbüttel.

Theoretisch setzte sich Lessing mit dem Drama in der Schrift *Hamburgische Dramaturgie* (1767–1769), einer Sammlung von Theaterkritiken, auseinander. Er lehnte das französische klassizistische Drama ab, wobei besonders das Festhalten an formalen Äußerlichkeiten wie den drei Einheiten angeprangert wurde. Sehr wichtig blieb für Lessing allerdings die Einheit der Handlung, das Aufeinanderbezogensein von Form, Gehalt und Wirkung: nichts darf dem Zufall überlassen bleiben, die Handlung muß mit zwingender Notwendigkeit dem tragischen Ende zueilen. Lessing übernahm weitgehend die Theorien des Aristoteles, änderte aber dessen Begriff der Katharsis. Die Wiederherstellung des seelischen Gleichgewichts als Ziel der Tragödie erfolgte seiner Meinung nach durch die Erregung von Furcht und Mitleid. Lessing verstand die Furcht als das auf den Zuschauer selbst bezogene Mitleid (Furcht, daß ihm das gleiche Schicksal wie dem Helden zufallen könnte). Er strebte die moralische Läuterung des Zuschauers an durch die »Verwandlung der Leidenschaften in tugendhafte Fertigkeiten«. Was das Verhältnis des Dramatikers zur Geschichte anbelangt, so ging es Lessing nicht um absolute Geschichtstreue, sondern um allgemein menschliche und überzeitliche Wahrheiten. Er lehnte extreme Charaktere wie den Bösewicht oder den Märtyrer zugunsten von »gemischten Charakteren« ab. In der *Hamburgischen Dramaturgie* erfolgte auch die für die zukünftige Literaturentwicklung so wichtige Hinwendung zu Shakespeare, in dem Lessing den wahren Dichter, das unerreichbare Genie sah. Die gleiche These vertrat Lessing auch im 17. Literaturbrief (innerhalb der zusammen mit Moses Mendelssohn und Friedrich Nicolai 1759–1765 herausgegebenen *Briefe, die neueste Literatur betreffend*, in dem er das französische Drama als klassizistische Scheinantike ablehnte und die Verwandtschaft des deutschen mit dem englischen Drama betonte. Zu diesem Zweck führte er Bruchstücke eines von ihm selbst verfaßten *Faust*-Dramas an. In diesem Fragment wird Faust erstmalig nicht mehr verdammt, seine Wißbegierde wird vielmehr als das für den Menschen spezifische göttliche Geschenk herausgestellt. In diesen *Briefen* bezog Lessing Stellung zu allen wesentlichen zeitgenössischen Werken und Dichtern, er bewies Scharfsicht und ausgewogenes Urteilsvermögen. Hier vollzog sich auch die endgültige Abkehr von Gottsched. Auch die Fabel, die als Mittel zur moralischen Belehrung

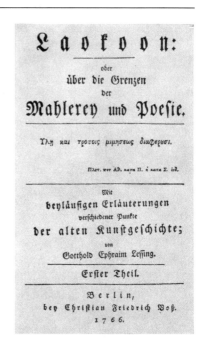

Abb. 26 (links): Die *Laokoon-Gruppe*.
Abb. 27 (rechts): Erstausgabe 1766. Die Schrift *Laokoon oder über die Grenzen der Mahlerey und Poesie* grenzt ästhetisch erstmals Dichtung und Bildende Kunst gegeneinander ab und begründet so eine umfassende Kunsttheorie.

von den führenden Aufklärern gepflegt wurde, definierte Lessing neu, er führte den moralischen Satz auf einen »besonderen Fall« zurück. Der Wirklichkeitscharakter der vorgeführten Handlung, durch die die Lehre vermittelt wird, die knappe Prosaform, die pointierte Sprache, die erneute Orientierung an dem antiken Fabeldichter Äsop – das sind Merkmale von Lessings Fabeln, die bis heute ihre Beliebtheit nicht eingebüßt haben.

Ein weiteres grundlegendes theoretisches Werk, durch das sich Lessing von seinen Vorgängern abgrenzte, ist die Schrift *Laokoon oder Über die Grenzen der Mahlerey und Poesie* (1766), eine Untersuchung über die Darstellungsmittel und -möglichkeiten der Literatur. Der Begründer der klassischen Archäologie, Johann Joachim Winckelmann (1717–1768), hatte die schöpferische Auseinandersetzung mit der griechischen Antike begonnen und eine neue Art der Kunstbetrachtung eingeführt: er sah Kunst als »Nachahmung der Alten«. In der griechischen Plastik des Laokoon sah Winckelmann das Ideal der »edlen Einfalt und stillen Größe« verwirklicht, eine Vertiefung der Szene von verinnerlichtem Schmerz und stillem Dulden. Die Darstellung der gleichen Szene in Vergils Epos, in der Laokoon vor Schmerz schreit, verurteilte Winckelmann demgegenüber als entartet. Lessing nahm das Laokoon-Beispiel

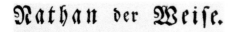

Abb. 28:
Titelblatt der Erstausgabe 1779

Abb. 29:
Iffland als Nathan

auf und demonstrierte daran den Unterschied zwischen »räumlicher Kunst«, die nur einen einzigen Augenblick gestalten kann und deshalb den »prägnantesten« auswählen muß, und dem zeitlichen Nacheinander der Dichtung, in der das Gesetz der Handlung, der Abfolge von Ereignissen in der Zeit gilt. So wird das Schreien Laokoons bei Vergil durch die folgende Handlung relativiert, sein Schmerzausbruch ist genauso berechtigt wie das Schreien der Götter in Homers Epen. Lessing begründete im *Laokoon* Aspekte der Poetik, die bis zur Gegenwart gültig geblieben sind, so den festen Bezug zwischen den Strukturelementen und die Definition von Dichtung als in der Zeit verankerter Handlung.

In dem Trauerspiel *Emilia Galotti* (1772) verwirklichte Lessing viele seiner theoretischen Ideen. Für die Handlung wählte er das klassische Virginia-Motiv: ein Vater tötet seine Tochter auf deren Wunsch, um sie vor der Entehrung durch einen tyrannischen Herrscher zu retten. Lessings Drama zeichnet sich durch einen sehr kunstvollen Aufbau, eine klare Sprache und durch große Theaterwirksamkeit aus. Genau gezeichnete Charaktere agieren in einem von der Exposition bis zur Katastrophe präzise aufgebauten Geschehen; Friedrich Schlegel sprach deshalb von diesem Drama als einem »guten Exempel dramatischer Algebra«. Es

150 Aufklärung

Abb. 30: G. E. Lessing *Emilia Galotti* – Szenenfoto der Münchner Aufführung von 1983/1984

gelang Lessing, den zentralen Konflikt nicht nur als Zeitkritik darzustellen, sondern diesen durch die psychologisch vertieften Charaktere als allgemein menschliches und nachvollziehbares Geschehen zu gestalten. Emilias Integrität kann nur durch den freiwilligen Tod gewahrt werden – darin liegt die Tragik. Dies Trauerspiel hat auf die Zeitgenossen und auf die Nachwelt – besonders auch auf Goethe – großen Eindruck gemacht. Hier wurde endgültig die Schule Gottscheds abgelöst, das Stück wirkte über Schillers Tragödie *Kabale und Liebe* bis ins 19. Jahrhundert, bis zu Hebbels Drama *Maria Magdalene*.
In dem Schauspiel *Nathan der Weise* (1779) setzte Lessing sein theologisches Streitgespräch mit orthodoxen Zeitgenossen – vor allem mit dem Hauptpastor Goeze – fort; gleichzeitig formulierte er anhand der aus dem *Decamerone* entnommenen Ringparabel zentrale Ideen der Epoche: absolute religiöse Toleranz, Humanität und Mitmenschlichkeit. Der Jude Nathan hat durch die Feindschaft der Christen seine gesamte Familie verloren, doch gelingt es ihm durch Vernunft, sein Schicksal anzunehmen. Er ist der Weise, der Hellsichtigste in diesem dramatischen Gedicht, in dem es vordergründig um die Aufdeckung komplizierter Familienverhältnisse geht: Nathans Pflegetochter Recha ist die Schwester

Abb. 31: G. E. Lessing *Minna von Barnhelm* – Szenenfoto der Münchner Aufführung 1975/1976

des christlichen Tempelherrn, beide sind die Kinder eines jüngeren Bruders des mohammedanischen Sultans Saladin. Es wird also offenbar, daß Angehörige verschiedener Religionen blutsverwandt sind. Die Frage nach der richtigen Religion wird von Nathan durch die Ringparabel im Sinne der Vernunftreligion beantwortet: ein Ring, der die Kraft hat, »vor Gott und Menschen angenehm zu machen«, wird in einer Familie immer an den ältesten Sohn vererbt. Nun läßt ein Vater von drei Söhnen, die ihm alle gleich lieb sind, zwei Ringe nachmachen, um keinen Erben zu benachteiligen. Nach seinem Tod entbrennt der Streit, wer nun den echten Ring hat. Ein Richter entscheidet, daß alle drei versuchen sollen, die Kraft des Ringes an sich zu bewähren: wem es gelingt, vor Gott und den Menschen angenehm zu werden, der sei im Besitz des echten Ringes. Lessing fordert also, daß die streitenden Brüder ihre Erblegitimität selbst durch ethische Gesinnung und durch tätige Nächstenliebe beweisen sollen und müssen. Weiterhin ist die Parabel so zu interpretieren, daß Juden, Christen und Mohammedaner im Besitz einer Offenbarung von Gott sind; wenn sich jedoch der rechte Glauben in den Werken erweist, wird die geoffenbarte Religion überflüssig. Aus diesem Ansatz ist Lessings Mahnung zur religiösen Toleranz zu verstehen. Die Handlung um die drei Repräsentanten der drei Religionen (Nathan, Tempelherr, Saladin) dramatisiert und symbolisiert zuletzt die Verbrüderung des Menschengeschlechts. Das Tragische ist hier überwunden, denn Nathan gelangt durch sein Unglück zur Erkenntnis eines tieferen Sinnes in seinem Schicksal. In die Zukunft weist dieses bedeutsame Drama formal durch die Verwendung des reimlosen Blankverses und thematisch-gehaltlich durch das Humanitätsideal einer »von Vorurteilen freien Liebe«.

Nachwirkung

Aufklärung und Empfindsamkeit bereiteten die folgenden Epochen des Sturm und Drang, der Klassik und der Romantik vor: so in der Betonung des Gefühls und des seelischen Erlebens, in der Konzentration des Interesses auf den individuellen Menschen, in der Befreiung von formalen Zwängen, durch die Entdeckung und Hochschätzung von Shakespeares Genie, durch die Öffnung zur griechischen Klassik. Vor allem die überragende Persönlichkeit Lessings hat weitreichende Wirkungen gehabt. Seine Dramen sind auch heute noch auf der Bühne lebendig, der von ihm geforderte und praktizierte Geist der Toleranz ist nach wie vor das erstrebenswerte Ziel menschlichen Zusammenlebens. Formal gingen von ihm wichtige Impulse auf die weitere Entwicklung des Dramas bis zu Brecht aus. Die Experimentierfreudigkeit Wielands auf dem Gebiet des Romans wurde als bewußtes Stilmerkmal erst im 20. Jahrhundert wieder aufgegriffen, etwa von Thomas Mann.
Die Anfänge des Journalismus, der beruflichen Eigenständigkeit des Schriftstellers und die beginnende Beschäftigung mit philologischen Themen werden in der Folgezeit verfestigt. Die Autonomie des Individuums, das nur noch auf Gefühl und Vernunft zurückgreifen kann, seine Loslösung aus der Geborgenheit hierarchischer Strukturen und Weltanschauungen wurde immer mehr zum Thema der Dichtung und bereitete damit entscheidend die moderne Literatur vor. Der in der Aufklärung aufgebrochene Kontrast zwischen der Vernunft und den Kräften des Irrationalen wurde zu einer Erfahrung, die sowohl die einzelnen Menschen als auch die Gesellschaft immer wieder erleben und bestehen müssen.

Sturm und Drang – Klassik

Beide Epochenbezeichnungen gehören zum Sprachschatz unseres Alltags. Mit der Formulierung »Sturm und Drang« bezeichnen wir die jugendliche Haltung des Protests, der Auflehnung und der emotional geprägten Reaktionen. Die Substantive »Klassik« und »Klassiker« sowie das Adjektiv »klassisch« kennzeichnen einmal Kunst und Kultur des Altertums, der Griechen und Römer, andererseits alle Autoren, denen wir besonderen Rang einräumen, und alle Werke, die noch lange nach ihrer Entstehungszeit weiterwirken und die literarische Entwicklung beeinflussen.
Im literarhistorischen Sinne sind beide Epochenbezeichnungen an eine bestimmte, eng abgegrenzte Zeit und an bestimmte thematisch-sprachliche Elemente gebunden, um deren Erläuterung es im folgenden geht.

Tatendrang und Innerlichkeit, Maßlosigkeit und Begrenzung

Als Zeit des »Sturm und Drang« gelten die fünfzehn Jahre zwischen 1770 und 1785, ein nur kurzer Zeitabschnitt, der großen Einfluß auf die literarische Entwicklung in Deutschland genommen hat. Er brachte eine Abwendung von der Vorherrschaft der nüchternen, kritischen Vernunft, die in den vorangegangenen Jahrzehnten das geistige Leben geprägt hatte, indem sie der Freiheit des Denkens und der Loslösung von überkommenen religiösen Bindungen einen bedeutenden Rang einräumte. Die neuen Geistesströmungen, welche die zweite Hälfte des 18. Jahrhunderts bestimmten, waren vielfach eine folgerichtige Weiterentwicklung des Gedankenguts der Aufklärung, verfolgten aber oft auch ihr entgegengesetzte Ziele. Was unter dem Einfluß der Rationalisten zuwenig zu seinem Recht gekommen schien, die persönlichen Empfindungen und Gefühle, war gewissermaßen neu zu entdecken.
Ihren Anfang nahm die junge literarische Bewegung zunächst auf dem Theater. Eine Reihe junger Autoren erschloß sich die Bühne als Forum, auf dem sie die ganze Skala menschlicher Leidenschaften – Empfindsamkeit, Rührung und Innerlichkeit, Schwärmerei und Sinnlichkeit – gestalten konnten.
Die dramatische Handlung der neuen Theaterstücke wurde getragen von einer packenden Sprache, die ganz auf die Wirkung beim Publikum ausgerichtet war. Die Bühne diente als Experimentierfeld, und man mutete den Zuschauern die unwahrscheinlichsten Verwicklungen und Handlungsabläufe zu, wenn nur Erschütterung und Bewegung bei ihnen ausgelöst wurden.
Auch der Roman wandte sich in diesen Jahren neuen, persönlicheren Themen zu, in denen er private, bisher literarisch wenig erschlossene Bezirke vor dem Leser ausbreitete, so den genaueren Werdegang einzel-

ner Figuren, deren Innenleben und seelisches Empfinden. Häufig spiegelten sich in den Romanen Erlebnisse und Erfahrungen der Autoren, oft auch persönliche Enttäuschungen und Lebenskrisen wider. Sie konnten vielfach nur bewältigt werden, weil die Verfasser sich ihre inneren Spannungen und Probleme von der Seele schrieben, in einer befreienden Weise, die ein großes Leseinteresse auslöste und mit großer Anteilnahme verfolgt wurde.

Auch die Lyrik jener Jahre fand neue Töne und Formen; auch sie bediente sich einer sentimentalen und überschwenglichen Sprache, in der das ungestüme Drängen und Empfinden der neuen Lyrikergeneration Ausdruck suchte. Was sich auf der Bühne und auf dem Papier an Begeisterung und Leidenschaft Bahn brach, in aufwühlendem und aufrührerischem Ton, blieb freilich im ganzen sehr abstrakt und auf die literarischen Konsumenten der damaligen Oberschicht und des gehobenen Bürgertums beschränkt. Das hängt damit zusammen, daß die Darbietung der Gedanken und Handlungen in einer künstlich überhöhten, pathetischen und nicht allgemein verständlichen Sprache erfolgte, andererseits aber auch damit, daß die Themen und Motive der literarischen Werke jener Jahre sich mit einem Menschenbild verknüpften, in dessen Zentrum der geniale Einzelgänger, der tatkräftige Kraftmensch stand. Nur zögernd wurden die Probleme der unteren Sozialschicht in den Blick genommen; die gebildete Gesellschaft setzte sich mit der sozialen Wirklichkeit oft nur sehr theoretisch und ohne wirkliches Interesse auseinander. Zuspruch fanden statt dessen andere Themen: Das Streben, die eigenen Grenzen auszuloten, das schmähliche Scheitern maßlosen Tatendrangs, die Verklärung und Erhöhung des Genies.

Dennoch wäre es falsch, die literarischen Zeugnisse des Sturm und Drang so einzustufen, als trügen sie nur einem sensationslüsternen Unterhaltungsbedürfnis Rechnung oder als wären sie nur subjektiv-privaten Charakters, wie es Bezeichnungen nahelegen könnten, die in Anlehnung an eine Abhandlung Friedrich Schillers von »sentimentalischer Dichtung« sprechen oder der Epoche den Begriff der »Empfindsamkeit« als charakteristisches Kennzeichen zuordnen. Nein, die literarische Bewegung des Sturm und Drang trug durchaus politischen Sprengstoff, gesellschaftsverändernde Impulse in sich – immerhin mündete das Jahrhundert in die Ereignisse der Französischen Revolution.

Bemerkenswert ist noch ein anderer Umstand: Unter den neuen literarischen Talenten jener Jahre, die begierig Anregungen philosophischer und kultureller Art aufnahmen, ihren geistigen Horizont durch Bildungsgut der griechischen und römischen Autoren sowie durch Reisen und Briefkontakte zu erweitern suchten, sind auch jene zu finden, die schließlich aus ihrem jugendlichen Überschwang herauswuchsen und zu einer inneren Reife fanden, die von Gedankentiefe und Einsicht geprägt ist und die von strengen Ansprüchen und die eigene Zeit überdauernden, wegweisenden Überlegungen Zeugnis gibt. Der hohe Anspruch an das eigene literarische Schaffen zeigte sich oft in einem allzu strengen Formverständnis, in teilweise verkrampfter Suche nach ungewöhnlichen Wortschöpfungen und dem Bemühen, dem antiken Vorbild etwas Ebenbürtiges, überzeitlich Gültiges an die Seite zu stellen. Insofern ist der Weg vom Sturm und Drang in die Zeit der literarischen Klassik konsequent. Die Italienreise Goethes im Jahre 1786 markiert den Übergang zwischen beiden Epochen, sein Tod 1832 das Ende klassischer Literatur im engeren Sinne. Der Begriff der Klassik hat allerdings auch zur Folge, daß die Verehrung von Autoren und Werken des ausgehenden 18. Jahrhunderts und der Jahrhundertwende schnell zu einer kritiklosen Bewunderung und wenig entwickelter ästhetischer Distanz geführt hat. Dem Leser unserer Zeit sind die Werke der Klassik oft fremd und zunächst schwer zugänglich; sie müssen erst neu entdeckt und erschlossen werden.

Autoren und ihre Werke

Anreger und Wegbereiter

Ein wesentlicher Anstoß für die in Deutschland aufkommende Bewegung des Sturm und Drang ging von dem französischen Schriftsteller JEAN-JACQUES ROUSSEAU (1712–1778) aus. Dieser hatte schon 1749 – im Geburtsjahr Goethes – durch seinen preisgekrönten Beitrag zu einem Preisausschreiben der Akademie in Dijon Aufsehen erregt: Seine 1750 veröffentlichte *Abhandlung über die Künste und Wissenschaften* fragte in einer packenden Sprache nach dem Wert der Kultur für die Menschen. Rousseau stellte die These auf, der Mensch sei in seinem Urzustand gut und tugendhaft, jedoch hätten Kultur und Entwicklung der Zivilisation ihn verdorben, zu einem überzüchteten Wesen gemacht; die kalte Logik der Rationalisten habe sein Gemüt verkümmern lassen. Hieraus entwickelte er folgerichtig die Forderung, der Mensch müsse alles daransetzen, wieder zum persönlichen Fühlen zurückzufinden: die göttliche Natur des Menschen offenbare sich im Sentiment, im Gefühl und Empfinden, die höher stünden als die Vernunft; ja, das Nachdenken, der Zustand der Reflexion, der meditativen Selbstbeobachtung sei »gegen die Natur« und der denkende Mensch geradezu ein mißratenes Wesen. Der »Discours« Rousseaus stellte eine heftige Attacke gegen das Lebensgefühl einer an Luxus gewöhnten Oberschicht dar. In einem zweiten, ebenfalls von der Akademie angeregten Aufsatz ging Rousseau dem Ursprung und den Ursachen der Ungleichheit unter den Menschen nach. Er unterstrich und vertiefte seine ersten Thesen, rührte damit aber schon gefährlich an das Gefüge der bestehenden politischen und gesellschaftlichen Ordnung, denn er stellte das Grundprinzip des Privateigentums in Frage, beschrieb die unterschiedlichen Interessen der ge-

sellschaftlichen Kräfte und wies darauf hin, daß soziale Ungerechtigkeiten und Unterdrückung politischer Mitbestimmung in einem inneren Zusammenhang stünden. Der Schock über die radikalen Thesen Rousseaus hatte zur Folge, daß ihm die Akademie einen weiteren Preis versagte. Dennoch hat er mit seinen Überlegungen nachhaltig und unmittelbar auf die Entwicklung der Französischen Revolution eingewirkt. Seine Auffassungen flossen in die allgemeine Deklaration der Menschenrechte und in die Gesetzgebung des Konvents ein.
Die hier entwickelten Grundzüge seiner Theorie brachte Rousseau auch in Personen und Handlungen seines Werks *Julie ou La Nouvelle Héloïse* (1761) ein, ein psychologischer Roman in Briefform, der die französische Leserschaft durch eindrucksvolle Naturschilderungen der schweizerischen Seen- und Berglandschaft begeisterte, aber auch durch Szenen glühender Leidenschaft bewegte. Das Werk fand rasch seinen Weg in alle Länder Europas und wurde besonders von der bildungshungrigen jungen Generation verschlungen.
Auch Rousseaus Erziehungsroman *Émile* (1762) betonte die Forderung, daß der Mensch unter behutsamer Anleitung schon in der Kindheit so gefördert werden müsse, daß seine natürlichen Anlagen und Fähigkeiten sich entfalten könnten. Alle verderblichen und verbildenden Einflüsse sollten vom Heranwachsenden ferngehalten werden. Die unnatürliche Betonung der Verstandeserziehung führe nur zu einem Verdrängen der seelischen Empfindungen des Heranwachsenden.
Manches von dem, was sich an antirationaler Skepsis bei Rousseau fand, traf sich mit Äußerungen des ostpreußischen Schriftstellers JOHANN GEORG HAMANN (1730–1788). Dieser war nach einer Tätigkeit als Erzieher auf verschiedenen Adelsgütern im Baltikum schließlich Redakteur der »Königsberger Zeitung« geworden. Ursprünglich Theologe, wandte sich Hamann später der Philosophie zu. Seine distanzierte und skeptische Einstellung zur Vernunft legte er in seinem Werk *Sokratische Denkwürdigkeiten* (1759) nieder. Auch Hamann betonte das Gefühl und sah in der Augenblickseingebung, der Intuition, die wesentliche Triebkraft menschlicher Einsicht. Für ihn war die Poesie die »Muttersprache« des menschlichen Geschlechts: Sprache trage den Abglanz des Göttlichen; erst in ihr fänden Leib, Geist und Gefühl zu einer umfassenden Einheit, sie erst verleihe dem Denken der Völker den lebendigen Ausdruck. Hamanns Neigung zur Mystik, seine Verwurzelung im Religiösen trugen ihm den Beinamen »Magus aus Norden« (Goethe) ein.
Neben die philosophischen und pädagogischen Anregungen Rousseaus und Hamanns trat ein religiöses Ideengut, das einerseits von streng pietistischen Grundsätzen geprägt war, andererseits aber auch in mystische Spekulation und schwärmerische Übersteigerung ausuferte. Vor allem ist hier der Züricher Pfarrer JOHANN KASPAR LAVATER (1741–1801) zu nennen. Er war von Klopstock und Gleim beeinflußt und beschäftigte sich besonders intensiv mit Fragen des Übersinnlichen, mit parapsychologischen Wahrnehmungen und Erscheinungen. Sein vierbändiges

Werk *Aussichten in die Ewigkeit* (1768–1778) machte ihn weithin populär. Es führte überdies zu einem intensiven Briefkontakt mit den Autoren der Zeit. Lavaters mit stilistischer Brillanz geschriebenes Hauptwerk *Physiognomische Fragmente* (1775–1778), in dem er aufgrund von Gesichtsprofilen Grundzüge einer Charakter- und Seelenkunde zu entwickeln versuchte, stieß allerdings auch auf Ablehnung wie die des Aufklärers und Philosophen GEORG CHRISTOPH LICHTENBERG (1742–1799), der zu seinen hartnäckigsten Kritikern gehörte und ihm zu Recht die Verfestigung und Neubelebung abergläubischer Tendenzen vorwarf.

Auch patriotische und romantische Werke sollten für die Gedankenwelt der »Stürmer und Dränger« in Deutschland von großer Bedeutung werden. Nachhaltige Wirkungen wurden hier von einer Dichtung ausgelöst, die strenggenommen eine Fälschung war. Gemeint sind die angeblichen Funde gälischer und irischer Poesie, die der Schotte JAMES MACPHERSON (1736–1796) im Jahre 1760 veröffentlichte und als im schottischen Hochland gesammelte mündliche Überlieferung ausgab, welche auf den sagenhaften blinden Sänger Ossian zurückführe. Wenn Goethe später die Titelfigur seines Romans *Die Leiden des jungen Werthers* äußern läßt, der Ossian habe in seinem Herzen Homer verdrängt, so wird schon hieraus deutlich, welchen nachhaltigen Eindruck die Ossianischen Dichtungen – volkstümlich klingende, melancholische Balladen und Lieder – bei ihren Lesern hinterließen.

Besonders angetan von deren romantischer Grundstimmung war JOHANN GOTTFRIED HERDER (1744–1803). Er war überwältigt von den archaischen Klängen dieses Liedguts. Eines der ersten literarischen Tagebücher, das *Journal meiner Reise im Jahre 1769*, das auf einer Schiffsreise des Fünfundzwanzigjährigen nach Frankreich und Italien entstand, hielt die unmittelbare Wirkung fest. Diesem Reisejournal vertraute Herder weitreichende Pläne und Projekte an, die Grundgedanken seines späteren Schaffens. Es enthält philosophische und sprachwissenschaftliche Betrachtungen, aber auch tiefsinnige Reflexionen über den Sinn des irdischen Daseins. Seine Beschäftigung mit dem Ossian Macphersons führte zu der Ende 1772 vorgelegten Abhandlung *Auszug aus einem Briefwechsel über Oßian und die Lieder alter Völker*. Hier bekommt manches von dem, was in die Stimmung des Gefühlsüberschwangs der Sturm-und-Drang-Zeit einfloß, sentimentale und romantische Züge. Die Urkraft der Poesie wird hier nicht als Privileg weniger Begnadeter aufgefaßt, sondern sie stellte sich für Herder als wichtiger Teil der Geistesgeschichte und als Ausdruck der seelischen Kräfte der europäischen Völker dar. Es sei daher nicht nur alles zu tun, daß diese volkstümliche Poesie nicht verschüttet und vergessen werde, sondern es sei nötig, die Überlieferungen im Volksmund noch rechtzeitig zu sammeln, zu sichten und zu bewahren.

Herder selbst legte später eine repräsentative Liedersammlung unter dem Titel *Stimmen der Völker in Liedern* (1774/78) vor. Wenn auch die hier zusammengetragenen Texte, überwiegend Balladen und Romanzen, nicht ausschließlich echte Volksüberlieferung darstellen, so suchte er doch mit erstaunlichem Gespür aus Chroniken, Dokumenten und vergilbten Bänden vergangener Jahrhunderte verschollenes Liedgut zusammen, um den Reichtum der Volkspoesie von Lappland bis Italien, von Spanien bis Böhmen zu einem vielseitigen Panorama zu vereinigen. Seine einfühlsamen Übertragungen hielten den Klang und die Stimmung der fremdsprachigen Texte so getreu wie möglich fest. Zugleich lenkte Herder aber auch den Blick auf das bis dahin mißachtete Liedgut der einfachen Leute, dessen Ursprünglichkeit und Reichtum noch zu entdecken sei.

Der wegweisende Einfluß Herders ist nicht nur seiner romantisch-verklärten Sichtweise der Volkspoesie zuzuschreiben; die Gedanken seiner Ossian-Abhandlung sprachen auch die nationalen und patriotischen Gefühle vieler Leser in Europa an und bereiteten hier den Boden für ein wachsendes Nationalbewußtsein vieler Völker und besonders ethnischer Minderheiten. Nicht zufällig war Herders Ossian-Text in dem Sammelband *Von deutscher Art und Kunst* (1773) erschienen. Der programmatische Titel machte diese Sammlung, an der Goethe und der Historiker Justus Möser mitarbeiteten, zu einer grundlegenden Schrift der deutschen Sturm-und-Drang-Bewegung. In diesem Buch veröffentlichte Herder einen mitreißenden Aufsatz über SHAKESPEARE, der die Wertschätzung des englischen Dramatikers und den Enthusiasmus vieler Sturm-und-Drang-Autoren für formale und sprachliche Elemente seiner Dramen außerordentlich gefördert hat. Die Vielfalt von Ständen, Lebensarten, Gesinnungen, Völkern und Spracharten, welche Shakespeare »mit Schöpfergeist« zu einem »herrlichen Ganzen« verbinde, die Fülle seiner Ideen und schließlich die Freiheit, mit welcher er sich über Ort, Zeit und Handlungsstränge hinwegsetze, Historie und Fiktion miteinander vermische, solle Richtschnur und Vorbild für alle Theaterkunst sein. Die starke Wirkung des Buches *Von deutscher Art und Kunst* wird auch darin deutlich, daß die Nationalsozialisten dem allgemein eingeführten Schullesebuch den Titel *Von deutscher Art* gaben und so Herders Gedanken nicht nur verfälschten, sondern sich zum Schein auch in seine Tradition und Wirkung stellten.

In künstlerischer und ästhetischer Hinsicht gingen wichtige Impulse für den Übergang vom Sturm und Drang zur Klassik von dem Archäologen und Kunsthistoriker JOHANN JOACHIM WINCKELMANN (1717–1768) aus. Seine 1755 veröffentlichten *»Gedanken über die Nachahmung der griechischen Werke in der Malerei und Bildhauerkunst«* brachten ihm eine Stelle als Bibliothekar in Rom ein; seit 1763 wirkte er dort als Präsident der Vatikanischen Altertumssammlungen. Von hier aus bereiste er Italiens Kunststätten. Seine scharfe Beobachtungsgabe und sein Eintreten für eine neue Wertschätzung der griechischen Antike setzten ästhetische Maßstäbe: »Der einzige Weg für uns, groß, ja, wenn es möglich ist, unnachahmlich zu werden, ist die Nachahmung der Alten.« In Griechenland zeige sich die schöne Natur unverhüllt zum großen Unterricht der

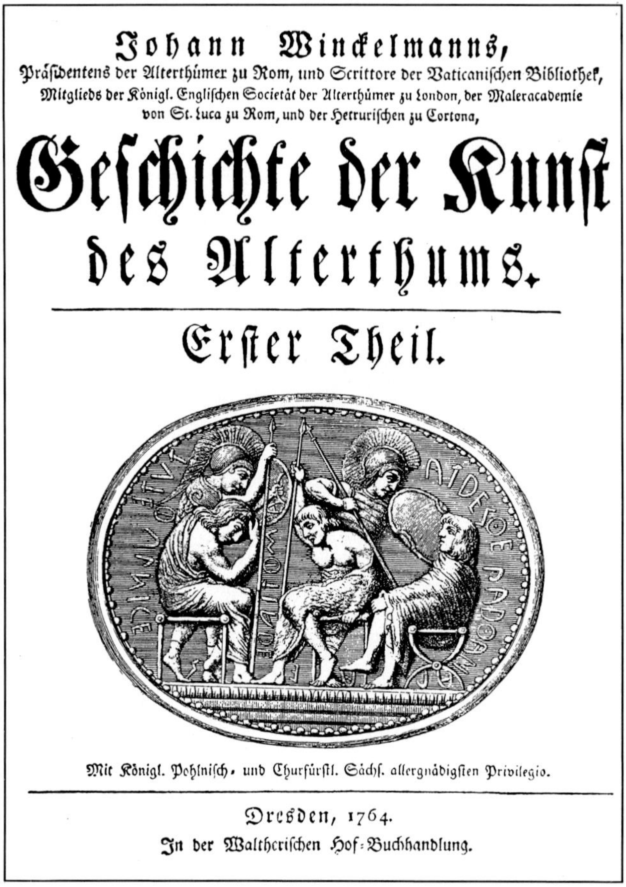
Johann Winckelmanns,

Präsidentens der Alterthümer zu Rom, und Scrittore der Vaticanischen Bibliothek, Mitglieds der Königl. Englischen Societät der Alterthümer zu London, der Maleracademie von St. Luca zu Rom, und der Hetrurischen zu Cortona,

Geschichte der Kunst des Alterthums.

Erster Theil.

Mit Königl. Pohlnisch. und Churfürstl. Sächs. allergnädigsten Privilegio.

Dresden, 1764.
In der Waltherischen Hof-Buchhandlung.

Abb. 32: Titelblatt des Erstdrucks 1764

Künstler; die Betrachtung ihrer Hinterlassenschaften verhelfe zu Maßstäben künstlerischer Vollkommenheit. Kennzeichen der griechischen Meisterstücke sei »eine edle Einfalt und eine stille Größe«, ihr Ausdruck zeige »bei allen Leidenschaften eine große und gesetzte Seele«. Winckelmann wurde damit zum Begründer der neueren Archäologie und der Kunstwissenschaft. In seiner großangelegten *»Geschichte der Kunst des Alterthums«* (1764) teilte er als erster die antike Kunst in vier Stilepochen ein; in kurzen Abhandlungen wie »Beschreibung des Torso im Belvedere zu Rom« (1759), »Beschreibung des Apollo im Belvedere« sowie »Von der Grazie in Werken der Kunst« (alle 1759) versuchte er mit gefühlsbetonter Sprache, die typische Stilmerkmale der Sturm-und-Drang-Diktion vorwegnimmt, die klassische Schönheit und das klassische Maß einzelner bedeutender Kunstwerke zu verdeutlichen.

Tatmenschen und Kraftgenies

Nach den Vorstellungen Lessings konnte das Theater den Menschen nur bessern, ihn tugendhafter und moralischer werden lassen, wenn der Zuschauer das Geschehen auf der Bühne mit Schrecken und Schauder verfolgte und wenn er mit den Figuren des Dramas tiefes Mitleid empfand. Der Sturz des Helden sollte – und hier griff Lessing auf Theorien des Aristoteles zurück – eine heilsame Erschütterung beim Theaterbesucher auslösen. Die Themen der damaligen Bühnenstücke waren sehr stark auf diese Grundgedanken bezogen: Intrigen und Spitzbübereien, Eifersucht und Verführung, Gewalt- und Mordtaten wurden gern zu immer neuen Gemälden des Schauers kombiniert. Allerdings hatte Lessing bereits neue Akzente gesetzt und die Forderung nach einem anderen Figurenbestand der Tragödie erhoben. Anders als es die »Ständeklausel« der Barockzeit verlangte, sollten im Trauerspiel Menschen der bürgerlichen Gesellschaftsschichten als Agierende auf der Bühne erscheinen, nicht ausschließlich oder vorrangig Fürsten und Könige, deren Schicksal mit den Erfahrungen der Zuschauer wenig zu tun hatte. Lessing begründete seine Forderung nach einem »bürgerlichen Trauerspiel« so: »Das Unglück derjenigen, deren Umstände den unsrigen am nächsten kommen, muß natürlicherweise am tiefsten in unsere Seele dringen ...« Die Bühne war damit als Ort bestimmt, von dem aus eine Bewußtseinsveränderung des bürgerlichen Publikums erreicht werden konnte, und zwar durch die tiefe Erschütterung des Zuschauers. Die jungen Dramatiker, denen Lessing den Weg wies, setzten alle Mittel, die ihnen zur Verfügung standen, zum Erreichen dieses Ziels ein. Was Rousseau in seinen epischen Darstellungen an Empfindsamkeit und Innerlichkeit aufgerührt hatte, sollte sich im Drama eindrucksvoll widerspiegeln. Die Bühne wurde der Raum, in dem die Theorien Lessings und Rousseaus mit Leben erfüllt und weiterentwickelt werden sollten.
Den Reigen der Theaterstücke der Sturm-und-Drang-Zeit eröffnete HEINRICH WILHELM VON GERSTENBERG (1737–1823) mit einem Stück, das er zunächst anonym erscheinen ließ. Noch hatte er nicht den Mut, sich als Autor zu seinem Drama *Ugolino* (1768) zu bekennen, das wegen seiner dramatischen Effekte bald großes Aufsehen erregte.
Die Idee zu diesem Werk hatte Gerstenberg aus Dantes *La Divina Commedia* (Göttliche Komödie), einem umfangreichen Epos des 14. Jahrhunderts, gewonnen. Das Drama schildert die Qualen des machthungrigen Grafen Ugolino, der von seinem Feind, dem Erzbischof von Pisa, gestürzt und mit seinen drei Söhnen in den Hungerturm geworfen wird, wo er elend verschmachtet. Alle fünf Aufzüge konzentrieren sich auf eine einzige Nacht in diesem Hungerturm, ein schwach erleuchtetes Zimmer ist Schauplatz wüster Leiden. Die an sich schwache Handlung wird getragen von einer leidenschaftlichen Sprache, die durch eine heftige Rhetorik und kühne Vergleiche, aber auch durch Passagen lyri-

scher Empfindsamkeit geprägt ist. Gerstenberg konzentrierte sich ganz auf die seelischen Vorgänge in den vier Akteuren, deren Denken auf eine heldenhafte Rettungstat ausgerichtet ist. Die Söhne Ugolinos überbieten sich in ihrem Eifer und Heldenmut und werden so als bewunderungswürdige Charaktere dem Zuschauer vor Augen gestellt. Die haßerfüllten Gedanken Ugolinos werden eindrucksvoll und pathetisch ausgebreitet und in Kontrast gesetzt zu einem auf uns heute naiv wirkenden Heldentum seiner Kinder; das Drama gipfelt schließlich in einer makabren kannibalischen Schauerszene, die das ästhetische Empfinden des zeitgenössischen Publikums über Gebühr strapazierte.

Das Drama fand unterschiedliche Aufnahme: Lessings Kritik wandte sich vor allem dagegen, daß Gerstenberg die schuldlosen Kinder mit in die Leiden ihres Vaters hineinzog. Herder aber war offensichtlich sehr beeindruckt; er lobte, »daß dies Stück im ganzen große Eindrücke machet, daß es Szenen durch aus der tiefsten Brust, und zwar nicht weiche, sondern recht bittre Tränen erpresset, daß Schauder und Abscheu große Längen hinab sich meiner ganzen Natur bemeistert ...« Die Charaktere im *Ugolino* seien – so fügte er hinzu – »mit shakespearisch wildem Feuer gezeichnet«.

Der livländische Schriftsteller JAKOB MICHAEL REINHOLD LENZ (1751–1792) veröffentlichte – zunächst anonym – im Jahre 1774 ein Drama, das sich mit der fragwürdigen Rolle des Privatlehrers auseinandersetzte. Viele Erzieher mußten sich damals als sogenannte Hofmeister bei adligen und großbürgerlichen Herrschaften ein bescheiden entlohntes Auskommen sichern. Lenz stellte in den Mittelpunkt seines Theaterstücks, dem er den ironischen Titel *Der Hofmeister oder Vorteile der Privaterziehung* (1774) gab, die traurige Existenz des Privatlehrers Läuffer, der sich aus der erniedrigenden Abhängigkeit von seiner Herrschaft nicht lösen kann, zugleich aber deren Kinder zu »Artigkeiten und Weltmanieren« – und dies meint zugleich Selbständigkeit und Unterordnung unter gesellschaftliche Normen – erziehen soll. Aus dieser Konfliktlage entwickelte Lenz eine packende erziehungstheoretische Handlung, die dazu zwang, über Standesunterschiede und gesellschaftliche Mißstände nachzudenken. Das studentische Milieu Halles und das Lebensumfeld der höheren Kreise sind so getreu charakterisiert, daß man die Darstellung heute fast als Karikatur empfinden muß. Lenz legte hier die Erziehungsmechanismen seiner Zeit so schonungslos bloß, daß das Theaterstück bis heute nichts von seiner anklägerischen Brisanz verloren hat.

Bertolt Brecht, der die lehrhafte und gesellschaftskritische Tendenz in seiner Bearbeitung des Textes 1950 noch schärfer herausarbeitete, sprach von dem Drama *Der Hofmeister* als dem »Abc der Teutschen Misere«. »Der deutsche Schulmeister erinnert ihn nur: / Erzeugnis und Erzeuger der Unnatur! / Schüler und Lehrer einer neuen Zeit / Betrachtet seine Knechtseligkeit! / Damit ihr euch davon befreit!« heißt es im Epilog.

Die politischen Absichten, die Lenz mit seinem Drama verfolgte, waren trotz der zugleich tragischen und komischen Elemente in Handlung und Personenzeichnung nicht zu übersehen.

Auch in seiner Komödie *Die Soldaten* (1776) griff Lenz soziale Mißstände an: Das Motiv des verführten Mädchens aus bürgerlichem Milieu gestaltete er am Beispiel der Marie Wesener, der Tochter eines Galanteriewarenhändlers in Lille. Marie, die den Tuchhändler Stolzius liebt, wird das Opfer der Schmeicheleien und Leidenschaften von Edelleuten und Offizieren. Der schurkische Edelmann Desportes verspricht ihr die Ehe, läßt sie aber im Stich. Das Mädchen gerät schrittweise immer tiefer ins Elend und wird zuletzt als Soldatenhure verfemt. Marie, der gesellschaftlichen Ächtung verfallen, muß schließlich ihren eigenen Vater auf der Straße um Almosen anbetteln.

Der leidvolle soziale Abstieg des Mädchens wird in bittern und erregenden Szenen entwickelt. Mit schonungsloser Offenheit werden Standesdünkel und Überheblichkeit eines Offizierstandes angeprangert, dem die Frau nur als Objekt von Vergnügungen und Ausschweifungen zu dienen scheint. Lenz gelang eine scharfe Charakteranalyse der verschiedenen Akteure des Dramas. In der Figur des Stolzius zeigte er das von der Gesellschaft geschundene Opfer tragischer Verkettungen, das den Ausweg aus der persönlichen Krise nur im Selbstmord erkennen kann; Stolzius reißt den Verführer Desportes, der seine einstigen Liebesschwüre vergessen und Marie als »eine Hure vom Anfang an« denunziert hat, durch Giftmord in den Tod.

Lenz versucht die Tragik der Handlung durch eine Wendung ins Komödiantische zu mildern, was die Wirkung des Dramas eher stört. Es wurde erst 1863 aufgeführt. Großen Einfluß hatte es auf Georg Büchners Tragödie *Woyzeck*. Büchner gestaltete in seiner Erzählung *Lenz* das traurige Schicksal des Dichters, der in seiner livländischen Heimat zunehmend vereinsamte und schließlich in geistiger Umnachtung starb.

Die große Nachwirkung des Dramatikers zeigt sich auch darin, daß *Die Soldaten* mehrfach literarisch bearbeitet und aktualisiert wurden, so von Brecht (1950) und Heinar Kipphardt (1968); 1965 wurde die gleichnamige Oper von Bernd Alois Zimmermann uraufgeführt.

Im gleichen Jahr 1774, in dem Lenz den *Hofmeister* vorstellte, schrieb JOHANN ANTON LEISEWITZ (1752–1806) sein einziges Trauerspiel: *Julius von Tarent*, das die Zwistigkeiten eines verfeindeten Bruderpaares zum Thema hat. Julius und Guido, die Söhne des Fürsten Constantin von Tarent, sind beide von großer Leidenschaft für das gleiche Mädchen ergriffen. Der Fürst greift aus Gründen der Staatsräson in diese Beziehung ein; er läßt Blanca in ein Kloster einweisen, in der Hoffnung, die Eifersucht der Brüder zu ersticken. Doch die Liebe zu ihr ist stärker als die Unterordnung unter die väterliche und fürstliche Autorität. Der Haß beider Brüder gegeneinander steigert sich so weit, das Guido seinen Bruder Julius tötet, als dieser vermummt Blanca aus dem Kloster zu entführen versucht. Der verbitterte Vater, den seine Mitschuld quält (da er Blanca ins Kloster bringen ließ), richtet Guido mit eigener Hand; Guido fällt über den Leichnam seines Bruders mit den Worten »Versöhnung, mein Bruder!«, der Fürst legt sein Amt nieder und wird Mönch, Blanca aber hat der Schmerz um Julius' Tod in den Wahnsinn getrieben.

Das Motiv des Brudermordes gab Leisewitz Gelegenheit, die seelischen Leidenschaften der Liebe auf der Bühne darzustellen, aber auch deutliche Kritik am Fürsten zu üben, der beschuldigt wird, aus Staatsnotwendigkeiten heraus die inneren Triebe des Individuums zu ersticken und die Freiheit des einzelnen zu opfern.

Eine umfangreiche dramatische Produktion stellte FRIEDRICH MAXIMILIAN KLINGER (1752–1831) vor. Über die Bekanntschaft mit Goethe hatte er Eingang in Weimarer Kreise gefunden. Als Autor einer Leipziger

Abb. 33:
F. M. Klinger
Die Zwillinge –
Titelkupfer der
Ausgabe von 1777

Schauspielertruppe fand er mit seiner Tragödie *Die Zwillinge* (1776) erste öffentliche Anerkennung.
Ein Theaterunternehmen hatte einen Preis für neue Stücke ausgesetzt; Klinger erhielt vor Leisewitz, dessen *Julius von Tarent* ebenfalls zur Bewertung eingereicht war, den ersten Preis. Das Stück *Die Zwillinge* deutete schon an, was an Wut und Zorn über ungerechte gesellschaftliche Verhältnisse in Klinger tobte. Die Hauptfigur des Stücks, Guelfo, wurde zum Leitbild der rebellierenden Jugend. Sicher ist es richtig, daß in diesem emotionsgeladenen Stück auch zeitkritische Tendenzen mitschwingen, aber vor allem ging es Klinger wohl darum, die heldenhafte Größe seines Guelfo und dessen wilde Kraft und Leidenschaft herauszuheben, vor der alle anderen Figuren in den Hintergrund treten müssen. In ihm finden wir das Urbild des gewalttätig veranlagten »großen Kerls«, für den nur sein Wille und seine Kraft gilt und der schließlich nicht vor dem Brudermord zurückschreckt.
Große Beachtung fand Klingers in Amerika spielendes Schauspiel *Wirrwarr*, das er – auf Veranlassung des Freundes Christoph Kaufmann, eines Philosophen und Philanthropen im Gefolge Lavaters – umbenannte in *Sturm und Drang*; dieser Titel wurde zur Bezeichnung der literarischen Epoche, obwohl das Drama wenige Jahre nach seiner Uraufführung 1776 fast in Vergessenheit geriet. Die Sprache dieses Werks wirkt auf uns heute theatralisch übersteigert; sie wurde wiederholt parodiert. Die ziemlich wirre Verknüpfung der Handlungsstränge tat ein übriges; immerhin ist anzuerkennen, daß die Figur des feurigen und ungestümen Wild psychologisch gelungen gezeichnet ist.
Das Trauerspiel *Die Kindermörderin* des früh verstorbenen Straßburger Dramatikers HEINRICH LEOPOLD WAGNER (1747–1779) griff ein tabuiertes Thema, aber auch ein bedrückendes Problem der Zeit auf: die Seelennot junger Frauen, die, verführt und gedemütigt, als ledige Mütter mit ihrem Schicksal fertig werden mußten. Der Verachtung des Bürgertums preisgegeben zu sein bedeutete für die Frau den sozialen Ausschluß, die in ihrer Auswegslosigkeit bitterste Lösung – der heimliche Kindesmord – war ein todeswürdiges Verbrechen. Prozesse wie der gegen die Frankfurter Kindesmörderin Susanna Margaretha Brandt (1771) fanden in der Öffentlichkeit große Beachtung.
Wagner traf in seinem aus sechs Akten bestehenden Trauerspiel, das 1777 erstaufgeführt wurde, das Milieu der Unterschichten und das Straßburger Lokalkolorit mit großem Einfühlungsvermögen. Das verführte und unter seiner Schande leidende Evchen Humbrecht, das bis zum Schluß noch auf einen Ausweg hofft, bringt schließlich in seiner Not das schreiende Kind um.
Von Kritikern geäußerte Bedenken gegen die demoralisierende Wirkung des Stücks veranlaßten Wagner zu Umarbeitungen, welche die allzu drastischen Szenen abmildern sollten und durch einen glücklichen Ausgang das Stück ins Tragikomische wendeten. Der Gesamteindruck des Dramas bleibt aber nachhaltig: Die vorgeführten Standesüberheb-

lichkeiten und gesellschaftlichen Vorurteile, die krassen Gegensätze zwischen der adligen und militärischen Oberschicht einerseits und dem verachteten Kleinbürgertum andererseits wurden von Wagner geschickt mit Kritik an Mißständen der Gesetzgebungs- und Gerichtspraxis verknüpft und machen das Stück zu einem beeindruckenden Spiegelbild der damaligen Gesellschaft. Wagners Drama wurde zur entscheidenden Anregung für Schillers *Kabale und Liebe* und Hebbels *Maria Magdalena*; es wirkte noch nach bis zu Hauptmanns Drama *Rose Bernd* (1903). Eine moderne, ironische und Klassenkämpferische Verfremdung des Themas gestaltete Peter Hacks 1957 mit seinem »Lust- und Trauerspiel« *Die Kindermörderin*.

Pathos, Idylle und Innerlichkeit

Die Lyrik der Sturm-und-Drang-Zeit läßt sich nur sehr begrenzt auf einen gemeinsamen Nenner bringen; zu unterschiedlich sind die Themen, die formalen Gestaltungselemente und die stilistischen Eigenarten, die sich in ihr finden; neben dem Dichterkreis des »Göttinger Hainbundes«, der sich in vaterländischer Begeisterung zusammenfand, ragen als Lyriker dieser Zeit besonders eigenwillige Einzelgänger hervor.
Wegen seines unerschrockenen Auftretens gegen despotische Willkür und Selbstherrlichkeit ist hier an erster Stelle CHRISTIAN DANIEL SCHUBART (1739–1791) zu nennen. Er war der Sohn eines württembergischen Pfarrvikars und wurde nach einem Theologiestudium schließlich Organist und Kapellmeister am württembergischen Hof. Eine Anklage wegen Ehebruchs führte 1773 zu seiner Entlassung. Hintergrund war jedoch die ironische und ätzende Kritik seiner satirischen Gedichte und Lieder, in denen er die Verhältnisse in den souveränen Kleinstaaten anprangerte. Immerhin war das damalige Deutsche Reich zersplittert in mehr als 300 selbständige geistliche und weltliche Territorien, überwiegend kleine Fürstentümer und Reichsritterherrschaften, in denen provinzielle Enge und oft grausame Willkür herrschten. 1774 hatte Schubart in Augsburg die Zeitschrift *»Deutsche Chronik«* gegründet, die das Sprachrohr für seine gesellschaftskritischen Zielsetzungen wurde. Eine treue Leserschaft in vielen europäischen Hauptstädten bewies die enorme Breitenwirkung seiner Texte.
Schubart hatte großes lyrisches Talent; seine Gedichte zeigen unterschiedlichste Stilelemente. Neben geistlichen, pietistisch geprägten Texten, die in ihrer Gottergebenheit und der Hinwendung zum Jenseits noch den Geist der Mystik widerspiegeln, stehen lyrische, stimmungsvolle Verse, Bauernlieder und Romanzen. Sein gesellschaftskritisches Engagement drückt sich in vielen seiner Gedichte aus. 1775 entstand das *Freiheitslied eines Kolonisten*, in dem er – ein Jahr vor der amerikanischen Unabhängigkeitserklärung – Amerika als Land der Freiheit

preist und an »Europas Sklaven«, die er als »würgbares Vieh« der Tyrannen bezeichnet, appelliert, den Weg in die Freiheit zu suchen. 1777 wurde Schubart von Herzog Karl Eugen nach Württemberg gelockt und ohne ordentliches Gerichtsverfahren zu zehn Jahren »Besserungshaft« auf der Festung Hohenasperg eingekerkert. Dort entstand sein wohl berühmtestes Gedicht *Die Fürstengruft* (1779/80), in dem er die Schmeichelei der Höflinge anprangerte und gegen die Tyrannei und Quälerei der Fürsten und »Wüthriche« protestierte. Aber er stärkte auch die Hoffnung auf die Zeit einer größeren sozialen Gerechtigkeit, indem er seinen Leidensgenossen zurief: »Ihr Brüder, nehmt auf ewig hin die Krone / Ihr seid zu herrschen werth.«

Großen Eindruck hinterließ auch sein *Kaplied*, worin er den Verkauf von Soldaten an die Holländisch-Ostindische Kompanie behandelte. Der erste Druck dieses Liedes erschien 1787 zum Abschied der Truppen, und schon wenige Wochen danach war es allgemein bekannt, wurde auf fliegenden Blättern verbreitet und blieb, auch wegen seiner zündenden Melodie, bis weit ins 19. Jahrhundert hinein populär.

Während Schubart sehr engagiert gegen die Mißstände seiner Zeit polemisierte, zogen die meisten seiner dichtenden Zeitgenossen sich in die heimatliche Idylle und in Wunschträume und Innerlichkeit zurück. Von besonderer Bedeutung war der Freundeskreis von sechs Studenten, die sich im Herbst 1772 in der Nähe der Universitätsstadt Göttingen zu einem Freundschafts- und Dichterbund zusammenfanden. Führender Kopf unter ihnen war der später durch seine Nachdichtungen der *Ilias* und der *Odyssee* Homers berühmt gewordene JOHANN HEINRICH VOSS (1751–1826), daneben ist Ludwig Hölty zu nennen; später traten dem Freundeskreis auch die Reichsgrafen Christian und Friedrich Leopold zu Stolberg sowie Heinrich Christian Boie und der Dramatiker Leisewitz bei.

Boie (1744–1806) stellte den jungen Autoren seinen 1770 nach französischem Vorbild entstandenen *Göttinger Musenalmanach* als literarisches Forum zur Verfügung. Hier erhielten die Gedichte der Hainbündler den ersten Abdruck. Der Name des Göttinger Hainbundes geht auf Klopstocks Ode *Der Hügel und der Hain* zurück; der Hain sollte fortan das Symbol der deutschen Poesie werden. Die Bewunderung für Klopstocks Bardenlyrik, für seine glühenden patriotischen Lieder führte zu einer Neubesinnung auf germanische Mythologie, einer fast kultischen Deutschtümelei und einer Bekämpfung alles Französischen. Klopstocks Hoffnung auf eine langlebige patriotische Schriftstellervereinigung, wie er sie in seiner Schrift *Die deutsche Gelehrtenrepublik* entwickelt hatte, erfüllte sich aber nicht. Der »Hain« zerfiel bereits 1775; seine Mitglieder gingen auseinander, Hölty starb 1776 als 28jähriger an Tuberkulose. Seine posthum 1783 veröffentlichten *»Gedichte«* zeigen ihn als Dichter melancholischer Empfindsamkeit. Er ist ohne Zweifel stark von Klopstock beeinflußt, in seinem Ton aber wesentlich einfacher und volksliedhafter.

Aus den Gedichten HÖLTYS spricht eine enge Verbundenheit mit der Natur. Sie schildern den erwachenden Frühling, zeigen Lebenslust und Optimismus, aber auch Traurigkeit und Todesahnung wie das Gedicht *Vermächtnis* oder die *Elegie auf einen Dorfkirchhof.* Von schwermütiger Stimmung erfüllt sind auch die Verse seines Gedichtes *Das Landleben,* wo es heißt: »Einsam wandelt er oft, Sterbegedanken voll, / Durch die Gräber des Dorfs, setzt sich auf ein Grab / Und beschauet die Kreuze / Und den wehenden Totenkranz.«

Neben dem von Johannes Brahms vertonten Text *Die Mainacht* bleibt Hölty vor allem in Erinnerung durch das zum Volkslied gewordene Gedicht *Der alte Landmann an seinen Sohn*: »Üb' immer Treu und Redlichkeit / Bis an dein kühles Grab / Und weiche keinen Finger breit / Von Gottes Wegen ab.«

Die vaterländische Begeisterung des Hainbundes spiegelt sich sehr gut in der pathetischen Ode *Mein Vaterland* des FRIEDRICH LEOPOLD GRAF ZU STOLBERG (1750–1819) »Ich bin ein Deutscher! (Stürzet herab, / Der Freude Tränen, daß ich es bin!)«. Hier deutet sich 1775 eine Strömung an, aus der dann der Patriotismus des 19. Jahrhunderts wächst, wie er in themenverwandten Gedichten von Ernst Moritz Arndt *(Was ist des Deutschen Vaterland?)* und im *Lied der Deutschen* des Heinrich August Hoffmann von Fallersleben wiederkehrt. Stolberg, der Patriot, aber kein Chauvinist war, setzte sich für Freiheit von Tyrannei und Willkür ein. Wenn seine Lyrik auf uns heute sehr emphatisch wirkt, so hält sie doch in ihrer Thematik und ihrem Ton den damaligen Zeitgeist sehr gut fest. Stolberg schuf auch eine Übersetzung zur *Ilias,* daneben hinterließ er lebendige Reisebeschreibungen der Schweiz und Italiens.

Nüchterner und strenger sind die Texte des aus ärmlichen Verhältnissen stammenden JOHANN HEINRICH VOSS (1751–1826), der sich durch Schilderungen des niederdeutschen Landlebens, aber vor allem durch die Übertragung griechischer und römischer Klassiker (Ovid, Horaz) verdient machte. Seine Übertragung der *Odyssee* Homers (1781) zeigte ebenso wie die der *Ilias* (1793), wie flüssig und elegant der deutsche Sprachrhythmus sich in das antike Versmaß des Hexameters einfügen ließ; diese umfangreiche und mühsame Nachdichtung gehört zu den großen Leistungen der deutschen Literatur. Im gleichen Versmaß hat Voss in seinen eigenen Idyllen wie *Der siebzigste Geburtstag* (1780) das Bild des ländlichen Lebens festgehalten. In zahlreichen anderen Gedichten beschreibt er die Stimmung und den Zauber der heimatlichen Landschaft, schildert das Brauchtum und die Traditionen der bäuerlichen Bevölkerung. Sein Werk *Luise* (1795) gehört zu den großen Beispielen bürgerlicher Idyllendichtung.

Ein Leben voller Entbehrungen und Bitterkeit führte der mit den Dichtern des Hainbundes befreundete GOTTFRIED AUGUST BÜRGER (1747–1794). Eine unglückliche Ehe und die quälende Liebesbeziehung zur Schwester seiner Frau, die er nach dem Tod der Gattin heiratete, zermürbten sein Leben; auch eine spätere dritte Ehe mißglückte. Seine erschütternde *Beichte eines Mannes* (1790), mit der er um seine dritte Frau Elise warb, hielt die Tragik seines Lebens fest.

Bürger hat sich vor allem für die Kunstballade eingesetzt; mit der dramatischen Ballade *Lenore* (1773) ebnete er dieser literarischen Gattung in Deutschland den Weg. Das Gedicht behandelt ein international verbreitetes Motiv der Totensage, die Wiederkehr des toten Bräutigams, der seine Braut ins Grab nachholt. Der dramatische Ritt des Paares, der durch einen expressiven Sprachduktus unterstrichen wird, endet in einem schauerlichen Totentanz. Motive der Volksüberlieferung flossen auch in die Gestaltung anderer Balladen ein, wie *Die Schatzgräber* und *Der wilde Jäger*. Durch Bürgers Übersetzung und Bearbeitung der englischen Erzählungen *Die wunderbaren Reisen des Freiherrn von Münchhausen* (1786) wurden Jägerlatein und Lügenschwänke in Deutschland populär.

Mit dem Etikett »Volkstümlichkeit« ist auch vieles von dem zu versehen, was der Pfarrerssohn MATTHIAS CLAUDIUS (1740–1815) schrieb. Seinen Namen verbindet man zunächst nicht mit der Sturm-und-Drang-Zeit, und doch fällt der Beginn seines literarischen Wirkens in das Jahr 1771, als Claudius in Wandsbek bei Hamburg die Leitung der neugegründeten Zeitung *»Der Wandsbecker Bote«* übernahm. Namhafte Mitarbeiter wie Klopstock, Lessing und Gerstenberg brachten der Zeitschrift literarischen Glanz; mit dem vier Jahre jüngeren Herder fand Claudius zu einer lebenslangen Freundschaft. Seine eigenen Beiträge jedoch gaben der volkstümlichen Unterhaltungszeitschrift erst ihr unverwechselbares Profil: Hier finden sich christlich-moralische Erbauungserzählungen, nachdenkliche Betrachtungen, Fabeln und Exempel, aber auch schlichte, volksliedhafte Lyrik wie sein Abendlied *Der Mond ist aufgegangen* (1773, vertont 1790) oder *Der Tod und das Mädchen* (vertont durch Franz Schubert 1826). Trotz der angesehenen Mitarbeiter und ihres besonderen Profils wurde die Zeitschrift ein wirtschaftlicher Mißerfolg; 1776 mußte sie ihr Erscheinen einstellen. Doch schon vorher hatte Claudius den Einfall, seine Gedichte und Betrachtungen bunt gemischt als Sonderband herauszugeben. ASMUS – unter diesem Pseudonym war er seinen Lesern bekannt – *omnia sua* SECUM *portans oder Sämtliche Werke des Wandsbecker Bothen* erschien in zwei Teilen 1774, und der große Erfolg des Buches machte bald eine Neuauflage nötig. Bis zum Jahr 1812 erschienen noch sechs weitere Teile. Will man die Wirkung dieses Werkes erklären, so wird man die Ursache vor allem darin suchen müssen, daß Claudius mit seinem bewußten evangelischen Christsein ein überzeugendes Vorbild gewesen ist. Nicht die aufdringliche Belehrung eines Eiferers, sondern das für sich selbst sprechende Glaubenszeugnis und die Lebensweisheit eines klugen Mannes, für den der Tod als »Freund Hein« über allem Leben steht, waren das Geheimnis des »Wandsbecker Boten«. In seinen Aphorismen und Ratschlägen *An meinen Sohn Johannes* (1799) spiegelt sich das Vorbild des Vaters eindrucksvoll wider.

Seelenerkundung

Bevor man den Roman des ausgehenden 18. Jahrhunderts näher betrachtet, sollte man sich daran erinnern, daß das Lesen – ähnlich wie der Besuch eines Theaters – zu dieser Zeit ein recht elitäres Vergnügen war. Die Fähigkeit, zu lesen und zu schreiben, war in Deutschland weithin noch sehr unterentwickelt. Noch 1770 besaßen höchstens 15% der Bevölkerung, um 1800 etwa 25% die Lesefähigkeit. Eine hohe Prozentzahl hatte allenfalls elementare Kenntnisse, und im Gefolge der Aufklärung versuchte man, schrittweise Fortschritte zu erreichen und das Lesen an breitere Schichten heranzutragen. Es kam zur Gründung von größeren Lesegemeinschaften – zwischen 1760 und 1800 waren es über 400 –, was den Vorteil der gemeinschaftlichen Nutzung von Büchern und Zeitschriften brachte, aber auch Gedankenaustausch und Diskussionen ermöglichte. In dieser Entwicklung ist das Vorbild der französischen »Salons« deutlich zu spüren. Die Lesegesellschaften blieben aber fast ausschließlich auf die Stadt beschränkt. Im ländlichen Umfeld sah es anders aus: Hier mußte bei vielen Menschen geradezu eine Angstschwelle überwunden werden, und über die Frage, ob das Lesen-Können von Vorteil sei oder ob die verderblichen Folgen das Übergewicht hätten, wurde teilweise erbittert gestritten. So versuchte Johannes Bernhard Basedow (1723–1790), Begründer des Philanthropismus in Dessau, mit seinem Buch *Unerwartlich grosse Verbesserung in der Kunst, lesen zu lehren, nebst einem Buchstabirbüchlein* (1785) die Hoffnung der Pädagogen zu unterstützen, daß bald »Millionen Kinder allenthalben lesen lernen«. Aber dies blieb zunächst nur ein Wunschtraum. Kritische Gegenstimmen solcher, denen das Lesen beim gemeinen Volk verdächtig wurde, fehlten nicht, wie die des Schulmanns und Pastors Johann Rudolph Gottlieb Beyer, der befürchtete, das Lesen fördere »unverdaute Ideen«, schaffe Unzufriedene und Mißvergnügte. Bis in die zweite Hälfte des 19. Jahrhunderts hinein konnte der überwiegende Teil der Fabrikarbeiter nur mit Mühe lesen. In Tausenden von Dörfern beschränkte sich die Lektüre auf christliche Hausbücher, landwirtschaftliche Ratgeber und auf Erbauungsschriften. Daneben drangen die Kolportageheftchen wandernder Händler vor, wie sie etwa die umherziehenden Bänkelsänger vertrieben: Schauergeschichten, Liebestragödien und Schilderungen tragischer Unglücksfälle und Katastrophen beherrschten das Genre. Immer mehr konnten sich die »elendesten und geschmacklosesten Romane«, wie sich um 1800 ein Kritiker beklagt, ausbreiten, eben triviale Unterhaltung, die die Oberschicht mit Naserümpfen als Schundliteratur abqualifizierte, wenn diese nicht sogar durch Zensurauflagen der Behörden als sittenverderbend und aufrührerisch bekämpft und unterdrückt wurde, wie manche Polizeiverordnung aus diesen Jahren zeigt.

Bei der Romanlektüre der Oberschicht handelt es sich dagegen nicht um eine besonders leichte Kost. Man suchte hier weniger Unterhaltung, sondern verlangte nach aufbauenden, von tiefsinnigen Gedanken erfüllten Werken, die häufig zu umfangreichen Kompendien anschwollen. Sie sollten den Leser moralisch festigen und ihm ein Beispiel nachahmenswerter Lebenserfahrung vor Augen stellen oder das Scheitern tragischer Figuren als Folge schicksalhafter Verkettungen und mißlungener Lebensgestaltung aufzeigen. Das Publikum liebte den Entwicklungsroman, wie man ihn in Wielands *Agathon* (1766) kennengelernt hatte, und man bevorzugte Formen des Briefromans, der fiktiven Tagebuchaufzeichnungen oder des Reisejournals, die den Lesern Gelegenheit gaben, Einblick in das Seelenleben und die Erlebniswelt der Romanhelden zu nehmen. Besonders die autobiographischen Zeugnisse erhoben von vornherein den Anspruch großer Authentizität. Sie zeigten private Bezirke, boten als Lebensbeichte einen intimen Einblick in das Seelenleben des Verfassers, suchten Anteilnahme und Identifikation des Lesers, forderten aber zugleich ein Nachdenken über die eigene Lebensgestaltung heraus und wirkten damit auf ihre Weise erzieherisch. Viele der damals gelesenen Titel sind heute weitgehend in Vergessenheit geraten, einige wenige haben aber auch nachhaltige Wirkung ausgelöst und sind bis heute von großer Bedeutung.

Einen munteren, den Lebensgenüssen aufgeschlossenen Künstler und Gelehrten stellte der Schriftsteller WILHELM HEINSE (1746–1803) in den Mittelpunkt seines Werks *Ardinghello und die glückseligen Inseln*, das 1787 erschien. Heinse hatte 1780 eine mehrjährige Italienreise angetreten. Seine Erlebnisse und Eindrücke, die er in seinem Tagebuch festhielt, flossen in das teilweise als Briefroman verfaßte Werk ein. »Held des Romans ist ein Jüngling ohne Sitten« schrieb Friedrich von Stolberg an seinen Bruder Christian über den Roman, den er »mit Ärgernis und mit wahrer Betrübnis« gelesen hatte. Von vielen Zeitgenossen der Sturm-und-Drang-Zeit wurde der Roman zunächst scharf abgelehnt, im 19. Jahrhundert aber fand er, wie verschiedene Neudrucke zeigen, größeres Interesse. Er ist nicht nur deshalb von Bedeutung, weil er als erster Künstlerroman gilt; auch das Milieu und die historischen Umstände bildeten eine fremdartige und anziehende Kulisse: In die Zeit der Renaissance hinein stellte Heinse mit Ardinghello einen großen Künstler, der dem Geniekult der Sturm-und-Drang-Zeit entsprach. Noch nie war die Epoche der Renaissance so anschaulich und lebendig geschildert worden; der kulturgeschichtliche Hintergrund und die formale Vielseitigkeit des Romans zeigten darüber hinaus Heinses Talent zu erzählerischem Gestalten. Er verwob Ardinghellos Schicksal mit Skandalgeschichten italienischer Adelsgeschlechter, skizzierte das italienische Lokalkolorit, beeindruckte aber auch durch die detailgetreuen Schilderungen der klassischen Kunstwerke Roms, seiner Gemälde, Plastiken und Bauten; daneben finden sich Gedanken über den Staat und die Rolle staatlicher Macht und Autorität.

Seine späteren Romane *Hildegard von Hohenthal* (1795/96) und *Anastasia und das Schachspiel* (1803) fanden bei den Zeitgenossen Anerkennung; seine Briefe und Tagebücher, heute zu Unrecht wenig gelesen, zeigen Heinse als empfindsamen und geistreichen Schriftsteller, der Anregungen aus der Kunst, aus Musik und Literatur in kreativer Weise gestalterisch verknüpfte.

Wie Heinse stellte auch Friedrich Heinrich Jacobi (1743–1819), ein vielseitig gebildeter und einflußreicher Philosoph, die innere Entwicklung seines Helden als Briefroman vor. Seit 1775 veröffentlichte Jacobi in Teilfassungen unter dem Titel *Aus Eduard Allwills Papieren* die Geschichte eines Mannes, der sich und seiner eigenen Moral keine Schranken setzen will. Erst die Beziehung zu Clara, einem jungen Mädchen, verhilft Allwill dazu, eine sittliche Wandlung durchzumachen, seine Verantwortung für sich und seine Mitmenschen zu erkennen. Der Einfluß des Mädchens führt ihn zu innerer Umkehr, ein Prozeß, den der Leser des geistreichen, philosophisch-moralischen Briefwechsels schrittweise nachvollziehen kann.

Sozusagen einer Zufallsbekanntschaft verdankt eine der großen Autobiographien des 18. Jahrhunderts ihr Entstehen. Der junge Goethe wurde 1771 in seinem Freundeskreis in Straßburg auf einen Medizinstudenten aus Elberfeld aufmerksam, der auf lebhafte Weise zu erzählen wußte und durch seinen ungewöhnlichen Werdegang Anteilnahme weckte. Im 9. Buch seiner Autobiographie *Dichtung und Wahrheit* schilderte Goethe vierzig Jahre später die starken Eindrücke dieser Begegnung: »Besonders erzählte er seine Lebensgeschichte auf das anmutigste und wußte dem Zuhörer alle Zustände deutlich und lebendig zu vergegenwärtigen. Ich trieb ihn, solche aufzuschreiben, und er versprachs ...«

Der Mann, von dem hier die Rede ist, war Johann Heinrich Jung, der sich das Pseudonym Stilling gab (1740–1817). Er hatte nach einer Schneiderlehre und Tätigkeiten als Dorflehrer und Kaufmannsgehilfe seit 1771 ohne größere Vorbildung ein Medizinstudium begonnen, das er mit erstaunlichem Erfolg absolvierte. Jung, der sich 1772 in Elberfeld als Arzt niederließ, gewann wegen seiner gewagten und geschickten Augenoperationen bald über seine Heimat hinaus großes Ansehen. 1778 wurde er Professor für Kameralwissenschaften (Verwaltungslehre), in späteren Jahren lebte er in Heidelberg und Marburg, seit 1806 in Karlsruhe, wo er vom Großherzog von Baden großzügig gefördert wurde. »Das Element seiner Energie« – so stellte Goethe bewundernd fest – »war ein unverwüstlicher Glaube an Gott und an eine unmittelbar von daher fließende Hülfe, die sich in einer ununterbrochenen Vorsorge und in einer unfehlbaren Rettung aus aller Not von jedem Übel augenscheinlich bestätigte.«

Das unbegrenzte Gottvertrauen dieses Mannes schien vielen Menschen, die durch aufklärerisches Ideengut und neue philosophische Strömungen in ihren religiösen Bindungen unsicher geworden waren, die richtige Lebenshilfe zu bieten. Jungs Rückblick auf seine frühen Jugendjahre erschien 1777 unter dem Titel *Henrich Stillings Jugend*; ihm folgten rasch die Bände *Henrich Stillings Jünglingsjahre* (1778) und *Henrich Stillings Wanderschaft* (1778). Nur wenige Bücher lassen einen so plastischen Einblick in das ländliche Milieu und die Lebenswirklichkeit einer Handwerkerfamilie des 18. Jahrhunderts zu. Jung-Stilling, der in der Geborgenheit einer pietistisch geprägten Familie aufgewachsen war, für die Gebet und biblische Betrachtung zum täglichen Brot gehörten, schilderte in distanzierter Erzählhaltung die einzelnen Stationen seines Werdegangs sehr genau, gestaltete lebhaft die Gespräche mit Freunden und Wegbegleitern, blickte zurück auf die Einflüsse, denen er seine Formung verdankte: vom Großvater über die Bücher und Schriften, Begegnungen und Lebenserfahrungen, die ihn alle, auch wo es Rückschläge und Enttäuschungen zu verkraften galt, im nachhinein nur in der Gewißheit seines Glaubens und im Vertrauen auf die Führung Gottes bestärkten. Die ganze Bewegung des Pietismus, die schon im 17. Jahrhundert mit Philipp Jacob Speners Programmschrift *Pia desideria* Auftrieb erhalten und durch die Universität Halle und die Herrnhuter Brüdergemeinde eine bedeutsame Stütze gewonnen hatte, hat immer wieder auf Jung-Stillings Lebensbild als beispielhafte Lektüre zurückgegriffen; auch die protestantischen Erweckungsströmungen des 19. Jahrhunderts sind kaum ohne die Einflüsse der Autobiographie Jung-Stillings denkbar, an deren weiteren Teilen er bis ins hohe Alter gearbeitet hat. Es muß aber aus heutiger Sicht kritisch vermerkt werden, daß sein Ideengut und die späteren geistlichen Erbauungsschriften bei seinen Lesern auch manche irrationalen und antiaufklärerischen Tendenzen nachhaltig gefördert haben. Seine *Theorie der Geisterkunde* (1808) wollte zwar »in einer natur-, vernunft- und bibelmäßigen« Weise der Frage nachgehen, was von »Ahnungen, Geschichten und Geistererscheinungen geglaubt und nicht geglaubt werden müßte«, trug aber zugleich zur weiteren Tradierung vieler abergläubischer Spukgeschichten bei.

Bis heute ungemein fesselnd zu lesen ist der Roman *Anton Reiser* des KARL PHILIPP MORITZ (1756–1793), der mit dem Untertitel »Ein psychologischer Roman« 1785 in Berlin erschien. Der Roman schildert an der Figur des Anton Reiser die bitteren Erfahrungen aus der Jugendzeit des Autors, selbst ärmlichen Verhältnissen entstammte und in einem von rigorosem Pietismus geprägten Elternhaus aufwuchs. Die Demütigungen und Leiden dieses Werdegangs schildert Moritz mit großer Detailtreue, aber durchaus auch humorvoll und unterhaltsam. Autoritätsgläubigkeit und Strenge seiner Erziehung, die in ihm wachsenden religiösen Ängste sowie ein sich immer mehr verstärkendes Minderwertigkeitsgefühl machen aus der Figur des Anton Reiser letztlich einen Menschen, der mit seiner Umwelt nicht zurechtkommt und vergeblich in der Flucht in die Literatur und ins Schauspielerleben Erfüllung und Befriedigung sucht. Moritz entwickelte eine große Begabung für die Analyse der seelischen Vorgänge; der Roman ist eine bis heute fesselnde Charakterstudie und zugleich ein bedeutsames kulturgeschichtliches Zeugnis. Neuartig war an diesem Roman die desillusionierende Darstellung eines Werdegangs; Anton Reiser findet eben nicht den Lebenssinn in einer gottergebenen Frömmigkeit, sondern er leidet daran. Erst in dem Versuch, sich schrittweise aus den Bindungen der ihm vermittelten Leitbilder und Lebensmaximen zu lösen, findet er einen eigenen Standort; freilich scheitert er – so deutet es das Ende an –, weil er den Vorgaben seiner Erziehung nicht entrinnen kann.

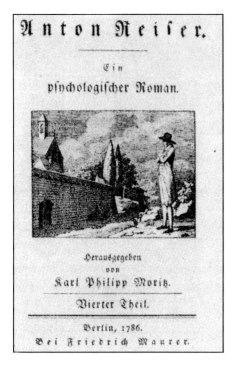

Abb. 34: Das Titelblatt der Ausgabe von 1786 zeigt Elemente der empfindsamen Psychologie, die für die Epoche charakteristisch ist (Einsamkeit, Kirchhof, Gotteshaus, Natur).

Daß man den *Anton Reiser* später eine »Studie über den Minderwertigkeitskomplex« genannt hat, läßt vielleicht erkennen, von welch großem psychologischem Erkenntniswert dieser Roman gewesen ist, lange bevor man daranging, der Individualpsychologie und dem Studium der Neurosen wissenschaftlich nachzugehen, wie es später Sigmund Freud und Alfred Adler getan haben. Es ist sehr reizvoll und aufschlußreich, am Beispiel der Bücher von Jung-Stilling und Moritz die so unterschiedlichen Ergebnisse der Lebensläufe zu betrachten, die von den Voraussetzungen her sich sehr ähnlich hätten entwickeln können. In diesem Sinne wirkt Moritz' Roman geradezu wie eine Zurückweisung der gottergebenen Fügsamkeit Jung-Stillings.

Moritz' intensives Interesse für Probleme der menschlichen Psyche fließt auch in seinen Roman *Andreas Hartkopf* (1786–1793) ein. Das

von ihm herausgegebene zehnbändige »*Magazin zur Erfahrungsseelenkunde*«, das zwischen 1783 und 1793 erschien, wurde die erste psychologische Zeitschrift Deutschlands. Mit seinem Motto »Gnothi seauton« (»Erkenne dich selbst«) – Inschrift am Apollotempel in Delphi – drückte sie treffend die Zielsetzungen der modernen Psychologie aus.
In den letzten Jahren wieder in den Blick getreten sind die Erinnerungen des ULRICH BRÄKER (1735–1798). Der Sohn einer kinderreichen Schweizer Kleinbauernfamilie hatte sich 1756 in Schaffhausen in die Dienste eines preußischen Offiziers begeben, über den er nach Berlin kam, wo er zwangsweise in der preußischen Armee rekrutiert wurde. Seine Selbstbiographie *Lebensgeschichte und natürliche Ebentheuer des Armen Mannes im Tockenburg* (1789) hält sein Schicksal fest und schildert lebhaft, humorvoll und mit einem Blick für Details die Lebensumstände des einfachen Mannes. Bräker, der sich selbst einen »ungelehrten Weltbürger« nannte, hatte nur eine geringe Schulbildung genossen, entwickelte aber eine erstaunliche erzählerische Begabung. Die Unmittelbarkeit und Frische, mit der er über seine Soldatenabenteuer und seine Rekrutenzeit in Berlin berichtet, stellen uns heute noch Drill und Kasernenleben im Preußen Friedrichs des Großen aus dem Blickwinkel des Augenzeugen eindrucksvoll vor.
Ein ganz anders gearteter Text als die autobiographischen Zeugnisse und ausgedehnten Entwicklungsromane der Zeit war der Roman *Fausts Leben, Thaten und Höllenfahrt* von Friedrich Maximilian Klinger (1752–1831), dessen Drama »Wirrwarr«, das in einer jüngeren Fassung »Sturm und Drang« hieß, der literarischen Bewegung den Namen gegeben hatte. Das Werk ist sehr philosophisch angelegt, aber auch durch scharfe und kritische Attacken gegen Laster und Schwächen von Zeit und Gesellschaft geprägt.
Klingers Faust wird vom Höllenfürsten Leviathan auf einer Reise durch Europa begleitet, wo ihm überall die Verderbtheit der Menschen vor Augen gestellt wird. Die Desillusionierung, die durch diese Erkenntnis eingeleitet wird, endet in einem verzweifelten Fluch gegen Gott; Faust fährt zur Hölle, wo er die Qualen ewigen Zweifelns erleiden muß. Wenn Klinger seinen Faust sagen läßt: »Ich springe über die Grenzen der Menschheit«, so wird damit schon angedeutet, worin bei ihm die besondere Faszination der Faust-Figur besteht: Der Magier und Scharlatan Faust, der sich auf einen Pakt mit dem Teufel einläßt, um die Grenzen menschlicher Kunst und wissenschaftlicher Erkenntnis ausloten und überschreiten zu können, übte auf eine Zeit, die dem Glauben an den Fortschritt der Menschheit huldigte und sich nach Befreiung aus den Fesseln dumpfer mittelalterlicher Beschränktheit sowie aus den Abhängigkeiten selbstherrlicher absolutistischer Monarchien sehnte, einen seltsamen Zauber aus: Der ganz im Sinne des Sturm und Drang zum Übermenschen gewordene Faust schien all diese Fesseln abstreifen zu können und in seiner rastlosen Suche nach neuer Erkenntnis zu Einsichten und Erfahrungen zu gelangen, nach denen der wachsamer wer-

dende Mensch des zu Ende gehenden 18. Jahrhunderts besonders intensiv verlangte. Wenn in einem sprachgewaltigen Zornesausbruch Satan ausruft: »Alles mißbraucht der Mensch, die Kraft seiner Seele und seines Leibes, alles, was er sieht, hört, betastet, fühlt und denkt ... Selbst die Freiheit, ihr höchstes Gut, wenn sie auch Ströme Bluts dafür vergossen, verkaufen sie für Gold, Lust und Wahn, wenn sie dieselbe kaum gekostet haben. Des Guten unfähig, zittern sie vor dem Bösen, häufen Greuel auf Greuel, ihm zu entfliehen ...«, so wird sichtbar, daß hier zugleich der Gesellschaftskritiker Klinger spricht, der mit den Wirren der Französischen Revolution auch deren Auswüchse und Fehlentwicklungen anprangert. Der in einem fiktiven Petersburger Verlag erschienene Roman (1791) wurde von Klinger mehrfach überarbeitet; die Version von 1794 verschärfte die Kritik an Klerus und Adel erheblich.

Johann Wolfgang von Goethe

Wohl kein deutscher Schriftsteller wird so mit Wertungen, Vorurteilen und Klischees verbunden wie JOHANN WOLFGANG VON GOETHE. Eine scheinbar grenzenlose Bewunderung gilt dem begnadeten Dichterfürsten, der zu allen Wechselfällen des Lebens mit einem passenden Wort in Anspruch genommen werden kann, dessen Zitate zur Krönung jeder Feierstunde beitragen und dessen prächtig gebundene Werkausgaben zum Pflichtbesitz des bildungsbeflissenen Bürgers gehören. Ein umfangreiches und vielfältiges Lebenswerk, das eine Zeitspanne von der frühen Sturm-und-Drang-Zeit bis weit ins 19. Jahrhundert hinein abdeckt, in dem es seine Abrundung und Vollendung fand, ist sein Erbe. Die nachfolgenden Generationen beschäftigte sein Werk nachhaltig; dies führte dazu, das 19. Jahrhundert als das »Jahrhundert Goethes« zu bezeichnen. Seine außergewöhnliche Lebensleistung verbindet man mit dem Begriff »Klassik«, der die Wende vom 18. zum 19. Jahrhundert und ihre Literatur kennzeichnet. Wenn wir diesen Begriff heute verwenden, gestehen wir ihm damit einen besonderen Rang zu, etwas überzeitlich Gültiges und Dauerhaftes. Sehr leicht verbinden wir damit aber auch Wertungskategorien, als ob die klassische Dichtung der Kritik entzogen und gleichsam in einem Glaskasten abgeschirmt gehalten werden müßte und ausschließlich der Verehrung freizugeben sei. Erst die intensive und kritische Auseinandersetzung mit dem, was vorangegangene Generationen als »klassisch« bezeichnet haben, verhilft dazu, ein eigenes literarisches Urteil über die Zeugnisse dieser Epoche zu gewinnen. Die Texte der Klassiker sollten nicht im Regal verstauben: sie müssen durch eigene Lektüre zum persönlichen geistigen Besitz werden.
Johann Wolfgang von Goethe wurde am 28. August 1749 in Frankfurt am Main geboren. Er war Sohn des kaiserlichen Rates Johann Kaspar Goethe und der Katharina Elisabeth, der Tochter des angesehenen

Frankfurter Bürgermeisters Textor. Das wohlhabende Elternhaus Goethes bildete in Frankfurt ein besonderes geistiges Zentrum. Hier wurde der junge Johann Wolfgang durch Privatlehrer umfassend unterrichtet; neben klassischen und modernen Fremdsprachen vermittelte man ihm besondere Kenntnisse in Literatur und Kunst. Der Vater wollte aus ihm einen erfolgreichen Juristen machen; von 1765 bis 1768 absolvierte Goethe daher in Leipzig das Studium der Rechte. Eine gefährliche Erkrankung zwang ihn zu einer Unterbrechung seiner Studien. Im März 1770 wechselte er nach Straßburg über, wo er durch die Begegnung mit Herder neue literarische Einsichten gewann und wichtige Impulse für sein späteres Werk bekam. Bedeutsam wurde für ihn die Begegnung mit der Sesenheimer Pfarrerstochter Friederike Brion, die er im Oktober 1770 kennenlernte. Seine große Zuneigung zu ihr drückte er in verschiedenen Gedichten und Liedern aus wie *Erwache, Friedericke ..., Balde seh ich Rieckchen wieder, Mit einem gemalten Band*. Im *Sesenheimer Liederbuch* findet sich auch das Gedicht *Willkommen und Abschied*.

In dieser Phase seines Lebens stand Goethe deutlich unter dem Einfluß der Geniezeit und des Sturm und Drang: 1773 veröffentlichte er sein Drama *Götz von Berlichingen mit der eisernen Hand*, zu dem er durch die Biographie des Reichsritters aus der Reformationszeit angeregt wurde. Im Mittelpunkt der lebhaften Handlung steht das Verhalten Berlichingens im Bauernkrieg, der in einer Fehde mit dem Bischof von Bamberg seine eigenen Rechte durchzusetzen versucht. Der Ritter gerät damit in einen Konflikt mit dem Kaiser, bei dem er wegen Landfriedensbruchs angeklagt ist. Sein Jugendfreund Adalbert von Weislingen bringt den Kaiser gegen Götz auf. Berlichingen wird durch Verrat gefangengenommen, doch durch treue Freunde befreit. Als der Bauernaufstand ausbricht, wird er von den Aufständischen gegen seinen Willen zu ihrem Anführer gewählt. Seine Anordnung, nicht zu plündern, wird mißachtet; im Kampf wird er verwundet. Berlichingen stirbt, entkräftet und ohne Verständnis für die Entwicklung einer neuen Zeit. Das Drama zeigt in schnell wechselnden Szenen eine spannende Handlung; heftige Auseinandersetzungen werden in einer lebhaften und leidenschaftlichen Sprache geführt; die Charakterisierung der Hauptpersonen Götz und Adalbert sowie der schönen Adelheid von Waldorf wird dramaturgisch glaubhaft entwickelt. Charakteristisch ist der von Shakespeare beeinflußte häufige Wechsel der Schauplätze, der an die Bühnenpraxis hohe Anforderungen stellt. Die Handlung des Schauspiels, die sich über viele Jahre erstreckt, und die Gestalt des Ritters mit der eisernen Hand gewinnen lebendige Konturen. Der Protagonist fügt die mehr als fünfzig Szenen des Stücks zu einer Einheit zusammen; sein heldenhaft mutiges Verhalten entspricht ganz dem Ideal der literarischen Epoche. Goethe zeigte sich schon hier als ein Autor, der die historischen Überlieferungen im Sinne dramatischer Gestaltung auszuschmücken verstand und zu einem eindrucksvollen Bühnengeschehen verknüpfen konnte.

Von Mai bis September 1772 hielt sich Goethe in Wetzlar am dortigen Reichskammergericht auf. Hier verliebte er sich in Charlotte Buff, die Braut Johann Christian Kestners. Die Erfahrungen dieser unglücklichen Liebe und den Selbstmord des Gesandtschaftssekretärs Jerusalem in Wetzlar verarbeitete er zu dem zweiteiligen psychologischen Briefroman *Die Leiden des jungen Werthers* (1774), der Goethes Ruhm in diesen Jahren begründete. Das Werk enthält fiktive Briefe Werthers an seinen Freund Wilhelm, dem er in einer leidenschaftlichen und bildhaften Sprache von seinen Gefühlsregungen und Erlebnissen berichtet. Der fiktive Herausgeber der Briefe wendet sich nur in wenigen Passagen (so in der Vorbemerkung und im Zweiten Buch) direkt an den Leser, betont die Gewissenhaftigkeit, mit der er den Ablauf der Geschehnisse recherchiert habe, und äußert die Hoffnung, daß der Leser Trost aus Werthers Leiden schöpfen möge.

Der Held des Romans wird durch eine unglückliche Liebe zu Lotte, einem jungen, aber bereits gebundenen Mädchen, hin- und hergerissen. Seine Begeisterung für Lotte steigert sich von Brief zu Brief. Als Lottes Verlobter Albert, zu dem er durchaus eine freundschaftliche Beziehung entwickelt hat, plötzlich von einer Reise zurückkehrt, spürt Werther, wie tief seine Empfindungen für Lotte sind. Schon früh durchdenkt er die Möglichkeit, seinen seelischen Qualen durch Selbsttötung zu entgehen (Brief vom 12. August). Nachdem er erfahren hat, daß Albert und Lotte geheiratet haben, versucht er, sich von ihr zu lösen. Doch als er den Eindruck gewinnt, Lotte sei durch ihre Heirat unglücklich geworden, sucht er bei sich selbst die Schuld. Schon entschlossen, aus dem Leben zu scheiden, unternimmt Werther noch einen Besuch im Hause Lottes: er gesteht ihr seine unstillbare Sehnsucht. Als sie sich von ihm abwendet, setzt er seinem Leben ein Ende. Werther wird ohne geistlichen Beistand begraben. Die gescheiterte Liebe des jungen Werther und dessen tragisches Schicksal löste bei den Lesern des Romans tiefe Betroffenheit aus, denn viele bürgerliche Lebensvorstellungen und Wertmaßstäbe wurden in ihm in Frage gestellt. Die Isolation Werthers, und seine schrittweise Lösung aus der Gesellschaft enden mit dem Selbstmord – dies war für die damalige Gesellschaft ein unerhörter und untragbarer Ausweg aus der Lebenskrise eines jungen Menschen. Eine Welle von Selbsmorden war die Folge; viele junge Menschen identifizierten sich mit dem Helden des Romans und brachten sogar durch Tragen der »Werther-Tracht« ihre Verbundenheit mit dessen tragischem Schicksal zum Ausdruck. Den Einfluß des Romans bezeugen auch zahlreiche Anti-Werther-Schriften vom Pamphlet bis zur veränderten Übernahme der Handlung, wie sie Friedrich Nicolai in *Freuden des jungen Werthers und Leiden und Freuden Werthers des Mannes (1775)* einsetzt.

Für Goethes Entwicklung wurde in den folgenden Jahren ein anderer Umstand von großer Bedeutung: In Weimar übernahm im September 1775 der achtzehnjährige Erbprinz Carl August das Amt des Herzogs.

Abb. 35: Literarische Gesellschaft bei der Herzogin in Weimar um 1795

Er erinnerte sich an den erfolgreichen Autor, dem er schon mehrfach flüchtig begegnet war, und lud ihn ein, in seine Residenzstadt zu kommen, wo er ihm für die nächsten Jahre eine Bleibe bot. Weimar war damals eine Kleinstadt von etwa 6000 Einwohnern, doch sein Fürstenhof als Stätte der schönen Künste zu einem kulturellen Zentrum geworden. In Weimar waren Persönlichkeiten wie der Dichter Christoph Martin Wieland (1733–1813) zu Ruhm gekommen, der dort einige Jahre als Erzieher des Prinzen gewirkt hatte; hier lebten der Kunstmärchendichter und Erzähler Johann August Musäus (1735–1787), der Maler Melchior Kraus und der Bildhauer Klauer. Hier sollte Goethe als Hofpoet den Glanz des »Musenhofs« der Herzogin Anna Amalia vergrößern und den jungen Herzog als Freund begleiten. Das Leben am Hof gab ihm Gelegenheit, an den üblichen Vergnügungen teilzunehmen, band ihn aber andererseits mehr und mehr in die Verwaltungs- und Amtsgeschäfte seines Fürsten ein. Schon 1776 wurde er zum Geheimen Legationsrat, 1779 zum Geheimrat ernannt und schließlich 1782 auf Antrag des Herzogs durch Kaiser Joseph II. in den Adelsstand erhoben. Er wurde im Laufe der Jahre mit wesentlichen Vollmachten ausgestattet: Als Präsident der Kammer war er verantwortlicher Minister für Bergbau und Forstwesen, Straßenbau und Finanzen, er leitete die Kriegskommission und beriet den Herzog in außenpolitischen Angelegenheiten. Zusätzlich hatte er die Aufsicht über die Museen und Künste und leitete bis zum Jahre 1817 das Hoftheater in Weimar.

Abb. 36: Zeichnung des Eingangs zur Villa Chigi in Ariccia von J. W. v. Goethe

Ausgedehnte Reisen weiteten Goethes Horizont. So fuhr er in den Harz, das Elsaß und in die Schweiz. Seine Reisen sollten vorrangig Wirtschafts- und Verwaltungsinteressen dienen; viele Erlebnisse und Anregungen unterwegs veranlaßten ihn aber, sich immer stärker mit der Natur und den Naturwissenschaften zu beschäftigen. Er wandte sich Themen der Geologie, Mineralogie, Botanik und Optik zu und durchdachte lange die Beziehung zwischen Menschen und Natur. Zu seinen bedeutsamen naturwissenschaftlichen Beobachtungen gehört die Entdeckung eines paarigen Zwischenkieferknochens im Kiefer des Menschen, dessen Vorhandensein Goethe aus dem Vergleich von gesammelten Tier- und Menschenschädeln erschloß. Seine Beobachtungen der Natur führten ihn zur Suche nach Gesetzmäßigkeiten der Morphologie, und er entdeckte das Prinzip der Metamorphose. Er war überzeugt, daß alle Abwandlung und Vielfalt der Erscheinungen der Pflanzenwelt auf einen Urtypus, eine »Urpflanze« zurückzuführen sei. In seinem Gedicht *Die Metamorphose der Pflanzen* formulierte er: »Alle Gestalten sind ähnlich, und keine gleichet der andern; / Und so deutet das Chor auf ein geheimes Gesetz, / auf ein heiliges Rätsel ... Jede Pflanze verkündet dir nun die ewgen Gesetze ...« Neben dem *Versuch, die Metamorphose der Pflanzen zu erklären* (1790) verfaßte er weitere Abhandlungen zur Geologie (*Über den Granit*, 1784), zur Optik (*Zur Farbenlehre*, 1790) und zur Meteorologie (*Versuch einer Witterungslehre* 1825); sie lassen das weite Spektrum seiner naturwissenschaftlichen Interessen deutlich werden sowie seinen Willen, die grundlegenden Gesetze der Natur zu erkennen. Goethe war der Überzeugung, daß Mensch, Natur und Welt

Abb. 37: Blick vom Pincio in Rom – Zeichnung von J. W. v. Goethe

nach ewigen Gesetzen existierten und in jedem »Mikrokosmos« der »Makrokosmos« zu erkennen sei.
Die vielfältigen Aufgabenbereiche, manche Eintönigkeit, aber auch aufreibende Verwaltungsarbeit, persönliche Enttäuschungen sowie Mißklänge am Weimarer Hof ließen in Goethe ein Gefühl künstlerischer Stagnation und zunehmender Unzufriedenheit aufkommen. Er suchte sein Heil in der Flucht aus Weimar: Im Anschluß an eine Kur in Karlsbad trat er heimlich eine Reise nach Italien an, die ihm Gelegenheit zur inneren Sammlung und neue Impulse für sein künstlerisches Schaffen bieten sollte. »Hätt ich nicht den Entschluß gefaßt, den ich jetzt ausführe, so wär ich rein zu Grunde gegangen und zu allem unfähig geworden ...«, heißt es in seinen Tagebuchnotizen. Die Distanz zum politischen Leben und der Überdruß an gesellschaftlichen Bindungen spiegeln sich auch in dem 1788 veröffentlichten Drama *Egmont* wider, dessen Protagonist nicht Geschichte bewegt, sondern von der Geschichte zum Helden erhoben wird und der zuletzt sein Schicksal »freudig« annimmt. Goethes inkognito durchgeführte Reise dauerte von 1786 bis 1788 und wurde zu einem bedeutsamen Wendepunkt seines Lebens. Die unmittelbare Konfrontation mit den Zeugnissen der Antike, die Städte Venedig und Rom, die historischen Stätten in Pompeji und Paestum beeindruckten ihn tief; aber auch das Erwandern der fremdartigen Landschaft Italiens und Siziliens und die Teilnahme an Volksfesten und Theateraufführungen schärften seinen Blick für die Menschen und

ihre Lebensumwelt. Darüber hinaus brachte die Italienreise ihm Kontakt zu namhaften Künstlern und Gelehrten seiner Zeit; zum römischen Freundeskreis zählten die Künstler Wilhelm Tischbein, Angelika Kauffmann, Heinrich Meyer und Johann Heinrich Lips sowie der Schriftsteller Karl Philipp Moritz. Zeitlebens behielt Goethe die Zuneigung zur klassischen Architektur, zur antiken Harmonie und zu einer vom Hellenismus geprägten Formenstrenge. In dieser Zeit las er auch mit zunehmendem Interesse die Werke der klassischen Autoren, unter anderem Vergil, Ovid, Horaz und Plautus, so daß von nun an Kunst und Kultur der Antike »Modellcharakter« für ihn bekamen – hier fand er die »Muster der Menschlichen Bildung«, die Ideale der Humanität und des Maßes, die Ideen des Schönen. Anläßlich dieser Italienreise entstand das berühmte Gemälde Tischbeins »Goethe in der Campagna« (1786/88). Weniger bekannt sind die Zeichnungen, die Goethe während seiner Reise schuf und die seine innere Verbindung mit der klassischen Landschaft Italiens zeigen. Die präzisen Notizen seiner Reiseeindrücke, Briefe und Tagebücher verarbeitete er sehr viel später in der künstlerischen Ausformung seines autobiographischen Rückblicks *Italienische Reise* (1816/17).

Die Begegnung Goethes mit der Antike spiegelt sich in den literarischen Werken jener Jahre. Eine schon im Jahr 1779 entstandene Prosafassung des *Iphigenie*-Stoffes wurde nun künstlerisch überarbeitet und unter Mithilfe von Moritz in das klassische Versmaß des fünfhebigen Jambus eingebunden. Der Stoff der *Iphigenie auf Tauris* folgt dem antiken Mythos von den Tantaliden: Agamemnon, der Urenkel des Tantalos, hatte eine Hirschkuh getötet, die der Göttin Artemis (Diana) heilig war. Deshalb bestrafte die Göttin die Griechen auf dem Zug nach Troja im Hafen von Aulis durch ungünstige Wetterverhältnisse; dem Rat der Priester folgend glaubten die Griechen, die Götter nur durch die Opferung der Iphigenie, der Tochter des Agamemnon, besänftigen zu können. Iphigenie wird jedoch von Artemis in einer Wolke nach Tauris entführt. Hier soll sie im Tempel der Göttin als Priesterin Dienst tun. In Goethes Drama wirbt König Thoas in Tauris vergeblich um Iphigenie, die sich in Sehnsucht nach ihrer griechischen Heimat verzehrt. In zwei fremden jungen Männern, die auf Tauris landen und dort geopfert werden sollen, erkennt Iphigenie in einer bewegenden Szene ihren Bruder Orest und dessen Freund Pylades, die nach Tauris gekommen sind, um das Bild der Göttin auf Befehl des Orakels in Delphi zu rauben, damit Orest von den Furien befreit werde, die ihn seit dem Mord an seiner Mutter verfolgen. Gemeinsam beschließen Orest, Pylades und Iphigenie, mit dem Bild der Göttin zu fliehen. Doch Iphigenie schreckt vor einem Betrug an Thoas zurück. In freiem Entschluß offenbart sie sich ihm und legt das gemeinsame Schicksal in die Entscheidung des Königs. Die seelische Größe Iphigenies bezwingt ihn, und er gibt seine Einwilligung zur Rückkehr der Geschwister in die griechische Heimat.

Goethe wurde zu diesem Stoff, der auch von Jean Racine 1674 dramatisiert worden war, durch das antike Drama *Iphigenie bei den Taurern* des Euripides (ca. 412 v. Chr.) angeregt. Er folgt zwar dem Handlungskern im ganzen, verändert aber verschiedene Aspekte recht wesentlich. Der Verzicht auf die Mitwirkung eines kommentierenden Chores hat zur Folge, daß die seelischen Vorgänge im Inneren Iphigenies unmittelbar in Monologen vor den Zuschauern ausgebreitet werden. Goethe idealisiert Iphigenie als Beispiel einer unbedingt wahrhaftigen priesterlichen Frau; ihre reine Menschlichkeit und Größe, die »Schönheit des Gemüthes« – wie Tieck es einmal formuliert hat – sollen dem Zuschauer Bewunderung und Beifall abgewinnen. Das Stück, dessen jambischer Sprachduktus und dessen metaphern- und sentenzenreiche Dialoge außerordentlich aufmerksame Lektüre verlangen, orientiert sich dramaturgisch an der französischen Formstrenge und folgt den Gesetzen von der Einheit des Ortes, der Zeit und der Handlung. Goethe selbst spielte bei der Uraufführung in Weimar die Rolle des Orest. Später hat er sich wiederholt mit Textkorrekturen und Überarbeitungen um eine vollkommenere Form des Dramas bemüht.

In die Gestaltung der Figur der Iphigenie, mit der sich Goethe während seines Italienaufenthaltes ständig auseinandersetzte, sind manche Wesenszüge eingeflossen, die er in der Weimarer Hofdame Charlotte von Stein gefunden hatte. Die sieben Jahre ältere Frau beeinflußte ihn sehr, und viele Jahre verband beide eine sehr enge, freundschaftliche Beziehung. Zur Abkühlung und zum Bruch dieser Beziehung kam es erst nach der Rückkehr aus Italien, als der Dichter im Jahre 1788 die damals 22jährige Christiane Vulpius kennenlernte. Bald lebte er mit ihr zusammen, was gesellschaftlich als völlig untragbar galt. Als ihnen 1789 der gemeinsame Sohn August geboren wurde und Christiane auch noch die Führung des gemeinsamen Haushalts übernahm, wurde Goethe gesellschaftlich mehr und mehr isoliert.

Zwischen 1788 und 1790 entstanden die Gedichtzyklen *Venezianische Epigramme* und *Römische Elegien.* Seine Begegnungen mit der römischen Antike pries Goethe hier im Doppelvers des Distichons. Vorbilder dieser Lyrik waren vor allem Texte der Schriftsteller Ovid und Properz. Die Gedichte preisen die Liebe und kreisen um die Gestalt der Geliebten, der Goethe den bezeichnenden Namen »Faustine« gab; im hymnischen Überschwang heißt es in einem der Texte: »… ohne die Liebe / wäre die Welt nicht die Welt, / wäre denn Rom auch nicht Rom.« Goethes Lyrik umfaßt eine große Spannweite an Themen und Formen; viele seiner Lebenserfahrungen und Empfindungen fanden in ihr ihren Niederschlag. Deshalb hat man sie mit dem Begriff »Erlebnislyrik« charakterisiert. Dies war gegenüber den strengen Formgesetzen, nach denen noch die Lyrik der Barockzeit gestaltet war, etwas Neues. Hatte diese sich an Musterbeispielen rhetorischer Wirkungsmittel und an Lehrbüchern und Kompendien der Poetik orientiert, so spürt man in Goethes Lyrik eine ganz persönliche Erlebniswelt, welche in ihrer Ausdrucksweise, Klangfarbe und Symbolik ungewöhnlich und neuartig ist.

Die frühen *Sesenheimer Lieder* spiegeln Goethes persönliche Sehnsüchte wider; in volksliedhaften Texten wie *Heidenröslein* und dem *Mailied* finden sich Stimmungen der Landschaft und der Natur. Andere Texte verbinden in freien Rhythmen die Kraft der Naturgewalten mit dem genialen Kraftmenschen, so die frühen Hymnen *Prometheus, Ganymed* und *Mahomets Gesang*. In anderen, sehr persönlichen Gedichten hielt er seinen Wunsch nach Frieden und Ruhe in lyrischen und wehmütigen Bildern fest. Hierfür stehen seine Gedichte *Wanderers Nachtlied* (1776), *An den Mond* (1778) und *Über allen Gipfeln* (1780). Hymnischen Charakter zeigen seine Gesänge *Grenzen der Menschheit* und *Das Göttliche* mit den viel zitierten Worten: »Edel sei der Mensch / Hilfreich und gut! / Denn das allein / Unterscheidet ihn / Von allen Wesen, / Die wir kennen ...«

Angeregt von Weisheit und Formkunst orientalischer Lyrik, besonders des persischen Dichters Hafis (14. Jahrhundert), schrieb er seit 1814 an einem ungewöhnlichen Zyklus von Gedichten unter dem Titel *West-Östlicher Divan* (1819). Das in zwölf Bücher eingeteilte Werk – darunter das »Buch des Sängers«, »Buch der Betrachtungen«, »Buch des Unmuts«, »Buch des Paradieses« – enthält Gedichte, Sinnsprüche und parabolische Texte, in denen Goethe bewußt den »steten Bezug auf den Orient« suchte: »Jedes einzelne Glied ... ist so durchdrungen von dem Sinn des Ganzen, ist so innig orientalisch, bezieht sich auf Sitten, Gebräuche, Religion und muß von einem vorhergehenden Gedicht erst exponiert sein, wenn es auf Einbildungskraft oder Gefühl wirken soll.« (Aus einem Brief Goethes an Zelter, 17. 5. 1815.) Das bekannteste Gedicht aus dieser Sammlung, die die Form der vierzeiligen Reimstrophe bevorzugt, aber auch orientalische Formen nachzubilden sucht, ist der Text *Talismane* mit den Worten »Gottes ist der Orient! / Gottes ist der Okzident! / Nord- und südliches Gelände / Ruht im Frieden seiner Hände«. In dem Gedicht *Lied und Gebilde* hat Goethe in beispielhafter Aussage und Gestaltung die klassische Lehre von Kunstwerk und Dichterkraft vorgeführt. Goethes Hinwendung zum Orient wirkte später auf Friedrich Rückert und andere Dichter der Romantik weiter.

Inzwischen war es in Frankreich zur Erhebung gegen die Privilegien des Adels und mit dem Sturm auf die Bastille in Paris zu einem ersten Höhepunkt der politischen Unruhen des Revolutionsjahres 1789 gekommen. Goethe beobachtete die Vorgänge in Frankreich skeptisch und distanziert; auf sein literarisches Werk hatten sie kaum Einfluß. So vollendete er im Jahr 1789 sein Drama über den Renaissancedichter *Torquato Tasso*, der am Hof des Herzogs von Ferrara gelebt hatte (1544–1595) und nach einem Inquisitionsverfahren, das er selbst herbeigeführt hatte, ins Gefängnis geworfen worden war. Nach geglückter Flucht und einem unsteten Wanderleben wurde er schließlich ins Irrenhaus eingeliefert. In diesem Drama gestaltete Goethe das Problem des Künstlers und dessen Stellung in einer Gesellschaft, die geprägt ist von Äußerlichkeiten und Konventionen und nicht imstande ist, die Absichten des Künstlers zu erfassen und zu durchschauen. Hier flossen viele der Weimarer Eindrücke und Erfahrungen ein; Goethe steigerte in seiner dramatischen Konzeption den Argwohn und die Ängste Tassos, der seiner Umwelt gegenüber immer mißtrauischer wird, quälende Wahnvorstellungen und Verfolgungsängste entwickelt und vor allem in dem realistisch-sachlichen Politiker Antonio seinen Feind sieht. Das Drama wird von wenigen Figuren getragen; die Wahrung der drei Einheiten sowie eine gehobene, in Ausdruck und Sprachduktus besonders gewählte Sprache im fünfhebigen Jambus machen das Theaterstück zu einem besonders typischen Beispiel für die Weimarer Klassik. Die inneren Vorgänge im Helden und das Ringen um eine Lösung der Konflikte werden in langen Dialogpartien zum Ausdruck gebracht. Höhepunkte des Dramas sind Tassos Monologe (IV, 3 und IV, 5), die seine Zerrissenheit und Verzweiflung vor dem Zuschauer ausbreiten.

In den folgenden Jahren nach 1794 entwickelte sich eine intensive Freundschaft zwischen Goethe und Friedrich Schiller, mit dem Goethe sich mehrfach traf und in regen Gedankenaustausch trat. Beiträge für literarische Zeitschriften und Anthologien, ein ausführlicher kunsttheoretischer Briefwechsel, gemeinsame Gedichte und bedeutende Balladen sind das Ergebnis ihrer künstlerischen Auseinandersetzung; am bekanntesten wurden die Balladen *Der Erlkönig*, *Der Zauberlehrling* und *Die Schatzgräber*. Die fruchtbare Zusammenarbeit der beiden Dichter ist ohne Zweifel ein besonderer Glücksfall für die deutsche Literatur und deren Entwicklung gewesen.

Goethe wandte sich, Schillers Drängen folgend, verstärkt der Epik zu. 1795/96 vollendete er seinen schon in der Sturm-und-Drang-Zeit begonnenen Bildungs- und Erziehungsroman *Wilhelm Meisters Lehrjahre*. Schon im sogenannten »Urmeister«, dem 1777 verfaßten, aber erst 1910 entdeckten Prosatext *Wilhelm Meisters theatralische Sendung*, war ihm eine sehr differenzierte Personencharakteristik gelungen. Schiller regte ihn an, den Roman, der sich mit der Entwicklung der Schauspielkunst auseinandersetzen sollte, als Erziehungsroman auszugestalten. Der Briefwechsel zwischen ihnen über diesen Roman verdeutlicht exemplarisch, wie sorgfältig erläutert, erörtert, verworfen und entschieden wurde und wie das Werk so in einer fortgesetzten Diskussion entstand. Im Mittelpunkt dieses mit manchen autobiographischen Zügen ausgestatteten Romans steht der Kaufmannssohn Wilhelm Meister, der auf eine übliche bürgerliche Stellung verzichtet und sich, vom Theater und dem Bühnenleben angezogen, einer Wandertruppe von Schauspielern anschließt. Hier findet Wilhelm Meister zunächst die erhoffte Bestätigung als Autor, Mitglied und finanzieller Förderer der Gruppe. Schon früh vom Puppenspiel beeindruckt, scheint ihm die Theaterwelt die einzig erstrebenswerte Daseinsform darzustellen. Er bricht aber seine Wanderschaft schließlich nach enttäuschenden Erfahrungen ab, um sich als Wundarzt niederzulassen und sein Leben im Dienst für andere zu verbringen.

Goethe setzte sich in diesem Roman mit den Bildungsidealen seiner Zeit auseinander. Die vielfältigen Begegnungen Wilhelms, die Frauengestalten, welche den jungen Mann prägen, schildert er in einer Art, die ihn als glänzenden Porträtisten ausweist: seine Charakterstudien lassen Figuren aus allen gesellschaftlichen Schichten vor den Augen der Leser lebendige Konturen gewinnen. Besonders eindringlich beschreibt er Wilhelms Begegnung mit der Schauspielerin Philine und der rätselhaften kindlichen Mignon. Eingewoben in den Roman sind Betrachtungen über das Wesen der Kunst und der Dramen, vor allem über Shakespeares Tragödie *Hamlet*, über die Möglichkeit der Selbstverwirklichung auf der Bühne und über die Chancen der menschlichen Entfaltung durch Vervollkommnung der Bildung und des Wissens. Daneben streute Goethe in verschiedene Kapitel des Romans lyrische Passagen und Lieder ein, welche Empfindungen der Sehnsucht und des Fernwehs zum Ausdruck bringen.

Seine Fortsetzung fand der Roman nach langer Pause in dem 1825 begonnenen, 1829 zum Abschluß gebrachten Alterswerk *Wilhelm Meisters Wanderjahre oder Die Entsagenden*. In diesem zweiten Teil des Romans behandelte Goethe eine Vielzahl philosophischer, religiöser und kultureller Fragen und Probleme. Das formal vielseitig gestaltete Werk – eingestreut sind kleine Erzählungen und Novellen, Briefauszüge und Gedichte – geht der Bestimmung des Menschen nach: Diskutiert wird das Spannungsverhältnis zwischen ruhelosem Streben und aufopferungsvoller Entsagung, zwischen Individuum und Gemeinschaft, Gut und Böse, Mikrokosmos und Makrokosmos. Die Betrachtungen Leonardos im Dritten Buch des Romans (Kap. 9) entwerfen das Bild eines Idealstaates und unterstreichen die Bedeutung der verschiedenen Berufe für das gesamte Gedeihen der staatlichen Gemeinschaft: »Was der Mensch auch ergreife und handhabe, der einzelne ist sich nicht hinreichend; Gesellschaft bleibt eines wackern Mannes höchstes Bedürfnis.« Das Ideal des wackeren Mannes ist stark durch die Freimaurerideen des Jahrhunderts geprägt. Zahlreiche Symbole der Freimaurer hat Goethe in die Gestaltung des Romanes einbezogen. Damit ist der Roman auch ein faszinierendes Dokument der Aufklärung und ihres Fortwirkens bis ins 19. Jahrhundert.

Die naturwissenschaftlichen Forschungen, die Goethe sein Leben lang begleiteten, fanden 1809 dichterische Gestaltung in dem Roman *Die Wahlverwandtschaften*; hier zeigt der Dichter, daß sich die liebende Anziehung von Menschen gegen Gesetze und Konventionen wie die Bindung chemischer Elemente vollzieht. Die Frage nach der Freiheit des Individuums in einer naturwissenschaftlich gedeuteten Welt wird hier zeitgemäß erstmals gestaltet.

1797 entstand – angeregt durch die Vorbilder der Epen des Johann Heinrich Voss – das Versepos *Hermann und Dorothea*, welches durch seine Einteilung in neun Gesänge und das Versmaß des Hexameters die erzählte Handlung in antike Formen einband. Goethe idealisierte in dieser Versdichtung, ausgehend von einem Emigrantenschicksal, das bürgerliche Familienleben. Gleichzeitig ist dieses Versepos als Kritik Goethes an den Wirkungen der Französischen Revolution zu sehen, wie das Epos *Reineke Fuchs* (1794), das er als »unheilige Weltbibel« gegen die Zeitereignisse gestaltete.

Hauptwurf und Höhepunkt seines dichterischen Schaffens sollten aber die beiden großen Teile seines Faust-Dramas werden, mit denen Goethe sein Lebenswerk krönen wollte. Im *Faust* wollte er die Summe seiner Lebenseinsichten und Auffassungen festhalten. Das Drama sollte in einer kühnen dramaturgischen Konzeption die grundsätzliche Frage nach dem Sinn der menschlichen Existenz und der Einbindung des Menschen in eine höhere Weltordnung gestalten. Schon 1772 hatte er sich zum ersten Mal mit der Figur des Doktor Faust beschäftigt. Die ersten Szenen des später *Urfaust* genannten Textes tragen in vieler Hinsicht noch deutlich den Stempel der Sturm-und-Drang-Periode; sie sind im altertümlichen, etwas holprigen Versmaß des schon von Hans Sachs verwendeten Knittelverses verfaßt. Trotz ihres im ganzen noch fragmentarischen Charakters lassen die frühen Szenen bereits wesentliche Züge des späteren Faust-Dramas erkennen.

Daß auch andere Autoren sich dem Faust-Thema zugewandt haben, mag man angesichts der gewaltigen Faust-Dichtung Goethes leicht übersehen, aber es ist doch auffällig, daß sich gerade das 18. Jahrhun-

Abb. 38: Titelblatt der Erstausgabe des *Volksbuchs von D. Johann Fausten* (1587) eines anonymen Verfassers

dert in besonderer Weise diesem Thema zugewandt hat. In der Folge des Volksbuches *Historia von D. Johann Fausten*, das Johann Spies 1587 herausgegeben hatte, war 1746 – dies ist die älteste datierbare Aufführung – der Faust-Stoff in Hamburg als Puppenspiel aufgeführt worden. Lessing hatte 1759 Bruchstücke einzelner Faust-Szenen gestaltet; während Goethe bereits die Arbeiten am *Urfaust* abgeschlossen hatte, erschien 1776 Maler Müllers Roman *Situation aus Fausts Leben* in fünf Büchern, dem er 1778 eine Szenenfolge unter dem Titel *Fausts Leben dramatisiert* hinzufügte; 1790 ging schließlich Goethes *Faust. Ein Fragment* in Druck. Zahlreiche handschriftliche Puppenspiel-Versionen und neben Klingers Faust-Roman weitere dramatische Bearbeitungen um die Jahrhundertwende und später weisen die zentrale Bedeutung der Faust-Thematik für das 18. und 19. Jahrhundert nach, in der man wesentliche Probleme der eigenen Zeit spiegeln konnte. *Faust, der Tragödie erster Teil* greift die Sagen und Überlieferungen auf, die sich um die Figur des Alchemisten und Magiers Johann Faust rankten, der im 16. Jahrhundert als Astrologe und Scharlatan große Berühmtheit erlangt hatte. Goethe lag aber nicht an einer Dämonisierung dieser Gestalt, sondern er wollte Faust als eine tragische Figur zeichnen, welche immer auf der Suche nach der tiefsten Erkenntnis, nach dem Glück und der inneren Zufriedenheit bleibt und doch nie zu einer wirklichen Befriedigung gelangt. So zeigt sich die Gestalt Fausts als Symbolfigur des ruhelosen Menschen, dessen »faustisches Streben« von vorneherein zum Scheitern verurteilt ist.

Eröffnet wird das Drama in der endgültigen Fassung durch ein »Vorspiel auf dem Theater«, in dem ein Blick hinter die Kulissen der Schaubühne geworfen und die grundsätzliche Frage nach der Bedeutung der Bühne aus unterschiedlichen Perspektiven diskutiert wird. Geschickt zeigt Goethe hierin die wesentlichen Auffassungen der Dramentheorie des Aristoteles und problematisiert die Frage der Rezeption und der Nachwirkung jeglicher Theaterdichtung. Die zum Schluß des Vorspiels angekündigte Bühnentragödie des Doktor Faust soll dabei als umfassendes Sinnbild des menschlichen Daseins verstanden werden und greift zugleich Traditionen des mittelalterlichen Mysterienspiels und des barocken Welttheaters auf:

»So schreitet in dem engen Bretterhaus / Den ganzen Kreis der Schöpfung aus / Und wandelt mit bedächt'ger Schnelle / Vom Himmel durch die Welt zur Hölle.« Der »Prolog im Himmel« bettet die Handlung ein in eine von Gott dem Herrn gelenkte und beaufsichtigte Schöpfungsharmonie; diese sucht der »Schalk« und Verderber Mephistopheles zu zerstören. Nach dem Vorbild der biblischen Hiobserzählung trachtet der teuflische Versucher in einer Wette mit Gott dem Herrn (vgl. Hiob 1, V. 6–12) danach, Faust vom rechten Lebensweg abzubringen und sich zu unterwerfen, um zu erweisen, daß aller Bewegung in der Welt nicht Ordnung, sondern Chaos, nicht Sein, sondern »Nichts« zugrunde liegt.

Johann Wolfgang von Goethe 189

Abb 39: *In Frau Marthens Garten* – nach einer Zeichnung von Peter Cornelius (1811)

In »Der Tragödie erster Teil« sucht Faust mit Hilfe magischer Beschwörungsformeln einen Zugang in die ihm verschlossene Welt des Übernatürlichen zu finden. Nach dem »Osterspaziergang«, der den Zuschauer in die Atmosphäre des spätmittelalterlichen Dorflebens und in die Welt des erwachenden Bürgertums führt, folgt Mephisto Faust in Gestalt eines Pudels; nachdem er sich zu erkennen gegeben hat, veranlaßt er ihn, in einen Pakt mit ihm einzuwilligen, und Faust schwört: »Werd' ich zum Augenblicke sagen: / Verweile doch! du bist so schön! / Dann magst du mich in Fesseln schlagen, / Dann will ich gern zugrunde gehn!« Mephisto, der in einer von Goethe meisterhaft gestalteten »Studierzimmer«-Szene den mittelalterlichen Universitätsbetrieb in sarkastischer Weise verspottet, versucht den in der »Hexenküche« verjüngten Faust nun durch Margarate, ein einfaches Bürgermädchen, in seinen Bann zu schlagen. Margarete ist von dem vornehmen und gelehrten Herrn beeindruckt und durch seine Geschenke geblendet, die Mephisto-

Abb. 41: J. W. von Goethe: *Faust I* – Szenenfoto der Hamburger Aufführung 1958 (Mephistopheles und Marthe)

Abb. 40: J. W. von Goethe: *Faust I* – Szenenfoto aus der Hamburger Aufführung 1958 (Faust und Gretchen)

pheles auf Fausts Wunsch in ihrem Zimmer versteckt hat. Gretchens Nachbarin, Frau Marthe Schwerdtlein, unterstützt Gretchens Kontakte zu Faust. In der »Garten«-Szene, einem von Goethe geschickt arrangierten Simultandialog zwischen Faust und Gretchen auf der einen Seite, Mephisto und Marthe Schwerdtlein andererseits, spielt Mephisto seinen ganzen Sarkasmus und ironischen Spott aus. Margarete läßt sich schließlich von Faust verführen, gerät aber in tiefe seelische Not und Verzweiflung. Mephisto unternimmt alles, um Fausts Sinnenlust und Begierde zu steigern, um dem Pakt zum Erfolg zu verhelfen. Im Mummenschanz des Hexensabbats während der romantischen Walpurgisnacht soll Faust Zerstreuung und Befriedigung finden. Er muß jedoch, als er zur Besinnung kommt, feststellen, daß er Gretchen ins Unglück gestürzt hat. Sie hat ihr Kind getötet und wartet im Kerker völlig verwirrt auf die Hinrichtung. Faust will sie mit Mephistos Hilfe aus dem Kerker befreien, doch Margarete erkennt in diesem den Bösen und übergibt sich dem Gericht Gottes. Eine Stimme von oben verkündet, sie sei gerettet. Mephisto aber verschwindet mit Faust.
Die Gretchen-Tragödie, die innerhalb des Dramas eine eigene Stellung gewinnt, greift das populäre Thema der Kindesmörderin auf, mit dem

Abb. 42: J. W. von Goethe: *Faust I* – Münchner Aufführung 1988

Abb. 43: J. W. von Goethe: *Faust I* – Münchner Aufführung 1988

Goethe schon in der Zeit seines Jurastudiums konfrontiert worden war. Seltsamerweise werden die Problematik der Wette Mephistos mit dem Herrn und die Frage nach der Wirkung des Paktes zwischen Mephisto und Faust im letzten Teil dramaturgisch nebensächlich; eine wirkliche Entscheidung, ob Faust nun dem Teufel verfallen wird, ist zum Ende des ersten Teils der Tragödie noch nicht erkennbar. Bis auf eine Prosaszene, die noch den Sprachstil der Sturm-und-Drang-Zeit trägt, ist der ganze Text des Schauspiels als Versdichtung gestaltet. Die Handlung des Dramas wird durch Chöre, Liedvortrag und große Ensembleszenen aufgelockert. Auch durch den Wechsel der Schauplätze und die ungewöhnliche Zusammensetzung des Personals ist hier ein faszinierendes und abwechslungsreiches Bühnenstück entstanden, das Zeitgenossen und Nachwelt in gleicher Weise beeindruckt hat. Viele sprichwörtlich zitierte Sentenzen zeigen bis heute, daß es dem Autor gelungen ist, allgemeingültige Einsichten und Weisheiten in einer knappen und prägnanten Form in den Text des Dramas einzubringen. Nach langen Vorarbeiten wurde der erste Teil des *Faust* 1806 vollendet.

Den Abschluß des dramatischen Schaffens Goethes sollte schließlich der zweite Teil des *Faust* bilden, dem er sich in seinen letzten Lebensjahren widmete und den er 1831 zur Vollendung brachte. Die ersten Skizzen und Entwürfe hierzu waren schon nach 1800 entstanden.

Zu Beginn des zweiten Teils findet sich Faust, aus einem heilsamen Schlaf in »anmutiger Gegend« erwacht, am mittelalterlichen Kaiserhof wieder. Den Finanzproblemen der aufwendigen kaiserlichen Hofhaltung hilft Mephisto durch die »Erfindung« des Papiergeldes ab, mit dem sich das Münzgeld unbegrenzt ersetzen läßt. Vor dem versammelten Hofstaat des Kaisers entfaltet sich ein prachtvolles Maskenfest. Der Kaiser verlangt von Faust ein magisches Kunststück: er solle Paris und Helena, die Figuren der griechischen Sagenwelt, leibhaftig herbeizaubern. Faust steigt nun hinab in das »Reich der Mütter«, und es gelingt ihm, Paris und Helena sichtbar zu machen. Faust ist fasziniert von Helenas schöner Gestalt; doch die Erscheinungen lösen sich unter Donner und Lärm auf, als Faust sie berühren will. Mephisto versetzt Faust in sein altes Laboratorium; dort versucht sein ehemaliger Famulus, Wagner, in der Retorte einen künstlichen Menschen zu erzeugen, Homunculus, der Faust auf der sehnsuchtsvollen Suche nach Helena zur »klassischen Walpurgisnacht« in das antike Griechenland führt. In dessen mythischer Landschaft bewegen sich Sirenen, Sphinxe, Nymphen und andere Dämonengestalten der antiken Überlieferung. Goethe löst in der »klassischen Walpurgisnacht« Raum und Zeit in mythischen Bildern auf und führt Faust an den Ursprung alles Lebens, das zeitlos aus der liebenden Vereinigung der Elemente entstand. In diesem Seinsursprung erscheint im dritten Akt Helena als Verkörperung des altgriechischen Schönheitsideals. Faust begegnet ihr als mittelalterlicher Herrscher, der als Ritter um ihre Liebe wirbt. Der Verbindung beider – mittelalterlicher Gelehrsamkeit und antiker Schönheit – entspringt der Sohn Euphorion, der aber bald den Tod findet, weil Schönheit auf Erden nicht von bleibender Dauer sein kann. Helena und Euphorion verwandeln sich in Wolkengestalt. Das Häßliche wandelt sich zum Bösen – hinter der Maske der Phorkyas erscheint Mephisto. Die wundersame Lebensfahrt Fausts findet im letzten Akt des Dramas ihr Ende. Der gealterte Faust will in einer gewaltigen Tat einen Meeresstreifen, den er vom Kaiser erhalten hat, in ein fruchtbares Kulturland wandeln, aber seine technischen Visionen lassen sich nicht ausführen. Er spürt bereits die Boten des Todes. Der vom Prozeß des Alterns gezeichnete, erblindete Faust will noch einmal die Grenzen des Lebens ermessen, doch er merkt nicht, daß ihm die Lemuren bereits sein Grab graben. Mephisto, der immer noch als ironischer und zerstörerischer Schalk die Fäden der Handlung bewegt, triumphiert schon über Faust, da entführen himmli-

Abb. 44: J. W. von Goethe: *Faust II – Schlußverse*

sche Heerscharen das Unsterbliche des Toten. Mephisto hat verloren. Mit den tiefsinnigen Worten eines »Chorus Mysticus«: »Alles Vergängliche, / Ist nur ein Gleichnis; / Das Unzulängliche, / Hier wirds Ereignis; / Das Unbeschreibliche, /Hier ist es getan; / Das Ewig-Weibliche / Zieht uns hinan« endet das umfangreiche Spiel aus Symbolik und humanistischem Bildungsgut.
Der umfassende zeitgeschichtliche Rahmen des Dramas verknüpft Motive der klassischen Antike, Traditionen des mittelalterlichen Mysterienspiels und Gestalten der Historie zu einem vielfältigen Reigen von Anspielungen, Gleichnissen, Symbolen und Allegorien. Faust wird aus seiner individuellen Rolle als Magier und Forscher herausgelöst und als Sinnbild des menschlichen Strebens und der rastlosen Suche nach einem erfüllten Leben hingestellt. In diesem vielseitig ausdeutbaren, oft schwer interpretierbaren Werk hat Goethe viele seiner philosophischen Betrachtungen über den Sinn des menschlichen Daseins und den Lauf der Weltgeschichte zusammengefaßt.

Im Jahre 1816 starb Goethes Gattin Christiane; von nun an lebte er sehr zurückgezogen. Tief angerührt wurde er noch einmal durch die Begegnung mit der 18jährigen Ulrike von Levetzow, die er anläßlich einer Kur in Marienbad kennengelernt hatte. In seiner *Marienbader Elegie* (1823) hat er die Leidenschaft und den Schmerz dieser Tage poetisch verarbeitet.

Seit 1822 hatte er Johann Peter Eckermann zum Mitarbeiter gewonnen, der ihm von nun an bei der Herausgabe seiner Alterswerke half. Viele der Unterredungen mit dem greisen Dichter, auch dessen Altersweisheit und anhaltendes Interesse für Zeit und Gesellschaft, hat Eckermann aufgezeichnet und unter dem Titel *Gespräche mit Goethe in den letzten Jahren seines Lebens* (3 Bände; 1836–1848) herausgegeben. Das Werk gibt Eindrücke über den Tageslauf der letzten Lebensjahre des Dichters wieder und vertieft das Bild des Menschen und Denkers Goethe.

Goethe selbst hielt seinen biographischen Werdegang, die Begegnungen mit Zeitgenossen und Geistesgrößen in seinen Lebenserinnerungen *Aus meinem Leben. Dichtung und Wahrheit* fest, die seit 1811 erschienen und sein Leben bis zur Berufung nach Weimar schildern. In ihnen zeichnet er aus der Distanz des Alters heraus kommentierend ein Bild von sich und seiner Zeit, so, wie er es gern der Nachwelt überliefern wollte. Ein umfangreicher Briefwechsel, der in sorgfältigen Editionen vorliegt, ergänzt den Einblick in Goethes Gedanken. Die ungeheure Produktivität des Schriftstellers, der trotz seiner hohen Staats- und Ministerämter unermüdlich zur Feder gegriffen hatte, wird auch deutlich an der 133 Bände umfassenden, neuerlich wieder aufgelegten »Weimarer Ausgabe« oder »Sophienausgabe«. Als er am 22. März 1832 in Weimar starb, trauerte ganz Europa; der englische Schriftsteller und Historiker Thomas Carlyle schrieb in seinem Nachruf: »So ist denn unser Größter von uns gegangen.« Der anhaltende Nachruhm Goethes erklärt sich vor allem aus der Universalität und Spannweite seines Themen- und Gedankenspektrums. In vielen Lebensjahrzehnten, die von einer immensen Schaffenskraft begleitet waren, hat er ein umfangreiches, von Formenvielfalt, Sprachgewalt und Ideenreichtum geprägtes Gesamtwerk geschaffen, dessen gedanklicher Gehalt bis heute anregend und vielen Autoren wegweisend geblieben ist. Unzählige Schriftsteller und Literaturwissenschaftler hat Goethe beeinflußt und inspiriert; die Bücher, die sich mit dem Dichter und seinen Werken auseinandersetzen, sind nicht zu zählen. Die 1885 gegründete »Goethe-Gesellschaft« pflegt die Diskussion und die Erforschung seines literarischen Gesamtwerks; dies bildete auch in den Jahren der Teilung eine verbindende Klammer zwischen beiden deutschen Staaten. Im Weimarer Goethe-Museum am Frauenplan werden der umfangreiche Nachlaß Goethes, seine Bibliothek von über 6500 Bänden sowie seine Sammlungen – über 11000 Graphiken und Zeichnungen, aber auch Tausende von Mineralien und Porträts – aufbewahrt und wissenschaftlich ausgewertet.

Goethes Elternhaus in Frankfurt am Main, nach dem Zweiten Weltkrieg wieder aufgebaut, ist ebenso Ziel vieler Besucher. Hier fand die Forschungsstelle des »Freien Deutschen Hochstifts« ihren Sitz.

Friedrich Schiller

FRIEDRICH SCHILLER kam am 10. November 1759 in Marbach am Neckar zur Welt, wo sich heute das Schiller-Nationalmuseum befindet. Sein Vater war Johann Caspar Schiller, zeitweilig Feldscher und dann Offizier im Dienst des württembergischen Herzogs Karl Eugen. Nach dem Besuch der Lateinschule sollte der junge Schiller eigentlich ein Theologiestudium absolvieren, doch der Herzog wünschte seine Aufnahme in die »Pflanzschule« auf der Solitude bei Ludwigsburg. Hier fühlte sich Schiller nicht besonders wohl; der Aufenthalt dort wurde für ihn eine Zeit harten militärischen Drills. Schwerpunkte der Ausbildung waren zunächst das Lateinische, später die Jurisprudenz. Aber das heimliche Interesse des Heranwachsenden galt der Literatur, besonders den Oden Klopstockes und den Dramen Gerstenbergs und Lessings. Nach der Verlegung der Akademie nach Stuttgart trat Schiller zur medizinischen Fakultät über; hier führte ihn sein Lehrer Jakob Friedrich Abel in Fragen der Philosophie, Psychologie und Moral ein, die Schiller zunehmend faszinierten.
Nach ersten dichterischen Versuchen schloß er im letzten Jahr seines Aufenthalts auf der »Hohen Carls-Schule« – 1780 war er zum Regimentsmedikus ernannt worden – die Arbeiten an seinem ersten großen Bühnenwerk, dem Drama *Die Räuber* (1781), ab, mit dem er – eigentlich erst sehr spät – an die Sturm-und-Drang-Periode anschloß. Es bildet den Höhepunkt und Ausklang dieser Epoche. Wegen der strengen Zensurbestimmungen erschien der Text zunächst anonym; das Stück konnte aber am 13.1.1782 im liberaleren Mannheim, am dortigen Hof- und Nationaltheater, im Beisein des Autors aufgeführt werden.
Die Anregung zu diesem Drama gewann Schiller aus der Erzählung *Zur Geschichte des menschlichen Herzens* des Dichters Christian Friedrich Daniel Schubart (1739–1791). Im Mittelpunkt des Dramas stehen die Brüder Karl und Franz, Söhne des regierenden Grafen von Moor. Am Beispiel der Hofhaltung Moors stellt Schiller dem Zuschauer die kleinliche und provinzielle Engstirnigkeit deutscher Duodezfürsten vor Augen. Franz Moor wird als hinterlistiger und gemeiner Intrigant dargestellt, der aus Egoismus alles unternimmt, um den Lebensweg seines leichtlebigen Bruders zu zerstören, um sich selbst die Liebe des Vaters und die zukünftige Erbfolge zu sichern. Karl, vermeintlich aus dem Vaterhaus verstoßen, sammelt eine Bande von Räubern um sich, mit deren Hilfe er große Taten vollbringen und sich rächen will.
Die Sympathie der Zuschauer gehört Karl, in dem sich Wut und Verachtung anstauen über das »schlappe Kastratenjahrhundert«, über das Pha-

risäertum und die Heuchelei einer verderbten Oberschicht, deren Korruption und Günstlingswirtschaft. Ein heftiger Gemütsausbruch zeigt das tiefe Verlangen Karls, die Fesseln der Erziehung und des adligen Standes abzustreifen: »Mein Geist dürstet nach Taten, mein Atem nach Freiheit, – Mörder, Räuber! – mit diesem Wort war das Gesetz unter meine Füße gerollt – ... Ich habe keinen Vater mehr, ich habe keine Liebe mehr«, ruft er seinen Räuberkameraden zu, »und Blut und Tod soll mich vergessen lehren, daß mir jemals etwas teuer war!...« Das in der Sturm-und-Drang-Zeit beliebte Thema der feindlichen Brüder wurde von Schiller in einer metaphernreichen, pathetischen Sprache dramatisiert, die den ganzen Überschwang jugendlichen Temperaments einfängt. Die unübersehbare Kritik an den Auswüchsen der feudalistischen Herrschaft zeigte jedermann, daß mit dem Stück durchaus die eigene Gegenwart gemeint war. Das Motto des Titelblatts »In tyrannos« (»Gegen die Tyrannen«) ließ daran keinen Zweifel. Das Mannheimer Publikum verstand die Anspielungen im Stück sehr wohl; die Uraufführung wurde zu einem großen Erfolg. Dem Autor brachten die unerlaubten Reisen in die liberalere Kurpfalz mehrere Wochen Arrest ein; über das Verbot weiterer literarischer Betätigung setzte er sich aber hinweg.

Unter dramatischen Umständen gelang Schiller die Flucht ins benachbarte »Ausland«, zunächst für einige Zeit nach Mannheim und in die Pfalz; schließlich nahm er das Angebot der Frau von Wolzogen an, ihm auf ihrem Landgut Bauerbach bei Meiningen in Thüringen eine Zuflucht zu bieten. Dort fand er für acht Monate Ruhe und Konzentration, um weitere Pläne und Vorarbeiten voranzutreiben.

In seinem bürgerlichen Trauerspiel *Kabale und Liebe*, das 1784 uraufgeführt wurde, geht es wiederum um die intrigante Atmosphäre an den Höfen deutscher Kleinstaaten mit ihren verlogenen Höflingen und ihrer servilen Dienerschaft. Im Kontrast dazu steht das bürgerliche Milieu, das Schiller lebensgetreu in den Blick rückt. Im Mittelpunkt des Geschehens steht Luise Miller, die Tochter eines Musikers, welche durch ihre Zuneigung zu Ferdinand, einem adligen Major, in schwere Konflikte gerät. Der Widerstand der Gesellschaft gegen eine unstandesgemäße Bindung zwischen ihnen verstärkt sich: Der Vater Ferdinands, Präsident eines Kleinstaates, unterbindet mit Hilfe seines Sekretärs, einer zwielichtigen Figur, der Schiller den kennzeichnenden Namen Wurm gab, die Beziehung zwischen Luise und seinem Sohn. Das Drama endet in einem tragischen Verzweiflungsakt; Luise wird zum unschuldigen Opfer der niederträchtigen Kabalen (Intrigen) gegen sie. Ihr gilt das »Mitleiden« der Zuschauer, von dem Schiller 1784 in einer viel beachteten Mannheimer Vorlesung sprach, die später den Titel *Die Schaubühne als eine moralische Anstalt betrachtet* erhielt: »Die Schaubühne führt uns eine mannigfaltige Szene menschlicher Leiden vor. Sie zieht uns künstlich in fremde Bedrängnisse und belohnt uns ... mit wollüstigen Tränen ... sie lehrt uns auch gerechter gegen den Unglückli-

Abb. 45: Titelblatt der ersten Auflage von 1781

Abb. 46: Titelblatt der zweiten Auflage von 1782

chen sein ...« Schillers Ziel, die soziale Wirklichkeit auf der Bühne abzubilden, zeigt sich auch daran, daß in *Kabale und Liebe* Personen bürgerlichen Standes zu den eigentlichen Helden des Dramas werden; folgerichtig ist es in Prosa verfaßt. Berühmt geworden ist die Szene II,2, in der das damals übliche Fürstenrecht, Landeskinder als Soldaten zu verkaufen, durch die Anklage des alten Kammerdieners gegeißelt wird.
Das Bild einer von Freiheit und Menschlichkeit geprägten Gesellschaft entwarf Schiller in seinem nächsten Bühnenstück, *Don Carlos, Infant von Spanien. Ein dramatisches Gedicht* als ersehntes Zukunftsideal. Fünf Jahre lang hatte er an diesem Stück gearbeitet, als er es 1787 abschloß. Zwei Jahre vor der Französischen Revolution setzte er sich hier für ein Zeitalter des brüderlichen Miteinanders und der Liberalisierung des Denkens und der Ideen ein. Der eigentliche Held des historischen Dramas, der Kronprinz Don Carlos, Sohn Philipps II. von Spanien, tritt im Stück hinter dem revolutionären Elan des Marquis von Posa zurück. Die Freundschaft der beiden wird durch eine Kette von Mißverständnis-

sen und Intrigen in eine schwere Krise gestürzt; die Entwicklung des Dramas führt schließlich zum Tod Posas und zum Zerwürfnis zwischen Don Carlos und dem König, der zuletzt seinen eigenen Sohn der Inquisition überliefert. Die zentrale Gesprächsszene zwischen Posa und dem König (III, 10) rückt die Forderung nach Toleranz und Selbstbestimmung des Menschen über sein Denken in den Mittelpunkt, eine Forderung, die zugleich gegen den beherrschenden Einfluß der Kirche auf Staat und Gesellschaft gerichtet war. Schiller greift hier auf die von Rousseau (1762) im *Contrat Social* (I, 6) formulierte These zurück, daß Freiheit des Denkens und Abkehr von jeglichem Glaubenszwang als wichtigste Voraussetzung einer geglückten gesellschaftlichen und staatlichen Ordnung zu gelten habe. Das berühmte Wort, mit dem der Marquis den König bestürmt: »Geben Sie / Die unnatürliche Vergötterung auf, / Die uns vernichtet. Werden Sie uns Muster / Des Ewigen und Wahren ... / Gehn Sie Europens Königen voran ... / Geben Sie / Gedankenfreiheit ...«, wurde noch bei Aufführungen in der Zeit des Dritten Reiches mit solchem Beifall bedacht, daß das Drama schließlich nicht mehr aufgeführt werden durfte. Mit *Don Carlos* hatte Schiller einen entscheidenden Schritt zur »hohen Tragödie« getan. Zum beherrschenden Mittel seiner Bühnensprache wurde nun der Blankvers, der fünfhebige Jambus, in den er die Dialoge einband. Er verlieh ihnen damit eine gewählte und feierliche, eben »klassische« Formung und brachte sie zu besonderer Wirkung.

Seit 1785 hielt sich Schiller, der im Jahr vorher den Weimarer Herzog Karl August kennengelernt hatte und in den Freundeskreis des Juristen Christian Gottfried Körner hineingefunden hatte, in Leipzig auf. Er folgte dem Freund nach Loschwitz und Dresden, wo er sich immer tiefer in historische Themen einarbeitete.

1788 vollendete er seine *Geschichte des Abfalls der Vereinigten Niederlande*, welche ihm Gelegenheit gab, den Kampf der Niederländer um ihre Freiheit in einer sorgfältigen und breit angelegten historischen Untersuchung darzustellen. Das Werk brachte ihm 1789 eine außerplanmäßige Professur für Philosophie in Jena ein, die Schiller aber dazu nutzte, sein Bild und sein Verständnis vom Sinn und Ziel der Geschichte zu formulieren. Seine bis heute gerühmte Antrittsvorlesung stellte er unter die Fragestellung *Was heißt und zu welchem Ende studiert man Universalgeschichte?*. In seiner Antwort unterstreicht Schiller die Bedeutung historischen Forschens; einem lustlos reproduzierenden »Brotgelehrten« stellt er den philosophisch-wachen Forschergeist des neugierigen Entdeckers entgegen, der die Bruchstücke historischer Überlieferung zu einem vernunftmäßig zusammenhängenden Ganzen verknüpft. Ursache und Wirkung zu erkennen, Einsicht zu gewinnen, daß der Gang der Welt einem vernünftigen Zweck unterliege, dieses teleologische Prinzip der Weltgeschichte zu entdecken sei der besondere Sinn des historischen Studiums. Freilich brachte die ehrenvolle Berufung nach Jena ihm noch keine wirkliche Existenzsicherung; so mußte er

sich mit kleineren Arbeiten um ein Auskommen bemühen. Immerhin konnte er nach erneuten historischen Quellenstudien in den Jahren 1791–1793 ein weiteres Geschichtswerk erarbeiten, in dem er der *Geschichte des Dreißigjährigen Krieges* nachging. Hierbei fesselte ihn zunächst die Gestalt Gustav II. Adolfs von Schweden, mehr und mehr aber dessen Gegenspieler Wallenstein. Aus der intensiven Beschäftigung mit dieser Epoche erwuchs sein Plan einer späteren Dramatisierung des Wallenstein-Stoffes.
1790 vermählte er sich mit Charlotte von Lengefeld. Im nächsten Jahr erkrankte er an einer heftigen Lungen- und Rippenfellentzündung, an deren Folgen er in seinen weiteren Lebensjahren sehr zu leiden hatte. Er wandte sich nun verstärkt der Philosophie zu, besonders Fragen der Ethik und Ästhetik. Intensiv setzte er sich mit den Lehren des Philosophen IMMANUEL KANT (1724–1804) auseinander. Dieser hatte im ostpreußischen Königsberg eine Professur für Logik und Metaphysik inne. In seinem umfangreichen philosophischen Hauptwerk *Kritik der reinen Vernunft* entwickelt Kant eine Theorie der Erkenntnis, die die Bedingung der Erkenntnis zu erfassen sucht. Dabei verbindet Kant empirische und rationale Methoden und zeigt, daß jede Erfahrung vom Erkenntnisapparat des Erkennenden abhängig ist. Eine Erkenntnis der vollen Wirklichkeit, des »Ding an sich«, ist nach Kant daher nicht möglich. Für Schiller wegweisend und bestimmend wurde vor allem Kants Werk *Kritik der praktischen Vernunft* (1788), in dem dieser ein sittliches Handeln des Menschen vom Willen abhängig macht. Maßstab des eigenen Handelns müsse der »kategorische Imperativ« sein; die Maxime des eigenen Willens solle jederzeit zugleich als Prinzip einer allgemeinen Gesetzgebung gelten können. Damit erhob Kant das sittliche Handeln zur Pflicht des vernunftbegabten Menschen. Schillers Auseinandersetzung mit den Theorien Kants spiegelt sich in einer Reihe von Schriften zur Philosophie und Kunst, welche er in den folgenden Jahren verfaßte. Schon 1784 hatte er in seiner Mannheimer Vorlesung *(Die Schaubühne als eine moralische Anstalt betrachtet)* dem Theater eine wesensverändernde pädagogische Wirkung zugeschrieben: mit ihm ließen sich »Irrtümer der Erziehung bekämpfen«, die »Meinungen der Nation über Regierung und Regenten zurechtweisen« und heilsame, das Gemüt reinigende Empfindungen auslösen: »Wenn tausend Lasten unsre Seele drücken ... – in dieser künstlichen Welt träumen wir die wirkliche hinweg, wir werden uns selbst wiedergegeben ...«
In seiner Schrift *Über Anmut und Würde* (1793) wandte er sich gegen die Neigung des Menschen, seinen natürlichen Begierden und sinnlichen Trieben nachzugeben; dies empöre den moralischen Sinn und beleidige den ästhetischen: »In einer schönen Seele ist es also, wo Sinnlichkeit und Vernunft, Pflicht und Neigung harmonieren«; wie Anmut der Ausdruck einer schönen Seele sei, so sei Würde der Ausdruck einer erhabenen Gesinnung. 1795 schrieb Schiller seine Abhandlung *Über die ästhetische Erziehung des Menschen in einer Reihe von Briefen.* Die ge-

wählte Form der insgesamt 27 Briefe gab ihm Gelegenheit, den Leser intensiver in seine Gedankengänge einzubeziehen; rhetorische Fragen und anschauliche Beispiele lockern die schwierigen Erörterungen auf. Schiller greift ausdrücklich auf »Kantische Grundsätze« sowie Schriften seines Freundes, des Kant-Schülers und Philosophen Johann Gottlob Fichte (1762–1814) zurück, und er bekräftigt die Forderung nach einem willensstarken Charakter, der die Maßstäbe individuellen Handelns unbedingt den Gesetzen der Vernunft, Sittlichkeit und Ästhetik zu unterwerfen habe. Er entwirft das Bild eines »reinen, idealischen Menschen«, »mit dessen unveränderlicher Einheit ... übereinzustimmen« die große Aufgabe jedes Individuums sei. Immer intensiver entwickelte sich in Schillers Vorstellung das Idealbild eines sittlich-vernunftgemäß handelnden Menschen; aus der »Veredlung des Charakters« könne sich auch die »Verbesserung im Politischen« ergeben. Hierbei komme nun der Kunst und der Dichtung eine wichtige Aufgabe zu. Indem diese dazu beitrügen, die ästhetischen Maßstäbe sowie das Gefühl für Vollkommenheit und Harmonie auszubilden, unterstützten sie die Überwindung der rohen Naturtriebe im Menschen. Das von Schiller entworfene »idealische« Menschenbild orientierte sich immer mehr am Schönheitsideal der klassischen Antike, wie es der griechische Begriff der »Kalokagathie«, der Vereinigung von Schönem und Gutem, zum Ausdruck bringt.

In seiner Abhandlung *Über naive und sentimentalische Dichtung* (1795/96) entwarf Schiller eine Typologie der Dichtung, in der er zwischen dem »naiven« und dem »sentimentalischen« Dichter unterscheidet. Das »Naive der Denkart« verbinde »die kindliche Einfalt mit der kindischen«. Der Dichter sei der »Bewahrer der Natur«; während der naive Dichter unbewußt natürlich empfinde, sei der sentimentalische Dichter auf der Suche nach der reinen Idee: »Dieser reflektiert über den Eindruck, den die Gegenstände auf ihn machen, und nur auf jene Reflexion ist die Rührung gegründet, in die er selbst versetzt wird und uns versetzt.« Hier wird die Wechselbeziehung zwischen dem eigenen Tun und Fühlen des Dichters und der Wirkung auf den Adressaten deutlich gemacht. Schillers hohe Wertschätzung für die bildende Kunst des Altertums und die Poesie der griechischen Antike nahm in diesen Jahren immer stärkere Konturen an und formte sein Menschenbild im Sinne eines klassischen Ideals. Wo der Mensch scheitert, ist dies eine vom Schicksal verhängte oder von der eigenen Unvollkommenheit bestimmte menschliche Tragik.

Ungemein fruchtbar wurde seit Mitte 1794 die enge Zusammenarbeit mit Goethe. Er hatte ihm die Mitarbeit an dem Projekt einer literarischen Zeitschrift »Die Horen« angeboten, die dann allerdings nur von 1795 bis 1797 erscheinen konnte; sie wurde ersetzt durch den alljährlich erscheinenden »Musenalmanach« (1796–1800). Ein Aufenthalt Goethes in Jena und ein Gespräch über die »Urpflanze« während einer Tagung der Naturforschenden Gesellschaft führten die beiden Männer zusammen, die sich bis dahin in eher kühler Distanz gegenübergestanden hatten. Für beide begann nun eine Periode fruchtbarer Schaffenskraft; ein ständiger Gedankenaustausch *(Briefwechsel zwischen Schiller und Goethe)*, in dem beide ihre literarischen Werke einer Wertung unterzogen, Ideen und Anregungen für neue Werke vortrugen, Inszenierungs- und Gestaltungsprobleme sowie grundsätzliche Fragen der Literatur erörterten, beflügelte ihr schriftstellerisches Wirken. »Unsere Sprache ist verschieden, unser Geist ist sich verwandt«, äußerte Schiller gegenüber dem zehn Jahre Älteren. So sind die Briefe auch ein Zeugnis bewußter Freundschaft, gegenseitigen Verständnisses und persönlicher Dankbarkeit. In diesen Jahren verfaßten die beiden Dichter gemeinsam die *Xenien* (1796), Streitverse gegen literarische Gegner und Kritiker in der antiken Form des Distichons. Anregend und beflügelnd wirkte sich auch ihre Hinwendung zu Stoffen der Antike aus und zur Gedichtform der Ballade, in deren Gestaltung sich beide zu übertreffen suchten. Schiller schuf in dieser Zeit der Zusammenarbeit 1797 die berühmten Balladen, die vielen Schülergenerationen als Beispiele klassischer Dichtung vertraut wurden: *Der Taucher, Die Kraniche des Ibykus, Der Kampf mit dem Drachen* und *Die Bürgschaft*. Neben den zahlreichen Balladen hat er auch eine Reihe von lyrischen Gedichten geschrieben, die in seiner unverwechselbaren, typischen Sprache verfaßt sind. Seine unter dem Titel *Anthologie* (1781) herausgegebene Gedichtsammlung trägt noch deutlich die Spuren der Sturm-und-Drang-Zeit. Hier finden sich düstere, schwermütige Texte wie *Eine Leichenphantasie* (vor 1780) oder *Melancholie an Laura*, aber auch gefühlsbetonte Phantasien wie *Die seligen Augenblicke an Laura* oder die Hymne *Der Triumph der Liebe*. Seine späte Lyrik orientiert sich an der klassischen Antike wie *Die Götter Griechenlands* (1788) und *Der Genius* (1795). Stand bei Goethe vorwiegend das eigene Erleben im Vordergrund, so neigte Schiller mehr zu Gedankenlyrik und philosophischen Betrachtungen wie in dem Gedicht *Die Größe der Welt* (1781). Seine späte Lyrik zeigt ihn als einen Dichter, der dem menschlichen Dasein und der geschichtlichen Dimension des Lebens nachsinnt, etwa in den Gedichten *Der Spaziergang* (1795) oder *Das eleusische Fest* (1798). Einzigartig in der Komposition ist *Das Lied von der Glocke* (1799), ein umfangreiches Gedicht, in dem analog zum Schaffensprozeß des Glockengusses und in rhythmischem Wechsel dazu der Werdegang des Menschen und die Nöte der menschlichen Existenz, auf privater wie gesellschaftlicher Ebene, dichterisch gestaltet werden. Das Gedicht ist mit vielen allgemeingültigen Sentenzen und Weisheiten angereichert, die sprichwortartige Verbreitung gefunden haben. Allerdings klingen auch schon distanzierende Äußerungen zu den Erfahrungen der Französischen Revolution und ihren Auswüchsen durch: »Wo rohe Kräfte sinnlos walten, / da kann sich kein Gebild gestalten; / wenn sich die Völker selbst befrein / da kann die Wohlfahrt nicht gedeihn.« Dabei hatte Schiller die Revolution begeistert begrüßt und die Ehrenbürgerschaft der Ersten Republik erhalten.

Um die Jahrhundertwende entstanden Schillers große historische Dramen, unter denen die *Wallenstein*-Trilogie als besonders geschlossene Einheit hervorgehoben werden muß. Seit seiner Auseinandersetzung mit der Geschichte des Dreißigjährigen Krieges hatte ihn die Figur des Feldherrn Wallenstein fasziniert, dessen Aufstieg und Fall ihm ein besonders überzeugendes Beispiel für das tragische Schicksal eines Helden bot. Dem Drama wurde bei der Wiedereröffnung der Schaubühne in Weimar ein Prolog vorangesetzt, in dem Schiller den Bezug zur damaligen Gegenwart herstellte und die künstlerischen Absichten seines Werkes erläuterte. Der erste Teil, *Wallensteins Lager*, am 12. Oktober 1798 im Theater von Weimar zum ersten Mal inszeniert, führt den Zuschauer in die Zeit der religiösen Auseinandersetzungen des 17. Jahrhunderts ein. Im Lager von Pilsen hat sich im Jahr 1634 unter der Fahne des Herzogs von Friedland, Wallenstein, eine bunte Schar von Soldaten aus allen Teilen des Reichs zusammengefunden, die von widerstrebenden Gefühlen hin- und hergerissen wird. Während ein Teil der Soldaten dem Kaiser in Wien treu ergeben ist, folgt eine andere Gruppe in unbedingter Gefolgschaft den Anordnungen Wallensteins, der unter den einfachen und abergläubischen Soldaten einen legendären Ruf hat. Auf die Nachricht, das Heer solle geteilt werden und achttausend Mann sollten in die Niederlande reiten, beschließen die Soldaten, über ihren Oberst, Max Piccolomini, ein Memorandum an Wallenstein zu senden und den Feldherrn ihrer unbedingten Treue zu versichern. Der zweite Teil der Trilogie, *Die Piccolomini*, rückt die Figuren des Generalleutnants Octavio Piccolomini und seines Sohnes Max in den Vordergrund, der unter Wallenstein als Oberst eines Kürassierregiments dient. Zwischen Wallensteins Tochter Thekla und Max Piccolomini hat sich eine Liebesbeziehung angebahnt, durch die dieser noch enger an das Haus des Friedländers gebunden würde. Wallenstein wird im zweiten Aufzug als zaudernder und in seinen Entscheidungen schwankender Feldherr eingeführt, der sich bei seinen strategischen Entscheidungen vom Lauf der Gestirne abhängig macht. Er zögert, dem Rat seines Schwagers, Graf Terzky, und des Feldmarschalls Illo zu folgen und sich mit dem Schwedenkönig zu verbünden. Im dritten Teil der Trilogie, *Wallensteins Tod*, spitzen sich die politischen Zwänge zu. Noch immer hofft Wallenstein auf ein günstiges astrologisches Vorzeichen. In einem langen Monolog (I, 4) wird sein inneres Dilemma sichtbar: »Strafbar erschein ich, und ich kann die Schuld / Wie ichs versuchen mag! nicht von mir wälzen.« Noch kann er seine Soldaten über seine wahren Absichten täuschen; er fleht Max an (II, 2), ihm die Treue zu halten, doch sucht dieser nach einer Aussprache mit Thekla im Konflikt zwischen Wallenstein und seinem Vater mit seinen Kürassieren den Tod in der Schlacht. Der Feldherr, der bis zuletzt vergeblich auf eine Wende gehofft hat und sich schließlich in die Fügungen seines Schicksals ergibt, wird durch Meuchelmörder umgebracht. Octavio aber, dem Wallenstein bis zuletzt vertraute, wird vom Kaiser zum Fürsten erhoben.

Das umfangreiche Dramenwerk, dessen Stoff Schiller länger als ein Jahrzehnt beschäftigt hat, stellt die Figur des Geschichte bewegenden und gestaltenden Feldherrn in den Mittelpunkt. Dieser wird jedoch nicht heroisiert, sondern als tragische Gestalt gezeichnet, die in Entscheidungszwänge hineingetrieben wird und schließlich durch Mord endet. Die faszinierende Gestalt Wallensteins, dessen ausdrucksstarke Monologe die bedeutendsten Schauspieler der Theatergeschichte immer wieder zur Darstellung reizten, fesselt das Publikum gerade deshalb, weil jeder Zuschauer sich, von der Handlung mitgerissen, in die inneren Konflikte der Hauptfiguren Wallenstein und Max hineinversetzen kann und im Sinne der Dramentheorie Lessings Mitleid mit dem tragischen Scheitern Wallensteins empfindet. Die klare, packende Sprache des Dramas und die geschlossene Handlung mit ihrem folgerichtigen Aufbau machen die *Wallenstein*-Trilogie zur herausragenden Dichtung Schillers.

Zwei große Frauengestalten beherrschen das 1799 begonnene und 1800 vollendete Trauerspiel *Maria Stuart*. Hintergrund des Stücks sind die Thronfolgestreitigkeiten am englischen Hof zwischen der regierenden Elisabeth I. und ihrer katholischen Nebenbuhlerin Maria Stuart, der Königin von Schottland, welche 1568 in englische Gefangenschaft geraten war. Höhepunkt des Dramas, in dem Schiller recht frei mit den historischen Fakten umgeht, ist ein scharfzüngiges Rededuell beider Frauen bei einer anscheinend zufälligen Begegnung im königlichen Park. Das selbstbewußte und wagemutige Auftreten Marias der königlichen Rivalin gegenüber vernichtet Marias letzte Chancen auf Begnadigung: das Todesurteil, welches Elisabeth zwar unterschrieben, aber doch nicht zur Vollstreckung freigegeben hat, wird aufgrund eines vorgegebenen Mißverständnisses vollzogen. Elisabeth weist die Verantwortung für die Hinrichtung von sich; ihre Freunde wenden sich von der hartherzigen Königin ab. Sie bleibt in der Schlußszene als gedemütigte und vereinsamte Herrscherin zurück. Marias tragisches Ende wird von Schiller als Ergebnis einer verhängnisvollen Verkettung unglücklicher Umstände im persönlichen und politischen Raum gezeichnet. Zugleich aber wird verdeutlicht, daß Maria selbst schwere Schuld auf sich geladen hat, indem sie ihren ersten Gatten, König Darnley, ermorden ließ und dessen Mörder ehelichte. Damit wird der Stoff, schon 1627 von dem spanischen Dichter Felix Lope de Vega dramatisiert, von Schiller auf die Beziehung zwischen Schuld und Sühne hin gestaltet: Indem Maria ihren Tod als Sühne der alten Schuld akzeptiert, verkörpert sie die Freiheit des einzelnen und die Möglichkeit moralischen Handelns. Der Zuschauer sollte durch das Erleben dieses tragischen Schicksals erschüttert und geläutert werden.

Daß ein historisches Drama sich nicht unbedingt an tatsächliche reale Ereignisse und Abläufe halten muß, sondern eigenen Gesetzmäßigkeiten und bühnenwirksamen Erfordernissen unterliegt, läßt besonders gut auch Schillers Drama *Die Jungfrau von Orleans* (Uraufführung

Abb. 47: Theaterplakat von Bollmann   Abb. 48: Theaterplakat von Ludwig Hohlwein

1801) erkennen. Schiller verwandte als stoffliche Vorlage seiner »romantischen Tragödie« die historischen Ereignisse um die französische Nationalheldin Jeanne d'Arc, die »heilige Johanna«, welche im Hundertjährigen Krieg zwischen England und Frankreich den französischen Truppen zu mehreren Siegen verholfen hatte, aber schließlich, in die Hand der Engländer gefallen, als Hexe auf dem Scheiterhaufen endete. Johannas innerer Kampf zwischen Pflicht und Neigung bildet den zentralen Konflikt des Dramas. Ihre menschlichen Empfindungen für den Gegner Lionel (III, 10) lassen sich nicht in Einklang bringen mit ihrem Gelübde, jeden Feind Frankreichs zu töten. Erst als sie sich selbst ihren Gefühlen widersetzt und sich auf ihren göttlichen Auftrag zurückbesinnt, gewinnt sie ihre Kraft zurück und beweist menschliche Größe. Ihr freiwilliges Opfer erhöht und verklärt sie zu einer tragischen Gestalt. Im Gegensatz zu den Dramen *Wallenstein* und *Maria Stuart* ist der Aufbau dieser Tragödie weniger geschlossen, da die äußeren Abläufe Zeit- und Handlungssprünge enthalten. Schiller unterlegt dem Drama einen romantischen Grundzug, indem er die seelischen Vorgänge in Johanna durch lyrische Passagen unterstreicht. Überirdische Mächte wie der »schwarze Ritter«, bühnenwirksame Arrangements, prächtige Kostüme und effektvolle Zeichen wie Blitz und Donner sowie eine eindrucksvolle

Friedrich Schiller 205

Abb. 49: Theaterplakat von
W. W. Kehrer

Abb. 50: Theaterplakat, Anonym

Verklärungsszene zum Schluß des Dramas unterstreichen die beabsichtigte Wirkung; sie kamen auch der Schaulust der damaligen Theaterbesucher entgegen. Der Stoff wurde später mehrfach dramatisiert: Bernard Shaw schrieb 1923 die ironische Komödie *Die heilige Johanna*; eine neue Deutung gab der Figur Bertolt Brecht in seinem antikapitalistischen Lehrstück *Die heilige Johanna der Schlachthöfe* (1932).
Aus der Beschäftigung mit den antiken Autoren Sophokles und Euripides und dem Versuch, einzelne ihrer Dramen ins Deutsche zu übertragen, erwuchs das Drama *Die Braut von Messina* (1803), das dem Typus des geschlossenen Dramas entsprach und den antiken Sprechchor als dramaturgisches Mittel wiederum auf die Bühne brachte. Die feierlich getragenen Sprechchöre blieben nicht ohne Eindruck, konnten dem Stück aber keine bleibende Wirkung sichern.
Das bühnenwirksamste und wegen seiner großen Volksszenen sehr beliebte Schauspiel *Wilhelm Tell*, welches im Winter 1803/04 entstand und am 17. März 1804 unter der Leitung Goethes in Weimar uraufgeführt wurde, ist bis heute klassische Schullektüre geblieben. In ihm machte Schiller den Kampf der Schweizer Urkantone um ihre Unabhängigkeit vom Haus Habsburg zum Thema. Angesichts der bedrohlichen Machtausweitung Napoleons waren aktuelle zeitpolitische Bezüge nicht zu

übersehen. Das Schauspiel stützte sich auf Darstellungen der Schweizer Geschichte, besonders die Chronik des Ägidius Tschudi (1505–1572). Schiller faszinierte die dramatische Auseinandersetzung zwischen dem Landvogt Geßler und den aufrührerischen, um ihre überkommenen Rechte besorgten Landsleuten, die er aus der Ebene der historischen Fakten ganz »ins Poetische« übertragen wollte. So erweiterte er den historisch verbürgten Kern des Themas um einzelne Gestalten und entwickelte weitere selbständige Handlungsstränge.

Im ersten Aufzug werden die Schweizer Landschaft und der Kampf der Fischer, Hirten und Jäger mit den Naturgewalten vorgestellt. Die Bevölkerung leidet unter der grausamen Despotie des Landvogts Geßler. Im »Rütli-Schwur« des zweiten Aufzugs formiert sich der Widerstand der Landsleute, doch die eigentliche Tell-Handlung entzündet sich an einem Akt der Willkür: Tell, der den auf einer Stange aufgehängten Hut Geßlers, das Symbol der kaiserlichen Herrschaft, mißachtet hat, wird von Geßler gezwungen, mit der Armbrust einen Apfel vom Kopf seines Sohnes zu schießen. Gedanken von Selbsthilfe und Befreiung von der Gewalt bewegen ihn; als sich ihm eine Gelegenheit bietet, lauert er dem kaiserlichen Statthalter auf. In einem langen Monolog (IV, 3) erörtert er seine Motive, bevor er Geßler mit einem Schuß aus der Armbrust tödlich trifft. Triumphierend ruft er aus: »Frei sind die Hütten … du wirst dem Lande nicht mehr schaden.« Als Kontrastfigur wird zuletzt die Person des Johannes Parricida vorgestellt, der als Herzog von Österreich zum Mörder seines Onkels, des Kaisers, wurde. Der »gerechten Notwehr« des Vaters wird die blutige »Wahnsinnstat« des Attentäters gegenübergestellt. An beider Handeln diskutiert Schiller das Widerstandsrecht gegen Tyrannei und Willkür. In der Schlußszene wird Tell von seinen frohlockenden Landsleuten als »Erretter« gefeiert.

Wilhelm Tell erschien im Herbst 1804 bei dem Verleger Cotta in einer beachtlich großen Auflage von 7 000 Exemplaren. Wegen der mutigen Kritik an obrigkeitlicher Willkür, aber auch wegen der großartigen Volksszenen fand das Drama eine außerordentliche Resonanz. Zündende Sätze wie »Eine Grenze hat Tyrannenmacht« gaben Anlaß zu stürmischen Beifallskundgebungen, besonders in den Revolutionsjahren um 1848 und 1989 in der ehemaligen DDR. Tell wurde zur Symbolfigur jedes Befreiungskampfes gegen Unterdrückung und Tyrannei. So ist es nicht verwunderlich, daß das Schauspiel in der Zeit des Nationalsozialismus als Lehrstoff in den Schulen und auf den Bühnen unerwünscht war. Das vielfach als Freilichtspiel inszenierte Schauspiel ist zum Nationaldrama der Schweiz geworden. Der Komponist Gioacchino Rossini vertonte den Stoff 1829 als französische Oper. Zuletzt hat der Erzähler Max Frisch eine neue Deutung der Figur gegeben, indem er die Heroisierung Tells und die Dämonisierung der Figur des Landvogts in seiner Erzählung *Wilhelm Tell für die Schule* (1971) problematisierte.

Pläne zu weiteren Dramen, etwa *Demetrius* oder *Die Malteser*, konnte der von Krankheit schwer gezeichnete Dichter nicht mehr vollenden. Er starb über den Arbeiten am *Demetrius*-Stoff am 9.5.1805 und wurde in Weimar beigesetzt. Seine Dramen eroberten sich im 19.Jahrhundert die Bühne; man spielte sie in Hof- und Stadttheatern, auf Freilichtbühnen und Plätzen immer dann, wenn es um nationale Einheit und Freiheit, um Gesetz und Pflicht, um Ehre und Stolz ging.

Gegenklassiker – Friedrich Hölderlin

Wenn hier sehr unterschiedliche Schriftsteller in einem Abschnitt zusammengefaßt werden, so rechtfertigt sich dies aus ihrem gemeinsamen Schicksal, sich gegen die großen und in Europa bewunderten Dichter Goethe und Schiller behaupten zu müssen, in deren Schatten sie zeitlebens standen. Der von dem Literaturwissenschaftler Fritz Martini verwendete Begriff »gegenklassische Dichtung« bringt zum Ausdruck, wie mühsam es für sie war, eigene Wege und Formgestaltungen zu finden, dabei aber die geistige Fülle und das wegweisende Ideengut der Klassik aufzugreifen und fruchtbar zu machen.

Als einer der bedeutendsten Lyriker um die Wende vom 18. zum 19.Jahrhundert gilt der in Lauffen am Neckar geborene JOHANN CHRISTIAN FRIEDRICH HÖLDERLIN (1770–1843). Sein Vater, Jurist und Beamter in den Diensten des Herzogtums, starb zwei Jahre nach der Geburt des Sohnes; im Alter von neun Jahren verlor er auch seinen zweiten Vater, den Bürgermeister von Nürtingen. Die Mutter, welche aus einer Pfarrersfamilie stammte, hatte für ihren Sohn den Beruf des Pfarrers vorgesehen. So wurde dieser in den pietistisch geprägten Internatsschulen von Denkendorf und Maulbronn erzogen und schließlich im Tübinger Stift ausgebildet, wo er evangelische Theologie studierte; hier freundete er sich mit Hegel und Schelling an, hier schrieb er auch seine ersten lyrischen Texte, die er seit 1791 in literarischen Journalen und Anthologien wie Schillers »Musen-Almanach auf das Jahr 1792« veröffentlichte und die ihm erste Anerkennung brachten. Unter den jungen Leuten im Stift löste die politische Entwicklung im revolutionären Frankreich große Anteilnahme und aufrührerische Begeisterung aus; man traf sich in kleinen Gruppen, um den Sturm auf die Bastille zu feiern und jakobinisches Gedankengut auszutauschen. Auch die Lektüre philosophischer Texte von Kant, Leibniz und Spinoza blieb nicht ohne Einfluß auf Hölderlin, bei dem sich allmählich die Zweifel mehrten, ob der Pfarrersberuf wirklich zu dem ihm vorgezeichneten Lebensweg werden sollte. Größere Neigung hatte er zu einem juristischen Tätigkeitsfeld. Schließlich nahm er im Dezember 1793, als sich auf Empfehlung Schillers eine Gelegenheit zu größerer Unabhängigkeit bot, eine Stelle als Hofmeister auf Schloß Waltershausen in Thüringen an, und zwar bei der mit Schiller befreundeten Charlotte von Kalb.

Die Zeit als Hauslehrer in Waltershausen brachte Hölderlin jedoch nicht die erhofften pädagogischen Erfolge; Anfang 1795 trennte er sich von dort und siedelte nach Jena über, wo er Kontakte zu Schiller knüpfte, der ihm eine Mitarbeit an seiner Zeitschrift »Die Horen« anbot und ihm für weitere Veröffentlichungen den Weg ebnete. Mit großem Interesse besuchte Hölderlin auch die Vorlesungen des Philosophen Johann Gottlieb Fichte (1762–1814). Schiller, der den Werdegang des jungen Mannes zunächst recht wohlwollend begleitet hatte, wandte sich später von ihm ab. Der Ältere hatte Einwände gegen den Sprachstil des Jüngeren, den er als weitschweifig und schwülstig empfand. In einem Brief an Goethe vom 30.Juni 1797 kritisierte er Hölderlins »heftige Subjektivität«; bei anderer Gelegenheit nannte er ihn »subjektivistisch« und »überspannt«, wobei er auch darauf verwies, daß Hölderlin ihn an die eigene Dichtung erinnere.

Ende Mai 1795 verließ Hölderlin überraschend Jena; zum Jahreswechsel übernahm er eine Stelle als Erzieher im Hause des Frankfurter Bankiers Jakob Gontard, eines hugenottischen Patriziers, dessen Lebensstil und gesellschaftliche Verbindungen ihm jedoch wenig gefielen. Im Hause seines Schülers verliebte er sich bald in dessen Mutter Susette, die er schwärmerisch verehrte.

Unter einem von Platon entlehnten Namen widmete er Susette Gontard eine Reihe von Gedichten (*Diotima, An Diotima, Menons Klagen um Diotima*); er machte sie auch zur Leitfigur seines von Heinses *Ardinghello* beeinflußten zweibändigen lyrischen Briefromans *Hyperion oder der Eremit in Griechenland* (1797–1799), den er in Tübingen begonnen, aber erst auf Gut Waltershausen ausgestaltet hatte.

Der junge Grieche Hyperion schreibt aus der Erinnerung an einen fiktiven deutschen Leser, Bellarmin, und entwickelt so seine Empfindungen und Reflexionen, in die Hölderlin seine Weltsicht und sein Menschenbild einfließen ließ. Der Roman beginnt mit der Rückkehr Hyperions in sein Vaterland; nach vielen unglücklichen Erfahrungen und Enttäuschungen einsam geworden, öffnet sich Hyperion der Vision einer universalen Einheit von Mensch und Natur. »Eines zu sein mit allem, was lebt, in seliger Selbstvergessenheit wiederzukehren ins All der Natur, das ist der Gipfel der Gedanken und Freuden …« Aus den Briefen an Bellarmin entfaltet sich vor dem Leser in romantischen und sehnsuchtsvollen Bildern die Landschaft Griechenlands. Hyperion schildert seine Jugendjahre und seinen Aufbruch nach Smyrna, wo er dem Jüngling Alabanda begegnet und sich mit ihm in schwärmerischen Gesprächen an der Freundschaft und an der Schönheit und Kultur seines griechischen Vaterlandes berauscht. Aber im Innern ist er unglücklich und zerrissen. Auf Kalaurea lernt er Diotima kennen, deren Schönheit ihn überwältigt; in beseligter Stimmung kommt er ihr bald näher; der »Stolz, der allbegeisterte Glaube, von Diotima geliebt zu sein«, wechselt mit Phasen der Niedergeschlagenheit und Verzweiflung. »Es ist eine bessere Zeit, die suchst du, eine schönere Welt«, muß er sich von Diotima sagen lassen. In zahlreichen Briefen schildert Hyperion sein namenloses Verlangen und seine seelischen Qualen. Ein Brief Alabandas ruft ihn aus seiner Traumwelt zurück in die kriegerische Realität; er muß sich von Diotima trennen und in den Kampf ziehen, der Griechenland Freiheit und Unabhängigkeit von den Türken bringen, aber zugleich der Schönheit einen »Freistaat« gewinnen soll. In tiefer Bestürzung erfährt er schließlich vom Tod Diotimas und fühlt sich von nun an als Fremdling unter den Menschen.

Der Briefroman, dessen autobiographische Bezüge, aber auch zeitgeschichtliche Parallelen nicht zu übersehen sind, suchte die Verbindung zum antiken Griechentum und seiner Kultur, welche für Hölderlin Freiheit und menschliche Entfaltung symbolisierte. In ihm finden sich die Grundgedanken seines Schaffens, die Ideale von Freiheit, Freundschaft und Liebe sowie die Verherrlichung der Natur und der universalen Schöpfung.

Hölderlins Lebensweg wurde nach 1800 von dem Ausbruch einer schweren Gemütskrankheit überschattet; er führte nach 1800 ein unruhiges Wanderleben, das ihn für kurze Zeit nach Bordeaux brachte, wo er noch einmal eine Hofmeisterstelle übernahm. Nach plötzlichem Aufbruch traf er 1802 wieder in Tübingen ein. Hier traf ihn die Nachricht vom Tod Susette Gontards tief. Es entstanden zwar noch eine Reihe von lyrischen Texten, seine Lebenskraft war jedoch gebrochen. In einem am

Abb. 51: Der *Hölderlinturm* in Tübingen – Aquarell, möglicherweise von Ernst Zimmer

Neckar gelegenen Turmzimmer verbrachte er bei einem Tübinger Tischlermeister fast vierzig Jahre seines Lebens in – wie es scheint – geistiger Umnachtung und tiefer Isolation. Der französische Forscher Pierre Bertaux stellte vor einigen Jahren die These auf, die Gemütskrankheit Hölderlins sei von diesem nur vorgespiegelt worden, weil er sich in seiner Zeit nicht mehr zurechtgefunden habe.

In einer eigenartigen lyrischen Sprache verfaßt, von Melancholie und Schmerz durchdrungen sind Hölderlins Gedichte. Manche seiner Texte sind religiös geprägt, fast alle in einem eigenwilligen Versmaß nach antiken Vorbildern gestaltet, von formaler Strenge und klarer Rhythmik, vielfach aber auch von einem uns heute fremden Pathos. Er lebte sich in die Wirkung antiker Rhythmen ein und gestaltete seine Verse in Strophenformen der Griechen. Besonders geliebt hat Hölderlin die von Klopstock neu belebten Formen der Hymne, der Elegie und der Ode.

In seinen Hymnen beschwört er die Werte der Freundschaft, der Liebe, der Schönheit und der Harmonie. Dem »Genius der Kühnheit« widmete er eine Hymne, in der er die Traditionen und Mythen des antiken Griechenlands verherrlicht. In der *Hymne an die Menschheit* preist er die Begeisterung des Jünglings für die Tradition der Väter und für die Freiheit des Vaterlandes.

Vom jakobinischen Geist der Französischen Revolution beflügelt, mit der er seit seiner Ausbildung in Tübingen sympathisierte, sind die Fassungen seiner *Hymne an die Freiheit*, welche die Verheißungen einer neuen Zeit preisen: »Modert, Knechte! freie Tage steigen / Lächelnd über Euren Gräbern auf.«

Die meisten Oden Hölderlins entstanden zeitgleich zum *Hyperion*; ihnen gab er vielfach eine antithetische, polarisierende Gestalt; neben kurzen Oden wie *(Ehmals und Jetzt)* finden sich auch längere Texte, die von einem patriotischen und kämpferischen Geist geprägt sind. Seine Oden *Der Tod fürs Vaterland* und *Gesang der Deutschen* wurden in kriegsbegeisterten Jahren, vor allem während des Ersten Weltkrigs, aber auch im Dritten Reich, zur patriotischen Erziehung der jungen Generation benutzt und damit gegen ihre ursprüngliche Absicht interpretiert.

Die wenigen Elegien Hölderlins entstanden überwiegend im Jahr 1800; *Menons Klagen um Diotima* knüpft noch einmal an den *Hyperion*-Roman an; Trauer- und Totenklage gelten zugleich dem Tod der Geliebten wie den für immer versunkenen Idealen der Antike. Hier, in den Elegien, läßt sich die große Nähe Hölderlins zur Weimarer Klassik besonders erkennen.

Hölderlins Versuch, auch eine dramatische Dichtung zu gestalten, spiegelt sich in der mehrfach überarbeiteten Dichtung *Der Tod des Empedokles*. Von dem auf fünf Akte angelegten Trauerspiel über den sizilianischen Naturphilosophen konnte er jedoch nur verschiedene Szenenentwürfe vollenden; ebenfalls scheiterte seine Idee, eine philosophisch-literarische Zeitschrift herauszugeben. Von bleibender Bedeutung sind

Hölderlins Übertragungen antiker Texte. So übersetzte er Hymnen und Oden des griechischen Lyrikers Pindaros und Texte aus den Dramen des Sophokles in freier Übertragung ins Deutsche. In unserem Jahrhundert schuf der Komponist Carl Orff (1895–1982) in Anlehnung an diese Texte Hölderlins seine Opern »*Antigonae*« (1949) und »*Oedipus der Tyrann*« (1959).

Jean Paul

Johann Paul Friedrich Richter – JEAN PAUL nannte er sich später aus tiefer Verehrung für Jean-Jacques Rousseau – wurde am 21. März 1763 als Sohn des Hilfspfarrers in Wunsiedel geboren und wuchs im Pfarrhof von Joditz und Schwarzenbach, wo der Vater später Pfarrer und Organist war, in ärmlichen Verhältnissen auf. Im Elternhaus erhielt er Unterricht in der lateinischen Grammatik und im Katechismus; wißbegierig las er außerdem alles, was er – vor allem in der Bibliothek des Pfarrers von Rehau – finden konnte: pietistische Erbauungsliteratur, Empfindsamkeitsschilderungen, Aufklärungsphilosophie, auch Schauerromane. Er exzerpierte lange Passagen aus der Lektüre; als er 1779 nach dem Tode des Vaters das Gymnasium in Hof besuchte, brachte er mehr als zehn Exzerpthefte als Beleg seiner vielseitigen Lektüre mit. 1781 begann er ein Theologiestudium an der Universität Leipzig, ging aber konsequent seinen schriftstellerischen Neigungen nach in der Hoffnung, seinen bescheidenen Lebensunterhalt durch einen literarischen Erfolg aufbessern zu können. Es gelang ihm, den Berliner Verleger Voß für den Druck des Textes *Grönländische Prozesse oder satirische Skizzen* (1783) zu gewinnen. Das Buch fand zwar keine Resonanz beim Publikum, zeigte aber schon, daß der junge Autor humorvoll und unterhaltsam zu erzählen verstand, wobei er bei mancher Gelegenheit kritische Seitenhiebe gegen die Mitmenschen austeilte. Über das humorvoll-empfindsame Spiel literarischer Darstellung hinaus wurden zwei Themenbereiche für seine Weltsicht wesentlich: die Liebe zu allem Kreatürlichen, zum Leben um des Lebens willen, sowie der Tod, den er von Jugend an im Verwandten- und Freundeskreis miterlebt hatte. Am 15. November 1790 notierte er in sein Tagebuch: »Wichtigster Abend meines Lebens: denn ich empfand den Gedanken des Todes, daß es schlechterdings kein Unterschied ist, ob ich morgen oder in 30 Jahren sterbe, daß alle Pläne und alles mir dahinschwindet und ich die armen Menschen lieben solt, die sobald mit ihrem Bisgen Leben niedersinken.« Dichten wird für Jean Paul zur Aufgabe, dem Mitmenschen das Leben zu erleichtern, ihn zu erfreuen und zu lieben. Weil der Mensch vergänglich ist, bleibt er auf die Ewigkeit der Liebe verwiesen, sie wird zum Erkenntnisorgan und schafft sich die Idylle als angemessene Literaturform. Jean Paul erläutert sie in der theoretischen Schrift *Vorschule der Ästhetik* (1804), in Abgrenzung gegen das Trauer- und Lustspiel, metaphernreich als »epische Darstellung des Vollglücks der Beschränkung«. Die Welt der Kleinbürger und ihre beschaulich-provinzielle Lebensweise machte er, an die Tradition der englischen Erzähler Henry Fielding und Laurence Sterne anknüpfend, zum Gegenstand seiner Romane und Erzählungen, wobei er bald seinen eigenen, unverwechselbaren Stil fand: Bonmots, Wortverdrehungen, Sprachspielereien und skurrile Exkurse fügte er, ohne Rücksicht auf die Handlung, unter Überschriften wie »Jobelperioden«, »Hundposttag«, »Extrablättchen«, »Sektoren« und »Ausläuten« in seine Werke ein; Anagramm und Palindrom, Chiasmus und Klimax, Personifikation und Hypotaxe, Anspielungen und Zitate sind die Stilmittel, die seine »fließenden Figuren« zwischen dem Heroischen und der Idylle charakterisieren.

Seit 1790 hatte Jean Paul eine Stelle als Lehrer in Schwarzenbach. Hier entstand, in wenigen Tagen geschrieben, *Leben des vergnügten Schulmeisterleins Maria Wuz in Auenthal* (1791). Eine Art Idylle als Anhang und Kontrast zu dem unvollendeten Roman *Die unsichtbare Loge*. Jean Paul zeichnet hier im Gegensatz zu den hohen heroischen Gestalten des Romans das Leben eines kauzigen Dorfschulmeisters nach, der sich seine eigene Bibliothek aus vielen Werken zusammenschreibt, ständig Selbstgespräche führt und einem guten Tropfen Wein nie abgeneigt ist. Es wird deutlich, daß Jean Paul hier autobiographische Details verwertet, nicht zuletzt den Versuch, mit fünf jungen Damen, die er gleichermaßen liebte, eine »erotische Akademie« zu gründen und sie mit der »Tutti- oder Zugleichliebe« zu verwöhnen. Eines seiner wichtigsten Werke ist ein Roman, dessen barock formulierter Titel lautet: *Blumen-, Frucht- und Dornenstücke oder Ehestand, Tod und Hochzeit des Armenadvokaten F. St. Siebenkäs im Reichsmarktflecken Kuhschnappel* (1796). Der Leser erlebt die von Zank und Streit erfüllten Ehejahre des Paares Siebenkäs mit; die zahlreichen komischen Situationen und Verwicklungen gipfeln im Scheintod und dem anschließenden Scheinbegräbnis des Mannes, das die Ehepein beendet und beiden Partnern die Möglichkeit gibt, eine neue Bindung einzugehen. Die in den Roman eingearbeitete *Rede des toten Christus vom Weltgebäude herab, daß kein Gott sei* nimmt manches von der Existenzkrise des modernen Menschen voraus und hat Schriftsteller wie Victor Hugo und Fjodor Dostojewski sowie Philosophen wie Friedrich Nietzsche und Sören Kierkegaard beeindruckt.

In den Jahren zwischen 1796 und 1801 besuchte Jean Paul zahlreiche Residenzstädte Deutschlands und kam nach einer Einladung durch Charlotte von Kalb auch nach Weimar, wo er sich vorübergehend niederließ. Goethe hatte den Roman *Hesperus oder 45 Hundposttage. Eine Lebensbeschreibung* (1795) als »Tragelaph von der ersten Sorte« bereits eingeführt, doch weder er noch der »felsige Schiller, dessen Nase wie ein Blitz« in Jean Paul einschlug, erkannten die literarische Qualität der Werke. Andererseits fand auch der Neuankömmling keinen Weg zu den Klassikern, die er zwar verehrte, deren überzogene Egozentrik er aber verspottete. Nach Aufenthalten in Leipzig und Halberstadt vollendete er in Weimar den Roman *Titan* (1798), in dem er sich mit seinem Leben ebenso auseinandersetzte wie mit der klassischen Dichtung und der zeitgenössischen Philosophie. In der Gestalt des Gelehrten Schoppe zeichnet er das Bild des innerlich gespaltenen Menschen der Moderne, in der unnahbaren Ethik der Idoine parodierte er das Humanitätsideal der Klassik, wie es Goethes Drama *Iphigenie auf Tauris* proklamiert hatte, und mit dem Einschub »Clavis Fichtiana« nahm er die romantische Identitätsphilosophie vorweg und zeigte den bedrohenden Einfluß Fichtes auf empfindsam eigenständige Persönlichkeiten.

In Berlin lernte Jean Paul 1800 seine spätere Frau Karoline kennen; nach verschiedenen Zwischenstationen ließ sich die Familie endgültig in Bayreuth nieder. Dort entstand der Roman *Flegeljahre, eine Biographie* (1805), der allerdings Fragment blieb. Entscheidend für das Geschehen sind, an die Sturm-und-Drang-Epoche erinnernd, die gegensätzlich angelegten Charaktere der Zwillingsbrüder Walt und Vult: der eine verträumt und schwärmerisch, der andere sachbezogen und welterfahren. Das Testament eines reichen Sonderlings ermöglicht den beiden, die Welt kennenzulernen und Erfahrungen zu sammeln. In beiden Figuren verdeutlichte der Autor wiederum eigene Wesenszüge und eigene Lebenserfahrungen, er gestaltete vor allem das Spannungsverhältnis zwischen Wunschträumen und Erfahrungswirklichkeit.

Neben den Romanen verfaßte Jean Paul zahlreiche kleinere Erzählungen, zeitkritische Satiren sowie lange Zeit vergessene, heute aber wieder beachtete politische Schriften wie die *Friedenspredigt an Deutschland* (1808). Seine künstlerischen und philosophischen Gedanken legte er in theoretischen Schriften nieder – in der *Vorschule der Ästhetik* (1804) verteidigte er seine literarischen Überzeugungen gegen die Kritik Friedrich Schlegels, in *Levana oder Erziehlehre* (1807) faßte er seine pädagogischen Vorstellungen zusammen. Beide Werke wirkten entscheidend auf die Kunstlehre des 19. Jahrhunderts und gaben die Gedanken Rousseaus an Romantik und Realismus weiter. Erzähler wie Stifter, Mörike, Keller oder Raabe haben seine Romane geschätzt, selbst ein moderner Autor wie Arno Schmidt sah in ihm sein Vorbild. Als Jean Paul am 14. November 1825 starb, war er geehrt und anerkannt, erfolgreich und akzeptiert wie kaum ein Zeitgenosse. Nichts macht seine Sonderstellung gegenüber der Klassik so deutlich wie folgende Anekdote: 1825 schrieb eine Dame, die in Goethes Haus zu Besuch weilte, dem siebenjährigen Enkel des Dichters Worte Jean Pauls ins Stammbuch: »Der Mensch hat dritthalbe Minuten: eine zu lächeln, eine zu seufzen und eine halbe zu lieben; denn mitten in dieser Minute stirbt er.« Goethe schrieb aufbrausend hinter diese Zeilen: »Ihrer sechzig hat die Stunde, / Über tausend hat der Tag. / Söhnchen! Werde dir die Kunde, / Was man alles leisten mag.«

Heinrich von Kleist

HEINRICH VON KLEIST wurde am 18. Oktober 1777 in Frankfurt an der Oder geboren. Dem Vorbild des früh verstorbenen Vaters und der Tradition der Familie folgend, trat er 1792 in das Garderegiment Potsdam ein und nahm sofort an dem Rheinfeldzug gegen das revolutionäre Frankreich teil. Obwohl er 1797 zum Leutnant befördert wurde, fand er keinen Zugang zum Soldatenleben und dem strengen Reglement des militärischen Dienstes. So nahm er 1799 seinen Abschied und begann ein Studium der Kameralistik (Verwaltungslehre) und Jurisprudenz in seiner Geburtsstadt. Ruhelose Reisen durch Deutschland, nach Frankreich und in die Schweiz prägten die folgenden Jahre; sie konnten aber das Selbstbewußtsein des jungen Autors nicht stärken, zumal eine Liebesbeziehung zu Wilhelmine von Zenge unglücklich endete. Unsicherheit über die berufliche Entwicklung und den Erfolg seiner ersten literarischen Arbeiten bewirkte, daß Kleist schon 1803 Selbstmordgedanken äußerte. Anfang Mai 1805 ging er als Diätar an die Domänenkammer nach Königsberg, gab aber schon ein Jahr später die Beamtenlaufbahn endgültig auf. Der Zusammenbruch des Deutschen Reiches (1806) und die demütigende Niederlage Preußens gegen Napoleon verschärften die persönliche Krise, sein Gesundheitszustand verschlechterte sich zusehends. Die Uraufführung seiner Komödie *Der zerbrochne Krug*, die man in Weimar einrichtete, wurde durch Goethes dramaturgische Bearbeitung ein eklatanter Mißerfolg, auch die Herausgabe der Zeitschrift »Phoebus« (1808) und der Zeitung »Berliner Abendblätter« (1810/11) erwies sich als Fehlschlag. Enttäuscht und verbittert beging Kleist am 21. November 1811 gemeinsam mit seiner unheilbar erkrankten Freundin Henriette Vogel Selbstmord am Wannsee bei Berlin. Der Tragik dieses Lebensweges widmete der marxistische Literatursoziologe Georg Lukács einen Essay, die Begleitumstände seines Todes machte Günter Kunert zum Thema des Hörspiel *Ein anderer K.* (1977). Schon die biographischen Fakten, vor allem aber die Lektüre seiner zahlreichen Briefe zeigen, daß Kleist ein unsteter, zerrissener, an den an sich selbst gestellten absoluten Anforderungen immer wieder scheiternder Mensch war, der fast pathologische Züge aufweist. Sein Gesamtwerk ist nur schwer einzuordnen; Elemente der Sturm-und-Drang-Zeit der Klassik und der Romantik finden sich in eigenständiger und faszinierender Mischung. Auffällig ist die Absolutheit des Gefühls, die seine Figuren bestimmt und die in extremen Situationen zur Bewährung steht und häufig zu ungeahnten Katastrophen führt. Das wird schon an dem Lustspiel *Der zerbrochne Krug* (1806) deutlich, das bis heute sein bekanntestes Werk geblieben ist. Der Einakter ist ein analytisches Drama, in dem das auslösende Ereignis schon geschehen ist und nun als Vorgeschichte zu entdecken bleibt. Die Handlung spielt in Huisum, einem niederländischen Dorf bei Utrecht. Der klumpfüßige Dorfrichter Adam hatte sich dort in die Kammer des Bauernmädchens Eve geschlichen,

um es zu verführen. Als Eves Bräutigam Ruprecht an die Türe klopfte und Einlaß begehrte, mußte Adam durch das Fenster fliehen, zerbrach dabei einen kostbaren Krug und verlor seine Perücke im Weinspalier des Hauses. Die eigentliche Handlung des Stückes beginnt, als Eves Mutter Frau Marthe zum Dorfrichter kommt, um gegen den »Krugzertrümmrer« zu klagen. Die Situation spitzt sich zu, als der Gerichtsrat Walter unangemeldet eintrifft, um die Gerichtsbarkeit in Huisum zu überprüfen. Unter seiner Aufsicht und angesichts der spitzfindigen Bemerkungen des Schreibers Licht ist Adam gezwungen, zu lügen und die Tatsachen zu verdrehen; er verstrickt sich immer mehr in seine Ausflüchte und kann die Entdeckung der Wahrheit doch nicht aufhalten. Am Ende flieht er aus dem Dorf.
Der metaphernreiche Dialog des Lustspiels enthält Wortspiele, komische Effekte und überraschende Formulierungen, die Lügen und Ausreden des Richters sorgen für Überraschung und Spannung. Dennoch hat das Stück einen ernsten Hintergrund – Kleist verweist nicht ohne Grund in der »Vorrede« zur Entstehung auf Ödipus zurück: Es geht um Recht und Unrecht, Sein und Schein, Treue und Verrat, Schuld und Sühne. Auch die Symbolik der Namen weist auf eine tiefere Sinngebung: Adam und Eve erinnern an das erste Menschenpaar im Paradies, der Schreiber bringt »Licht« in den Prozeß, der Gerichtsrat fungiert als »Walter« des Rechts. Die Uraufführung des Werkes in Weimar betreute Goethe selbst, den Kleist bewunderte und demütig anschrieb. Er zerteilte die spannende Handlung durch Pausen und fand auch keinen überzeugenden Hauptdarsteller; dadurch erklärt sich der Mißerfolg, der Kleist verbitterte und innerlich von Weimar trennte. Das berühmte Epigramm *Herr von Goethe* beweist das: »Siehe, das nenn ich doch würdig, fürwahr, sich im Alter beschäft'gen! Er zerlegt jetzt den Strahl, den seine Jugend sonst warf.«
Außerordentliche Situationen, die den Menschen in Extreme führen, zeigen auch die folgenden Dramen. In der Tragödie *Penthesilea* (1807) tötet die Amazonenkönigin den griechischen Gegner Achill, den sie liebt, in einem wilden Kampf, wirft sich dann über ihn und schlägt Zähne und Fingernägel in seine Brust, bevor sie sich durch »ein vernichtendes Gefühl«, das in ihrem Inneren entsteht, tötet. In dem »Lustspiel nach Moliere« mit dem Titel *Amphitryon* (1807) erscheint der Gott Jupiter in der Gestalt des griechischen Feldherrn Amphitryon, um Alkmene zu gewinnen. In der Reinheit ihrer Liebe spürt sie Unfaßbares, wird mehr und mehr in Verwirrung und Verzweiflung getrieben, so daß ihre letzte Äußerung – gleichzeitig auch der Schluß des Dramas – wie tiefe Resignation und Betroffenheit klingt: »Ach.« In dem Ritterschauspiel *Das Käthchen von Heilbronn oder die Feuerprobe* (1808) folgt das Bürgermädchen Käthchen dem Grafen Wetter vom Strahl, seitdem sie ihn das erste Mal erblickte. Obwohl er sie beschimpft und demütigt, bleibt sie bei ihm, bis sie am Ende als Tochter des Kaisers erkannt wird und den Grafen heiraten kann. Die besonders in der Nebenhandlung

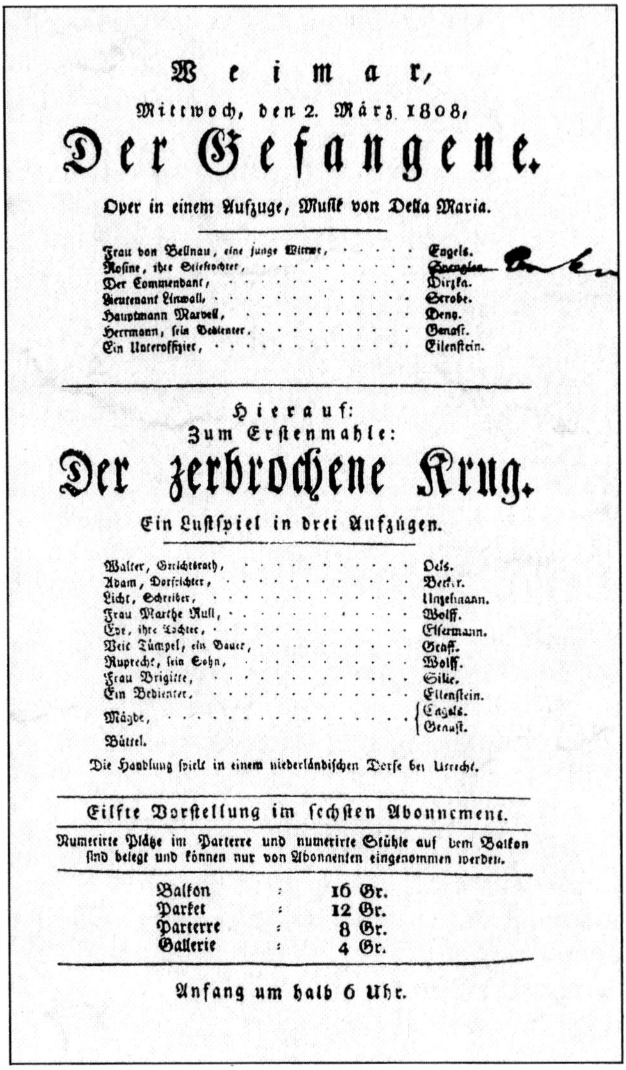

Abb. 52: Theaterzettel der Uraufführung vom 2. März 1808

um Kunigunde von Thurneck triviale Handlung und viele märchenhafte Szenen kamen dem Schaubedürfnis des Theaterpublikums entgegen, die Dialoge enthalten neben dem von Kleist bevorzugten Blankvers auch Prosa. Das bis heute wenig bekannte und selten gespielte Drama *Die Hermannsschlacht* (1808) ist vor dem Hintergrund der damaligen Geschichte zu sehen. In dem Gegensatz von Römern und Germanen spiegelt Kleist den Gegensatz von Preußen und Frankreich. Wenn Marbod im letzten Auftritt ausruft:»Heil, ruf ich, Hermann, dir, dem Retter von Germanien ... / Das Vaterland muß einen Herrscher haben ...«, so verstand der Autor dies nicht nur als Aufruf zur deutschen Einigung, sondern auch als politisches Fanal zur Befreiung von der Herrschaft Napoleons.

Kleists letztes Drama *Prinz Friedrich von Homburg* (1811) stellt das Schicksal des jungen preußischen Heerführers dar, der in der entscheidenden Schlacht bei Fehrbellin, entgegen den Befehlen des Großen Kurfürsten, vorzeitig in den Kampf eingreift und der Reiterei den Angriff auf die Schweden befiehlt. Durch sein eigenmächtiges Handeln erringt er zwar den wichtigen Sieg, hat jedoch gegen militärische Disziplin und Ordnung verstoßen. Ein Kriegsgericht verurteilt ihn zum Tode, der Kurfürst bestätigt das Urteil. Nach flehentlichen Bitten des Prinzen, der sein offenes Grab gesehen hat, bittet Natalie, die Nichte des Kurfürsten, ihren Onkel um Gnade. Kurfürst Friedrich ist bereit, Homburg zu begnadigen, stellt aber eine Bedingung: der Verurteilte muß das Urteil für falsch halten. Dadurch findet der Prinz zu sich selbst, er fügt sich der höheren Ordnung der staatlichen Gemeinschaft, die Vorrang vor der individuellen Freiheit haben muß:
»Ich will das heilige Gesetz des Kriegs, / Das ich verletzt im Angesicht des Heers, / Durch einen freien Tod verherrlichen.« Der Kurfürst zollt dieser Haltung Respekt und begnadigt ihn. Kleists Hoffnung, mit diesem »vaterländischen Schauspiel« Anerkennung zu finden, erfüllt sich nicht. Ein brandenburgisch-preußischer Prinz, der als mondsüchtiger Träumer und – in der Szene III, 5 – als vor dem Tode zurückschreckender Feigling dargestellt war, mißfiel den Kritikern, die sich an der heroischen Größe des Heldentums orientierten. Das Stück kam erst 1821 nach großen Widerständen im Burgtheater in Wien zur Aufführung, ging jedoch im »Lachen und Zischen« des Publikums unter. Weitere Aufführungen wurden wegen angeblich demoralisierender Wirkung auf die Armee verboten; Friedrich Wilhelm III. befahl 1828, daß dieses Werk »niemals wieder gegeben werden soll«. Nach 1945 haben provozierende Inszenierungen im Schillertheater Berlin, im Deutschen Schauspielhaus Hamburg und am Staatstheater Wiesbaden die Aktualität des Werkes bewiesen.

Die extremen Bewährungssituationen der Dramen finden sich auch in den Novellen und Anekdoten. Kleist schrieb spannende, äußerst konzentriert formulierte Prosatexte, die seine eigenwillige Diktion besonders gut erkennen lassen. Er bevorzugte verschachtelte, durch Einschübe und Ergänzungen ausgeweitete Satzkonstruktionen, deren Gedankenführung nicht immer leicht zu verfolgen ist, wie die bekannte *Anekdote aus dem letzten preußischen Kriege* (1810) oder die Erzählung *Das Bettelweib von Locarno* (1810) belegt. Berühmt geworden sind die ersten Sätze seiner Novellen, die in großer Konzentration das Wesentliche enthalten. In der Novelle *Das Erdbeben in Chili* (1807) will sich der junge Jeronimo Rugera erhängen, weil er sich von seiner Geliebten auf immer getrennt sieht. Die furchtbare Unberechenbarkeit des Naturgeschehens korrespondiert mit den zerstörerischen Trieben des Menschen und der Grausamkeit scheinheiliger Moral.

In Die Marquise von O. (1808) sucht die Titelheldin durch eine Zeitungsanzeige den Vater des Kindes, das sie erwartet, und wird dadurch in Isolation und Verzweiflung getrieben. Mißverständnisse und Irrtümer führen in der Novelle *Die Verlobung in St. Domingo* (1811) zu einem tragischen Schicksal: Der französisch-schweizerische Offizier Gustav schießt seine farbige Geliebte Toni nieder, weil er sich von ihr betrogen glaubt. Als er erfährt, daß er sich geirrt hat, erschießt er auch sich selbst. Vor dem historischen Hintergrund eines Eingeborenenaufstandes in Haiti diskutierte Kleist hier die Problematik kollektiver und persönlicher Verstrickung in Unrecht und Schuld.

Die bedeutsamste und auch bekannteste Novelle ist *Michael Kohlhaas* (1810), die von dem fanatischen, unbeirrbaren Kampf des Roßhändlers Kohlhaas um sein Recht erzählt. Kohlhaas, der vom Junker Wenzel von Tronka um zwei Rappen betrogen wird, beginnt einen schrankenlosen und brutalen Rachefeldzug, der sich bis zum Bürgerkrieg ausweitet. Die Maßlosigkeit seines Kampfes und die fanatisch vorangetriebene Selbstjustiz muß er mit dem Tode büßen, den er akzeptiert, nachdem er sein Recht wiederhergestellt sieht. Kleist nennt Kohlhaas im ersten Satz »einen der rechtschaffensten zugleich und entsetzlichsten Menschen seiner Zeit«; die paradoxe Charakteristik, die chronikalische, spannungsreich aufgebaute Handlung, die genaue Schilderung der einzelnen Entwicklungsstufen und die Einarbeitung historischer Figuren wie Martin Luther gewinnen die Anteilnahme des Lesers und fordern, wie alle Werke des Autors, zu persönlichem Engagement und eigener Entscheidung auf.

Jakobinische Literatur

Angeregt durch Hölderlin-Studien des französischen Germanisten Pierre Bertaux begann vor einigen Jahren die Diskussion über die Frage, ob und inwieweit Friedrich Hölderlin und Jean Paul als »Jakobiner« zu sehen seien. Sicher ist, daß beide Autoren die Ideen der Französischen Revolution aufnahmen und auch bejahten, daß sie die Ereignisse in Frankreich engagiert verfolgten. Entscheidende und prägende Bedeutung für die literarischen Werke hatten diese Ideen aber nicht. Heute faßt man unter dem Begriff »Jakobinische Literatur« oder »Literarischer Jakobinismus« jene Autoren zusammen, die wesentliche Ansichten der Jakobiner teilten und auch die konsequente Entwicklung der Revolution bis zum blutigen Terror akzeptierten. Sie wollten die revolutionäre Entwicklung in Deutschland durch einen direkten Anschluß an Frankreich vorantreiben, sie betätigen sich folgerichtig in der tagespolitischen Auseinandersetzung und plädierten mit ihren Werken für Veränderungen im Sinne der Revolution. Formen dieser Literatur sind Rede, Aufruf, Flugblatt, Katechismus, Satire, Fabel und Reisebeschreibung, in der die deutsche Wirklichkeit entweder direkt oder gespiegelt in den Verhältnissen anderer (auch erfundener) Länder dargestellt wurde. Die absolute Macht der »Quadratmeilen-Monarchen« (Pezzl), Adel und Kirche standen im Mittelpunkt der Kritik; Toleranz, Weltbürgertum und gleiche Rechte für alle gehörten zu den zentralen Forderungen. Im Gegensatz von »Hütte« und »Palast« erschien bereits hier ein Thema, das für die demokratisch orientierte Literatur des Jungen Deutschland und des Vormärz wesentlich wurde.

Engagement und Ziele dieser Autoren lassen sich exemplarisch an Leben und Werk von GEORG FORSTER (1754–1794) ablesen. Als junger Mann wurde er 1778/80 berühmt durch die Beschreibung einer Reise um die Welt, die er gemeinsam mit seinem Vater auf den Spuren Cooks unternommen hatte. Als Sprachwissenschaftler und Naturforscher arbeitete er in England, Frankreich und Polen, bevor er im Herbst 1788 Erster Bibliothekar an der Kurfürstlichen Bibliothek Mainz wurde. Durch Erlebnisse und Begegnungen auf seinen vielen Reisen beeindruckt, hatte er sich schon früh mit den amerikanischen Unabhängigkeitskämpfern solidarisiert und gegen Ungerechtigkeit und Unterdrückung geschrieben. Besonders aufschlußreich ist in diesem Zusammenhang die gegen den Grafen Friedrich Leopold von Stolberg gerichtete Verteidigungsschrift *Fragment eines Briefes an einen deutschen Schriftsteller über Schillers ›Götter Griechenlands‹* (1788), in der Forster im Anschluß an Gedanken der Aufklärung für Toleranz, Vernunft und sachliche Argumentation als Grundlagen jeder menschlichen Beziehung und jeder Auseinandersetzung plädierte. Von Mainz aus verfolgte er die Ereignisse in Frankreich mit großer Aufmerksamkeit und begab sich Anfang 1790 gemeinsam mit Alexander von Humboldt auf eine Reise durch Westeuropa. Die Beschreibung dieser Reise unter dem Titel *Ansichten vom Niederrhein, von Brabant, Flandern, Holland, England und Frankreich, im April, Mai und Junius 1790* (1791) zeigt, mit welchen Kenntnissen Forster vergleichen und werten konnte, wie prägnant er vor dem Hintergrund aufklärerischer und klassischer Bildung eigene Meinungen und Ansprüche abhob. Nachdem die Franzosen am 21. Oktober 1792 Mainz erobert und besetzt hatten, trat Forster in den Jakobinerklub »Gesellschaft der Freunde der Freiheit und Gleichheit« ein und nahm an den folgenden politischen Ereignissen in Mainz direkten Anteil. Seine Reden *Über das Verhältnis der Mainzer gegen die Franken* (1792) oder *Anrede an die Gesellschaft der Freunde der Freiheit und Gleichheit am Neujahrstage 1793* verdeutlichten sein tiefes Engagement und seinen Glauben an die Zukunft der revolutionären Idee. Die aus sechzehn Briefen bestehende *Darstellung der Revolution in Mainz*, die Forster 1793 in Paris aus der Erinnerung niederschrieb, blieb unvollendet; aus den vorhandenen Texten geht hervor, wie wechselhaft die Entwicklung verlief und wie groß die Schwierigkeiten derjenigen waren, die das französische Vorbild in der Stadt nachvollziehen wollten.

Während des Rheinfeldzuges, an dem der Weimarer Herzog Karl August mit seinen Truppen teilnahm, war der herzogliche Begleiter Goethe zwei Tage lang Gast bei Forster, ohne über die aktuellen Ereignisse und über Politik zu sprechen. Der Besucher meinte: »Man fühlte, daß man sich wechselseitig zu schonen habe; denn wenn die republikanische Gesinnungen nicht ganz verleugneten, so eilte ich offenbar, mit einer Armee zu ziehen, die eben diesen Gesinnungen und ihrer Wirkung ein entschiedenes Ende machen sollte.« Was für die spezielle Situation galt, darf man wohl verallgemeinern: Jakobinische Literatur markiert den eigentlichen Gegenpol zur Literatur der Klassik und trägt damit nicht unwesentlich bei zu der thematischen Vielfalt, dem Formenreichtum und den fruchtbaren Spannungen der Literatur um 1800.

Triviale Massenliteratur

Von der literarischen Kritik wenig beachtet wurde die triviale Romanliteratur des ausgehenden 18.Jahrhunderts. Sie wurde bespöttelt und verhöhnt, traf aber um so mehr den Geschmack des zeitgenössischen Lesepublikums. »Welches andere Land« – so fragte 1859 der Germanist J. W. Appell – »hat je eine solche Pfefferdütenliteratur gehabt, wie unsere Tagesbelletristik im letzten Viertel des achtzehnten Jahrhunderts und in den ersten Decennien des neunzehnten?« und beklagte zugleich die Roheit und Erbärmlichkeit dieser Literatur. Schon August Wilhelm Schlegel, der Literarhistoriker und Kritiker der »Jenaer Allgemeinen Literaturzeitung«, hatte sich gegen das »Platte« und »Abgeschmackte« dieser Literatur gewandt und damit wohl die einhellige Meinung der Literaturkenner wiedergegeben. Erst der Schriftsteller ROBERT PRUTZ (1816–1872), ein mutiger Kämpfer für Meinungsfreiheit und demokratische Erneuerung, brach im Gefolge des »Vormärz« eine Lanze für die »sogenannte Unterhaltungsliteratur« und äußerte Verständnis für das Unterhaltungsbedürfnis der breiten Masse. »Es dünkt uns töricht, scheel zu sehen auf die Existenz [einer Literatur], ... so und ob sie auch wirklich nur eine Literatur zweiten Ranges wäre, so lange wir die Tatsachen, welche ihre Existenz nötig machen, so wenig wegschaffen als wegleugnen können.« (1847)

Als Vielschreiber hatte sich auf dem Gebiet der »Tagesbelletristik« der thüringische Privatgelehrte CARL GOTTLOB CRAMER (1758–1817) hervorgetan. Seine vierzig Romane erlebten teilweise mehrfache Neuauflagen, darunter *Leben und Meinungen, auch seltsamliche Abentheuer Erasmus Schleichers, eines reisenden Mechanikus* (1789–1791), ein Buch, das 1809 schon in die vierte Auflage ging. Cramer behauptete stolz von sich, daß seine Romane »nicht gelesen, sondern verschlungen« würden. Die spannungsreichen Verwicklungen in den Handlungen seiner Romane, die abenteuerliche Szenerie seiner Historien fesselten die Leser und rührten sie zu Tränen. Sein Roman *Hasper a Spada. Eine Sage aus dem 13.Jahrhundert* (1792–1794) wurde das »sprichwörtliche Urbild des ungekämmten und ungewaschenen Heldenthums der Ritterromane« (Ap-

Abb. 53: Karl
Gottlob Cramer
Erasmus Schleicher
1795 – Kupferstich

pell). Es kam so weit, daß er sich durch öffentliche Erklärungen gegen das »merkantilische Unwesen« geschäftstüchtiger Verleger wehren mußte, die unter seinem Namen billige Machwerke anderer Autoren vertrieben.

Cramers schwülstige Liebes- und Abenteuerromane bedienten sich einer farbigen, ungestümen und drastischen Ausdrucksweise; sie fanden großen Zuspruch der Leser und wurden sogar ins Englische übersetzt wie sein Roman *Hermann von Nordenschild* (1791/92; Neuauflage 1814). Die Titel seiner Romane sprechen vielfach für sich: *Der braune Robert und das blonde Nandchen* (1794), *Fräulein Runkunkel und Baron Sturmdrang* (1800) oder *Rasereien der Liebe* (1801) seien hier stellvertretend genannt; sie garantierten gute Verkaufsergebnisse und versprachen die Erwartungen der Leser auf entspannende Stunden zu erfüllen.

CHRISTIAN HEINRICH SPIESS (1755–1799), Autor unterhaltsamer Volksschauspiele und Ritterdramen wie *Die drei Töchter* (1782) und *Clara von Hoheneichen* (1790), bevorzugte vor allem den Themenkreis von Geister- und Zaubergeschichten, er griff aber auch gern Fälle aus dem Kriminalmilieu auf. Er verknüpfte in seinen Romanen mit üppiger Phantasie das Raubrittertum des Spätmittelalters mit geheimnisvollen Phantasiegestalten, deren Motivik an Volkssagenstoffe und Aberglaubenstraditionen erinnert, zu abenteuerlichen Schauergemälden, in denen es nicht blutrünstig genug zugehen konnte. Sein Buch *Meine Reisen durch die Höhlen des Unglücks und Gemächer des Jammers* (1796–1798) sollte dem Zweck dienen, »das unverdiente Leiden« Unglücklicher aufzudecken und die Leser vor kriminellen Verirrungen zu warnen. Dabei nahm er Gelegenheit, die absonderlichsten und gräßlichsten Mord- und Jammergeschichten zu erzählen, an die er immer wieder moralische Betrachtungen und Belehrungen anschloß. Es muß offenbleiben, wie ernst es ihm damit war; der Kanzelton mancher Bemerkungen ist uns heute fremd, die redliche Absicht des Autors aber durchaus glaubhaft.

Unter dem Titel »Das schöne irre Judenmädchen« hat das Deutsche Fernsehen Anfang 1984 ein Fernsehspiel gesendet, das auf Spieß' *Biographien der Wahnsinnigen* fußt. Ein junger preußischer Offizier, Friedrich Graf von Schwerin, verliebt sich in das jüdische Mädchen Esther Lopez. Eine eheliche Verbindung zwischen ihnen kommt jedoch aus religiösen Gründen und mit Rücksicht auf die Standesunterschiede nicht zustande. In den Kriegswirren werden die Liebenden voneinander getrennt; Esther, die ihren Geliebten für tot hält, sucht Zuflucht im Kloster, wo sie ihrer jüdischen Herkunft wegen verspottet und drangsaliert wird. Erst nach langer Zeit findet der Graf wieder ihre Spur, er entführt sie heimlich aus dem Kloster. Die Spielleidenschaft des wenig charakterfesten Mannes führt beide jedoch ins Unglück: der Graf kommt ins Gefängnis, Esther endet im Wahnsinn.

Trotz der streckenweise langatmig entwickelten Handlung wird erkennbar, daß Spieß seine Darstellungen aus sorgfältigen Milieustudien entwickelt; die Zeichnung der Protagonistin, die unter den bösen antisemitischen Nachstellungen ihrer Umgebung zu leiden hat, macht deutlich, daß der Autor Mitleid und Sympathie für die geschundenen und verachteten sozialen Gruppen empfindet.

Spieß kann durchaus als Lieblingsschriftsteller jener klassischen Jahre

bezeichnet werden; zwischen 1785 und 1799 produzierte er neunzehn Romane; sie wurden 1840/41 noch einmal als Gesamtwerk verlegt.
Als letzter Vertreter dieser Gattung soll Goethes Schwager, der Weimarer Bibliothekar CHRISTIAN AUGUST VULPIUS (1762–1829) genannt werden. Neben seinen Lustspielen *Die Seelenwanderung, Die Liebesproben, Luftschlösser* hat er zahlreiche Erzählungen und über fünfzig Abenteuer-, Ritter- und Räuberromane verfaßt, von denen bis heute *Rinaldo Rinaldini, der Räuberhauptmann, eine romantische Geschichte unseres Jahrhunderts* (6 Teile, 1798–1800) sein erfolgreichster wurde. Der mehrfach aufgelegte Roman, der vor allem Leserinnen zu Tränen rührte, wurde zu einem wirklichen »Bestseller«. Zahlreiche Auflagen, Nachdrucke und Auszüge wurden unter das Publikum gebracht, und das Werk wurde schließlich in fast alle europäischen Sprachen übersetzt. Ein Weimarer Gerücht wollte sogar wissen, daß Goethe aus Spaß mehrere Kapitel des Romans mitverfaßt habe. Das »überbunte Sudelgemälde« übte auf die damaligen Leser einen starken Reiz aus; die in den Roman eingeschobenen Lieder und Romanzen wurden schnell populär. Das Lied vom Räuberhauptmann Rinaldo Rinaldini »In des Waldes finstern Gründen / und in Höhlen tief versteckt / Ruht der Räuber allerkühnster / Bis ihn seine Rosa weckt ...« wurde zu einem verbreiteten Bänkellied und Gassenhauer. Neuerdings wurde der Roman auch als Hörspielversion und Fernsehfilm in Erinnerung gerufen.
Ein außerordentlich produktiver und vielseitiger Schriftsteller und der gefeiertste Unterhaltungsdramatiker seiner Zeit war der in Weimar geborene AUGUST FRIEDRICH FERDINAND VON KOTZEBUE (1761–1819). Nach einem Jurastudium machte er schnell eine erstaunliche Karriere in russischen Diensten. 1781 übernahm er in Estland die Magistratspräsidentschaft. In den Jahren 1797–1799 leitete er das Burgtheater in Wien. Kotzebue, der 73 Lustspiele und 30 Possen verfaßte, aber auch Trauerspiele und lyrische Gedichte schrieb, wurde im Ausland noch mehr geschätzt als in Deutschland. Gerühmt wurde seine publikumswirksame Lustspieltechnik, die reich an Ideen und Effekten war und seinen Aufführungen immer großen Zulauf sicherte.
Von seinen zahlreichen Schauspielen haben sich bis heute nur noch wenige im Repertoire der Bühnen erhalten. Dazu zählt *Menschenhaß und Reue* (1789), in dessen Mittelpunkt ein von Eifersucht und Mißtrauen geplagter Baron steht, der von seiner jungen Frau hintergangen wird. Er steigert sich immer mehr in Haß und Zorn gegen seine Umgebung hinein; die Reue der Gattin und der Einfluß der Freunde ermöglichen schließlich die Aussöhnung und ein erneutes Zusammenfinden der Gatten.
Bekannt und beliebt geblieben ist sein Lustspiel *Die deutschen Kleinstädter* (1803), das den fiktiven Ort Krähwinkel zum sprichwörtlichen Ort der Borniertheit bürgerlichen Kleinkrämergeists gemacht hat. Es geht in seiner Grundidee zurück auf die Komödie *La petite ville* (1801) des französischen Lustspielautors Louis-Benoit Picard (1769–1828).

Sabine, die Tochter des Bürgermeisters von Krähwinkel, wartet sehnsüchtig auf Olmers, in den sie sich in der Provinz verliebt hat; der Vater will sie jedoch mit Sperling verloben, der als »Bau-Berg- und Weg-Inspektors-Substitut« auf den Vater großen Eindruck gemacht hat. Als Olmers unerwartet vor dem angesetzten Verlobungstermin in Krähwinkel erscheint, verbreitet sich in der klatschsüchtigen Gesellschaft der Kleinstadt schnell die Nachricht, der König sei inkognito beim Bürgermeister abgestiegen. Die Kleinstadt rüstet sich zu einer großen Empfangsszene, doch Olmers kann noch rechtzeitig alles aufklären. Seine Werbung um Sabine wird abgewiesen, weil er keinen Titel trägt; doch rechtzeitig stellt sich noch heraus, daß Olmers in Wahrheit »geheimer Kommissionsrat« ist; nun steht der Verbindung nichts mehr im Weg.

Trotz der trivialen und wenig einheitlichen Handlung behält das Stück bis heute seinen Reiz: witzige Dialoge, turbulente Simultanszenen und die komischen Charaktertypen, deren menschliche Schwächen überall anzutreffen sind, haben ihm einen Platz auf der Bühne gesichert. Die Obrigkeitsergebenheit des Bürgers, eine auf Titel und Äußerlichkeiten fixierte Gesellschaft sowie Angeberei und Eitelkeit werden dem Spott des Zuschauers ausgesetzt. Das Drama inspirierte den russischen Dichter Nikolaj Gogol zu seiner Komödie *Der Revisor* (1836) und den österreichischen Autor Johann Nestroy zu der Posse *Freiheit in Krähwinkel*, die Gemütlichkeit und pharisäerhaftes Gehabe der Biedermeiergesellschaft ironisch vorführt. Kotzebues heitere Verwechslungskomödie *Der Rehbock oder die schuldlos Schuldbewußten* (1816) wurde von Albert Lortzing 1842 als temperamentvolle komische Oper »Der Wildschütz« vertont. Lortzings Musik mit der berühmten Arie »Fünftausend Taler« und dem witzigen »Billard-Quintett« hat dem Theaterstück Kotzebues bleibende Erinnerung gesichert.

Kotzebue betätigte sich auch als politischer Publizist; so gab er die Zeitschriften »Der Freimütige« (1803–1806), »Die Biene« (1808–1810) und »Die Grille« (1811–1812) heraus, in denen er vor allem gegen die Politik Napoleons Stellung nahm. Sein 1818 gegründetes »*Literarisches Wochenblatt*« wandte sich aber auch gegen die von patriotischer Begeisterung durchdrungenen Burschenschaften und polemisierte gegen die aufkommende Turnerbewegung. Dies brachte ihm heftige journalistische Angriffe und viele Gegner aus dem nationalen Lager ein. Auf dem »Wartburgfest« der Jenaer Burschenschaft 1817 wurde Kotzebue als russischer Söldling und Vaterlandsverräter geschmäht und seine *Geschichte des Deutschen Reiches* – schon vorher hatte er eine Darstellung über *Preußens ältere Geschichte* verfaßt – öffentlich verbrannt. Von dem fanatisierten Studenten Karl Ludwig Sand wurde er am 23. 3. 1819 in Mannheim erdolcht. Sein Mörder wurde für diese Tat in den folgenden Jahren fast als Nationalheld gefeiert; Bänkelsänger machten die Ermordung Kotzebues zum Thema ihrer Zeitungslieder.

Eine große Beliebtheit hatte beim zeitgenössischen Publikum der Theaterleiter und Schauspieler August Wilhelm Iffland (1759–1814), der

sich vor allem um die Inszenierung der Dramen Goethes und Schillers verdient machte. Seine eigenen Dramen, überwiegend rührselige Familienunterhaltung, sind weitgehend vergessen. August Wilhelm Schlegel kritisierte an Ifflands Dramen deren Gleichförmigkeit und Phantasielosigkeit: »Inhalt, Gang, Hauptidee und Ausführung im einzelnen, alles sieht sich in dem letzten Dutzend seiner Stücke ungefähr zum Verwechseln gleich.«
Ifflands Regiekunst und seine Leistungen als Schauspieler wurden aber hoch gerühmt; er hatte als erster die Rolle des Franz Moor in Schillers *Die Räuber* am Mannheimer Nationaltheater gespielt und wurde später Leiter des Berliner Nationaltheaters. Seine zweibändige *Theorie der Schauspielkunst* war für die Entwicklung des deutschsprachigen Theaters von großer Bedeutung. Noch heute wird ein angeblich von Iffland gestifteter »Ifflandring« an besonders herausragende Schauspieler weitergegeben.

Nachwirkung

Keine andere Epoche der deutschen Dichtung hat so großen Einfluß auf die nachfolgenden Generationen ausgeübt wie das Zeitalter der Klassik. Das überragende Gesamtwerk der beiden Dichter Goethe und Schiller hat das ganze 19. Jahrhundert literarisch geprägt und Maßstäbe gesetzt, an denen sich die nachfolgenden Autoren zu messen hatten. Das hohe sprachliche Niveau setzte Normen und gab – bisweilen elitäre – Wertungen vor, die sich mit dem Begriff der »hohen Literatur« verknüpften und diese in einen oft nicht gerechtfertigten Gegensatz zur »niedrigen«, bloßen »Unterhaltungsliteratur« setzten. Die Kenntnis der »Klassiker« wurde damit zur Voraussetzung, zum Zentrum und zum Maßstab jeder literarischen Bildung erhoben. Noch heute gehören die »Gesammelten Werke« und Einzelausgaben der Klassiker zum Grundprogramm jeder privaten Bibliothek und zu einem wichtigen Bestandteil des Literaturumsatzes in Buchhandlungen und Buchklubs.
Aber auch die literaturwissenschaftliche Forschung des 19. und 20. Jahrhunderts setzte sich mit ungeheurer Produktivität mit der Weimarer Klassik auseinander. Sprachkunst und Metrik, Symbolik und Bildsprache, Themen und Motive der Klassik wurden in Tausenden von Abhandlungen und Dissertationen erforscht und der Detailanalyse unterzogen. Vieles wurde dabei kritisch, aber manchmal auch unkritisch diskutiert oder der Wertung aus dem jeweiligen Zeitgeist heraus unterworfen. Der literarische Gattungsbegriff und die Zuordnung einzelner Texte orientierten sich an den Vorgaben und Normen, die die Klassiker gesetzt hatten. Nicht zu bemessen sind die zahllosen Anregungen, welche von der Literatur der Sturm-und-Drang-Zeit bis hin zu den »Gegen-

klassikern« auf die Autoren des 19. und 20. Jahrhunderts ausgingen: viele Stoffe wurden rezipiert, umgestaltet, neu gedeutet, viele Formen und Gestaltungen nachgeahmt oder parodiert und ironisiert. Nicht zu vergessen sind die Sentenzen und Sprüche, die aus dieser Epoche in unseren Alltagssprachschatz eingedrungen sind; und selbst wo nach dem Zweiten Weltkrieg sich eine scheinbar völlige Abkehr von traditionellen Formen und Sprachstrukturen in der Literatur vollzog, geschah dies häufig bewußt als Gegenentwurf und Opposition zu den »klassischen Vorbildern«. Die Bühne schließlich hat den Dramen und Gestalten der Epoche bis heute ihr Leben bewahrt, und auch die Oper und das Musikdrama haben viele Stoffe und Anregungen aufgenommen, die sich in den Theaterstücken Goethes und Schillers fanden. Zum Schluß ist noch an die bildende Kunst zu erinnern, die in Malerei, Graphik und Plastik Motive und Themen künstlerisch gestaltet und umgesetzt hat. So haben Literatur, Philosophie, Sprachwissenschaft, aber auch Musik und Kunst bis auf die Gegenwart aus dieser Epoche geschöpft und sich mit ihr auseinandergesetzt.

Romantik

Die herkömmlichen Vorstellungen, die sich mit dem Begriff »Romantik« verbinden lassen – emotionales Welterfahren oder gar tränenselige Sentimentalität –, entsprechen dem streng historischen Inhalt keineswegs. Die Romantik als Geistesbewegung ist charakterisiert durch eine intellektuelle und individualistische Weltsicht, die in der europäischen, besonders aber in der deutschen Geistes- und Kulturgeschichte eine einzigartige Ausprägung erfuhr. In diesem Sinne hat der Maler Caspar David Friedrich die romantische Gestaltungsweise beispielhaft beschrieben: »Schließe dein leibliches Auge, damit du mit dem geistigen Auge zuerst siehest das Bild. Dann fördere zutage, was du im Dunkeln gesehen, daß es zurückwirke auf andere von außen nach innen ... Der Maler soll nicht bloß malen, was er vor sich sieht, sondern auch, was er in sich sieht ... Ein Bild muß nicht erfunden, sondern empfunden sein.«
Dieses Beachten und Durchdenken des Empfindens war ein charakteristischer Zug der Romantik, die alle Künste und Lebensformen umfaßte. Sie beschränkte sich nicht auf einzelne Gattungen oder Kunstrichtungen – sie strebte danach, das Leben zu poetisieren, zu romantisieren. In diesem Sinne formulierte Novalis: »Der Romantiker studiert das Leben, wie der Maler, Musiker und Mechaniker Farbe, Ton und Kraft«, und Friedrich Schlegel schrieb im Athenäum: »Die romantische Poesie ist eine progressive Universalpoesie. Ihre Bestimmung ist nicht bloß, alle getrennten Gattungen der Poesie wieder zu vereinigen ... sie will und soll auch ... die Poesie lebendig und gesellig und das Leben und die Gesellschaft poetisch machen.«
Die romantische Geistesbewegung, die alle Lebensbereiche zu erfassen suchte, fiel zeitlich zusammen mit der Französischen Revolution, mit dem Aufstieg Napoleons, mit den Befreiungskriegen und der Sehnsucht nach einem deutschen Nationalstaat und mit der Restauration nach dem Wiener Kongreß von 1815. Die politisch-gesellschaftlichen Ereignisse haben tief in das Leben der Künstler eingegriffen – kein Dichter der Zeit konnte sich von den Wirkungen der Ereignisse heraushalten. Die Umgestaltung der politischen Welt zwischen Französischer Revolution und Wiener Kongreß war so grundlegend, daß jede künstlerische Gestaltung auch auf diese geschichtliche Wandlung bezogen ist.

Die Romantik als neue Erfahrung und Gestaltungsweise der Wirklichkeit

Ursprünglich – im 17. und 18. Jahrhundert – bezog sich das Wort »romantisch« auf den Barockroman, dessen Übertreibungen und unwahre Wirklichkeitsdarstellungen als »romanhaft«, »romantisch« bezeichnet wurden. Im 18. Jahrhundert bezeichnete das Wort in England auch die unberührte, bedrohend wirkende oder anmutig empfindsam stimmende

Die Romantik als neue Erfahrung und Gestaltungsweise der Wirklichkeit 229

Abb. 54: Philipp Otto Runge *Der Morgen* – Federzeichnung 1802/03

Landschaft, in Deutschland nannte Herder die nordisch-germanische Vergangenheit romantisch und betonte damit deren kulturellen Eigenwert gegenüber der romanisch-mittelalterlichen Welt. Mit Herder setzte die positive Bewertung des Begriffes ein, der bis dahin als Synonym für »abgeschmackt, unwahr und barbarisch« gegolten hatte. Die Wendung zur eigenen Vergangenheit, die Rezeption der nordischen und mittelalterlichen Kultur und Geschichte erreichte in der Romantik einen Höhepunkt.

Die Ursachen für diese neue Wertung finden wir in der Geschichte und den geistigen Strömungen des 18. Jahrhunderts. Während die europäischen Staaten, allen voran Frankreich, sich zu Nationalstaaten auf der Grundlage liberaler, parlamentarischer und demokratischer Gedanken entwickelten, während in der Neuen Welt der erste Staat aus dem gemeinsamen Willen des Volkes entstand, war die deutsche Gegenwart durch den preußisch-österreichischen Dualismus, durch feudale Kleinstaaten und politische Ohnmacht geprägt. Die Unzufriedenheit mit dieser historischen Situation führte zu einer politischen Bewegung der jungen Generation, die glaubte, begeistert von den Ideen der Revolution von 1789, aus geschichtlichen Wurzeln die Einheit der Nation verwirklichen zu können. Diesen jungen Poeten, Künstlern und Gelehrten, die vertraut mit den Gedanken Herders herangewachsen waren – er hatte als erster auf den gemeinsamen Volksgeist einer Nation verwiesen und in Straßburg europäische Volkslieder als *Stimmen der Völker* gesammelt –, erschien die einheitliche, durch die Sprache verbundene Nation als staatliche Vollendung des Volkes. In der christlichen Welt des Mittelalters schien ihnen der künftige Staat modellhaft vorgebildet.

Auch in der Philosophie hatte sich ein grundlegender Umbruch vollzogen, der tief auf die Kunst wirkte. 1781 veröffentlichte Immanuel Kant seine Schrift *Kritik der reinen Vernunft*. Er erschütterte ein über Jahrtausende unbefragt anerkanntes Welt- und Wirklichkeitsverständnis, vollendete und überwand die Aufklärung. Diese »kopernikanische Wende« seiner Philosophie bestand in dem Nachweis, daß das Subjekt keine notwendigen Aussagen über die Welt machen könne. Indem Kant die Grenzen der Erkenntnis definierte, zeigte er, daß über die Wirklichkeit jenseits der Erfahrung keine Aussage gemacht werden kann, da sich das »Ding an sich« nicht in Raum und Zeit und den Kategorien der menschlichen Erkenntnismöglichkeit erfassen lasse. Jede Wirklichkeitserfahrung hängt daher von den Erkenntnisorganen ab und wird sprachlich vermittelt. Die Dichter der Romantik wurden von dieser Einsicht Kants tief beeindruckt; da eine Erkenntnis der Welt kraft der Sinne nicht möglich schien, stellten sie gegen die empirisch erfahrbare Welt die Wirklichkeit der Kunst, mit der sie jede Erfahrung zu überschreiten suchten und ein eigenständiges Reich des Geistes zu gestalten hofften. Der Dichter wurde so zum Künder einer höheren Wirklichkeit, einer verborgenen Wahrheit; Wilhelm Heinrich Wackenroder hat in einem Aufsatz *Von zwei wunderbaren Sprachen und deren geheimnisvoller*

Abb. 55: Titelblatt der Ausgabe von 1803

Kraft auf die göttliche Sprache verwiesen, in der Gott alle Wunder der Natur hervorgehen läßt, und auf die menschliche Sprache, die ihre Vollendung in der Kunst erfährt. Kunst und Natur wurden so zu dialektischen Begriffen, wobei die Kunst, wenn sie Vollendung erlangen sollte, der Natur nachgestaltet werden müsse. Die Natur zeigt sich nach romantischer Auffassung in der Dichtung und Sprache, in der Musik und den bildnerischen Gestaltungsweisen des Volkes – in der Volkskunst. Volkslieder, Volksmärchen und Volkssagen wertete man als Träger verhüllter Geheimnisse, die es zu enträtseln galt, um das Wesen der Welt zu begreifen. In ihnen glaubte man den Klang des Volksgeistes noch unverfälscht zu vernehmen. Die Ausgaben der *Altdeutschen Minnelieder* (1803) durch Ludwig Tieck und der *Volksbücher* (1807) durch Joseph Görres waren nicht nur philologische Leistungen, sie wirkten vornehmlich auf die nationale Selbstbesinnung. Aus diesem Geiste entstand auch die historische Schule mit Savigny, den Brüdern Grimm und Görres, die gegen den Zukunftsoptimismus der Aufklärung den Wert der Vergangenheit betonte und aus der Vergangenheit den Wert des eigenen Seins zu verstehen suchte. Die Vertreter der historischen Schule – sie wurden Germanisten genannt – sahen im Wandel der Geschichte das Volk, die Stämme als überzeitliche Substanz. Aus der Erschütterung des Vertrauens in die erkennbar vernünftige Welt wuchsen das Streben der Poesie nach Vollendung, die Sehnsucht nach unendlicher Harmonie, der Wunsch nach allumfassender Liebe und die romantische Ironie als Einsicht in die Vergeblichkeit des steten Drängens nach Vollkommenheit. Konsequent wurde die Poesie als etwas Werdendes erfaßt, ja es galt als Bestimmung der Dichtung, die Welt zu durchdringen und zu poetisieren. In diesem Sinne, und dies gilt speziell für die deutsche Dichtung, ist Romantik eine »fortschreitende Universalpoesie« (Friedrich Schlegel), die die ganze Welt zu erfassen sucht und »das Schöne« als »symbolhafte Darstellung des Unendlichen« (August Wilhelm Schlegel) versteht. Aus solchen Formulierungen wird deutlich, was die romantische Dichtung sein möchte: höchste subjektive Gestaltung der Wirklichkeit, die nur noch als Entwurf des Dichters Dasein und Wahrheit hat.

Joseph Freiherr von Eichendorff hat dieses Dichtungsverständnis und die sich daraus ergebende Aufgabe des Dichters in einem Vierzeiler 1835 ausgesagt:

> Schläft ein Lied in allen Dingen,
> Die da träumen fort und fort,
> Und die Welt hebt an zu singen,
> Triffst du nur das Zauberwort.

Der Mensch in der Romantik will nicht aufgeklärte Gleichheit, er erstrebt qualitative Eigentümlichkeit, Selbstvollendung und Einbindung in eine Gemeinschaft. Deshalb haben die Romantiker auch immer betont, daß der Mensch sich nur in enger Bindung an den anderen bilden kann. Freundschaften und Freundeskreise bestimmten das Gemeinschaftsleben, das in literarischen Gattungen wie Gespräch, Rede oder Vorlesung den entsprechenden Ausdruck fand. Auch in der Dichtung wurde die Freundschaft zu einem zentralen Thema. Gleichzeitig führte die Liebesauffassung der Romantiker zu einer neuen Bewertung der Stellung der Frau. Waren in der Aufklärung Mann und Frau als gleich

Abb. 56: Zeichnung
von Ludwig Richter
(1803 bis 1884)

vernünftige Wesen erfaßt worden, so gehörten jetzt Geschlechtlichkeit und individuelle Besonderheit zu den vornehmsten Merkmalen. Jetzt wurde gezeigt, wie die Liebe den Menschen ganz ergreift. Liebe wurde als Wesensschau erfahren, die aus zwei Menschen eine höhere Einheit bildet. Die romantische Freundschaft dagegen vertiefte jedes Individuum und steigerte das Wesen des Freundes. Liebe und Freundschaft waren so gesehen nicht ergänzende, sondern gegensätzliche Möglichkeiten menschlicher Begegnung. Bei allen Romantikern weist die Natur auf übersinnliche Lebenskräfte. Die Kulisse, in der diese Natur gestaltet wurde – Hörnerklang und Waldeinsamkeit, Mondnacht, Räuber, fah-

Abb. 57: Zeichnung von Ludwig Richter (1803 bis 1884)

rende Studenten, Lagerfeuer und liebende Paare im Schatten des Laubes –, ist bis zur Gegenwart der Rahmen unseres Naturerlebens geblieben. Für die vorromantischen Epochen war Natur eine dem Menschen feindliche Macht, die in der Literatur entweder als bedrohend oder in festen Formeln vorgestellt wurde; für die Nachromantiker war Natur die Quelle der Energiegewinnung, des ökonomischen Wohlstandes, der wissenschaftlichen Beschreibung und der machtvollen Weltbeherrschung. Um so erstaunlicher ist es, daß das Naturerleben der Romantiker bis heute im politisch-ökologischen, im individuell-emotionalen, im trivial-kommerziellen Welterfahren zeichenhaft erhalten ist und das Erleben der Welt in diesen vorgegebenen Zeichen in vielfältigen Formen nachvollzogen wird.

Die höchste Kunstvollendung sah die Romantik in der Musik, einer Poesie, die nur Ausdruck ist. Von ihr, so glaubte man, habe sich die Sprache im Gesang getrennt und sei zum »Gedächtnis des Menschengeschlechts« geworden. Da sich die Sprache aus der Natur entwickelt habe, sei es die priesterliche Aufgabe des Dichters, die Welt in der Sprache zu erlösen. So kommt für die Romantiker Dichtung aus den Ursprüngen des Volkes, sie ist unerschöpflich poetisch und findet als »progressive Universalpoesie« ihre Erfüllung im Roman, der als Gesamtkunstwerk alle Gattungen in sich zu vereinen vermag. Da Sprache Erlösung der Welt in ihren unschuldigen Naturzustand ist, haben Erlösungsdrama und Märchenlegende eine besondere Stellung in der romantischen Dichtkunst: alles Grauen, aller Schauder, alle Gespaltenheit und aller Wahn sind nur Zeichen für eine Welt, die der poetischen Erlösung bedarf.

Autoren und ihre Werke

Die philosophischen Grundlagen der romantischen Geistesbewegung

Die deutsche Romantik war eine der letzten – vielleicht die letzte – Epochen der Literaturgeschichte, die durch eine philosophische Grundfrage bewegt wurde, wobei die einzelnen Autoren unterschiedliche Antworten zu geben suchten. Indem Kant die Erkennbarkeit der Welt als unmöglich erwies, »verändert sich ihnen (den Dichtern und Künstlern) die Welt, wird zu einer Fata Morgana, zu einer vom Geist geschaffenen Erscheinungswelt, die vorerst als Rätsel erscheinen muß« (H. J. Lüthi). Besonders drei Denker, Fichte, Schelling und Schleiermacher, haben diesen Idealismus in der nachkantischen Tradition ausgestaltet und tiefe Wirkungen in der Kultur-, Geistes- und Literaturgeschichte hervorgerufen.

JOHANN GOTTLIEB FICHTE (1762–1814) studierte Theologie und erfuhr bereits in seiner Jugend entscheidende Einflüsse von Wieland, Klopstock und Lessing, geriet als Autodidakt an die Philosophie Kants, deren Ausbildung zu einem System in der *Wissenschaftslehre* (erstmals 1794/99) ihn nach Schillers Meinung zum bedeutendsten Metaphysiker seiner Zeit erhob. Seit Fichtes philosophischen Arbeiten ist die Philosophie eine eigene Wissenschaft – nicht zufällig wurde er 1810 zum ersten Rektor der neuen Universität Berlin ernannt. Mit seinen *Reden an die deutsche Nation* wirkte er nachhaltig auf die nationale Befreiungsbewegung und auf die studierende Jugend im Kampf gegen Napoleon. Fichtes System ist reiner Idealismus, er verneint jede empirische Erkenntnis und bejaht nur das Ich als erkenntnisschaffende Kraft, die das Nicht-Ich, die Welt, zu einer Produktion des Ich mache. Indem das Ich das Nicht-Ich setzt, wird sich das Ich seiner selbst bewußt. Die empirische Welt ist so nur eine Setzung des absolut freien Ich. Konsequent anerkennt Fichte eine Ordnung weder im Kosmos noch in der Natur. In der Geschichte sieht er als letztes Ziel die sittliche Vollendung des Geistes. Mit diesen Gedanken wirkte Fichte auf zahlreiche Romantiker. Die Doppelbödigkeit der Wirklichkeitserfahrung, die stete Angst vor dem Doppelgänger und das Grauen der Romantiker vor der Welt außerhalb des umhegten Raums des Ich haben hier ihre Gründe.

Der eigentliche Philosoph der Romantik war FRIEDRICH WILHELM JOSEPH SCHELLING (1775–1854), der in Tübingen gleichzeitig mit Hölderlin und Hegel studierte, 1798 Professor in Jena wurde, von 1803 bis 1806 in Würzburg lehrte und dann als Mitglied der Akademie in München wirkte. 1841 folgte er einem Ruf an die Universität Berlin. Für die Romantiker war Schellings Kunstbegriff von großer Bedeutung, da sich Kunst und Natur in seinem Denken notwendig bedingten. Historisch ging er von Platon, dem Neuplatonismus und Aristoteles aus und sah mit diesen Denkern in der Kunst eine Nachahmung der Natur. Ihn beschäftigte bei seinen Überlegungen die Frage, welche Qualität die Kunst durch ihren Bezug zur Natur erhalte. In Schellings System stehen sich die Natur als Realität und das erkennende und schöpferische Ich gegenüber und sind doch beide Teile eines umfassenden Bewußtseins. Natur ist für Schelling nicht Materie, sondern »werdende Offenbarung des Ewigen«. Die Kunst hat als höchste Aufgabe, die in der Natur wirkende Kraft ins künstlerische Gebilde zu heben. Deshalb ist für Schelling die Kunst eine neue Natur, die durch die Schaffenskraft und Erfahrung des Künstlers aus der wenig wirksamen Natur gehoben wird. Kunst bringt so die Zeitlosigkeit in die Zeit und macht sie im gestalteten Kunstwerk erfahrbar. Die schöpferische Kraft im Menschen nennt Schelling »Seele«. Sie schafft auch die Einheit von Kunst und Natur. Die Kunst ist durch den Menschen auf die Natur bezogen, sie ist die höchste Erkenntnisfunktion, da sie das Absolute im Endlichen sichtbar macht. Daher ist der künstlerische Schaffensprozeß ein mikrokosmischer Schöpfungsakt. Diese Einsicht bildet den Kern der sogenannten Identitätsphilosophie, die postuliert, daß die Kunst die Einheit der Weltordnung verwirkliche und zeige. Es ist Schellings Verdienst, eine romantische Kunsttheorie entworfen zu haben, die die Kunst aus dem Absoluten ableitete und so die Stellung des Künstlers in der Welt neu begründete.

Großen Einfluß auf das religiöse Denken und Empfinden der Romantiker hatte FRIEDRICH SCHLEIERMACHER (1768–1834). Er entstammte einer protestantischen Pastorenfamilie, studierte Theologie und alte Sprachen und wurde 1799 berühmt durch seine *Reden über die Religion an die Gebildeten unter ihren Verächtern*. In diesen Reden wandte er sich gegen jene Gebildeten, die sich aus Überheblichkeit oder primitivem Fortschrittsoptimismus von der Religion abgewandt hatten. Er lehrte, daß alles Tun religiös bestimmt sein sollte, und trat entschieden gegen die Vernunftsreligion auf. Schleiermachers Wirkung beruhte vornehmlich darauf, daß er Religion als Geisteskraft verstand. Nach seiner Auffassung spiegeln sich im Gefühl des Menschen die Kräfte des Universums. Sein Streben nach unendlicher Harmonie wirkte tief auf die Kunst der Zeitgenossen. Andererseits darf nicht übersehen werden, daß sein Gefühlsüberschwang sehr subjektive Religionsformen förderte und die objektive Lehre der Kirche in Frage stellte. Die noch über die Romantik hinaus wirkende Auffassung, daß man Gott überall verehren und erfahren könne, wo dem Gläubigen das Herz aufgehe, hat der Theologie großen Schaden zugefügt. Ausdruck dieser diffusen Gefühlsreligion, die in der Nachfolge Schleiermachers entstand, wurden bald tränenselige Kirchenlieder, Waldkapellen und Einsiedlerbilder – aber auch eine tief empfundene religiöse Naturdichtung.

Fichte, Schelling und Schleiermacher entwarfen ihre philosophischen Konzeptionen in der Auseinandersetzung mit Kants Transzendentalphilosophie und wurden so zu den bedeutendsten Vertretern des frühen deutschen Idealismus, der davon ausging, daß die Idee, die Vernunft, das »Ich« als objektive Wirklichkeit die Materie als Erscheinungsform des Geistes erst erschaffen – oder anders formuliert: Alles Sein ist Wahrgenommenwerden, »esse est percipi«.

In Gegensatz zum Idealismus, der die Welt in erkennendes Subjekt und zu erkennendes Objekt trennt, traten in der Romantik Philosophen, die die Welt aus ihrer ursprünglichen Ganzheitlichkeit zu erfassen suchten. GOTTHILF HEINRICH VON SCHUBERT (1780–1860) veröffentlichte 1808 eine Schrift *Ansichten von der Nachtseite der Naturwissenschaft*, in der er eine Naturauffassung vorstellte, die Bezüge zu Alexander von Humboldt (*Ansichten der Natur*, 1807), zu Goethe und Schelling aufwies und eine Einheit von Natur und Kultur, von Mikro- und Makrokosmos voraussetzte. Bei dem Versuch, organische und anorganische Welt zu verbinden, wandte sich Schubert dem Magnetismus, der Hypnose und dem Somnambulismus zu, wie diese von dem zeitgenössischen Arzt Franz Anton Mesmer (1734–1815) praktiziert wurden. Schubert sah in den magischen Praktiken des Mesmerismus die Möglichkeit, zu einer ganzheitlichen Naturdeutung zu gelangen: Natur erschien Schubert als eine Lebensform in steter Entwicklung zwischen Leben und Tod; ja der Tod als höchste Form der Naturvollendung wurde als Verbindung des einzelnen mit dem »Weltganzen« gedeutet. Tod, Traum und rauschhafte Verzückung erschienen ihm als Nachtseiten der Natur, einer Natur, die sich jedem Messen entzieht und nur der hingebenden Liebe offensteht. Tod, Traum und rauschhafte Verzückung erfahren nach Schubert alle Menschen gleich; die Nachtseiten der Natur verbinden die Menschen über die alltägliche Erfahrung und über die jeweilige Sprache hinweg. In den Nachtseiten der Natur erlebt der Mensch sein zeitliches Sein als Entwurf und Bezug eines ewigen Seins, das sich dem Menschen in Mythen, in der Ursprache des Traumes und in den Symbolen der Religion offenbart. Schuberts Denken hat unmittelbaren Einfluß auf die zeitgenössische Literatur gewonnen; besonders die Dramen Kleists (*Das Käthchen von Heilbronn, Prinz von Homburg*) zeigen in der Gestaltung der Traumerlebnisse diese Einwirkung. Doch auch die Gestaltung von Geisteskrankheiten – etwa in Justinus Kerners *Die Seherin von Prevost* (1829) – wird nun zu einem literarischen Thema, wobei aufgewiesen wird, daß der Kranke dem »Weltganzen« nähersteht als der vermeintlich Gesunde. Gotthilf Heinrich von Schubert wirkte mit seinen Gedanken nachhaltig auf die Psychologie, die sich im 19. Jahrhundert aus der Philosophie löste; seine Gedanken wurden um die Jahrhundertwende von Sigmund Freud rezipiert und in die Tiefenpsychologie einbezogen, die wiederum auf nahezu alle geistigen und künstlerischen Strömungen unseres Jahrhunderts Einfluß gewonnen hat.

Auch die moderne Medizin beruft sich auf G. H. Schubert, wenn sie gegen das Spezialistentum und die Apparatetechnik den leidenden Menschen wieder als leib-seelische Ganzheit ins das Zentrum ihrer Heilmethoden stellt.

Ganzheitlich suchte auch ADAM MÜLLER (1779–1829) die Kunst zu begreifen, wobei er sich vornehmlich den historischen Bedingungen zuwandte. Dabei erkannte er, daß die historischen Voraussetzungen in sich widersprüchlich sind, und folgerte daraus, daß auch das Kunstwerk die Widersprüchlichkeit der Welt aufweisen müsse. Jede Erklärung der Wirklichkeit aus einer einheitlichen Idee zerstört nach Müller die Vielfalt der Welt. Deshalb muß der Leser, Hörer und Zuschauer eines literarischen Kunstwerks mit der Widersprüchlichkeit konfrontiert werden und selbst zum Künstler werden, da er nur so schöpferisch in seiner Person die Fülle der Widersprüche zum Ausgleich bringen kann. Starken Einfluß gewann Müller auf das romantische Drama, das den Zuschauer in das Geschehen mit einbezieht und das die Lösung der Konflikte im Bewußtsein des Rezipienten sich vollziehen läßt (Ludwig Tieck: *Der gestiefelte Kater*, 1797; Joseph von Eichendorff: *Die Freier*, 1833). Im 20. Jahrhundert fand diese Kunstform im europäischen Theater allgemeine Anerkennung und Verbreitung.

Auch KARL WILHELM FERDINAND SOLGER (1780–1819) deutete das Kunstwerk aus dem Bezug zum Weltganzen und lehrte, daß sich das Wesen der Schönheit in der Vereinigung von Natur und Kunst offenbare und in Symbolen und Allegorien sichtbar werde. Der Künstler, der sich für die Ewigkeit der Schönheit begeistert, könne in der Kunst die Vollkommenheit der Natur niemals erreichen; aus der »lächelnden Einsicht« in dieses endlose vergebliche Streben entspringe die Ironie, die gleichzeitig ein Ausdruck der Trauer darüber sei, daß das Dasein niemals vollendet sein könne und daher in nichts »zerstieben« müsse. Während die bürgerlichen Kunstfreunde und Philister, die in der romantischen Dichtung immer wieder Spott und Gelächter preisgegeben wurden, von der Gefährdung des nach Vollkommenheit strebenden Lebens nichts wissen, haben Arthur Schopenhauer und Friedrich Hebbel in ihren Werken die Existenz des Menschen in einer Welt gestaltet, deren Anspruch auf Vollkommenheit notwendig in die Tragödie führt.

Faßt man die philosophischen Grundlagen der romantischen Geistesbewegung zusammen, wird deutlich, daß im ausgehenden 18. und beginnenden 19. Jahrhundert gegen die rationale Welterklärung der Aufklärung eine allgemeine Wendung zu irrationalen, emotionalen Kräften, zu den »Nachtseiten« des Lebens erfolgt. Diese Wendung wird auch sichtbar in den Gedanken, Ideen und Erfahrungen der Französischen Revolution und in einer Gestalt wie Napoleon, die rational-kausal nicht erfaßbar ist. Goethe, der mit sicherem Gespür immer treffende Formulierungen fand, hat diese Gewalten als »dämonisch« bezeichnet und wiederholt darauf verwiesen, daß sie für die menschliche Existenz gefährlich sind. Die romantische Geistesbewegung hat die dämonischen Nachtseiten bis zur »schwarzen Romantik« der steten Todessehnsucht und zur trivialen Schauerromantik immer wieder neu erlebt und gestaltet.

Die Blaue Blume – Frühe Romantik in Jena

In Jena trafen in den Jahren nach 1790 die wichtigsten Vertreter der neuen Weltsicht zusammen, begründeten freundschaftliche Beziehungen und legten den geistigen Grund für die weitere Entwicklung. Vorbereitet wurde diese geistige Strömung durch die Freundschaft zwischen Ludwig Tieck (1773–1853) und dem früh verstorbenen Wilhelm Wackenroder (1773–1798), doch setzte sich die Geistesbewegung erst durch, als Fichte 1794 Professor für Philosophie in Jena wurde und die Brüder Schlegel 1796 mit ihren Frauen in die Hochschulstadt kamen. Bald wurde Novalis – eigentlich Friedrich von Hardenberg – zum Mittelpunkt dieses Kreises, den Schleiermacher mit religiösen Gedanken bereicherte. Dieser erste Abschnitt der romantischen Bewegung fand seinen Abschluß mit August Wilhelm Schlegels Übersiedlung nach Berlin.
Der Jenaer Kreis der Frühromantiker fühlte sich ganz in der literarischen Tradition Goethes, der als der Begründer der neuen Kunst verehrt wurde. Diese Dichter kultivierten die Freundschaft und das Gespräch, ihr Leben war Poesie, und ihr Streben zielte darauf, alles zu poetisieren. Da dies niemals vollständig gelingen konnte, blieben die großen literarischen Entwürfe notwendig fragmentarisch, das Fragment als Gattung wurde für die Epoche typisch. Im Fragment lassen sich Gedanken und Gestaltungsweisen festhalten, ohne daß sie in ein abgeschlossenes Werk eingebracht werden müssen. Nicht zufällig haben viele bedeutende Romantiker wesentliche Teile ihres Werks bewußt als Fragment gestaltet.
Es ist viel darüber diskutiert worden, mit welchem Ereignis die Jenaer Romantik einsetzte; der entscheidende Anstoß scheint von Ludwig Tiecks und Wilhelm Wackenroders Freundschaft ausgegangen zu sein. Ludwig Tieck – Hebbel hat ihn den »König der Romantik« genannt – schrieb bereits als Schüler spätaufklärerische Schauerromane und prägte dann nachhaltig die romantische Geistesbewegung. Im Kern war er eigentlich kein Romantiker, sondern das Romantische war eine Möglichkeit seiner Existenz.

Der Durchbruch der Romantik erfolgte, als sich Tieck und sein Schulfreund Wilhelm Wackenroder 1793 zum Studium in Erlangen trafen, gemeinsam durch Franken wanderten, den Zauber der altdeutschen Städte Nürnberg und Bamberg erlebten und in Schloß Pommersfelden die Sammlung der alten Maler sahen: »Kunstandacht« wurde ihr Schlagwort für das neue Erleben.

WACKENRODER schrieb in dieser Zeit die *Herzensergießungen eines kunstliebenden Klosterbruders* (1797), die posthum von Tieck herausgegeben und ergänzt wurden. Dabei ist die kunstschwärmerische Sprache beider Autoren so ähnlich, daß in einigen Einzelfällen bis heute nicht entschieden werden kann, wer der Autor des Textes ist. Dieses Sichdurchdringen der individuellen Sprachen zu einer Einheit der Gestaltung ist ein charakteristisches Merkmal romantischer Literatur. Die *Herzensergießungen eines kunstliebenden Klosterbruders* (1797) – durch diese Schrift wurde der Einsiedler und Mönch zu einer charakteristischen Gestalt der Romantik – enthalten kunsttheoretische Abhandlungen, die in ihrer Gesamtheit Künstler porträtieren und die Kunst als wahre Offenbarung preisen. Im Mittelpunkt der Verehrung stehen Raffael, aber auch Leonardo da Vinci, Michelangelo Buonarotti und Albrecht Dürer, dem sich Wackenroder und Tieck nahezu persönlich verbunden fühlten. Den Abschluß der *Herzensergießungen* bildet die Erzählung *Das merkwürdige musikalische Leben des Tonkünstlers Joseph Berglinger in zwei Hauptstücken*. Berglinger erscheint hier als Typus des romantischen Künstlers, dessen Leistung mehr im Kunstgenuß als im Schaffen liegt und der zuletzt an der Spannung zwischen Leben und Kunst scheitern muß. Er ist – darauf deutet schon der Titel – ein Vorläufer jenes Tonsetzers Adrian Leverkühn, an den Thomas Mann 150 Jahre später die Deutung des deutschen Schicksals gebunden hat. In LUDWIG TIECKS *Phantasien über die Kunst für Freunde der Kunst* (1799) erscheint die Musik als die höchste, die vollendete Kunst, da sie frei vom Gegenstand nur das Gemüt durch Gefühle berühre und den Menschen über die Niedrigkeiten und Beschwernisse hinweghebe.

Mit dem Roman *Franz Sternbalds Wanderungen* veröffentlichte Tieck 1798 den ersten großen romantischen Bildungsroman, der in der Tradition von Goethes *Wilhelm Meisters Lehrjahre* steht, bald zum meistgelesenen Buch der Zeit avancierte und das Bild des Künstlers über Generationen beim Publikum bestimmte. Jetzt wurde Bildung nicht mehr in der Fremde – in Italien – gesucht, der Wanderer Sternbald ist eigentlich ein steter Heimkehrer in den umhegten Raum der Heimat, der eigenen Geschichte und der gewachsenen Gemeinschaft. 1797 veröffentlichte Tieck in der Sammlung *Phantasus* das erste romantische Kunstmärchen *Der blonde Eckbert*. Es ist die wundersame Geschichte einer Liebe, die an den dämonischen Kräften, die in dieser Welt wirken, untergeht. Erstmals werden in diesem Märchen, durch das sich die Formel von der »Waldeinsamkeit« zieht, die lebensgefährdenden magischen Kräfte am Werk gezeigt, von denen Novalis gesagt hat, daß sie die Welt regieren, wenn der Glaube an Gott erlischt. Alle Romantiker haben diese Bedrohung durchlebt. Ihr Dichten war ihre Antwort auf diese Gefährdung. Der Waldeszauber, die Natur lockt im *Blonden Eckbert* den Menschen aus sich heraus, erweist sich aber zuletzt im Sinne der romantischen Naturphilosophie als bewußtseinsloses Spiegelbild des auf Entwicklung angelegten bewußten Geistes. An dieser Spannung zerbricht Eckbert.

Tieck liebte das Theater und suchte immer wieder, romantische Stoffe – Märchen wie *Ritter Blaubart* (1797) oder *Der gestiefelte Kater* (1797) – zu dramatisieren. In dem musikalischen Märchenspiel *Die verkehrte Welt* (1800) durchdringen sich beispielhaft die unterschiedlichen Spielformen und Spielebenen zu einer Literatursatire, die alle bisherigen Theaterformen parodiert.

Die Handlung dieses Theaterstücks ist so verschlungen, ja absichtlich verworren, daß es nicht möglich ist, auch nur einen kurzen Aufriß des Inhalts vorzustellen. Zwischen Prolog und Epilog durchdringen sich alle Formen der romantischen Ironie, nichts ist real, alles Geschehen spielt in einem Theater, dessen Schauspieler im Theater das Theater verkörpern. »Ein Stück wird aufgeführt, in dem ein Stück aufgeführt wird, das die Aufführung eines weiteren Stücks zum Inhalt hat. Der ganze Theaterapparat spielt mit. Das Paradoxon wird zum funktionalen Bestandteil der Bühne.« (Manfred Kluge 1974) In dieses »Spiel im Spiel« greifen die Zuschauer ein und erzwingen eine Änderung der Handlung nach ihrem Geschmack, so daß auch bei den Schauspielern eine vollständige Verwirrung zu herrschen beginnt; diese wirkt als Parodie der antiken Mythologie, der Aufklärung und der zeitgenössischen geistigen Moden und Staatsauffassungen. Zuletzt durchdringen sich alle Spielebenen, das Durcheinander wirkt total. Schauspieler und Zuschauer verlieren jeden Bezug zur Realität und agieren nur noch in einer künstlichen Wirklichkeit, die aus der Phantasie des Poeten hervorgegangen ist. Tieck gestaltet in einer komplizierten Dramaturgie, die sich auf Aristoteles, Ben Johnson und Gozzi berufen kann, ein ständiges »aus der Rolle fallen« der Schauspieler und verbindet so die unterschiedlichen Erfahrungswelten, so daß sich eine die Handlung konstituierende Wirklichkeit nicht ausbilden kann.

Die Mischung und Durchdringung der verschiedenen Spielformen verwirrte das zeitgenössische Publikum so sehr, daß sich die Stücke auf der Bühne zunächst nicht halten konnten. Es darf jedoch nicht übersehen werden, daß Elemente wie die romantische Ironie, Verfremdung und Reihentechnik, Spiel im Spiel und Einbeziehung des Zuschauers in die Handlung, die für das moderne Theater typisch sind, hier bereits vorweggenommen werden. Das Stück *Kaiser Octavian* ist ein lyrisches Lustspiel, dessen refrainartiger Vers von der »mondbeglänzten Zaubernacht« zu einem Signum der Frühromantik wurde. Tiefe Wirkung übte der späte Tieck auf das deutsche Theater aus: Gemeinsam und in wechselseitiger Teilnahme übersetzte er mit August Wilhelm Schlegel, Graf

Baudissin und Dorothea Tieck die Dramen Shakespeares ins Deutsche. Wohl war Shakespeare seit seiner Wiederentdeckung im 18. Jahrhundert ein Autor aller deutschen Bühnen, wohl gehörte die Kenntnis seiner Werke zur allgemeinen Bildung, doch fehlte noch die allgemein anerkannte Übersetzung. Diese schufen nun die Romantiker und prägten damit das Shakespearebild in Deutschland bis in unsere Tage. Während sie selbst keine umittelbar nachwirkende dramatische Dichtung hervorbrachten, bereicherten sie das Theater und die Geisteswelt mit dem Werk des Engländers und deuteten es aus romantischem Selbstverständnis und romantischer Sprache. Deshalb verstellt ihre Interpretation den Zugang zum Originaltext und zur Originalstimmung eher, als ihn zu erleichtern. Alle späteren Versuche, Übersetzungen entsprechend dem Zeitgeist der Elisabethanischen Epoche zu schreiben, fanden beim deutschen Publikum, das an den Klang der Übertragung Schlegels und Tiecks gewöhnt war, keine erfolgreiche Aufnahme.
Organisierender, geistig anregender und theoretischer Mittelpunkt des Jenaer Romantikerkreises wurden bald die Brüder AUGUST WILHELM SCHLEGEL (1767–1845) und FRIEDRICH SCHLEGEL (1772–1829), die weniger als Dichter denn als Gelehrte hervortraten. Mit Essay, Fragment und Kritik begründeten sie typisch romantische Literaturgattungen und vertieften die Geistesbewegung philosophisch und sprachwissenschaftlich. Sie zeigten, daß eine auf Vollendung und Sehnsucht nach Vollendung angelegte Dichtung notwendig fragmentarisch bleiben muß, und umschrieben in zahlreichen Fragmenten, was romantische Poesie überhaupt sei. So charakterisierte Friedrich Schlegel in einem berühmten Fragment romantische Poesie als eine Dichtung, deren Ziel es sei, alle getrennten Künste wieder in der ursprünglich unschuldigen Poesie der Frühzeit des Menschengeschlechts zu vereinen und das ganze Leben zu poetisieren. Mit dem Ziel, alle Künste in einer allumfassenden Poesie zu vereinigen, wandte sich Schlegel gegen die klassische Ästhetik Schillers, der in naiver und sentimentalischer Dichtung zwei im menschlichen Wesen angelegte, unvereinbare Kunstformen beschrieben hatte. Nirgends wird der Bruch zwischen Klassik und Romantik so deutlich wie in der unterschiedlichen Kunstlehre Schillers und Schlegels. Für Schlegel wurde deshalb auch das Stilmittel der Ironie die einzige Möglichkeit, die gespaltene Welt darzustellen: Nur ironisch kann der Künstler über die von ihm geschaffene unvollkommene Welt hinausweisen und sie gleichzeitig kraft seiner Freiheit zerstören. 1799 löste Friedrich Schlegel einen Literaturskandal aus, als er in dem Roman *Lucinde* sein Liebesverhältnis zu Dorothea Veit darstellte und erstmals in der deutschen Literatur die wechselseitige körperliche Lust bejahte. Wenige Jahre später änderte Friedrich Schlegel seine romantische Position, wandte sich gelehrten Kreisen zu und studierte in Paris Sanskrit, in dem er die Ursprache der Indogermanen zu erkennen glaubte. Jetzt richtete er in dem Aufsatz *Über die Sprache und Weisheit der Inder* (1808) sein Interesse auf die Ursprünge der Sprachentwicklung, unterschied als er-

Abb. 58: A. W. Schlegel an
J. G. Herder – Übersendung der
Shakespeare-Übersetzung

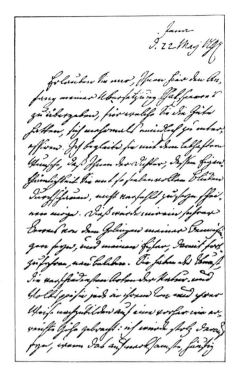

ster zwischen agglutinierenden, die Silben reihenden, und flektierenden Sprachen, die durch die Änderung des Stammvokals neue Wortbildungen ermöglichen. Im Sanskrit sah er die höchste Form der Sprachentwicklung, die im Laufe der Geschichte in zunehmendem Maße verfallen sei. Von einer vergleichenden Grammatik der indogermanischen Sprachen erhoffte sich Friedrich Schlegel eine Sprachgenealogie, die auf naturwissenschaftlicher Grundlage exakte Ergebnisse wie die Anatomie bringe. Mit diesen Gedanken bewies Schlegel seine Bereitschaft, Methoden der aufkommenden Naturwissenschaften in die Sprachwissenschaft zu übernehmen.
Schlegels wissenschaftliche Arbeiten zeigen typisch romantische Züge, indem sie darauf zielen, auch die Wissenschaft in die umfassende Poetisierung der Welt einzubeziehen. Charakteristisch ist die Zuwendung zu den frühen Formen der Dichtung, die als unverdorben ursprünglich gepriesen werden, charakteristisch ist die Auseinandersetzung mit der christlichen Kunst, die nach Ansicht der Romantiker die unterschiedlichsten Kunstformen bereits vereinigt habe, und charakteristisch ist die Wendung zur Sprache, die gleichermaßen als Kunstmittel und geschichtliches Zeugnis erfaßt wurde. Wissenschaft und Poesie bildeten nach Friedrich Schlegels Überzeugung in der sich entwickelnden »Universalpoesie« eine Symbiose.

August Wilhelm Schlegel studierte vorübergehend Theologie und dann Philologie, hielt ab 1808 Vorlesungen in Wien und wurde 1818 Professor für Kunst- und Literaturgeschichte in Bonn. Auch er hatte Sanskrit studiert und begründete auf der Grundlage dieser Studien ab 1820 mit der *Indischen Bibliothek* die Indologie als Wissenschaft.
Seine Überschätzung der flektierenden, also der indogermanischen Sprachen wirkte sich insoweit verhängnisvoll aus, als sie Politiker und das Bildungsbürgertum bald dazu veranlaßte, die Überlegenheit einer angenommenen arischen Rasse zu postulieren. Sowohl seine gemeinverständliche Sprachauffassung als auch seine Rezensionen und die berühmten Shakespeareübersetzungen machten August Wilhelm Schlegel zu dem Autor der Zeit, der das Ideengut der Romantik am stärksten popularisierte, ohne es selbst jedoch zu verkürzen oder zu vereinfachen. Gemeinsam gaben die Brüder Schlegel in den Jahren 1798 bis 1800 die Zeitschrift *Athenäum* heraus, die zum charakteristischen Literaturdokument des Jenaer Kreises wurde. Sowohl die Brüder Schlegel mit ihren Frauen als auch Novalis und Schleiermacher veröffentlichten hier bedeutende Beiträge, die tief auf die Zeitgenossen und Nachfahren wirkten. In dieser Zeitschrift spiegeln sich wie in keinem vergleichbaren Dokument der literarische Anspruch und die Grenzen der frühromantischen Poesie. Sie ist das Zeugnis für den Jenaer Dichterkreis, wie später die *Zeitung für Einsiedler* (1808) – 1809 legte Achim von Arnim sie in Buchform unter dem Titel *Trösteinsamkeit* vor – zum Publikationsorgan des Heidelberger Romantikerkreises werden sollte. Wenn man sich dazu verdeutlicht, daß Friedrich Schlegel 1803 bis 1808 die Zeitschrift »*Europa*«, 1812 bis 1813 das Organ *Deutsches Museum,* Tieck 1800 ein *Poetisches Journal,*« Kleist 1810 bis 1811 die *Berliner Abendblätter* sowie – mit Adam Müller – die Zeitschrift *Phöbus* (1808) und Wilhelm Hauff bei Cotta das *Morgenblatt für die gebildeten Stände* (1807–1865) begründeten und herausgaben, wenn man außerdem bedenkt, daß die meisten Autoren die Beiträge für die eigenen Blätter selbst schrieben und an den anderen mitwirkten, dann lassen sich die Intensität des romantischen literarischen Lebens und die wachsende Bedeutung der literarischen Zeitschrift für die Literatur erkennen.
Im Jenaer Freundeskreis gewann ein Mann zunehmend an Bedeutung, der ursprünglich unter dem Einfluß Schillers stand, dann aber in Leipzig Friedrich Schlegel kennenlernte und bald zu einer zentralen Gestalt wurde: FRIEDRICH VON HARDENBERG (1772–1801), der unter dem Namen NOVALIS der Dichter der Frühromantik wurde. Während seiner Studien in Jena, Leipzig und Wittenberg las er die Schriften Jakob Böhmes, Kants und Fichtes, erwarb geologische Kenntnisse bei Abraham Gottlob Werner in Freiberg, legte 1794 sein juristisches Examen ab und verlobte sich mit der dreizehnjährigen Sophie von Kühn, die bereits 1797 starb. Der frühe Tod der Geliebten – ihr Andenken verbindet Novalis mit dem Gedanken der Weisheit, den er bei Jakob Böhme kennengelernt hatte, mit der »Sophia« – führte zu einer tiefen seelischen Erschütterung, aus

der sich der Dichter erst in den letzten Jahren seines Lebens zu lösen suchte. Für Novalis waren Dichtung und Philosophie eins. In zahlreichen Fragmenten – sie erschienen 1798 unter dem Titel *Blütenstaub* – suchte er den Tod als neues Leben zu verstehen: »Leben ist der Anfang des Todes. Das Leben ist um des Todes willen. Der Tod ist Endigung und Anfang zugleich. Durch den Tod wird die Reduktion vollendet.« Gleichzeitig arbeitete er an dem Roman *Die Lehrlinge zu Sais*, der die magische Enträtselung der Natur darstellen sollte und von dem nur Fragmente erschienen. In ihnen wird der durch Fichte entworfene Gedanke von der Welt als Manifestation des objektiven Ich zur Aussage: »Einem gelang es – er hob den Schleier der Göttin zu Sais – Aber was sah er? Er sah – Wunder des Wunders – sich selbst.« 1799 entwarf Novalis seine Geschichtsutopie *Die Christenheit oder Europa* (veröffentlicht 1826), in der er das Bild eines neuen Staates aus der mittelalterlichen Geschichtstradition konzipierte. Im darauffolgenden Jahr entstanden die *Hymnen an die Nacht*, in welchen die mystische Sprache – wie wir sie in der neuzeitlichen Dichtung vergleichbar bei Hölderlin und Rilke finden – den vollendeten Ausdruck erreichte. Hier vereinigen sich Reflexion und visionäre Schau, Vers und rhythmisierte Prosa, hier stellt Novalis gegen die Nacht des Todes den Lobpreis des Lichtes, dessen Sonne ihm als »Sophia« (Weisheit) im Bild der frühverstorbenen Braut erscheint. In diesen Hymnen wird der Tod zum Eingang ins Leben. Diese Poesie zeigt, daß das Wesen der Sprache magisch ist, da allein das Wort die gegenständliche Natur in Geist zu verwandeln vermag. Das Wort hat aber auch die Gewalt, die Natur, die Welt aus dem Geist hervorgehen zu lassen. Weltschöpfung ist so die Berufung des Dichters. Diesem Thema, der Erlösung der Welt durch das dichterische Wort, sollte auch der Roman *Heinrich von Ofterdingen* (erschienen posthum 1802) gewidmet sein. Der zweiteilige Roman – der erste Teil mit dem Titel »Die Erwartung« wurde vollendet, während der zweite »Die Erfüllung« nur als Bruchstück vorliegt – beginnt mit dem Traum Heinrichs von der Blauen Blume, die zum Symbol romantischer Poesie wurde: »Er fand sich auf einem weichen Rasen am Rande einer Quelle ... Was ihn ... mit voller Macht anzog, war eine hohe, lichtblaue Blume, die zunächst an der Quelle stand ... Er sah nichts als die blaue Blume und betrachtete sie lange mit unnennbarer Zärtlichkeit. Endlich wollte er sich ihr nähern, als sie auf einmal sich zu bewegen und zu verändern anfing; die Blätter wurden glänzender und schmiegten sich an den wachsenden Stengel, die Blume neigte sich ihm zu, und die Blütenblätter zeigten einen blauen ausgebreiteten Kragen, in welchem ein zartes Gesicht schwebte. Sein süßes Staunen wuchs mit der sonderbaren Verwandlung, als ihn plötzlich die Stimme seiner Mutter weckte ...« Der Roman erzählt von der Ausbildung Heinrichs und seiner Entfaltung zum Dichter. Während einer Reise mit seiner Mutter in die Patrizierstadt Augsburg kehrt er in einer mittelalterlichen Burg ein und lernt hier die sittlichen Ideale der ritterlichen Welt kennen. Von einem Bergmann wird er danach in die Geheimnisse der Erde eingeführt – viele Romantiker waren wie Novalis auch Bergingenieure und kannten die magischen Gedanken der alten Bergmythen. In Augsburg findet Heinrich von Ofterdingen in Mathilde, der Tochter des Dichters Klingsohr, die ersehnte Geliebte, und ihre wechselseitige Zuneigung wird zum Sinnbild wahrer Poesie, die Klingsohr in einem Märchen deutet, das wieder zum Geheimnis der Blauen Blume zurückführt. Der Bildungsweg Heinrichs von Ofterdingen führt nicht in die Welt, die er verändernd gestalten soll, sondern nach innen, ins Unbewußte, in den Traum, ins Märchen. Dieser Weg nach innen in die Einheit von Natur und Geist ist charakteristisch für die Lebensauffassung der frühen Romantik. Daß dieser Weg zu einer Poetisierung des Lebens führt, haben diese Dichter in ihren Werken in vielfältiger Weise gestaltet. Poesie und Leben waren ihnen keine Gegensätze, sondern vereint die einzig erstrebbare Form menschlicher Existenz.

Des Knaben Wunderhorn – Die Heidelberger Romantik

Zu Beginn des neuen Jahrhunderts änderte sich das geistige Klima, neue Gedanken drangen in die Geistesbewegung der Romantik ein. So wandte man sich intensiv der Volksdichtung zu, wobei der vaterländische Gedanke bereits vereinzelt neben die Achtung vor dem Ursprünglichen trat. Man erkannte, daß die Erscheinungswelt trügerisch sei und hinter ihrer Larve das Böse, der Spuk, das Verderben laure. Man erfuhr die Wunder der mittelalterlichen Kunst und gründete historische Vereinigungen, die überlieferte Zeugnisse – wie etwa den Kölner Dom – vollenden helfen sollten.
An den Beginn der Heidelberger Romantik stellt man einen Text, der wohl zeitlich den Heidelberger Dichtern nahesteht, dessen Zuordnung jedoch große Schwierigkeiten bereitet, da es bis heute nicht überzeugend gelungen ist, eine eindeutige literaturgeschichtliche Einordnung vorzunehmen. Vieles erinnert an Jean Paul, vieles an die dunklen Nachtseiten der romantischen Welterfahrung, wie sie etwa von Brentano in der *Geschichte vom braven Kasperl und dem schönen Annerl* (1817) gestaltet wurden, vieles an E.T.A.Hoffmann, nur daß diese merkwürdige, faszinierende und weltliterarisch bedeutende Dichtung zeitlich nach den großen Romanen Jean Pauls und vor den Dichtungen Brentanos und Hoffmanns datiert werden muß. 1804 erschien in dem »Journal von neuen deutschen Originalromanen« der anonyme Roman *Nachtwachen*, dessen Verfasser sich BONAVENTURA nannte und dessen Identität bis heute nicht geklärt werden konnte. Der Nachtwächter, Symbol des Hüters der Träume und des Todes, Poet und satirischer Ironiker, Anonymus wie sein Erfinder, trägt den Namen Kreuzgang nach dem Ort, wo er einst als Kind gefunden wurde. In sechzehn Nachtwachen werden die Nachtseiten des Lebens entworfen – ein »Irrenhaus«, zu dem

die vernünftige Welt wird und in dem der lebendige Mensch verloren ist. Auf seinen Wanderungen erfährt der Nachtwächter alle Schreckensseiten menschlichen Lebens: den Tod eines Atheisten, das Einmauern einer lebenden Nonne, die ein Kind gebar; seine Mutter zeigt ihm das Grab des Vaters, der Kreuzgang mit Hilfe des Teufels gezeugt hatte, und die Eitelkeit der Welt. Im Nichts endet dieses Buch, in dem erstmals die Schattenseiten der Romantik beklemmendes Erlebnis werden: »Ich streue diese Handvoll väterlichen Staub in die Lüfte und es bleibt – Nichts! Drüben auf dem Grabe steht noch der Geisterseher und umarmt Nichts! Und der Widerhall im Gebeinhaus ruft zum letzten Male – Nichts!«

Freundlicher und dem allgemeinen Verständnis der Romantik näherstehend ist die Volksliedsammlung, die die Freunde CLEMENS BRENTANO (1778–1842) und ACHIM VON ARNIM (1781–1813) unter dem Titel *Des Knaben Wunderhorn* (1805/08) herausgaben und in der sie nicht nur überlieferte Texte abdruckten, sondern auch im Geiste der romantischen Zuwendung zur Volksdichtung ergänzten, umdichteten und durch eigene volksliedhafte Gedichte und überlieferte Lieder, die sie für volkstümlich hielten, bereicherten. Am Beispiel dieser Sammlung wird besonders deutlich, daß die Romantiker die Volksdichtung als vollendete Form der Naturpoesie betrachteten und ihr eigenes Dichten an diesen Formen orientierten und maßen. Brentano und Arnim wollten mit ihrer Sammlung in der Wirrung der Zeit die Gegensätze ausgleichen und sie in einer höheren Symbiose vereinigen. Die beiden Herausgeber widmeten die Sammlung *Des Knaben Wunderhorn* Goethe, der sie huldvoll interessiert entgegennahm; er erkannte nicht, daß wohl kein Werk die romantische Wendung zu Volksgeist und Volksdichtung so unmittelbar zeigt.

Der Liederschatz, den die beiden gehoben und bewahrt haben, reicht vom Kinderlied zur Totenklage, vom Liebes-, Wander- und Arbeitslied zu den Liedern des Jahreszeitenbrauchtums. Die Belebung des Volkslieds, aber auch der Beginn der Volksliedforschung und die breite Pflege der Volkskunst haben im »Wunderhorn« Anfang, Begründung und Zielsetzung erhalten. Die Wirkung der Sammlung auf Dichtung und Forschung hält bis in die Gegenwart an – ein wichtiges Zeugnis hierfür ist die Dissertation »Brentanos Poetik«, die der Gegenwartsautor Hans Magnus Enzensberger 1961 vorgelegt hat.

Bekannt und viel gelesen blieben auch von Arnims Novellen *Isabella von Ägypten* (1812), eine historische Erzählung, die die erfahrbare Wirklichkeit sprengt, in der Zauberei und Alraune die Sinne des Menschen verwirren und in der ein Golem die wahre Liebe, die menschlichste und romantischste Seite des Menschen, bedroht, und *Der tolle Invalide auf dem Fort Ratonneau* (erstmals gedruckt 1818), eine Geschichte, in der die Gefährdung von Marseille durch einen Wahnsinnigen erzählt wird. Doch im Gegensatz zu den romantischen Dichtungen ist hier der Wahnsinn nicht Ausdruck einer psychischen Spaltung, einer somnambulen Gefährdung, sondern physische Krankheit. Die vernünftige Erklärung der Krankheit und ihre Heilung weisen bereits in die Epoche realistischer Gestaltungsweisen. Mit dem Roman *Die Kronenwächter* (1817/25) begründete von Arnim die Gattung des geschichtlichen Romans. Er erzählt die Geschichte eines Bundes, der auf einer einsamen Insel die deutsche Kaiserkrone bewacht, bis das Kaisertum geistig erneuert wieder entstehen kann. Hier dringen deutlich patriotische Elemente ein. Störend wirken jedoch die zahlreichen erfundenen Symbole, die durchsichtigen historischen Anspielungen und die Bedeutungsüberfrachtung auch nebensächlicher Dinge. Da von Arnim die geistigen Strömungen seiner Zeit bewußt miterlebte, verlagerte sich sein Interesse im Laufe seines Lebens von der Poesie und Naturwissenschaft zum deutschen Altertum. Seine »Christlich-Deutsche-Tischgesellschaft« in Berlin war an der Vorbereitung der Freiheitsbewegung gegen die Napoleonische Herrschaft vielfach beteiligt. In der Gestalt dieses Dichters wird deutlich, wie nahe literarische und politische Romantik sich nach der Jahrhundertwende stehen konnten.

Das literarische und gesellschaftliche Leben Clemens Brentanos wies in andere Bahnen. Brentano sollte Kaufmann werden, studierte in Jena und lernte hier die romantische Geistesbewegung kennen. Unter dem Einfluß von Luise Hensel konvertierte er 1817 zum katholischen Glauben, weilte Jahre bei der stigmatisierten Nonne Anna Katharina Emmerick, deren Visionen er aufschrieb, ging dann nach München und verbrachte schwerkrank seine letzten Lebensjahre bei seinem Bruder in Aschaffenburg. Wie kaum ein zweiter romantischer Dichter führte Brentano das Leben eines zerrissenen Menschen, der, zwischen den extremsten Positionen schwankend, nie zur Ruhe fand. Ausdruck dieser stets bedrohten Existenz ist sein literarisches Werk. Sein erster Roman *Godwi* (1801) wirkt verworren: Brentano will die Entwicklung eines Menschen zeigen, doch verliert sich die Handlung in Nebensächlichkeiten, Gefühlsausbrüchen, Lyrismen. Später hat sich Brentano selbst von diesem – seinem einzigen – Roman abgewandt und ihn als »krankes krüppelhaftes Kind« bezeichnet. Für das Streben nach absoluter Liebe, für die vollkommene romantische Sehnsucht, die jede Form sprengen muß, da sie die Weitung ins Unendliche hindert, ist dieser Roman jedoch das bemerkenswerteste Zeugnis. Berühmt wurde Brentanos Novelle *Die Geschichte vom braven Kasperl und dem schönen Annerl* (1817), in die Elemente der Volksdichtung, der Rechtskolportage und der Bildungsnovelle eingewoben sind. Diese Novelle, die auch als erste Dorfgeschichte der deutschen Literatur bezeichnet wurde, erzählt die Geschichte zweier Menschen, deren Leben durch das stete Streben nach Ehre zerbricht und deren letzter Wunsch es ist, im Tode vereint zu bleiben. Die komplexe Erzähltechnik, die Einbeziehung des Autors in die Handlung, die straffe Handlungsführung – das alles sind Elemente, die diese Novelle für Brentano als atypisch erscheinen lassen. Andererseits hat er hier bewiesen, daß er nicht nur der Formkrise der Romantik ver-

fallen war, sondern als Dichter auch den neuen Geist des aufkommenden Realismus in sein Schaffen zu integrieren verstand.
Brentanos dramatisches Schaffen steht ganz im Geiste der Romantik, wobei die Komödien durchaus wirkungsvoller gestaltet sind als die Tragödien, da die Komödie den romantischen Zwiespalt zwischen dem Streben nach Vollendung und endlicher Beschränktheit besonders eindringlich zeigen konnte. 1804 veröffentlichte Brentano das Lustspiel *Ponce de Leon*, in dem er die romantische Gesellschaft seiner Gegenwart im historischen spanischen Gewand vorführt und damit auf die Rezeption der spanischen Komödie verweist. Die Vorlage zum Lustspiel stammte aus Frankreich, doch hielt sich Brentano nur insofern an die Quelle, als sie ihm die Möglichkeit bot, »heitere Menschen in heiterem Treiben darzustellen«. Im Mittelpunkt der Handlung steht der Dichter selbst in der Gestalt des Ponce, der als geistreich heiterer Mann seine subjektive Begrenztheit erfährt. Er soll durch ernsthafte Liebe von flatterhaften Liebschaften abgebracht werden, doch verwirrt sich das Spiel rasch, so daß es für den Zuschauer kaum möglich ist, Handlungen und Einsichten des Helden nachzuvollziehen. Auch die Sprache verselbständigt sich in Wortspielen, so daß auch vom Schauspieler mehr als Deklamation und Aktion verlangt wird – er muß den Sinn des Spieles verstehen, um es gestaltend vorstellen zu können. Diese Erwartung Brentanos ging weit über das hinaus, was das zeitgenössische Theater leisten konnte.
Wie zahlreiche Zeitgenossen wandte sich Brentano auch der frühen Geschichte und den Mythen der Völker zu. Während eines langen Aufenthalts in Böhmen entdeckte er das Romantische der tschechisch-slawischen Staatsgründungsmythe in der Sage von Libussa und dem ersten Přemislyden Přimislaus. In dem Schauspiel *Die Gründung Prags* (1815) gestaltete er die Sage für die Bühne, erweiterte die Handlung durch zusätzliche Überlieferungen und schuf ein von Allegorien und Symbolen durchdrungenes Spiel, dessen Verse und Rhythmisierungen, Anspielungen und Geschichtsdeutungen vom Darsteller und Zuschauer so viele Voraussetzungen fordern, daß sich das Schauspiel auf der Bühne nicht durchsetzen konnte. Als romantisch historisches Spiel ist es jedoch beispielhaft; die Wirkung auf das historische Schauspiel im 19. Jahrhundert – etwa auf Franz Grillparzers *Libussa* – war bedeutend.
Brentanos unvergängliche Leistung ist seine Lyrik, die Elemente der Volks- und Liebesdichtung aufnimmt und in nahezu schwereloser Formbeherrschung umgestaltet. Mit seinen Bildern und Reimen hat er die Vorstellung von der romantischen Lyrik geprägt, etwa in den Gedichten *Hör, es klagt die Flöte wieder ...*, *Herr, ich steh in deinem Frieden ...* Wie kaum ein zweiter Dichter verstand es Brentano, den schwebenden Klang der lyrischen Sprache zu kultivieren: Synästhesien und Klänge betörender Rhythmik brechen den Fluß der Sprache auf, Sprache wird im romantischen Sinn zur Ent- und Verzauberung der Welt. Wie weit dieses Spiel führte, wird daran deutlich, daß Brentano die Ge-

stalt der *Lureley* erfand, die bald allgemein so vertraut war, daß sie als Volksliedüberlieferung gedeutet wurde. Hier gehen Volks- und Kunstdichtung ineinander über – hier wird Dichtung zur eigenen Welt. Brentano war in diesem Geiste wohl der vielfältigste romantische Dichter.

In steter Beziehung zu ihrem Bruder Clemens Brentano blieb BETTINA VON ARNIM, in deren Haus die führenden Geister der Zeit – Friedrich Heinrich Jacobi, Ludwig Tieck, Friedrich Schleiermacher, die Brüder Grimm, Wilhelm von Humboldt – verkehrten. Mit großer Phantasie gestaltete sie *Goethes Briefwechsel mit einem Kinde* (1835), ein Buch, in dem sie Dichtung und Wahrheit anmutig mischte. Als politische Autorin trat sie im Vormärz mit *Dies Buch gehört dem König* (1843) hervor, veröffentlichte Briefe ihres Bruders in *Clemens Brentanos Blütenkranz* (1844) und hob mit der Briefausgabe *Die Günderode* (1840) jene typische romantische Dichterin, die freiwillig ihr Leben endete, als sich ihre Liebe nicht erfüllen konnte, ins allgemeine Bewußtsein.

Zum Heidelberger Romantikerkreis stieß 1806 auch JOHANN JOSEPH GÖRRES (1776–1848), der ursprünglich der Französischen Revolution und den Ideen einer Rheinischen Republik nahegestanden hatte. Nach dem Studium der Naturwissenschaften schrieb er Beiträge für die von von Arnim herausgegebene »Zeitung für Einsiedler« und wurde rasch zum allgemein anerkannten Vertreter der katholischen Romantik. In Koblenz gab er 1814 bis 1816 gegen Napoleon die Zeitung »Rheinischer Merkur« heraus. Während er sich in seinen Jugendjahren stark politisch engagierte, traten später zwei andere Wirkungsgebiete in den Vordergrund, die beide auf spezifisch historische Interessen verweisen: 1805 erschien *Glaube und Wissen*, eine erste Annäherung an die Auseinandersetzung mit dem Mythos, die dann in der *Mythengeschichte der asiatischen Welt* (1810 in zwei Bänden) einen ersten Abschluß erreichte. Hier zeigte Görres, wie in den Mythen der Völker der Schlüssel zur Erkenntnis ihres Wesens verborgen liegt. Damit übertrug er den Gedanken Herders vom Leben des Volksgeistes in der Sprache auf die Mythen. Gleichzeitig wandte er sich der Herausgabe und Erforschung der Volksbücher zu, da er annahm, daß in ihnen der Geist des Volkes ebenso wirksam und erfahrbar sei wie in den Märchen und Volksliedern, die die Brüder Grimm, Brentano und von Arnim gesammelt hatten. Gemeinhin werden die anonym überlieferten Erzählungen *Fortunatus, Die schöne Magelone, Historie von dem gehörnten Siegfried, Historia von Doktor Johann Fausten, Tyl Ulenspiegel, Hans Clauerts werkliche Historien, Das Lalebuch* und die *Histori von den vier Heymonskindern* als Volksbücher bezeichnet. Im Gegensatz zu Görres, der ihre Entstehung dem produktiven Volksgeist zuschrieb, weiß man heute, daß auch die Volksbücher ganz bewußte Dichtungen sind, die im späten Mittelalter entstanden und sich in der frühen Neuzeit beim lesenden Publikum großer Beliebtheit erfreuten. So gehen die Geschichten von den *Heymonskindern* auf ein französisches Chanson de geste *Renaut de Montauban* aus dem 12. Jahrhundert zurück. Es erzählt den Kampf Renauts und seiner Brüder gegen Karl den Großen (eigentlich gegen Karl Martell) und ihre Unterwerfung. Wie sehr diese Erzählung Allgemeinheit war, kann man daraus entnehmen, daß im 18. Jahrhundert die Namen der Helden dieses Volksbuchs sich großer Beliebtheit erfreuten. Auch Goethes Mutter führte im Kreise der vertrauten Familie den Namen der Heymonsmutter Aja. Ohne Übertreibung kann man festhalten, daß zahlreiche mittelalterliche Stoffe nur über das Volksbuch ins Bewußtsein des neuzeitlichen Menschen gelangten. Aus der Volksbuchtradition stammt auch die *Historia von Doktor Fausten*, die Goethe über das Puppenspiel kennengelernt hat. Das Vorwort, das Görres 1807 zur Ausgabe der Volksbücher schrieb, ist eines der wichtigsten Zeugnisse für den Geist, aus dem die Romantik die Vergangenheit erforschte und verstand. Im Kampf gegen Napoleon wurde Görres zum Protagonisten des politischen Journalismus. Wegen des Aufsatzes *Teutschland und die Revolution* (1819) wurde er von den restaurativen Mächten verfolgt und lebte vorübergehend in der Schweiz und im Elsaß. Als er 1827 nach München zurückkehrte, wurde er hier zum Anreger und Mittelpunkt eines spätromantischen Dichterkreises. Jetzt veröffentlichte er seine Hauptwerke *Über Grundlage, Gliederung und Zeitenfolge der Weltgeschichte* (1830), bis heute Maßstab der katholischen historischen Schule, und *Die christliche Mystik* (1836 bis 1842 in 4 Bänden), mit der er nachhaltig auf die Erforschung der Kirchengeschichte und auf die junge Germanistik wirkte. Die 1876 gegründete Görresgesellschaft ist heute die führende katholische Vereinigung für Geschichtsforschung.

Dem Heidelberger Kreis stand auch JOSEPH FREIHERR VON EICHENDORFF (1788–1857) nahe, der 1807 mit seinem Bruder in die Universitätsstadt zum Studium kam und den Brentano wegen seiner ländlich-unmodischen Art verspottete. Eichendorff entstammte dem schlesischen katholischen Landadel, der familiäre und freundschaftliche Bindungen nach Polen, Mähren und Österreich unterhielt. In Schloß Lubowitz verlebte er seine Jugend, und nachdem das Schloß verkauft werden mußte, blieb die Erinnerung an diese Idylle sein ganzes Leben lang bestimmend. Die Heimatverbundenheit und eine feste Gründung im katholischen Glauben prägten den Dichter, der die Welt im Lied zu erlösen suchte, denn nur der Dichter kann, nach Eichendorffs Glauben, die geheime Sprache der Dinge verstehen und diese im Lied den Menschen zu Gehör bringen. 1805 begann er sein Studium in Halle, lernte die Welt der Studenten und Philister kennen, sah Goethe, erlebte Iffland im Theater in Leipzig und erwanderte mit seinem Bruder den Harz. Die Naturliebe, die er als Kind in den Lubowitzer Wäldern empfangen hatte, wurde hier vertieft und durchgeistigt. Niemals in seinem Leben hat er ein Instrument gespielt. Dies erstaunt, denn kein Dichter hat wie er den wandernden Musiker zum Typus des Romantikers erhoben, und keiner dichtete so musikalisch – fast alle seine Gedichte wurden vertont. Eichendorff bewirtschaftete nach dem Studium vorübergehend das verschuldete Gut Lubowitz, fand keine Anstellung, kämpfte 1813 als Freiwilliger bei Lützows Jägern und wurde 1815 mit Gneisenaus Hilfe Expedient im Kriegsministerium, trat dann in die preußische Verwaltung ein und arbeitete als Beamter ab 1831 im Kultusministerium in Berlin, erwarb sich Anerkennung und schied 1844 aus dem Dienst. Das Beamtenleben war nur eine Seite seiner Existenz, die andere gehörte der Literatur. Schon in Heidelberg hatte er Brentano und Görres kennengelernt, in Berlin traf er 1810 mit von Arnim und Kleist zusammen, in Wien trat er, als er sich auf sein Examen vorbereitete, in Verbindung mit Friedrich und Dorothea Schlegel. Hier vollzog er seine persönliche Wende zur Romantik, obwohl sein erster Roman *Ahnung und Gegenwart* (1815) kaum Beachtung fand. Im Gegensatz zu seinen Freunden mied er jede überspannte Subjektivität und jede Verherrlichung der Kunst um ihrer selbst willen. Seine Grunderfahrung war die magisch-christliche Einheit von Gott und Natur, der er in zahlreichen Dichtungen Ausdruck gegeben hat. Ihm ist die Nacht nicht die Zeit des Schreckens, in der Dämonen aufbrechen und die gespaltene Welt gefährdend an den Menschen tritt, ihm ist die Nacht das Zeichen innigster Vereinigung der Schöpfung mit ihrem Schöpfer. Seine Heimat sieht dieser Dichter im Himmel, unter dem eine unendliche Natur dem Menschen als Lebensraum gegeben ist. Nur einmal, in der Novelle *Das Marmorbild* (1826), scheint auch bei ihm die Gefährdung der Ordnung auf, droht die nächtliche Auferstehung der heidnischen Welt im Bild der Venus, doch auch hier durchdringt zuletzt die Gottesmutter »mit dem Kindlein in den Armen ... die ganze Welt«. Wie kaum ein anderer Dichter hat Eichendorff das Bild der Romantik geprägt. Die Stimmungen, die er schuf, und die Bilder in seinen Dichtungen wurden Vorbild und bald epigonale Kulisse für die späten Naturdichter, denen die selbstverständliche Einfalt fehlte, die Eichendorff mit Natur und Gott verband. Auch die Erzählungen stehen der Lyrik nahe; die schönsten dichterischen Stellen finden wir in den Novellen da, wo die Prosa ins Lied übergeht. Er ist der Lieddichter, dem der Volksliedton zum eigenen Ton wird. Seine Romane und Erzählungen sind heute leider nur wenigen vertraut – etwa *Dichter und ihre Gesellen* (1834), *Das Schloß Dürande* (1837), *Die Glücksritter* (1841). Allgemein bekannt und beliebt bei jungen und alten Lesern blieb bis heute die Novelle *Aus dem Leben eines Taugenichts* (1826) – geschrieben in einer Zeit, als Romantik bereits Geschichte zu werden begann. Es ist die Geschichte eines Müllerssohns, der in die Welt zieht, in Wien Gärtner und Zolleinnehmer wird, seiner »schönen gnädigen Frau« nach Italien nacheilt, in fremden Schlössern den Spuk ungebändigter Phantasie erlebt, im heidnischen Rom nur den magischen Zauber karnevalesker Antike erfährt und in der Heimat Liebe und Glück findet. Es ist ein Märchen vom Leben in Glück, dem keine Gefährdung etwas anhaben kann, denn der Held lebt in der Einheit mit Gottes Schöpfung, die ihn trägt. Die Kulisse, in der die Handlung spielt, ist Zeichen der Vergänglichkeit. Die Zeit kann den Menschen zerstören, an Eichendorffs Helden hat sie keinen Anteil: »... von fern schallte immerfort die Musik herüber, und Leuchtkugeln flogen vom Schloß durch die stille Nacht über die Gärten, und die Donau rauschte dazwischen herauf – und es war alles, alles gut!« – 1846 ging der alternde Eichendorff nach Wien, traf Grillparzer, Stifter und Fontane und verkehrte mit den politischen Größen der Zeit.

1847 schrieb Eichendorff eine erste literaturwissenschaftliche Arbeit *Über die ethische und religiöse Bedeutung der neueren romantischen Poesie in Deutschland*, 1857 folgte die *Geschichte der poetischen Literatur Deutschlands*, die die deutsche Literatur vornehmlich aus katholischer Perspektive betrachtete. Von besonderem Interesse ist in diesem Werk die Wertung der zeitgenössischen Autoren, denen er kritisch und zum Teil ablehnend gegenübersteht. Romantische Zerrissenheit und romantisches Streben nach Vollendung bezeichnet er als »Verwirrung« – als »Fehlgeburt«. Besonders ungehalten ist sein Urteil über E. T. A. Hoffmann, dem er nicht nur literarischen, sondern vor allem ethischen Mangel bescheinigt. Diese Urteile zeigen Resignation und eine Abkehr von der Gegenwart – die Schriften sind jedoch neben Heines Darstellung *Die romantische Schule* unersetzliche Dokumente für die literarische Deutung und Wertung einer Epoche, die der Dichter durch sein Schaffen mitgeprägt hat.

Patriotismus und Künstlertum – Die Berliner Romantik

Die Heidelberger Romantik geht zu Beginn des neuen Jahrhunderts nahezu kontinuierlich in die Berliner Romantik über, in der das gesellschaftliche Leben in bestimmten Zirkeln, in Salons und Künstlerkreisen eine besondere Rolle spielt und Literaten unterschiedlicher Herkunft in persönliche Beziehung bringt. Hier werden in den Salons der Henriette Herz und Rahel Varnhagen von Ense die Berliner Vorlesungen August Wilhelm Schlegels *Über schöne Literatur und Kunst* (1801–1804) und *Über dramatische Kunst und Literatur* (1809/11) diskutiert, hier in Berlin hielt nach der Niederlage gegen Napoleon bei Jena und Auerstätt Fichte seine *Reden an die deutsche Nation* (1807/08), hier traf sich die »Christlich-deutsche Teegesellschaft«, die den von Heinrich von Kleist herausgegebenen »Berliner Abendblättern« (1810/11) nahestand und in der Adam Müller, Achim von Arnim, Clemens Brentano, Wilhelm Grimm, Friedrich de la Motte-Fouqué, Adelbert von Chamisso und E.T.A. Hoffmann verkehrten. Diese Berliner Romantik wurde zu einem Zentrum patriotischer Dichtung gegen Napoleon. In Berlin sammelte sich nach der preußischen Niederlage von Jena und Auerstätt die politische, intellektuelle und literarische Opposition gegen den französischen Herrscher und sein System; als es 1813 zur Erhebung – zum Freiheitskampf – kam, fand diese begeisterten Anklang bei den jungen Poeten. Besonders die Lützowschen Jäger traten verwegen und mutig hervor; zu ihnen gehörten Eichendorff und Theodor Körner.

Diese Freiheitsdichtung ist qualitativ sicher nicht gleichgewichtig – neben bedeutenden Texten stehen triviale Aussagen und Gestaltungen, neben gutgemeinten Aussagen erschütternde Zeugnisse des Kampfes für Recht, Freiheit, Verfassung und Vaterland. In der patriotischen Dichtung der Berliner Romantik wird die Sehnsucht nach dem einheitlichen deutschen Staat erstmals in politischer Lyrik artikuliert.

ERNST MORITZ ARNDT (1769–1860) stammte aus der leibeigenen Bauernschaft und trat unter dem Einfluß der Gedanken der Französischen Revolution für Freiheit und Würde des Individuums ein. Doch bereits in seiner Schrift *Geschichte der Leibeigenschaft in Pommern* (1803) vollzog er eine Abkehr von Rationalismus und Aufklärung und entwarf in der Nachfolge Herders ein organisches Staatsmodell, in dem es nur einen Stand – das Volk – geben sollte. In der Nation, so lehrte Arndt, verwirklicht sich das Volk politisch, im Volkstum kulturell. Nach Preußens Niederlage 1806 lebte er in Schweden und folgte dann dem Freiherrn vom Stein nach St. Petersburg. Von 1806 bis 1818 veröffentlichte er sein wissenschaftliches Hauptwerk *Geist der Zeit*, in dem er sich gegen die Willkür der restaurativen Mächte wandte. 1820 wurde Arndt als Demagoge verfolgt und von seiner Bonner Geschichtsprofessur entpflichtet; erst 1840 wurde er von Friedrich Wilhelm IV. rehabilitiert. Als Gegner aller republikanischen und kommunistischen Zukunftsvisionen wurde er 1848 als ältester Abgeordneter in die Paulskirche gewählt. Nach dem Scheitern der Revolution von 1848 lehrte er bis zu seinem 84. Lebensjahr an der Universität Bonn. Er schuf nationale Gedichte wie *Der Gott, der Eisen wachsen ließ, Was blasen die Trompeten?, Deutsches Herz verzage nicht* und dichtete mit seinem Lied *Was ist des Deutschen Vaterland?* den Programmtext der nationalstaatlichen Bewegung. Ähnlich steht es um THEODOR KÖRNER (1791–1813), der als Lützower Jäger in Mecklenburg fiel. Seine Lieder *Aufbruch, Lützows wilde Jagd, Schwertlied* sind aus begeisterten Augenblicken entstanden und haben die Befreiungskämpfer angesprochen. Allgemein bekannt wurden die Lieder des mitteldeutschen MAX VON SCHENKENDORF (1783–1817), der davon träumte, die mittelalterliche Kaiserherrlichkeit wieder zu erneuern, und volksliedhafte Gedichte schrieb wie *Muttersprache, Mutterlaut* oder *Freiheit, die ich meine ...* In den Umkreis der Befreiungsdichter gehört auch WILHELM MÜLLER (1794–1827), der am Kampf gegen Napoleon jedoch nicht beteiligt war. Seine Begeisterung für den Freiheitskampf der Griechen brachte ihm den Beinamen »Griechenmüller« ein. Franz Schubert hat seine Gedichtzyklen *Winterreise* und *Die schöne Müllerin* vertont.

Zu den Berliner Romantikern gehören auch Autoren, die durch die Kultur und Geistigkeit der frühen Romantiker geprägt waren und diese kulturelle Erfahrung mit dem vaterländischen Bewußtsein der Zeit zu verbinden suchten. Obwohl sie die Originalität und Wirkung ihrer Vorbilder nicht erreichten, treten ADELBERT VON CHAMISSO (1781–1838) und Friedrich de la Motte-Fouqué (1777–1843) als bedeutende literari-

Abb. 59:
E. T. A. Hoffmann:
Karikatur zu
A. v. Chamisso *Peter Schlemihl*

sche Gestalten hervor. Adelbert von Chamisso mischt in seiner berühmten Erzählung *Peter Schlemihls wunderbare Geschichte* (1814), die auch auf E. T. A. Hoffmann wirkte, Elemente der Märchen und Gespensterdichtung. Der Protagonist verkauft seinen Schatten, erkennt aber nach Jahresfrist, daß er sich in die Gewalt des Teufels begeben hat. Er bereut, erhält Siebenmeilenstiefel zum Lohn und findet zuletzt in der Einsamkeit zu persönlichem Glück. 1821 begründete der Dichter mit den *Bemerkungen und Ansichten auf einer Entdeckungsreise* die wissenschaftliche Reiseliteratur, wobei bereits deutlich Darstellungsweisen des Realismus zu erkennen sind. Den Gedichtzyklus *Frauenliebe und -leben* (1831) hat Robert Schumann vertont. Während manche von Chamissos Balladen belehrend wirken, zeichnen sich in dem Gedicht *Die alte Waschfrau* sozialkritische Töne ab. Wie Chamisso hatte auch FRIEDRICH DE LA MOTTE-FOUQUÉ (1777–1843) französische Vorfahren. Er gehörte zu jenen Romantikern, die alle Phasen der Geistesbewegung mitgemacht haben, in den Befreiungskriegen hervorgetreten waren und die germanische Welt des Mittelalters wiedererstehen lassen wollten. Sein Märchen *Undine* (1811), in dem er schlicht und mit durchgehender Spannung die tragische Liebesgeschichte zwischen einem Ritter und einer Wassernixe erzählt, wird heute noch gelesen. Die Personifizierung magischer Naturmächte in der Gestalt des Brunnengeistes Kühleborn und die ergreifende Schilderung des Leides sprechen den Leser unmittelbar an. Diese Märchenerzählung wurde auch von E. T. A. Hoffmann und Albert Lortzing als Oper vertont.

Dem Berliner Kreis läßt sich auch ERNST THEODOR AMADEUS HOFFMANN (1776–1822) zuordnen, der nach einem unruhigen Leben ab 1814 bis zu seinem Tode in Berlin wirkte: In diesen Jahren verkehrte er mit den Künstlern und Dichtern der jungen Metropole, in diesen Jahren entstanden seine bedeutendsten Dichtungen. E. T. A. Hoffmann stammte aus Ostpreußen; 1796 vertauschte er aus Begeisterung für die Musik Mozarts seinen letzten Vornamen »Wilhelm« mit »Amadeus«. Er gilt im allgemeinen Bewußtsein bis heute als der Romantiker schlechthin, ja im Ausland prägte er wie kein anderer Zeitgenosse das Bild der deutschen Romantik, so daß die Franzosen jene literarische Gattung, die durch das Grauen gefährlicher Mächte beherrscht wird und in der Kobolde, Elfen und Geister auftreten, als »genre hoffmannesque« bezeichnen.

Sicher ist nicht alles, was Hoffmann schrieb, gelungen. Zu oft merkt man den Einfluß der Schauerromantik und der Kolportage; diese Einschränkung sagt jedoch wenig über das Gesamtwerk aus, denn ein so umfassendes Œuevre, das in nur wenigen Jahren niedergeschrieben wurde, weist notwendig neben bedeutenden Kunstwerken auch weniger gelungene Ausführungen auf. Hoffmann ist relativ jung gestorben; die Zeit zur Auswertung, Sichtung und Bearbeitung des eigenen Werkes war ihm nicht mehr gegeben.

Hoffmann war der Alleskönner unter den Romantikern: Maler und Musiker, Dichter und Regisseur, ein Universalgenie, dem jedoch die typisch romantischen Neigungen zu Philosophie, Religion, Geschichte und Natur fehlten. Seine Welt ist die des Scheins, in der Selbstmordgedanken, wilde Traumphantasien und Identifikationsverlust den Menschen bedrohen. Immer wieder neu gestaltet Hoffmann den Einbruch des Dämonischen in die geordnete Welt; er zeigt, daß die vermeintlich sichere Erfahrungswirklichkeit ein Schein ist und stets zerbrechen kann. Seine Dichtung ist geprägt durch die Nacht, doch ist diese nicht »mondbeglänzt« und Erlösung im Schlaf. Sie ist die Zeit der Verbrecher, der Geister, der Mörder und der Gefährdung des Menschen. An E. T. A. Hoffmann schieden sich die Geister: Während er von Goethe und dessen Epigonen abgelehnt wurde, fand er schwärmerische Anhänger bei Künstlern und Bohemiens, die wie er nur Spott und Verachtung für die Welt und das Leben bürgerlicher Philister kannten. Hoffmann stammte aus Königsberg; früh erlitt er die Scheidung der Eltern, die Entfremdung des Vaters, die stete Hysterie der kränklichen Mutter. Früh trat seine künstlerische Begabung in Erscheinung; er zeichnete, komponierte und studierte Jura, legte 1795 sein Examen ab, arbeitete zunächst als Regierungsassessor in Posen, wurde 1802 wegen einiger Karikaturen, die er angefertigt hatte, nach Plozk strafversetzt und kam 1804 als Regierungsrat in das preußische Warschau, wo er auch als Dirigent, Sänger, Komponist und Dekorateur arbeitete, Brentanos *Die lustigen Musikanten* vertonte und Opern komponierte. 1807 ereilte ihn das Schicksal vieler preußischer Beamter. Nach dem Frieden von Tilsit aus Amt und Stellung vertrieben, geriet er vorübergehend in tiefe Not, doch bald gelang ihm ein neuer Aufstieg. 1808 wurde er Orchesterleiter des Bamberger Theaters, dann, als er sich mit dem Orchester nicht vertragen konnte, Theaterkomponist; in diesen Jahren entfaltete er eine vielfältige künstlerische Tätigkeit und erlebte gleichzeitig prägende Ereignisse. Er komponierte, dirigierte, malte Kulissen, verkaufte Musikalien, erteilte Musikunterricht, durchlebte eine hoffnungslose Liebe zu seiner Schülerin Julia Mark, die in vielen Frauengestalten seiner Dichtungen verklärt erscheint, und schrieb gleichzeitig seine erste bedeutende Erzählung *Ritter Gluck*, die später in die Sammlung *Phantasiestücke in Callots Manier* (4 Bände, 1814f.) aufgenommen wurde. Von Bamberg aus besuchte er Nürnberg, die Stadt, die mit ihrem altdeutschen Zauber die Frühromantiker begeistert hatte. In diesen Jahren kam Hoffmann auch mit den zeitgenössischen Formen der Seelenkunde, mit Magnetismus und Somnambulismus, in Berührung; dazu setzte er sich mit den literarischen Werken Jean Pauls, Novalis' und Kleists auseinander, die tiefe Wirkungen auf sein eigenes Dichten gewannen, und las G. H. Schuberts *Ansichten von der Nachtseite der Naturwissenschaft*, ein Buch, das seine Weltsicht prägte. In Bamberg vollzog Hoffmann die endgültige Wendung zur Literatur, auch wenn die hier entstandenen Erzählungen erst im Zusammenhang mit den großen Zyklen der Berliner Jahre berühmt wurden. In Bamberg las Hoffmann auch eine große Zahl von Kalendergeschichten, die ihm später den Stoff für Märchen und Erzählungen boten. 1813 ging er als Musikdirektor nach Dresden und Leipzig; hier gelangen ihm, der als Musiker stets in der Mozartnachfolge blieb, jene Erzählungen, die seinen Ruhm bald in die Welt trugen: *Der goldene Topf* und der erste Teil des Werkes *Die Elixiere des Teufels*. 1814 kehrte er durch Vermittlung eines Freundes nach Berlin zurück, trat 1816 als Kammergerichtsrat wieder in den preußischen Staatsdienst und versah sein Amt mit Sorgfalt und Gerechtigkeit, so daß auch seine philiströsen Vorgesetzten bestätigen mußten, daß die krause, spukhafte Dichtung niemals Einfluß auf seine Dienstpflichten gehabt hatte. Hier gleicht er Eichendorff, der ebenfalls sein Leben hinter Akten verbrachte und dessen innerer Reichtum eine höhere eigenständige Wirklichkeit war. Während jedoch Eichendorff in der katholischen Kirche seine Heimat fand, verkehrte Hoffmann in der Welt der Künstler und Schauspieler, sammelte in der »Weinstube von Lutter und Wegener« den Schauspieler Devrient und die romantischen Dichter Brentano und Chamisso um sich, trank ungeheure Mengen Wein, rauchte und verzauberte seine Freunde durch Erzählungen so grotesk-phantastischer Art, daß er bald den Namen »Gespensterhoffmann« erhielt. Doch er erwarb sich nicht nur Freunde: Er spottete über allzu patriotische öffentliche Auftritte und trat gleichzeitig für den Turnvater Jahn ein, der als Patriot verfolgt wurde. Doch sein wechselvolles Dasein, seine exzessive Lebensführung, sein stets ungebrochenes künstlerisches Schaffen hatten seine Gesundheit geschwächt. 1822 starb er sechsundvierzigjährig.

E. T. A. Hoffmann veröffentlichte seine Hauptwerke in den letzten Berliner Jahren seines Lebens, wobei er auch frühere Texte in die neuen großen Sammlungen aufnahm. Will man eine Gesamtcharakteristik dieser Werke wagen, so läßt sich diese am besten im Anschluß an das sogenannte »Serapiontische Prinzip« aufweisen, das vornehmlich in der Sammlung *Die Serapionsbrüder* (1819/21) die Gestaltung bestimmt. Die Serapionsbruderschaft, in der sich am Fest des heiligen Serapion trinkfeste Freunde zusammengefunden haben, setzt sich die Aufgabe, bei den wöchentlichen Zusammenkünften den einzelnen Mitgliedern Gelegenheit zu geben, ihre poetischen Werke vorzustellen, wobei die inhaltliche Ausführung freigestellt ist. Gleichzeitig fordern die Serapionsbrüder, daß jedes Mitglied das seelische Leben so darzustellen habe, daß das äußere Erscheinungsbild als Spiegel des Inneren erscheine: »Wenigstens strebe jeder recht ernstlich darnach, das Bild, das ihm im Innern aufgegangen, recht zu erfassen mit allen seinen Gestalten, Farben, Lichtern und Schatten, und dann, wenn er sich recht entzündet davon fühlt, die Darstellung ins äußere Leben (zu) tragen.« Hoffmann wendet sich hier von der Naturnachahmung ab und stellt im »Serapiontischen Prinzip« die seelisch- geistige Wirklichkeit über jede Erfahrung: »Aber du, o mein Einsiedler! statuierst keine Außenwelt, du sahst den versteckten Hebel nicht, die auf dein Inneres einwirkende Kraft; und wenn du mit grauenhaftem Scharfsinn behauptest, daß es nur der Geist sei, der sehe, höre und fühle, der Tat Begebenheit fasse, und daß also auch sich wirklich das begeben, was er dafür anerkenne, so vergaßest du, daß die Außenwelt den in den Körper gebannten Geist zu jenen Funktionen der Wahrnehmung zwingt nach Willkür. Dein Leben, lieber Anachoret, war ein steter Traum!« In Hoffmanns Texten durchdringen sich Außen- und Innenwelt, der Mensch erlebt seine Spiegelungen im Doppelgänger, und die gefährdende Macht der Musik, die aus den Tiefen der Seele und der Nacht kommt, bringt Tod und Zerstörung.

1814f. veröffentlichte E.T.A.Hoffmann eine erste Sammlung von Erzählungen und Märchen, in die er auch ältere Texte aufnahm, unter dem Titel *Phantasiestücke in Callots Manier*; das romantische Märchen *Der goldene Topf*, das in dieser Sammlung enthalten ist, gilt als eine vollendete Gestaltung dieser romantischen Kunstform. Der Roman *Die Elixiere des Teufels* (2 Bände, 1815/16) zeigt eine Traumwelt der Leidenschaft, des Grauens und des fortwirkend zerstörenden Schicksals. Es ist die Geschichte des Kapuzinermönches Medardus, der den Geschlechterfluch von seinem Hause lösen möchte, in tiefe Gespaltenheit gerät, eine abenteuerliche Doppelung durchlebt und erst nach Schrecken und Wirren erlöst wird.

Die Erzählungen, die in der Sammlung *Die Serapionsbrüder* (4 Bände 1819/21) vereint sind, stellen in vielfacher Weise Höhepunkte des künstlerischen Schaffens Hoffmanns dar. Hier treten die Spukgeschichten zurück, und ein gewisser Realismus zeichnet sich ab, auch wenn die Handlungen oft dem Unheimlichen verbunden bleiben. So erzählt Hoffmann in der Novelle *Das Fräulein von Scuderi* die Geschichte des Pariser Goldschmiedes Cardillac, der sich von seinen Kunstwerken, die er geschaffen hat, nicht trennen kann und daher zum Mörder seiner Kunden wird. Im *Rat Krespel* erzählt der Dichter vom Leben eines angesehenen Bürgers, der in der Abgeschiedenheit der Freizeit Violinen zerlegt, um den Zauber ihres Klanges zu erfassen. Eine dieser Violinen wird zum Lebenssymbol seiner Tochter – sie zerbricht bei deren Tod. Erstmals in der deutschen Literatur wird in dieser Novelle der Zwiespalt zwischen Kunst und Leben gestaltet, der über das 19. Jahrhundert in unterschiedlicher Ausprägung die Literatur bestimmte und seine tiefste und schönste Formung im Werk Thomas Manns erfuhr. In den *Serapionsbrüdern* steht auch die Geschichte von dem Bergmann, der siebzig Jahre im Berg verschüttet war und dessen Leiche, die durch Vitriol unversehrt erhalten ist, von einer alten Frau, der ehemaligen Braut, wiedererkannt wird. J. P. Hebel hat die ergreifende Begebenheit in seinen Kalendergeschichten überliefert (*Unverhofftes Wiedersehen*). Hoffmann interessiert weniger das ergreifende Schicksal, ihn interessiert das Wirken der Geister im Berg. Die Erzählung *Die Bergwerke zu Falun* hat 1899 Hugo von Hofmannsthal zu Beginn der Moderne dramatisierend gestaltet. Die Erzählung aus dem Nürnberg des 16. Jahrhunderts *Meister Martin der Küfner und seine Gesellen* zeigt eine realistische Handlung: Ein Ritter, ein Patrizier und ein Bürger lernen das Küfnerhandwerk, um die Tochter des Küfnermeisters zu gewinnen; nach einigen Verwirrungen findet sich die Ehe zwischen Bürger und Meistertochter.

Keiner Erzählsammlung zugehörig sind die Kunstmärchen *Klein Zaches genannt Zinober* (1819), *Prinzessin Brambilla* (1821) und *Meister Floh* (1822) sowie die Nachtstücke *Das Majorat* und *Der Sandmann* (zusammen veröffentlicht 1817). Das letzte erzählt die Geschichte des jungen Nathanael, der in der Kindheit in dem Alchemisten Coppelius, vor dem er sich heftig fürchtete, den Sandmann sah, der abends in das Haus der Eltern kam. Dieser Coppelius tritt Jahre später dem Studenten Nathanael als Händler Coppola entgegen, der mit dem Professor Spalanzani einen vollendeten Automaten gebaut hat, den sie als Tochter Spalanzanis ausgeben. Eine magische Brille täuscht Nathanael zunächst. Als er die Wahrheit erfährt, verfällt er dem Wahnsinn und tötet sich selbst.

Hoffmann war Musiker, und die Musik wurde in seinen Werken zur verführerischen, dämonischen Macht. In dem fragmentarischen Roman *Lebensansichten des Katers Murr nebst fragmentarischer Biographie des Kapellmeisters Johannes Kreisler in zufälligen Makulaturblättern – Herausgegeben von E. T. A. Hoffmann* (1820/22) zeigt er im Spiegel romantischer Ironie die Welt des Künstlers aus der Perspektive des Philisters und die Welt des Philisters aus der Sicht des Künstlers. Deutlich ist der Einfluß Jean Pauls in diesem letzten Werk Hoffmanns zu erkennen. Murr, ein philiströser akademischer Kater, schreibt seine Biographie auf Manuskriptblätter, die auf der Rückseite eine anonyme Lebensbeschreibung des Kapellmeisters Kreisler enthalten. Im Druck werden diese Blätter – für deren Herausgabe der Dichter Hoffmann verantwortlich ist – vermischt, so daß sich beide Erzählstränge vielfältig durchdringen und sich eine fulminante Handlung entfalten kann. Am

Ende bleibt die Lösung offen: Während Kreisler nach Mordanschlag, Intrige und Berufung an den Hof aus der Handlung verschwindet, wird der Kater Murr von einem Zauberer aus einem Unwetter gerettet, doch erfahren wir nach aller Wirrnis vom Herausgeber zuletzt selbst, daß der »bittere Tod ... den klugen, wohlunterrichteten, philosophischen, dichterischen Kater Murr ... mitten in seiner schönen Laufbahn ... dahingerafft hat ... Armer Murr! ... ich habe dich lieb gehabt und lieber als manchen. – Nun! – schlafe wohl! – Friede deiner Asche! –« Wie kaum ein Dichter seiner Zeit hat Hoffmann mit seinen Erzählungen auf die Musik gewirkt. Robert Schumann schrieb nach dem Vorbild des *Katers Murr* die *»Kreisleriana«*, Jacques Offenbach verband in der Oper *»Hoffmanns Erzählungen«* Leben und Werk des Dichters, Peter Tschaikowski komponierte nach Hoffmanns Märchen *Nußknacker und Mäusekönig* eine Ballettmusik, Richard Wagner entnahm der Erzählung *Meister Martin der Küfner und seine Gesellen* Anregungen für *»Die Meistersinger von Nürnberg«*, und Paul Hindemith schrieb seine Oper *»Cardillac«* nach der Novelle *Das Fräulein von Scuderi*.

Die historische Schule

Die Vergangenheit und deren Erforschung hatte große Bedeutung für das Selbstverständnis der Romantiker. Gegen den aufklärerischen Fortschrittsoptimismus richteten sie den Blick in die Geschichte, aus der sie das Wesen eines Volkes zu erkennen hofften. Friedrich Schlegel sprach in diesem Zusammenhang von »rückwärtsgewandten Propheten«, und die Sammlung *Des Knaben Wunderhorn* verstand sich als Beitrag zur Deutung des Lebens des eigenen Volkes, wie auch die Sammlung und Herausgabe der Volksbücher, die Görres veranstaltet hatte. In diesen Zusammenhang gehört auch der Begründer der kritischen Geschichtswissenschaft, Leopold von Ranke (1795–1886), der zwar selbst dem Gedankengut der Romantik fernstand, jedoch wie die Romantiker die Gegenwart aus der Vergangenheit erklärte und in der Geschichte keinen Fortschritt sah, sondern stets betonte, daß jede Epoche ihren Wert in sich trage. Diese von Ranke systematisierten Gedanken entstammten dem romantischen Geist, aus dem die Vertreter der sogenannten historischen Schule den eigentümlichen Wert des Gewordenen zu erfassen suchten. Friedrich Carl von Savigny (1779–1861) wurde nach intensiven Studienjahren 1810 als Gründungsmitglied an die Universität Berlin berufen, verwaltete hier 1812/13 das Amt des Rektors und begründete 1814 mit der Schrift *Vom Beruf unserer Zeit für Gesetzgebung und Rechtswissenschaft* die historische Rechtsschule, die von dem Grundsatz geleitet wurde, daß Gesetze nicht nur durch den Staatswillen, sondern besonders vom Geist des Volkes geprägt sind. In zahlreichen Schriften hat der hochangesehene Gelehrte, der als Gesetzgebungsminister 1842 sogar dem König sehr nahestand, diese Gedanken vertieft. Von ihm

1823 BIERAMSEL — BIERGELD

dorfbier, erntebier, hausbier, kindelbier, klebebier, klosterbier, lagerbier, merzbier, mittelbier, nachbier, pechbier, pfingstbier, sommerbier, stadtbier *u. s. w. statt jener losen adj. auch zusammengesetzt* dünnbier, braunbier, warmbier *u. s. w.*

BIERAMSEL, *f. potator, zechbruder:* darnach sollte etwa eine volle bieramsel aus eim kruge daher laufen. LUTHER 5, 493°; krebser, böttner, angelfischer, halbbeseichte bieramseln, scherenschleifer. FISCHART *groszm.* 94; ein bieramsel oder weindrossel, wird rasend, taub, blind, stammert, und ist nicht ein glied an seinem leibe, das er recht brauchen kann. EIRENIUS *fastnachtgespräch. Erfurt* 1582. *s.* bierfinke, bierholer.

BIERBALGER, *m.* der bierbalger will an dem armen bier ein eer einlegen. FRANK *trunkenh.* H 2°.

BIERBAMSCHER, BIERBANTSCHER, *m. bibax.*

BIERBANK, *f.* es wird auf allen bierbänken davon gesprochen; er liegt auf der bierbank.

BIERBANN, *m. vorrecht einer brauerei in einem bezirk allein bier zu verkaufen.*

BIERBAS, *m. vox gravis, raucisona:* er singt einen bierbas. *s.* bierknote.

BIERBAUCH, *m. biersäufer.*

BIERBAUSE, *m. potator, bierzecher, von* bausen *zechen: ir schnargarkische angstordräher, kutterulstorken, bierpausen!* Garg. 17°; *hernach* 81° *bildet* FISCHART *die substantiva* weinschlauchitet *und* bierpausitet.

BIERBEDARF, *m. quantum cerevisiae necessarium est.*

BIERBISCHOF, *m.* wa weihet man die bierbischof? Garg. 52°.

BIERBOTTICH, *m. cupa cerevisiaria, bierkufe. eine groszen* bierkufe, in welcher die Sueven dem Wuotan opferten, gedenkt schon *die vita Columbani* (mythol. 49).

BIERBRAU, *m. coctio cerevisiae.*

BIERBRAUER, *m. coctor cerevisiae, cerevisiarius.* ALBERUS *und* HELBER *schreiben* bierbreuer, H. SACHS I, 412° bierprew.

BIERBRAUEREI, *f.*

BIERBRILLE, *f. combibo, zechbruder:* folgends haben s. Haubrecht und Eustachius die jäger in ire verwarung bekommen, s. Martin und s. Urban die guten zechbrüder, weinzapfen und bierbrillen. bienenk. 183°.

BIERBRUDER, *m. combibo, potator, auch* hopfenbruder. *Garg.* 59°.

BIERBRÜDERSCHAFT, *f.*

BIERCHEN, *n. cerevisiola, wird lobend gesagt:* das heiszt ein bierchen, ein gutes bier.

BIEREIGE, *m. in einzelnen städten, namentlich Erfurt, ein bürger, dem der bierbrau zusteht. gebildet wie ahd. hûseigo* paterfamilias, wineigo *tabernarius* (GRAFF 1, 116): bürger und biereige werden. STIELER 147.

BIEREIGENHOF, *m.* brauhaus.

BIERELN, *olere cerevisiam.* SCHMELLER 191.

BIERESEL, *m. ein unruhiger hausgeist, der nachts alles zerschlagen soll, wenn ihm nicht ein krug bier hingestellt wird. s. auch* bierholer.

BIERESSICH, *n. acetum e cerevisia. aber* essichbier, saures, *wie* essich.

BIERFASZ, *n. dolium cerevisiarium, biertonne, auch für biersäufer.*

BIERFIEDLER, *m. fidicen in cauponis, agrestis, der zum bier geigt.* STIELER 490; war bis in sein 24 jahr ein bierfiedler gewesen. *Leipz. avanturier* 1, 109; diese scheiden bierfiedler. ARNIM 2, 320; ach, Albano, warum hören deine freuden, wie die schleifer eines bierfiedlers, mit einem mistone auf? J. PAUL *Tit.* 1, 94.

BIERFINK, *m. was* bieramsel: meine bierfinken und weintrinker. FISCHART *groszm.* 79.

BIERFLASCHE, *f.*

BIERFLEGEL, *m. homo agrestis:* in den hewschrecken, den faulen, nassen, geneschigen meulern und bierflegeln. MATHESIUS 25°.

BIERFROSCH, *m. potator, der im bier patscht, schwelgt, wie der frosch im wasser.* STIELER 1117 *hat* bierpadde.

BIERGÄHRUNG, *f. fermentum cerevisiae.*

BIERGAST, *m. cauponae hospes, bierkunde.*

BIERGELAG, *n. coena cerevisiaria, bierzeche.*

BIERGELD, *n.* 1) *vectigal, abgabe, die auf das bier gelegt oder in bier entrichtet wird:* die einkommen von den mülen und biergeldern. SCHWEINICHEN 2, 14; *man sehe die alten* biergelden (RA. 314). 2) *was* trinkgeld: biergelder, auf die der bärenhäuter bei dieser festlichkeit ungemein rechnete. ARNIM 1, 109.

1824 BIERGENUSZ — BIERMOLKE

BIERGENUSZ, *m. usus cerevisiae, das biertrinken.*

BIERGEWÖLBE, *n. horreum cerevisiarium.*

BIERGISCHT, *m. spuma cerevisiae, bierschaum, mousse de bière.*

BIERGLAS, *n. poculum vitreum cerevisiae bibendae:* pierglas. *fastn. sp.* 1215.

BIERGLOCKE, *f.* dasz niemand nach der bierglocken hin den schenkhäusern bleibe. *Erfurter stadtordn.*

BIERGLÜCK, *n.* brauglück, glück im bierbrau.

BIERHAHN, *m. der hahn am zapfen des bierfasses:* jetzt leider scheint man in beiden städten (Ulm und Nürnberg) das fasz des staats, weil der obere bierhahn sein gesöf herausliesz, unten einen zoll hoch über der hefe des pöbels angezapft zu haben. J. PAUL *Siebenk.* 1, 75.

BIERHAUS, *n. caupona cerevisiae, bierschenke:*
dasz ihn lauft auf unsern sal,
als wenn ihr wert in ein bierhaus. AYRER 304°.

BIERHEBER, *m. sipho cerevisiarius.*

BIERHEFE, *f. faex cerevisiae:* der kraft seiner lenden ist versiegen gegangen und nun musz bierhefe den menschen fortpflanzen helfen. SCHILLER 106°; man unterscheidet spundhefe *und* stellhefe, obere *und* untere.

BIERHELD, *m. potator, bierzecher:* wenn der trunkenbold trotzig ist und seines saufens als ein bierheld oder weinritter wil gerümet sein. LUTHER 3, 214°; unser füllpoden aber und volle zapfen wöllen den wein drutzen und dauzen und als die bierhelden und weinritter gerümet sein. FRANK *trunkenh.* H 2°.

BIERHOLER, BIERHOLD, *m. oriolus galbula, ein name der die üblichen benennungen bruder Bierol, Berold, Pirolt, Tirolt u. a. m. verdeutlichen soll, man sagt auch* goldamsel, bieresel, vogel Bülow, *dem der schulz von Bülau u. s. w. wahrscheinlich hängt* bieramsel *damit zusammen.* birolt, tirolt *drückt den schrei des vogels aus.*

BIERHUND, *m. ein alter käse, der im bier gelegen hat; ein biersäufer.*

BIERIG, *cerevisia madens, trunken, nach bier riechend.* SCHMELLER 1, 191.

BIERIGEL, *m. potator, biersäufer.*

BIERKALTSCHALE, *f. intrita panis e cerevisia:* wenn du magst, so will ich eine bierkaltschale unter dem zelt geben. GÖTHE *an fr. von Stein* 2, 96. *s.* biermärte, bierriebel.

BIERKANNE, *f.* er studiert in der bierkanne.

BIERKÄSE, *m.* bier und milch dick gekocht.

BIERKEGEL, *m. ein kegel, hölzerner krug, der zum zeichen frisches biers vor den schenken ausgesteckt wird.*

BIERKELLER, *m. cella cerevisiaria.*

BIERKIRSCHE, *f. sauerkirsche.*

BIERKNOTE, *m. was* Adamsapfel, *der kehlkopf.*

BIERKOSTER, *m. gustator cerevisiae.*

BIERKRAHN, *m. der hahn, krahn am bierfasz.*

BIERKRANZ, *m. ausgestecktes bierzeichen, wie* bierkegel, bierreis, *entweder ein laubkranz oder blosz von dürrem reisig.*

BIERKRÜCKE, *f. geräth in der brauerei, zum umrühren des siedenden biers.*

BIERKRUG, *m. urceus cerevisiarius, dann auch caupona.*

BIERKÜBEL, *m. cerevisiaria capula.*

BIERKUFE, *f. cupa cerevisiaria, bierbottich.*

BIERLADER, *m. brauknecht, der die tonnen verladet.*

BIERLAGEL, *n. lagena cerevisiaria, bierfäszchen.* Garg. 43 geschriben bierkabel.

BIERLAND, *n. terra cujus incolae cerevisiam bibunt, im gegensatz zu* weinland, *daher* bierländer, bierländisch.
und ab des weins nicht trinken mag,
in unsers fugs,
der zich ins bierland Koppenhag,
da find er bös bier gnug. *Garg.* 50°.

BIERLEIN, *n. wie* bierchen.

BIERLUDER, *m.*

BIERLÜMMEL, *m.*

BIERMANGEL, *m. potus defectio.*

BIERMASZ, *n.* wonach bier geschenkt wird.

BIERMÄRTE, *f. was* bierkaltschale. STIELER 1244. WEISE schreibt biermeethe: da sagte einer, es were kein wunder, dasz er (der geizhals) eine biermeethe machen liesze. ach, sagte der wirt, es ist auch eine meethe, darauf ich sein gast nicht sein will. er hat bier zu brauen, nun will er mit allen auf das theuerste hinaus. *erzn.* 115. 116. *s.* märte, weinmärte.

BIERMEILE, *f. was* bierbann.

BIERMOLKE, *f. molke von solcher milch, die man durch bier zum gerinnen bringt.*

DEUTSCHES

WÖRTERBUCH

VON

JACOB GRIMM UND WILHELM GRIMM.

ERSTER BAND.

A — BIERMOLKE.

LEIPZIG

VERLAG VON S. HIRZEL.

1854.

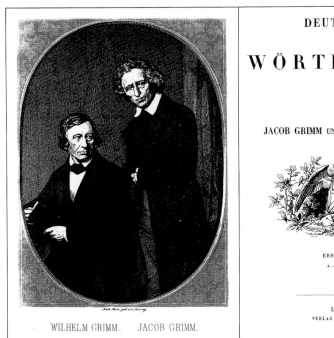

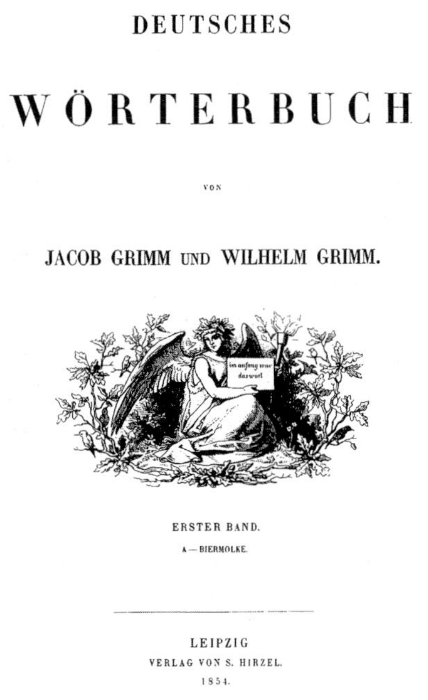

Abb. 60 (Seite 261): Letzte von Jacob Grimm bearbeitete Seite des *Deutschen Wörterbuches*
Abb. 61: Titelblatt *Deutsches Wörterbuch* 1854

lernten Jacob (1785–1863) und Wilhelm Grimm (1786–1859), die zu den eigentlichen Begründern der historischen Schule und der Germanistik wurden. Beide – sie entstammten einem frommen Elternhaus, das ihnen die Liebe zum Vaterland vermittelte – blieben ein Leben zusammen, studierten gemeinsam, wandten sich den Romantikern zu und widmeten ihr Leben der Erforschung des Mittelalters. Dabei war Jacob Grimm in strengerem Sinne Philologe, begründete das nach ihm benannte Wörterbuch, an dem er bis zu seinem Tode arbeitete, trat auch vorübergehend in politische Dienste, fand aber erst die rechte Erfüllung seines Lebens, als er mit dem Bruder in Kassel als Bibliothekar wirken konnte. Mit Wilhelm Grimm hatte er um diese Zeit bereits die *Kinder- und Hausmärchen* (1812/15) herausgegeben, zu denen er zwar Stoffe beigetragen hatte, die jedoch eindeutig die stilistische Ausgestaltung durch den jüngeren Bruder zeigen. Gemeinsam gingen die Brüder nach Göttingen, wo sie 1837 als demokratische Professoren gegen den Verfassungsbruch des Königs von Hannover protestierten und ihrer Ämter enthoben wurden. In diesen Jahren führte Wilhelm Grimm den Bruder zur deutschen Dichtung des Mittelalters, man edierte gemeinsam das *Hildebrandslied* und die Erzählung *Der arme Heinrich*, sammelte Lieder, wandte sich der altnordischen Überlieferung zu, studierte romanische und slawische Dichtung, publizierte Märchen und Sagen. In dieser Zeit begann Jacob Grimm – eine Auseinandersetzung mit August Wilhelm Schlegel war vorausgegangen – mit der Erforschung der Grammatik (*Deutsche Grammatik*, 1819). Aus derselben historischen Fragestellung entstanden die *Deutschen Rechtsaltertümer* (1828), die *Deutsche Mythologie* (1835) und die *Geschichte der deutschen Sprache* (1848). 1837 traten die Brüder in den Dienst der preußischen Akademie und arbeiteten seit 1838 intensiv am Wörterbuch, in dem sie die Sprache des Volkes sammelten, das sie liebten. Diese Liebe zum Volk unterscheidet sie sowohl von den Romantikern als auch von den zeitgenössischen Patrioten, denn diesen war das Volk immer nur, wenn auch auf unterschiedliche Weise, Mittel, niemals Eigenwert. Das Wörterbuch wurde, obwohl die Brüder bis zuletzt daran arbeiteten, erst 1971 vollendet. Mit ihren Forschungen haben sie die Dreiheit von Sprache, Recht und Glaube erschlossen und hofften, auf diesem Wege den Geist des Volkes zu erfassen. Diese drei Disziplinen waren deshalb auch bis in die sechziger Jahre unseres Jahrhunderts die Grundlage aller germanistischen Studien.

Der historischen Schule stand auch LUDWIG UHLAND (1787–1862) nahe, der als aufrechter Demokrat hervortrat und mit spannenden und formal geschickt gestalteten Balladen wie *Schwäbische Kunde*, *Des Sängers Fluch* oder *Das Schloß am Meer* ebenso auf die studierende Jugend und das Bürgertum wirkte wie durch seine wissenschaftliche Souveränität. Schon als Schüler und Student hatte er Rittergeschichten, Sagen und Volkslieder kennengelernt, doch erst nach einem erfolgreichen Studium der Rechte wandte er sich ganz der Literatur zu. Bald sammelte sich um ihn ein Literatenkreis mit Justinus Kerner und Varnhagen von Ense, doch Uhland entzog sich und ging nach Paris, studierte Handschriften, schrieb politische Texte, wurde 1816 Mitglied der verfassunggebenden württembergischen Landesversammlung, 1820–1830 Parlamentarier in der württembergischen Ständekammer und trat mit Nachdruck für die alten Rechte ein. Den restaurativen Mächten war diese Haltung des angesehenen Mannes, der sowohl bei den Studenten als auch bei Professoren und gebildetem Bürgertum zahlreiche Freunde hatte, keineswegs angenehm. Deshalb und wegen seiner wissenschaftlichen Verdienste wurde er 1830 Professor in Tübingen und damit aus dem politischen Tagesgeschehen herausgenommen. Seine Vorlesungen aus diesen Jahren über Heldensagen, höfische Epen, über Minnesang und Zeit- und Lehrgedichte sind sicher die beste Überschau, die die junge Germanistik im vorigen Jahrhundert hervorgebracht hat. Doch Uhland hielt es nicht in der akademischen Welt, zu sehr war sein Geist auf die Gestaltung der politischen Wirklichkeit gerichtet. 1832 bis 1838 war er wieder Abgeordneter im Landtag. Als die Regierung ihm die Beurlaubung von seiner Lehrtätigkeit als Parlamentarier verweigerte, legte Uhland seine Professur nieder und verzichtete damit auf die materielle Lebensgrund-

Abb. 62: Das Kernerhaus in Weinsberg und die Burg Weibertreu, um 1850

lage, die ihm als Hochschullehrer zustand. Nach 1838 folgten stille Studienjahre in Zurückgezogenheit, sein Ruhm als Gelehrter und demokratischer Republikaner drang in die ganze Welt. 1848 in der Paulskirche trat er für die großdeutschen Ideen und gegen das Erbkaisertum auf und blieb sogar Mitglied des Rumpfparlaments, nach dessen Zerschlagung er sich wieder der altdeutschen Dichtung zuwandte. Nun lebte er bei den Freunden Laßberg und Kerner, bei Kerner ist er auch gestorben. Seine Wirkung war groß: Als aufrechter Republikaner steht seine Gestalt auf dem schweren Weg zur demokratischen Staatsform in Deutschland, als Philologe wurde er – mit den Brüdern Grimm – zum Begründer der Germanistik. Die Philologen Karl Lachmann, Friedrich von der Hagen, Joseph Freiherr von Laßberg und Karl Simrock haben das Erbe Uhlands weitergeführt.

Die Schwäbische Romantik

Die bedeutendste literarische Gestalt der sogenannten Schwäbischen Romantik war sicher Ludwig Uhland, doch ist es sinnvoll, den Mittelpunkt des schwäbischen Kreises in JUSTINUS KERNER (1786–1862) zu sehen, der in seinem Haus in Weinsberg – dem Kernerhaus – Künstler und Dichter versammelte. Er selbst trat mit sehr stimmungsabhängiger

Poesie hervor, schrieb gesellige Gelegenheitslieder wie *Wohlauf noch getrunken / Den funkelnden Wein*, volksliedhafte Gedichte wie *Dort unten in der Mühle / saß ich in guter Ruh*, religiöse Balladen wie *Der Geiger zu Gmünd* und hatte beachtliche Erfolge mit seinen Romanen *Reiseschatten* (1811) und *Die Seherin von Prevost* (1829). Im Kernerhaus verkehrte auch GUSTAV SCHWAB (1792–1850), der schaurige (*Das Gewitter*) und spannende (*Der Reiter und der Bodensee*) Balladen reimte und Kommerslieder dichtete. Seine Nacherzählungen der Sagen und Volksbücher – *Die schönsten Sagen des klassischen Altertums* (3 Bände 1838–1840), *Die deutschen Volksbücher* (3 Bände 1836f.) – gehörten über ein Jahrhundert zur Bildungslektüre der Jugend. Seine literarhistorische Bedeutung liegt nicht zuletzt darin, daß er als einer der ersten die Bedeutung der Dichtung Hölderlins erkannt hat. Abseits von diesem literarischen Treiben steht der frühverstorbene WILHELM HAUFF (1802–1827), dessen Lyrik sehr volkstümlich wurde und der als Erzähler über eine glänzende Phantasie verfügte. Zeugnis dafür sind die drei Rahmenerzählungen *Die Karawane* (hier sind enthalten *Die Geschichte vom Kalif Storch, Der kleine Muck*), *Der Scheik von Alexandria und seine Sklaven* (hier ist enthalten *Der Zwerg Nase*) und *Das Wirtshaus im Spessart* (hier ist enthalten *Das kalte Herz*). Sein historischer Roman *Lichtenstein* (1826) steht stark unter dem Einfluß Walter Scotts und erfreute sich bei den Lesern großer Beliebtheit. Seine antisemitische Novelle *Jud Süß* (1827) hat immer wieder zu Auseinandersetzungen geführt. Sie ist auch Symptom dafür, wie nahe die betuliche Welt der späten Romantik inhumanen Grundhaltungen steht.

Alemannischer Zeitgenosse, doch im strengen Sinne kein Romantiker, da sein Dichten in der Aufklärung wurzelt und an Matthias Claudius erinnert, war JOHANN PETER HEBEL (1760–1826), der Kalendermann, der seit 1803 am *Badischen Kalender* mitwirkte und ab 1807 auf Wunsch des Großherzogs den *Rheinischen Hausfreund* mit einer Auflage von 60000 Exemplaren für die protestantischen Haushalte Badens herausgab – ja eigentlich zum erheblichen Teil selbst schrieb. Er mühte er sich darum, die heimatliche Mundart des alemannisch-oberrheinischen Raumes literaturfähig zu machen. Im *Schatzkästlein des Rheinischen Hausfreundes*, das der Verleger Cotta 1811 herausbrachte, sind seine Beiträge gesammelt (*Kannitverstan, Das wohlfeile Mittagessen, Der Schneider in Pensa, Spaziergang am See, Seltsamer Spazierritt*, Schwankzyklus vom *Zundelfrieder*). Hebel lebte und gestaltete aus einer Heimatlandschaft. Nicht nationale Vereinigung war seiner politischen Haltung gemäß, sondern Achtung vor dem Wert der Kultur, und diese lebte in den Kleinstaaten. Er erzählt vom Nachbarn und Freund, wendet sich den täglichen Leiden und Freuden zu, weckt Neugier und spricht moralisch belehrend nicht über den Verstand, sondern über das Gemüt. Die Welt des Kalendermannes Hebel umfaßt alle Themen und Stände, sie belehrt bis zur Rührung, ohne je sentimental zu werden, es ist Weltliteratur in Kalenderform. Den pädagogisch-seelsorgerischen Bemühungen Hebels verdanken wir die zauberhafte Schrift *Biblische Geschichten für die Jugend bearbeitet* (1824) und die *Alemannischen Gedichte* (1803), von denen Goethe sagte, daß sie auf »naive und anmutigste Weise durchaus das Universum verbauern«. Diese Gedichte besingen das Alltägliche; in ihnen werden zufällige Allegorien zu Symbolen und unbeachtete Kleinigkeiten zu notwendigen Fingerzeigen Gottes.

Spätromantik – Ausklang und neue Töne

Am Ausgang der Romantik stehen wenig bedeutende Gestalten. So dichtete AUGUST KOPISCH (1799–1853) von den hilfreichen *Heinzelmännchen von Köln* und beschwor allerlei Wassergeister (*Der Nöck*) und kauzige Menschen (*Der Trompeter*). LUDWIG BECHSTEIN (1801–1860) sammelte Märchen in seinem *Deutschen Märchenbuch,* das er von Ludwig Richter mit Illustrationen schmücken ließ, und der Bonner Germanist Karl Simrock übersetzte altdeutsche Dichtungen für alle jene, die die deutsche Vergangenheit liebten, aber nicht Mittelhochdeutsch konnten. Zuletzt verklärte VIKTOR VON SCHEFFEL (1826–1886) die Zeit nach dem Dreißigjährigen Krieg in dem Roman *Der Trompeter von Säckingen* (1853) und erzählte die bittersüße Liebesromanze zwischen dem Mönch *Ekkehard* (1855) und der Schwabenherzogin Hadwig auf dem Hohentwiel. Zusätzlich dichtete er ein *Liederbuch aus Heinrich von Ofterdingens Zeit,* fränkische Wein- und Wanderlieder und übersetzte das mittellateinische *Waltharilied*. Aus dem Geist der patriotischen Dichtungen der Berliner Romantiker schöpfte Graf MORITZ VON STRACHWITZ (1822–1847), der spannende Balladen zu gestalten verstand (z. B. *Das Herz von Douglas*).
Gleichzeitig mit den Ausklängen der Romantik traten einzelne Dichter hervor, die sich nicht in die romantische Geistesströmung einordnen lassen:
Der Franke FRIEDRICH RÜCKERT (1788–1866) schrieb viel, kannte kaum formale Schwierigkeiten. In seinem Werk steht das Großartige neben dem Minderwertigen, Erschütterung und Schönheit neben Betulichkeit und Geschmacklosigkeit. Gegen Napoleon dichtete er seine *Geharnischten Sonette* (1814), doch seine lyrische Meisterschaft erreichte er mit den zarten Gedichten *Liebesfrühling* (1834) und den von Gustav Mahler vertonten *Kindertotenliedern* (1872). Rückert war nicht – wie dies die Ballade *Barbarossa* vermuten ließe – in erster Linie romantischer Dichter, er war Wissenschaftler, Gelehrter, Professor für orientalische Sprachen in Erlangen, später in Berlin. Diesem Beruf verdanken wir einmal die Spruchsammlung *Die Weisheit der Brahmanen* (1836–1839), die auch Fabeln und Erzählungen enthält, zum anderen Übersetzungen und Nachdichtungen aus dem Arabischen, Persischen, Indischen und Chinesischen. Dabei bereicherte er die deutsche Dichtung mit neuen Formen (Ghasel, Makame) und öffnete sie neuen Inhalten.

Graf AUGUST VON PLATEN-HALLERMÜNDE (1796–1835) – geboren im damals preußischen Ansbach – stammte aus einer verarmten norddeutschen Adelsfamilie, führte ein unruhiges, rastloses Leben und verstand sich immer als Bewahrer einer klassisch-schönheitstrunkenen Tradition. Als literarische Vorbilder verehrte er nicht Romantiker, sondern vor allem Herder und Goethe. Er schrieb Oden, Eklogen, Ghaselen und Idyllen, ließ das Tristanthema der abendländischen Dichtung erneut in dem Sonett *Wer die Schönheit angeschaut mit Augen ...* anklingen, faszinierte die Zeitgenossen durch sprachgewaltige Balladen (z.B. *Das Grab im Busento*) und parodierte die Schicksalstragödie mit der satirischen Komödie *Die verhängnisvolle Gabel* (1826) und der Satire *Der romantische Ödipus* (1828). Mit seinen *Polenliedern* hat er in die zeitgenössische politische Auseinandersetzung eingegriffen. Von Platen steht an der Grenze zwischen Klassik, Romantik und Realismus – er war hier nicht mehr und dort noch nicht zu Hause. So blieb er einer, der zwischen den Zeiten steht. Die bedeutendste Begabung spätromantischer Zeit war NIKOLAUS FRANZ NIEMBSCH, EDLER VON STREHLENAU (1802–1850), er nannte sich verkürzt LENAU, ein ruheloser, getriebener Mensch, der ganz seinen Stimmungen unterlag und zeitweilig zu keiner eigenen Willensäußerung fähig war. Aus Ungarn ging er nach Schwaben, verließ 1832 europamüde die Alte Welt, lebte in Amerika, kehrte zurück, verfiel dem Wahnsinn und starb im Irrenhaus. Wenn die Formel vom romantischen Weltschmerz auf einen Dichter angewendet werden kann, dann auf Lenau. Aus tiefen Leiden entstanden seine Gedichte, die oft eine trügerisch-heile Welt zeigen wie die *Schilflieder* (*Auf dem Teich, dem regungslosen ...*), oder volkstümlichen Dichtungen *Lieblich war die Maiennacht ...* oder *Die drei Zigeuner*. Daneben versuchte er 1836 eine Faustdichtung zu schreiben, 1837 entwarf er eine Savonarola-, 1842 eine Albigenser- und Don-Juan-Dichtung. Alle blieben unvollendet. Im steten Kampf mit und gegen sich fand Lenau zu keiner Entscheidung.

Nachwirkung

Keine literarische Epoche hat so stark auf die Gegenwart gewirkt wie die Romantik, ja man kann sagen, daß nur noch der Einfluß der mittelalterlichen Kunst und Dichtung auf die romantische Geistesbewegung vergleichbar intensiv war. Zum einen übernahm die bürgerliche Kultur des 19. und 20. Jahrhunderts von der Romantik neben den Ideen der nationalstaatlichen Bewegung, die sich noch in der Präambel des Grundgesetzes von 1949 niederschlugen, die Auffassung von der Geschichtlichkeit des Daseins. Durch die Romantik wurde die Geschichte zur Bildungswissenschaft schlechthin, alles Dasein wurde historisch erklärt. Der gebildete Mensch zeichnete sich durch Geschichtskenntnisse aus,

und nicht zufällig stützten sich auch so bedeutende Naturwissenschaftler wie Gregor Mendel, Charles Darwin, Sigmund Freud und Teilhard de Chardin auf eine historische Erklärung der Naturgesetze.
Gleichzeitig popularisierte die Romantik den Schönheitsbegriff und strebte danach, alle Künste zu vereinigen, das Leben zu poetisieren. Richard Wagners »Gesamtkunstwerk« ist ebenso ein Gedanke, der aus der romantischen Geistesbewegung stammt, wie die Trennung von Kunst und Leben. Indem der Schönheitsbegriff vom täglichen Leben getrennt und zu einem überzeitlichen Wert erhoben wurde, trennte sich die Gesellschaft in Kunstkenner, die die Schönheit eines Werkes erfühlen können, und in Kunstbanausen, denen der Zugang zum Kunstwerk verstellt bleibt. Der rauhen Lebenswirklichkeit, der aufkommenden und bedrohenden Naturwissenschaft und Technik und dem Arbeitsleben, wurde kein Anteil an der Kunst zugestanden. Mit der Trennung von Kunst und Leben hängt auch der Rückzug in eine überschaubare heile Welt zusammen. Der Dichter gestaltete vielfach in seinem Werk nur noch Teilwirklichkeiten wie etwa den Bereich der Heimat oder der Flucht aus der Gegenwart in frühere Epochen. In diese Teilwirklichkeiten konnte nur noch der Leser folgen, der den Wirklichkeitsbegriff des Dichters für sich als verbindlich annahm. Damit schlossen Autor und Leser jedoch andere Wirklichkeiten aus ihrem Leben aus. Niemals wurde so heftig um den Sinn und Inhalt der Kunst gestritten wie in der Nachfolge der Romantik bis in unsere Tage.
Auch moderne Autoren greifen heute auf romantische Vorbilder zurück, sei es, daß sie sich bewußt in deren Nachfolge stellen, sei es, daß sie ihr Werk gegen romantische Traditionen konzipieren. So hat etwa Peter Härtling dem Dichter Lenau in dem Roman *Niembsch oder der Stillstand* (1964) ein literarisches Denkmal gesetzt, indem er besonders die romantischen Züge dieses Dichters gestaltete und somit deutlich machte, welchen Einfluß die Romantik auf ihn und andere Dichter der Gegenwart hatte. Christa Wolf erzählte 1979 die Geschichte der Begegnung der Günderode mit Kleist in dem Roman *Kein Ort – nirgends* und machte damit deutlich, wie stark sich gerade die Literatur in der DDR der klassisch-romantischen Tradition verpflichtet fühlte. Auch die engagierte politische Dichtung in der Bundesrepublik ist durch romantisches Geistesgut, sei es in Metaphern und Bildern, sei es in Inhalten und Gestaltungsweisen, tief beeinflußt. Nicht zufällig hat ein so gewichtiger moderner Schriftsteller wie Hans Magnus Enzensberger seine Dissertation über Clemens Brentano geschrieben. Die Diskussion um den modernen Deutschunterricht entstammt ebenfalls einer kritischen Auseinandersetzung mit den romantischen Anfängen der Germanistik. Aber auch im Lebensgefühl der Nachkriegsgenerationen lassen sich bei der Hinwendung zu Volkskultur, Folklore und Heimatkunst, bei Studentenunruhen und modischer Nostalgie, bei dem Wunsch nach einer heilen Welt und in der Ökologiebewegung Rezeptionen romantischer Gedanken und Erfahrungen in zahlreichen Erscheinungen erkennen.

Abb. 63: Franz v. Pocci (1807–1876): Entwurf für einen Pfeifenkopf

Junges Deutschland und Vormärz

Zwischen der Romantik und dem bürgerlichen Realismus entwickelten sich zwei literarische Strömungen, die bis vor zwei Jahrzehnten von der Forschung vernachlässigt und bei den Lesern fast unbekannt waren: Junges Deutschland und Vormärz. Die Autoren, die man ihnen zuordnet, sahen das literarische Werk als Möglichkeit politischen Handelns und als Anstoß zu gesellschaftlichen Reformen, sie wollten die aktuellen Ereignisse ihrer Zeit kommentieren, kritisieren und beeinflussen. Sicher war es diese Überzeugung, die eine Rezeption in späteren Jahrzehnten erschwerte – nicht nur, weil viele zeitbezogene Werke mit der Epoche, für die sie geschrieben waren, schnell vergessen wurden, sondern auch deshalb, weil die deutsche Literaturwissenschaft, ebenso wie das Lesepublikum, Kunst und Politik lange als zwei getrennte Bereiche ansah, die nicht verbunden werden durften, wenn ein zeitlos gültiges Kunstwerk entstehen sollte. So gehen die Urteile weit auseinander: noch 1961 wertete man die Autoren des Jungen Deutschland und des Vormärz undifferenziert mit Formulierungen wie »politisierte Schriftstellerei«, »Revolutionstheatralik«, »papierne Einheit von Literatur und Leben«, »entwurzelter Zivilisationsliterat«, »Geistspieler und Denkschüler« ab, die marxistischen Literaturhistoriker sehen bei ihnen den zukunftsträchtigen Aufbruch zu einer ideologisch ausgerichteten, klassenbewußten Literatur. Seit den siebziger Jahren ist das Verständnis für beide literarische Strömungen gewachsen, zahlreiche Textausgaben und wissenschaftliche Untersuchungen stellten die vorher weitgehend unbekannten Autoren und ihre wichtigsten Werke vor.

Aufbruch zur Demokratie

Nur wenige Epochen der deutschen Literatur sind so stark von historischen Ereignissen und Entwicklungen beeinflußt wie die erste Hälfte des 19. Jahrhunderts. Deshalb ist es wichtig, die entscheidenden geschichtlichen Auseinandersetzungen darzustellen, damit die literarischen Werke zugeordnet und gewertet werden können.
Im Jahre 1807, als Napoleon den europäischen Kontinent endgültig beherrschte, begann die preußische Regierung eine Reihe von Reformen. Freiherr vom Stein setzte die Freiheit des Grundeigentums ebenso durch wie die Beseitigung aller Gutsuntertänigkeit und Leibeigenschaft, er entwarf ein Edikt über die städtische Selbstverwaltung und die rechtlich kontrollierte Verwaltungsgliederung. Sein Nachfolger Hardenberg verwirklichte die »Säkularisation der geistlichen Güter«, die Gewerbefreiheit, die rechtliche Gleichstellung der Juden sowie die Polizeihoheit der einzelnen Landkreise. Scharnhorst organisierte auf der Grundlage der allgemeinen Wehrpflicht ein schlagkräftiges Landheer, das er in Linie, Landwehr und Landsturm gliederte, um den Volksarmeen Napole-

ons gewachsen zu sein. Er beseitigte die Adelsprivilegien und öffnete die Offizierslaufbahn für alle fähigen Soldaten. Wilhelm von Humboldt gründete die Universität Berlin, weil »der Staat durch geistige Kräfte ersetzen soll, was er an materiellen verloren hat«. Die neue akademische Freiheit der Forschung und Lehre, die Schutz gegen staatliche Eingriffe aller Art garantierte, unterstützte die auf Veränderung und demokratische Rechte zielenden Bewegungen, an denen die Studenten wesentlichen Anteil hatten. Als sich ab Dezember 1812 die europäischen Mächte gegen Napoleon zu verbinden begannen, erhoben sich in Deutschland Studenten, Bürger und Adlige; ihr Ziel war ein einheitliches und freies Vaterland. Bei Leipzig (1813) und Waterloo (1815) verlor Napoleon Herrschaft und Macht.

Die notwendig gewordene Neuordnung Europas, die in restaurativem Geist die vornapoleonische Staatenwelt wiederherstellen wollte, brachte den Studenten, Freiheitskämpfern und Patrioten nur Enttäuschungen. Auf dem Wiener Kongreß (1814/15) organisierten sich die deutschen Staaten als loser Bund, die Ideen der Reformer wurden verleugnet. Es gab keinen freien Nationalstaat auf der Grundlage einer demokratischen Verfassung, es gab kein Deutsches Reich als Auflösung des Gegensatzes zwischen Preußen und Österreich. Gegen die Restauration der alten Ordnung gründeten Jenaer Studenten 1815 die erste Burschenschaft, die Bewegung griff bald auf andere Hochschulen über. Als 1819 der Student Karl Ludwig Sand den bekannten Schriftsteller August von Kotzebue als vermeintlichen russischen Spion ermordete, reagierten der österreichische Kanzler Metternich und der Deutsche Bund mit den Karlsbader Beschlüssen. Sie unterbanden alle freiheitlichen Bewegungen, verschärften die Zensur und griffen in die ohnehin geringen Rechte der Presse und der politischen Vereinigungen ein. Die Verleger schlossen sich daraufhin 1825 im Börsenverein des deutschen Buchhandels zusammen, um eine wirtschaftliche und politische Gegenkraft zu bilden. Die Autoren des Jungen Deutschland wehrten sich ebenfalls. Sie setzten wirkungsvolle literarische Kleinformen sowie journalistische Textarten im Kampf um die Meinungs- und Pressefreiheit ein. In der rasch anwachsenden Reiseliteratur kritisierten sie die gesellschaftlichen und politischen Verhältnisse des eigenen Landes im Spiegel anderer Länder.

1830 kam es in Frankreich zur Julirevolution, die den Sturz der Bourbonen erzwang und überall in Europa Erhebungen auslöste. Am 29. November 1830 begann in Warschau ein Aufstand polnischer Bürger, Bauern und Soldaten gegen die russische Herrschaft, der am 21. Oktober 1831 mit dem Fall von Zamość endgültig scheiterte. In den Nachbarländern verfolgte man die Entwicklung mit Aufmerksamkeit und Anteilnahme, im deutschsprachigen Raum entstanden in kurzer Zeit etwa eintausend *Polenlieder* – pathetisch-heroische Gedichte, in denen das Geschehen in Polen appellativ, direkt oder symbolhaft gesteigert als Beispiel für den gerechten Kampf um Freiheit und Selbstbestimmung dargestellt wurde. Diese Lieder machen deutlich, wie schnell historische Ereignisse auf die Literatur einwirken können. In Deutschland sorgten vor allem die politisch engagierten Burschenschaften für Diskussion und Unruhe, 1832 veranstalteten Studenten und Demokraten das »Hambacher Fest«, um erneut mehr Rechte zu fordern. Die herrschenden Mächte reagierten mit weiteren Repressionen: der schwäbische Dichter, Gelehrte und Politiker Ludwig Uhland verlor seine Ämter, der norddeutsche Mundartdichter Fritz Reuter kam in Festungshaft, sieben Professoren der Universität Göttingen, die gegen einen Verfassungsbruch ihres Fürsten protestiert hatten, wurden entlassen und des Landes verwiesen – zu ihnen gehörten die Brüder Grimm, der Literaturhistoriker Gervinus sowie der Historiker Dahlmann.

Der nächste Versuch, die demokratischen Ideale von Freiheit, Gleichheit, Brüderlichkeit in Deutschland zu verwirklichen, begann im März 1848: ein Parlament wurde gewählt, eine Verfassung mit Grundrechten beraten, ein Reichsverweser bestellt. Doch auch diesmal siegten zuletzt die Könige und Fürsten. Die gewählte Nationalversammlung, die viele Monate lang in der Frankfurter Paulskirche zusammengekommen war, mußte sich auflösen, kleinere Aufstände unterdrückte man mit Waffengewalt. Die Vormärz-Autoren stellten diese Entwicklung in Gedichten, Dramen, Kurzszenen, Aufrufen und Pamphleten dar, ihre Werke spiegeln den Gang des Geschehens: optimistische Planung, revolutionäre Begeisterung, Niederlage, Resignation, Restauration der alten Verhältnisse.

Autoren und ihre Werke

Bruchstücke einer großen Rebellion

Im Herbst 1835 erschien im »Morgenblatt für die gebildeten Stände«, das der renommierte Verlag Cotta in Stuttgart betreute, eine kritischpolemische Artikelserie des Herausgebers Wolfgang Menzel gegen einige Autoren der Zeit, denen er vor allem Unmoral vorwarf. Dieser Vorwurf zielte besonders auf den Roman *Wally, die Zweiflerin* (1835) von KARL GUTZKOW (1811–1878). In der Handlung dieses Werkes verknüpfte der Verfasser Gedanken des Religionsphilosophen und Atheisten David Friedrich Strauß mit dem Lebensschicksal der 1834 durch ihren Selbstmord bekannt gewordenen Autorengattin Charlotte Stieglitz. Anstatt freier Erfindung des Geschehens übernahm er also umstrittene Vorbilder der gesellschaftlichen Wirklichkeit. Da Gutzkow auch den als obszön geltenden Roman *Lucinde* von Friedrich Schlegel herausgegeben und sich zu einem sinnlich freien Leben bekannt hatte, fanden die Angriffe Menzels im Bürgertum schnell Zustimmung.

Der Beschluß des Bundestages

Nachdem sich in Deutschland in neuerer Zeit, und zuletzt unter der Benennung »das junge Deutschland« oder »die junge Literatur«, eine literarische Schule gebildet hat, deren Bemühungen unverhohlen dahin gehen, in belletristischen, für alle Klassen von Lesern zugänglichen Schriften die christliche Religion auf die frechste Weise anzugreifen, die bestehenden sozialen Verhältnisse herabzuwürdigen und alle Zucht und Sittlichkeit zu zerstören: so hat die deutsche Bundesversammlung – in Erwägung, daß es dringend notwendig sei, diesen verderblichen, die Grundpfeiler aller gesetzlichen Ordnung untergrabenden Bestrebungen durch Zusammenwirken aller Bundesregierungen sofort Einhalt zu tun, und unbeschadet weiterer, vom Bunde oder von den einzelnen Regierungen zur Erreichung des Zweckes nach Umständen zu ergreifenden Maßregeln – sich zu nachstehenden Bestimmungen vereiniget:

1. Sämtliche deutschen Regierungen übernehmen die Verpflichtung, gegen die Verfasser, Verleger, Drucker und Verbreiter der Schriften aus der unter der Bezeichnung »das junge Deutschland« oder »die junge Literatur« bekannten literarischen Schule, zu welcher namentlich *Heinr. Heine, Karl Gutzkow, Heinr. Laube, Ludolf Wienbarg und Theodor Mundt* gehören, die Straf- und Polizei-Gesetze ihres Landes, sowie die gegen den Mißbrauch der Presse bestehenden Vorschriften, nach ihrer vollen Strenge in Anwendung zu bringen, auch die Verbreitung dieser Schriften, sei es durch den Buchhandel, durch Leihbibliotheken oder auf sonstige Weise, mit allen ihnen gesetzlich zu Gebot stehenden Mitteln zu verhindern.
2. Die Buchhändler werden hinsichtlich des Verlags und Vertriebs der oben erwähnten Schriften durch die Regierungen in angemessener Weise verwarnt, und es wird ihnen gegenwärtig gehalten werden, wie sehr es in ihrem wohlverstandenen eigenen Interesse liege, die Maßregeln der Regierungen gegen die zerstörende Tendenz jener literarischen Erzeugnisse auch ihrerseits, mit Rücksicht auf den von ihnen in Anspruch genommenen Schutz des Bundes, wirksam zu unterstützen.
3. Die Regierung der freien Stadt Hamburg wird aufgefordert, in dieser Beziehung insbesondere der Hoffmann und Campeschen Buchhandlung zu Hamburg, welche vorzugsweise Schriften obiger Art in Verlag und Vertrieb hat, die geeignete Verwarnung zugehen zu lassen.

Beschluß des Deutschen Bundestages, 10. Dezember 1835

Die politischen Organe griffen die Vorwürfe auf als Vorwand für einen Beschluß des Bundestages vom 10. Dezember 1835, dem die in der deutschen Literaturgeschichte einmalige Tatsache zu verdanken ist, daß ein offizielles Verbot im Bewußtsein der Öffentlichkeit eine literarische Gruppierung begründete: das Junge Deutschland. Genannt werden die Schriftsteller Heinrich Heine, Karl Gutzkow, Heinrich Laube, Ludolf Wienbarg und Theodor Mundt sowie der für diese Autoren wichtigste Verlag, Hoffmann und Campe in Hamburg. Es fehlt der Name von Ludwig Börne, der heute neben Heine als bedeutender Autor dieser Zeit gilt.

Selbstverständlich blieben die Angriffe Menzels nicht ohne Antwort. Karl Gutzkow nannte ihn einen »schamlosen und ignoranten Autor«, Heine schrieb einen ironisch-heftigen Artikel *Über den Denunzianten* (1837), Ludolf Wienbarg (1802–1872) griff in Vorlesungen, die er in Kiel hielt und später unter dem Titel *Ästhetische Feldzüge* (1834) publizierte, den »Philisterfänger von Stuttgart« scharf an. Die Reihe dieser Vorlesungen beginnt mit den Worten: »Dir, junges Deutschland, widme ich diese Reden, nicht dem alten« – offenbar eine bewußte Anspielung auf die Romantrilogie *Das junge Europa* (1833–1837) von Heinrich Laube sowie auf die italienische Geheimorganisation »Giovine Italia«, deren Ziel es war, Italien von den ausländischen Mächten zu befreien und zu einem liberalen Nationalstaat zu vereinigen. Wienbarg stellte die These auf: »Wir haben uns herausstudiert aus dem Leben, wir müssen uns wieder hineinleben.« Um das zu erreichen, sollte die Literatur auf die Zeit und ihre Ereignisse bezogen sein, sie sollte durch Aktualität, Kritik, Aufrufe, Vorschläge wirken und die Realität verändern helfen. Gutzkow drückte diese Tendenz so aus: »Die Notwendigkeit der Politisierung unserer Literatur ist unleugbar.« Obwohl die Autoren des Jungen Deutschland keine einheitliche, programmatisch abgestimmte Gruppe bildeten, galten wichtige Ziele für alle: Man kämpfte für eine neue Zeit, für liberale und demokratische Ideen, für die Pressefreiheit und für die Abschaffung jeder Zensur. Man bevorzugte bestimmte literarische Formen, um Wirkung und Resonanz zu erzielen – Formen des Feuilletons wie Bericht, Beschreibung, Kommentar, Glosse; literarische Kurzformen wie Erzählung, Gedicht, Parodie, Essay, fiktiver Brief sowie Reisebilder und Reisebeschreibungen, die Kultur und Probleme anderer Länder darstellten und gleichzeitig die politischen Verhältnisse in Deutschland kritisierten. Die Briefe etwa, in denen Heine und Börne über französische Politik, Kultur, Kunst, Lebensgewohnheiten berichteten, gaben den deutschen Lesern eine Vorstellung von dem, was in ihrem Land zu verändern war. Die gegenüber der Klassik völlig veränderte Perspektive wird an einem Reisetagebuch des Fürsten Hermann von Pückler-Muskau (1785–1871) deutlich. Der Titel *Südöstlicher Bildersaal. Griechische Leiden* (1840) weist darauf hin, daß der Verfasser nicht nur den zum Museum gewordenen Lebensraum der alten Griechen, also das von Goethe und Schiller beschworene und idealisierte

Arkadien, beschreiben will, sondern auch die Schattenseiten der aktuellen Politik und des alltäglichen Lebens. Seit dem Beginn des griechischen Freiheitskampfes gegen die Türken 1821 war das liberale Lesepublikum nämlich an dem Schicksal des griechischen Volkes und an seiner politischen Entwicklung interessiert – nicht zuletzt deshalb, weil der englische Autor Lord Byron mit einer eigenen Truppe in diesen Freiheitskampf eingegriffen und damit ein Zeichen direkten Engagements gesetzt hatte.

Im Beschluß des Bundestages findet sich der Hinweis, die Autoren des Jungen Deutschland hätten ihre kritischen Ideen »in belletristischen, für alle Klassen von Lesern zugänglichen Schriften« vorgetragen. Mit dieser Formulierung waren auch die Zeitschriften gemeint, um die sich viele der jüngeren Schriftsteller bemühten. Ludwig Börne gab von 1818 an das Organ *Die Waage. Eine Zeitschrift für Bürgerleben, Wissenschaft und Kunst* heraus, Theodor Mundt das Blatt *Literarischer Zodiakus. Journal für Zeit und Leben, Wissenschaft und Kunst*, Heinrich Laube die Blätter *Aurora, eine literarische Zeitschrift* sowie die *Zeitung für die elegante Welt*, Heinrich Heine edierte in Paris *L'Europe littéraire*. Diese Periodika waren, wie die Titel zeigen, keineswegs ausschließlich auf gesellschaftspolitische Diskussionen angelegt, sondern gleichermaßen auf die Vermittlung bürgerlicher Kultur und Kunst. Sie zielten auf einen gebildeten und interessierten Leser und fanden großen Zuspruch, weil das Publikum literarischen, philosophischen und rechtlichen Fragen aufgeschlossen gegenüberstand. Die Zeitschriften – und insofern spiegeln auch sie wesentliche Gedanken des Jungen Deutschland – stellten bestimmte Themen in den Mittelpunkt: die Rechte der Frau, die Notwendigkeit moralischer Selbstbestimmung und politischer Unabhängigkeit, den Kampf gegen die Macht der Kirchen. Hinzu kamen zwei literarische Angriffsziele: die Romantik, der man fehlende Aktualität und mangelndes Engagement vorwarf, und die Klassik. Heine nannte Schillers Gedankenlyrik »besoffene Reflexionen«, in seinem Gedicht *»Die Götter Griechenlands«* – der Titel ist wörtlich von einem berühmten Gedicht Schillers übernommen – beschrieb er eine entzauberte, machtlose Götterwelt, um den Abstand zu der heroisch-harmonischen Deutung des Klassikers herauszustellen. Für Ludwig Börne waren Schillers Dramenfiguren »ein deklamierender Komödiantenadel«, Goethe bezeichnete er als »feigen Philister« und »Kleinstädter«, der die »Mittelmäßigkeit der Literatur« beschützte und das »Knechtische in der Natur des Menschen« verherrlichte. Über seine Rezension von Bettina von Arnims Buch *Goethes Briefwechsel mit einem Kinde* (1835) setzte er als Motto ein Zitat aus dem Jugendgedicht *Prometheus* – so verdeutlichte er mit Goethes Worten, was die Autoren des Jungen Deutschland kritisierten: »Ich dich ehren? wofür? / Hast du die Schmerzen gelindert / Je des Beladenen? / Hast du die Tränen gestillet /Je des Geängstigten?« Die Heftigkeit solcher Kritik hatte einen zentralen Grund. Der Einfluß, den die klassischen Werke und Ideale auf die ältere Generation und auf weite Teile

des aufstrebenden Bildungsbürgertums ausübten, war für die jüngeren Schriftsteller ein lähmender Zwang, die klassischen Normen standen ihren Ideen hemmend entgegen. Nur so kann man erklären, daß Goethes Tod 1832 auf sie wie eine Befreiung wirkte.
Von 1829 bis 1834 erschienen im Hamburger Verlag Hoffmann und Campe die gesammelten Werke von LUDWIG BÖRNE (1786–1837), der durch seine Literatur- und Theaterkritiken ebenso bekannt geworden war wie durch seine *Briefe aus Paris*, die er nach der Julirevolution 1830 in kritischer Distanz zu den Verhältnissen in Deutschland schrieb. In diesen Briefen forderte er das Bürgertum und das allmählich entstehende Industrieproletariat zu politischer Aktivität auf, weil nunmehr der Krieg der Armen gegen die Reichen begonnen habe. Eine neue politische Ordnung war seiner Ansicht nach die logische Konsequenz, der öffentlichen Meinung und dem kritischen Journalismus wies er deshalb eine Schlüsselstellung zu: »Die öffentliche Meinung ist der bestehenden Ordnung der bürgerlichen Dinge nicht hold, und das macht die Freiheit der Rede umso nötiger.« Börne verfaßte zahlreiche Aufsätze, Artikel und Rezensionen, die für das Verständnis der damaligen Rezeption von Literatur grundsätzliche Bedeutung haben. Er wies auf die Dichtung Jean Pauls hin und zeigte, welchen Einfluß Hamann auf die deutsche Literatur des 18. Jahrhunderts ausgeübt hatte. Er schrieb über die Dramen des Engländers William Shakespeare und über die Werke der deutschen Autoren Lessing, Schiller, Kleist, Grillparzer. Man kann Börne als einen der begabtesten und anregendsten Schriftsteller des vergangenen Jahrhunderts sehen, dessen Bedeutung bis heute noch gar nicht erkannt worden ist – sicher auch eine Nachwirkung der völkisch-nationalen Literaturwissenschaft, die bis in die Mitte unseres Jahrhunderts den jüdischen Mitbürgern künstlerische Fähigkeiten absprach. Der Literaturkritiker Marcel Reich-Ranicki überschrieb 1977 einen Aufsatz »Über Ludwig Börnes Literaturkritik« mit dem leicht abgewandelten Goethe-Wort »Bruchstücke einer großen Rebellion« – bei dem Klassiker hatte es »Konfession« geheißen – und verwies damit sowohl auf ein wesentliches Thema Börnes als auch auf die grundsätzliche Tendenz des Jungen Deutschland: Anstöße zu geben für eine Veränderung der Gesellschaft und Politik hin zur Demokratie.
Börne, der zuerst Medizin, dann Rechts- und Staatswissenschaften studiert hatte, wurde 1811 Polizeiaktuar in Frankfurt, aber bereits 1815 wegen seiner jüdischen Abstammung entlassen. Seine 1818 gegründete Zeitschrift »Die Waage« mußte nach Angriffen gegen Metternich 1821 eingestellt werden, 1820 saß er einige Woche in Haft. Mehrere Reisen nach Paris brachten ihn zu dem Entschluß, ab 1830 in Frankreich zu leben. Börnes Lebensweg ist typisch für die Autoren des Jungen Deutschland, die ihre Werke von Zensur, Verboten und obrigkeitsstaatlicher Machtfülle bedroht sahen. Auch Heine lebte ab 1831 – als Korrespondent der Augsburger »Allgemeinen Zeitung« – in Paris, Gutzkow verbüßte 1836 in Mannheim eine kurze Gefängnisstrafe, Laube inhaftierte

man 1834 in Berlin und 1837/38 im Schloß des Fürsten Pückler-Muskau, Wienbarg wurde 1835 ausgewiesen und floh nach Helgoland. Die meisten Repressalien erreichten ihre Ziele nicht, viele Autoren fanden Möglichkeiten, ihre Meinung in die Öffentlichkeit zu bringen. Einfallsreich wehrten sich auch die Verleger. Sie ließen literarische Werke ohne Verfasser- und Verlegernamen oder mit Angaben von falschen Verlagsorten und Deckfirmen erscheinen. Campe verlängerte die Manuskripte durch große Drucktypen und Zusätze, bis sie mehr als zwanzig Druckbögen einnahmen und damit nicht mehr der direkten Zensur unterlagen.

> »Die Buchhandlung Hoffmann und Campe in Hamburg, die Verlegerin der bekannten Schriften von Heinrich Heine, hat schon früher durch Einschleppung und Verbreitung verderblicher politischer Flugschriften aus Frankreich eine so gemeingefährliche Industrie betätigt, daß es schon im Jahre 1834 für nötig erachtet wurde, ihr das Gesamt-Verbot ihrer Verlags- und Kommissions-Artikel anzudrohen. Gleichwohl hat dieselbe nicht aufgehört, Schriften zu verlegen und zu verbreiten, welche sich durch ihren verweglichen aufregenden und schmähenden Charakter auszeichnen. Zu diesen gehört vor allen die in Kommission bei Hoffmann und Campe erschienene wahrscheinlich auch auf ihre Bestellung mit Umgehung der Zensurgesetze heimlich gedruckte Schmähschrift.
> Der Bischof Draeseke und sein achtjähriges Wirken im Preußischen Staate von G. v. ferner
> die unpolitischen Lieder von Hoffmann aus Fallersleben II. Teil.
> und endlich die ganz kürzlich mit der Jahreszahl 1842 erschienenen
> Gedichte eines kosmopolitischen Nachtwächters.
> Um dem sich hierdurch kundgebenden gemeinschädlichen Treiben entgegen zu treten, soll höherer Verfügung zufolge das früher schon angedrohte Gesamt-Verbot nunmehr zur Ausführung gebracht werden. Euer Hochwohlgeboren veranlassen wir daher, schleunigst das Erforderliche anzuordnen, damit alle von jetzt ab im Verlage der Buchhandlung Hoffmann und Campe in Hamburg erscheinende oder als Kommissions-Artikel derselben ausgegebenen Schriften, Blätter von welcher Art sie auch sein mögen, weder öffentlich angekündigt und verkauft, noch in Leihbibliotheken oder öffentlichen Lesezirkeln und bei Antiquaren gehalten werden.

Bericht der königlichen Regierung, Abteilung des Inneren an den Landrat von Bashe in Steinfurt, 22. Dezember 1841

Börnes *Briefe aus Paris* ließ er mit den falschen Angaben »Mitteilungen aus dem Gebiet der Länder- und Völkerkunde. Offenbach: Brunet 1833« erscheinen. Noch 1841, als die wichtigsten Werke des Jungen Deutschland schon lange vorlagen, verbot man den Vertrieb aller Bücher dieses Verlages – der Bericht der königlichen Regierung, Abteilung Inneres an den Landrat von Steinfurt faßte noch einmal die Vorwürfe und Maßnahmen zusammen, die damals an der Tagesordnung waren.

Heinrich Heine

Der einzige allgemein bekannte Autor des Jungen Deutschland ist HEINRICH HEINE (1797–1856), vielleicht deshalb, weil er als »armer Subjektivling« frei war in seinen Gedanken, Themen, Werken und Vorbildern und aus diesem Grund ohne feste Bindung an eine literarische Strömung blieb. Er schrieb Lieder und Gedichte, die romantische Gefühle vermitteln und »wie in Honig getauchter Schmerz« wirken, er kritisierte die gesellschaftlich-politischen Ereignisse in Polemiken und Satiren, er beschrieb persönliche Erfahrungen, Enttäuschungen und Schmerzen mit distanzierender Ironie oder hinreißendem Pathos. So erklärt sich die Tatsache, daß er umstritten war und bis heute umstritten blieb. Die bürgerlichen Liberalen werteten die satirische Schärfe und die Pointen als Oberflächlichkeit. Sie wußten offenbar nicht, daß Börne den Witz »das demokratische Prinzip im Reiche des Geistes« nannte. Die völkisch ausgerichtete Literaturwissenschaft sah in Heine den zersetzenden Zerstörer überlieferter Werte und den artfremden Juden, dem jedes echte (also deutsche) Fühlen unmöglich sei. Diese einseitig negative Bewertung, die sich noch bis in die jüngste Vergangenheit gehalten hat, erklärt vielleicht ansatzweise, warum sich die erst nach 1945 gegründete Universität Düsseldorf bis Ende 1988 weigerte, den Namen des in Düsseldorf geborenen Heinrich Heine zu tragen. In den letzten Jahren konnte man allerdings eine text- und faktenbezogene Neubewertung des Lyrikers, vor allem aber des politischen Schriftstellers feststellen, deren schönstes Ergebnis die politische Biographie des russischen Germanisten und Nobelpreisträgers Lew Kopelew ist: »Ein Dichter kam vom Rhein – Heinrich Heines Leben und Leiden«.

Kindheit und Jugend Heines waren von bürgerlichem Kaufmannsgeist bestimmt. Die Eltern führten ein Tuchgeschäft in Düsseldorf und wünschten sich einen entsprechenden Beruf für den Sohn. So arbeitete Harry – erst nach dem Übertritt zur protestantischen Kirche 1825 nahm er den Vornamen Heinrich an – kurze Zeit bei dem Frankfurter Bankier Rindskopf, so kam er für mehrere Jahre unter die Obhut des Onkels Salomon Heine nach Hamburg, der ihm 1818 ein Kommissionsgeschäft einrichtete, das der Neffe in wenigen Monaten zum Bankrott heruntwirtschaftete. Trotzdem bekam der junge Mann die Mittel für ein Studium der Rechtswissenschaft – Heine begann es 1819 in Bonn. Durch

Gedichte und öffentliche Äußerungen geriet er schnell in den Verdacht, zu jenen politischen Kräften zu gehören, die durch die Karlsbader Beschlüsse verboten worden waren. Es zeigte sich jedoch bald, daß er weder den Landsmannschaften noch den national ausgerichteten Burschenschaften geistig zugehörte. Er besuchte Vorlesungen bei den Romantikern August Wilhelm Schlegel und Ernst Moritz Arndt, studierte deutsche Philologie, erkannte die Bedeutung der altdeutschen und mittelalterlichen Zeit für die aktuellen politischen Ziele und verspottete in zahlreichen Gedichten die fromm-naive Sehnsuchtsliteratur der Spätromantiker. 1820 wechselte Heine nach Göttingen, wo er bald relegiert wurde, 1821 ließ er sich an der Universität Berlin immatrikulieren. Er genoß das kulturelle und geistige Leben dieser Stadt, erfuhr aber auch, in welcher absurden Weise die Zensur Oberflächlichkeiten begünstigte und einen unsinnigen Kunstbetrieb um Publikumslieblinge und harmlose Veröffentlichungen zuließ. 1824 kehrte Heine nach Göttingen zurück und bestand 1825 das juristische Staatsexamen sowie das Rigorosum. Die Publikationen der folgenden Jahre zeigten, daß sein Interesse kaum diesem Studium und diesem Beruf gegolten hatte, sondern eher dem, was sein weiteres Leben bestimmte: der Literatur. 1826/27 erschienen bei Hoffmann und Campe die *Reisebilder*, die eine Fülle unterschiedlicher Formen zusammenfügten: Romanzen, Balladen, Lieder, Briefe und Reiseschilderungen von der Nordsee und aus dem Harz. Das *Buch der Lieder* (1827) enthält neben der bekannten Ballade *Belsazar* das ironisch-karikierende Gedicht *Sie saßen und tranken am Teetisch* sowie das berühmteste Werk Heines, die *Loreley*.
Es nahm, nicht ohne parodistische Absicht, ein beliebtes Thema der Zeit auf, das auch Brentano, von Arnim, Eichendorff und Graf Heinrich Otto von Loeben behandelten. Es wurde, nicht zuletzt durch die Musik von Friedrich Silcher, zum unecht-gefühlvollen »Volkslied«. Die Romantik hatte die Volkskultur entdeckt, Volkslieder waren gesammelt worden, Poeten aller Art hatten unzählige Strophen in volkstümlicher Weise gereimt. Gegen diese trivialen Gedichte wandte sich Heine, setzte Ironie und überraschend-desillusionierende Wendungen als Pointen ein, nutzte banale Formulierungen, Reimbrechungen und falsche Metaphern als bewußte Stilmittel und schuf so eine Sprache, die geeignet war, sowohl satirische Intellektualität als auch politische Analyse zu verdeutlichen. Der Leser wird oft verwirrt, er weiß nicht, ob die Aussagen ernst oder ironisch gemeint sind: so gehört er mit in das Spiel aus Ideen, Kritik, Parodie und Sprachkunst.
Nach dem Abschluß des Studiums durchlebte Heine eine ruhelose Zeit: Hamburg, Norderney, England, Helgoland, Italien, München und Potsdam waren Stationen seines Lebens. Als 1830 die Julirevolution ausbrach und in Deutschland die ersten antisemitischen Ausschreitungen als demokratischer Fortschritt gefeiert wurden, verließ er seine Heimat, um in Frankreich als freier Schriftsteller und Journalist, als freier Bürger leben zu können. Die Weltstadt Paris nahm ihn gefangen, sie

DER LORELEYFELS
VON
Graf Heinrich Otto von Loeben

Da wo der Mondschein blitzet
Ums höchste Felsgestein,
Das Zauberfräulein sitzet,
Und schauet auf den Rhein.

Es schauet herüber, hinüber,
Es schauet hinab, hinauf,
Die Schifflein ziehn vorüber,
Lieb Knabe, sieh nicht auf!

So blickt sie wohl nach allen
Mit ihrer Äuglein Glanz,
Läßt her die Locken wallen
Unter dem Perlenkranz.

Sie singt dir hold zu Ohre,
Sie blickt dich töricht an,
Sie ist die schöne Lore,
Sie hat dirs angetan.

Sie schaut wohl nach dem Rheine,
Als schaute sie nach dir,
Glaub nicht, daß sie dich meine,
Sieh nicht, horch nicht nach ihr!

Doch wogt in ihrem Blicke
Nur blauer Wellen Spiel,
Drum scheu die Wassertücke,
Denn Flut bleibt falsch und kühl.

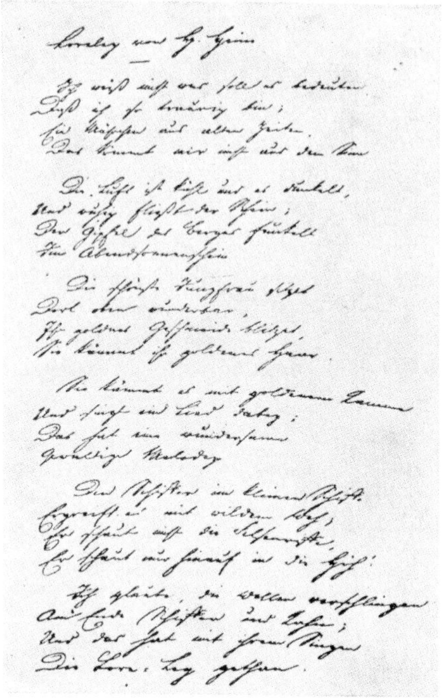

Abb. 64: *Loreley* – Handschrift von Heinrich Heine

machte ihn zum ersten Großstadtdichter, weil er aus einer gesellschaftlichen Situation heraus schrieb, die nirgendwo in Deutschland nachvollzogen werden konnte. Trotz eines ausgefüllten, abwechslungsreichen und sicheren Lebens hat Heine sich immer im Exil gefühlt und sein Vaterland nie vergessen – viele ironisch-gefühlvolle Gedichte wie *Anno 1839* oder *Nachtgedanken* zeigen das. Im Herbst 1843 reiste Heine nach Hamburg zu seiner Mutter. Ein Jahr später erschien, als literarisches Ergebnis dieser Fahrt, die Verssatire *Deutschland – Ein Wintermärchen*, die noch einmal alles zeigt, was den Verfasser bekannt, aber auch verhaßt gemacht hatte: Spott über Poeten, Politiker und bürgerliche Philister, Kampf gegen Zensur und Unfreiheit, eindringliche Formulierungen des Heimwehs und der Liebe zu Deutschland.

Heinrich Heine strebte, wie alle Autoren des Jungen Deutschland, nach Freiheit. Dieses Streben zielte nicht auf nationale Unabhängigkeit, sondern auf die Freiheit des Individuums, seine persönliche Entfaltung und rechtliche Sicherheit. Sozialen Problemen stand er fern, auch wenn er in dem Gedicht *Die schlesischen Weber* (1844) sozialkritisch anklagte und sich mit einem dreifachen Fluch gegen »Alt-Deutschland« wandte. Heine kritisierte die Borniertheit des Bürgertums und eine Wertordnung, die den Staat höher stellte als den Menschen. Für ihn selbst trifft zu, was er in der literaturhistorischen Studie *Die romantische Schule* über die Autoren des Jungen Deutschland schrieb: sie seien Schriftsteller, die »keinen Unterschied machen wollen zwischen Leben und Schreiben, die nimmermehr die Politik trennen von Wissenschaft, Kunst und Religion, und die zu gleicher Zeit Künstler, Tribune und Apostel sind«.

Tendenz, Aktion und Aufruf

Die wesentlichen Werke des Jungen Deutschland erschienen zwischen dem Jahr der Julirevolution 1830 und dem Jahr 1840, in dem ein wichtiges politisches Ereignis stattfand. Friedrich Wilhelm IV. von Preußen bestieg den Thron; er erließ bereits am 10. August eine Amnestie für politische Vergehen und verfügte Ende 1841 eine allgemeine Lockerung der Zensur. Die damit verbundene Hoffnung auf einen freien, nach demokratischen Prinzipien handelnden Staat ging allerdings nicht in Erfüllung, da der König sich mehr und mehr auf die restaurative Position zurückzog und weitere Reformen ablehnte. Diese Entwicklung weist auf die Autoren des Vormärz, die als kritische Beobachter das politisch-gesellschaftliche Geschehen bis zur Märzrevolution 1848 verfolgten und grundsätzliche politische Neuerungen forderten. Sie setzten sich bewußt, oft polemisch gegen die Werke des Jungen Deutschland ab, sie zielten weniger auf individuelle Freiheiten als auf die Veränderung des Staates im Sinne sozialistischer, auch kommunistischer Ideen, sie wollten aktiver, kämpferischer sein als ihre Vorgänger und setzten daher literarische Formen des Appells, auch der Agitation ein: Aufrufe, Pamphlete, Flugblätter, eingängige Gedichte nach dem Vorbild des Bänkelsangs oder des Volkslieds. Der Literaturwissenschaftler Jost Hermand, dessen Forschungen für die Wiederentdeckung des Vormärz entscheidend waren, wies schon 1967 darauf hin, daß es diesen Autoren nicht um stilistische Neuerungen, um brillante Formulierungen oder um Kunstwerke ging, sondern daß sie den Wunsch hatten, »sich ganz der Tendenz, der Aktion, dem Aufruf hinzugeben«.
Im Jahre 1838 gründete ARNOLD RUGE (1803–1880) gemeinsam mit Ernst Theodor Echtermeyer die Zeitschrift *»Hallische Jahrbücher für deutsche Wissenschaft und Kunst«*, die schnell zum wichtigsten Publikationsorgan der »Junghegelianer« wurde. Sie bezogen sich auf die Staatsphilosophie von Georg Wilhelm Friedrich Hegel (1770–1831), der den Ablauf der Geschichte als dialektisch fortschreitende Entwicklung defi-

niert hatte, als Entwicklung durch die schöpferische Tätigkeit des Individuums innerhalb der staatlichen Institutionen zu neuen, höheren Zielen. Die »Junghegelianer« verbanden diesen Gedanken mit den Ideen des Liberalismus. Ihrer Überzeugung nach mußte die geschichtliche Dialektik zu einem demokratisch organisierten Staatsgebilde mit individuellen Freiheiten und Rechten führen. In den »Hallischen Jahrbüchern« erschienen auch Artikel der Religionskritiker David Friedrich Strauß und Ludwig Feuerbach. So wird verständlich, daß Ruge große Schwierigkeiten mit der preußischen Zensur bekam, daher 1840 seine Zeitschrift in »*Deutsche Jahrbücher für Wissenschaft und Kunst*« umbenannte und den Verlagsort von Halle nach Dresden verlegte. Nur vier Jahre später ging er nach Frankreich und gab dort die »*Deutsch-Französischen Jahrbücher*« heraus. Die Aufgabe dieser Zeitschrift, wie auch der vorausgegangenen, beschrieb er mit dem Satz: »Philosophie ist Freiheit und will Freiheit erzeugen.«

Als Mitherausgeber fand er einen jungen Philosophen, der seit wenigen Monaten in Paris lebte: KARL MARX (1818–1883). Er hatte die Redaktion des liberalen, seit 1842 in Köln erscheinenden Blattes »Rheinische Zeitung« geleitet, das von der Zensur besonders scharf überwacht und am 1. April 1843 verboten worden war. Marx verfaßte 1848 gemeinsam mit FRIEDRICH ENGELS (1820–1895) jene Flugschrift, die zwar nur in einer Auflage von eintausend Exemplaren erschien, aber wie kein anderer Text der deutschen Literatur Gesellschaft und Politik beeinflußte: das *Manifest der Kommunistischen Partei*. Es faßt allgemeine sozialistische Lehren zusammen und verbindet diese durch die dialektische Methode, wie sie von Hegel konzipiert worden war, in einfacher appellativer Sprache; das Manifest rückt das Proletariat als bestimmende Klasse ins Zentrum der historischen Entwicklung. Marx und Engels haben keine zusammenhängenden Schriften zur Theorie der Literatur hinterlassen, aus zahlreichen Anmerkungen, Erläuterungen und Hinweisen – etwa in der »Sickingen«-Debatte mit Ferdinand Lassalle oder in den Briefen an Minna Kautsky und Miss Harkness – läßt sich erkennen, daß sie eine realitätsbezogene, kritische, auf gesellschaftliche Veränderungen zielende Kunst wollten.

Um von außenpolitischen Schwierigkeiten im Vorderen Orient abzulenken, machte die französische Regierung 1840 Ansprüche auf den Rhein geltend. Die Folge dieser »Rheinkrise« war ein allgemeiner Protest in Deutschland, der sich besonders wirkungsvoll in den *Rheinliedern* artikulierte, von denen zwei schnell bekannt und als begeisternde Darstellung des nationalen Selbstbewußtseins überall verbreitet wurden: *Der deutsche Rhein* (1840) von NIKOLAUS BECKER sowie *Die Wacht am Rhein* (1840) von MAX SCHNECKENBURGER. Interessant ist die spätere Rezeption der beiden Texte. Nach der Reichsgründung 1871 und in den ersten Jahrzehnten des 20. Jahrhunderts wertete man sie auf als Ausdruck patriotischer Begeisterung, machte man sie zu Kampfgesängen gegen den »Erbfeind Frankreich«, wobei der Bezug auf die politischen Ereignisse

der Entstehungszeit völlig verlorenging. In diesen Zusammenhang gehört ein Text, der am 26. August 1841 auf der Insel Helgoland entstand: *Das Lied der Deutschen* von AUGUST HEINRICH HOFFMANN VON FALLERSLEBEN (1798–1874). Dieses Gedicht, später als *Deutschlandlied* zur Nationalhymne geworden, ist ein typisches Werk des Vormärz. Hoffmann von Fallersleben hatte 1842 nach der Publikation des Gedichtbandes *Unpolitische Lieder* (1841) sein Amt als Professor für deutsche Sprache und Literatur in Breslau verloren, mußte das Land verlassen und bis zu seiner Rehabilitierung 1848 verborgen in verschiedenen Teilen Deutschlands leben. Die ersten beiden, so oft falsch verstandenen und falsch interpretierten Strophen formulieren weder territoriale Ansprüche noch chauvinistische Überheblichkeit, sondern die aktuellen Gedanken und Gefühle während der »Rheinkrise«; die dritte Strophe faßt zusammen, was die Autoren des Vormärz erhofften und durchsetzen wollten. Für die angemessene Einordnung und Wertung dieses Textes ist außerdem wichtig, daß der Autor inhaltlich auf das Lied »ir sult sprechen willekomen« von Walther von der Vogelweide zurückgriff und damit auf eine bedeutsame literarische Tradition verwies, die nur vor dem Hintergrund der europäischen Entwicklung gesehen werden kann. Dadurch, daß die Bundesrepublik Deutschland nur diese Strophe als Nationalhymne wählte, wurde eine direkte Verbindung hergestellt zwischen der zweiten deutschen Republik und jener Zeit, in der die demokratischen Ideen zu wirken begannen und die ersten politischen Freiheiten erkämpft werden mußten.
Mit dem Gedicht *Protest* wandte sich GEORG HERWEGH (1817–1875) gegen die nationalen Emotionen der *Rheinlieder*. Es stand in der Sammlung *Gedichte eines Lebendigen* (1841), die den Autor schlagartig bekannt machte und schon 1843 in der sechsten und siebten Auflage von jeweils sechstausend Exemplaren erschien. Die Wirkung erklärt sich aus der Form: die Texte sind einfach und einprägsam, von Imperativen, Wiederholungen und romantisch-kriegerischen Metaphern bestimmt. Zentrales Thema des Autors – etwa in den Gedichten *Tod Napoleons II.*, *An die deutschen Dichter* oder *Der Gang um Mitternacht* – ist der Gegensatz von »Hütte« und »Palast«, von Armut und Rechtlosigkeit einerseits, Macht und Unterdrückung andererseits. Herwegh sah sich und alle anderen politisch engagierten Autoren seiner Zeit als »Könige der Hütte«, also als Fürsprecher und Streiter auf der Seite der Unterdrückten. Nachdem er als »Matador des Jahres 1842« (Gutzkow) aus seinem Schweizer Exil im Triumph durch Deutschland gezogen war, empfing ihn König Friedrich Wilhelm IV. in Privataudienz. Dadurch schlug die Stimmung um, man warf Herwegh Untreue und Verrat vor, glaubte ihm den Einsatz für Freiheit und Recht nicht mehr. Als 1843 der zweite Band *Gedichte eines Lebendigen* erschien, blieb die große Wirkung aus. Der Autor lebte ab 1843 in Paris und verfolgte aufmerksam die weitere Entwicklung bis zum Jahre 1848. Das Scheitern der Revolution erlebte er direkt, denn als führendes Mitglied der »Deutschen demokratischen

Legion«, die unter dem Eindruck der Februarrevolution in Frankreich von deutschen Emigranten gebildet worden war, griff er in den badischen Revolutionskampf ein und mußte nach der Niederlage seiner Freiwilligentruppe in die Schweiz fliehen. Seine späteren Gedichte *Mein Deutschland, strecke die Glieder* (1849), *Auch ein Fortschritt* (1859) und *Deutschland erklärt* (1860) rufen nicht mehr zu Haß, Kampf und Sieg auf, sondern klagen an, was den Erfolg der Revolution verhinderte: Trägheit, politisches Desinteresse, fehlender Mut.

Selbstsicher und aggressiv polemisierte Herwegh mit dem Gedicht *Die Partei* (1842) gegen FERDINAND FREILIGRATH (1810–1876), der in dem Gedicht *Aus Spanien* (1841) geschrieben hatte: »Der Dichter steht auf einer höhern Warte / Als auf den Zinnen der Partei.« Diese Zeilen entstanden zu einer Zeit, als Freiligrath sich noch an der »Wüsten- und Löwenpoesie« seiner frühen Jahre orientierte, an brutal-exotischen Geschehnissen und außerordentlichen Helden, wie sie in den Texten *Der Mohrenfürst* (1833) oder *Löwenritt* (1835) deutlich werden. Allerdings kann man auch schon in diesen Jahren ein soziales Engagement erkennen, eine Sympathie für die Armen und Verzweifelten – das belegen die volksliedhaften Gedichte *Die Auswanderer* (1833) und *Leben des Negers* (1836) sowie das Terzinengedicht *Die irische Witwe* (1835). Unter dem Eindruck der staatlichen Repressionen änderte Freiligrath seine politische Einstellung. Im Vorwort zu dem Band *Ein Glaubensbekenntnis. Zeitdichte* (1844) schrieb er: »Fest und unerschüttert trete ich auf die Seite derer, die mit Stirn und Brust der Reaktion sich entgegenstemmen! Kein Leben mehr für mich ohne Freiheit!« Der Autor hatte Partei ergriffen, Gedichte wie *»Die Freiheit! Das Recht!«* verdeutlichen das neue Engagement, das Freiligrath wie alle Autoren des Vormärz ins Exil führte. Sein bekanntestes Werk entstand in der Schweiz, der schmale Band *Ça ira!* (1846), in dem man das Gedicht *»Von unten auf«* findet. Es stellt eine Rheinfahrt des preußischen Königspaares dar. Das Schiff wird zu einem Bild des Staates: Dem Glanz und der Pracht oben auf dem Deck steht die Arbeit im Kesselraum gegenüber, der »Proletarier-Maschinist« läßt das Fahrzeug durch seine Kraft und seinen Einsatz vorankommen, er weiß, daß letztlich alles von ihm und seinem Willen abhängt. Freiligrath blieb den sozialistisch-kommunistischen Ideen auch nach dem Scheitern der Revolution treu, wie die 1849 publizierten Gedichte *Schwarz-Rot-Gold, Trotz alledem!* und *Die Toten an die Lebenden* zeigen. Eine Erklärung für den Mißerfolg der revolutionären Bemühungen hatte er schon 1844 gegeben. In dem Gedicht *Hamlet* deutete er den zaudernden, entschlußlosen Dänenprinzen aus dem gleichnamigen Drama von Shakespeare als Verkörperung Deutschlands, das die Tat scheut und lieber in träumerischer Unverbindlichkeit lebt.

Jede zeitbezogene Literatur steht in der Gefahr, mit ihrer Zeit zu vergehen, also vergessen zu werden. Anspielungen auf aktuelle Ereignisse oder aktuelle Zitate versteht ein Leser nicht mehr, dem die Entstehungszeit fremd ist. So erklärt sich, daß viele Werke des Vormärz heute so gut wie unbekannt und nur noch durch die wissenschaftliche Forschung interpretierbar zu machen sind. Der Gedichtzyklus *Lieder eines kosmopolitischen Nachtwächters* von FRANZ DINGELSTEDT (1814–1881), den der Verlag Hoffmann und Campe 1841 herausbrachte, gehört zu den wichtigsten Zeugnissen der damaligen Zeit. Er kritisiert die politischen Zustände, also Zensur, Überwachung und Kleinstaaterei, durch die Figur des Nachtwächters, der den Schlaf und das Dunkel bewußtmacht, gleichzeitig aber auf den Morgen und das Erwachen hinweist. Eine Doppelseite der 1978 von Hans-Peter Bayerhöfer in Tübingen edierten Studienausgabe zeigt, daß ein achtstrophiges Gedicht durch eine ganze Seite Anmerkungen erläutert werden muß, weil die damals geläufigen Kenntnisse heute fehlen. Ähnlich verhält es sich bei dem Drama *Die politische Wochenstube* (1845) von ROBERT PRUTZ (1816–1872), in dem formale und sprachliche Elemente des Aristophanischen Lustspiels eingesetzt werden, um die politischen Ereignisse der Zeit kritisch darzustellen. Um alle Anspielungen, Zitate und Hinweise zu erklären, wurde diese Revolutionskomödie in dem 1971 von Horst Denkler herausgegebenen Band *Der deutsche Michel* durch sechsundzwanzig engbedruckte Seiten Anmerkungen ergänzt. Ein Gegenbeispiel bietet der im selben Band abgedruckte Text *Die Wände* von OTTO SEEMANN und ALBERT DULK; er ist auch heute ohne große Vorkenntnisse als Dokument des Vormärz zu verstehen. Schon das Personenverzeichnis gibt genaue Orientierung: Die eingesperrte, von allen bevormundete Hauptfigur heißt Hans Volk, sein Freund Aufrecht, sein Feind Kriechele, seine Ärzte Doctor Censur und Doctor Polisei.

Der Titel des Sammelbandes nennt eine Figur, die man in zahlreichen Texten des Vormärz kritisch darstellte. Der »Michel« verkörperte den schlafmützigen, philisterhaften Durchschnittsbürger, den politische Fragen nicht interessieren und der widerspruchslos alles hinnimmt, was die Obrigkeit befiehlt. Der am Ausgang des 17. Jahrhunderts bekannte und vielgespielte Dramatiker August von Kotzebue hatte für die Handlung seines Lustspiels »Die deutschen Kleinstädter« (1803) den Ort »Krähwinkel« gefunden, der in den folgenden Jahrzehnten zu einem Synonym für Enge und Beschränktheit wurde, für eine Umwelt, in der sich die deutschen Michel wohlfühlten.

Die politisch-literarische Geschichte des 19. Jahrhunderts vom Jungen Deutschland bis zum bürgerlichen Realismus und zur Gründerzeit spiegelt sich in der Geschichte eines Verlages: Am 1. April 1828 erwarb Anton Philipp Reclam das »Literarische Museum« in Leipzig als Leihbibliothek und Lesehalle. Hier trafen sich bald die Liberalen, die dem Jungen Deutschland verbunden waren. In dem am 1. Oktober desselben Jahres gegründeten Verlag erschienen 1831 mehrere *Polenlieder*, 1833 das *Polenbuch* sowie *Politische Briefe* von Heinrich Laube. Reclam mußte immer wieder die Zensur überlisten und polizeilichen Ermittlungen ausweichen. 1837 und später brachte der Verlag die Hefte *Buntes Berlin* von ADOLF GLASSBRENNER (1810–1876) heraus, der mit den Typen

ERSTE STATION

Erläuterung: Die erste Station bildet Frankfurt am Main. Das vielfarbige und kontrastreiche Panorama der Stadt, die um 1840 ca. 55 000 Einwohner hatte, umfaßt folgende Einzelbilder: Frankfurt als internationaler Handelsmittelpunkt und Messestadt (I), als Krönungs- und Kaiserstadt des ehemaligen Deutschen Reiches (II), als Zentrum gesamteuropäischer Finanz- und Wirtschaftsverbindungen (III), als politischer Mittelpunkt des Deutschen Bundes (IV), als Geburtsstadt Goethes (V), schließlich als Stadt des berüchtigten jüdischen Ghettos (VI), das bereits von Heinrich Heine (»Der Rabbi von Bacharach«, 1840) auch literarisch behandelt worden war.

I.

1 »Nun das haben Sie getroffen,
Eben ist die Messe offen,
Werden blaue Wunder sehen,
Wenn Sie durch die Gassen gehen.«

5 Und ich suchte nach dem Wunder,
Fand aber nur Waren-Plunder,
Lange Waren, kurze Waren,
Und Verkäufer, ganze Scharen.

Alle Häuser voll Affichen,
10 Geld auf allen Wechslertischen,
Jeder Winkel ein Bude,
Und die dritte Nas' ein Jude.

Schreien hört' ich, keuchen, laufen:
Herr, hier könn'n Sie alles kaufen,
15 Gontard bietet seidne Tücher,
Jügel abgestandne Bücher,

Bing Kristalle, Gläser, Lacke,
Breul so Rauch- wie Schnupf-Tabacke,
Kriegesfelder Rock und Hosen,
20 Und Frau ** die Franzosen.

Hol der Teufel solch ein Schachern,
Feilschen, Mauscheln, Mäkeln, Prachern,
Kurze Waren, lange Waren
Mögen sie zum Henker fahren!

25 Wahrlich, hier kann wieder gelten
    Jenes Afrikaners Schelten:
    Feiles Nest, wenn nur zur Stunden
    Sich ein Käufer eingefunden!
    Deutschland, ja auch Du hast dein Rom;
30 Diese freie Stadt am Mainstrom
    Ist, beschnitten und getauft,
    Längst lebendig ausverkauft!

Erläuterungen: Die Bedeutung von Frankfurt als Handelsmittelpunkt beruht zum einen auf der Frankfurter Messe, die seit dem 12. Jahrhundert existierte, seit dem 14. Jahrhundert stetig an wirtschaftlicher Bedeutung gewann und europäischen Rang (zeitweise in Konkurrenz zu Leipzig) erreicht hatte. Zum anderen kam es mit steigendem Kredit- und Devisenbedarf im 18. Jahrhundert zur Gründung privater Bankhäuser (Rothschild, Bethmann u. a.), die ebenso wie die führenden Handelshäuser der Stadt rasch in internationale wirtschaftliche und finanzielle Beziehungen eintraten. Am Ende des 18. Jahrhunderts stellte Frankfurt eines der wichtigsten Zentren der europäischen Wirtschafts- und Finanzwelt dar. In der Zeit nach dem Wiener Kongreß, etwa bis 1870, war Frankfurt am Main die reichste Stadt Deutschlands.

9 Affichen = Werbeplakate
12 Anspielung auf die in Frankfurt zahlreichen jüdischen Firmen (vgl. zu W,1, III und VI).
15–19 Bekannte Frankfurter (Welt-)Handelshäuser, teils mit langer Familientradition und internationalem Renommee. – Im Hause Gontard hat Hölderlin von 1796 bis 1798 als Hauslehrer gewirkt, in dem (hier nicht aufgeführten) Hause Gogel war Hegel von 1797 bis 1800 tätig.
20 Gemeint ist die sogenannte französische Krankheit, die Syphilis.
22 prachern = abbetteln, geizen; auch: prahlen.
26 Vermutlich Anspielung auf Freiligraths Gedicht »Der Mohrenfürst« (1833); es schildert die Niederlage eines afrikanischen Stammesfürsten im Kampf gegen die Weißen, seine Verschleppung, schließlich sein kümmerliches Dasein in einem Wanderzirkus, der aus Anlaß einer Messe Vorstellungen gibt. – Zu denken wäre auch an Freiligraths thematisch verwandtes Gedicht »Leben des Negers« (1836), das die Träume des alten Mannes von seiner afrikanischen Heimat seiner dürftigen Lebensweise als Bettler in Europa gegenüberstellt (beide Texte in: Gedichte. Stuttgart und Tübingen: Cotta 1838).
30 In der Bundesverfassung von 1815 wurde Frankfurt zur »Freien Stadt« erklärt, die keinem der Bundesterritorien eingegliedert wurde.

Abb. 65: Franz Dingelstedt: *Lieder eines kosmopolitischen Nachtwächters* – Doppelseite aus einer Studienausgabe von 1978

Nante und Buffey die wirkungsvollsten satirisch-volkstümlichen Figuren des Vormärz schuf. Ab 1842 erschien die Zeitschrift »*Leipziger Locomotive*« als demokratische Wochenschrift für die niederen Stände, um versteckte Übelstände »dem Urtheilsspruch des Publikums preiszugeben«. Nach der gescheiterten Revolution gab der Verlag verstärkt Liedersammlungen, Klassiker und Wörterbücher heraus. Und als 1867 die Regelung in Kraft trat, nach der die Schutzfrist für die Verwertung literarischer Werke dreißig Jahre nach dem Tode eines Autors endete, begann bei Reclam die vielleicht berühmteste Reihe des deutschen Buchhandels, die Universal-Bibliothek, mit dem Drama *Faust* von Goethe. Ein Blick auf den ersten erhaltenen Prospekt zeigt, daß der ursprünglich linksliberale, politisch aggressive Verlag nun die zeitkritische Aktualität vermied, im Sinne bürgerlicher Wertvorstellungen auf die Tradition zurückgriff und die klassische Literatur breiten Leserschichten anbot.

Georg Büchner

Die politischen Auseinandersetzungen, die literarischen Entwicklungen sowie die grundsätzlichen Fragen nach dem Verhältnis von Literatur und Gesellschaft in der ersten Hälfte des 19. Jahrhunderts spiegelt das ungewöhnliche Werk eines Autors, den man keiner Stilrichtung eindeutig zuordnen kann: GEORG BÜCHNER. Er versuchte, auf die gesellschaftlichen Veränderungen seiner Zeit direkt einzuwirken, und blieb ohne Erfolg, wurde aber Jahrzehnte nach seinem Tode »entdeckt« und bekannt. Er hinterließ ein verhältnismäßig kleines Gesamtwerk, dennoch beeinflußte er die Literatur des 20. Jahrhunderts entscheidend. Keiner seiner literarischen Texte ist zweifelsfrei und gesichert überliefert, aber sie gehören zu den großen Werken der deutschen Literatur.
Georg Büchner wurde am 17. Oktober 1813 in Goddelau geboren. Drei Jahre später erhielt sein Vater eine Stelle als Bezirksarzt in Darmstadt, dort verlebte der Junge seine Kinder- und Jugendzeit. Nach dem Abschluß des Gymnasiums ließ er sich als Student der medizinischen Fakultät an der Universität Straßburg immatrikulieren. Wenig später lernte er Wilhelmine Jaeglé kennen, mit der er sich 1832 verlobte. Von den Briefen, die er an sie und die Eltern schrieb, sind nur einige erhalten. Sie zeigen die persönlichen Gefühle und Gedanken, die Hoffnungen und Enttäuschungen eines jungen Mannes, der sein Lebensziel sucht und an vielen traditionellen Wertvorstellungen zweifelt. Die Gesetze des Großherzogtums Hessen-Darmstadt erlaubten nur ein viersemestriges Auslandsstudium, daher kehrte Büchner 1833 zurück und studierte an der Landesuniversität Gießen weiter. Sowohl hier als auch in Darmstadt war er Mitbegründer einer revolutionären »Gesellschaft der Menschenrechte«. Um die politischen Ziele dieser Vereinigung zu verbreiten, entwarf er Ende März 1834 eine Flugschrift, die Ende April

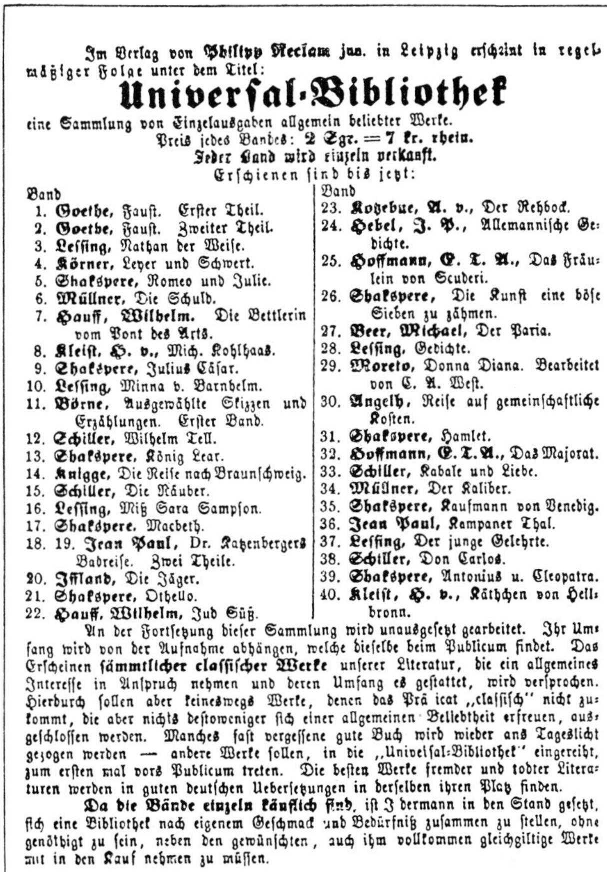

Im Verlag von **Philipp Reclam jun.** in Leipzig erscheint in regelmäßiger Folge unter dem Titel:

Universal-Bibliothek

eine Sammlung von Einzelausgaben allgemein beliebter Werke.

Preis jedes Bandes: **2 Sgr. = 7 kr. rhein.**

Jeder Band wird einzeln verkauft.

Erschienen sind bis jetzt:

Band
1. **Goethe,** Faust. Erster Theil.
2. **Goethe,** Faust. Zweiter Theil.
3. **Lessing,** Nathan der Weise.
4. **Körner,** Leyer und Schwert.
5. **Shakspere,** Romeo und Julie.
6. **Müllner,** Die Schuld.
7. **Hauff, Wilhelm.** Die Bettlerin vom Pont des Arts.
8. **Kleist, H. v.,** Mich. Kohlhaas.
9. **Shakspere,** Julius Cäsar.
10. **Lessing,** Minna v. Barnhelm.
11. **Börne,** Ausgewählte Skizzen und Erzählungen. Erster Band.
12. **Schiller,** Wilhelm Tell.
13. **Shakspere,** König Lear.
14. **Knigge,** Die Reise nach Braunschweig.
15. **Schiller,** Die Räuber.
16. **Lessing,** Miß Sara Sampson.
17. **Shakspere,** Macbeth.
18. 19. **Jean Paul,** Dr. Katzenbergers Badreise. Zwei Theile.
20. **Iffland,** Die Jäger.
21. **Shakspere,** Othello.
22. **Hauff, Wilhelm,** Jud Süß.

Band
23. **Kotzebue, A. v.,** Der Rehbock.
24. **Hebel, J. P.,** Allemannische Gedichte.
25. **Hoffmann, E. T. A.,** Das Fräulein von Scuderi.
26. **Shakspere,** Die Kunst eine böse Sieben zu zähmen.
27. **Beer, Michael,** Der Paria.
28. **Lessing,** Gedichte.
29. **Moreto,** Donna Diana. Bearbeitet von C. A. West.
30. **Angely,** Reise auf gemeinschaftliche Kosten.
31. **Shakspere,** Hamlet.
32. **Hoffmann, E. T. A.,** Das Majorat.
33. **Schiller,** Kabale und Liebe.
34. **Müllner,** Der Kaliber.
35. **Shakspere,** Kaufmann von Venedig.
36. **Jean Paul,** Kampaner Thal.
37. **Lessing,** Der junge Gelehrte.
38. **Schiller,** Don Carlos.
39. **Shakspere,** Antonius u. Cleopatra.
40. **Kleist, H. v.,** Käthchen von Heilbronn.

An der Fortsetzung dieser Sammlung wird unausgesetzt gearbeitet. Ihr Umfang wird von der Aufnahme abhängen, welche dieselbe beim Publicum findet. Das Erscheinen **sämmtlicher classischer Werke** unserer Literatur, die ein allgemeines Interesse in Anspruch nehmen und deren Umfang es gestattet, wird versprochen. Hierdurch sollen aber keineswegs Werke, denen das Prä icat „classisch" nicht zukommt, die aber nichts destoweniger sich einer allgemeinen Beliebtheit erfreuen, ausgeschlossen werden. Manches fast vergessene gute Buch wird wieder ans Tageslicht gezogen werden — andere Werke sollen, in die „Universal-Bibliothek" eingereiht, zum ersten mal vors Publicum treten. Die besten Werke fremder und todter Literaturen werden in guten deutschen Uebersetzungen in derselben ihren Platz finden.

Da die Bände einzeln käuflich sind, ist J dermann in den Stand gesetzt, sich eine Bibliothek nach eigenem Geschmack und Bedürfniß zusammen zu stellen, ohne genöthigt zu sein, neben den gewünschten, auch ihm vollkommen gleichgiltige Werke mit in den Kauf nehmen zu müssen.

Abb. 66: Der erste erhaltene Prospekt der Universal-Bibliothek des Verlages Reclam

dem Butzbacher Pastor und Rektor Friedrich Ludwig Weidig (1791–1837) übergeben wurde, durch dessen Vermittlung der Druck erreicht werden sollte. Weidig lehnte den Entwurf ab und überarbeitete ihn, so daß die im Juli 1834 erschienene Flugschrift *Der Hessische Landbote* zwei Verfasser hat: die erste Hälfte stammt überwiegend von Büchner, die zweite fast ausschließlich von Weidig. Büchner war nach Aussage eines Freundes enttäuscht und verärgert über die Veränderungen, unterstützte aber Druck und Verbreitung. Die Flugschrift sollte die Bewohner des Großherzogtums zum Aufstand gegen die Obrigkeit bringen – das Motto »Friede den Hütten! Krieg den Palästen!« von Nicolas Chamfort faßt die zentrale Idee zusammen und wurde für die Autoren des Vormärz, vor allem für Georg Herwegh, zu einem leitmotivisch eingesetzten Thema. Um eine hohe Appellwirkung zu erreichen, setzten beide Autoren eine Reihe von rhetorischen Mitteln ein: Metaphern und Bilder aus dem bäuerlichen Lebensbereich, Formulierungen und Zitate aus der Bibel, Fakten und Zahlen aus der politischen Realität des Groß-

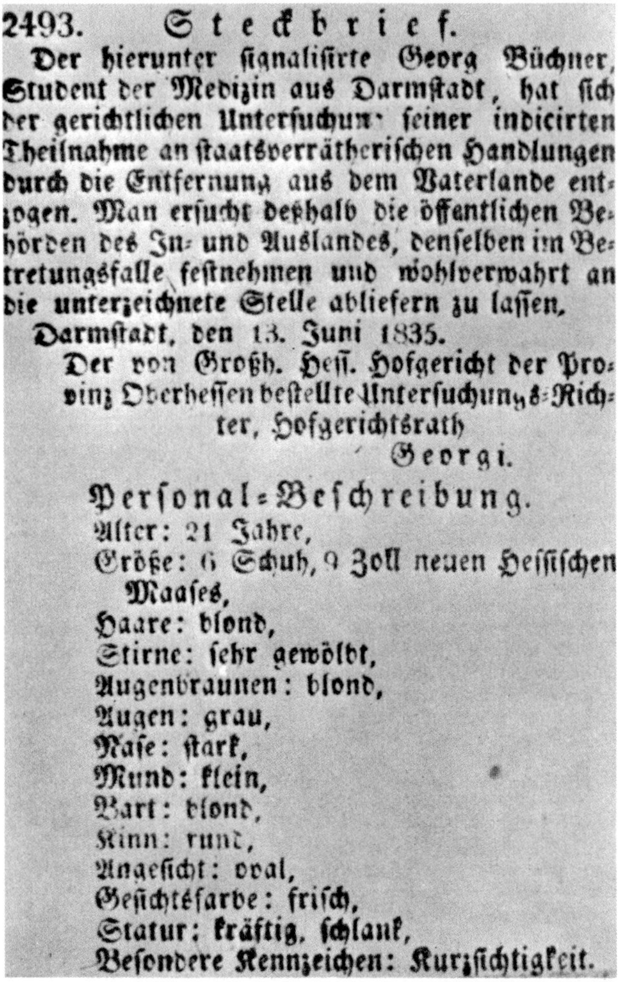

Abb. 67: Gesucht: Georg Büchner (1835)

> **2493. Steckbrief.**
> Der hierunter signalisirte Georg Büchner, Student der Medizin aus Darmstadt, hat sich der gerichtlichen Untersuchung seiner indicirten Theilnahme an staatsverrätherischen Handlungen durch die Entfernung aus dem Vaterlande entzogen. Man ersucht deßhalb die öffentlichen Behörden des In- und Auslandes, denselben im Betretungsfalle festnehmen und wohlverwahrt an die unterzeichnete Stelle abliefern zu lassen.
> Darmstadt, den 13. Juni 1835.
> Der von Großh. Hess. Hofgericht der Provinz Oberhessen bestellte Untersuchungs-Richter, Hofgerichtsrath
> Georgi.
>
> **Personal-Beschreibung.**
> Alter: 21 Jahre,
> Größe: 6 Schuh, 9 Zoll neuen Hessischen Maaßes,
> Haare: blond,
> Stirne: sehr gewölbt,
> Augenbraunen: blond,
> Augen: grau,
> Nase: stark,
> Mund: klein,
> Bart: blond,
> Kinn: rund,
> Angesicht: oval,
> Gesichtsfarbe: frisch,
> Statur: kräftig, schlank,
> Besondere Kennzeichen: Kurzsichtigkeit.

herzogtums, direkte Anreden, Imperative, Vergleiche, Übertreibungen. Die Wirkung der Flugschrift auf die Bevölkerung war gering, zahlreiche Leser gaben die Blätter bei den Regierungsstellen ab. Diese allerdings werteten den Text als »ein sozialrevolutionäres Fanal mit der Zielrichtung auf die Republik« (Thomas Michael Mayer) und handelten entsprechend. Der Freundeskreis um Büchner wurde verhaftet, er selbst mußte sich Anfang 1835 Verhören in Offenbach und Friedberg stellen, so daß er am 9. März nach einer erneuten Vorladung ins Exil nach Straßburg ging. Die Regierung ließ ihn durch einen Steckbrief suchen, auf die »Erste Botschaft« des Landboten folgte keine weitere.
Während der Monate der Verhöre und Bedrohungen schrieb Büchner in kaum fünf Wochen sein erstes Drama *Dantons Tod*, das im Juli 1835

auf Empfehlung von Karl Gutzkow im Verlag J. D. Sauerländer in Frankfurt/Main erschien. Der Autor nahm die Tradition des historischen Dramas auf, veränderte sie aber entscheidend. Statt der fünfaktigen geschlossenen Form des klassischen Dramas wählte er eine vieraktige Struktur, die durch eine Fülle zumeist sehr kurzer Einzelszenen eine offene Form erhielt. Statt der jambischen Verssprache wählte er Prosa – beides weist über die Klassik zurück auf die Stücke des Sturm und Drang. Die persönlichen Erfahrungen des jungen Revolutionärs prägten das Thema des Werkes. Es geht um jenen Abschnitt der Französischen Revolution, in dem Danton und seine Freunde die Macht verlieren, durch Robespierre und St. Just ausgeschaltet und dann hingerichtet werden. Danton stellt sich dem Kampf nicht, er hat vor der grauenvollen Entwicklung der Revolution, vor dem Wechsel von Töten und Getötetwerden resigniert und verbringt seine Zeit mit erotischen Abenteuern, Spiel und philosophischen Gesprächen. Die Abhängigkeit von politischer und persönlicher Problematik verdeutlicht der Dialog – ungefähr ein Sechstel des Werkes besteht aus authentischen Texten der Revolution, die Büchner in einer unauffälligen Montagetechnik mit seinen eigenen Formulierungen verknüpfte.

Die Rückkehr nach Straßburg führte Büchner auf ein Thema, mit dem er eine direkte Verbindung zur Literatur des Sturm und Drang herstellen konnte. Der junge Autor Jakob Michael Reinhold Lenz (1751–1792) hatte 1771 in Straßburg Herder und Goethe kennengelernt und sich in Friederike Brion verliebt, die seine Neigung nicht erwiderte. Nach einem unruhigen und exzentrischen Leben traten während eines Aufenthaltes in der Schweiz die ersten Anzeichen der Schizophrenie auf. Im Januar 1778 kam Lenz in das Haus des Pfarrers J. F. Oberlin in Waldbach, der die Ereignisse um den Kranken in seinem Tagebuch festhielt. Dieses Tagebuch war die wichtigste Quelle Büchners, aus der er Formulierungen wörtlich übernahm in die Erzählung *Lenz*, die 1835/36 entstand, aber erst 1839 nach dem Tode des Autors durch Karl Gutzkow in der Zeitschrift »Telegraph für Deutschland« publiziert wurde – nicht nach dem Originalmanuskript, sondern nach einer Abschrift von Wilhelmine Jaeglé. In einer faszinierenden Mischung von sachlicher Beschreibung und personaler Erzählperspektive, von nüchterner und metaphernreicher Sprache, von Schilderungen und Dialogen wird der Aufenthalt des kranken Lenz bei Oberlin dargestellt: die Ankunft, die Spaziergänge durchs Gebirge, der Sturz in den Brunnen, die Predigt, die Gespräche, die Selbstmordversuche, der ständige Wechsel von innerer Ruhe und exaltierter Nervosität. Für ein Gespräch zwischen Lenz und Kaufmann über Literatur wählte Büchner Formulierungen, die eine Lösung von der Klassik anzeigen und die Theorien von Realismus und Naturalismus vorwegnehmen. Lenz sagt etwa: »Ich verlange in allem – Leben, Möglichkeit des Daseins, und dann ist's gut; wir haben dann nicht zu fragen, ob es schön, ob es häßlich ist.« Das literarische Werk soll also die Realität darstellen, wie sie sich dem Autor zeigt; er

soll nicht verändern und idealisieren, sondern aufnehmen und abbilden.
Büchner nahm in Straßburg das Studium wieder auf. Sein Interesse galt nun nicht mehr der Medizin, sondern den Naturwissenschaften. So entstand die Studie *Mémoire sur le système nerveux du barbeau*, für die er im September 1836 von der Philosophischen Fakultät der Universität Zürich promoviert wurde. Daraufhin entschloß er sich, in der Schweiz zu leben. Anfang November hielt er an der Universität Zürich eine Probevorlesung »Über Schädelnerven«. Eine wissenschaftliche Laufbahn schien sicher, da erkrankte Büchner Mitte Januar 1837 schwer an Typhus. Er starb am 19. Februar und wurde in Zürich beigesetzt. Wenige Wochen vor seinem Tod arbeitete er an dem Drama *Woyzeck*, mit dem er wohl die in der Erzählung *Lenz* geäußerten Ansichten über Literatur konkretisieren wollte. Die Handlung des Stückes geht auf den Kriminalfall des Friseurs Johann Christian Woyzeck zurück, der nach dreijähriger Untersuchungshaft am 27. August 1824 in Leipzig hingerichtet worden war, nachdem ein ausführliches medizinisches Gutachten des Hofrats Clarus seine Zurechnungsfähigkeit bestätigt hatte. Aufgrund der Quellen schrieb Büchner eine Folge von kurzen Szenen, die das Schicksal des Soldaten Woyzeck darstellen, der von allen benutzt und gedemütigt wird: Marie, mit der er zusammenlebt und die ein Kind von ihm hat, verläßt ihn, um dem starken und imposanten Tambourmajor zu folgen, der Doktor mißbraucht ihn zu medizinischen Experimenten, der Hauptmann kritisiert und kommandiert ihn – den Menschen dressiert man wie die Tiere auf dem Jahrmarkt. Das Drama *Woyzeck* blieb Fragment und gibt bis heute Rätsel auf, denn es ist nicht sicher, wie Büchner die Handlung aufbauen und welchen Schluß er wählen wollte. Es steht fest, daß die bekannte Ausgabe von Fritz Bergemann den Text interpretierend ordnete und festlegte; durch die von Lothar Bornscheuer herausgebrachte »Kritische Lese- und Arbeitsausgabe« wird es jedoch jedem interessierten Leser ermöglicht, die Überlieferung nachzuprüfen und selbständig eine Textfassung zu erstellen.

Nachwirkung

Kaum ein Autor der deutschen Literatur hat eine so ungewöhnliche Rezeptionsgeschichte wie Georg Büchner. Drei seiner Werke – neben *Lenz* und *Woyzeck* auch die Komödie *Leonce und Lena* – erschienen erst nach seinem Tode, kein Werk hatte einen direkten und nachhaltigen Erfolg. Erst 1879 gab Karl Emil Franzos eine kritische Gesamtausgabe heraus, 1895 endlich veranstalteten Münchner Schriftsteller und Literaturfreunde unter der Leitung von Max Halbe die Uraufführung des Stückes *Leonce und Lena*. 1902 fand die erste Aufführung des Dra-

mas *Dantons Tod* durch die Freie Volksbühne Berlin statt, 1913 die Uraufführung des Fragments *Woyzeck* im Residenztheater München. Die naturalistischen und expressionistischen Autoren und Theaterleiter erkannten in den Werken Büchners verwandte Themen und Gestaltungsmittel, sie werteten ihn als großes Vorbild auf.
Von den Autoren des Jungen Deutschland und des Vormärz ist außer Büchner nur noch Heinrich Heine allgemein bekannt. Durch Rezitationsveranstaltungen, kabarettistische Darstellungen und Funkproduktionen versucht man immer wieder, die Aktualität von Heines Texten zu vermitteln und die Zeitlosigkeit seiner kritischen Anmerkungen aufzuzeigen. Zu wünschen wäre, daß durch die didaktisch oder literaturgeschichtlich angelegten Textsammlungen, die im Laufe der letzten Jahre erschienen, auch andere Autoren der damaligen Zeit Leser fänden. Dadurch könnte die Tradition einer demokratischen Literatur in Deutschland verdeutlicht und bewußtgemacht werden.

Biedermeier und Realismus

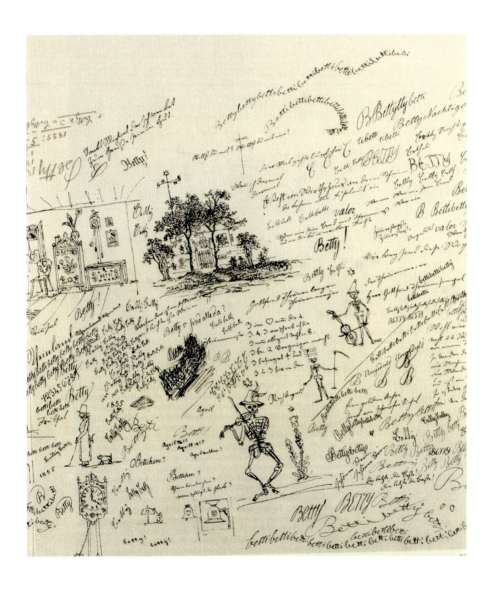

Die ältere germanistische Forschung neigte dazu, die gesamte nachklassische und nachromantische Literatur des 19. Jahrhunderts unter der Epochenbezeichnung Realismus zusammenzufassen. Heute geht man davon aus, daß die vielfältige literarische Produktion zwischen der Romantik und dem Naturalismus differenzierter betrachtet werden muß. Das wesentliche Unterscheidungsmerkmal bietet die Einstellung zu der politischen Aktualität der damaligen Zeit – vor allem zu den Unruhen von 1830 bis 1833 und zu der Revolution von 1848. Jene Autoren, die sich engagierten und mit ihren Werken im gesellschaftlich-politischen Raum wirken wollten, ordnet man den Gruppierungen »Junges Deutschland« und »Vormärz« zu. Jene Autoren, die alle politischen Ereignisse distanziert, oft auch resignativ betrachteten und deshalb eher allgemeingültige Themen und Probleme darstellten, behandelt man unter den Epochenbezeichnungen »Biedermeier« und – für die zweite Hälfte des Jahrhunderts – »poetischer Realismus«.

Resignation, Realität und Repräsentation

Die Jahre zwischen 1815 und 1848 wurden durch die von Metternich entworfene konservative Politik der Restauration, Legitimität und Solidarität geprägt. Vor diesem gesellschaftlich-politischen Hintergrund ist die Literatur zu sehen, die unter der Bezeichnung Biedermeier zusammengefaßt wird. Sie läßt sich an folgenden Merkmalen erkennen: Ablehnung von Umsturz und Gewalt; Ehrfurcht vor dem Bestehenden; Hinwendung zu den Problemen des alltäglichen Lebens; nüchterne, aber intensive Beschäftigung mit der Natur; Verwurzelung in der Tradition christlich-universaler Kultur; konservativer Umgang mit der Sprache unter dem Einfluß der Empfindsamkeit und der Klassik. Da alle Autoren die Erfahrung machen mußten, daß ihre Ideale und Wertvorstellungen nur schwer – oder gar nicht – mit der Realität in Einklang zu bringen waren, schrieben sie in einer Grundstimmung von Resignation und Melancholie, entwickelten dabei aber eine »Heiterkeit auf dem Grunde der Schwermut« (Kluckhohn). Das auf Spannung, Auseinandersetzung und Gegensätzlichkeit zielende Drama verlor gegenüber dem Sturm und Drang oder der Klassik an Bedeutung, die Novelle, der Roman und vielfältige Formen der Lyrik dominierten.
Die begeisternden und bitteren Erfahrungen des Jahres 1848, das den Beginn der Demokratie und ihr schnelles Ende durch die etablierten Mächte gebracht hatte, bestimmten die Literatur in der zweiten Hälfte des 19. Jahrhunderts. Illusionslose Wiedergabe der Realität, Hervorhebung des Konkreten, Alltäglichen anstelle des Transzendenten, Beschreibung von Ausschnitten der Wirklichkeit unter subjektiver Perspektive, um dadurch Objektivität und Authentizität zu vermitteln –

diese Ziele verwirklichten die Autoren des poetischen Realismus im Drama, häufiger im Roman und in der Lyrik, vor allem in der streng gebauten, vielfach variierten Form der Novelle.
Eines der wichtigsten Ereignisse der zweiten Jahrhunderthälfte war die Reichsgründung von 1871. Der nationalen Einigung entsprach die rasante industrielle Entwicklung der Gründerzeit. Beides beeinflußte die Autoren dieser Jahrzehnte, die Repräsentation ihrer politischen und wirtschaftlichen Gegenwart vor allem durch eine Beschwörung der Vergangenheit suchten. In Dramen, Romanen und Novellen stellte man bedeutsame Ereignisse der deutschen und europäischen Geschichte dar: herausragende Individuen, Gewalt, Brutalität, heroische Größe und heroisches Opfer. Die Lyrik ergänzte solche Darstellung der außergewöhnlichen Größe durch das Lob des alltäglichen Kleinen: Natur, Heimat, Freundschaft, Gefühl und Innerlichkeit.

Autoren und ihre Werke

Verklärung der reinen Wirklichkeit

In der Münchener Zeitschrift »Fliegende Blätter« erschienen von 1855 bis 1857 die Zyklen *Biedermeiers Liederlust* und *Auserlesene Gedichte von Weiland Gottlieb Biedermaier, Schulmeister in Schwaben, und Erzählungen des alten Schwartenmaier. Mit einem Anhang von Buchbinder Horatius Treuherz.* Der Verfasser war Ludwig Eichrodt (1827–1892), doch war auch Adolf Kußmaul (1822–1902) anfänglich an den Gedichten als Autor beteiligt. Der aus dem Adjektiv bieder (treu, edel, vertrauenserweckend) und dem häufig vorkommenden Familiennamen Meier zusammengesetzte Name war ironisch gemeint und bezeichnete den naiv-einfältigen Philister und sein konservatives Denken. Kurz vor 1900 wurde dieser Name als Stil- und Epochenbezeichnung für die Literatur und Kultur von 1815 bis 1848 gebraucht. Der Literaturwissenschaftler Günther Weydt gab in dem Aufsatz »Literarisches Biedermeier« (1931) eine erste umfangreiche Beschreibung des Stils und seiner wichtigsten Merkmale: entsprechend den politischen Vorstellungen der Restaurationszeit Ehrfurcht vor dem Bestehenden, Gewachsenen sowie Ablehnung von Gewalt und Umsturz, unschwärmerisches Verhältnis zur Natur, statischer Charakter der Sprache, Gebrauch von Archaismen und Dialektformen. Weydt bestimmte die Grundstimmung dieser Literatur daher als »milde Verklärung der reinen Wirklichkeit«. In der neueren Forschung hat man den Rückgriff auf die Literatur des 18. Jahrhunderts betont, die Vorliebe für Themen und Formen der Empfindsamkeit und des Rokoko, besonders für die Idylle als Darstellungsform einer harmonisch-ausgeglichenen Welt des inneren Friedens. Wichtig ist, daß in fast allen

Werken der Biedermeierzeit Probleme der privaten Umwelt innerhalb der Ordnungen des christlichen Weltbildes dargestellt wurden, das allerdings allmählich an Bedeutung verlor.

Fast völlig isoliert von literarischen und politischen Diskussionen ihrer Zeit lebte ANNETTE VON DROSTE-HÜLSHOFF (1797–1848). Entscheidend geprägt wurde sie durch ihre Herkunft aus einem alten westfälischen Adelsgeschlecht mit festen Traditionen und Konventionen, unter denen sie litt, die ihr aber auch Schutz boten. Die Natur ihrer Heimat und der katholische Glaube waren die beiden anderen bestimmenden Kräfte ihres Lebens, das äußerlich eng begrenzt verlief. Abgesehen von einigen Reisen, wohnte sie auf Schloß Hülshoff und im Rüschhaus bei Münster, später in ihrem »Schwalbennest« hoch über Schloß Meersburg am Bodensee. Annette von Droste-Hülshoff gelang es in ihrer Lyrik, eine faszinierende Mischung von Realität und Phantasie, ein fließendes Ineinander von Erfahrung und Stimmung zu gestalten. Mit großer Sachlichkeit stellte sie Naturerscheinungen detailliert dar, gleichzeitig gab sie aber auch menschliche Grundsituationen wieder. So wurden die Phänomene der Natur unmittelbare Abbilder eines sehr persönlichen Erlebens, etwa in den Gedichten *Im Grase, Der Knabe im Moor, Mondesaufgang, Am Turme, Durchwachte Nacht, Das Spiegelbild*. Dargestellt sind – wie auch in den Balladen *Die Vergeltung* oder *Vorgeschichte* – überwiegend die Nachtseiten des Lebens: das Dunkle und das Dämonische, die Angst und die Entfremdung von Ich und Welt. In dem umfangreichen Zyklus *Das geistliche Jahr* (1851) brachte Annette von Droste-Hülshoff die Grunderfahrung des an Gott zweifelnden Menschen zum Ausdruck: Schuld, Einkehr und Buße, die tiefe Verzweiflung, die Hoffnung auf göttliche Gnade und Erlösung. Die Novelle *Die Judenbuche. Ein Sittengemälde aus dem gebirgichten Westfalen* (1842) stellt den Lebensweg Friedrich Mergels dar, der durch Vererbung und soziale Umstände zum Mörder an dem Juden Aaron wird, nach langen Jahren, von seinem Gewissen getrieben, an den Ort der Tat zurückkehrt und Selbstmord begeht. Form und Thematik des Werkes erreichten zeitlose Gültigkeit: die novellistische Geschlossenheit durch das Dingsymbol der Judenbuche, die sowohl für das Unheil als auch für die Gerechtigkeit Gottes steht; die nüchtern-treffende Sachlichkeit der Darstellung; die psychologische Genauigkeit in der Gestaltung der Charaktere; der Einbezug des Doppelgängermotivs durch die Figur des Johannes Niemand; die enge Verbindung zwischen Mensch und Natur; die konsequente Durchführung des Themas von Recht, Unrecht und Schuld; die ständige Bedrohung des Menschen in einer scheinbar gesicherten Realität durch die Mächte der Zerstörung und des Bösen.

Von Themen und Ideen der Romantik wurde der schwäbische Pfarrer EDUARD MÖRIKE (1804–1875) beeinflußt, neben Goethe sah er Eichendorff und E.T.A. Hoffmann als Vorbilder an. Seine dichterische Begabung erwies sich vor allem in der Lyrik; er schrieb Balladen, Sonette, Elegien, Volks- und Kirchenlieder sowie Idyllen. Der hohe Rang dieser

Lyrik liegt in der sprachlichen Meisterschaft, mit der Gegenständliches und Atmosphärisches in ihrer Bedeutung für das subjektive Ich beschrieben werden, das mit Heiterkeit und Schwermut, mit religiöser Überzeugung und Todesbewußtsein reagiert. Dies gilt für bekannte Gedichte wie *Um Mitternacht* oder *Er ist's* ebenso wie für das Naturgedicht *An einem Wintermorgen, vor Sonnenaufgang* oder für die Elegie *Die schöne Buche*, in der zuerst der Baum konkret beschrieben wird, bevor die Verwandlung des Naturgegenstandes in das subjektive Erlebnis erfolgt: Erfahrung der Einsamkeit, Offenbarung des Göttlichen in der Schönheit. Mörike pflegte besonders die Form des Ding-Gedichtes, in dem eine lyrische Stimmung auf unpersönliche, episch-objektive Gegenstände übertragen ist, so in dem Gedicht *Auf eine Lampe*. Selbst der Roman *Maler Nolten* (1832, unvollendete zweite Fassung posthum 1877) enthält viele Gedichte, die – wie der Zyklus der *Peregrina*-Liebesgedichte – eine Kommentierung, Erweiterung und Steigerung der epischen Darstellung erlauben. Der Roman schildert die Geschichte eines jungen Mannes, seine unglücklichen Liebesbeziehungen, die unheimlich-verhängnisvolle Verquickung seines Schicksals mit der Zigeunerin Elisabeth, seine Auseinandersetzung mit den Problemen der Kunst durch das für die Romantik zentrale Motiv von Sein und Schein. Das bestimmende Merkmal des Romans ist das Interesse am »psychologischen Gang« des menschlichen Schicksals sowie die Hereinnahme der alles umgreifenden Lebenstragik durch Krankheit und Tod. Von den übrigen Prosawerken gehört die Novelle *Mozart auf der Reise nach Prag* (1855) zu den großen Schöpfungen der deutschen Literatur. Dargestellt wird ein Tag aus dem Leben des Komponisten Wolfgang Amadeus Mozart, der sich auf dem Weg zur Uraufführung seiner Oper »Don Juan« (Don Giovanni) befindet. Während der Rast in einem Schloßgarten pflückt er gedankenverloren eine kostbare Pomeranze und zerschneidet sie in zwei Teile – dies ist die »unerhörte Begebenheit«, die vertieft wird zu einem Symbol der Wende von der glanzvollen, lebensfrohen Zeit des Ancien régime zu seiner allmählichen Zerstörung durch die Französische Revolution. Diese Tat zwingt den Komponisten in die gräfliche Gesellschaft, die eine Verlobung feiert, in der sich Tradition und Zukunft verbinden sollen. Mozart steigert das Fest durch die Musik aus seinem neuen Werk zu einer beglückenden Feier des Schönen, in der aber – durch die Handlung der Oper bedingt – die Gefährdung des Menschen durch den Tod sowie das Ausgeliefertsein des Künstlers an Angst, Not und Selbstzweifel gegenwärtig bleiben. Die Todesthematik durchzieht die Novelle bis zu den Schlußstrophen »Denk es, o Seele«, dem unmittelbarsten und schönsten Gedicht, das Mörike über die Vergänglichkeit geschrieben hat.
Der wohl bedeutendste Autor der Biedermeierzeit war ADALBERT STIFTER (1805–1868). Er stammte aus dem südlichen Böhmen, erhielt seine schulische Ausbildung im Benediktinerstift Kremsmünster und studierte Jura in Wien, obwohl sein eigentliches Interesse den Naturwissenschaf-

ten und der Mathematik galt. Er entschied sich dann für den Beruf des Lehrers und wurde 1850 zum Schulrat ernannt. In dieser Tätigkeit erwies er sich als engagierter und fähiger Mann, als Schriftsteller gewann er schnell Anerkennung. Im persönlichen Bereich dagegen war er nicht erfolgreich – eine unglückliche Liebe, die Ehe mit einer verständnislosen Frau, Schicksalsschläge und Krankheit belasteten ihn, so daß er sich zuletzt das Leben nahm. Die Natur der Heimat blieb ein prägendes Erlebnis für Stifter, sie bildet den Hintergrund seiner Dichtungen und ist wesentlich mit der zentralen Aussage seines Werks verbunden: Der Mensch muß sich in die Natur eingliedern, sich ihren Gesetzmäßigkeiten fügen, wenn er glücklich werden will. Politisch gehörte Stifter zu den fortschrittlich Gesinnten, bevor er durch die Wiener Revolution von 1848 zu einer sehr entschiedenen konservativen Einstellung gelangte. Diese Grundhaltung findet man auch in seinem Werk: Bewahrung und Pflege des Bestehenden, Verteidigung von Ordnung, Gesetz, Autorität und Gehorsam, Achtung vor Form und Sitte. Er wollte bewußt erzieherisch wirken, indem er die Menschen durch die Werte der Geduld und der Selbstbeherrschung, des Maßes und des Ausgleichs gegen die Oberflächlichkeit der Zeit zu festigen versuchte. Die meisten seiner Novellen stellte Stifter in den Sammlungen *Studien* (1844/47/50) und *Bunte Steine* (1853) zusammen. Ein Vergleich zwischen den ersten Fassungen und der endgültigen Gestaltung gibt wesentliche Aufschlüsse über den Entwicklungsgang des Autors. In der ursprünglichen Form erkennt man eine Bevorzugung des herausragenden Einzelmenschen. Dargestellt werden die soziale und psychologische Vereinzelung und Einsamkeit, der starke Drang, die eng gesteckten Grenzen zu überschreiten, so in der Novelle *Der Condor*. Dargestellt wird die psychische Gespaltenheit, die aus dem Konflikt zwischen äußerer Unscheinbarkeit und innerer Schönheit lebt, wie in der Novelle *Brigitta*. Dargestellt wird die fatalistische Anerkennung eines bösen Fatums, wie in der Geschichte des *Abdias*, der das, was er liebt, verliert. Dies alles ändert sich bei der Überarbeitung. Die subjektiven Aspekte, der akute Konflikt, das leidenschaftliche Glücksverlangen des Individuums, seine Verzweiflung über die Unvollkommenheiten der eigenen Person und der Umwelt werden zurückgedrängt zugunsten einer Harmonisierung der Gegensätze, zugunsten einer Haltung der Entsagung, der Beherrschung und der Resignation. Dabei entspricht die Form dem Inhalt – umfangreiche Beschreibungen des Gegenständlichen, des Alltäglichen treten in den Vordergrund, mit Hilfe einer kunstvollen Rahmentechnik wird jede Wirklichkeitserfahrung in die Vergangenheit zurückverlegt. Auch in dem Bildungsroman *Der Nachsommer* (1857) führte Stifter seine Ideen konsequent aus. Die Bildung des jungen Heinrich Drendorf vollzieht sich im Rosenhaus, einer utopischen »Insel« des Geistigen, Guten und Schönen. Die fünf prägenden Bildungsmächte sind Natur, Kunst, Gesellschaft, Geschichte und Religion. Heinrichs Entwicklung entfaltet sich aber nicht in konkreter Auseinandersetzung mit der realen Um-

Abb. 68: Titelblatt der
Erstausgabe 1857

welt, sondern in der gedanklichen Aneignung dieser fünf Erfahrungsfelder, durch die er zu Humanität und innerer Vollendung gelangt. Sein Mentor ist der alte Risach, der Herr des Rosenhauses. Mit der Geschichte seiner leidenschaftlichen, unerfüllt gebliebenen Liebe zu Mathilde wird im Rückblick – also wiederum aus der Distanz – die Gefahr des Maßlosen und der menschlichen Schuld verdeutlicht. Risach verkörpert innere Einkehr und Ausstrahlungskraft wahrer Entsagung. Mit seiner inzwischen verwitweten Jugendliebe lebt er in einer späten, »nachsommerlichen«, resignativglücklichen Gemeinschaft, während in der Ehe zwischen Natalie und Heinrich der Irrtum der Vergangenheit endgültig überwunden werden soll. Stifters Kunst spiegelt den Übergangscharakter der Biedermeierzeit: die klassische Harmonie und Geschlossenheit, aber auch die innere Zerrissenheit und die Resignation. Dem entspricht das »sanfte Gesetz«, von dem der Autor in der Vorrede zu der Sammlung *Bunte Steine* schrieb: »Ein ganzes Leben voll Gerechtigkeit, Einfachheit, Bezwingung seiner selbst, Verstandesgemäßheit, Wirksamkeit in seinem Kreise, Bewunderung des Schönen, verbunden mit einem heiteren, gelassenen Sterben, halte ich für groß.«

Eine Periode des Übergangs stellte der heute kaum noch bekannte Autor KARL LEBERECHT IMMERMANN (1796–1840) in dem Entwicklungsroman *Die Epigonen* (1836) dar. Die Lebensformen der Aristokratie und des Großbürgertums werden in diesem Werk ebenso abgelehnt wie die beginnende Industrialisierung, die Hauptfigur wählt bewußt das Leben des Landwirts als menschlich-private Alternative. Schon der Titel des Romans weist auf das zentrale Problem der Biedermeierzeit: das Leiden an den in die Zukunft weisenden Veränderungen unter der Last der Tradition, des Gewesenen, des Erbes, das Leiden der Nachgeborenen, der Epigonen. Auf die Literatur bezogen bedeutet das: Alle Autoren der damaligen Zeit mußten sich mit der verpflichtenden Größe der Klassik auseinandersetzen.

Der österreichische Dramatiker FRANZ GRILLPARZER (1791-1872) hat dieses Problem indirekt, aber präzise genannt, als er in seiner *Selbstbiographie* (1853) über eine distanziert-kühle Begegnung mit Goethe berichtete und kommentierend hinzufügte: »Er ist mir auch in der Folge nicht gerecht geworden, insofern ich mich nämlich denn doch, trotz allem Abstande, für den Besten halte, der nach ihm und Schiller gekommen ist.« Die enge Bindung an die Klassik zeigt sich in den Werken Grillparzers thematisch und formal durch den Rückgriff auf antike Stoffe in den Tragödien *Sappho* (1819), *Des Meeres und der Liebe Wellen* (1840) sowie in der Triologie *Das goldene Vlies* (1822), durch die Darstellung historischer Ereignisse in den Trauerspielen *König Ottokars Glück und Ende* (1825) oder *Ein Bruderzwist in Habsburg* (1872), durch die geschlossene Form der fünfaktigen Struktur und durch den häufigen Gebrauch des Blankverses. Im Zentrum der Handlung stehen allgemeingültige menschliche Probleme wie Liebe und Haß, Treue und Verrat, Mut und Resignation, Opferbereitschaft, Todessehnsucht und Todesangst. Daher ist es heute kaum verständlich, daß der Autor immer wieder Schwierigkeiten mit der Zensurbehörde hatte und nach vielen demütigenden Erfahrungen mit der Bürokratie kaum noch Interesse an Aufführungen seiner Werke zeigte. Das bekannteste Drama Grillparzers dürfte das Lustspiel *Weh dem, der lügt* (1838) sein. Atalus, der Neffe des Bischofs von Châlons, ist von den wilden Bewohnern des Rheingaus unter der Führung des Grafen Kattwald gefangengenommen und als Geisel zurückbehalten worden. Leon, der Küchenjunge des Bischofs, erhält die Erlaubnis seines Herrn, die Befreiung des Gefangenen zu betreiben. Er muß allerdings versprechen, bei seinen Bemühungen niemals zu lügen. Daraus erwachsen ihm ungeahnte Schwierigkeiten im Rheingau: mit dem überheblichen Atalus selbst, mit den dumm-brutalen Anführern Kattwald und Galomir, mit der hübschen Edrita. Leitmotivisch durchzieht der Titel das gesamte Stück. Der entscheidende Höhepunkt ist erreicht, als Leon im fünften Akt Gott anruft, ein Wunder fordert und verlangt: »Halt mir dein heilig Wort! – Weh dem, der lügt!« Nicht nur an dieser Stelle erkennt man, wie stark das Lustspiel auf eines der wichtigsten Dramen der Klassik, auf das Schauspiel *Iphigenie auf Tauris* von Goethe nämlich, verweist: durch den Gegensatz von humaner und barbarischer Lebensform, durch die verpflichtende Forderung absoluter Wahrheit, durch die Bindung an göttliche Macht. Bekannt wurden auch zwei Erzählungen Grillparzers: *Das Kloster bei Sendomir* (1828) ist stark von der Erzählkunst der Romantik beeinflußt; das zeigen die von Leidenschaft, Betrug und Verbrechen bestimmte Handlung um den Grafen Starschensky und seine junge Frau Elga ebenso wie das Milieu von Kloster und Schloß sowie die eindringliche Schilderung des Unheimlichen, das bis zum Wahnsinn und zum Dämonischen gesteigert wird. Die Handlung der Erzählung *Der arme Spielmann* (1848) ist zurückhaltender und realitätsbezogener. Ein Ich-Erzähler beobachtet während eines Volksfestes in der Wiener Brigittenau einen alten Mann, der engagiert, aber schlecht und ohne Erfolg beim Publikum Geige spielt. Kurze Zeit später erzählt ihm der Alte die Geschichte seines Lebens: Als Sohn reicher Eltern versagte er in Schule und Beruf, verlor die Achtung seines Vaters, später die Erbschaft und auch die Gemeinschaft mit dem Mädchen Barbara. Selbstgenügsam lebt er, von der Musik gehalten und beschenkt, ein bescheidenes Leben, das er am Ende für eine wertlose Sache, die Rettung von Akten nämlich, opfert. Die Geschichte des Spielmanns verdeutlicht noch einmal alle wesentlichen, auf Einordnung und resignative Zufriedenheit gerichteten Gedanken der Biedermeierzeit. Im Sinne realistischer Genauigkeit schildert Grillparzer einen Außenseiter, einen Gescheiterten, der den Anforderungen der Gesellschaft nicht entsprechen kann und dem nur der Rückzug auf sich selbst und in eine ärmliche Idylle bleibt. Der Autor stand der Novelle sehr skeptisch gegenüber, mit den von ihm »Erzählung« genannten Texten schuf er aber zwei wichtige Beispiele dieser für den Realismus kennzeichnenden literarischen Gattung, die exemplarisch ihre erzählerischen Möglichkeiten entfalten.

Im Vorwort zur ersten Ausgabe Dramen schrieb CHRISTIAN DIETRICH GRABBE (1801–1836) die Selbstinterpretation: »Alle hier erscheinenden Stücke schweifen in Extreme hinaus.« Auch das war eine Möglichkeit, gegen das Erbe der Klassik anzukommen, durch eine »Rückkehr zu Shakespeare, Goethe und Schiller, zu Wahrheit und Natur« sollte der eigene Weg gefunden werden. Schon das erste Drama *Herzog Theodor von Gothland* (1827) zeigte extreme Situationen und extreme Charaktere, verdeutlichte das Scheitern des großen einzelnen durch widrige Umstände, Intrigen und brutale Gewalt. In dem Lustspiel *Scherz, Satire, Ironie und tiefere Bedeutung* (1827) dienen die Handlung um Liddy und ihre drei Liebhaber Wernthal, Mordax und Mollfels sowie die Eskapaden des immer betrunkenen Schulmeisters, des Dichters Rattengift und des Teufels dazu, die Zeit und ihre Werte durch groteske Übertreibungen zu kritisieren. Anspielungen auf Werke von Klopstock, Lenz, Goethe, Schiller, Tieck und Modeschriftsteller weisen das Werk auch als Literatursatire aus, erschweren dem heutigen Leser aber Verstehen und Verständnis. Wenn am Ende des Stückes der Autor mit einer Laterne naht und Einlaß bei seinen Figuren verlangt, bleiben die Zuschauer verwirrt zurück, ohne die »tiefere Bedeutung« des scherzhaft-satirisch-ironischen Spiels erraten oder entziffern zu können. Wie extrem Grabbe die strenge Form des klassischen Dramas auflöste, um

Wirkung zu erzielen, zeigt das historische Schauspiel *Napoleon oder die hundert Tage* (1831), das kurz vor der Julirevolution 1830 entstand. Thema des Werkes ist die Rückkehr des Korsen aus der Verbannung, die Wiedereroberung Frankreichs und der letzte verzweifelte Kampf gegen die Bourbonen und die mit ihnen verbündeten europäischen Nationen. Napoleon nimmt die Ideen der Revolution auf, die seit 1789 das Volk beherrschen. Damit aber begibt er sich unter die Macht der Masse, die ihn beeinflußt. So tritt der Kaiser im Verlauf des Stückes mehr und mehr in den Hintergrund, das Volk bestimmt und trägt die Handlung. Der schnelle Szenenwechsel spiegelt den erbarmungslosen Fortgang der Zeit und die entscheidende Wende des Schicksals. Die Entwicklung geht über den einzelnen hinweg, der Kreis der hundert Tage schließt sich, das Ende heißt Waterloo. Grabbe zielte nach eigenen Worten auf ein Theater, das es nicht gibt: Mehr als achtzig Sprechrollen sind zu besetzen, hinzu kommen die Bürger und der Pöbel von Paris, die Garde Napoleons sowie das französische, englische und preußische Heer. Batterien von Artillerie feuern, Infanterieregimenter marschieren, die Kavallerie reitet Attacken – bei der Lektüre des Dramas denkt man eher an das Drehbuch eines Films als an ein Bühnenstück. Der extremste Versuch, die literarische Tradition herauszufordern, ist das Drama *Don Juan und Faust* (1829), in dem Grabbe die zwei bedeutendsten mythologischen Figuren der europäischen Kultur, gleichzeitig auch Mozart und Goethe, zusammenzwingt: Don Juan, der dem Augenblick und dem Genuß lebt, und Faust, der unzufriedene, grüblerische Gelehrte, umwerben in Rom Donna Anna, die Tochter des Gouverneurs. Leporello und Don Octavio sind aus der Oper Mozarts übernommen, der schwarze Ritter ersetzt den teuflischen Verführer Mephistopheles aus dem Drama von Goethe. Die extremen Gegensätze, die dieses Werk bestimmen, lassen sich auch in der Sprache erkennen: Don Juan entfaltet seine Persönlichkeit und seine Fähigkeiten vor allem im Dialog, Faust charakterisiert sich und seine Probleme vor allem im Monolog. Das Schweifen »in Extreme hinaus« erklärt die Tatsache, daß die Werke Grabbes ohne Wirkung auf ihre Zeit blieben und daß kein Theater bereit war, den Dramatiker zu unterstützen. Nur ein einziges Werk, nämlich *Don Juan und Faust*, kam zu Lebzeiten des Autors auf die Bühne, nämlich 1829 am Detmolder Hoftheater mit einer Bühnenmusik des Opernkomponisten Albert Lortzing, der auch den Leporello spielte. Die 1822 entstandene, 1827 in der ersten Gesamtausgabe erschienene Komödie *Scherz, Satire, Ironie und tiefere Bedeutung* wurde erst 1876 uraufgeführt, die ebenfalls 1822 entstandene und 1827 publizierte Tragödie *Herzog Theodor von Gothland* sogar erst 1892.

Eine andere Tradition nahm der Dramatiker FERDINAND RAIMUND (1790–1836) in seinen Dramen *Der Barometermacher auf der Zauberinsel* (1823), *Der Bauer als Millionär* (1826) oder *Der Alpenkönig und der Menschenfeind* (1828) auf, die er als »Zauberposse«, »Romantisches Original-Zaubermärchen« und »Romantisch-komisches Original-Zauberspiel« bezeichnete. Es ist die Tradition der Barockoper und des Jesuitendramas sowie des alten Wiener Volkstheaters, das in den Vorstädten für eine breite Bevölkerungsschicht spielte und vor allem spannend und unterhaltend sein sollte. Das Handeln des Menschen wird in allen Stücken von außerirdischen Mächten bestimmt – Zauberern, Feen, guten und bösen Geistern, allegorischen Figuren wie Haß, Liebe, Jugend, Alter. Sie planen, ordnen und lenken, führen alles zu einem guten Ende. Die Dramen stellen erhebliche Anforderungen an die Bühne durch schnelle Szenenwechsel, Zaubereien, Figurenreichtum und musikalische Arrangements. Sie sind außerordentlich bühnenwirksam, weil Raimund Erfahrungen als Schauspieler hatte und wichtige Rollen, etwa den Fortunatus Wurzel, selbst spielte. Der zeitgebundene Grundgedanke aller Werke – Harmonisierung der Gegensätze, Besserung, stilles Glück in Bescheidenheit, oft auch in Resignation angesichts des Todes – kommt besonders deutlich in der Figur des Valentin aus dem Zaubermärchen *Der Verschwender* (1834) heraus. Durch Treue und Zurückhaltung findet er seinen bescheidenen Lebenserfolg, der ihn zufrieden macht und von dem er in dem bekannten *Hobellied* singt: »Das Glück ist doch nicht in der Welt / Mit Reichtum bloß im Bund. / Seh ich soviel zufriednen Sinn, / Da flieht mich alles Weh.«

Den allmählichen Übergang vom Biedermeier zum Realismus kann man an den Werken von JOHANN NESTROY (1801–1862) ablesen, da viele seiner insgesamt dreiundachtzig Dramen scharfe Satiren gegen die restaurativen Zustände in Österreich zur Zeit Metternichs sind und das politische Engagement des Autors im Sinne demokratischer Erneuerung erkennen lassen. Das erste erfolgreiche Stück *Der böse Geist Lumpazivagabundus oder Das liederliche Kleeblatt* (1835) war noch eine Zauberposse in der Nachfolge Raimunds. Die Feenwelt hatte aber nur noch die Funktion eines Rahmens, in dem das Leben der drei Handwerker Leim, Zwirn und Knieriem ablief. In den folgenden Dramen waren die Handlungen auf den irdischen Bereich begrenzt und stellten vor allem Standesschranken und soziale Probleme dar. In der Posse *Zu ebener Erde und erster Stock oder Die Launen des Glücks* (1838) wird der Unterschied zwischen Arm und Reich gezeigt, wobei das Spiel auf zwei Ebenen simultan übereinander abläuft. In der Posse *Der Talisman* (1843) geht es um Vorurteile aller Art, gezeigt an dem Lebensweg des rothaarigen Titus Feuerfuchs, der durch eine Perücke seinen »Makel« verbirgt und dadurch von Erfolg zu Erfolg gelangt. Die komische Wirkung der Stücke beruht auf der Verwendung des Dialekts, auf einer ungewöhnlichen Metaphorik, die immer aus dem jeweiligen Thema erwächst, sowie auf der abwechslungsreichen, durch eine rasche Folge von Zufällen bestimmten Handlung. Auffällig im Sinne einer realistischen Darstellung ist die Tatsache, daß in fast allen Stücken an Stelle der überirdischen Mächte eine gewitzte, schlaue, schlagfertige Figur tritt, die niemals ihre Ruhe verliert und die alles zu einem harmonischen Ende führt: Damian, Schnoferl, Melchior, Ultra. Nestroy spielte diese kriti-

Abb. 69: Johann Nestroy: *Lumpazivagabundus* – der Autor als Knieriem (Mitte)

schen »Lenker« seiner Spiele selbst – auch hier zeigt sich die Einheit von Drama und Theater, Autor und Darsteller. Die Werke Raimunds und Nestroys sind prägnante Beispiele des Lokalstückes, da sie in Handlung, Problemstellung und Sprache eine bestimmte Stadt (Wien) spiegeln. Deshalb wohl blieb die große Wirkung der Posse auf den österreichischen und den süddeutschen Raum beschränkt, obwohl sie der Bühne spannende, unterhaltsame und wirkungsvolle Spielvorlagen geben.

Poetizität des Prosaischen

Die Hoffnungen und Enttäuschungen der Jahre 1848 und 1849 beeinflußten die literarische Entwicklung – das zeigt sich besonders deutlich in den theoretischen Schriften. Unter Absage an Einbildungskraft, Phantasie und Subjektivität entwickelte man die »demokratisch-republikanische Poetik« des Realismus: Begrenzung auf das Konkrete der Umwelt, illusionslose Wiedergabe der Realität, Pluralismus gleichwertiger Themen. Das Gewohnte und Bekannte, das Prosaische des Alltäglichen rückten in den Mittelpunkt der Literatur – diese wesentliche Tendenz der realistischen Theorie hat der Literaturwissenschaftler Karl Robert Mandelkow mit der Formel »Poetizität des Prosaischen« bezeichnet und hervorgehoben. Man verlangte Objektivität und Authentizität, meinte damit allerdings eine Überparteilichkeit im Sinne des bürgerlichen Liberalismus und der bürgerlichen Ideale. Daher steht neben der von Otto Ludwig geprägten Bezeichnung »poetischer Realismus« auch der Begriff »bürgerlicher Realismus« für die deutsche Literatur zwischen 1848 und 1895.

An die Stelle großangelegter, philosophisch-religiös bestimmter Theorien trat bezeichnenderweise die nüchtern-praktische Auseinandersetzung mit dem Handwerk, der »Technik« des Schreibens. Es ist kein Zufall, daß drei bis heute bekannte und diskutierte Entwürfe einer literarischen Formenlehre in der damaligen Zeit entstanden. FRIEDRICH SPIELHAGEN (1829–1911) verlangte durch die *Beiträge zur Theorie und Technik des Romans* (1883) möglichst große Objektivität und möglichst vollständige Abbildung der Wirklichkeit. Daher soll der auktoriale, also allwissende Erzähler abgelöst werden durch das personale Erzählen. Vermittler gegenüber dem Leser soll ein Held sein, der als »Träger der Idee« und als »Gefäß des Inhalts« fungiert. GUSTAV FREYTAG stellte in dem Buch *Die Technik des Dramas* (1863) Regeln und Anweisungen für

Abb. 70: Gustav Freytag: *Die Technik des Dramas* – Auszug

2.

Fünf Theile und drei Stellen des Dramas.

Durch die beiden Hälften der Handlung, welche in einem Punkt zusammenschließen, erhält das Drama, — wenn man die Anordnung durch Linien verbildlicht, — einen pyramidalen Bau. Es steigt von der Einleitung mit dem Zutritt des erregenden Moments bis zu dem Höhenpunkt, und fällt von da bis zur Katastrophe. Zwischen diesen drei Theilen liegen die Theile der Steigerung und des Falles. Jeder dieser fünf Theile kann aus einer Scene oder aus einer gegliederten Folge von Scenen bestehen, nur der Höhenpunkt ist gewöhnlich in einer Hauptscene zusammengefaßt.

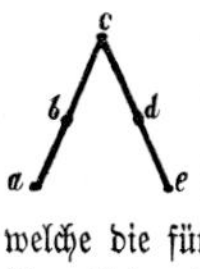

Diese Theile des Dramas, a) Einleitung, b) Steigerung, c) Höhenpunkt, d) Fall oder Umkehr, e) Katastrophe, haben jeder Besonderes in Zweck und Baueinrichtung. Zwischen ihnen stehen drei wichtige scenische Wirkungen, durch welche die fünf Theile sowohl geschieden als verbunden werden. Von diesen drei dramatischen Momenten steht eines, welches den Beginn der bewegten Handlung bezeichnet, zwischen Einleitung und Steigerung, das zweite, Beginn der Gegenwirkung, zwischen Höhenpunkt und Umkehr, das dritte, welches vor Eintritt der Katastrophe noch einmal zu steigern hat, zwischen Umkehr und Katastrophe. Sie heißen hier: das erregende Moment, das tragische Moment, das Moment der letzten Spannung. Die erste Wirkung ist jedem Drama nöthig, die den Aufbau und den Inhalt dieser Form zusammen. Seine Ausführungen über den »pyramidalen Bau« der fünfaktigen Dramenstruktur wirkten bis zu den dramentheoretischen Erörterungen unserer Zeit nach und bestimmten die heute gebräuchliche Einteilung in Stücke der geschlossenen und der offenen Form. PAUL HEYSE entwickelte im Vorwort der Sammlung *Deutscher Novellenschatz* (1871) sowie in seiner Autobiographie *Jugenderinnerungen und Bekenntnisse* (1900) die »Falkentheorie« als Grundlegung der Novelle des Realismus. In Anlehnung an eine Novelle von Boccaccio verlangte er für jedes Werk dieser Form den »Falken«, also ein »fruchtbares Motiv«, das es von allen anderen unterscheidet und das zu einer in sich geschlossenen, präzise abgegrenzten, folgerichtig aufgebauten Handlung führt. Heyses Erörterungen sind auch deshalb interessant, weil die Novelle die wichtigste literarische Form des poetischen Realismus war, in der man außerordentliche Ereignisse, ungewöhnliche Charaktere, seelische Krisen, geistige und sittliche Konflikte konzentriert und spannend darlegen konnte.

Die enge Bindung des Realismus an bürgerliche Wertvorstellungen zeigt kaum ein Werk so deutlich wie der Entwicklungsroman *Soll und Haben* (1855), in dem GUSTAV FREYTAG (1816–1895) den Lebensweg des Kaufmannes Anton Wohlfahrt darstellte: Nach dem Tode des Vaters beginnt er eine Lehre in dem Breslauer Handelshaus T. O. Schröter und steigt im Laufe der Jahre zu einem geachteten und fähigen Mitarbeiter auf. Die Freundschaft mit dem eleganten Herrn von Fink führt ihn in die Kreise des Adels und zu einer engen Bindung an die Familie des Freiherrn von Rothsattel, deren Ruin Wohlfahrt aber trotz großen Engagements nicht verhindern kann. Nach Jahren der Entfremdung kehrt er in die Firma Schröter zurück und begleitet den Inhaber auf einer schwierigen Reise nach Polen, wo es Waren und Geld aus den Wirren eines Aufstandes zu retten gilt. Am Ende heiratet Anton Sabine Schröter und tritt als Teilhaber in die Firma ein. Ein auktorialer Erzähler, der hervorhebt, kommentiert und wertet, bestimmt die bürgerliche Perspektive der Darstellung, eine extrem kontrastierende Figurenzeichnung hebt die Harmonie und den Erfolg der Kaufmannsfamilie gegenüber dem dekadenten und unfähigen Adel hervor. Rezeptionsgeschichtlich interessant ist, daß der Roman den Nationalismus und den wachsenden Antisemitismus des 19. Jahrhunderts spiegelt. Gesellschaft, Leben und Arbeit in Polen werden durchgehend abwertend beschrieben, alle Juden sind negativ gezeichnet – schon Namen wie Hirsch Ehrenthal, Schmeie Tinkeles oder Löbel Pinkus wirken distanzierend. Als negative Parallelfigur zu Wohlfahrt dient ein junger Jude, dessen Habgier und Charakterlosigkeit Vorurteilen der Zeit entspricht und dessen Name Veitel Itzig in der Folgezeit als Schimpfwort für Juden gebraucht wurde. Wolfdietrich Schnurre wies noch 1958 mit der Kurzgeschichte *Veitel und seine Gäste* auf die fatale Bedeutung und Wirkung des Namens hin. Daß dies »Monumentalgemälde bürgerlicher Rechtschaffenheit« sehr einseitig schildert, erkennt man durch einen Vergleich mit

Abb. 71: *Abendlied* – Handschrift von Gottfried Keller

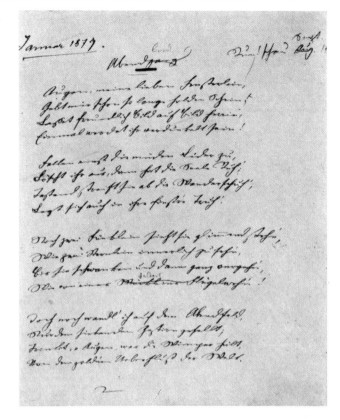

der Satire *Humoristische Skizzen aus dem deutschen Handelsleben* (1847/48) von GEORG WEERTH, in denen der Kaufmann Preiss völlig negativ dargestellt ist: geldgierig und skrupellos, pathetisch und hart, rücksichtslos gegenüber Kunden und Mitarbeitern.

Politisch-gesellschaftliche Bindungen ganz anderer Art bestimmten das Werk des Schweizer Autors GOTTFRIED KELLER (1819–1890). Nach Studienaufenthalten in München, Heidelberg und Berlin wurde er 1861 überraschend Erster Staatsschreiber des Kantons Zürich. Er verband von nun an die künstlerische Tätigkeit mit der Arbeit für den demokratischen Staat. Der Dienst an der Gemeinschaft, die Rückkehr des Individuums aus der Ichbefangenheit zu einer tätigen Teilnahme am öffentlichen Leben, war daher eine wesentliche Thematik seines Werkes. So steht in der frühen politischen Lyrik der Aufruf zum Handeln in sittlich-sozialer Verantwortung im Mittelpunkt. In den späteren Gedichten geht es oft um Bewahrung und Sicherung des Erreichten. Das *Abendlied* verdeutlicht dies: das Ich fügt sich fühlend-erkennend in die gegebene Welt- und Naturordnung ein, eine »stille Grundtrauer« ermöglicht es, auch in der Nähe des Todes die Schönheit der Welt zu erkennen und zu bejahen. In dem Bildungsroman *Der grüne Heinrich* (1847/53 entstanden, 1854f. erschienen, 1879/80 in überarbeiteter Form publiziert) verwertete Keller Erfahrungen und persönliche Probleme seiner Jugend. Heinrich Lee versucht lange Zeit, als Maler Anerkennung zu finden. Sein Entwicklungsprozeß vollzieht sich in der Auseinandersetzung mit den traditionellen Bildungsmächten Elternhaus, Nachbarschaft, Schule, Natur, Kunst, Religion, Liebe. Überall macht er die Erfahrung, daß er seine »Empfindungslust«, seine Phantasie als höchste Instanz ansieht und dadurch die Wirklichkeit verfehlt. So scheitert Heinrich auf allen Gebieten, bedingt durch die »Unverantwortlichkeit der Einbildungskraft«, durch sein egozentrisches Künstlertum. Dies wird durch ein eindrucksvolles Schlußbild dargestellt: Heinrich kehrt in die Heimat zurück und begegnet dem Leichenzug für seine Mutter, die sich bis zuletzt um ihn kümmerte und sorgte. Das negative Ende hat Keller – wie andere inhaltliche und formale Elemente der Erstfassung – für die zweite Fassung verändert. Heinrich nimmt nun ein Staatsamt an und findet stille Erfüllung in der Freundschaft zu der Jugendliebe Judith, die eine positive Haltung zum Leben repräsentiert. Der besondere Wert dieses Romans liegt in der detaillierten, durch zahlreiche Parallel- und Kontrasthandlungen konstruierten Darstellung der Realität, in der Heinrich lebt, an der er Erfahrungen und Erkenntnisse sammeln kann. Bekannt wurde Keller vor allem durch seine Novellenzyklen, in denen mehrere Werke thematisch oder durch eine Rahmenhandlung miteinander verbunden sind und die Perspektive des abgeklärten, überlegenen Humors die kritische Darstellung der Wirklichkeit bestimmt. In dem Zyklus *Die Leute von Seldwyla* (1856/1874) geht es um den Übergang von einer Zeit, die noch in festen hierarchischen Strukturen verankert ist, zu einer Epoche der äußeren und inneren Freiheit mit allen Gefährdungen für den einzelnen Menschen. Der zum Sprichwort gewordene Titel der Seldwyla-Novelle *Kleider machen Leute* weist auf dieses zentrale Motiv: Der Schneider Wenzel Strapinski wird von der Gesellschaft akzeptiert und hofiert, weil er seiner anspruchsvollen Kleidung wegen wie ein polnischer Graf wirkt. Die Entlarvung führt zu heftiger Ablehnung, aber die Heirat mit Nettchen rettet ihn und macht ihn zu einem fleißigen, geschäftstüchtigen Bürger der Stadt. In der zweiten bekannten Seldwyla-Novelle *Romeo und Julia auf dem Dorfe* wird die Grundproblematik der Tragödie *Romeo and Juliet* von William Shakespeare auf Ereignisse in einem kleinen Dorf in der Schweiz übertragen »zum Beweise, wie tief im Menschenleben jede jener Fabeln wurzelt, auf welche die großen alten Werke gebaut sind«. Die Bauern Manz und Marti geraten eines Akkers wegen in Streit, prozessieren hartnäckig und lange gegeneinander, bis ihr Besitz verloren ist und sie ihr weiteres Leben in Armut verbringen müssen. Ihre Kinder Sali und Vrenchen leiden unter der Feindschaft ihrer Väter und dem Spott der Mitmenschen – sie sehen am Ende keinen anderen Ausweg als den gemeinsamen Freitod nach ihrer ersten Liebesnacht auf einem Heuschiff. In den Zeitungen liest man daraufhin, die jungen Leute hätten »das Schiff entwendet, um darauf ihre verzweifelte und gottverlassene Hochzeit zu halten, abermals ein Zeichen von der um sich greifenden Entsittlichung und Verwilderung der Leidenschaften«. Die *Züricher Novellen* (1876/78) durchzieht das demokratische Leitmotiv von der Notwendigkeit, sich in die Gemeinschaft einzuordnen. Besonders sinnfällig ist das Thema in der Novelle *Das Fähnlein der sieben Aufrechten* dargestellt. Der jüngeren Generation gelingt es, die persönliche und politische Engstirnigkeit der Älteren zu überwinden und somit das persönliche Glück innerhalb der Gemeinschaft des Volkes zu finden. Die metaphernreiche volkstümliche Rede, die der junge Fahnenträger Karl Hediger im Namen der sieben Aufrechten auf dem Schützenfest hält, faßt die Thematik der Novellen zusammen: »Ja, es ist sozusagen die Freundschaft in Person, welche wir zum Feste führen, die Freundschaft von Vaterlands wegen, die Freundschaft aus Freiheitsliebe.« Einen Höhepunkt zyklischer Rahmennovellistik bildet *Das Sinngedicht* (1881). Die Rahmenhandlung beschreibt die Erziehung zur Ehe für einen jungen Naturwissenschaftler und eine emanzipiert-freigeistige Frau. Die Binnennovellen kreisen um das Wesen der Liebe und um die Frage nach der Gleichberechtigung von Mann und Frau. Die Partner gewinnen ihre Einsichten in das Wesen der Liebe und damit in ihr Selbst durch eigene Erfahrungen und Erkenntnisse, aber auch mit Hilfe der Dichtung. So zeigte Keller hier noch einmal in vollendeter künstlerischer Form, was sein Anliegen war: Förderung der Humanität, harmonisch-tolerante Gestaltung mitmenschlicher Beziehungen im persönlichen und staatlichen Bereich.

Das Werk Kellers ist nicht zu verstehen ohne den politisch-gesellschaftlichen Hintergrund des Schweizerischen Bundesstaates – eine thematische »Regionalisierung« der Literatur kann man auch bei anderen Autoren des Realismus beobachten. So waren Leben und Werk von THEODOR STORM (1817–1888) eng mit seiner norddeutschen Heimat, vor allem mit seiner Geburtsstadt Husum, verbunden. Die Marsch, die Geest, das einsame Moor und besonders das drohend-unheimliche, aber geliebte Meer prägen sowohl das Geschehen der meisten Novellen als auch die subjektive Stimmung vieler Gedichte, wie etwa *Die Stadt, Über die Heide* oder *Meeresstrand*. Das Meer wurde Symbol für eine Grunderfahrung Storms: Vergänglichkeit und Weltangst. Diesen alles beherrschenden Gedanken an die Vergänglichkeit des Daseins und die Einsamkeit des Menschen kann man auch als Reaktion auf die Zeit verstehen – der christliche Glaube hatte keine große Bedeutung mehr, das naturwissenschaftliche Weltbild und die materialistischen Philosophien konnten viele Menschen nicht zufriedenstellen. Für Storm wurde die Flucht in die Erinnerung der Ausweg, im Gedenken an Liebe und Leid fand er, zumindest für kurze Zeit, Geborgenheit und Ruhe. Formale Konsequenz solcher Haltung war die Rahmennovelle: Das eigentliche Geschehen wird von einem Beobachter – oft aus der Erinnerung – erzählt oder nach alten Schriften/Überlieferungen wiedergegeben. Diese Art des Erzählens kam auch der für den Realismus

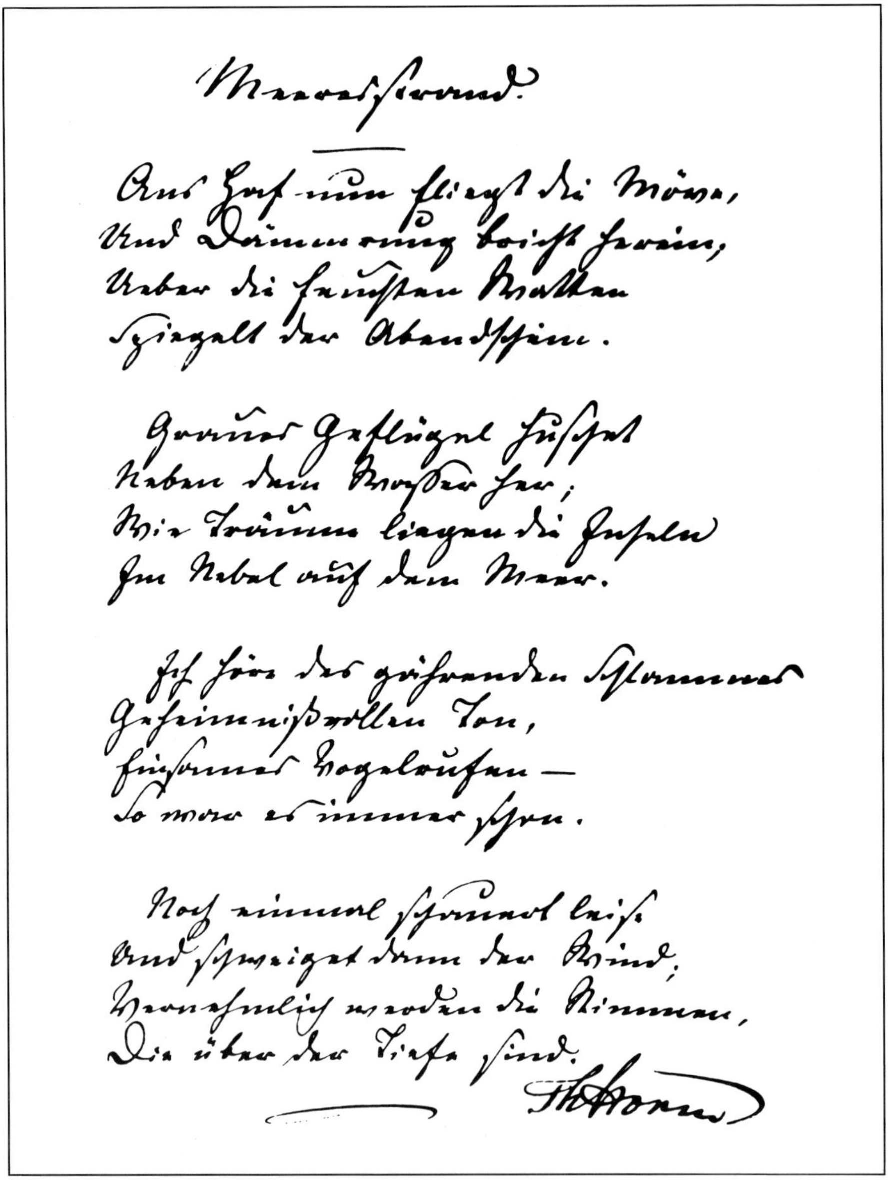
Meeresstrand.

Ans Haf nun fliegt die Möwe,
Und Dämmerung bricht herein,
Ueber die feuchten Watten
Spiegelt der Abendschein.

Graues Geflügel huschet
Neben dem Wasser her;
Wie Träume liegen die Inseln
Im Nebel auf dem Meer.

Ich hör des gärenden Schlammes
Geheimnißvollen Ton,
Einsames Vogelrufen —
So war es immer schon.

Noch einmal schauert leise
Und schweiget dann der Wind;
Vernehmlich werden die Stimmen,
Die über der Tiefe sind.

ThStorm

Abb. 72: *Meeresstrand* – Handschrift von Theodor Storm

wesentlichen Forderung nach Authentizität entgegen. Der Autor tritt in den Hintergrund, die subjektive Erzählperspektive schafft Distanz und (paradoxerweise) Objektivität. Bereits die erste erfolgreiche Novelle *Immensee* (1851) enthielt die »Erinnerungstechnik«. Ein alter Mann denkt an Kindheit und Jugend zurück, durchlebt während des Erzählens noch einmal das Glück der Vergangenheit, aber auch das Leid, das der Verlust der Geliebten brachte. Damit stand das zentrale Thema des Gesamtwerks bereits fest: gefühlsbetonte Rückschau, sehnsüchtiges Erinnern, Verhaftetsein in der Vergangenheit ohne jede Zukunftsperspektive. In der historischen Novelle *Aquis submersus* (1877) wird die Zeit um 1665 durch die chronikartige Sprache verdeutlicht, die sich aus der Erzählsituation – Wiedergabe alter Dokumente – ergibt. Die bedrückende und bedrohliche Atmosphäre entsteht bereits im Rahmen durch den Handlungsort und durch den rätselhaften Hinweis auf die lateinische Inschrift »Culpa Patris Aquis Submersus«. Storms bekanntestes Werk dürfte die Novelle *Der Schimmelreiter* (1888) sein. Mit Hilfe eines doppelten Rahmens schafft der Autor Distanz zu dem erregend-wilden Schicksal des Deichgrafen Hauke Haien, dessen Lebensgeschichte Anstrengung, Aufstieg, Kampf und Scheitern bedeutet. Als Außenseiter muß er sich die Anerkennung der Gesellschaft erkämpfen, mit Eigensinn und Leidenschaft stellt er sich der Herausforderung des Meeres, dem er durch einen gewaltigen Deich Land abtrotzen will. Sein Schicksal zeigt die Paradoxie des menschlichen Lebens: Er will Ordnung und Sicherheit gegenüber den Elementen und löst das Chaos aus; er zählt auf die Dauerhaftigkeit seines Werkes und bleibt nach seinem Tode nur als ruheloser gespenstischer Schimmelreiter im Volksbewußtsein; er träumt von der Unsterblichkeit seines Namens und sieht den Verfall der Familie in seinem schwachsinnigen Kind voraus. Die vergehende und zerstörende Zeit symbolisiert auch hier das Meer, das dem Menschen verlockend und feindlich, drohend und faszinierend erscheint.

Den Dramatiker FRIEDRICH HEBBEL (1813–1863) nennt man oft im Zusammenhang mit Storm, nicht zuletzt deshalb, weil er ebenfalls in Norddeutschland, nämlich in Wesselburen in Holstein, geboren wurde und weil er in seiner Autobiographie *Aufzeichnungen aus meinem Leben* (1854) hervorhob, wie stark die Armut des Elternhauses und die entwürdigenden Erfahrungen der Jugendzeit sein späteres Leben bestimmten. Hebbel verließ 1835 die Heimat und lebte in Hamburg, Heidelberg, München und Wien. Sein Werk wurde stark von der Klassik beeinflußt. Das zeigt sich nicht nur in der Wahl historischer Stoffe für die Tragödien *Judith* (1841), *Herodes und Mariamne* (1850) oder *Gyges und sein Ring* (1856), sondern auch in dem Gebrauch des Blankverses. Hebbel nahm bewußt die Tradition des bürgerlichen Trauerspiels auf, in dem der Konflikt aus den Standes- und Machtunterschieden zwischen Adel und Bürgertum erwächst – so in *Emilia Galotti* von Lessing, so in *Kabale und Liebe* von Schiller. Das gilt auch für das Drama *Agnes Bernauer* (1855), das Hebbel als »deutsches Trauerspiel« bezeichnete. Albrecht, der Sohn des Herzogs von Bayern, verliebt sich in die Augsburger Baderstochter Agnes Bernauer, heiratet sie heimlich und lebt abgeschieden mit ihr auf der Vohburg. Aus staatspolitischer Notwendigkeit und um der »Gewalt des Rechts« Geltung zu verschaffen, strengt Herzog Ernst einen Prozeß gegen sie an, läßt sie verurteilen und hinrichten. Einen Schritt weiter in der Entwicklung dieser Dramenform führt das bürgerliche Trauerspiel *Maria Magdalene* (1844), in dem der Konflikt allein aus bürgerlichen Wertvorstellungen und Normen sowie »aus der hieraus entspringenden schrecklichen Gebundenheit des Lebens in der Einseitigkeit« entsteht: Klara erwartet ein Kind von Leonhard, der sie nicht heiraten will, weil ihr Bruder Karl eines Diebstahls bezichtigt wird und weil er durch eine Verbindung mit der Nichte des Bürgermeisters sein berufliches Weiterkommen absichern möchte. Die Anschuldigungen gegen Karl erweisen sich als falsch, Klara fleht Leonhard an, sie zur Frau zu nehmen. Auch der Gegenspieler Leonhards, ein Sekretär, den sie seit ihrer Jugend liebt und der ihre Zuneigung erwidert, kann ihr nicht helfen. Die ausweglose Situation, der plötzliche Tod der Mutter und die starre Unnahbarkeit des Vaters treiben das Mädchen in den Selbstmord – am Ende steht der Satz des Meister Anton: »Ich verstehe die Welt nicht mehr!« Damit ist auch die wesentlichste Problematik des Dramas beschrieben: Niemand hat die Fähigkeit, über sich und seine Erwartungen hinauszudenken, sich in Klara hineinzuversetzen und ihr zu helfen. Keiner versteht den anderen, jeder hat »ein steinernes Herz«. Hebbel legte mehrfach – etwa in der Abhandlung *Mein Wort über das Drama* (1843) oder in dem umfangreichen »Vorwort« zu *Maria Magdalene* – die zentrale Thematik seines Gesamtwerkes dar. Das Drama wird seiner Meinung nach nur dann lebendig, wenn es »das Individuum im Kampf zwischen seinem persönlichen und dem allgemeinen Weltwillen« zeigt. Es ging ihm also um die Darstellung des Individuums, dessen subjektives Handeln »aus der starren, eigenmächtigen Ausdehnung des Ichs« dem Schicksal gegenüber zu dramatischer Schuld, zu Leiden und Scheitern führt, vor dem Hintergrund einer entscheidenden Veränderung des Welt- und Menschenzustandes. Es war wohl dieses Problem, das ihn an zahlreichen Ereignissen und Figuren des mittelhochdeutschen Nibelungenliedes faszinierte, deshalb bearbeitete er den alten Stoff in der Trilogie *Die Nibelungen* (1862). Es ging ihm darum, den »dramatischen Schatz« des epischen Werkes »für die reale Bühne flüssig zu machen« und in dem grauenvollen Geschehen die tragische Verstrickung menschlichen Handelns aufzuweisen. Am Ende, als der ungeheuerliche Untergang der Nibelungen vollzogen ist, übernimmt Dietrich von Bern das Herrscheramt des Hunnenkönigs Etzel »Im Namen dessen, der am Kreuz erblich« – ein neues Zeitalter beginnt.

Der wie Storm und Hebbel in Norddeutschland geborene WILHELM RAABE (1831–1910) galt lange Zeit als versponnener Heimatdichter, als gütig-humorvoller Autor, der den Leser in eine idyllische Welt führte und die Probleme seiner Zeit überging. Diese Deutung hat man in den letzten Jahren korrigieren müssen. Raabe bereitete seine schriftstellerische Arbeit durch eine umfangreiche Lektüre der englischen Erzähler des 18. und 19. Jahrhunderts wie Laurence Sterne, Henry Fielding, Oliver Goldsmith und Charles Dickens vor – ein Hinweis darauf, daß der deutsche Realismus in einen europäischen Zusammenhang einzuordnen ist, in den auch französische Autoren wie Guy de Maupassant oder Gustave Flaubert und russische Autoren wie Iwan Turgenjew oder Fjodor Dostojewski gehören. Die erste eigenständige erzählerische Leistung gelang Raabe mit den drei in Stuttgart entstandenen Romanen *Der Hungerpastor* (1864), *Abu Telfan oder Die Heimkehr vom Mondgebirge* (1868) und *Der Schüdderump* (1870). Die drei Werke sind durch bedächtiges Erzählen und epische Breite gekennzeichnet, aber auch durch eine deutliche Sozial- und Bildungskritik. Schon der erste Roman führt das zentrale Thema ein: den konkreten Hunger der Armen und – symbolisch erweitert – den geistigen Hunger der Menschen. Die Lösung sozialer Probleme liegt nach Raabes Meinung in tätiger Mitmenschlichkeit, durch die das Leid in der Welt etwas verringert werden kann. Aber auch das Böse hat seinen Platz, in dem dritten Roman wird die unschuldige Antonie zum Opfer ihres hartherzigen, skrupellosen, nur auf Profit bedachten Großvaters. Als überzeitliches Symbol für Leid und Tod wählte der Autor den Pestkarren. Schüdderump bedeutet im Niederdeutschen »schütt herunter«, damit ist das Abwerfen der an der Pest Gestorbenen ins Massengrab gemeint. Das Alterswerk *Stopfkuchen* (1891) hielt Raabe für seinen besten Roman; in ihm gestaltete er das Problem von Schuld und Sühne. Schaumann, von früh an wegen seiner Gefräßigkeit und angeblichen Dummheit Stopfkuchen genannt und eine Randexistenz der Gesellschaft, findet ein gutes Verhältnis zu dem als Mörder verdächtigten und daher ebenfalls gebrandmarkten Bauern der Roten Schanze. Er heiratet dessen Tochter und macht den Hof zu einer Insel des Friedens und des Glücks. Die innere Harmonie läßt er sich auch nicht stören, als ihm die Aufklärung des Mordes gelingt. Die künstlerische Besonderheit des Werkes liegt in der Erzählstruktur: Schaumann erzählt seine Geschichte dem Jugendfreund Eduard, der sie dann auf der Rückreise nach Südafrika niederschreibt. Aufgrund dieser Anlage kommt es zu einem Ineinander verschiedener Zeitebenen, auf denen die Schicksale vieler Menschen deutlich werden, vor allem das Leben Stopfkuchens, dem es allen Widerwärtigkeiten zum Trotz gelingt, »Raum zu erhalten für die Seele, Lösung des Auges und des Herzens für das Schöne und Große, mit einem Wort Mensch zu werden«. Sein Gegenpol ist Eduard, der aktive, welterfahrene Reisende, der im Grunde in den konventionellen Wertvorstellungen seines Dorfes gefangen blieb und nicht zur Humanität gefunden hat. Von der Problematik, der gebrochenen Erzählstruktur und der kritischen Distanz der Darstellung her weist das Werk ebenso wie der Roman *Die Akten des Vogelsangs* (1893/95) voraus auf die großen Romanleistungen des 20. Jahrhunderts.

Dörfliches Leben

Der auf Darstellung der bürgerlichen Welt ausgerichtete Realismus erschloß noch einen zweiten Themenbereich: das dörfliche Leben, Bauerntum und Natur. Bei den großen Erzählern des Realismus Keller, Storm, Raabe spielte der Gegensatz zwischen dem städtischen und dem ländlichen Bereich eine nicht unwesentliche Rolle. In der sogenannten Bauernliteratur nun bildet die soziale Gemeinschaft des Dorfes das zentrale Motiv, aus dem alle Konflikte und Probleme entstehen. Hinzu kommt, daß die realistisch-distanzierte Erzählperspektive häufig durch den Einsatz des Dialekts, vor allem in den Dialogpartien, abgelöst wird. Nicht zuletzt deshalb blieb die Wirkung dieser Literatur auf eng begrenzte Regionen beschränkt.

Die Werke des Schweizer Pfarrers JEREMIAS GOTTHELF (eigentlich ALBERT BITZIUS) (1797–1854) sind geprägt durch den christlichen Glauben, durch die Sorge um das leibliche und seelische Wohl der Mitmenschen sowie durch die Bindung an die Traditionen der Heimat. Diese Bindungen werden auch in der mundartlichen Erzählweise deutlich. Gotthelf hatte keinen Kontakt zu den literarischen Entwicklungen seiner Zeit, er umschrieb seine Ausgangsposition so: »Ich nahm mein Herz in beide Hände und schmiß es aufs Papier.« Schon in dem frühen Werk *Der Bauern-Spiegel oder Die Lebensgeschichte des Jeremias Gotthelf, von ihm selbst beschrieben* (1837/39) griff er subjektiv ausgewählte politische, soziale und sittliche Mißstände seiner Gegenwart an. Das Spätwerk *Zeitgeist und Berner Geist* (1851/52) lebt aus der Polarität. Zeitgeist bedeutet politisch-ideologischer Radikalismus, Eindringen des Staates in gewachsene Ordnungen, Zersetzung der Ehe, Überschätzung von Bildung und Wissenschaft. Berner Geist heißt Verwurzelung im Glauben und in der heimischen Geschichte, organischer Zusammenhang von Staat, Kirche und Familie, Werte wie Arbeit, Pflichterfüllung und Verantwortung.

BERTHOLD AUERBACH (1812–1882) zeichnete in den *Schwarzwälder Dorfgeschichten* (1843–1854) den Kontrast zwischen Stadt und Land drastisch und extrem. Im dörflichen Leben sah er sentimental verklärt den wahren Weg »von der Not der Zeit zur Natur«. Von solcher einseitigen, konservativen Grundhaltung geht eine direkte Entwicklung zu der Heimatkunst der Jahrhundertwende, die Nationalismus und Antisemitismus propagierte und im Bauerntum die Verkörperung des deutschen Wesens sah. OTTO LUDWIG (1813–1865) stellte zwar auch die heimatliche Umwelt als idyllischen, schützenden Ort dar, fügte aber die negativen Aspekte hinzu: starre Ordnung und einengende Gebundenheit, die jede persönliche Entfaltung verhindern.

Das Werk des österreichischen Autors LUDWIG ANZENGRUBER (1839–1889) verdeutlicht exemplarisch negative und positive Aspekte der Bauernliteratur. Dramen wie *Der Gwissenswurm* (1874) oder *Das vierte Gebot* (1878) sowie *Die Märchen des Steinklopferhanns* (1880) und der Roman *Der Sternsteinhof* (1884) zeigen einerseits, daß Anzengruber mit harmloser, oft gewollt wirkender Komik und mit extremen Gegensätzen in der Figurenzeichnung arbeitete und außerhalb der Dialektpartien, phrasenhafte Formulierungen nicht vermeiden konnte. Andererseits verbinden der differenzierte Gebrauch des Dialekts und die

Abb. 73: Titelblatt einer Ausgabe der *Gartenlaube* von 1872

deutliche Kritik an der Kirche sowie am bäuerlich-bürgerlichen Streben nach Geld und Erfolg den realistischen Ansatz mit der sozialkritischen Literatur des Naturalismus.

Heroische Traumwelt

Der Literaturwissenschaftler Jost Hermand interpretierte 1965 in der Zeitschrift »Wirkendes Wort« die Novelle *Der Schimmelreiter* von Storm unter einem neuen Aspekt. Er stellte heraus, daß hier im Gegensatz zu den frühen Werken des Autors weniger Erinnerung und Resignation dargestellt werden als vielmehr Gegenwart und Aktivität, daß in der Figur des Deichgrafen Hauke Haien »der Wille zur Verewigung der eigenen Person durch eine alles überragende Leistung« verkörpert sei, daß Storm am Ende seines Lebens wesentliche Elemente des gründerzeitlichen Denkens kritisch übernommen habe. Durch weitere Arbeiten Hermands wurde der historische Begriff Gründerzeit zum kulturgeschichtlichen Terminus, unter dem man heute auch einen Teil der zwischen 1870 und 1890 entstandenen literarischen Werke zusammenfaßt. Diese Jahrzehnte nach der Reichsgründung 1871 waren eine Zeit wirtschaftlicher Expansion und politischer Machtentfaltung, in der Nationalbewußtsein und Nationalstolz extrem wuchsen. In der Literatur trat der außergewöhnliche Einzelne, dessen Wille unbedingt gilt und der seine Ziele mit Gewalt und Brutalität durchsetzt, in den Mittelpunkt der Darstellung, entsprechend dem Satz des Historikers Heinrich von Treitschke: »Männer machen die Geschichte.« Der Historismus dieser Jahre versuchte, die Gegenwart durch die Vergangenheit zu legitimieren. Bedeutende Ereignisse und große Gestalten der Geschichte wurden in der Literatur idealisiert, um eine Welt pathetischer, oft auch theatralischer Heroik zu schaffen. Diesen Zug zum Großen ergänzte die idyllisch verklärte Welt des alltäglichen Kleinen. Vor allem in der Lyrik, aber auch in Erzählungen pries man das bescheidene, einfache Leben und die Natur, die Tugenden der Zurückhaltung und der Zufriedenheit, die stille Heiterkeit der harmonischen Gemeinschaft. Der Titel der Zeitschrift *Die Gartenlaube* wurde zu einem Symbol für diesen Hang zum Philiströs-Engen, auch zum Trivialen. Die Literatur der Gründerzeit ist als Repräsentation der damals allgemein akzeptierten bürgerlichen Wertvorstellungen und Ideale anzusehen, die hohen Auflagen der wichtigsten Werke belegen eine breite Rezeption, also eine große Anerkennung. Literatur leistete das, was von den meisten Lesern gewünscht wurde. Sie war fähig, »in Träume zu entführen von einer Welt, die ideal ist und heil, schön und heroisch, exotisch, intim und sinnenprall« (Günther Mahal).

Ein exemplarisches Beispiel für die historisch orientierte Literatur der Gründerzeit ist der Roman *Ein Kampf um Rom* (1876) von FELIX DAHN (1834–1912). Er stellt den Untergang der Ostgoten zwischen 526 und 553 dar, bezeichnenderweise als Geschichte der letzten Könige von Theoderich bis Teja, deren Namen die Überschriften der einzelnen Teile (Bücher) bilden. Durch die Konzentration auf einzelne herausragende Gestalten, durch die Aufteilung des Geschehens in kleine, überschaubare und spannend erzählte Handlungen, durch den Aufbau von wirkungsvollen Szenen und Intrigen, durch die frei erfundene Gegenfigur des Römers Cethegus gelang es dem Autor, den umfangreichen historischen Stoff geschickt und eingängig darzustellen. Der Sieg des römisch-byzantinischen Heeres unter Narses über die Goten muß auch als Gegenbild zu der erfolgreichen Reichsgründung und zu dem erfolgreich gegen Rom geführten Kulturkampf des »Gründerzeitheroen« Bismarck gesehen werden, die in der Tradition des Schotten Sir Walter Scott entstandenen historischen Romane des ausgehenden 19. Jahrhunderts haben vielfältige Bezüge zu ihrer Entstehungszeit. Dazu gehört auch, daß Dahn im Vorwort des Werkes auf wissenschaftliche Publikationen zu den Germanen und zur Völkerwanderung verwies, die er als Professor für Rechtsgeschichte und Völkerrecht in München, Würzburg und Königsberg erarbeitete. *Ein Kampf um Rom* gehört zu den »Professorenro-

Heroische Traumwelt 321

Abb. 74: Franz von Lenbach: *Otto Fürst Bismarck*, 1890

manen« der Gründerzeit, in denen wissenschaftliche Forschungen der Autoren zu literarischen Werken ausgearbeitet wurden, sicher nicht ohne Bezug auf den damals hochgeschätzten klassischen Dramatiker Friedrich Schiller, dessen *Geschichte des Dreißigjährigen Kriegs* zu der *Wallenstein*-Trilogie geführt hatte. Einen ungleich größeren Zeitraum als Dahn stellte Gustav Freytag in sechs zwischen 1872 und 1880 erschienenen Romanen dar, denen er den bezeichnenden Titel *Die Ahnen* gab. Er zeigt deutsche Geschichte von 357 bis zum 19. Jahrhundert, sprachlich und inhaltlich gespiegelt in der Entwicklung einer deutschen Familie: Völkerwanderung, Christianisierung, Kreuzzüge, Reformation, Dreißigjähriger Krieg, Aufstieg Preußens, Befreiungskriege, Revolution 1848. Obwohl die Werke unter dem Eindruck des Deutsch-Französischen Krieges und der Reichsgründung entstanden und bis zur damaligen Gegenwart führen sollten, endete die Darstellung mit dem Jahre 1848 – ein Hinweis darauf, daß der liberal-realistische Autor kritische Distanz bewahrt hatte und in der erfolglosen Revolution immer noch das uneingelöste Versprechen demokratischen Bürgertums sah.

Der bekannteste Lyriker der Gründerzeit war EMANUEL GEIBEL (1815–1884), dessen Gedichtbände bis zur Jahrhundertwende zum Teil mehr als hundert Auflagen erzielten. Er wollte kein Neuerer sein, sondern verstand sich als der »letzte einer langen Reihe bedeutender Lyriker, der, wenn auch bei eigentümlich gefärbter Individualität, doch nur die Töne seiner Vorgänger noch einmal in gediegenster und durchgebildetster Form zusammenfaßt« – klarer kann man Denken und Absicht des Epigonen nicht ausdrücken. So enthält das Werk Geibels »Töne« der Klassik und der Romantik: Lieder, Sonette, Balladen, Idyllen, Sprüche, Distichen sowie – dem hohen Bildungsstand dieser Autoren entsprechend – Übersetzungen aus der griechischen, römischen, italienischen und spanischen Literatur. Wer vaterländische Gedichte wie *An Deutschland* oder *Am dritten September. 1870*, wer Naturgedichte wie *Sonntagsmorgen im Walde, Mittsommernacht* oder *Eine Sommernacht*, wer die *Lieder aus alter und neuer Zeit* liest, findet schnell Beispiele für klischeehafte Metaphorik, Phrasen, eintönige Rhythmik und verbrauchte Themen. Nicht übersehen werden sollte allerdings, daß manche Gedichte Geibels zu Volksliedern geworden sind, etwa *Der Mai ist gekommen* oder *Wer recht in Freuden wandern will*.

Auf Empfehlung Geibels wurde 1854 ein junger Berliner Autor in den »Dichterkreis« des Königs Maximilian II. nach München berufen, der wie kein anderer Repräsentant seiner Zeit und ihrer bürgerlichen Kultur war: PAUL HEYSE (1830–1914). Er gründete 1856 gemeinsam mit Geibel, Hermann Lingg und Friedrich Bodenstedt die Dichtergesellschaft »Krokodil«, zu der später auch Dahn gehörte, und lebte Jahrzehnte als »Dichterfürst«, dessen Werke dem Wunsch nach Idealität, Schönheit und Formstrenge entsprachen. Heyse veröffentlichte Übersetzungen, Essays, mehrere Gedichtbände, neun Romane, siebzig Dramen und mehr als einhundertundachtzig Novellen. Thomas Mann nannte ihn deshalb einen »fast unanständig fruchtbaren Epigonen«. Abwertende Urteile dieser Art führten dazu, daß die Werke Heyses im Laufe des 20. Jahrhunderts nahezu vergessen wurden. Erst während der letzten Jahre erkannte man, daß zumindest viele nach den Prinzipien der »Falkentheorie« geschriebene Novellen durch klare Struktur, abwechslungsreiche Rahmentechnik, genaue Erzählperspektive und spannende Handlung überzeugen können. Es geht zumeist um zeitlose Probleme wie Liebe, Freundschaft, Eifersucht, Treue, Verrat, Strafe, Verzicht. Ge-

Abb. 75: Urkunde über die Verleihung des Nobelpreises an Paul Heyse, 1910

legentlich wird aber auch der gesellschaftliche Hintergrund herausgearbeitet, vor dem sich solche Schicksale abspielen, etwa die Unterdrükkung im Venedig des 18. Jahrhunderts in der Novelle *Andrea Delfin* (1859) oder die Albigenserkriege in der Novelle *Die Dichterin von Carcassone* (1880). Als Heyse 1910 den Nobelpreis für Literatur erhielt, hatten die Polemiken der Naturalisten und die literarischen Neuerungen der Jahrhundertwende sein Werk schon lange überholt. Der Preis galt einer zu Ende gegangenen Epoche: ihren Idealen, ihrer Kultur und ihrer Literatur.

Eine durch persönliche Variation faszinierende Verbindung von realistischen und gründerzeitlichen Elementen enthält das Werk des Schweizers CONRAD FERDINAND MEYER (1825–1898). Erst 1860 entschloß er sich dazu, Schriftsteller zu sein, mit sechsundvierzig Jahren veröffentlichte er als erstes die Versdichtung *Huttens letzte Tage*. Meyer übernahm den Ansatzpunkt des Historismus, wählte seine Stoffe aber nicht aus einer nationalen, sondern aus der europäischen Geschichte des Mittelalters, der Renaissance und des 18. Jahrhunderts. Er stellte die herausragende Persönlichkeit ins Zentrum seiner Novellen, reicherte die heroischen Charaktere aber mit vielen psychologischen Details an, die vorausweisen auf die Erzählkunst der Jahrhundertwende. Meyer wählte häufig die Rahmentechnik als Mittel distanzierter Objektivität, gebrauchte aber immer wieder Themen und Motive, die seine persönlichen Probleme und Interessen zeigen: Größe und Beherrschung, Opfer und Resignation, Aufschwung des Lebens und Nähe des Todes. Seine Novellen spielen zwar im historischen »Niemandsland des genialen Einzelnen« (Hamann/Hermand), haben aber bei genauerer Betrachtung manche Beziehung zur Entstehungszeit – so spiegelt sich der Kulturkampf des vom Autor verehrten Kanzlers Bismarck in den Geschehnissen der Novellen *Der Heilige* (1880) und *Das Leiden eines Knaben* (1883). Daß Meyer literarische Formen bewußt und anspruchsvoll variierte, zeigt vor allem die Lyrik. Die einzelnen Gedichte sind in eine strenge zyklische Form gebunden, in der die heroischen Balladen der Teile »Männer« und »Genie« ebenso Platz finden wie die stilleren, persönlichen Gedichte der Teile »Stunde« und »Liebe«.

---

1. ROM: SPRINGQUELL (1860)

Es steigt der Quelle reicher Strahl
Und sinkt in eine schlanke Schal'.
Das dunkle Wasser überfließt
Und sich in eine Muschel gießt.
Es überströmt die Muschel dann
Und füllt ein Marmorbecken an.
Ein jedes nimmt und gibt zugleich
Und allesammen bleiben reich,
Und ob's auf allen Stufen quillt,
So bleibt die Ruhe doch im Bild.

7. DER RÖMISCHE BRUNNEN (1882)

Aufsteigt der Strahl und fallend gießt
Er voll der Marmorschale Rund,
Die, sich verschleiernd, überfließt
In einer zweiten Schale Grund;
Die zweite gibt, sie wird zu reich,
Der dritten wallend ihre Flut,
Und jede nimmt und gibt zugleich
Und strömt und ruht.

4. DER BRUNNEN (1864 oder 1865)

In einem römischen Garten
Verborgen ist ein Bronne,
Behütet von dem harten
Geleucht' der Mittagssonne,
Er steigt in schlankem Strahle
In dunkle Laubesnacht
Und sinkt in eine Schale
Und übergießt sie sacht.

Die Wasser steigen nieder
In zweiter Schale Mitte,
Und voll ist diese wieder,
Sie fluten in die dritte:
Ein Nehmen und ein Geben,
Und alle bleiben reich,
Und alle Fluten leben
Und ruhen doch zugleich.

Den einzelnen Text überarbeitete der Autor mehrfach: um zu verkürzen, zu konzentrieren, um angemessenere Formulierungen zu finden. Der Prozeß der Veränderung ist durch umfangreiches Quellenmaterial nachzuvollziehen, etwa von *Nachtgedanken* (vor 1861) zu *In Harmesnächten* (1882), von *Abendbild* (1870) zu *Zwei Segel* (1882), von *Rom: Springquell* (1860) über fünf Varianten zu *Der römische Brunnen* (1882).

Einen Höhepunkt der novellistischen Formkunst des 19. Jahrhunderts schuf Meyer mit der Novelle *Die Hochzeit des Mönchs* (1884). Die Rahmenhandlung spielt in Verona am Hofe des Cangrande Scaliger. Der Dichter Dante tritt in den höfischen Kreis, in dem Geschichten zum Thema »plötzlicher Berufswechsel« erzählt werden. Dante nun erzählt die Geschichte eines »entkutteten Mönchs«, und zwar so, daß er sie aus der paduanischen Grabinschrift »Hier schlummert der Mönch Astorre neben seiner Gattin Antiope. Beide begrub Ezzelin« entwickelt und dabei die Figuren der Binnenhandlung nach dem Vorbild der zuhörenden Personen des Rahmens charakterisiert, wodurch zahlreiche Unterbrechungen, Anspielungen und kritische Kommentare entstehen. Strenge Konzentration der Sprache, präziser Wechsel von erzählenden Passagen und Dialogen, gezielter Gebrauch von Pathos, Methaphorik und dramatisch geschilderten Szenen entsprechen dem hohen Anspruch des Autors, der den berühmten italienischen Dichter DANTE ALIGHIERI zu seinem zweiten Ich machte und sein Werk damit selbstbewußt in die Tradition der großen europäischen Literatur stellte.

Es ist sicherlich eine ungewöhnliche Tatsache, daß grundsätzliche Kritik am gründerzeitlichen Historismus bereits vorlag, als die wichtigsten Werke noch gar nicht erschienen waren. FRIEDRICH NIETZSCHE (1844–1900) warnte in der Abhandlung *Vom Nutzen und Nachteil der Historie für das Leben* (1874) – später mit drei weiteren Essays als *Unzeitgemäße Betrachtungen* (1876) publiziert – nachdrücklich davor, über der monumentalisch-antiquarischen Pflege der Vergangenheit die Gegenwart zu vergessen, bei der geschichtlichen Reflexion die Aktualität des zeitgenössischen Lebens zu übersehen. Er wurde in den folgenden Jahrzehnten zum schärfsten Kritiker seiner Epoche; in den Schriften *Menschliches Allzumenschliches* (1878), *Morgenröte* (1881) und *Die fröhliche Wissenschaft* (1882) unterzog er alles, was bis dahin gegolten hatte, und alles, was noch galt, einer unnachsichtigen Prüfung: Staat, Kirche, Universität, Schule, Glaube, Moral, Normen, Werte. Auffällig ist, daß dieser grundsätzlichen Kritik ein in der damaligen Zeit ungewöhnliches, der historisch orientierten Literatur diametral entgegengesetztes Stilmittel entsprach: der Aphorismus. Aus kurzen, prägnanten, oft pointiert zugespitzten Teilstücken entsteht mosaikartig der Gesamtzusammenhang des Werkes, den sich der Leser im Sinne einer kritischen Rezeption selbst erschließen muß. In dem Hauptwerk *Also sprach Zarathustra* (1883–1885), in dem Nietzsche das Ideal des Übermenschen verkündete, setzte er eine pathetisch-metaphernreiche, an vielen Stellen hymnisch überhöhte Sprache ein – Zeichen für den Wandel von der Kritik zur neuen Lehre: »Seht, ich bin ein Verkünder des Blitzes, und ein schwerer Tropfen aus der Wolke: dieser Blitz aber heißt Übermensch.« Beides bestimmte die Zukunft der Philosophie, der Kultur und der Literatur in Deutschland, Nietzsche beeinflußte die Jahrhundertwende und die Moderne wie kaum ein anderer Autor des 19. Jahrhunderts.

Theodor Fontane

Vormärz, Revolution, Realismus, Gründerzeit, Naturalismus – ein Autor faßte die literarische Geschichte der zweiten Hälfte des 19. Jahrhunderts in seinem Werk zusammen: THEODOR FONTANE. Er wurde am 30. Dezember 1819 in Neuruppin geboren, lebte mehrere Jahre in Swinemünde, besuchte von 1833 bis 1836 die Gewerbeschule in Berlin, die er mit dem Einjährigenzeugnis abschloß. Danach begann er eine Apothekerlehre, der Beruf führte ihn in den folgenden Jahren nach Leipzig und Dresden. 1843 wurde er in die Berliner Dichtergesellschaft »Tunnel über der Spree« eingeführt, in der man über Kunst und Literatur, über Kultur und Politik diskutierte und neue Werke zu kritischer Prüfung vorlas. Ab 1849 lebte Fontane als freier Schriftsteller, neben Artikeln über Literatur und Kunst verfaßte er Aufsätze und Essays über Reisen in England und Schottland (1855–1859), über Geschichte und Gegenwart der Mark Brandenburg sowie über die preußischen Kriege zwischen 1864 und 1871. Vom 1. Juni 1860 an arbeitete er als Redakteur für die »Neue Preußische (Kreuz)-Zeitung«, ab 1870 schrieb er Theaterkritiken für die nationalliberale »Vossische Zeitung«. Fontane starb am 20. September 1898.

Fontane darf man ohne Übertreibung als verbindenden und integrierenden Autor par excellence bezeichnen. Als junger Mann bekannte er sich zu den Zielen der Revolution, nach den Mißerfolgen der Jahre 1848/49 ging er mehr und mehr zu einem konservativen Liberalismus über und akzeptierte die Politik Bismarcks, die zur Reichsgründung 1871 führte. Mit zahlreichen Autoren seiner Zeit wie Mörike, Spielhagen, Storm, Heyse, Liliencron korrespondierte er, über andere wie Freytag und Keller schrieb er Aufsätze. Die unter dem Titel *Causerien über Theater* gesammelten Kritiken – vor allem über Aufführungen des Königlichen Schauspielhauses Berlin – belegen eine profunde Kenntnis der europäischen Literatur und sicheres Urteil in dramaturgischen und theaterpraktischen Fragen. Besonders hervorzuheben ist, daß Fontane eine Verbindung zwischen dem Realismus und dem Naturalismus herstellte – nicht nur durch die Bekanntschaft mit den Kritikern/Theaterleitern Otto Brahm und Paul Schlenther, die wesentlich zur Entwicklung des naturalistischen Dramas beitrugen, sondern auch durch positive Besprechungen der Stücke *Die Familie Selicke* von Arno Holz/Johannes Schlaf und *Vor Sonnenaufgang* von Gerhart Hauptmann sowie durch die Themen seiner »Berliner Romane«.

Dem Historismus der Gründerzeit am nächsten stehen die Balladen Fontanes. Aber schon hier fällt eine wichtige Veränderung auf: Neben den Gedichten aus der deutschen und märkisch-preußischen Geschichte – das bekannteste dürfte *Herr von Ribbeck auf Ribbeck im Havelland* sein – stehen Balladen mit Themen aus der nordischen und englisch-schottischen Vergangenheit wie *Gorm Grymme* und *Archibald Douglas*. Auch *Vor dem Sturm* (1878), der *Roman aus dem Winter 1812 auf 1813*, unterscheidet sich von den historischen Werken der Gründerzeit. Er schildert den Kampf Preußens gegen Napoleon und stellt damit eine direkte Verbindung zwischen dem Anfang und dem Ende des 19. Jahrhunderts her, zwischen der Völkerschlacht bei Leipzig 1813 und der Reichsgründung in Versailles 1871. Die historischen Ereignisse wurden auf die Gegenwart bezogen, die aus der panoramaähnlichen Beschreibung der Vergangenheit lernen konnte: Grundwerte der Religion und Sitte, Eintreten für das Vaterland, Offenheit für andere Nationen, Skepsis, Solidarität, Liberalität.

Eine in den nüchtern-sachlichen Realismus der Schilderung gewendete Variation der Reisebilder und der Dorf- und Bauernliteratur des 19. Jahrhunderts stellen die *Wanderungen durch die Mark Brandenburg* (1862–1882) dar, die aus umfassender Kenntnis der Geschichte, genauer Beobachtung und einer »feineren Art von Natur- und Landschaftssinn« entstanden. Fontane fügte umfangreiche Beschreibungen, Daten und Fakten, Dialoge, Zitate und Darstellungen herausragender Ereignisse zusammen, um dem Leser Landschaft, Städte und Menschen nahezubringen.

Der wichtigste Beitrag Fontanes zur Erzählkunst des Realismus sind die »Berliner Romane«, in denen er auf die Aktualität seiner Gegenwart einging und gesellschaftliche Probleme der Zeit kritisch darstellte. In dem Roman *Irrungen, Wirrungen* (1888) geht es um das unstandesgemäße Liebesverhältnis zwischen dem Baron Botho von Rienäcker und Lene, der Pflegetochter der Waschfrau Nimptsch. Beide wissen, daß ihr Zusammensein nur kurze Dauer haben kann, daß sie sich den ungeschriebenen Gesetzen der Gesellschaft beugen müssen. So heiratet Botho aus finanziellen Gründen eine Kusine, Lene gibt Jahre später einem älteren Mann das Jawort, nachdem sie ihm über ihre Vergangenheit berichtet und Verständnis gefunden hat. Fontane erzählt beiläufig, plaudernd, selbstverständlich, oft humorvoll – und verschärft gerade dadurch den Angriff gegen falsches Spiel, konventionelle Lüge und Heuchelei. Den folgenden Roman *Stine* (1890) nannte der Autor »das richtige Pendant« zu dem vorausgegangenen Werk, auch hier geht es um eine unstandesgemäße Liebesbeziehung, aber unter anderem Aspekt. Graf Waldemar Haldern möchte sein Verhältnis mit der Näherin Stine legalisieren, dem Glück durch eine Heirat Dauer verleihen. Sein Versuch mißlingt. Unsicher, krank, hoffnungslos wählt er zuletzt den Freitod. Von Ironie bestimmt ist der Roman *Frau Jenny Treibel* (1892), mit dem »das Hohle, Phrasenhafte, Lügnerische, Hochmütige, Hartherzige des Bourgeoisstandpunkts« offengelegt werden soll. Frau Kommerzienrat Jenny Treibel, Tochter eines Kolonialwarenhändlers, schwärmt für eine Welt des Poetischen, Idealen und Schönen, denkt oft an die Zeit zurück, in der ihr der inzwischen zum Professor aufgestiegene Wilibald Schmidt den Hof machte und romantische Lieder widmete. Als ihr Sohn Leopold Schmidts Tochter Corinna heiraten will, verhindert sie die Verbindung mit allen Mitteln, weil es ihr letztlich nur um Geld und Einfluß, nicht aber um Liebe und Gefühl geht. Die leitmotivisch eingesetzte Liedzeile »Wo sich Herz zum Herzen find't« – oft auch als Untertitel des Romans aufgeführt – verweist auf das übertrieben Sentimentale, das zusammen mit Geldgier und philiströser Borniertheit das Wesen der Titelfigur ausmacht. *Effi Briest* (1894/95) wurde der bekannteste Roman des Autors, zahlreiche Verfilmungen belegen eine andauernde Auseinandersetzung mit diesem Werk. Baron von Innstetten heiratet die mehr als zwanzig Jahre jüngere Effi Briest und zieht mit ihr in die Kleinstadt Kessin. Die Eintönigkeit des fast ländlichen Lebens wird für Effi auch durch die Geburt einer Tochter und die scheuen Bemühungen des Apothekers Alonzo Gieshübler nicht gemildert, so daß sie nach Jahren innerer Isolation eine kurze Affäre mit dem Bezirkskommandanten von Crampas eingeht. Eine Versetzung Innstettens bringt die Familie nach Berlin, wo der Baron Jahre später durch Zufall die Briefe findet, die Crampas an Effi schrieb. Ohne innere Überzeugung, aus Gründen selbstverständlicher Konvention fordert und tötet er Crampas. Effi muß verstoßen, arm und einsam in Berlin leben, erst als sie todkrank wird, holen die Eltern sie nach Schloß Hohen-Cremmen zurück. In einfach-distanzierter, von leichter Ironie durchzogener Sprache schildert Fontane Figuren und Gesellschaft, enthüllt er die Brüchigkeit der Normen und die Sinnlosigkeit des Duells. Auch hier ist der einzelne den oberflächlich-erstarrten Regeln der Gesellschaft nicht gewachsen, der lebensfrohe, heitere, wertvolle Mensch unterliegt. Noch der letzte Roman *Der Stechlin* (1899) beschäftigt sich mit Problemen der Zeit: Altes und Neues, Revolution, Freiheit, Politik, Geschichte, Werte, Normen. Die Handlung um den alten, abgeklärten Dubslav von Stechlin, der für einen Sitz im Reichstag kandidiert und bei der Wahl dem sozialdemokratischen Gegner unterliegt, spielt allerdings nur eine untergeordnete Rolle. Kritik, Meinungen, Gegensätze, Ereignisse, Schilderung werden in Konversation aufgelöst, die Sprache, nicht das Geschehen zählt. Diese moderne, auf die Romankunst des 20. Jahrhunderts weisende Art des Erzählens hat Fontane selbst definiert, als er über dieses Alterswerk schrieb: »Alles Plauderei, Dialog, in dem sich die Charaktere geben, und mit ihnen die Geschichte. Natürlich halte ich dies nicht nur für die richtige, sondern sogar für die gebotene Art, einen Zeitroman zu schreiben.«

Nachwirkung

Die Schule hat nicht unwesentlich dazu beigetragen, daß die Literatur des 19. Jahrhunderts lebendig blieb. Neben der Lyrik ist es vor allem die novellistische Formkunst des Biedermeier und des Realismus, die in den didaktisch-methodischen Überlegungen zum Deutschunterricht in

Abb. 76: Franz Grillparzer: *Weh dem, der lügt!* – Szenenfoto von der Wiener Aufführung 1957/58

Abb. 77: Friedrich Hebbel: *Maria Magdalena*, Szenenfoto von der Münchner Aufführung 1981

den Sekundarstufen I und II eine wichtige Rolle spielt. Novellen von Droste-Hülshoff, Mörike, Keller, Storm, Raabe, Meyer bieten durch übersichtliche Struktur, spannende Handlung, klare Sprache, zeitgebundene oder zeitlose Probleme vielfältige Anreize für Lektüre, Interpretation und Diskussion.
Die Werke der Dramatiker Grillparzer, Raimund, Nestroy und Hebbel gehören zum festen Repertoire des deutschsprachigen Theaters. Allerdings werden wenige bekannte Stücke immer wieder inszeniert, während andere schon seit langem nicht mehr auf dem Spielplan erscheinen.
Wie polarisierend und provozierend die vermeintlich zeitlos, »klassisch« gewordene Literatur des 19. Jahrhunderts auch heute noch wirken kann, zeigte sich 1977. Auf die bloße Ankündigung hin, der Regisseur Rainer Werner Fassbinder wolle den Roman *Soll und Haben* von Freytag als zehnteilige Folge für das Fernsehen verfilmen, brach in den Feuilletons der überregionalen Presse, vor allem in der »Frankfurter Allgemeinen« und der Wochenzeitung »Die Zeit«, eine heftige Auseinandersetzung über Wert und Wirkungsmöglichkeiten des Werkes aus. Der Streit führte dazu, daß der Westdeutsche Rundfunk das Vorhaben wenig später absagte – und damit die Chance verspielte, die antisemitische und antislawische Tendenz des Romans aufzuarbeiten.

Jahrhundertwende

Die zwischen 1880 und 1920 entstandenen Werke der deutschen Literatur wurden früher zahlreichen Stilbewegungen zugeordnet: Naturalismus, Impressionismus, Symbolismus, Neuromantik, Neuklassik, Heimatkunst, Dekadenz, Fin de siècle, Expressionismus, Jugendstil. Nach grundlegenden Aufsätzen des Germanisten Wolfdietrich Rasch gebraucht man seit Ende der sechziger Jahre statt dieser eher verwirrenden als klärenden Fülle von Begriffen die zusammenfassende Formel »Literatur der Jahrhundertwende«. Das geschieht aus mehreren Gründen: Einmal wirkt sie dem Eindruck entgegen, die Stilbewegungen der damaligen Zeit seien aufeinander gefolgt, daher eindeutig abzugrenzen und zu definieren. Zum anderen hebt sie eine entscheidende Tatsache hervor. Die verschiedenen Stiltendenzen bilden trotz aller Unterschiede eine Einheit, sie entstanden nämlich entweder auseinander als allmähliche Weiterentwicklung des bereits Erreichten oder gegeneinander als bewußt gesetzte Alternative. Hinzu kommt, daß zahlreiche Autoren im Laufe der Jahre ihre Meinung über Sinn und Zweck der Literatur änderten. Sie identifizierten sich nicht mit einer bestimmten Richtung und wiesen die Stilbezeichnungen – ihrer Meinung nach verfälschende Etikettierungen – zurück. So problematisiert die Literatur zwischen 1880 und 1920 die Methoden der Literaturgeschichtsschreibung: Abfolge und Abgrenzung von Stilen und Epochen, Festlegung der Werke und ihrer Autoren auf bestimmte Stilbewegungen. Sie darf daher besonderes Interesse beanspruchen in einer Zeit, in der kritisches Methodenbewußtsein selbstverständliche Voraussetzung der Literaturwissenschaft und Ziel didaktischer Bemühung ist.

Geflecht von Stiltendenzen

Die Literatur der Jahrhundertwende bildet »ein äußerst differenziertes Geflecht von Stiltendenzen« (Ruprecht/Bänsch), das man auflösen muß, um erste Orientierungen zu erhalten. Die Entwicklung begann mit dem Naturalismus, dessen Vertreter unter dem Einfluß französischer, skandinavischer und russischer Vorbilder einen entschiedenen Kampf gegen die konventionellen Gesetze der Kunst einleiteten. Sie verlangten Auswertung von naturwissenschaftlichen Erkenntnissen, Wiedergabe der Wirklichkeit, Genauigkeit der Darstellung, soziales Engagement, Einsatz für eine bessere Welt. Diese Forderungen wurden von 1880 an in Zeitschriften, Manifesten und programmatischen Broschüren gestellt, ihren Höhepunkt erreichte die Bewegung zwischen 1888 und 1892, vor allem durch eine Reihe von heftig umstrittenen Dramen. Ab 1890 entwickelten sich zwei weitere Stilbewegungen. Der Impressionismus ging auf die naturalistischen Sprachexperimente zurück. Durch die Vermischung lyrischer, epischer und dramatischer Formelemente, durch die

Auflösung von Kapitel-, Strophen- und Satzeinheiten, durch den Gebrauch von Neologismen wurden neue Darstellungsmöglichkeiten geschaffen, um Nuancen der Stimmung zu beschreiben und um schnell wechselnde Eindrücke angemessen wiederzugeben. Impressionistische Literatur kann in Skizzen, Studien und Gedichten flüchtige Impressionen ausdrücken. Sie kann aber auch – besonders in Erzählungen, Novellen, Einaktern und Szenenreihen – den »impressionistischen Kairos« gestalten, den außergewöhnlichen und außerordentlichen Augenblick also: Lebenserhöhung und Todesverfallenheit. Die parallellaufende Stilbewegung der Neuromantik entstand offenbar aus dem Wunsch der naturalistischen Generation, nach den aktuellen Problemen der Zeit die Bereiche des Seelischen und des Religiösen zu erschließen. Eine Besinnung auf die Romantik brachte neue Themen in die Literatur der Jahrhundertwende: Geschichte, Märchen, Mythen, Sagen.

Die Kritiker der damaligen Zeit ersetzten die Begriffe Impressionismus und Neuromantik häufig durch die drei Bezeichnungen Symbolismus, Dekadenz, Fin de siècle. Vor allem die Bedeutung des Wortes Symbolismus blieb unklar, jeder Autor benutzte es in seinem Sinne. Aus der historischen Distanz erkennt man, daß die Vertreter des Symbolismus bewußt auf eine Bindung an gesellschaftlich-politische Ereignisse verzichteten und ihre Kunst unter dem Einfluß französischer Vorbilder nach dem Prinzip des L'art pour l'art deuteten: Dichtung als autonome Welt, Strenge der Form und Magie des Klanges, Bilder und Metaphern als verschlüsselte Aussage persönlicher Erfahrung sowie bewußte Distanzierung von der Masse. Der in Frankreich positiv gemeinte Begriff Dekadenz bekam in der deutschsprachigen Kritik der Jahrhundertwende negative Bedeutung im Sinne von unproduktiv, krankhaft, todgeweiht. Dekadenz hieß Verfall, Untergangsstimmung, Müdigkeit, Passivität, ichbezogene Reflexion, Bewußtsein der Isolation, Spiel und Maske. Auf die Zeit und ihre Weltanschauung übertragen, nannte man diese Haltung Fin de siècle – Jahrhundertende: Degeneriertheit und Verfeinerung wurden gesucht und verklärt, Siechtum und Krankheit als Erhöhung des Menschen gesehen.

Neben dem Symbolismus richteten sich zwei weitere Stilbewegungen gegen die naturalistischen Ziele. Die Heimatkunst, die von Anfang an stark konservative Züge trug, wollte Landschaft, Volksleben und nationales Fühlen darstellen, ihre Anhänger verlangten eine in den Traditionen der Heimat wurzelnde Dichtung, deren Werke – Romane, Erzählungen, Gedichte – von »echtem Deutschtum durchlodert« sein sollten. Eine kunsttheoretische Reaktion gegen den Naturalismus war die Neuklassik, die unter Bezug auf die klassische Literatur Europas entstand und deren Vertreter ab 1900 in Novellen und Dramen eine strenge Formkunst verwirklichten, mit der sie ihre Ideale heroischer Menschlichkeit beschreiben konnten.

Ab 1905 gewannen jüngere Autoren zunehmend an Einfluß. Sie wandten sich gegen die »Beobachtungskunst« des Naturalismus und gegen die »Stimmungskunst« des Impressionismus, sie wollten eine Welt der Brüderlichkeit und der Nächstenliebe begründen: Expressionismus als Ausdruck individuellen Willens und Wollens. Konsequenterweise entwickelten sie eine aufrüttelnde, von außergewöhnlichen Metaphern und kraftvoller Diktion bestimmte Literatur: Dramen, Gedichte, Essays, Erzählungen, Romane.

In der damaligen Diskussion um literarische Probleme spielte ein Begriff keine Rolle, der seit den sechziger Jahren stärker in den Vordergrund rückte – Literarischer Jugendstil. Er verweist auf die seit 1896 von Georg Hirth in München als »lustiges Blatt an der Wende des Jahrhunderts« herausgegebene Zeitschrift *Jugend*, deren Illustrationen stilbildend wirkten: das Ineinanderfließen von Figuren, Dingen und Landschaft, die schwungvoll-auffälligen Linien, die Bevorzugung einzelner Motive wie See, Fluß, Blumen, Schwan, Tanz, Haar. Selbstverständlich kann man in zahlreichen literarischen Werken der Zeit um 1900 ähnliche Motive sowie inhaltliche Parallelen entdecken. Trotzdem sollte der Begriff Jugendstil nur behutsam und mit Vorbehalt auf die Literatur übertragen werden, weil Inhalt und Motivik oberflächliche Kriterien sind und das Wesentliche dieses Stils, der Druckkunst, Malerei, Baukunst, Innenarchitektur und Gebrauchskunst beeinflußte, kaum erfassen.

Autoren und ihre Werke

Zeitschriften, Manifeste, Programme

Im Herbst 1877 zog der Journalist HEINRICH HART (1855–1906) von Bremen nach Berlin, sein Bruder JULIUS HART (1859–1930) begleitete ihn. 1878/79 gaben sie die Zeitschrift *Deutsche Monatsblätter. Zentralorgan für das literarische Leben der Gegenwart* heraus, deren Beiträge erste Gedanken zu einer neuen, realitätsbezogenen Literaturtheorie erkennen ließen: die Akzentuierung des naturwissenschaftlichen Weltbildes, der Hinweis auf die Veränderung der staatlichen und gesellschaftlichen Verhältnisse durch die Reichsgründung 1871, die Einordnung der deutschen Literatur in den europäischen Zusammenhang. Die Harts erspürten offenbar Neues, formulierten ihre Ansichten aber erst in den sechs Heften der Zeitschrift *Kritische Waffengänge* (1882/84) deutlicher. Sie wandten sich gegen die realitätsferne und oft epigonale Literatur der Zeit, verlangten die Entwicklung der Kunst zu einer Wissenschaft sowie Aktualität und Wahrheit als Zeichen eines modernen Naturalismus. Er sollte offen sein für alle Themen und Probleme, so »daß kein Stoff, auch der unsittliche und gemeine nicht, an und für sich undichterisch ist«. Mit diesen Forderungen wiesen die Harts – trotz mancher terminologischer und gedanklicher Unklarheit – neue Wege, ihre Anregungen wirkten nach.

Die Jahre von 1880 bis 1888, die man unter der Bezeichnung Frühnaturalismus zusammenfassen kann, wurden weniger von einzelnen Werken als vielmehr von Gruppenarbeiten bestimmt: Zeitschriften, Anthologien, Manifeste, Programme. Es ging offensichtlich darum, gemeinsam für die neue Literatur einzutreten, obwohl sie nicht einmal genau benannt werden konnte und statt der Bezeichnung Naturalismus häufig die Bezeichnungen Realismus oder Die Moderne erhielt. Wichtigstes Ereignis der folgenden Jahre war die Gründung der Zeitschrift *Die Gesellschaft* (1885) in München durch MICHAEL GEORG CONRAD (1846–1927), die ein Organ »des unbeirrten Wahrheitssinnes, der resolut realistischen Weltauffassung« sein sollte. Vor allem die ersten Jahrgänge enthielten neben den fiktionalen Texten zahlreiche Beiträge zu aktuellen Problemen: Sozialismus, Emanzipation, Kirche und Gesellschaft, moderne Literatur. Auffällig ist, wie bei den Brüdern Hart, ein stark nationaler Zug, der offenbar auf die wachsende politische und wirtschaftliche Macht des Deutschen Reiches zurückging. Daß er keineswegs nationalistische Verengung bedeutete, zeigt das Eintreten Conrads für den Franzosen EMILE ZOLA (1840–1902). Es ging bei dieser Rezeption sowohl um die Thematik – Armut, Unterdrückung, gesellschaftliche Mißstände – als auch um jenes Prinzip, das Zola als *Le Roman expérimental* (1880) dargestellt hatte: Der Romanautor beobachtet die Realität, bringt die Personen seiner Werke wie ein Experimentator in Beziehung zueinander, beachtet die Gesetze von Vererbung und Milieu, stellt mit der sachlichen Nüchternheit des Wissenschaftlers dar. Diese Ansichten bestimmten die Diskussion in Deutschland für mehr als ein Jahrzehnt, sie machten den französischen Autor zu einem begeistert verehrten oder kritisch korrigierten Vorbild.

Der wichtigste Verleger des deutschen Frühnaturalismus war Wilhelm Friedrich, der seinen Verlag 1878 in Leipzig gegründet hatte und im Laufe der Jahre die einflußreichsten Werke der neuen Bewegung betreute. Bei ihm erschien die von WILHELM ARENT herausgegebene Anthologie *Moderne Dichtercharaktere* (1885). Die durchweg in konventionellen Strophen- und Reimformen geschriebenen Gedichte nahmen zumeist die traditionellen Themenkreise Vaterland, Liebe, Natur, Künstlertum auf, gelegentlich auch die modernen Themen Großstadt und soziale Problematik. Die beiden Einleitungen »Unser Credo« von Hermann Conradi und »Die neue Lyrik« von Karl Henckell enthielten pathetische und unpräzise Anmerkungen zu einer neuen Kunst und zu den Absichten der jungen Autoren. Bei Wilhelm Friedrich erschien auch die Sammlung programmatischer Aufsätze *Revolution der Litteratur* (1886) von CARL BLEIBTREU (1859–1928), die innerhalb eines Jahres drei Auflagen erreichte. Das Buch ist typisch für die Subjektivität, die ungenaue Terminologie und die zweifelhaften Maßstäbe der frühen naturalistischen Phase. Bleibtreu wertete sehr persönlich, plädierte für einen zeitnahen Realismus als Ausdruck gesellschaftlicher Umwälzungen, wandte sich aber gegen die Naturalisten, weil sie »gemeine Situationen und Conflikte« wiedergäben. Einen Autor hob er als »deutschen Zola« und als Begründer des Berliner Romans besonders hervor: MAX KRETZER (1854–1941). Bereits in dem ersten Werk *Die beiden Genossen* (1880) hatte Kretzer, der als Fabrikarbeiter das Elend der unteren Schicht kannte, die soziale Frage aufgegriffen. Von den drei folgenden Romanen *Die Betrogenen* (1882), *Die Verkommenen* (1883) und *Meister Timpe* (1888) erwies sich der letzte als wichtiger Beitrag zur naturalistischen Erzählkunst. Dargestellt wird der Existenzkampf des Handwerksmeisters Timpe gegen den Fabrikbesitzer Urban, der am Ende siegt, weil er mit Maschinen billige, wenn auch schlechte Ware produziert. Der Unterlegene muß betteln und hungern, sein Haus steht zuletzt als Relikt einer vergangenen Zeit in einem veränderten Stadtviertel. Kretzers Werke sind nicht frei von Klischees und überdeutlichen Hinweisen auf die kritische Absicht, trotzdem sollte man ihm als einem Wegbereiter gesellschaftlich engagierter Literatur mehr Aufmerksamkeit schenken als bisher.

Im Mai 1886 gründeten der Arzt Konrad Küster, der Literaturwissenschaftler Eugen Wolff und der Journalist Leo Berg einen Verein für junge Schriftsteller, dem sie den sprechenden Namen »Durch« gaben. Vorträge und Diskussionen führten die Mitglieder regelmäßig zusammen, neben den Gründern nahmen Heinrich und Julius Hart, Arno Holz, Johannes Schlaf, Gerhart Hauptmann sowie der Naturphilosoph Bruno Wille an den Treffen teil. Am 22. April 1887 referierte Berg über die Begriffe Idealismus, Realismus und Naturalismus, Wille protokollierte. Seine Zusammenfassung verdeutlicht, daß man den Realismus als beste Darstellungsform betrachtete und daß dem Naturalismus eine »tendenziöse Färbung« zugesprochen wurde, weil er nur das noch nicht Zufriedenstellende darstellen wollte. Am 17. Juni 1887 hielt Gerhart Hauptmann einen Vortrag über Georg Büchner und leitete damit die Büchner-Rezeption der Jahrhundertwende ein. Zum »Durch«-Kreis gehörte auch WILHELM BÖLSCHE (1861–1939), dessen programmatische Schrift *Die naturwissenschaftlichen Grundlagen der Poesie. Prolegomena einer realistischen Aesthetik* (1887) die Bindung der Naturalisten an die Ergebnisse der Naturwissenschaft hervorhob und einen – damals nicht deutlich erkannten – Gegensatz zu den optimistisch-reformerischen Ideen der Zeit enthält. Bölsches Forderungen waren: Realität statt Metaphysik, Kenntnisse statt Ideen, Beobachtung statt Intuition, Experiment statt Erfindung, Bewußtsein der Determination durch Vererbung und Milieu statt Glauben an die Willensfreiheit.

Die Harts, Wille und Bölsche zogen 1888 nach Friedrichshagen. Der ländliche Vorort Berlins entwickelte sich zu einem beliebten Treffpunkt von Autoren, Kritikern, Malern und Politikern; vom »Friedrichshagener Kreis« gingen Anregungen aller Art aus. Sie bestimmten während der folgenden Jahre die Auseinandersetzung um eine zeitgemäße Kunst.

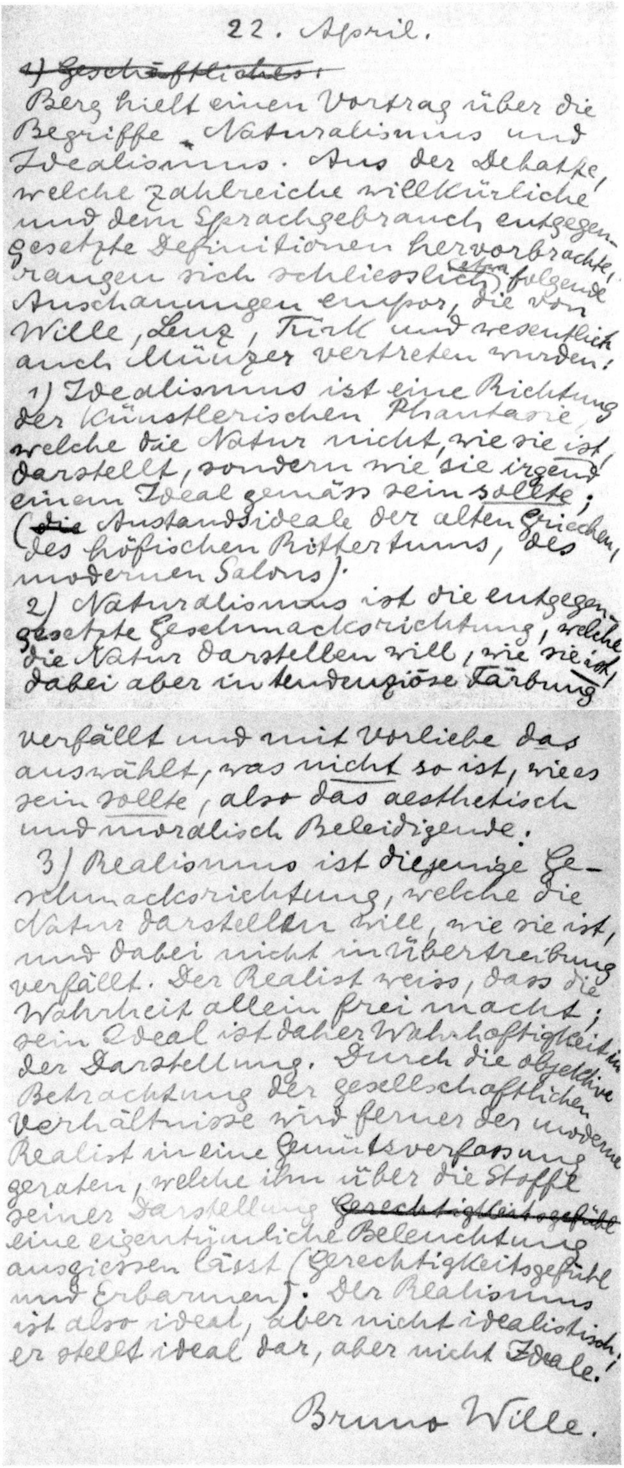

Abb. 78: Bruno Wille: Protokoll der Sitzung des Vereins *Durch* vom 22. April 1887

22. April.

~~Geschäftliches~~

Berg hielt einen Vortrag über die Begriffe „Naturalismus und Idealismus". Aus der Debatte, welche zahlreiche willkürliche und dem Sprachgebrauch entgegengesetzte Definitionen hervorbrachte, rangen sich schliesslich folgende Anschauungen empor, die von Wille, Lenz, Türk und wesentlich auch Münzer vertreten wurden:

1) Idealismus ist eine Richtung der künstlerischen Phantasie, welche die Natur nicht, wie sie ist, darstellt, sondern wie sie irgend einem Ideal gemäss sein sollte; (die Anstandsideale der alten Griechen, des höfischen Rittertums, des modernen Salons).

2) Naturalismus ist die entgegengesetzte Geschmacksrichtung, welche die Natur darstellen will, wie sie ist, dabei aber in tendenziöse Färbung verfällt und mit Vorliebe das auswählt, was nicht so ist, wie es sein sollte, also das aesthetisch und moralisch Beleidigende.

3) Realismus ist diejenige Geschmacksrichtung, welche die Natur darstellen will, wie sie ist, und dabei nicht in Übertreibung verfällt. Der Realist weiss, dass die Wahrheit allein frei macht; sein Ideal ist daher Wahrhaftigkeit der Darstellung. Durch die objektive Betrachtung der gesellschaftlichen Verhältnisse wird ferner der moderne Realist in eine Gemütsverfassung geraten, welche ihm über die Stoffe seiner Darstellung eine eigentümliche Beleuchtung ausgiessen lässt (Gerechtigkeitsgefühl und Erbarmen). Der Realismus ist also ideal, aber nicht idealistisch, er stellt ideal dar, aber nicht Ideale.

Bruno Wille.

Provokation durch das Drama

Ein einschneidendes Ereignis bestimmte das Jahr 1888: Wilhelm II. wurde Deutscher Kaiser. Das literarische Leben der Zeit ist daher auch als Teil der Wilhelminischen Ära zu sehen, also vor dem Hintergrund wirtschaftlicher Macht und selbstbewußter Politik mit imperialistischem Anspruch. Die Werke der naturalistischen »Blütezeit« entstanden aus Opposition zu diesem offiziellen Deutschland. Man lehnte sie daher scharf ab – Wilhelm II. sprach noch 1901 von einer Kunst, die »in den Rinnstein niedersteigt« – und versuchte häufig, sie mit allen Machtmitteln des Staates zu unterdrücken, wohl deshalb, weil das Drama, das Öffentlichkeit verlangt und Wirkung erzielen kann, ins Zentrum rückte. Welches Publikum der kritische Dramatiker überzeugen mußte, zeigen die damals sehr erfolgreichen Romane von JULIUS STINDE *Buchholzens in Italien* (1883), *Die Familie Buchholz* (1884/85) und *Frau Buchholz im Orient* (1889). Humorvoll, gelegentlich auch ironisch, Elemente des Briefromans und der Reisebeschreibung aufnehmend, schildert der Autor die Großstadt Berlin und das Leben einer kleinbürgerlichen Familie, deren Mittelpunkt Frau Wilhelmine ist. Sie bestimmt alles, vertritt wie ihre Angehörigen und Freunde die gängigen Wertvorstellungen der Zeit: Nationalbewußtsein, Treue zum Kaiserhaus, Fleiß, Streben nach dem »Höheren«, Kunst als erhebendes Erlebnis.

Zwei Ereignisse begünstigten den Aufstieg des Dramas: Samuel Fischer gründete 1886 einen neuen Verlag, der die naturalistischen Autoren nachhaltig förderte und der sich besonders um die Dramen von Henrik Ibsen (1828–1906) bemühte. Er brachte 1887 als erstes Buch das Drama *Rosmersholm* von HENRIK IBSEN (1828–1906) heraus. Das geschah nicht zufällig. Die Naturalisten priesen die Werke des Norwegers als beispielhaft, weil sie in ihnen die aktuellen Probleme der Zeit fanden: die doppelbödige Moral der Mächtigen, Emanzipation, Lebenslüge, Entlarvung falscher Werte. Außerdem gründeten die Brüder Hart, S. Fischer und MAXIMILIAN HARDEN (1861–1927), Herausgeber der Zeitschrift »Die Zukunft« und scharfer Gegner der Wilhelminischen Politik, 1889 den Theaterverein »Freie Bühne«. Er bot den Mitgliedern regelmäßig Theatervorstellungen, die als Privatveranstaltungen nicht der Zensur unterlagen. Leiter wurde Otto Brahm (1856–1912), Theaterkritiker und ab 1890 Herausgeber der im S. Fischer Verlag erscheinenden Zeitschrift *»Freie Bühne für modernes Leben«*, dann Direktor des Deutschen Theaters und des Lessing-Theaters. Zusammen mit den Schauspielern Else Lehmann, Emanuel Reicher und Rudolf Rittner entwickelte er eine unpathetische, textorientierte, nuancenreiche Schauspielkunst, die dem naturalistischen Drama entsprach. Für die erste Aufführung des Vereins wählte Brahm das Schauspiel *»Gespenster«* von Ibsen aus.

Mit der ersten Inszenierung zeigte Otto Brahm sein Programm, die zweite wurde ein Theaterskandal. Am 20. Oktober 1889 fand die Uraufführung des sozialen Dramas *Vor Sonnenaufgang* statt. Stürme der Entrüstung tobten durch das Haus, für die Kritiker war der Autor GERHART HAUPTMANN »unsittlichster Bühnenschriftsteller des Jahrhunderts«. Hauptmann wurde am 15. November 1862 in Obersalzbrunn (Schlesien) geboren. Nach dem Besuch der Realschule in Breslau arbeitete er als Landwirtschaftseleve und besuchte dann von 1880 bis 1882 die Bildhauerklasse der Kunst- und Gewerbeschule Breslau. 1883/84 wohnte er in Rom, studierte danach an der Königlichen Akademie Dresden sowie an der Universität Berlin Kunst und Geschichte. Von 1885 bis 1899 lebte er als freier Schriftsteller in Erkner und Grunewald bei Berlin, 1900 zog er nach Agnetendorf. 1912 erhielt er den Nobelpreis, 1928 wurde er Mitglied der Preußischen Akademie. Er starb 1946 in Agnetendorf. Hauptmanns Lebensweg führt weit über die Jahrhundertwende hinaus, sein Werk wurzelt aber im Naturalismus und bestimmte die Entwicklung der Literatur um 1900 entscheidend.

Nach einem epigonalen Epos *Promethidenloos* (1885) und der spannenden Erzählung *Fasching* (1887) erschien die novellistische Studie *Bahnwärter Thiel* (1888), die zum ersten Male wesentliche Forderungen der naturalistischen Theorie verwirklichte. Sie ist emotionslos und distanziert geschrieben, läuft in konsequenter Entwicklung auf die Katastrophe – Thiel tötet im Wahnsinn Frau und Kind – zu, konzentriert sich auf einen Menschen aus der unteren Schicht, der nahezu sprach-los in völliger Isolation lebt und nur seinen Sohn akzeptiert. Obwohl die Studie typische Schwächen eines Frühwerks zeigt, nämlich Schwarzweißmalerei, Schematisierung der Naturdarstellung und mangelnde Differenzierung der Sprache, kann man sie als erstes wichtiges Werk des Naturalismus sehen. Hauptmann erreichte jedenfalls in den späteren Romanen und Erzählungen niemals wieder ein ähnliches Niveau. An dem Schauspiel *Vor Sonnenaufgang* provozierte alles: der Dialekt, die Darstellung der Trinkerfamilie Krause, der Gegensatz zwischen den durch Kohlefunde reich gewordenen Bauern und den schuftenden Arbeitern, der engstirnige Fanatismus des Sozialreformers Loth, der Selbstmord der jungen Helene. Das Schauspiel *Die Weber* (1892) brachte die nächste Provokation. In den Dörfern Kaschbach, Peterswaldau und Langenbielau im Eulengebirge leben die Weber in größter Armut, obwohl sie ununterbrochen hart arbeiten. Der Fabrikant Dreißiger zahlt nur Hungerlöhne, seine Angestellten versuchen bei jeder Gelegenheit, diese Löhne zu drücken. Angestachelt durch die Reden des Reservisten Moritz Jäger, durch die Überheblichkeit der reichen Dorfbewohner und durch den Alkohol, beginnen die Weber einen Aufstand. Sie zerstören Häuser und Maschinen, greifen zuletzt auch das Militär an, das gegen sie eingesetzt wird. Einen Helden im herkömmlichen Sinne gibt es nicht mehr, der Stand der unterdrückten Arbeiter steht im Mittelpunkt. Auffällig sind der nuancierte Gebrauch des schlesischen Dialekts und die detaillierte Schilderung des Milieus in den ausufernden Regieanmerkungen, die gelegentlich nicht Darstellbares verlangen und durch die epische Perspektive die dramatische Form aufzulösen beginnen. Hauptmann nannte sein Werk »Schauspiel aus den vierziger Jahren«, er schrieb es nach Vorstudien in genauer Kenntnis der historischen Ereignisse. Die Obrigkeit sah das Stück allerdings anders: Der Kaiser kündigte seine Hofloge, Polizeipräsidenten verboten Aufführungen mit der Begründung, hier werde zum Aufstand aufgerufen. Der Autor mußte sein Recht vor den Verwaltungsgerichten erkämpfen, selbst das Preußische Abgeordnetenhaus debattierte über den Fall. Andererseits schrieb der bedeutende marxistische Kritiker FRANZ MEHRING (1846–1919) in dem SPD-Organ »Die neue Zeit«, Hauptmann habe »aus dem Born eines echten Sozialismus zu schöpfen verstanden«, sein Thema sei »revolutionär und höchst aktuell«. Kein zweites Werk der Zeit rief ähnlich unterschiedliche Reaktionen hervor. Die zeitkritische Komödie *Der Biberpelz* (1893) gab den übertriebenen Dünkel und die Dummheit der preußischen Beamten dem Gelächter preis und stellte der kaisertreuen Überheblichkeit des Amtsvorstehers Wehrhahn die bauernschlaue Sicherheit der proletarischen Waschfrau Wolff gegenüber. Dann veränderten sich die Dramen Hauptmanns in auffälliger Weise. Die Traumdichtung *Hanneles Himmelfahrt* (1894) enthielt neben den naturalistischen Stilzügen Visionen, Phantasien, religiöse Symbolik, das Schauspiel *Florian Geyer* (1896) nahm Ereignisse aus dem Bauernkrieg 1525 auf. Daß Hauptmann einen neuen Weg gefunden hatte, zeigte das Märchendrama *Die versunkene Glocke* (1896). Das Personenverzeichnis nennt neben dem »elbischen Wesen« Rautendelein den Wassergreis Nickelmann, den faunischen Waldschrat, die hexenartige Wittichen und Zwerge; der entweder sehr holprige oder übertrieben glatte Blankvers dient dem Ausdruck gefühlvoller Innerlichkeit; das faustische Streben des Glockengießers Heinrich wird in nicht stimmigen Symbolen und mythologischen Anspielungen herausgestellt. Heute wirkt das Werk wie ein mißlungenes Kinderstück, in der damaligen Zeit rief es großen Jubel hervor. Die Uraufführung fand am Königlichen Schauspielhaus Berlin statt, die zwei berühmtesten Literaturgeschichten der Jahrhundertwende verzeichneten einen überragenden Erfolg. ADALBERT VON HANSTEIN schrieb in seinem Buch *»Das jüngste Deutschland«* (1900): »Außer den unzähligen Aufführungen in aller Welt erlebte allein die Buchausgabe in drei Jahren über vierzig Auflagen.« Und ALBERT SOERGEL wies in seinem Überblick *»Dichtung und Dichter der Zeit«* (1911) auf einen wichtigen Aspekt hin: »Vielen galt die ›Versunkene Glocke‹ als eine Art Programm. Man sagte, sie läutete den Naturalismus zu Grabe.« Der Erfolg war so groß, weil Hauptmann den entscheidenden Schritt zu einer neuen Stilbewegung, zur Neuromantik, getan hatte, weil dieses Drama ganz den herkömmlichen Kunsterwartungen entsprach. Der Autor stellte in der Folgezeit immer wieder geschichtliche Ereignisse, Mythen und Sagen dar, gleichzeitig entstanden aber auch Dramen, die durch Thematik, Sprache und Realitätsbezug auf den naturalistischen Anfang zurückverwiesen: *Fuhrmann Henschel* (1898), *Rose Bernd* (1903), *Dorothea Angermann* (1926). Herausragendes Werk der mittleren Jahre ist die Tragikomödie *Die Ratten* (1911), in der eine Berliner Mietskaserne zum Symbol der Zeit wird: brutaler Kampf um Leben und Glück, Gegensatz der Klassen, Auflösung alter Werte. In den Ansichten des jungen Theologen Spitta und des Theaterdirektors Hassenreuter werden noch einmal naturalistische und traditionelle Kunstauffassung gegeneinandergesetzt, interessanterweise überzeugt keine Seite voll. Hauptmann legte sich nicht mehr fest, genoß seinen wachsenden Ruhm und sein großes Ansehen, gefiel sich schließlich darin, Aussehen und Habitus des alten Goethe nachzuahmen. Aus einem Provokateur war der offizielle Dichter Deutschlands geworden.

Dem wachsenden Ruhm entsprach allerdings keine literarische Entfaltung, so daß man nur sehr eingeschränkt von einem Spätwerk im Sinne künstlerischer Reife und Vollendung sprechen kann. Hauptmann variierte immer wieder Grundmotive und zentrale Probleme seiner ersten Stücke, übernahm zunehmend Anregungen aus Werken anderer Autoren – so geht das Schauspiel *Winterballade* (1917) auf die Erzählung *Herrn Arnes Schatz* von Selma Lagerlöf zurück, das Drama *Indipohdi* (1920) auf das letzte Werk *Der Sturm* von William Shakespeare. Mit dem Titel des Schauspiels *Vor Sonnenuntergang* (1932) verwies der siebzigjährige Hauptmann auf den naturalistischen Anfang seines dramatischen Schaffens, gleichzeitig auf die Neige seines Lebens und Wirkens. Wie in früheren Dramen steht die Katastrophe einer Familie im Mittelpunkt – hier die reichen Großbürger Clausen. Wie früher gibt es eine herausgehobene, nuanciert erarbeitete Hauptfigur – hier der siebzigjährige Geheime Kommerzienrat Clausen, der sich in die junge Inken Peters verliebt und damit seine Angehörigen in Streit und Intrigen treibt. Die Zeichnung der anderen Figuren ist stark typisiert, die Dialoge enthalten extrem deutliche Anspielungen und Verweise, auch sprachliche Klischees. Hinzu kommen der bis in die Formulierungen nachweisbare Einfluß des Dramas *König Lear* von Shakespeare, die für Hauptmann typische Verarbeitung biographischer Erlebnisse sowie eine Übernahme aus der Biographie des verehrten Klassikers: die Begegnung des alten Geheimrates Goethe mit der jungen Ulrike von Levetzow; auf diese Parallele weisen die Vornamen Wolfgang, Egmont, Bettina, Ottilie überdeutlich hin. Gezeichnet von den Beschwerden des Alters und tief getroffen durch die Schrecken des Krieges, schrieb Hauptmann zwischen 1940 und 1945 die *Atriden-Tetralogie*, mit der er an den Anfang des europäischen Theaters, zu den Autoren Aischylos und Euripides, zurückging, gleichzeitig auch Verbindungen zu zahlreichen Dramatikern der Weltliteratur herstellte, die das Schicksal der Atridenfamilie dargestellt hatten. Die vier Tragödien zeigen eine inhumane, brutale »Wahnsinnswelt«, die bestimmt wird von Krieg, Mord und Opfer. Eine genaue Lektüre der Dialoge, die von Metaphern aus den Wortfeldern Kampf, Blut, Schmerz, Verzweiflung geprägt sind, macht deutlich, daß Hauptmann mit dem alten Mythos auch die Gegenwart des Dritten Reiches meinte: Eroberungskriege, Unterdrückung, Sehnsucht nach Frieden.

Die naturalistischen Dramatiker hatten es schwer, neben Hauptmann zu bestehen. Einen der größten Erfolge der Zeit konnte MAX HALBE (1865–1944) mit dem Drama *Jugend* (1893) verbuchen. Es stellt die Liebe zwischen der jungen Pfarrersnichte Annchen und dem Studenten Hans Hartwig dar, die sich gegen den Fanatismus des Kaplans Gregor und des Kretins Amandus durchsetzen muß, und endet mit dem Tod des Mädchens. Provozierend war nichts mehr. Die Liebesgeschichte dominierte, die naturalistische Komponente blieb auf Nuancen der Sprache, auf das Milieu Westpreußens sowie auf eine schematische Parallelisierung von Naturvorgängen und menschlichem Verhalten beschränkt. HERMANN SUDERMANN (1857–1928) galt als geschicktester Dramatiker der Jahrhundertwende mit Sinn für Spannung und Effekte. Sein erstes Drama *Die Ehre* (1890) zeigt exemplarisch, wie aktuelle Probleme aufgegriffen und dramaturgisch verarbeitet wurden. Das Schauspiel basiert auf dem Gegensatz von Vorderhaus und Hinterhaus – vorne lebt die reiche Familie Mühlingk, hinten die arme Familie Heinecke. Die Kinder, jeweils ein Sohn und eine Tochter, finden sich in zwei Liebesbeziehungen; so entstehen das positive Paar Robert und Lenore sowie das negative Paar Kurt und Alma. Graf Trast ist der für das naturalistische Drama typische »Fremde«, der als Außenstehender die Konflikte zum Ausbruch bringt. Sudermann folgte der neuromantischen Bewegung mit dem Geschichtsdrama *Die drei Reiherfedern* (1898) und mit der biblischen Tragödie *Johannes* (1898), griff in dem erfolgreichen Stück *Johannisfeuer* (1900) erneut auf naturalistische Stilzüge zurück und schrieb noch mit der Folge *Litauische Geschichten* (1917) distanziert vorgetragene, geschickt komponierte, mit zahlreichen naturalistischen Details versehene Erzählungen. Daß er bis heute – nicht immer zu Recht – als Trivialautor gilt, geht nicht zuletzt auf die Verrisse des damals »allmächtigen« Kritikers ALFRED KERR (1867–1948) zurück, dessen Maßstäbe Ibsen und Hauptmann waren und der mit selbstsicherer Überheblichkeit lobte und verdammte. Seine aus kurzen Abschnitten zusammengefügten, auf knappe Formulierungen konzentrierten Kritiken untersuchten vor allem den Wert des Dramas; es ging Kerr stets mehr um die Literatur als um das Theater.

Eine aus der Distanz erkennbare Möglichkeit sahen die naturalistischen Dramatiker nicht: die Zusammenarbeit mit den Autoren des Arbeitertheaters, das während der Zeit der Sozialistengesetze in den Arbeiterfortbildungsvereinen gepflegt wurde. FRIEDRICH BOSSE (1848–1909) ging in seinem Streikdrama *Im Kampf* (1892) von der konkreten politischen Situation aus und zeigte die Notwendigkeit solidarischen Verhaltens in schwieriger Lage. Ein Vergleich mit dem Schauspiel *Die Weber* macht deutlich, daß aktueller Zeitbezug und agitatorischer Zweck für Bosse wichtiger waren als die objektive Darstellung des Elends, die Hauptmann bevorzugte. Diese Akzentverschiebung erklärt die distanzierte Haltung der Naturalisten. Sie fühlten sich zwar der sozialen Frage verpflichtet, lehnten aber – von wenigen Ausnahmen abgesehen – eine parteipolitische Bindung ab. Außerdem stand die SPD dem Naturalismus sehr skeptisch gegenüber. In der Diskussion auf dem Parteitag von Gotha-Siebleben (1890) kritisierten die meisten Redner die triste Ausweglosigkeit der naturalistischen Werke und forderten eine Kunst, die den Sorgen des Alltags entgegenwirken und Zukunftsperspektiven aufweisen sollte. Dazu paßt, daß die von Wille und Bölsche 1890 als Theaterbund der Arbeiter gegründete »Freie Volksbühne« mehr bürgerliches Bildungsgut als politisch engagierte Texte vermittelte.

Konsequente Sprachexperimente

Die Erstausgabe des Dramas *Vor Sonnenaufgang* enthielt eine in späteren Auflagen nicht mehr abgedruckte Widmung für Bjarne P. Holmsen, den »consequentesten Realisten«. Hinter dem modisch-nordischen Pseudonym Holmsen verbargen sich ARNO HOLZ (1863–1929) und JOHANNES SCHLAF (1862–1941). Vor der Zusammenarbeit hatte der eine – Schlaf – kurze rührselige Geschichten geschrieben, der andere *Das Buch der Zeit* (1886) publiziert, in dem neben Vaterlandsliedern, Naturschilderungen und Liebesgedichten frühe Beispiele deutscher Großstadtlyrik stehen. Aus der ungewöhnlichen Zusammenarbeit von Holz und Schlaf entstanden die Skizzenfolge *Papa Hamlet* (1889), das Drama *Die Familie Selicke* (1890) und, als Sammlung aller Gemeinschaftsarbeiten, der Band *Neue Gleise* (1892). Ausgangspunkt der Versuche war die Überzeugung: »Man revolutioniert eine Kunst nur, wenn man ihre Mittel revolutioniert.« Mit den Skizzen des *Papa Hamlet* begann also das, was die Literatur des 20. Jahrhunderts bestimmt: Sprachbewußtsein, Sprachkrise, Sprachexperimente. Holz und Schlaf wollten die »Sprache des Lebens« in das literarische Werk bringen. Was damit gemeint war, zeigt der Text *Ein Tod* besonders deutlich. Er schildert den nächtlichen Todeskampf eines Studenten, der im Duell schwer verwundet wurde und nach heftigen Fieberanfällen am Beginn des neuen Tages stirbt. Der Erzähler tritt weitgehend zurück, Dialoge und Monologe herrschen vor, die Personen sprechen mit Nuancen des Dialekts und der Umgangssprache, zahlreiche Ausrufe sind durch Lautkombinationen wiedergegeben, eine Partitur von Satzzeichen markiert die verschieden langen Pausen. Hier wird nicht nur versucht, Sprache des Alltags exakt nachzuzeichnen, hier geht es darum, durch den Sprechvorgang – Lautbildung, Schnelligkeit, Lautstärke – die Persönlichkeit des Sprechenden zu verdeutlichen. Hanstein prägte, auf diese Skizze bezogen, den ironisch-kritisch gemeinten, irreführenden Begriff »Sekundenstil«. Holz und Schlaf wollten keineswegs Sekunde für Sekunde genau beschreiben. Die Skizze ist bewußt auf Wesentliches konzentriert, vereinigt in einer einzigen Situation Vergangenheit, Gegenwart und Zukunft, setzt Milieu und Geschehen in Beziehung zueinander. Aufschlußreich kann auch ein Vergleich der Skizze *Die papierne Passion* mit dem Drama *Die*

Familie Selicke sein, weil sich in diesen beiden Texten die für die Jahrhundertwende typische Gattungsvermischung zeigt. Die Dialoge bringen dramatische Elemente in den erzählenden Text, das Drama erhält durch die umfangreichen Regieanweisungen epische Züge. Arno Holz gab in der Schrift *Die Kunst. Ihr Wesen und ihre Gesetze* (1891/92) die theoretische Grundlegung der Zusammenarbeit mit der Formel K = N − x. Sie sollte ausdrücken, daß sich jede Kunst (K) der Natur (N) annähert, ohne ihr jemals genau zu entsprechen, weil die künstlerischen Mittel unzureichend sind und eine Lücke (x) lassen. Dieser Formel wegen nannte man ihn den Begründer des konsequenten Naturalismus, sie gab und gibt zu Mißverständnissen Anlaß, da die Interpreten Natur und äußere Realität gleichsetzen, während der Autor auch Phantasie, Eindrücke, Gedanken als Natur verstand.

Johannes Schlaf brachte wenig später die Bände *In Dingsda* (1892) und *Frühling* (1894) heraus. Sie enthielten kurze Skizzen, die Naturbilder, Stimmungen und Eindrücke des Augenblicks beschrieben und als frühe Beispiele impressionistischer Darstellung gelten. Den Begriff Impressionismus hatte man zum ersten Male 1874 in Frankreich gebraucht, um die Bilder der Maler Edgar Degas, Paul Cézanne, Claude Monet und Auguste Renoir zu charakterisieren. Der Wiener Kritiker Hermann Bahr brachte ihn in die Diskussion um die Literatur der Jahrhundertwende, denn er forderte sehr früh »*Die Überwindung des Naturalismus*« (1891) und eine verfeinerte Sprachkunst zur Wiedergabe von Sensationen der Nerven und flüchtigen Impressionen. Ansätze dazu waren schon bei DETLEV VON LILIENCRON (1844–1909) zu finden, der in den Werken *Adjutantenritte* (1883) und *Der Haidegänger* (1890) solche Augenblickseindrücke durch Aneinanderreihung prädikatloser Satzfragmente nachgezeichnet hatte. Arno Holz behandelte in der Komödie *Sozialaristokraten* (1896) noch einmal ein gesellschaftlich-politisches Thema: Antisemitismus und nationale Demagogie, die Gefährlichkeit der Spießer und Scharlatane. Dann erschienen unter dem Titel *Phantasus* (1898/99) zwei Hefte mit je fünfzig Gedichten, die erheblich von dem Herkömmlichen abwichen: kein Reim, keine Strophen, Druck auf eine »imaginäre Mittelachse« hin. Die Gedichte, die zahlreiche Jugendstilmotive enthalten, zeigen Impressionistisches: nämlich Aufzählung von Erinnerungen, Aneinanderreihung von Eindrücken der Realität und der Phantasie, lockere Zykluseinheit. Holz überarbeitete diese Gedichte immer wieder und publizierte sie dann in neuen Ausgaben (1913, 1916, 1924/25). So entstanden die monumentalen Spätfassungen, an denen die Sprachkrise der Jahrhundertwende deutlich wird. Die Sprache reichte nicht aus, um Ereignisse, Dinge, Eindrücke und Vorstellungen angemessen auszudrücken. Daher versuchte der Autor, durch Synonymenreihen, Superlativketten, Adjektivfolgen und Neologismen, durch Alliteration und Assonanz sowie durch veränderte Druckordnungen die »Natur« exakt zu »verworten«. Ein Beispiel kann diesen Prozeß erläutern. Den Abschluß des zweiten *Phantasus*-Heftes bildete ein sechszeiliges Gedicht, das die für die Jahrhundertwende typische kosmische Thematik mit dem für Holz charakteristischen Thema des kämpfenden, endlich siegenden Ich verbindet. In der Nachlaßfassung (1962) ist es auf achtzehn Zeilen angewachsen. Die Druckordnung hebt eine Reihe von

> In rote Fixsternwälder, die verbluten,
> peitsch ich mein Flügelross.
> Durch!
> Hinter zerfetzten Planetensystemen, hinter vergletscherten Ursonnen,
> hinter Wüsten aus Nacht und Nichts
> wachsen schimmernd Neue Welten — Trillionen Crocusblüten!

Abb. 79a: Arno Holz: Das *Phantasus*-Gedicht *Durch* in der Erstfassung von 1899

DURCH!

In
rote Fixsternwälder,
die
verbluten,
peitsche ich ... mein ... Flügelroß!

Durch!

Hinter zerfetzten Planetensystemen, hinter rundrings vergletscherten
Ursonnen, hinter Wüsten
aus

Nacht und Nichts,
wachsen ... demantblitzig, leuchten, saphirglitzig ... gluten
riesensonnen-
flammenfeuerflackerfackeln-
spritzig,
jungmächtig,
jungprächtig, jungträchtig
Neue Welten:

Trillionen ... Krokusblüten!

Abb. 79b: Arno Holz: Das *Phantasus*-Gedicht *Durch* in der Nachlaßfassung (1962)

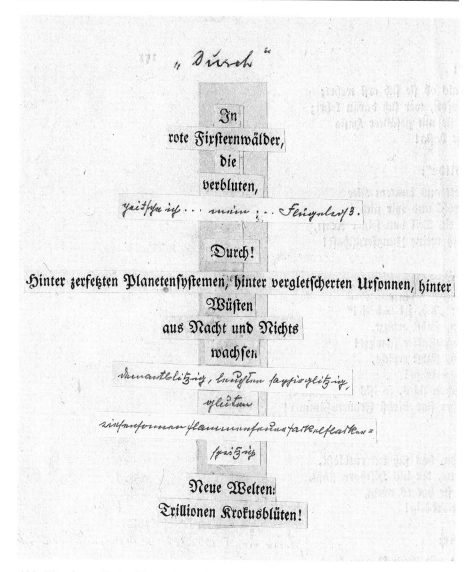

Abb. 79 c: Arno Holz: Manuskript des *Phantasus*-Gedichts *Durch* für die Ausgabe von 1924/25

Wörtern heraus, Pausen sind angegeben, hinzugefügte Wörter sollen die Situation genauer beschreiben. Den Arbeitsvorgang illustriert das gut erhaltene Manuskriptblatt zur Ausgabe von 1924/25. Holz übernahm eine Anzahl von Formulierungen aus der vorhergehenden Druckfassung als »Gerüst«, das er dann handschriftlich ausbaute, um die Lücke zwischen K und N möglichst klein zu machen.

Unter dem Aspekt des Sprachexperiments kann man auch die Werke von CHRISTIAN MORGENSTERN (1871–1914) sehen, besonders die Gedichtsammlungen *Galgenlieder* (1905) und *Palmström* (1910). Gedichte wie *Der Werwolf, Das aesthetische Wiesel* oder *Fisches Nachtgesang* wirken auf den ersten Blick effektvoll-humoristisch, sie stellen aber spielerisch leicht die Gesetze der Grammatik, die Aussagekraft der Wörter und die Regeln der Sprachkunst in Frage. Das Lautgedicht *Das große Lalulā* nahm voraus, was wenige Jahre später das Publikum schockierte: Während des Ersten Weltkrieges trafen sich Emigranten aus allen europäischen Ländern in der neutralen Schweiz. Am 1. Februar 1916 begann die Dada-Gruppe um HUGO BALL (1886–1927), im Cabaret Voltaire in Zürich ihre Vortragsabende zu veranstalten. Zu der Gruppe gehörten Balls Freundin Emmy Hennings, Hans Arp, Richard Huelsenbeck sowie die Rumänen Tristan Tzara und Marcel Janco. Woher der Name Dada kam, wußte nachher niemand mehr genau, im Gedächtnis blieben die Aktivitäten: Musikvorträge, Lesungen, Theateraufführungen, Gemäldeausstellungen. Ball nannte Dada »ein Narrenspiel aus dem Nichts«, um gegen »die Agonie und den Todestaumel der Zeit« anzukämpfen. Das Publikum sollte schockiert, zur Aggression getrieben werden, Absurdes in Wort und Spiel sollte die Sinnlosigkeit des Krieges zeigen. Texte wie *klum bum bussine* von Arp, *Karawane, Totenklage* oder *Seepferdchen und Flugfische* von BALL verdeutlichen, daß Dichtung auf das Zusammensetzen von Lauten reduziert wurde. Sprache war nicht mehr Mittel der Kommunikation, sondern Zeichen der Isolation. Unter dem Einfluß der Dada-Experimente entwickelte KURT SCHWITTERS (1887–1948) seine Merz-Kunst: Bilder, Bauten, Erzählungen, Gedichte. Berühmt machte ihn das Gedicht *An Anna Blume*, mit dem er – die Technik der Kollage einsetzend – ein aus überraschenden und widersprüchlichen Aussagen zusammengesetztes Liebesgedicht schrieb, das zudem mit grammatischen Formen spielt. Schwitters meinte: »Das konsequente Gedicht wertet Buchstaben und Buchstabengruppen gegeneinander.« Er schuf daher Werke wie das Gedicht *Wand*, in dem Anordnung der Wörter, Abstände zwischen den Zeilen und Stärke des Drucks das sprachliche dem optischen Kunstwerk annähern und dem Leser die Aufgabe der Assoziation und der Decodierung stellen.

L'art pour l'art

In der Streitschrift *Revolution der Lyrik* (1899) polemisierte Arno Holz gegen die Bücher wohlhabender Dichterjünglinge und meinte: »Noch nie waren so abenteuerlich gestopfte Wortwürste in so kunstvolle Ornamentik gebunden.« Mit diesen Worten zielte er auf STEFAN GEORGE (1868–1933), dessen Werk dem Verfechter einer natürlichen »Sprache des Lebens« völlig fremd bleiben mußte. Während eines Aufenthaltes in Paris erhielt der junge George entscheidende Anregungen durch STÉ-

Das konsequente Gedicht *Wand* von Kurt Schwitters

```
                    WAND
    Fünf  Vier  Drei  Zwei  Eins
    Wand
    Wand
    WAND
    WAND   WAND   WAND
    WAND   WAND   WAND
    WAND        WAND        WAND        WAND
    wände
    wände
    Wände
    WÄNDE  WÄNDE  WÄNDE
    WÄNDE  WÄNDE  WÄNDE  WÄNDE
    WAND
    WAND  WAND  WAND
    WAND  WAND  WAND
    wand  wand  wand
    wand
    wand
    wand

    wand
```

PHANE MALLARMÉ (1842–1898), der ihm die Gedichte der »Modernen« Charles Baudelaire, Paul Verlaine und Arthur Rimbaud nahebrachte. Die Gedanken des Symbolismus faszinierten den deutschen Gast, er verwirklichte sie in Deutschland wie kein anderer Autor der Jahrhundertwende. Er verstand sich zudem – besonders in den »Zeitgedichten« der späteren Jahre – als Künder ewiger Gesetze und als Prophet zukünftiger Größe. Zunächst gab er im Selbstverlag drei Gedichtbände mit einer Auflage von jeweils hundert Exemplaren heraus: *Hymnen* (1890) in Berlin, *Pilgerfahrten* (1891) in Wien, *Algabal* (1892) in Paris. Die Gedichte preisen das Schicksal des Künstlers, Einsamkeit und Zucht des Geistes, geschichtliche Größe und außerordentliches Leben, wobei ein Zug brutaler Selbstherrlichkeit – etwa in dem Gedicht *Wenn um der zinnen kupferglühe hauben* – unübersehbar ist. Der Band mit den Zyklen *Das Buch der Hirten- und Preisgedichte, Das Buch der Sagen und Sänge, Das Buch der hängenden Gärten* (1894) führte nach Griechenland, in den Orient, in die Welt des Rittertums im Mittelalter, der Zyklus *Das Jahr der Seele* (1897) enthielt vor allem Liebes- und Naturlyrik, so die bekannten Gedichte *Komm in den totgesagten park und schau* oder *Es lacht in dem steigenden jahr dir*. Ordnung, Form, Symbolkraft in extremer Steigerung zeigte der Zyklus *Der siebente Ring*. Er erschien 1907, war das siebte Werk des Autors, besteht aus sieben Teilen, enthält in jedem Teil eine Zahl von Gedichten, die man durch sieben teilen

Abb. 80: Erstausgabe 1907, in der Gestaltung von Melchior Lechter

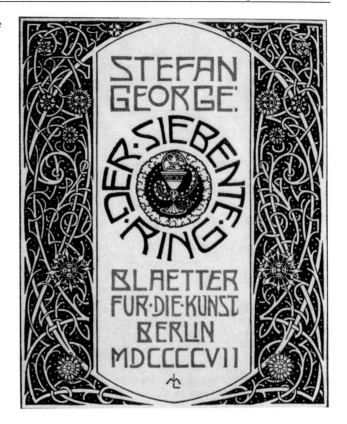

kann. George setzte der verachteten Realität die gestaltenden Kräfte des Künstlers entgegen, er verteidigte kompromißlos den Lebensstil des Ästhetizismus: Alle Publikationen hoben sich durch Kleinschreibung und eigenwillige Interpunktion von den zeitgenössischen Produktionen ab, seit 1892 kam die gemeinsam mit Carl August Klein gegründete Zeitschrift »Blätter für die Kunst« heraus. 1894 fand George den Maler Melchior Lechter, der die Gedichtbände mit jugendstilhaft-strenger Ornamentik ausstattete und wesentliche Beispiele für die Buchkunst der Jahrhundertwende schuf. 1898 traf er in Rom den Verleger Georg Bondi, der während der folgenden Jahre neue Auflagen der frühen Zyklen herausbrachte und das Werk einem breiteren Publikum zugänglich machte. Leben nach den Gesetzen der Antike gegen den niederen Geist der Zeit sollten die Jünger verwirklichen, die George umgaben und denen er sich als Meister und Freund verbunden fühlte. Zu ihnen gehörten der Lyriker Karl Wolfskehl sowie Friedrich Wolters, Übersetzer mittelalterlicher Dichtungen, Norbert von Hellingrath, Herausgeber der ersten historisch-kritischen Hölderlin-Ausgabe, sowie der Literaturwissenschaftler Friedrich Gundolf, dessen Untersuchung »Shakespeare und der deutsche Geist« (1911) schnell bekannt wurde. Das ausgeprägte

Verhältnis von Führer und Gefolgschaft, von Herrscher und Gehorchenden sowie die Verkündigung eines neuen Reiches brachten Stefan George den Vorwurf ein, Wegbereiter des nationalsozialistischen Staates gewesen zu sein. Sicher unterstützten einige seiner Anhänger – Alfred Schuler, Ludwig Klages, Ernst Bertram – Antisemitismus und völkische Idee. Nicht vergessen werden sollte allerdings, daß George 1933 Deutschland verließ und daß Claus Schenk Graf von Stauffenberg, der am 20. Juli 1944 das Attentat auf Hitler unternahm, der letzte Lieblingsjünger des Dichters war.

Für Stefan George bedeutete die Maxime L'art pour l'art strenge Verpflichtung, Einheit von Kunst- und Lebensstil. Jene Autoren, die man im engeren Sinne als Neuromantiker bezeichnet, interpretierten sie weniger streng. Sie griffen auf Stoffe und Motive der Romantik zurück, um den Bereich des Seelischen zu erschließen oder eine Welt reizvoller Fremdheit darzustellen, das publikumsorientierte Drama sollte Wirkung und Anerkennung garantieren. KARL GUSTAV VOLLMOELLER (1878–1948), Mitglied des George-Kreises, fügte in seinen Stücken *Catharina, Gräfin von Armagnac, und ihre beiden Liebhaber* (1903) und *Assüs, Fitne und Sumurud* (1904) typische Elemente neuromantischer Dramatik zusammen: Urgefühle wie Liebe, Haß, Treue und Verrat, metaphernreiche Verssprache, exotisch-kostbare Szenerien, wirkungsvolle Auftritte bei Dämmerlicht, Fackelschein oder Kerzenschimmer, Musik als Untermalung extremer Leidenschaften. ERNST HARDT (1876–1947) variierte in dem Schauspiel *Tantris der Narr* (1907), für das er den zweifachen Schillerpreis erhielt, das Tristan/Isolde-Geschehen und zeigte in dem Stück *Gudrun* (1911) die kalte Größe nordischen Heldentums. Die großen Erfolge dieser Werke wurden nicht zuletzt durch das Berliner Theater ermöglicht. Seit 1898 hatte Otto Brahm an Einfluß verloren, ein junger Regisseur beherrschte die Szene: der »Theatermagier« Max Reinhardt (1873–1943). 1905 übernahm er das Deutsche Theater und schuf gemeinsam mit seinen berühmten Ensemblemitgliedern Gertrud Eysoldt, Tilla Durieux, Albert Bassermann, Alexander Moissi, Rudolf Schildkraut, Paul Wegener mitreißende, oft aufwendige Inszenierungen der wichtigsten zeitgenössischen Dramen.

Die Neuromantik beeinflußte nicht nur das Drama, sondern auch Essayistik und Erzählkunst. Wilhelm Bölsche schrieb über Novalis und Heinrich Heine, RICARDA HUCH (1864–1947) interpretierte in ihren großangelegten Untersuchungen *Blütezeit der Romantik* (1899) und *Ausbreitung und Verfall der Romantik* (1902) die vergangene Epoche aus der Perspektive der Jahrhundertwende, sie schilderte immer wieder Ereignisse und Gestalten der Geschichte: Dreißigjähriger Krieg, Garibaldi, Luther, Wallenstein. EDUARD STUCKEN (1865–1936) stellte in dem Roman *Die weißen Götter* (1918) die Eroberung Mexikos durch Cortez und die Ausrottung der Azteken dar. Die Breite des Erzählens, die Fülle der Details, die Genauigkeit der Fakten erinnern an die »Professorenromane« des 19. Jahrhunderts, an Autoren wie Felix Dahn, Georg Ebers,

Gustav Freytag. Der Neuromantik zugehörend kann man auch das Werk von KARL MAY (1842–1912) sehen. Ab 1892 publizierte er seine vorher in Zeitschriften erschienenen Erzählungen in Buchform und errang innerhalb weniger Jahre ungeahnten Erfolg, der auch heute noch anhält – bis 1963 verkaufte der Karl-May-Verlag Radebeul/Bamberg mehr als 25 Millionen Exemplare, die zahlreichen Übersetzungen nicht mitgerechnet. May schrieb spannende Geschichten, »keine blumigen Träume, sondern Wildträume, gleichsam reißende Märchen«. Er entführte die Leser in die Fremde: Naher und Ferner Osten, Nord- und Südamerika. Er schuf Gestalten von einprägsamer Einfachheit und moralischer Integrität, die sich durch Denken, Handeln und Fühlen zur Identifikation anbieten, gegen das Böse kämpfen und eine heile Welt der Ordnung und Treue repräsentieren: Old Shatterhand, Winnetou, Kara ben Nemsi, Hadschi Halef Omar.

Ähnlich wie der Symbolismus war die Neuklassik eine kunsttheoretische Reaktion auf den Naturalismus. PAUL ERNST (1866–1933) – neben Wilhelm von Scholz und Samuel Lublinski wichtigster Vertreter dieser Richtung – hatte als junger Schriftsteller für die Ideen der Sozialdemokratie gekämpft und einige Zeit mit Arno Holz zusammengearbeitet. Das Studium altitalienischer Literatur führte ihn 1900 zu einer ausgeprägten Formkunst, die er in der Schrift *Der Weg zur Form. Ästhetische Abhandlungen vornehmlich zur Tragödie und Novelle* (1906) erläuterte. Die Sammelbände *Sechs Geschichten* (1901), *Die Prinzessin des Ostens* (1903) und *Der Tod des Cosimo* (1912) enthielten eine Fülle von Novellen, die alle wichtigen Merkmale der Form zeigen: Kürze, Prägnanz, Konzentration auf eine unerhörte Begebenheit, Leitsymbol des »Falken«, objektive Darstellung. Besondere Bedeutung kommt der Tragödie *Demetrios* (1905) zu, mit der Ernst an das Drama der deutschen Klassik anknüpfte: Herrschaft, Macht und Recht als Thema, Freiheit in der persönlichen Entscheidung für den Tod als Lösung, fünfaktiger Aufbau, geschlossene Form, Blankvers. Die Bühnenwerke der Neuklassik, die auf hoher Abstraktionsebene allgemeingültige Probleme und Konflikte behandeln, blieben ohne Erfolg. Es gelang den Autoren nicht, das von ihnen gewünschte ideale Publikum heranzubilden.

Es besteht kein Zweifel, daß die Literatur des Symbolismus, der Neuromantik und der Neuklassik zu der nicht apolitischen, aber unpolitischen Haltung des Bürgertums um 1900 beitrug, die man später »fortschrittliche Reaktion« genannt hat. Nach dem Rücktritt Bismarcks, in einer Zeit innen- und außenpolitischer Spannungen, die den Ersten Weltkrieg mehr und mehr ahnen ließen, entführte sie in ferne Länder und hochgetriebenes Gefühl, pflegte sie die Ideale von Edelmut und herrisch-brutaler Kraft, begünstigte sie eine Flucht aus der Realität. Es war nur ein kleiner Schritt von der Literatur zur Politik, das beweist die Arbeit des Verlegers Eugen Diederichs. Er verstand sich als Verfechter »der deutschen Innerlichkeit, der seelischen Erneuerung« und gebrauchte den Begriff Neuromantik bewußt als Bezeichnung für das Gedankengut des

Abb. 81: Signets von Verlagen der Jahrhundertwende

a) Georg Bondi
b) Insel
c) Samuel Fischer
d) Kurt Wolff
e) Eugen Diederichs
f) Ernst Rowohlt

Irrationalen, des Volksverbundenen und Volkhaften. Sein Verlag wurde zu einem »Warenhaus für Weltanschauungen«, in dem es alles gab, was dem Gemüt und dem Gefühl entgegenkam: Neuausgaben klassischer und romantischer Autoren, die vielbändigen Sammlungen »Thule«, »Stammeskunde deutscher Landschaften« und »Deutsche Volkheit«, Arbeiterbiographien, Heimatkunst, monistische Philosophie, Schriften der Jugendbewegung.

Impression und Kairos

Das erste Heft der Zeitschrift *»Blätter für die Kunst«* enthielt den Einakter *Der Tod des Tizian* (1892). Autor war ein Gymnasiast, der vorher unter den Pseudonymen Theophil Morren und Loris veröffentlicht hatte: HUGO VON HOFMANNSTHAL. Er wurde 1874 in Wien geboren, begann nach dem Besuch des Gymnasiums ein Studium der Jurisprudenz, dann der romanischen Philologie. 1901 ließ er sich als freier Schriftsteller in Rodaun bei Wien nieder, unternahm Vortragsreisen durch Europa, knüpfte Verbindungen zu zahlreichen Künstlern und begründete 1920 gemeinsam mit Max Reinhardt die Salzburger Festspiele. Er starb am 15. Juli 1929. Die frühen Gedichte Hofmannsthals wie *Ballade des äußeren Lebens, Ein Traum von großer Magie* oder *Terzinen. Über Vergänglichkeit* und die frühen Einakter – *Der Tor und der Tod* (1893), *Das kleine Welttheater* (1897) – entstanden unter dem Einfluß des Symbolismus, dem elitären Kunstideal Georges konnte der junge Österreicher aber nicht folgen. *Das Märchen der 672. Nacht* (1895) enthielt noch verschlüsselte Handlung und rätselhafte Metaphorik, doch schon die *Reitergeschichte* (1898) wies neue Wege. Sie galt und gilt als exemplarisches Beispiel für den Impressionismus wegen der Sensibilität, mit der Eindrücke und Stimmungen des Augenblicks wiedergegeben werden – etwa der Ritt der Wallmodenkürassiere durch Mailand –, und wegen des außerordentlichen Geschehens. Nach Stunden des Kämpfens und Tötens, nach der Erfahrung unerklärbarer Begegnungen steht der Wachtmeister Anton Lerch dem Rittmeister Rofrano gegenüber. Er folgt dem Befehl »Handpferde auslassen!« nicht sofort und wird erschossen – Kairos, Moment verborgener Gedanken und extremer Entscheidungen. Bedeutungsvoll ist auch *Ein Brief* (1902), das fiktive Schreiben des jungen Philipp Lord Chandos an Francis Bacon über die Unfähigkeit, »irgend etwas zusammenhängend zu denken oder zu sprechen«, den angemessenen Ausdruck für alltägliche Erfahrungen zu finden. Der *Brief* artikuliert die impressionistische Sprachkrise, die hier paradoxerweise in einem elegant und präzise formulierten Text beschrieben wird. Für Hofmannsthal bedeutete er Distanzierung von seinem Frühwerk und Durchbruch zu einer Überzeugung, die er mit den Begriffen »Kontemporaneität« und »Allomatie« umschrieb. Das eine hieß Teilnahme an der Zeit, Verantwortung innerhalb der Gesellschaft.

Diese Thematik bestimmte die Neufassung der Tragödie *König Ödipus* (1905) von Sophokles ebenso wie die Bearbeitung der englischen Moralität *Jedermann* (1911), die auf den spanischen Dichter Calderón de la Barca zurückgehenden Dramen *Das Salzburger Große Welttheater* (1922) und *Der Turm* (1925/27) ebenso wie die Komödie *Der Schwierige* (1921). Unter dem Aspekt der »Kontemporaneität« muß man auch die Essays, Reden und Briefe sehen. Hofmannsthal versuchte, in einer Zeit des Umbruchs und des Verfalls alter Werte die Kräfte der Tradition und der Kultur zu beschwören, um Europa eine tragfähige Grundlage zu geben – etwa in dem Vortrag *Der Dichter und diese Zeit* (1907) oder in der Münchner Rede *Das Schrifttum als geistiger Raum der Nation* (1927). »Allomatie«, die gegenseitige Erhöhung der Menschen durch Liebe und Opfer, prägte vor allem das Geschehen der Opernlibretti, die Richard Strauss vertonte: *Elektra* (1903), *Ariadne auf Naxos* (1912/16), *Die Frau ohne Schatten* (1919), *Die Ägyptische Helena* (1928), *Arabella* (1933). Die in der deutschen Geistesgeschichte einmalige Zusammenarbeit von Dichter und Komponist belegt ein umfangreicher Briefwechsel, der zu den faszinierendsten Dokumenten der Jahrhundertwende gehört. Hofmannsthal war hoch gebildet, traditionsbewußt, abwägend, zurückhaltend, auf das Werk konzentriert. Strauss achtete auf Wirkung, berücksichtigte das Publikum, dachte an die Möglichkeiten des Theaters und an den Gewinn. So bestimmen Gegensätze die Briefe: Lob und Tadel, Vorwürfe und Anerkennung, Streit und Harmonie. Größter Erfolg der gemeinsamen Arbeit wurde die Komödie für Musik *Der Rosenkavalier* (1911). Hofmannsthal/Strauss schufen mit diesem Werk eine Oper, die festliches Theater außerhalb der Zeitereignisse ermöglicht, die impressionistische Motive wie Liebe und Entsagung, Spiel und Maske, Alter und Jugend überzeugend kombiniert, die durch eine ungewöhnliche Einheit von Text und Musik nachhaltigen Eindruck auf das Publikum machen kann. Mit der »Überreichung der silbernen Rose« durch den jungen Grafen Octavian Rofrano enthält sie zudem die eindringliste und wirkungsvollste Darstellung des impressionistischen Kairos.

Mehrere Einakter Hofmannsthals zeigen junge Menschen, die ihr Leben außerhalb sozialer Verpflichtungen führen, der trunkenen Schönheit, der eigenen Seele oder der depressiven Stimmung hingegeben. Vor allem diese Thematik weist auf das Werk des zweiten bedeutenden österreichischen Autors der Zeit: ARTHUR SCHNITZLER (1862–1931). Man hat seine Dramen und Erzählungen lange als typische Äußerungen des Fin de siècle gesehen, als oberflächlich-dekadente Stimmungskunst. Solche Deutung greift zu kurz, weil sie selbst oberflächlich bleibt. Schnitzler stellte nämlich unaufdringlich die Probleme der untergehenden k.u.k.-Monarchie dar, die Isolation des einzelnen und die Unfähigkeit, miteinander zu sprechen. Die impressionistische Sprachkrise ist in die literarischen Figuren hineingenommen, extreme Situationen wie Spiel, Abschied, Duell, Zusammenbruch, Tod entlarven den Menschen als allein gelassenes, resignierendes Wesen. Schnitzler löste die traditionellen dramatischen und novellistischen Formen auf, um den Zerfall menschlicher Bindungen wiedergeben zu können. Die Szenenfolge *Anatol* (1893) stellt einen leichtsinnigen Melancholiker vor, der mit sich und anderen Menschen spielt, immer in der Hoffnung, eine nicht genau definierte Erfüllung zu finden. Berühmt-berüchtigt wurde die Szenenreihe *Reigen* (1900). In zehn Dialogen geht es nur um eins: den Geschlechtsakt. Keiner der namenlosen Partner gibt die Eindeutigkeit seiner Absicht zu, man diskutiert, schmeichelt, wirbt, bis das Ziel erreicht ist und nach der Lust die Phrase als Abschied bleibt. Die erste Szene bringt eine Dirne und einen Soldaten zusammen, die zweite den Soldaten und ein Stubenmädchen, die dritte das Stubenmädchen und einen jungen Herrn. In der zehnten Szene nimmt ein Graf die Dirne, der Reigen der Sexualität kann von neuem beginnen. Schnitzler schrieb hier das absolute Gegenstück zum klassischen Drama der geschlossenen Form: kein Ziel, keine Steigerung, kein Held. Das Werk konnte erst 1920 in Berlin uraufgeführt werden; der darauf folgende Prozeß, gegen die angebliche Unsittlichkeit des jüdischen Verfassers gerichtet, enthüllte die spießbürgerlich-nationalistischen Vorurteile der Zeit. Die Novelle *Leutnant Gustl* (1901) besteht allein aus dem Monolog eines jungen Soldaten, den ein Bäckermeister beleidigt hat und der nun ein Selbstgespräch darüber führt, ob es zu einem Duell kommen muß oder nicht. Das Schicksal erspart ihm die Entscheidung, der »Gegner« stirbt an Herzschlag. Wesentlich ist auch hier der formale Aspekt: Personen und Ereignisse der Umwelt, der Ehrenkodex des Militärs, die hilflose Einsamkeit kommen nur indirekt, in den Gedanken und Assoziationen des Leutnants, zum Ausdruck. Schnitzler griff, wenn es ein Thema forderte, auch auf traditionelle Formen zurück. Das verdeutlichen die erste Erzählung *Sterben* (1894), eine minutiöse, geschickt gesteigerte Schilderung der allmählich wechselnden Gefühle angesichts des Todes, die wirkungsvolle Novelle *Casanovas Heimfahrt* (1918) oder die letzte große, äußerst spannende Erzählung *Spiel im Morgengrauen* (1927) ebenso wie die ernste Komödie *Professor Bernhardi* (1912), in der Antisemitismus, Bigotterie und Standesbewußtsein der Mediziner kritisiert werden.

Schnitzler arbeitete lange Zeit als praktischer Arzt in Wien, nicht zuletzt dadurch entstand die Freundschaft zu einem Wissenschaftler, dessen Einfluß auf die Literatur der Jahrhundertwende kaum zu überschätzen sein dürfte: SIGMUND FREUD (1856–1939). Nach Untersuchungen zur Hysterie und Psychopathologie des Alltags unternahm er in der Studie *Die Traumdeutung* (1900) den Versuch, Entstehung, Zweck und Bedeutung des Traums zu erklären. Heftig umstritten waren die *Drei Abhandlungen zur Sexualtheorie* (1905), in denen er seine Vorstellungen von der kindlichen Sexualität und ihrem Einfluß auf die Entfaltung der Psyche entwickelte. Im gleichen Jahr erschien die für die Literaturwissenschaft besonders interessante Studie *Der Witz und seine Beziehung zum Unbewußten*, die Witz und Traum in Beziehung zueinander setzt. Obwohl

Freud komplizierte Sachverhalte erläuterte, stellen seine Bücher keine übermäßigen Anforderungen. Zahlreiche einleuchtende Beispiele, rhetorische Elemente wie Frage und Anrede, Widerlegung fiktiver Einwände, der Grundton des Gesprächs fesseln den Leser und erleichtern die Aufnahme der wissenschaftlichen Terminologie.

Zum Wiener Kreis um Hofmannsthal und Schnitzler gehörten drei weitere Österreicher, deren Werke jeweils einen Aspekt impressionistischer Literatur verdeutlichen. PETER ALTENBERG (1859–1919) gab in den kurzen Skizzen der Bände *Wie ich es sehe* (1896) und *Was der Tag mir zuträgt* (1901) den Eindruck des Augenblicks wieder, flüchtige Ausschnitte aus Gesprächen, Gedanken, Überlegungen, Beobachtungen, Naturvorgängen: *Sonnenuntergang im Prater, Spätsommer-Nachmittag, Herbstabend, Quartett-Soirée*. RICHARD BEER-HOFMANN (1866–1945) schrieb mit dem Roman *Der Tod Georgs* (1900) das deutlichste Beispiel für die müde, lebensferne Haltung des Fin de siècle. Das durch den Titel angesprochene Ereignis tritt völlig in den Hintergrund, es setzt nur die Reflexionen der Hauptfigur Paul in Gang, der sich langsam eine Gedanken- und Traumwelt aufbaut. Aus dem Bewußtsein der Sprachkrise entstand das Werk des Kritikers und Satirikers KARL KRAUS (1874–1936). Er gab von 1899 an die Zeitschrift *Die Fackel* heraus, für die er zahllose Glossen, Kritiken, Polemiken und Aufsätze schrieb. Konsequenz des jahrzehntelangen Kampfes war das monumentale Drama *Die letzten Tage der Menschheit* (1919), dessen Dialog weitgehend aus Montagen von Reden, Interviews, Zeitungsartikeln, Fachjargon, Phrasen und Dialekt besteht. Kraus zeigte, daß eine heruntergekommene, im Klischee erstarrte Sprache Ausdruck der oberflächlichen Selbstgefälligkeit und der Brutalität ist, daß mit dem Beginn des Ersten Weltkrieges die letzten Tage einer Menschheit begannen, die Wilhelminisches Reich und k.u.k.-Monarchie kritiklos und jubelnd akzeptiert hatte.

Wie die Autoren der Neuromantik war auch RAINER MARIA RILKE zunächst der romantischen Dichtung verpflichtet. Er wurde 1875 in Prag geboren, begann nach dem Besuch der Kadettenschule, der Militäroberrealschule und der Handelsakademie ein Studium der Philosophie, Geschichte und Literatur in Prag, München, Berlin. 1900 nahm er Kontakt zu der Künstlerkolonie Worpswede bei Bremen auf, 1902 lernte er in Paris den Bildhauer Auguste Rodin kennen, dessen Werke ihn nachhaltig beeinflußten. Ausgedehnte Reisen führten Rilke durch Rußland, Frankreich, Österreich, Italien, Belgien und Spanien, die letzten Jahre seines Lebens verbrachte er in dem Schweizer Kanton Wallis, wo er am 29. Dezember 1926 starb. Die frühen Publikationen *Leben und Lieder* (1894) und *Larenopfer* (1895) enthielten geschickt geschriebene, wirkungsvolle Gedichte, die ganz in der Tradition melancholisch-gemütvoller Lyrik stehen. Die Sammlung *Vom lieben Gott und Anderes* (1900) – später als *Geschichten vom lieben Gott* (1904) veröffentlicht – gehört ebenfalls zur Neuromantik. In gewollt einfacher Sprache, unter ständigem Hinweis auf die pädagogische Absicht und die Zielgruppe der Kin-

Abb. 82: Der erste Band der Insel-Bücherei

der preisen die Geschichten und Märchen mit manchmal peinlichen Übertreibungen Glaubenskraft, Einfalt und Armut. Diese Themen bestimmen auch die Gedichtbände *Das Stunden-Buch* (1905) und *Das Buch der Bilder* (1902/1906), in denen sich Rilke als Lyriker zeigte, der Rhythmus, Reim, Assonanz und Metaphorik virtuos beherrscht und variiert, etwa in den Gedichten *Werkleute sind wir, Wie der Wächter in den Weingeländen* oder *Herbsttag*. Deutlich wird aber bereits hier eine Hinwendung zu den Dingen und zu dem vermeintlich Wertlosen, erklärbar aus der Überzeugung: »Es geht eine große und ewige Schönheit durch die ganze Welt, und diese ist gerecht über den kleinen und großen Dingen verstreut.« Spätere Gedichte wie *Der Panther, Das Karussell, Römische Fontäne* weisen auf diesen zentralen Gedanken. Beispiel impressionistischer Darstellung war auch *Die Weise von Liebe und Tod des Cornets Christoph Rilke* (1906), eine Folge von kurzen Skizzen, die gedrängt, oft nur durch ein einzelnes Wort andeutend, die entscheidenden

Momente – Freundschaft, Liebe, Kampf, Tod – eines jungen Adligen beschreiben. *Die Aufzeichnungen des Malte Laurids Brigge* (1910) ließen noch einmal wesentliche Elemente des Impressionismus erkennen. Die Form des Tagebuchs bedingt, daß Impressionen, Erlebnisse, Beobachtungen nebeneinandergesetzt werden. »Ich lerne sehen«, heißt es am Anfang immer wieder. Gedanken über Vergangenheit und Vergänglichkeit, vor allem Darstellung und Deutung des Todes prägen die Aufzeichnungen. Die Angst des nervös-unsicheren Schreibers, als letzter Erbe der ehemals angesehenen Familie Brigge dem Leben nicht gewachsen zu sein, stellt die Verbindung zum Dekadenzthema der Jahrhundertwende her. Mehr als ein Jahrzehnt verging, bevor die beiden Gedichtzyklen *Die Sonette an Orpheus* (1923) und *Duineser Elegien* (1923) erschienen. Es sind vor allem diese Gedichte, die den Begriff der »hermetischen Dichtung« rechtfertigen. Anspielungen auf Kunst, Kultur und Mythos, rätselhafte Bilder, verschlüsselte Metaphorik, ungewöhnliche Satzgefüge und eine Fülle von Neologismen erschweren die Interpretation und führten dazu, Aspekte der Philosophie und Theologie ins Zentrum der Deutung zu rücken, den Autor als einen Vermittler von Weltanschauungen zu sehen. Rilkes Erfolg ist nicht erklärbar ohne die Arbeit eines Verlags. Ab 1899 erschien die literarische Monatsschrift *»Die Insel«*, ungewöhnlich aufwendig ausgestattet durch namhafte Maler und Zeichner der Zeit: Peter Behrens, Heinrich Vogeler, E. R. Weiß. 1902 wurde in Leipzig der Insel-Verlag als selbständiges Unternehmen eingetragen, das Anton Kippenberg von 1906 bis 1950 leitete. Die seit 1906 publizierten Insel-Almanache stellten regelmäßig die Arbeit des Verlages vor, die Insel-Klassiker boten die Werke bedeutender Autoren möglichst preisgünstig an, in der Insel-Bücherei kamen berühmte Werke der Weltliteratur zu volkstümlichen Preisen, anfangs fünfzig Pfennig, heraus. Im Juni 1912 erschien als erstes Buch dieser Reihe *Die Weise von Liebe und Tod des Cornets Christoph Rilke* in einer Auflage von 30 000 Exemplaren – Zeichen dafür, daß der Insel-Verlag sich schon früh als »Rilke-Verlag« verstand.
Es gehört zu den interessantesten Aspekten der Jahrhundertwende, das Werk zweier Brüder miteinander zu vergleichen: HEINRICH MANN (1871–1950) und THOMAS MANN (1875–1955). Sie wurden als Söhne einer hochgeachteten Senatorenfamilie in Lübeck geboren und entschieden sich nach einem nicht erfolgreich abgeschlossenen Besuch der Oberschule und kurzen Studien dazu, als freie Schriftsteller zu leben. Erfolg und Anerkennung blieben nicht aus. Heinrich Mann trat 1930 als Präsident der Preußischen Akademie der Künste ein hochoffizielles Amt an, Thomas Mann erhielt 1929 den Nobelpreis. Die Übernahme der Macht durch die Nationalsozialisten im Jahre 1933 bedeutete für die Brüder Emigration und Exil. Heinrich Mann zog zunächst nach Frankreich, sein Bruder in die Schweiz. Als die Situation in Europa immer bedrohlicher wurde, blieb Amerika als letzte Zuflucht, in Kalifornien verbrachten beide die letzten Kriegsjahre. Heinrich Mann starb kurz vor

der Rückkehr nach Deutschland, Thomas Mann in Kilchberg bei Zürich. Leben und Wirken der Brüder weisen weit über die Jahrhundertwende hinaus. Ihre bekanntesten Werke entstanden aber kurz nach 1900, sie begründeten den Ruhm späterer Jahre. Thomas Mann erreichte bereits mit seinem ersten Roman *Buddenbrooks* (1901) einen außergewöhnlichen, durch die spätere Verleihung des Nobelpreises bestätigten Erfolg. Im Mittelpunkt des Werkes steht eine einflußreiche Lübecker Kaufmannsfamilie, die im Laufe von vier Generationen Ansehen und Reichtum verliert, deren letzter Erbe Hanno ohne Lebenskraft ist und früh an Typhus stirbt. Verlust an Vitalität bedingt aber Sensibilität, Verständnis für die Kunst, Einfühlungsvermögen, Distanz zu Leben und Tod – die Dekadenzproblematik erscheint in abgewandelter, vertiefter Form. Die Verpflichtung gegenüber Familie, Tradition und gesellschaftlichen Zwängen verdeutlicht besonders Tony Buddenbrook, deren Lebensweg detailliert dargestellt wird. Nur ein einziges Mal, als sie in Travemünde den Studenten Morten Schwarzkopf kennenlernt und immer wieder »auf den Steinen« wartet, bis er kommt und sie begleitet, erfährt sie, was echtes Gefühl und Zuneigung bedeuten können. Hier wie in ihrem weiteren Leben beugt sie sich der Familienräson und verzichtet auf Liebe und Glück. Der Roman ordnet sich in die Erzähltradition des 19. Jahrhunderts ein: breit angelegte Handlung, große Zahl von Figuren, Betonung des familiär-persönlichen Schicksals. Daß er durch Theodor Fontane beeinflußt wurde, zeigen die sprechenden Namen – Bendix Grünlich, Sesemi Weichbrodt, Alois Permaneder – ebenso wie die auktoriale Erzählperspektive und die leitmotivisch wiederholten Formulierungen als ironisierende Charakterisierung der Figuren. Das Verhältnis von Bürgertum und Künstlertum blieb zentrales Thema für Thomas Mann. Schon die Novelle *Tristan* (1903) behandelte es wieder in dem fast satirisch überspitzten Gegensatz zwischen dem Kaufmann Klöterjahn und dem Dichter Spinell. Der eine sieht die Schönheit, verkörpert durch die todkranke Gabriele, pragmatisch und nüchtern, der andere erlebt sie verklärt, erhaben, die Phantasie beflügelnd. Die Novelle dürfte das ausgeprägteste Beispiel für die breite, bisher noch nicht zureichend erforschte Richard-Wagner-Rezeption der Jahrhundertwende sein, da Personen und Handlung nur vor dem Hintergrund des Musikdramas *Tristan und Isolde* (1865) erklärbar sind. Die Erzählung *Der Tod in Venedig* (1912) zeigte die Gefährdung des Künstlers durch das Leben am Schicksal des alternden Schriftstellers Gustav von Aschenbach, der in Venedig der todbringenden Schönheit des polnischen Knaben Tadzio verfällt. Die Erzählung *Tonio Kröger* (1903) entfaltete das Thema besonders eindrucksvoll: der Künstler fühlt sich ausgestoßen, vereinsamt, außerhalb der Gesellschaft. Er schafft sein Werk aus der Sehnsucht nach der bürgerlichen Sicherheit heraus, aus Sehnsucht nach »den Blonden und Blauäugigen, den hellen Lebendigen, den Glücklichen, Liebenswürdigen und Gewöhnlichen«. Diese Problematik führte dazu, daß Thomas Mann in Essays und Reden eine von den politischen Ereignissen der Zeit gelöste Kunst forderte, daß er in den umstrittenen, gegen seinen Bruder gerichteten *Betrachtungen eines Unpolitischen* (1918) Demokratie und Kunst, Politik und Geist als Gegenmächte bezeichnete – eine Meinung, die er unter dem Eindruck der nationalsozialistischen Machtergreifung radikal änderte. Der kulturpolitischen, kämpferischen Schrift folgte ein großer Roman mit ähnlicher Thematik: *Der Zauberberg* (1924). Er erzählt die Geschichte des Patriziersohnes Hans Castorp, der seinen lungenkranken Vetter Joachim Ziemßen in Davos besucht und sieben Jahre in der abgeschiedenen Welt der »Moribunden« verbringt. Die anderen Gäste des Sanatoriums »Berghof« repräsentieren verschiedene Weltanschauungen: Settembrini einen aufgeklärten Humanismus, der Jesuit Naphta eine fanatische Ideologie des Todes, Mynheer Peeperkorn den vitalen Lebensgenuß. Castorp öffnet sich allen Einflüssen und wird so zu einem »tauglichen Streitobjekt der Pädagogik«, verliert aber niemals Distanz und Selbständigkeit. Nach Studien, Gesprächen, Erfahrungen, nicht zuletzt durch die Liebe zu Madame Chauchat und durch den Tod seines Vetters erkennt er das Leben als Einheit von Widersprüchen. Der im aggressiven Verhalten einzelner Patienten gespiegelte Ausbruch des Ersten Weltkrieges markiert das Ende der medizinisch-pädagogischen Zeitlosigkeit, der Zögling wird in die Welt der Realitäten entlassen. Thomas Mann reicherte die Form des Bildungsromans durch Reflexionen, Erläuterungen, Digressionen und Exkurse über medizinische, philosophische, kulturelle und historische Themen an, der Abschnitt »Fülle des Wohllauts« etwa enthält den faszinierenden Versuch, Wesen und Wirkung der Musik durch das Wort zu vergegenwärtigen. Im »Vorsatz« nennt Mann den Erzähler »den raunenden Beschwörer des Imperfekts« – so zieht sich leitmotivisch die Frage nach dem Ablauf und der Bedeutung der Zeit durch das Werk, mit dem eine zusammenfassende, kritische Darstellung des europäischen Bürgertums vor dem Kriege gelang, sozusagen ein Fazit der Jahrhundertwende. Eine Interpretation dieses Romans verdeutlicht die Schwierigkeiten, die der Leser überwinden muß, um in einem Werk Thomas Manns alle Einzelheiten des Inhalts und der Form würdigen zu können: Zahlreiche Zitate, Anspielungen und Übernahmen aus älterer Literatur oder wissenschaftlichen Publikationen setzen ein breites Wissen des Rezipienten voraus, biographische Fakten spielen eine wichtige Rolle, Persönlichkeiten der Entstehungszeit dienen mehr oder weniger deutlich als Vorbilder der Figuren. So geht Mynheer Peeperkorn auf Gerhart Hauptmann zurück, der Dichter Spinell auf Peter Altenberg und Artur Holitscher, Aschenbach auf den Komponisten Gustav Mahler; so lassen sich alle Figuren des Romans *Buddenbrooks* auf Mitglieder der Familie Mann und ihren Lübecker Bekanntenkreis zurückführen.

Heinrich Mann vertrat die Überzeugung: »Der Roman, diese Enthüllung der weiten Welt, dies große Spiel aller menschlichen Zusammenhänge, wird groß mit der Demokratie.« In diesem Sinne setzte er sich kritisch mit seiner Zeit und ihrer Gesellschaft auseinander, provozierte durch satirische Übertreibung und aggressive Schärfe. Der frühe Roman *Im Schlaraffenland* (1900) entlarvte das Berliner Großbürgertum als Gruppe erbarmungsloser Egoisten, in der jeder gegen jeden kämpfen muß, um überleben zu können: Bankiers, Künstler, Kritiker, Schmarotzer aller Art. Der Roman *Professor Unrat* (1905) entwickelte eine ähnliche Problematik. Auf der Suche nach unbotmäßigen Schülern lernt der tyrannische Gymnasialprofessor Raat die Tänzerin Rosa Fröhlich kennen. Er verfällt ihr, heiratet sie und verliert daraufhin seine Stellung. Allmählich durchschaut er die verlogenen Gesetze der bürgerlichen Moral und macht sein Haus zu einem Ort des Lasters, in dem die Kleinstädter alle Hemmungen verlieren und ihr wahres Gesicht zeigen. Der Roman gestaltet das für die Jahrhundertwende wichtige Thema von Schule und Erziehung sehr kritisch, sein Erfolg beim Publikum ist jedoch vornehmlich auf den pikant-satirischen Inhalt zurückzuführen. Nach diesem Buch entstand 1931 der Film »Der blaue Engel« mit Marlene Dietrich und Emil Jannings, der die Satire im Sinne problemloser Unterhaltung erheblich abschwächte und den Schluß verfälschte, aber den Ruhm des Werkes begründete – 1951 erschien der Roman als Taschenbuch unter dem Titel des Films. Zu einer erbarmungslosen Abrechnung mit Tendenzen und Ansichten des Wilhelminischen Zeitalters wurde der Roman *Der Untertan*, den Thomas Mann ein »Werk voll patriotischer Bitternis und Hellsicht« nannte. Er lag bereits 1914 vor, verfiel aber der Zensur und konnte erst 1918 publiziert werden. Im Mittelpunkt des Geschehens steht Diederich Heßling, der alle negativen Merkmale des Kleinbürgers in sich vereinigt: unkritische Kaisertreue, extremen Nationalstolz, imperialistische Ansichten, brutale Rücksichtslosigkeit, Geldgier, unehrliche Moralvorstellungen. Er ist Untertan und Tyrann zugleich, er tritt und läßt sich treten, wenn es nur Vorteile bringt. Der Autor arbeitete Passagen aus den Reden des Kaisers in das Werk ein, um die Identität von Herrscher und Beherrschten zu verdeutlichen, er ordnete das Geschehen außerdem so an, daß an entscheidenden Stellen Kaiser und Untertan einander gegenüberstehen und ihre Zugehörigkeit erkennen. Dieser Roman und der Essay *Geist und Tat* (1910), ein Protest gegen den deutschen »Faust- und Autoritätsmenschen«, veranlaßten die Autoren des Expressionismus, Heinrich Mann als Vorläufer ihrer Bewegung zu verehren. Sie schätzten einen von John Höxter erfundenen Vierzeiler: »Wenn mancher Mann wüßte, / Wer Thomas Mann wär', / Gäb' mancher Mann Heinrich Mann / Manchmal mehr Ehr'.«

Lob der Heimat

Eines der einflußreichsten Bücher der Jahrhundertwende, das innerhalb weniger Jahrzehnte mehr als achtzig Auflagen erreichte, erschien anonym: *Rembrandt als Erzieher* (1890). Verfasser war der holsteinische Kulturkritiker JULIUS LANGBEHN (1851–1907). Er verwarf die seiner Meinung nach demokratisierenden und nivellierenden Tendenzen des 19. Jahrhunderts, denen er den Geist der Individualität, die Macht des Blutes, die Kontinuität des Volkslebens und den Geist der Scholle entgegensetzte. Er verlangte eine wertvolle Literatur »durch ein Eingehen auf den besonderen lokalen Charakter der einzelnen Gegenden Deutschlands«. Damit legte er den Grund für die Heimatkunst und ihre nationalistisch-volkhafte Theorie. ERNST WACHLER (1871–1945) schrieb eine Streitschrift über »*Die Läuterung deutscher Dichtkunst im Volksgeiste*« (1897) gegen den Naturalismus und die undeutsche Nachahmung der Franzosen, FRIEDRICH LIENHARDT (1865–1929) erhoffte eine aristokratische und ideale Kunst, »die diesem Tiefland gegenüber Hochland bedeutet«. Und CARL MUTH (1867–1944), der Herausgeber der Zeitschrift »*Hochland*«, forderte schon 1893, »dem waldfrischen Sinne des deutschen Volkes« entgegenzukommen mit »männlichen deutschen Worten im Hildebrand- und Hadubrand- oder Nibelungenton«. Hier bahnten sich politisch und literarisch reaktionäre Entwicklungen an, die das Gedankengut der »konservativen Revolution« bestimmten und in den Programmen der Nationalsozialisten gipfelten. Nicht zufällig gehörte die nationalistisch-antisemitisch angelegte »Geschichte der deutschen Litteratur« (1901/02) von Adolf Bartels zu den vielgelesenen Büchern des bildungsbewußten Bürgertums.

Es bleibt festzustellen, daß zahlreiche zur Heimatkunst zählende Romane und Erzählungen der Jahrhundertwende bis heute nichts an Attraktivität verloren und im Laufe der Zeit Auflagen von mehreren Millionen Exemplaren erreicht haben. Diese Tatsache erklärt sich aus der Struktur dieser Werke, die alle entscheidenden Merkmale der Trivialliteratur zeigen: dialektgefärbte Darstellung, spannende Handlung, harmonisches Ende, eindeutige, nach Gut und Böse geschiedene Charakterisierung der Personen, Darstellung einer märchenhaft-heroischen Welt, Angebot der Identifikation. Kommt eine bestimmte Landschaft als Hintergrund dazu, sind die Voraussetzungen für ein ansprechendes Buch gegeben. GORCH FOCK (1880–1916) schilderte in dem Roman *Seefahrt ist not!* (1913) das harte Leben der Fischer von Finkenwärder und die Jugend von Klaus Mewes, genannt Klaus Störtebeker, der den Wunsch, Seefahrer zu werden, auch dann nicht aufgibt, als sein Vater den Seemannstod in der »Mordsee« stirbt. HERMANN LÖNS (1866–1914) verstand sich als Dichter der Heide. Seine Tiergeschichten, die auch heute noch in vielen Jugendbüchern stehen, beschreiben detailliert und metaphernreich die Tierwelt so, daß sie vermenschlicht und sentimental-kitschig wirkt. Einige seiner Gedichte – etwa – *Auf der Lüneburger*

Heide, Rose weiß, Rose rot, Rosemarie – sind in der Vertonung von Jöde, Gabriel oder Künneke zu Volksliedern geworden, obwohl sie gelegentlich unfreiwillig komisch wirken. Die Handlung des Romans *Der Wehrwolf* (1910) spielt während des Dreißigjährigen Krieges, die Heidebauern um Harm Wulf wehren sich gegen die Soldateska nach dem Motto »Helf dir selber, so helft dir unser Herre Gott«. Man erschlägt die Menschen wie Tiere, man tötet und lacht, man hängt und feiert, bleibt dabei gottesfürchtig und treu. In bewußt simpler, dialektgefärbter Sprache glorifizierte Löns den Kampf aller gegen alle im Namen des Rechts sowie die Macht der Gemeinschaft. LUDWIG GANGHOFER (1855–1920) stellte die Landschaft Oberbayerns und die Bewohner des Alpenraums dar: Bauern und Jäger, Herren und Knechte, aber auch Außenseiter und Gesetzesbrecher. Neben den Romanen *Der Klosterjäger* (1892), *Die Martinsklause* (1894), *Das Schweigen im Walde* (1899) wurde vor allem *Schloß Hubertus* (1895) bekannt: Der Schloßherr Graf Egge, der mit seinen Kindern in Streit lebt und sich verbittert zurückgezogen hat, um allein für die Jagd zu leben, will in starrsinniger Überheblichkeit ein Adlernest ausheben. Der Adlermist blendet ihn, ein Hieb der Adlerkralle verwundet ihn tödlich, so daß er, nach der Versöhnung mit den Kindern, stirbt. Die banale Variante dieser Literatur vertrat HEDWIG COURTHS-MAHLER (1867–1950), die insgesamt 208 Romane schrieb. Ihre Bücher schildern Liebe, Intrige, Enttäuschung und glückliche Lösung vor dem Hintergrund einer idealen, entlokalisierten deutschen Landschaft, in der Schlösser, Herrenhäuser, Gutshöfe und Villen märchenhaften Reichtum repräsentierten.

Daß man Heimatkunst keineswegs immer mit Nationalismus, Trivialität oder Oberflächlichkeit gleichsetzen kann, zeigt das Werk des bayerischen Rechtsanwalts LUDWIG THOMA (1867–1926). Er war Mitarbeiter der Zeitschrift *Jugend* und Redakteur des satirischen Blattes *Simplizissimus*, das mehr als einmal wegen literarischer oder zeichnerischer Beiträge angeklagt und verurteilt wurde. Thoma beschrieb in den Romanen *Andreas Vöst* (1906) und *Der Wittiber* (1911) das bäuerliche Leben sachlich und kritisch, er stritt in den *Lausbubengeschichten* (1905) und deren Fortsetzung *Tante Frieda* (1907), in den *Kleinstadtgeschichten* (1908) sowie in der Komödie *Moral* (1909) gegen die Beschränktheit und die doppelbödige Moral der bürgerlichen Philister. Er attackierte die politischen und klerikalen Kräfte der Zeit in *Jozef Filsers Briefwexsel* (1912), wobei er geschickt die »Froschperspektive« benutzte: die Ereignisse werden einfach, oft fehlerhaft aus der vermeintlich unkritischen Sicht Filsers dargestellt und zwingen dadurch zu Distanz und Überlegung. Zu einem umstrittenen Autor machen ihn seine Artikel mit eindeutig antisemitischen Aussagen im »Miesbacher Anzeiger«. Die seit langem bekannte, aber erst 1989 weithin publik gewordene Tatsache, daß Thoma der Urheber rassistischer Ausführungen ist, zeigt ihn in einem Licht, das der kritischen Tendenz seiner literarischen Werke widerspricht.

Aufbruch, Schrei und Verzweiflung

Auf dem Höhepunkt der naturalistischen Bewegung entstand die Kindertragödie *Frühlings Erwachen* (1891) von FRANK WEDEKIND (1864–1918), die das Schicksal einiger Schüler darstellt. Die Erwachsenen nehmen sie nicht ernst, die Schule unterdrückt sie, die Probleme der erwachenden Sexualität treiben sie in die Katastrophe. Kritik an der Verlogenheit bürgerlicher Moralbegriffe und an der tyrannischen Selbstgefälligkeit des Schulsystems übte auch der Naturalismus, Wedekind setzte aber ein ungewohntes Stilmittel ein: das Groteske. Die Lehrer heißen Affenschmalz, Knüppeldick, Hungergurt, Knochenbruch, Sonnenstich und verhalten sich den Namen entsprechend. Am Ende erscheint der tote Moritz Stiefel auf dem Friedhof und trägt seinen Kopf unter dem Arm, erklärt ein »vermummter Herr« dem verzweifelten Melchior Gabor die Schönheit des Lebens. Die groteske Verzerrung nahm ein Stilmittel voraus, das die Autoren des Expressionismus bevorzugten. Dieser Begriff wurde zuerst 1901 in Paris zur Kennzeichnung neuartiger Gemälde benutzt, dann 1911 in Berlin auf Bilder von Braque und Picasso bezogen, bevor Kurt Hiller ihn übernahm, um Tendenzen der aktuellen Literatur zu charakterisieren.

Der Expressionismus dominierte von 1910 bis 1920 als letzte Stilbewegung der Jahrhundertwende, drei Zeitschriften sorgten für die Verbreitung der neuen Ideen. Herwarth Walden gründete 1910 die Wochenschrift *Der Sturm*, sie brachte neben Aufsätzen zu kulturellen Themen besonders Lyrik und farbige Kunstbeilagen. Franz Pfemfert gab ab 1911 das Blatt *Die Aktion* heraus, das linksorientiert war und Revolution oder anarchistische Gewalttaten als Mittel politischer Auseinandersetzung verteidigte. Von 1913 an erschienen *Die Weißen Blätter*, deren einflußreichster Herausgeber René Schickele wurde; er verteidigte den Pazifismus und machte die Monatsschrift zum wichtigsten Organ der Antikriegsliteratur. Die Titel der Zeitschriften bezeichneten die entscheidenden Gedanken des Expressionismus: Auflösung des Alten, kraftvolle Reinigung, Neubeginn, Einsatz für Ideale und humane Ziele. Erscheinungsort der »Blätter« war Leipzig, neben München und Berlin das dritte literarische Zentrum der Jahrhundertwende. Hier begann der junge Ernst Rowohlt 1910 mit Unterstützung seines reichen Freundes Kurt Wolff den Aufbau eines Verlages, er brachte die ersten bedeutenden Gedichtbände des neuen Stils heraus. Wolff trennte sich 1912 von ihm und gründete einen eigenen Verlag, der vor allem durch die preisgünstige Reihe »Der Jüngste Tag« die Verbreitung expressionistischer Literatur förderte. Bis 1921 erschienen 86 Bände, alle bedeutenden Autoren der Zeit kamen zu Wort.

Albert Soergel definierte in seiner berühmten Darstellung der modernen Literatur: »Expressionismus ist lyrischer Zwang, dramatischer Drang, nicht epischer Gang.« Dieser Auffassung kann man zustimmen, denn zweifellos trugen Lyrik und Dramatik mehr zum Erfolg der ex-

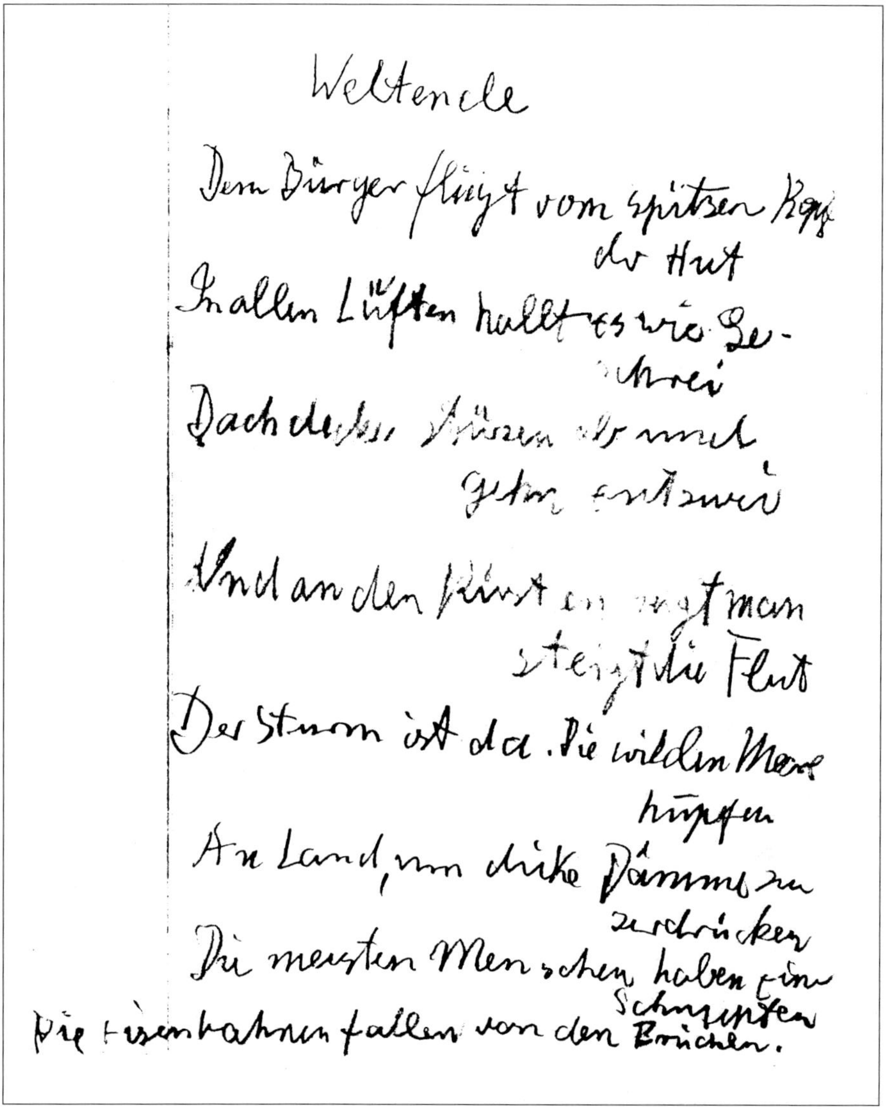

Weltende

Dem Bürger fliegt vom spitzen Kopf der Hut
In allen Lüften hallt es wie Geschrei
Dachdecker stürzen ab und gehn entzwei
Und an den Küsten – liest man – steigt die Flut
Der Sturm ist da. Die wilden Meere hupfen
An Land, um dicke Dämme zu zerdrücken
Die meisten Menschen haben einen Schnupfen
Die Eisenbahnen fallen von den Brücken.

Abb. 83: Jacob van Hoddis *Weltende* – Faksimile des *Deutschen Literaturarchivs* in Marbach

pressionistischen Bewegung bei als Erzählkunst und Essayistik. Wichtige Anregungen gingen von der jüdischen Autorin Else Lasker-Schüler (1869–1945) aus; ihre frühen Sammlungen *Styx* (1902) und *Der siebente Tag* (1905) enthielten zahlreiche Gedichte, in denen ungewöhnliche Metaphern aus dem kosmischen und religiösen Bereich die Ekstase des Gefühls ausdrückten. Das Gedicht *Weltende* von Jacob van

HODDIS, am 11. Januar 1911 erschienen, wurde das begeistert aufgenommene Schlüsselwerk der neuen Literatur. Zwei einfache, vierzeilige Strophen in fünfhebigen Jamben mit umgreifendem Reim (1. Strophe) und Kreuzreim (2. Strophe) schildern die sich auflösende Welt. Zu der entfesselten Natur (Lüften, Flut, Sturm, Meere) paßt die Tatsache, daß die technischen Errungenschaften (Dämme, Eisenbahnen, Brücken) wertlos werden und daß die Menschen in unterschiedlicher Weise betroffen sind: Sie haben Schnupfen, ihnen fliegt der Hut weg, sie stürzen bei der Arbeit ab und »gehn entzwei«. Die bloße Aneinanderreihung banaler Details zusammen mit dem »schnoddrigen Tonfall« bewirkt eine groteske Verzerrung des apokalyptischen Ereignisses und verdeutlicht die Verunsicherung, die Dissoziation des Ich. Durch Struktur, Bilder und Wortwahl wird »das Spannungsverhältnis zwischen Titel und Gedicht ironisch-parodistisch gebrochen, das Gedicht stülpt sich um, wird zur Persiflage des Themas: Das Weltende findet nicht statt.« (Helmut G. Hermann)

Im gleichen Jahre kam der Band *Der Weltfreund* des jungen Pragers FRANZ WERFEL heraus, das Gedicht *An den Leser* begann: »Mein einziger Wunsch ist, Dir, o Mensch, verwandt zu sein.« Damit war die messianische »O Mensch«-Thematik des Expressionismus formuliert, der Wille zu Gemeinschaft und Brüderlichkeit. Ein Jahr später veröffentlichte GOTTFRIED BENN (1886–1956) den Zyklus *Morgue und andere Gedichte*, ein frühes Beispiel für die schockierende Direktheit und Brutalität expressionistischer Literatur. Der Autor, als Arzt genau informiert, führt den Leser in ein Leichenschauhaus und schildert die »Kleine Aster« in den Zähnen eines ertrunkenen Bierfahrers, die Ratten im Zwerchfell eines Mädchens, das zerfallende Fleisch in der Krebsbaracke. Die thematische Spannweite der Bewegung zeigt sich, wenn Benn wenige Jahre später, unter dem Eindruck des Weltkrieges, in dem Gedichtband *Fleisch. Gesammelte Lyrik* (1917) formulierte: »Die Krone der Schöpfung, das Schwein, der Mensch«. Brutalität des Denkens prägte die unter dem Titel *Gehirne* (1915) publizierten Novellen um den Arzt Rönne, die in den Gedanken eines vom Wahnsinn bedrohten Mediziners den Zerfall der Welt und der Person darstellen, sowie die Szene *Ithaka* (1914), an deren Ende junge Wissenschaftler einen Professor erschlagen, weil er ihren Gedanken nicht folgen kann. Die schockierende Direktheit zeigt sich auch in späteren Gedichten wie *Banane* oder *Staatsbibliothek*, allerdings ist sie entschärft durch eine Fülle von Verweisungen und Anspielungen, die dem Leser zunächst rätselhaft und unerklärbar erscheinen. Benn beschäftigte sich mit Sagen und Märchen, mit der antiken Mythologie und der modernen Psychoanalyse, vor allem mit der Geschichtsphilosophie der damaligen Zeit, die seine »Geschichtsungläubigkeit«, also seinen Zweifel an Sinn und Ziel geschichtlicher Entwicklung, prägte. So brachte er historische, ethnologische, geographische, psychologische und medizinische Kenntnisse in seine Werke ein. Durch markante Substantive, assoziationsreiche Neologismen und Wortketten zwingt er die Leser, Zeile für Zeile zu ent-rätseln und nach-zu-denken, etwa in den Gedichten *Valse triste, Mediterran* oder *Verlorenes Ich.* Andererseits findet man immer wieder sehr kurze, einfache und melodische Texte wie die 1936 veröffentlichten Gedichte *Anemone, Einsamer nie* und *Astern.* 1933 begrüßte Benn mit der Rundfunkrede *Der neue Staat und die Intellektuellen* die Nationalsozialisten als Garanten eines nationalen Aufbruchs und einer heroischen Zukunft. Er mußte bald erkennen, daß er sich geirrt hatte, zog sich in die Distanz des Berufs und des Privaten zurück, bevor er 1935 als Sanitätsoffizier in die Wehrmacht eintrat, weil er die Armee als »die aristokratische Form der Emigration« ansah. In den folgenden Jahren rechnete er konsequent mit der Ideologie der Nationalsozialisten ab, so mit dem dreiteiligen Essay *Kunst und Drittes Reich* (1941) oder mit dem Gedicht *Monolog* (1943), in dem Hitler als Clown und die nationalsozialistische Herrschaft als Pervertierung aller Werte und Normen dargestellt werden. Das Gedicht mußte ohne Wirkung bleiben, weil es als Privatdruck erschien – die eigentliche Rezeptionsgeschichte und der Ruhm Benns begannen in der Nachkriegszeit, zumal der Autor zwischen 1945 und 1955 mit einer Reihe von Gedichtbänden ein faszinierendes Spätwerk vorstellte.

GEORG HEYM (1887–1912) wurde durch zwei frühe Publikationen des Rowohlt-Verlages bekannt: *Der ewige Tag* (1911) und *Umbra Vitae* (1912). Er bevorzugte einfache Strophenformen und eine gehäufte, oft extrem kraftvolle Metaphorik. Sein Gedicht *Der Gott der Stadt* ist das vielleicht berühmteste Beispiel für die Großstadtlyrik der Jahrhundertwende, aggressiver und dämonischer, aber weniger realitätsbezogen als alle Versuche des Naturalismus. Das Gedicht *Der Krieg* galt lange als Prophetie des Schreckens. Aus den Tagebüchern Heyms geht jedoch hervor, daß er – wie viele Autoren der Zeit – den Kriegsbeginn begeistert begrüßen wollte. Die Werke des Österreichers GEORG TRAKL (1887–1914) erschienen zuerst in der Innsbrucker Zeitschrift *Der Brenner.* Der Autor erarbeitete in langen, von der Wissenschaft nur schwer zu rekonstruierenden Änderungsprozessen neue Fassungen, die er in den Bänden *Gedichte* (1913) und *Sebastian im Traum* (1915) zusammenfaßte und die zu den großen Werken der deutschen Lyrik gehören. Man versucht immer wieder, die verschlüsselte Darstellung rätselhafter Vorgänge sowie die Vorliebe für Farben dadurch zu erklären, daß Trakl Drogen nahm. Aus der Perspektive der Jahrhundertwende ergibt sich aber die Notwendigkeit, Texte wie *Helian, Elis, Abendland* oder *Traum und Umnachtung* in den Zusammenhang des Symbolismus zu rücken und zu verstehen als Gegenentwurf einer traumhaften, phantasiebestimmten Welt, die sich aus Krieg, Verfall und verfinsterter Natur allmählich hervorhebt.

Die meisten expressionistischen Dramen, deren Aufführungen Sensationen der ausgehenden Jahrhundertwende waren, sind heute vergessen. Gründe kann man an dem für die Zeit typischen Theaterstück *Der Bett-*

ler (1912) von JOHANNES REINHARD SORGE ablesen. Der Untertitel »Eine dramatische Sendung« betont die didaktische Absicht, die eine Einordnung als »Verkündigungsdrama« rechtfertigt. Die Personen bleiben namenlos, als Zeichen dafür, daß es nicht um individuelle, sondern um allgemeingültige Probleme geht, daß nicht Psychologisierung, sondern Typisierung vorliegt. Im Mittelpunkt des Geschehens steht ein junger Künstler, der sich gegen das Alte, hier die Generation der Eltern, wehren muß. Dabei entsteht keine fortlaufende, gesteigerte Handlung. Durch eine Aneinanderreihung isolierter Ereignisse wird das Werk vielmehr zu einem »Stationendrama«, das die zentrale Figur in immer neuen Situationen zeigt. Der Vers löst häufig die Prosa ab, zahlreiche Szenen nähern sich dem chorischen Sprechen und geben dem Stück kultischen Charakter – nicht zufällig verehrten Sorge und andere expressionistische Dramatiker die Neuromantiker Hardt und Stucken. Das Drama *Der Sohn* (1914) von WALTER HASENCLEVER akzentuierte den für den Expressionismus typischen Generationskonflikt, den bis zum Mordanschlag führenden Haß zwischen Vater und Sohn. Während der ersten Kriegsjahre wurde die pathetische, aber unpolitische Aufbruchsstimmung der Dramen stärker auf die Realität bezogen. Die Tragödie *Seeschlacht* (1917) von REINHARD GOERING war eine Reaktion auf das große Seegefecht, das 1916 am Skagerrak stattfand. ERNST TOLLER (1893–1939) verstand sein Stück *Die Wandlung* (1919) als aufrüttelnde Stationenfolge über die Grausamkeiten des Krieges, die in grotesktraumartigen Szenen Tote und Lebende als Ankläger erscheinen läßt und gegen Ende in eine revolutionäre Haltung des Neuanfangs mündet. Er verteilte Szenen dieses Werkes als Flugblätter während der Novemberrevolution 1918 und wurde im April 1919 Vorsitzender der Räterepublik in München, wagte also den Übergang von der Literatur in die Politik. Das expressionistische Drama zeigte zwei Tendenzen: Hang zu langen Monologen und ausufernder Metaphorik einerseits, Wille zu äußerster Verknappung andererseits. Beide Tendenzen verdeutlicht das Werk von GEORG KAISER (1878–1945). Sein bekanntestes Bühnenspiel *Die Bürger von Calais* (1914) stellt weit ausgreifend und nicht ohne Pathos das Schicksal von sieben Männern dar, die für die Rettung ihrer Stadt sterben wollen. In den thematisch zusammenhängenden Stücken *Die Koralle* (1917), *Gas I* (1918), *Gas II* (1920) werden die Formulierungen zunehmend gedrängter, die Personen immer anonymer, so daß zuletzt in einer von totaler Zerstörung bedrohten Maschinenwelt »Blaufiguren«, »Gelbfiguren« und Arbeiter verschiedenen Alters agieren. Einen bis heute unangefochtenen Platz auf dem Theater erreichte nur CARL STERNHEIM (1878–1942) mit den Dramen, die er unter dem Titel »Aus dem bürgerlichen Heldenleben« zusammenfaßte. Dazu gehören zunächst jene drei Stücke, die den Aufstieg der Familie Maske darstellen: *Die Hose* (1911), *Der Snob* (1914), *1913* (1915), außerdem die Komödien *Die Kassette* (1912), *Bürger Schippel* (1913) und das Drama *Das Fossil* (1923). In den streng gebauten, auf ein zentrales Ereignis konzentrierten Werken geht es darum, daß der Mensch seine »eigene Nuance« findet und ohne Rücksicht auf andere durchsetzt. Die Dramen wirken heute wie Satiren auf das wilhelminische Deutschland. Sternheim sah das brutale Durchsetzungsvermögen der Figuren aber positiv, er charakterisierte sie bewußt durch Metaphern aus dem Bereich des Krieges und der Raubtiere, so den Oberlehrer Krull, der von seiner Erbtante eine mit Wertpapieren gefüllte Kassette zur Aufbewahrung erhält. Ein durch die Szenenführung deutlich gemachter Tanz um das Goldene Kalb beginnt. Man schleicht aus allen Türen, belauscht sich, späht nach der Kassette, die mehr und mehr Besitz von Krull ergreift, bis er seine Frau aus dem Schlafzimmer treibt, um mit dem Schatz allein zu sein.

Fast alle Essays, die sich mit expressionistischer Kunst beschäftigten, erschienen nach 1914, setzten also wichtige Werke bereits voraus. Der Essay *Expressionismus in der Dichtung* (1918) von KASIMIR EDSCHMID kann stellvertretend für viele stehen. Er ist unpräzise in Beschreibung und Forderungen, setzt expressionistische Stilzüge manieristisch, gelegentlich inflatorisch ein. Auch die beiden Bände *Die sechs Mündungen* (1915) und *Das rasende Leben* (1915) belegen, daß Edschmid der Gefahr des Manierismus erlag: Die Novelle *Der tödliche Mai* huldigt einer unbedenklichen Brutalität, die Geschichten *Der aussätzige Wald* und *Youssouf* verbinden expressionistische Exaltation und neuromantisches Heldenideal zu wirkungsvoller Übertreibung. Als überragender Erzähler dieser Zeit gilt heute FRANZ KAFKA. Er wurde 1883 in Prag als Sohn eines jüdischen Großkaufmanns geboren, studierte Germanistik, später Jura und arbeitete von 1908 bis 1923 als Angestellter bei Versicherungsgesellschaften. Seit 1917 machten sich Anzeichen einer Tuberkulose bemerkbar, er starb am 3. Juni 1924. Auf den ersten Blick scheint es schwierig zu sein, seine Romane und Erzählungen dem Expressionismus zuzuordnen. Er erzählt einfach, ohne extreme Metaphorik und ohne außergewöhnliche Satzkonstruktionen, er beschreibt vermeintlich unwichtige Details sehr genau. Andererseits veröffentlichten Ernst Rowohlt und Kurt Wolff seine frühen Werke, andererseits hat kein Autor die expressionistische Thematik der Entfremdung und der Ich-Dissoziation so eindringlich dargestellt wie er. In fast allen Skizzen, Erzählungen und Romanen geht es um die Hilflosigkeit des Menschen unverständlichen und unergründbaren Mächten gegenüber, immer wieder wird eine alltägliche Situation durch groteske oder absurde Ereignisse verfremdet und dem Leser verrätselt. Bestes Beispiel dafür ist die Erzählung *Die Verwandlung* (1915). Sie beschreibt das Schicksal des jungen Kaufmanns Gregor Samsa, der eines Morgens als großes Ungeziefer aufwacht und in der Folgezeit mit Entsetzen feststellen muß, daß seine Isolation von Stunde zu Stunde wächst. Ähnlich unfaßbare Geschehnisse bestimmen die Erzählungen *Das Urteil* (1913) und *In der Strafkolonie* (1919) sowie die Romane *Der Prozeß* (1925), *Das Schloß* (1926) und *Amerika* (1927), die Kafka nicht vollendete. Er verfügte testamentarisch, die drei Romanmanuskripte nach seinem Tode zu vernichten, sein

Freund Max Brod publizierte sie dennoch. Nichts verdeutlicht die Schwierigkeiten der Kafka-Interpretation besser als das vielleicht berühmteste Werk *Der Prozeß*. Prokurist Josef K. wird überraschend verhaftet. Er erfährt weder den Grund noch die verantwortliche Behörde. Seine Selbstsicherheit verwandelt sich allmählich in Panik, er besucht hektische Gerichtssitzungen und finstere Kanzleien in winkligen Häusern, bittet um die Hilfe des Advokaten Huld und des Malers Titorelli. Alle Bemühungen bleiben erfolglos. Ohne vor seinen Richtern gestanden zu haben, wird K. von zwei Herren abgeführt und erstochen. Folgende Ansatzpunkte der Deutung sind – wie bei vielen Werken Kafkas – möglich: Darstellung einer allmächtigen, aber verborgenen göttlichen Instanz; Beschreibung der existenziellen Krise des Menschen in einer entfremdeten Welt; Wiedergabe sozialpolitischer Verhältnisse der bürgerlichen Gesellschaft; Schilderung realer Eindrücke des Prager Juden; Verarbeitung traumhafter Vorgänge und psychoanalytischer Erkenntnisse in Auseinandersetzung mit Sigmund Freud; Nachklang biographischer Erlebnisse, die in zahlreichen Briefen und Tagebuchnotizen bezeugt sind. Wenn diese Ansätze nicht zu einer unzulässigen Einengung der Interpretation führen sollen, müssen sie durch die werkimmanente Methode, die Handlungsfolge, Erzählperspektive, Metaphorik und Wortwahl untersucht, geprüft und korrigiert werden.

Als Kafkas Romane erschienen, gehörte die letzte Stilbewegung der Jahrhundertwende bereits der Vergangenheit an. Viele Autoren waren in den Schlachten des Weltkrieges gefallen, Kurt Pinthus hatte eine abschließende Zusammenfassung der Lyrik unter der bezeichnenden Überschrift *Menschheitsdämmerung* (1920) herausgegeben und noch einmal Sturz und Schrei, Aufruf und Empörung, Erweckung des Herzens beschworen. In den folgenden Jahren des wachsenden Nationalismus galt die expressionistische Literatur wenig, von 1933 an bekämpfte man sie als entartete Kunst. Erst nach dem Zweiten Weltkrieg konnten die noch lebenden Autoren – Benn, Edschmid, Hiller, Pinthus – erneut für sie eintreten.

Karl Otten wies auf das Ende der Jahrhundertwende zurück, als er zwei umfangreichen Sammelbänden, die Prosa und Dramatik des Expressionismus enthielten, die Titel *Ahnung und Aufbruch* (1957) und *Schrei und Bekenntnis* (1959) gab.

Nachwirkung

Das literarische Leben der Gegenwart ist nicht denkbar ohne die Werke der Jahrhundertwende. Fast alle naturalistischen Dramen Hauptmanns, die Stücke von Schnitzler, Kaiser und Sternheim stehen auf den Spielplänen des Theaters, die früher so wenig beachtete Kindertragödie

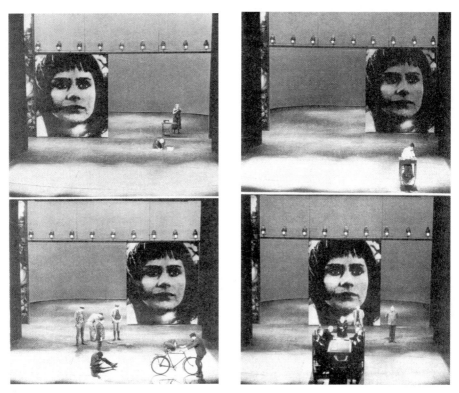

Abb. 84: Frank Wedekind: *Frühlings Erwachen* – Szenenfotos von der Bremer Aufführung 1965

Frühlings Erwachen von Frank Wedekind wurde nach der maßstabsetzenden Bremer Inszenierung von 1965 (Regie: Peter Zadek, Bühne: Wilfried Minks) durch umstrittene Aufführungen in Frankfurt (1973), Berlin (1974), London (1974), Stuttgart (1974), Bochum (1976) oder München (1976) bekannt und aktuell. Kein Opernhaus übergeht die Opern von Hofmannsthal/Strauss, bei den Salzburger Festspielen führt man jedes Jahr das Spiel *Jedermann* auf. Wichtige Werke von Hauptmann, Sudermann, Schnitzler, Heinrich und Thomas Mann dienten als Vorlage für Filme und Fernsehbearbeitungen, zahlreiche Taschenbücher aller einschlägigen Verlage, insbesondere die Kassetten–Werkausgaben von Hofmannsthal, Schnitzler, Kafka, Rilke, Benn, Heinrich und Thomas Mann bezeugen das anhaltende Interesse an der Jahrhundertwendeliteratur. Die »konkrete Poesie« der Gegenwart sowie Happenings und Aktionen weisen zurück auf die Sprachexperimente der Jahrhundertwende, auf die Aktivitäten der Dada-Gruppen in Zürich und Berlin. Und es ist kein Zufall, daß Tankred Dorst in der Szenenfolge *Toller* (1968) am Beispiel des expressionistischen Autors die Problema-

tik von künstlerischer Aufgabe und politischem Engagement darstellte.
Ein wichtiger Aspekt bleibt zu ergänzen. Der Germanist Jost Hermand hat in seinen Untersuchungen zu Kunst und Literatur der Jahrhundertwende auf die kulturellen, ökonomischen und politischen Parallelen zwischen dieser Zeit und den siebziger Jahren hingewiesen. Nach der Reichsgründung 1871 und nach dem Ende des Zweiten Weltkrieges entwickelte sich Deutschland zur führenden Industriemacht Europas, entstand eine Wirtschaftswundergesellschaft, die Kunst und Kultur in ungewohntem Maße pflegte und förderte. Ab 1880 stellten die Autoren des Naturalismus das Erreichte in Frage, sie sahen die Zukurzgekommenen, Unterdrückten, in Randgruppen Gedrängten und stellten die Lebensbedingungen der arbeitenden, abhängigen Schichten dar. Ab 1967 setzte in der Folge der Studentenunruhen und der außerparlamentarischen Opposition eine kritische Reflexion über die Ordnung unserer demokratischen Gesellschaft ein, die erneut zu einer Konzentration auf Randgruppen und unterprivilegierte Schichten führte. Man erkannte, daß der Naturalismus keineswegs eine minderwertige, ästhetisch unbefriedigende »Rinnsteinkunst« hervorgebracht, sondern durch Dialekt und Soziolekt, durch Darstellung alltäglicher Unzulänglichkeiten sozialkritisch gewirkt und eine im Grunde demokratische Literaturtheorie entwickelt hatte. Am Ende des 19. Jahrhunderts und am Ende der sechziger Jahre führte die vehemente Kritik an der staatlichen Ordnung dazu, die Ideen des Anarchismus zu propagieren, den Jugendstil als Ausdruck der Freiheit zu würdigen. Innerhalb dieser Parallelität erhält dann auch die Nostalgiewelle der späten siebziger Jahre ihren Platz. Das »Schmöker-Kabinett«, die bibliophil ausgestatteten Insel-Taschenbücher, die »Nostalgie Bibliothek« brachten nicht zufällig eine große Zahl von Werken, die Teil jener Stilbewegungen sind, die um 1900 gegen den Naturalismus entstanden. So bekommt die Beschäftigung mit der Literatur der Jahrhundertwende eine didaktische Aufgabe: die nostalgischen Gefühle in Grenzen zu halten, dem unkontrollierten Irrationalen entgegenzuwirken und die Kraft sachlich-nüchterner, an den Prinzipien der Demokratie orientierter Auseinandersetzung zu erproben.

Sachlichkeit und Pathos

Die Vereidigung des Reichskanzlers Adolf Hitler am 30. Januar 1933 war eines der wichtigsten Ereignisse des 20. Jahrhunderts – von diesem Tage an besaßen die Nationalsozialisten die Macht in Deutschland, bestimmte eine durch Gewalt gestützte Partei alles: Politik, Wirtschaft, Kultur, Kunst. Die Jahre zwischen 1933 und 1945 sind bis heute nicht vergessen. Immer wieder wird die Frage gestellt, wie es zur Machtübernahme und zu der begeisterten Zustimmung der Bevölkerung für die neue Ideologie kommen konnte. Auch die Literaturwissenschaft muß daran mitarbeiten, eine angemessene Antwort zu finden. Angesichts dieser Aufgabe scheint es wenig sinnvoll, die Literatur nach der Jahrhundertwende aufzugliedern in die Literatur der Weimarer Republik, des Dritten Reichs, der inneren Emigration und des Exils. Solche Einteilung akzentuiert eher politische als literarische Merkmale und verschleiert die Tatsache, daß die Grundsätze der Nationalsozialisten allmählich vorbereitet und durch Zustimmung oder Gegnerschaft ausgeprägt wurden, daß manche ihrer Forderungen bis ins 19. Jahrhundert zurückweisen. Wenn man auch die unverbindliche Bezeichnung »Literatur der zwanziger Jahre« vermeiden will, bleibt nur der Weg, die deutsche Literatur von 1920 bis 1945 als Einheit darzustellen und mit den Begriffen Sachlichkeit und Pathos zwei Grundtendenzen literarischer Äußerung anzugeben, die eine Einordnung der Autoren und ihrer Werke ermöglichen.

Ungleichzeitigkeit des Gleichzeitigen

Die zwanziger Jahre sind, unter Anspielung auf einen Roman von Robert Musil, »Die Zeit ohne Eigenschaften« genannt worden. Diese Charakterisierung stimmt nicht, denn sie verdeckt die ungewöhnliche Vielfalt der politischen, kulturellen und künstlerischen Ideen, die das Merkmal der Weimarer Republik war und die in Diktatur und Exil keineswegs verlorenging. Der Kunsthistoriker Wilhelm Pinder und der Philosoph Ernst Bloch benutzten die Formulierung »Ungleichzeitigkeit des Gleichzeitigen«, um das spannungsvoll-gefährliche Nebeneinander in der damaligen Zeit zu verdeutlichen: nationale und kosmopolitische Ideale, konservatives und revolutionäres Denken, faschistische und kommunistische Vorstellungen, Mystik und Rationalität, Tradition und Fortschritt. Die Literatur spiegelt natürlich die Vielfalt der Epoche, eine Darstellung literarischer Zusammenhänge bereitet also erhebliche Schwierigkeiten, zumal die germanistische Forschung sich erst seit den siebziger Jahren auf dieses Gebiet konzentriert hat und manche Fragen bisher noch nicht beantworten konnte.
Die zwischen 1920 und 1945 entstandene Literatur ist nicht zu trennen von Autoren und Werken der Jahrhundertwende. Der Expressionismus

endete nicht abrupt, sondern verlor allmählich an Bedeutung. So spielten die Theater die erfolgreichen expressionistischen Dramen weiter und lösten sich nur langsam von dem Darstellungsstil symbolischer Direktheit. Auch der Impressionismus wirkte nach. Die nuancierte Beschreibung außerordentlicher Ereignisse faszinierte nach wie vor, Melancholie und Resignation blieben interessante Themen. In krassem Gegensatz zu dieser Bindung an die Tradition stand die für das Proletariat bestimmte Literatur, die mit dem Ende des Ersten Weltkrieges verstärkt einsetzte. Beeinflußt von den Ereignissen in Rußland (Oktoberrevolution), verbreitete man die Idee des internationalen Kommunismus durch Pamphlete, Aufrufe und Programmschriften sowie durch den direkten Appell des Theaters. Jene Autoren, die der ab 1928 dominierenden Stilbewegung der Neuen Sachlichkeit zuzuordnen sind, legten sich nicht auf eine Partei oder ein Parteiprogramm fest. Sie waren politisch engagiert und wollten, häufig unter Bezug auf die Ziele des Naturalismus, die von Jahr zu Jahr stärker hervortretenden Schwächen der Weimarer Republik aufzeigen; Jugend, Krieg, Justiz und Politik bildeten die wichtigsten Themenkreise. Die nüchtern-einfache, oft der Reportage angenäherte, gelegentlich aber auch ironisch-aggressive Art der Darstellung in Roman, Erzählung und Drama, Feuilleton und Kabarett garantierte Diskussion und Wirkung.
Die Autoren, die in der Lyrik oder Epik eine persönlich erfahrene und gedeutete Realität außerhalb der politischen Tagesereignisse beschrieben, fühlten sich traditionellen Werten oder einem »magischen Realismus« verpflichtet, der für das Irrationale offen war und die Wiedergabe des Seelischen, des Mystischen und Religiösen, der Natur und der Empfindung einschloß. Die Grenze zwischen dem »magischen Realismus« und der völkischen Literatur ist schwer zu ziehen, Übergänge und Wechselwirkungen bestimmen das Bild. Landschaft, Scholle, Blut, Rasse, Heldentum, Nationalstolz und Antisemitismus stellte man mehr oder weniger pathetisch in Gedichten, Romanen, Dramen und Weihespielen dar – die extrem konservative »Heimatkunst« des ausgehenden 19. Jahrhunderts gab die Grundlage. Mit dem Beginn des Dritten Reiches wurde die Literatur ebenso wie der Rundfunk, der Film, die bildende Kunst und das Theater dem politischen Zweck untergeordnet und der Zensur unterworfen, die »Gleichschaltung« begann. Eine ideologische Kunstpolitik bestimmte, was als gut oder schlecht, als volkhaft oder entartet zu gelten hatte. Autoren, die sich diesem Anspruch widersetzten oder von Beginn an verfemt waren, verließen Deutschland und schrieben im Exil. Sie verstanden sich als Vertreter eines anderen, eines besseren Deutschland und versuchten, die Traditionen der Heimat und die Erfahrungen in den Exilländern für ihre Werke zu nutzen. Andere Autoren, die den Nationalsozialisten ablehnend gegenüberstanden, scheuten den radikalen Bruch oder glaubten an ein schnelles Ende der nationalsozialistischen Herrschaft. Sie wählten die innere Emigration, hielten also kritische Distanz zu den politischen Ereignissen und schrie-

ben so, daß die Zensur keinen Anlaß zu Kritik oder Verbot erhalten konnte.

Autoren und ihre Werke

Erbe der Jahrhundertwende

Die Literatur der Jahrhundertwende endete nicht abrupt mit der Herausgabe der Anthologie *Menschheitsdämmerung* (1920) durch Kurt Pinthus, sie ging vielmehr allmählich in die Literatur der zwanziger Jahre über. Autoren wie Holz, Hauptmann, Hofmannsthal, Heinrich und Thomas Mann, Sternheim, Hasenclever publizierten weiter; die Verlage Samuel Fischer, Ernst Rowohlt, Kurt Wolff und Eugen Diederichs garantierten Kontinuität; Franz Pfemfert gab seine Zeitschrift *Die Aktion* bis 1932 heraus. Der Expressionismus wirkte vor allem auf dem Theater nach. Karl Heinz Martin galt nach der Inszenierung des Dramas *Die Wandlung* von Ernst Toller als führender expressionistischer Regisseur. Wie Leopold Jeßner, der Intendant des Preußischen Staatstheaters Berlin, übertrug er den an expressionistischen Stücken ausgebildeten Aufführungsstil – fast leere Bühne mit wenigen Requisiten, präzise Lichtregie, Konzentration des Spiels auf typische Merkmale, Pathos des Dialogs – auf Dramen von Shakespeare, Schiller, Büchner, Wedekind. In Frankfurt und Mannheim setzte sich Richard Weichert für Hasenclever und Toller ein, aber auch für einen Dramatiker, der nach 1920 bekannt wurde: ARNOLT BRONNEN (1895–1959). Dessen bereits 1913/15 geschriebenes Stück *Vatermord* kam erst 1922 auf die Bühne, es folgten das Lustspiel *Exzesse* (1923) und das Schauspiel *Anarchie in Sillian* (1924). Die Titel deuten an, daß Bronnen expressionistische Themen und Formen ins Extreme vortrieb und den erbarmungslosen Kampf aller gegen alle übersteigert darstellte. Seine frühen Werke kann man dem »schwarzen Expressionismus« zuordnen: das Einzelschicksal ist nicht mehr typisch für das Ganze, Revolution bedeutet nicht Beginn einer besseren Welt, sondern blinde Zerstörung und Chaos. Ein zweites Beispiel für diese Entwicklung sind die Stücke von HANS HENNY JAHNN (1894–1959). 1922 wurde das Schauspiel *Die Krönung Richards III.* (1920) uraufgeführt; daneben sorgten das Schauspiel *Pastor Ephraim Magnus* (1919) und die Tragödie *Medea* (1926) für Skandale und heftige Kritik. Jahnn wollte den »Wahnsinn verjauchter Zivilisation« überwinden und die elementar-primitiven Triebe als Grundlage menschlicher Existenz zeigen: Raub, Mord, rasende Leidenschaft, sexuelle Begierde. Noch die wilde, oft auf ein wesentliches Wort verknappte Sprache des Romans *Perrudja* (1929) ist ohne den Expressionismus nicht erklärbar.

Abb. 85: Bühnenbild von Emil Pirchan für die Inszenierung *Richard III.* (Shakespeare) von Leopold Jeßner am Staatstheater Berlin, 1920

Die Tradition impressionistischer Literatur wahrten vor allem drei Autoren: Franz Werfel, Stefan Zweig und Joseph Roth. FRANZ WERFEL (1890–1945), dessen frühe Gedichtbände *Der Weltfreund* (1911) und *Wir sind* (1913) wichtige Zeugnisse des beginnenden Expressionismus gewesen waren, schrieb im Laufe der folgenden Jahrzehnte Romane und Erzählungen, in denen die außerordentliche Begebenheit, der impressionistische Kairos das Zentrum bildet. *Verdi. Roman der Oper* (1924) ist ein aufschlußreiches Beispiel für die auffällige Bindung an dieses Thema (und an andere Themenkreise) des Impressionismus. Als Schauplatz der Ereignisse wählte Werfel die in der Literatur der Jahrhundertwende häufig beschriebene Lagunenstadt Venedig – Symbol für Erfüllung und Bedrohung, Erhaltung und Wandlung, Leben und Tod. Der alte, überall gerühmte Komponist Giuseppe Verdi lebt in einer Schaffenskrise, Depressionen und Ängste bedrohen ihn und lassen ihn an seinem Können zweifeln. Erst durch die aus der Distanz erlebte, wort-lose Begegnung mit Richard Wagner sowie durch die kurz darauf eintreffende Nachricht von dem plötzlichen Tode des Freund-Feindes aus dem Norden findet er zu sich selbst. Das große Alterswerk, die Oper »Otello«, entsteht. Die Erzählung *Der Tod des Kleinbürgers* (1927) schildert das Lebensende des Lagerarbeiters Karl Fiala, der eine Versicherungspolice abschließt, die ihm oder seiner Familie nach Vollendung des 65. Lebensjahres eine hohe Summe garantiert. Der Versicherte erkrankt plötzlich schwer, aber mit unglaublicher und übermenschlicher Kraft kämpft er gegen den Tod an und stirbt erst zwei Tage nach der festgelegten Frist. In der Situation des vom geachteten Portier zum Lagerarbeiter Abgestiegenen – so sieht sich Fiala – spiegelte Werfel die Zeit nach dem Ersten Weltkrieg: Inflation, Armut, Unsicherheit, beginnender Antisemitismus, letzte Auflehnung des Kleinbürgertums gegen seinen Untergang. Noch der von religiösem Pathos und konventioneller Metaphorik bestimmte Roman *Das Lied von Bernadette* (1941) schildert das Außergewöhnliche, in diesem Fall das schon Unsagbare: die Erhöhung des Bauernmädchens Bernadette Soubirous durch den Ruf der Muttergottes von Lourdes. Er verändert das Leben des Mädchens völlig, weil man es entweder als begnadete Heilige oder als Betrügerin ansieht und so seine naive Einfachheit immer wieder auf die Probe stellt.

STEFAN ZWEIG (1881–1942) stellte in den Erzählungen *Phantastische Nacht, Vierundzwanzig Stunden aus dem Leben einer Frau* und *Brief einer Unbekannten* außergewöhnliche Ereignisse dar, die das Leben eines Menschen verändern – Kairos als Schicksal. Das Geschehen bezieht sich jeweils auf einen jungen Mann, der unfähig ist, Bindungen einzugehen und Verantwortung zu tragen – Nachwirkung der Dekadenzproblematik und resignierender Melancholie aus Werken von Hofmannsthal oder Schnitzler. Beide Themenkreise bestimmen den Roman *Ungeduld des Herzens* (1938), in dem der fiktive Erzähler Leutnant Hofmiller seine Begegnung mit der gelähmten Edith Kekesfalva schildert, die er durch falsche Rücksicht, Zaudern und Unaufrichtigkeit in den Tod treibt. Die historischen Miniaturen *Sternstunden der Menschheit* (1927) beschreiben herausragende Momente der Geschichte zwischen 1513 und 1917: die Entdeckung des Pazifischen Ozeans, die Eroberung von Byzanz, die Komposition des Oratoriums »Der Messias«, Scotts Kampf um den Südpol, die Revolution in Rußland. Daß Zweig, im Gegensatz zu den Impressionisten der Jahrhundertwende, von der unerklärbaren Größe genialer Tatmenschen fasziniert war, zeigen die gefühlsbetonten, oft von eher peinlichem Pathos getragenen Essays über berühmte europäische Autoren: *Drei Meister* (1920), *Der Kampf mit dem Dämon* (1925), *Drei Dichter ihres Lebens* (1928).

Ein der großen impressionistischen Literatur ebenbürtiges Werk gelang JOSEPH ROTH (1894–1939), der in seinen frühen journalistischen Arbeiten und ersten Romanen *Das Spinnennetz* (1923), *Hotel Savoy* (1924) und *Die Rebellion* (1924) sozialkritische Themen der Zeit behandelt hatte, mit dem Roman *Radetzkymarsch* (1932). Erzählt wird die Geschichte einer Familie und zugleich die Geschichte der untergehenden Donaumonarchie. Leutnant Joseph Trotta rettet dem jungen Kaiser Franz Joseph in einer Schlacht das Leben. Er erhält den erblichen Adelstitel und geht als »Held von Solferino« in die Lesebücher ein. Der Sohn Franz erreicht den Rang eines Bezirkshauptmanns, er führt ein pedantisch-pflichtbewußtes Leben, in dem der Radetzkymarsch Ordnung und Tradition symbolisiert. Der Enkel Carl Joseph kann der verpflichtenden Gegenwärtigkeit des Großvaters und der Strenge des Vaters nicht standhalten, er verfällt dem Alkohol, macht Schulden und stirbt in einem der frühen Gefechte des Ersten Weltkrieges. Die Struktur des Werkes weist auf den Roman *Der Untertan* von Heinrich Mann zurück. So, wie dort Kaiser Wilhelm II. an entscheidenden Punkten mit Diederich Heßling zusammentrifft, greift hier der uralte Kaiser Franz Joseph in das Geschehen ein. Der Höhepunkt ist erreicht, als er während einer Parade dem jungen Trotta gegenübersteht, ihn für seinen Retter, den Helden von Solferino, hält und in vergreister Erstarrung nicht bemerkt, daß »an seiner Nase ein glasklarer Tropfen« erscheint und in den Schnurrbart fällt. Die traditionsreiche Donaumonarchie steht vor dem Zerfall, der Radetzkymarsch bedeutet nicht mehr Verpflichtung, sondern nur noch Erinnerung. Der Roman *Die Kapuzinergruft* (1938), in dessen Mittelpunkt Franz-Ferdinand Trotta aus der bürgerlichen Nebenlinie der Familie steht, erreichte weder die Geschlossenheit noch die Eindringlichkeit des frühen Werkes, die unreflektierte Sehnsucht nach Kaiserherrschaft und obrigkeitsstaatlicher Ordnung verrät vielmehr die Hilflosigkeit des im Exil lebenden Autors angesichts einer veränderten Welt.

Zwei Österreicher versuchten, aus der Distanz eine zusammenfassenddeutende Darstellung der Jahrhundertwende zu geben. ROBERT MUSIL (1880–1942) hatte mit der frühen Erzählung *Die Verwirrungen des Zöglings Törleß* (1906) ein in der Zeit um 1900 beliebtes Thema aufgegriffen: die Probleme der Heranwachsenden. In einem Internat erlebt Törleß, wie die Schüler Beineberg und Reiting den jungen Basini, den sie bei einem Gelddiebstahl überraschten, langsam und grausam strafen: durch Verhöre, sadistische Quälereien und sexuelle Erniedrigung. Törleß beteiligt sich zwar, wahrt aber inneren Abstand und verläßt nach der Entdeckung der Ereignisse das Konvikt in einer merkwürdigen Stimmung von Zuversicht und Müdigkeit. Musil stellte nicht, wie andere Autoren der Jahrhundertwende, die Zwänge und Unterdrückungsmaßnahmen des Elternhauses oder der Schule dar, sondern die Gedanken, Erfahrungen und Lernprozesse des jungen Törleß, so daß ihm eine detailreiche, außerordentlich genaue Schilderung der jugendlichen Psyche gelang. Ein breites Panorama der Jahrhundertwende sollte der Roman *Der Mann ohne Eigenschaften* geben. Das Geschehen setzt im August 1913 in Wien ein. Der 32 Jahre alte Mathematiker Ulrich ist aus der zerfallenden Wirklichkeit in die Welt des Möglichen geflohen und führt ein Leben in nachdenkender Passivität als Mann ohne Eigenschaften, als »Möglichkeitsmensch« in einem »Gespinst von Dunst, Einbildung, Träumerei und Konjunktiven« und mit einem »bewußten Utopismus, der die Wirklichkeit nicht scheut, wohl aber als Aufgabe und Erfindung behandelt«. Diese Lebensform bestimmt die Struktur des Romans. Musil erzählt nämlich keine logisch geordnete Handlung, sondern unterbricht die Ereignisse im Sinne einer »Entfabelung« immer wieder durch Exkurse, Kommentare und essayistische Passagen. Dadurch bringt er Zeitbezüge sowie Erkenntnisse und Ergebnisse von ausgedehnten Studien in den Fächern Mathematik, Physik, Philosophie, experimentelle Psychologie ein und stellt hohe Anforderungen an den Leser. Die ersten beiden Teile erschienen 1930, der dritte Teil auf Drängen des Verlegers Rowohlt 1933, abgeschlossen wurde der Roman nie. Einmal behinderten Geldmangel, Krankheit und Schwierigkeiten des Exils die Arbeit, andererseits entzog sich die komplexe Wirklichkeit offenbar einer genauen und umfassenden Beschreibung. Die Tatsache, daß Musil manche Kapitel mehr als zwanzigmal veränderte und daß der Roman trotz seines ungewöhnlichen Umfangs Fragment blieb, weist zurück auf die Sprachkrise der Jahrhundertwende, der auch der kommentierende Erbe verfiel. Eine andere Lösung wählte HERMANN BROCH (1886–1951). Er konzentrierte jedes Werk der Trilogie *Die Schlafwandler* (1931/32) auf eine Figur, eine Problematik und ein Jahr. Die Ereignisse des ersten Romans *Pasenow oder die Romantik* sind in das politisch und literarisch bedeutsame Jahr 1888 gelegt. Joachim von Pasenow, zweiter Sohn eines westpreußischen Gutsbesitzers und Leutnant in Berlin, ist in den Traditionen und Normen seines Standes erzogen worden, die ihm allmählich fragwürdig erscheinen und einen Zug von Romantik bekommen: Uniform, Ehrenkodex, Lebensformen, auch die Liaison mit der Böhmin Ruzena. Eduard von Bertrand, der das Militär verließ und als Kaufmann arbeitet, fasziniert Joachim auf befremdliche Weise, weil dieser in ihm Sicherheit, Kraft und neue Ziele vermutet. Der zweite Roman *Esch oder die Anarchie* spielt fünfzehn Jahre später in der Umgebung von Köln und Mannheim. Der aus Luxemburg stammende Buchhalter August Esch entdeckt »Buchungsfehler« der Weltordnung: soziale Unterschiede, Ungerechtigkeit, Unzufriedenheit. Seine Antwort ist eine unreflektierte Anarchie in persönlichen Beziehungen, im Beruf, in Gedanken und Wünschen. Zu Beginn des dritten Romans *Huguenau oder die Sachlichkeit* sind wiederum fünfzehn Jahre vergangen. Der im Elsaß aufgewachsene Kaufmann Wilhelm Huguenau trifft 1918 in einer Kleinstadt bei Trier den Bezirkskommandanten Pasenow und den Zeitungsbesitzer Esch. Skrupellos auf den eigenen Vorteil bedacht, belügt und umschmeichelt er beide, für ihn zählt nur die Sachlichkeit des Erfolgs. Während der politischen Unruhen Anfang November 1918 tötet er Esch und verläßt als Begleiter des todkranken, seiner Sinne nicht mehr mächtigen Pasenow den Ort. Der umfangreiche Schlußteil der Trilogie nimmt zahlreiche Motive der vorausgegangenen Werke wieder auf, ergänzt und kommentiert sie. Das Geschehen um Pasenow, Esch und Huguenau wird durch selbständige und gleichzeitig spiegelnde Parallelerzählungen unterbrochen, in denen andere Figuren dominieren: der Landwehrmann Gödicke, Leutnant Jaretzki, Hanna Wendling. Hinzu kommen die aus der Perspektive eines Dr. phil. Bertrand Müller in Prosa und Vers dargestellte »Geschichte des Heilsarmeemädchens in Berlin« sowie eine Reihe essayistischer Exkurse, die, im Zusammenhang gelesen, Brochs zentrale Idee vermitteln. Seiner

Meinung nach zeigt die Jahrhundertwende den Höhepunkt einer Entwicklung, die – mit der Renaissance beginnend – den Zerfall der Werte bewirkte. Ursprünglich gab es das auf Gott zentrierte Wertsystem der katholischen Kirche, das alle Lebensbereiche bestimmte. Es wurde aufgelöst durch die Ausbildung von »Partialsystemen«, die im Laufe der Jahrhunderte isolierte, engere Wertordnungen ausbildeten und rücksichtslos durchzusetzen versuchten: Kirchen, Militär, Parteien, Wissenschaften. Daraus resultieren die Orientierungslosigkeit, Vereinzelung und Entfremdung der Menschen zur Zeit der Jahrhundertwende. Sie leben in einem Zwischenreich, hoffend auf Erkenntnis und Bindung, denn »der Weg der Sehnsucht und der Freiheit ist unendlich und niemals ausschreitbar, ist schmal und abseitig wie der des Schlafwandlers«.

Kunst für das Proletariat

Die politischen Auseinandersetzungen nach dem Ende des Ersten Weltkrieges führten an der Jahreswende 1918/19 zur Gründung der Kommunistischen Partei Deutschlands. Ihre Führer Karl Liebknecht und Rosa Luxemburg wurden während der Spartakus-Aufstände in Berlin ermordet, die Vorstellungen der SPD von einer deutschen Republik setzten sich endgültig durch. Den Kommunisten blieb daher während der zwanziger Jahre nur, alle Mittel, auch die Literatur, für den Kampf um eine Diktatur des Proletariats zu mobilisieren. Zahlreiche expressionistische Autoren und einige Mitglieder der Berliner Dada-Gruppe unterstützten die Partei, bürgerliche Intellektuelle gaben wichtige Impulse und propagierten ihre oft sehr persönlichen Gedanken von proletarischer Kunst. 1919 entstand der »Bund für proletarische Kultur«, der Kontakte zwischen den sozialistischen Künstlern und der Arbeiterschaft pflegen sollte. Ein mit expressionistischem Pathos geschriebener Gründungsaufruf forderte zur Mitarbeit im »Kampf um die edelsten Ziele der Revolution« auf. Wieland Herzfelde publizierte in dem von ihm gegründeten Malik-Verlag revolutionäre Schriften und Dichtungen, billige Buchreihen garantierten eine große Zahl von Lesern. In der Zeitschrift *Die Rote Fahne* diskutierte man über Zweck und Formen proletarischer Literatur. Den Arbeitern selbst gelang es kaum, ihre Vorstellungen von proletarischer Kunst gegen die kommunistischen Schriftsteller bürgerlicher Herkunft zu behaupten. Lediglich die Autobiographie *Ein Prolet erzählt* (1930) von Ludwig Turek hatte großen Erfolg, weil der Autor selbstbewußt und ironisch-aggressiv die Erlebnisse und Erfahrungen seines Lebens wiedergab.
Wichtiges Medium für Information und Agitation war das Theaterspiel. Die Jugendverbände der Partei und der Gewerkschaften organisierten Masseninszenierungen und Sprechchorwerke, neben den Vorführungen wurden Flugblätter oder Broschüren verteilt und Diskussionen veran-

Abb. 86: Bühnenbildmodell von Traugott Müller für die Piscator-Inszenierung *Hoppla, wir leben!*

staltet. Überall bildeten sich kleine Theatergruppen, etwa »Das rote Sprachrohr«, die nach einem abgestimmten Tourneeplan umherreisten und die Basisarbeit durch zeitnahe, politisch wirkungsvolle Kurzszenen und musikalische Darbietungen unterstützten.

Nach der russischen Oktoberrevolution hatte der Regisseur Wsewolod Meyerhold den »Theateroktober« proklamiert. Die Kunst sollte die gesellschaftlichen Veränderungen berücksichtigen, ihre Ziele auf die kommunistische Ideologie ausrichten. Sein Schüler Alexander Tairow forderte »Das entfesselte Theater« (1923): Autonomie der Darstellung gegenüber dem Text, Einbeziehung von Pantomime und Clownerien, aus Podien und Gerüsten einfach aufgebaute Bühnenbilder. Das Tairow-Ensemble unternahm mehrere Tourneen durch Europa und machte die Reform überall bekannt. In Deutschland nahm ERWIN PISCATOR (1893–1966) diese Anregung auf. Unter dem Eindruck der Vernichtungsschlachten des Ersten Weltkrieges war er in die Kommunistische Partei eingetreten und hatte sich das Ziel gesetzt, ein engagiertes, dem Klassenkampf dienendes Theaterspiel zu entwickeln. Nach bescheide-

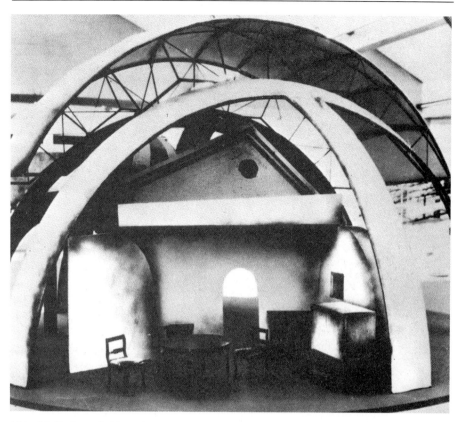

Abb. 87: Bühnenbildmodell von Traugott Müller für die Piscator-Inszenierung *Rasputin*

nen Anfängen in Königsberg kam er 1920 nach Berlin und gründete zunächst ein »Proletarisches Theater« als Bühne der revolutionären Arbeiter. Laien spielten anonym und ohne Gage in Wirtshäusern und Sälen, durch plakative und typisierende Darstellung wollte man informieren und aktivieren. Von 1922 bis 1931 leitete Piscator mehrere Berliner Bühnen und erarbeitete allmählich die neue, bis heute nachwirkende Form des politischen Theaters. Für die Gestaltung der Bühne nutzte er alle technischen Möglichkeiten, ließ schnell veränderbare Schauplätze mit mehreren Spielebenen und auffallender Symbolik bauen, veranschaulichte zeitliche und räumliche Bewegungen durch gegeneinanderlaufende Transportbänder, auf denen Personen oder Dinge vorüberzogen, er benutzte Projektionen und blendete Filmpassagen ein. Dabei ging es um zwei Ziele: Einmal sollte die Steigerung des Einzelschicksals in das Politische, Ökonomische, Soziale erreicht werden, zum anderen eine Illustration der Zeit und ihrer Probleme. Piscator war ein selbstherrlicher Regisseur, der alle Stücke nur als Vorlage betrachtete und stark veränderte. Deshalb können die Texte nur eine unzureichende Vorstellung von den Inszenierungen geben. Immerhin lassen sie erkennen, welche Themen dominierten: der Kampf um den Achtstundentag in *Fahnen* (1924) von Alfons Paquet, die Schwierigkeit revolutionären Handelns in *Hoppla, wir leben!* (1927) von Ernst Toller, Inflation und kapitalistische Methoden in *Der Kaufmann von Berlin* (1929) von Walter Mehring. Auch im Exil setzte Piscator seine Arbeit konsequent fort, er gründete 1940 einen »Dramatic Workshop« an der »New School for Social Research« in New York. 1951 kehrte er nach Deutschland zurück, inszenierte an kleinen und großen Bühnen. 1962 übernahm er die Intendanz der Freien Volksbühne Berlin und wurde sofort wieder heftig angegriffen. Sein Mut zu politisch engagiertem Theater, zu Experiment und Provokation war ungebrochen, er inszenierte die Uraufführungen der drei umstrittensten Dramen der Nachkriegszeit: *Der Stellvertreter* (1963) von Rolf Hochhuth, *In der Sache J. Robert Oppenheimer* (1964) von Heinar Kipphardt und *Die Ermittlung* (1965) von Peter Weiss. Nichts kennzeichnet Piscator und seine Absichten besser als die Feststellung: »Für Piscator war das Theater ein Parlament, das Publikum eine gesetzgebende Körperschaft.«

Dieses Urteil fällte ein Mitarbeiter Piscators: BERTOLT BRECHT. Er wurde am 10. Februar 1898 in Augsburg geboren, bestand 1917 die Abiturprüfung und begann ein Medizinstudium in München. Kontakte zu Schauspielern und Kabarettisten faszinierten ihn, 1923 trat er als Dramaturg in das Ensemble der Kammerspiele ein. Von 1924 bis 1926 war er in der Dramaturgie des Deutschen Theaters Berlin tätig, dann wechselte er an die Piscator-Bühnen. 1933 floh Brecht über Prag, Wien, Zürich und Paris in den dänischen Ort Svendborg, in dem er bis 1939 lebte. Der drohende Einmarsch der Nationalsozialisten zwang ihn zur Flucht, zunächst über Schweden nach Finnland, dann über Moskau und Wladiwostok nach Kalifornien. 1948 kehrte Brecht zurück und gründete nach Zwischenaufenthalten in Zürich und München in Ostberlin das »Berliner Ensemble« für das Theater am Schiffbauerdamm. Er starb am 14. August 1956. Die frühen Dramen Brechts sind nur zu verstehen als kritische Antwort auf Pathos und Ideale des Expressionismus. Das Schauspiel *Baal* (1918/22) feiert den hemmungslosen Egoismus eines jungen Dichters, die Komödie *Trommeln in der Nacht* (1922) zeigt die Resignation des Kriegsheimkehrers Andreas Kragler angesichts der Spartakus-Aufstände in Berlin, von denen er sich am Ende distanziert, weil das Mädchen Anna und das »große, weiße, breite Bett« warten. Die Groteske *Mann ist Mann* (1924/26) demonstriert die Möglichkeit, den Menschen radikal zu verändern. Einflüsse der Umwelt machen den harmlosen Packer Galy Gay zu einer brutalen Kampfmaschine: er lebt nicht, er wird gelebt. Die Negation der traditionellen Dramaturgie, die grelle, oft primitive Direktheit der Darstellung und das bewußt Amoralische mancher Figuren provozierten Zustimmung und Widerspruch. Alfred Kerr, der gefürchtete Theaterkritiker der Jahrhundertwende, lehnte die Stücke Brechts entschieden ab. Herbert Jhering, der Kritiker des »Berliner Börsen-Courier«, erkannte das Neue und unterstützte den jungen Dramatiker durch ausführliche, mit Argumenten versehene Besprechungen und durch die Verleihung des geachteten Kleist-Preises. Eine Auseinandersetzung zwischen zwei für die Literatur der zwanziger Jahre wichtigen Verlagen ergab sich während der Herstellung der Gedichtsammlung *»Taschenpostille«* (1926) als Privatdruck. Der Verleger Gustav Kiepenheuer verlangte die Streichung der *Legende vom toten Soldaten*, der Autor lehnte ab und schloß einen Vertrag mit dem Ullstein-Verlag, der den Band ungekürzt unter dem Titel *Bertolt Brechts Hauspostille* (1927) herausbrachte. Das Werk hat durch die Einteilung in sechs »Lektionen« einen stark didaktischen Akzent. Brecht wählte vorwiegend einfache Strophen- und Reimformen wie in dem Lied *Von der Freundlichkeit der Welt*, bevorzugte eine prosanahe Diktion wie in den Gedichten *Erinnerung an die Marie A.* oder *Vom armen B. B.*, variierte vor allem die Form der Ballade. Das Didaktische bestimmte auch die Produktion der folgenden Jahre. Nachdem Brecht ökonomische Probleme studiert und die Schriften von Karl Marx gelesen hatte, wollte er Kritik an der bürgerlich-kapitalistischen Ordnung üben, für die Unterdrückten sprechen und die Veränderung der gesellschaftlichen Verhältnisse herbeiführen. In der *Dreigroschenoper* (1928) übertrug er Verhaltensweisen des Bürgertums auf Räuber und Prostituierte, um durch Ironie zu entlarven. Die Uraufführung im Theater am Schiffbauerdamm in Berlin wurde paradoxerweise zu einem überwältigenden Erfolg, das bürgerliche Publikum nahm die böse Satire als genußvolle Unterhaltung und bejubelte die von Kurt Weill komponierten Songs, vor allem *Die Moritat von Mackie Messer*. In den Anmerkungen zu der Oper *Aufstieg und Fall der Stadt Mahagonny* (1930) entwickelte Brecht die Grundgedanken des »epischen Theaters«, die er später ergänzte, aber nicht mehr veränderte. Er grenzte das neue Theater gegen die allgemein anerkannte, auf die *Poetik* des Aristoteles zurückgehende traditionelle Dramaturgie ab: bewußte Distanzierung der Zuschauer statt Identifikation, kritische Skepsis statt Furcht und Mitleid, keine Akzentuierung außerordentlicher Helden, sondern Darstellung von gesellschaftlichen Zusammenhängen, Hinweis auf notwendige Veränderungen statt Bestätigung des Bestehenden. Mittel zur Erreichung dieser Ziele wurde der Verfremdungseffekt: kurze Inhaltsangaben vor den Szenen, Lieder, Masken, das nüchterne Bühnenbild mit Projektionen und didaktischen Hinweisen, ein möglichst sachliches Spiel. Zwischen 1928 und 1931 entstanden kurze Dramen über Grundfragen politischen Verhaltens: das Radiolehrstück *Der Ozeanflug, Das Badener Lehrstück vom Einverständnis, Die Maßnahme*. In den Schulopern *Der Jasager und der Neinsager* nutzte Brecht die variierte Wiederholung: der gleiche Sachverhalt erhält zwei entgegengesetzte Lösungen, regt also zum Nachdenken und zur Diskussion an. Die großen, inzwischen weltberühmten Dramen entstanden während des Exils und wurden am Schauspielhaus Zürich uraufgeführt. Die Chronik *Mutter Courage und ihre Kinder* (entstanden

1939, uraufgeführt 1941) zeigt das Schicksal der Marketenderin Anna Fierling, die den Dreißigjährigen Krieg zwar verabscheut, aber als Gewinnquelle akzeptiert. So verliert sie ihre drei Kinder: den redlichen und ehrlichen Schweizerkas, den tapferen Eilif, die mitleidige Kattrin. Am Ende zieht sie ihren heruntergekommenen Planwagen allein – Krieg und Geschäft gehen weiter. Mit der Figur der freundlichen Shen Te, die sich immer wieder in den bösen Vetter Shui Ta verwandeln muß, illustriert das Parabelstück *Der gute Mensch von Sezuan* (entstanden 1939ff., uraufgeführt 1943) die Unmöglichkeit, in einer Welt der Not und des Betruges gut zu bleiben. Das historische Schauspiel *Leben des Galilei* (entstanden 1938ff., uraufgeführt 1943) spielt in den Jahren 1609 bis 1637. Der Mathematiker und Physiker Galileo Galilei beweist die Behauptung des Kopernikus, daß sich die Erde um die Sonne dreht. Er kann die Beweise gegen die Ignoranz der Fürstenhöfe und gegen die Macht der Kirche nicht durchsetzen. Selbst der aufgeklärte Kardinal Barberini reagiert unnachsichtig, nachdem er zum Papst gewählt worden ist. So widerruft Galilei, um ruhig leben und ruhig weiterarbeiten zu können. Am Ende bringt sein Schüler Andrea Sarti das Werk »Discorsi« über die Grenze, die Wissenschaft hat letztlich doch gesiegt. Der Wechsel von offiziellen und privaten Ereignissen, die Frage nach der gesellschaftlichen Verantwortung der Naturwissenschaften, der elegante und präzise Dialog, der sparsame Gebrauch von Verfremdungseffekten machen das Werk zu dem wohl wirkungsvollsten Drama des Autors. Neben den Stücken sowie zahlreichen Erzählungen, Kommentaren und theoretischen Schriften schrieb Brecht in Dänemark Lyrik, die unter dem Titel *Svendborger Gedichte* (1939) in dem nach England emigrierten Malik-Verlag erschien. Außer vielen Gedichten gegen die nationalsozialistische Herrschaft wie *Die Bücherverbrennung*, *Verbot der Theaterkritik* oder *Ballade von der »Judenhure« Marie Sanders* enthält die Sammlung die bedeutenden und bekannten Gedichte, in denen Brecht seine Forderung nach kritischer Veränderung der Welt darstellte: *Fragen eines lesenden Arbeiters, Legende von der Entstehung des Buches Taoteking auf dem Weg des Laotse in die Emigration, An die Nachgeborenen.*

Wie genial Brecht die Anregungen Piscators aufgriff und weiterentwikkelte, macht ein Vergleich mit FRIEDRICH WOLF (1888–1953) deutlich. Nach den Erfahrungen des Weltkrieges unterstützte der junge Mediziner die Kommunistische Partei, arbeitete von 1927 an ebenfalls bei Piscator und formulierte in dem Aufruf *Kunst ist Waffe* (1928) die Forderung nach politischem Engagement des Dramatikers und aufrüttelnder Schilderung der Zeitereignisse. Seine Dramen – *Cyankali*. *§ 218* (1929), *Die Matrosen von Cattaro* (1930), *Professor Mamlock* (1935) – folgen den Regeln der herkömmlichen Dramaturgie, zeigen ungeschminkt und direkt aktuelle Probleme, bleiben trotz umgangssprachlicher Dialoge und trotz geschickt gesteigerter Spannung pathetische Illustrationen einzelner Ereignisse.

Kritik durch Sachlichkeit

Gustav Hartlaub veranstaltete 1925 in der Mannheimer Kunsthalle eine Ausstellung, mit der er Werke zeitgenössischer Maler – Beckmann, Grosz, Davinghausen – vorstellen wollte. Um das Gezeigte zu charakterisieren, wählte er den wenige Jahre zuvor geprägten Terminus »Neue Sachlichkeit«. Der Begriff wurde schnell bekannt und während der folgenden Jahre auch dann benutzt, wenn es um die Beschreibung literarischer Entwicklungen ging. Unumstritten war er keineswegs. Gleichzeitig gebrauchte, teilweise ironische Formulierungen wie »Neue Parteilichkeit« (Alfred Kerr), »Die neue Unsachlichkeit« (Karl Wolfskehl), »Neue Süßlichkeit« (Raoul Hausmann) oder »Neue Herzlichkeit« (Werner Finck) zeigen das. Sinnvoll abzugrenzen ist diese Stilbewegung nur durch den Bezug auf ihre Intention. Neue Sachlichkeit bedeutete: Konzentration auf aktuelle Themen und Ereignisse, Berücksichtigung von Tatsachen und Fakten, Genauigkeit und Einfachheit der Darstellung. Die Autoren wollten Kritik an politischen und gesellschaftlichen Zuständen ihrer Zeit üben, anders als die von ihnen wiederentdeckten Naturalisten bezogen sie parteipolitische Positionen. Vier Themenkreise standen im Mittelpunkt der kritischen Analyse: der Erste Weltkrieg, die Probleme der Jugend und der Justiz, die Politik der Weimarer Republik. Die Literatur der Neuen Sachlichkeit kann daher nicht verstanden werden ohne den geschichtlichen Hintergrund.

Nach der Abdankung des Kaisers und dem Abschluß des Waffenstillstandsvertrages 1918 begann die Auseinandersetzung um die Struktur des neuen Staates. Die Spartakus-Aufstände der Jahreswende 1918/19 blieben erfolglos, Mitte 1919 verabschiedete die in Weimar zusammengetretene Nationalversammlung eine Verfassung. Deutschland wurde parlamentarisch-demokratische Republik, als ersten Reichspräsidenten wählte man den Sozialdemokraten Friedrich Ebert. Die Weimarer Republik hatte von Anfang an gegen viele Schwierigkeiten zu kämpfen. Reparationszahlungen, Gebietsverluste und vor allem die Inflation belasteten die politischen Entscheidungen. Als im November 1923 die Stabilisierung der Währung gelang, waren viele Existenzen zerstört und manche demokratischen Gedanken in Mißkredit geraten. Die Kommunisten akzeptierten den neuen Staat nicht und unternahmen Aufstände im Ruhrgebiet, in Mitteldeutschland, Hamburg und München. Die Reichswehr hielt Distanz, die rechtsgerichteten Parteien und Organisationen verspotteten die Demokratie und die ihrer Ansicht nach unehrenhafte Friedens- und Verständigungspolitik. Die Ermordung der Politiker Kurt Eisner (1919), Matthias Erzberger (1921) und Walther Rathenau (1922), der Kapp-Putsch (1920) und der Marsch der NSDAP zur Feldherrnhalle in München (1923) zeigten, daß die konservativen Gruppierungen eine Änderung der Machtverhältnisse erzwingen wollten. Nachdem 1925 Hindenburg als Reichspräsident gewählt worden war, nahm die Polarisierung der Politik von Jahr zu Jahr zu. Die Konflikte wurden brutal ausgetragen, die Rechte gewann immer mehr Einfluß, und national-antisemitisches Denken bestimmte zunehmend die Bereiche des öffentlichen Lebens: Politik, Justiz, Presse, Wissenschaften.

Die Erfahrungen des Ersten Weltkrieges hatten viele expressionistische Schriftsteller beeinflußt und aufgerüttelt, die Dramen *Seeschlacht* (1917) von Reinhard Goering oder *Die Wandlung* (1919) von Ernst Toller stellten die Schrecken der Kämpfe und die persönlichen Erlebnisse der Autoren verallgemeinernd und in pathetisch-grotesker Form dar. Ungefähr zehn Jahre nach dem Ende des Krieges begann eine neue, gegenexpressionistische Art der Auseinandersetzung mit diesem entscheidenden Ereignis. 1928 kam das Buch *Krieg* von LUDWIG RENN heraus, eine direkte und unpathetische Beschreibung des Krieges, wie ihn der Frontsoldat erlebt hatte. In einfachen Sätzen, mit einfachem Vokabular, ohne Kommentare, durch aneinandergereihte Einzelereignisse beschreibt Renn den Westfeldzug der deutschen Armee aus seiner Sicht: den Vormarsch, den Stellungskrieg, den Zusammenbruch. Ein Jahr später erschien der Roman *Im Westen nichts Neues* von ERICH MARIA REMARQUE (1898–1970) – ein Buch, das Bericht geben sollte »über eine Generation, die vom Kriege zerstört wurde«, Bericht also über eine »lost generation«, von der auch Ernest Hemingway in seinen frühen Werken *In Our Time* (1924), *The Sun Also Rises* (1926) oder *A Farewell To Arms* (1929) erzählte. Remarque stellt den Krieg aus der Perspektive des jungen Paul Bäumer dar, der in Frankreich erfährt und durchlebt, wie grauenvoll Angriff und Abwehr, Verwundung und Tod sind. Verallgemeinernde Passagen kritisieren die Umwelt, in der die Jugend lebt: den falsch verstandenen Nationalbegriff der Älteren, die auf heroische Ideale ausgerichtete Erziehung in der Schule, die weithin übliche Verklärung des Krieges sowie den im Feld erzwungenen Kadavergehorsam, der aus den Soldaten »Menschentiere« macht. Auch Remarque schildert einfach, nüchtern, sachlich, wie in einer Reportage. Die Typisierung mancher Figuren – etwa des Unteroffiziers Himmelstoß – dient der Wirkung und der Beeinflussung des Lesers. Das Buch wurde schnell berühmt, der unter der Regie von Lewis Milestone 1930 in Hollywood gedrehte Film sowie mehr als dreißig Übersetzungen trugen wesentlich dazu bei. Daß man das auf den ersten Blick sachliche Werk als Kritik an der Unmenschlichkeit des Krieges verstand, macht die 1931 erschienene Broschüre *Im Westen wohl was Neues* von FRANZ ARTHUR KLIETMANN deutlich, die bewußt »contra Remarque« geschrieben war und anklagend »gegen einen Degenerierten« zielte. Klietmann hielt sich eng an die angegriffene Vorlage, er wertete alle Charaktere polemisch um und kam dadurch zu einer genau entgegengesetzten, dem traditionellen Verständnis entsprechenden Darstellung des Krieges. Das aus heutiger Sicht interessanteste Buch der Neuen Sachlichkeit über den Ersten Weltkrieg ist der *Heeresbericht* (1930) von EDLEFF KOEPPEN, der die Entwicklung des Soldaten Adolf Reisiger vom Kriegsfreiwilligen

> Dieses Buch soll weder eine Anklage noch ein Bekenntnis sein. Es soll nur den Versuch machen, über eine Generation zu berichten, die vom Kriege zerstört wurde — auch wenn sie seinen Granaten entkam.

> ✻
>
> Dieses Buch soll eine Anklage sein gegen einen Degenerierten, welcher versucht, deutschen Heldengeist zu besudeln, nur, weil sein ausgemergeltes Mark und sein mutwillig entnervter Leib, durch eigene Hand zerstört, nicht fassen konnte, was das große Ringen dem deutschen Frontsoldaten gab.
>
> ✻

Abb. 88: E. M. Remarque *Im Westen nichts Neues* – Vorwort

Abb. 89: F. A. Klietmann: *Im Westen wohl was Neues* – Vorwort

zum Kriegsdienstverweigerer darstellt, die am Ende in Krankheit und psychiatrische Behandlung führt Köppen durchsetzte die direkte Darstellung des Einzelschicksals mit einer Fülle von Zitaten und Montagen aus Zeitungsberichten, Gesetzestexten, Reden sowie aus Verlautbarungen der Heeresleitung und der Oberen Zensurbehörden. Dadurch erreichte er sowohl eine Verallgemeinerung der beschriebenen selbst erlebten Einzelereignisse als auch eine ironisch-distanzierte Kommentierung des nüchtern erzählten Geschehens.

Weniger der aktuellen Sachlichkeit als vielmehr der Erzähltradition des 19. Jahrhunderts und der Jahrhundertwende verpflichtet war die Darstellung des Krieges, die ARNOLD ZWEIG entwarf. Der 1887 als Sohn eines jüdischen Sattlermeisters in Schlesien geborene Autor wurde nach umfassenden Studien in Philosophie, Geschichte und Sprachen 1915 Soldat. Er kämpfte in Frankreich und Serbien, bevor er als Schreiber der Presseabteilung des Oberkommandos Ost nach Kowno kam. Sein Engagement für Zionismus und Pazifismus zwang ihn 1933 in die Emigration nach Palästina, aus der er 1948 in die DDR zurückkehrte, deren Staatsbürger er bis zu seinem Tode 1968 blieb. Zweig veröffentlichte 1927 sein erstes großes Werk, *Der Streit um den Sergeanten Grischa*, das heute zu den großen Romanen der Weltliteratur zählt. Im Mittelpunkt des Geschehens steht der russische Sergeant Grigorij Iljitsch Paprotkin, genannt Grischa, der im März 1917 aus einem deutschen Gefangenenlager flieht, weil er Heimweh hat. Er schließt sich einer Partisanengruppe an, deren Führerin Babka seine Geliebte wird. Sie gibt ihm den Paß eines Überläufers. Unter dem Namen Bjuschew verhaftet man ihn wenig später und verurteilt ihn als Spion zum Tode. Obwohl er sofort seinen richtigen Namen angibt, obwohl seine Identität bestätigt und das Urteil aufgehoben wird, gerät er in die Maschinerie der Heeresordnung. Der alte, der gewachsenen preußischen Militärtradition verpflichtete General von Lychow, Oberleutnant Winfried, Kriegsgerichtsrat Posnanski und der Schreiber Bertin, deren Division für Grischa verantwortlich ist, wollen den Russen retten. Generalmajor Schieffenzahn von der Heeresleitung Ost übergeht alle Fragen nach Zuständigkeiten und Instanzen, er läßt das Urteil vollstrecken. Dieses Geschehen um den Sergeanten Grischa dient dazu, die Mechanismen der militärischen Macht zu zeigen, aber auch den brutal-sinnlosen Alltag des Krieges in Rußland. Zweig setzte dazu alle Möglichkeiten des auktorialen Erzählers ein: expressionistische Stilmittel und Elemente der sachlichen Beschreibung, direkte Schilderung und ironische Kommentierung, Vorausdeutungen und Rückbezüge, wechselnde Perspektiven, Dialoge und Exkurse. Der jüdische Schreiber Bertin, eine von Zweig offenbar mit autobiographischen Einzelheiten gezeichnete Figur, spielt in dem *Grischa*-Roman nur eine begleitend-kommentierende Rolle, er wird zur Hauptfigur in einigen der später entstandenen Werke: Der Roman *Junge Frau von 1914* (1931) zeigt, wie sehr der Ausbruch des Ersten Weltkrieges das Leben und die Normen veränderte, das Geschehen des Romans *Erziehung vor Verdun* (1935) weist am Beispiel des jungen Unteroffiziers Christoph von Kroysing und seines Bruders Eberhard erneut die erbarmungslosen Anforderungen des Krieges auf, die Intrigen um Sicherheit und Rettung, das Gegeneinander von Offizieren und Mannschaften. Hier wie in dem ersten Roman gebrauchte Zweig ein Zitat von Hebbel, nämlich die Zeile »Nur rühre nimmer an den Schlaf der Welt« aus der Tragödie *Gyges und sein Ring*. Zweig wollte mit seinen Werken über den Ersten Weltkrieg an den Schlaf der Welt rühren, er wollte die Menschen zum Nachdenken und Umdenken bringen.

Die auf den Krieg bezogene Literatur der damaligen Zeit schilderte vor allem das Schicksal junger Menschen, deren Entwicklung durch die Realität des Kampfes beeinflußt und verändert wurde. Nach dem Ende des Weltkrieges kehrten die Jugendlichen verzweifelt und orientierungslos in die Heimat zurück. Remarque beschrieb noch viele Jahre später, als letzte Erinnerung an die Neue Sachlichkeit sozusagen, in dem Roman *Drei Kameraden* (1938) die Probleme junger Männer, die

aus dem Krieg zurückkamen und nun keinen Platz in der Gesellschaft finden. Solche Situationen schärften den Blick für die Probleme der Jugend allgemein, weil man die Entwicklung der Weimarer Republik auch vom Schicksal der Jugendlichen abhängig machte. FERDINAND BRUCKNER (1891–1958) stellte dieses Thema in einem Drama mit dem beziehungsvollen Titel *Krankheit der Jugend* (1926) dar. Die »Krankheit« besteht darin, daß alle Figuren nur ihr eigenes Interesse kennen, ohne Respekt vor der Persönlichkeit der anderen ihren Willen durchsetzen wollen, in egozentrisch-exaltierter Privatheit keinen Gedanken an die Gesellschaft oder die Politik verlieren. Die Schwierigkeiten einer großen jugendlichen Randgruppe brachte das Schauspiel *Revolte im Erziehungshaus* (1929) von PETER MARTIN LAMPEL (1894–1965) in die Diskussion. Es geht um Fürsorgezöglinge, die nach strengen Regeln in einem Heim leben. Die Erzieher sind unfähig und autoritär, disziplinieren durch Prügel und unterstützen die auf Gewalt beruhende interne Ordnung der Jungen. Der Pfarrer als Leiter der Anstalt hat kein Verständnis für die sexuellen Probleme der Insassen, er begnügt sich mit Versprechungen und Phrasen. In dieser Gruppe arbeitet ein Hospitant, der sich um ein kameradschaftliches Verhältnis zu den Jungen bemüht und dafür plädiert, statt der Heime familienähnliche, auf der Verantwortung des einzelnen beruhende Gemeinschaften zu gründen. Er scheitert schnell, die Revolte der Zöglinge wird von der Polizei beendet. Lampels »Schauspiel der Gegenwart« ist ein gutes Beispiel für das »Zeitstück«, bei dem es nicht in erster Linie um literarische Qualität, sondern um Wirkung geht – das Stück endet mit der bezeichnenden Aufforderung: »und sucht die Schuld bei euch selber«. Jedes Zeitstück stellt ein soziales, gesellschaftliches oder politisches Problem zur Diskussion, indem die Figuren typisiert, häufig in Gute und Böse aufgeteilt werden, indem einfache, oft von Phrasen durchzogene Dialoge gebraucht werden. Wenn das aufgezeigte Problem gelöst ist, wird der literarische Text überflüssig; bleibt das Problem ohne Lösung, gerät der Text in Vergessenheit, bis eine spätere Situation das Thema erneut diskussionsfähig macht. So erklärt sich die Tatsache, daß von 1973 an Aufführungen des Stückes von Lampel in Frankfurt, Hamburg, Dortmund oder Karlsruhe zu sehen waren. Die Neuinszenierungen des wiederentdeckten Dramas sollten einen Beitrag leisten zu der damals einsetzenden Diskussion um die Fürsorgeerziehung und den Strafvollzug für Jugendliche in der Bundesrepublik.
Junge Menschen stehen auch im Mittelpunkt des Schauspiels *Die Verbrecher* (1928) von FERDINAND BRUCKNER. Eigentliches Thema dieses vielleicht bekanntesten Zeitstückes der Neuen Sachlichkeit ist aber die Justiz und das Problem der Gerechtigkeit. Der Autor verlangt – offenbar von den Theaterexperimenten Piscators beeinflußt – eine dreistöckige Simultanbühne, die im ersten und dritten Akt sieben Räume eines Wohnhauses zeigt, im zweiten Akt vier Gerichtssäle, ein Lesezimmer und einen Gang. Im ersten Akt erweist sich, daß fast alle Bewohner des

Hauses gegen einzelne Paragraphen des Strafgesetzbuches verstoßen und schuldig werden – aus Eifersucht, aus Leichtsinn, aus Veranlagung, vor allem aus wirtschaftlicher Not. Im Verlauf des zweiten Aktes erkennt der Zuschauer, wie stark das Urteil von den Richtern, Staatsanwälten und Verteidigern abhängt, wie sehr Vorurteile und politische Meinungen die Rechtsprechung beeinflussen. Hier und im dritten Akt wird aber auch deutlich, daß die eigentlich verbrecherischen, die Mitmenschen mißachtenden Figuren ohne Strafe bleiben, während die Bestraften kaum mit ihrem Schicksal fertig werden oder innerlich zerbrechen. Zwei Richter, die sich im Lesezimmer des Gerichts unterhalten, verallgemeinern die Einzelfälle, in ihrem Dialog kommt die kritische Grundtendenz des Stückes direkt zum Ausdruck. Auch andere Autoren versuchten, aktuelle Probleme der Justiz auf die Bühne zu bringen. So griff Friedrich Wolf mit dem Stück *Cyankali. § 218* (1929) in die Diskussion um den Abtreibungsparagraphen 218 ein, so bezog Alfred Wolfenstein mit dem Schauspiel *Die Nacht vor dem Beil* (1929) Stellung gegen die Todesstrafe. Und wenn Hans Rehfisch und Wilhelm Herzog *Die Affäre Dreyfus* (1929) aufgriffen und den Romancier Emile Zola als Bühnenfigur die berühmt gewordene Anklage »J'accuse« erheben ließen, dann war damit nicht die französische Republik des ausgehenden 19. Jahrhunderts, sondern die umstrittene Gegenwart der Weimarer Republik angesprochen. Zu diesem Themenberich gehört auch der Roman *Der Fall Maurizius* (1928), den Jakob Wassermann nach realen Ereignissen der damaligen Zeit schrieb. Der Versuch des Oberschülers Etzel Andergast, das Urteil gegen den Kunsthistoriker Maurizius, das sein Vater als Staatsanwalt erreichte, als falsch zu erweisen, dient dazu, das zeitlose Problem der Gerechtigkeit sowie grundsätzliche moralische, sittliche und religiöse Fragen darzustellen. Das mindert die zeitkritische Tendenz des Werkes und führt zu vielen ausgreifenden, teilweise unglaubwürdigen Rückblenden, Exkursen und Erörterungen.
Die instabile und immer wieder von Krisen bedrohte Weimarer Republik brachte manchen Schriftsteller dazu, nicht nur besonders drängende Einzelprobleme, sondern die gesellschaftlich-politische Entwicklung insgesamt zu beobachten und in seinen Werken – mehr oder weniger direkt – zu beschreiben. Einer von ihnen war CARL ZUCKMAYER (1896–1977), der als junger Dramaturg zusammen mit Brecht bei Max Reinhardt in Berlin arbeitete und dessen vom Expressionismus beeinflußte frühe Stücke ohne Erfolg blieben. Der Durchbruch gelang ihm 1925 mit dem Lustspiel *Der fröhliche Weinberg*, das beim Publikum sofort ankam und dem Autor den Kleist-Preis einbrachte. Zuckmayer hatte, wohl unter dem Einfluß des Naturalismus, konsequent mit den expressionistischen Stilmitteln gebrochen. Das Geschehen des Dramas ist zeitlich und örtlich genau fixiert, die Handlung verläuft spannend und unterhaltsam, der rheinhessische Dialekt bestimmt die Dialoge, statt Typen erkennt man von persönlichen Problemen bestimmte, genau charakterisierte Figuren, die direkt, gelegentlich auch derb über Erotik,

Sexualität und Politik reden. Mit dem Korpsstudenten Knuzius, den Kriegsveteranen und dem jüdischen Weinhändler wurden zudem aktuelle Themen der Zeit ins Spiel gebracht: Nationalismus, völkisches Denken, Antisemitismus. Die Schwierigkeiten der Inflation stellte Zuckmayer am Beispiel eines kleinen Wanderzirkus in dem von ihm als »Seiltänzerstück« bezeichneten Werk *Katharina Knie* (1928) dar, wenige Jahre später brachte er sein heute bekanntestes Werk heraus, das im Untertitel als »Ein deutsches Märchen« gekennzeichnete Drama *Der Hauptmann von Köpenick* (1931). In diesem »Märchen« geht es um das Schicksal des Schusters Wilhelm Voigt, der viele Jahre seines Lebens trotz nur geringfügiger Vergehen im Gefängnis verbracht hat und immer wieder vor der ausweglosen Situation steht, daß er eine Aufenthaltsgenehmigung benötigt, um eine Arbeitsgenehmigung zu bekommen, und daß er eine Arbeitsgenehmigung braucht, um eine Aufenthaltsgenehmigung zu erhalten. So verkleidet er sich zuletzt als Hauptmann, läßt das Rathaus von Köpenick besetzen und den Bürgermeister verhaften, um die notwendigen Papiere zu erhalten. Alle Zeitungen berichten über den Vorfall, selbst Seine Majestät lacht herzlich über das außerordentliche Ereignis. Es geht in dem Stück aber nicht nur um die Dramatisierung eines historisch fixierbaren, realen Geschehens, sondern es geht auch um die fiktive Geschichte jener Uniform, die Voigt am Ende als Hauptmann benutzt. Anhand dieser Geschichte wird deutlich, wie stark das Militär, das militärische Denken sowie militärische Formen das Leben in Preußen bestimmen. Selbst die Szenen im Obdachlosenasyl und im Gefängnis zeigen die Allgegenwärtigkeit des militärischen Geistes. Als das Drama erschien, merkte man sehr schnell, daß mit den dargestellten Zuständen des Kaiserreichs auch die Gegenwart der Republik gemeint war, in der das Militär nach wie vor eine entscheidende Rolle spielte, in der die Nationalsozialisten »die Nation in einen neuen Uniform-Taumel versetzten« (Zuckmayer). So war es nur konsequent, daß Zuckmayer nach der Machtübernahme 1933 über Österreich und die Schweiz nach Amerika emigrieren und viele Jahre lang als Farmer leben mußte. Seine Autobiographie *Als wär's ein Stück von mir* (1966) berichtet davon. Wie Zuckmayer griff ÖDON VON HORVÁTH (1901–1938) auf Elemente des Volksstücks zurück, allerdings nicht im Hinblick auf eine spannungserzeugende Dramaturgie, sondern für die Zusammenstellung des dramatischen Personals (dramatis personae) und die Formung der Sprache. Im Mittelpunkt seiner Dramen stehen einfache Leute als Repräsentanten des Volkes, die sich ungewöhnlichen Herausforderungen stellen müssen. Die Dialoge der Stücke enthalten Phrasen, unvollständige Sätze und falsche Konstruktionen, die Partner reden oft aneinander vorbei, die Regieanmerkungen »Pause« oder »Stille« erscheinen immer wieder – Hinweise darauf, daß die Figuren unfähig zu einem echten Gespräch sind und den gesellschaftlich-politischen Problemen, die auf sie zukommen, hilflos und gedankenlos gegenüberstehen. So zeigt Horváth in der eng eingegrenzten, oft beschränkten Situation des kleinbürgerlich-proletarischen Alltags die Auswirkungen jener Entscheidungen, die von den Regierenden getroffen wurden: die Bedeutung der Reichswehr für die militante, konservative Veränderung der Weimarer Republik in *Sladek, der schwarze Reichswehrmann* (1929), das nahezu unbehinderte Vordringen der Nationalsozialisten gegenüber den in sich und miteinander zerstrittenen demokratischen Parteien in *Italienische Nacht* (1931), die Folgen der Arbeitslosigkeit in *Kasimir und Karoline* (1932) sowie in dem »Ein kleiner Totentanz« genannten Stück *Glaube Liebe Hoffnung* (1936). Die für Horváths Stücke charakteristische Einheit von Satire und Trauer, Kritik und Anklage wird besonders in dem Drama *Geschichten aus dem Wienerwald* deutlich, dessen Uraufführung am 2. November 1931 im Deutschen Theater, Berlin, zu einem entscheidenden Erfolg für den Autor wurde. Am Schicksal der jungen Marianne wird gezeigt, wie verlogen die menschlichen Gefühle und Beziehungen sein können, mit welcher Brutalität jeder seinen eigenen Weg geht. Gleichzeitig werden – etwa im Verhalten der Großmutter, des Zauberkönigs oder des Fleischers Oskar – jene Klischees entlarvt, die man mit der Stadt Wien, ihrer Literatur, ihrer Musik und ihrer Geselligkeit verbindet – in diesem Stück erinnert nichts an die Heiterkeit des Walzers von Johann Strauß, dessen Titel Horváth als ironische Anspielung übernahm.

Bekannt und viel gelesen sind auch heute noch die Romane von RUDOLF DITZEN (1893–1947), der unter dem Pseudonym HANS FALLADA schrieb. Der Roman *Bauern, Bonzen und Bomben* (1931) nahm ein tatsächliches Ereignis – den Landvolkprozeß in Neumünster 1929, über den der Autor als Journalist berichtet hatte – zum Anlaß, die gegeneinanderstehenden Interessengruppen und Parteien darzustellen, vor allem die Brutalität, mit der jede Gruppe für ihre vermeintlichen Rechte kämpfte. Der Ort Altholm wird zum Spiegel der Republik: »Meine kleine Stadt steht für tausend andere und für jede große auch«. Der Roman *Kleiner Mann – was nun?* (1932) schildert den Weg des jungen Angestellten Johannes Pinneberg in die Arbeitslosigkeit, die der aufrichtige und ehrliche Mann wie ein unabwendbares Schicksal empfindet. Am Ende haust er mit seiner Frau Lämmchen und seinem Sohn Murkel in einer Schreberhütte, notdürftig von dem Geld lebend, das Lämmchen als Aushilfe verdient. Die Provokation liegt in dem Titel *Kleiner Mann – was nun?*, der das vermeintlich harmonische Ende in Frage stellt und als offenen Schluß ausweist, der den Leser zum Nachdenken zwingt. Der Roman *Wer einmal aus dem Blechnapf frißt* (1934) nimmt Probleme der Rechtsprechung auf und schildert die Erfahrungen des entlassenen Strafgefangenen Willi Kufalt, dessen Versuche, wieder einen Platz in der Gesellschaft zu finden, fehlschlagen und der am Ende neue Straftaten begeht, weil er sich das Gefängnis als Sicherheit und Schutz zurückwünscht. Die Nationalsozialisten griffen die kritischen Romane Falladas an, daher schrieb der Autor einige autobiographische, unterhaltsame Werke, bevor er in dem Roman *Wolf unter Wölfen* (1937) noch einmal auf ein entscheidendes Jahr der Weimarer Republik zurückgriff: auf das Inflationsjahr 1923. Die Ereignisse um die drei ehemaligen Regimentskameraden von Prackwitz-Neulohe, von Studmann und Pagel dienen dazu, die heillose, brutale, außerhalb aller politisch-moralischen Gesetze dahintreibende Inflationszeit darzustellen, in der es nur ums Überleben geht, in der jeder der Feind des anderen ist, eben Wolf unter Wölfen. Viele Romane Falladas haben gleiche Strukturen: Zunächst werden nacheinander die Anfänge mehrerer Handlungsstränge erzählt, die dann allmählich zusammenlaufen und somit Spannung, Überraschungen und Steigerungen erlauben. Ausführliche Dialogpassagen charakterisieren die Figuren direkt, der häufige Wechsel aus dem normalen Erzähltempus Imperfekt ins Präsens erzeugt Aktualität und innere Anteilnahme, leitmotivisch wiederholte Formulierungen weisen auf Zusammengehörigkeit und Entwicklungen. Fallada erzählt volkstümlich in positivem Sinn: er schildert ereignisreiche, spannende Geschehnisse ausführlich, sachlich und genau, ohne zu schematisieren und ohne dem Leser das Mitdenken und die kritische Reflexion abzunehmen.

Der junge Theaterkritiker SIEGFRIED JACOBSOHN gründete 1905 die Zeitschrift *Die Schaubühne* als Organ für literarische und kulturkritische Beiträge. Nach dem Ersten Weltkrieg beschloß er, politischen und gesellschaftlichen Themen mehr Raum als vorher einzuräumen. Um die Veränderung demonstrativ zu verdeutlichen, änderte er den Titel der

Abb. 90: Titelblatt der ersten Ausgabe der *Weltbühne* von 1918, vorher *Schaubühne*

Zeitschrift, die von 1918 an *Die Weltbühne* hieß und die Entwicklung der Weimarer Republik vom Anfang bis zum Ende kritisch begleitete. Jacobsohn edierte sie bis zu seinem Tode 1926, dann wurde Carl von Ossietzky Herausgeber. Der wichtigste Mitarbeiter war KURT TUCHOLSKY (1890–1935), der nicht nur unter seinem Namen, sondern auch unter den Pseudonymen Kaspar Hauser, Peter Panter, Theobald Tiger und Ignaz Wrobel schrieb. Man kennt vor allem seine heiteren Erzählungen *Rheinsberg* (1912) und *Schloß Gripsholm* (1931), weniger seine Feuilletonartikel über Bücher, Inszenierungen, Schauspieler und kulturelle Ereignisse sowie seine zeitkritischen Artikel, die alle Themen der Neuen Sachlichkeit aufgreifen. Tucholsky prangerte die konservative, von politischen Überzeugungen bestimmte Rechtsprechung an, die für eine Demokratie gefährliche Macht des Militärs, die chauvinistische Erziehung in den Schulen, den wachsenden Antisemitismus und das Vordringen der nationalsozialistischen Ideologie. Das Desinteresse und die geistigen Grenzen des Bürgertums verdeutlichte er durch die Geschichten vom Herrn Wendriner. Durch knappe Formulierungen und ironische Umbildungen gelang es ihm, seinen Standpunkt zu akzentuieren. So nannte er die Republik einen »Nachtwächterstaat« und eine »Unteroffiziersnation«, so bezeichnete er die Volksmeinung als »vox pipili« und als »nationale Mistik«. Tucholsky verstand sich als Vertreter »des besseren Deutschland«, das den Traditionen der Aufklärung und der Humanität verpflichtet war. Er übte Kritik, weil er die Republik sichern und mehr Demokratie erreichen wollte. Sein Schicksal und das der Zeitschrift *Die Weltbühne* sind typisch für die Jahre, die auf die Weimarer Republik folgten. Nach der Machtergreifung 1933 verboten die Nationalsozialisten das Blatt, Carl von Ossietzky starb 1938 nach dem Aufenthalt im Konzentrationslager. Kurt Tucholsky nahm sich 1935 im schwedischen Exil das Leben.

Die Literatur der Neuen Sachlichkeit ist als Literatur der Reportage charakterisiert worden. Nicht zufällig wurde während dieser Jahre ein Mitarbeiter vieler Zeitungen bekannt, nämlich EGON ERWIN KISCH (1885–1948), dessen Bücher mit den bezeichnenden Titeln *Der rasende Reporter* (1925) und *Hetzjagd durch die Zeit* (1926) wichtige Reportagen aus aller Welt enthalten. Der Autor wollte seinen Lesern Informationen, Meinungen, Kritik und Anregung geben. Genau das wollten die demokratisch engagierten Schriftsteller der damaligen Zeit auch – die wesentlichen Elemente der Reportage entsprechen also den Zielen dieser Literatur.

Kabarett, Rundfunk und Film

Die ersten bedeutenden Kabaretts in Deutschland entstanden an der Jahrhundertwende. Am 18. Januar 1901 trat auf der Secessionsbühne am Berliner Alexanderplatz ein durch Ernst von Wolzogen zusammen-

geführtes Ensemble auf, das sich »Überbrettl« nannte. Man parodierte und imitierte, trug Gedichte und Lieder vor, griff die Hohenzollerndynastie und ihre Regierung an. Am 13. April 1901 standen im Gasthof »Zum Goldenen Hirschen«, Türkenstraße 28 in München, die »Elf Scharfrichter« zum erstenmal auf der Bühne. Auch sie boten Parodien aller Art, Lieder und Couplets, Kritik an der Obrigkeit und der Kirche.
Berlin und München: Diese beiden Städte waren auch Zentren des Kabaretts während der zwanziger Jahre. In München trat von 1907 an der junge FERDINAND WEISHEITINGER, bekannt als WEISS FERDL, in dem Lokal »Platzl« auf, dessen Direktor er später wurde. Er bot Parodien auf Opern und Operetten, stellte sich aber auch in die Tradition der bayerischen Volkssänger und trug Lieder und Couplets vor, die bald überall zu hören waren, etwa *Die Hinterhugldorfer Feuerwehr*, *Alle müass' ma fort von der Welt* oder – erst nach dem Zweiten Weltkrieg – das Lied von der Straßenbahnlinie acht. Schnell bekannt in München und über München hinaus wurde KARL VALENTIN (1882–1948), eigentlich VALENTIN LUDWIG FEY, der ab 1911 mit seiner Partnerin Liesl Karlstadt zusammen in Parodien, Szenen und Dialogen auftrat. Immer wieder stellte Valentin Situationen dar, die sich unversehens zu Katastrophen entwickeln. Immer wieder zeigte er durch Wortspiele und Doppeldeutigkeit des Sprechens, wie begrenzt die Kommunikationsmöglichkeiten der Menschen sind und wie oft die Sprache als Mittel der Verständigung versagt – von daher kann man sein Werk auch aus der Tradition der Dadaisten und von der Sprachkrise der Jahrhundertwende her interpretieren. Szenen wie *Der reparierte Scheinwerfer, Das Brillantfeuerwerk, Das Oktoberfest, Im Schallplattenladen, Im Photoatelier* oder *Buchbinder Wanninger* sind Texte, die in grotesker Verzerrung die Doppelbödigkeit der alltäglichen Erfahrungen verdeutlichen und die Brechts Feststellung von 1922 bestätigen: »Hier wird gezeigt die Unzulänglichkeit aller Dinge, einschließlich uns selber.«
Die Blütezeit der Berliner Kleinkunst begann mit der Wiedereröffnung der Bühne »Schall und Rauch« (1919). Zwei Jahre später eröffnete das Kabarett »Größenwahn«, im gleichen Jahr spielte im Theater des Westens die Truppe »Wilde Bühne« zum erstenmal. 1924 folgte als letzte bedeutende Neugründung das »Kabarett der Komiker«. Die Programme aller Gruppen enthielten Berliner Lieder, Parodien auf Literatur und Kunst, vor allem aber Beispiele einer neuen Liedkunst, die während der zwanziger Jahre zu einer eigenständigen literarischen Form entwickelt wurde: des Chansons. WALTER MEHRING (1896–1981) schrieb die Lieder für die erste Vorstellung der Bühne »Schall und Rauch«. Texte wie *Conférence zur Eröffnung* oder *Aufmarsch der Großstadt* waren typisch für die neue Kunst: frech, pointiert, kritisch. Mehring schrieb auch zahlreiche Programmbeiträge für die »Wilde Bühne«, darunter das *Börsenlied* (1921) und die heftig umstrittene Ballade *Ein Leichenwagen fährt vorüber* (1929). Neben Gedichten von Mehring und Tucholsky wurden be-

sonders die frühen Werke von ERICH KÄSTNER (1899–1974) wichtig für das Kabarett. Seine Gedichte, die er als »Gebrauchslyrik« bezeichnete, erschienen unter den sprechenden Titeln *Herz auf Taille* (1928), *Ein Mann gibt Auskunft* (1930) und *Gesang zwischen den Stühlen* (1932). Sie sind einfach und einprägsam, ohne komplizierten Satzbau und ohne ausgreifende Metaphorik, pointiert auf kritische Aussagen oder überraschende Schlüsse gearbeitet, mit Wörtern, Sätzen und Phrasen spielend und durch Untertreibungen zum Nachdenken auffordernd, so *Jahrgang 1899*, *Kennst Du das Land, wo die Kanonen blühn?* oder *Die Entwicklung der Menschheit*. Weniges drückt den zeitgemäßen Willen zur Nüchternheit und zur Distanz gegenüber der traditionellen Literatur so deutlich aus wie das Gedicht *Sachliche Romanze*, in dem eines der ältesten Themen der Lyrik ganz ungewöhnlich, ganz unauffällig, ganz »sachlich« dargestellt wird.

> Sachliche Romanze
>
> Als sie einander acht Jahre kannten
> (und man darf sagen: sie kannten sich gut),
> kam ihre Liebe plötzlich abhanden.
> Wie andern Leuten ein Stock oder Hut.
>
> Sie waren traurig, betrugen sich heiter,
> versuchten Küsse, als ob nichts sei,
> und sahen sich an und wußten nicht weiter.
> Da weinte sie schließlich. Und er stand dabei.
>
> Vom Fenster aus konnte man Schiffen winken.
> Er sagte, es wäre schon Viertel nach Vier
> und Zeit, irgendwo Kaffee zu trinken.
> Nebenan übte ein Mensch Klavier.
>
> Sie gingen ins kleinste Café am Ort
> und rührten in ihren Tassen.
> Am Abend saßen sie immer noch dort.
> Sie saßen allein, und sie sprachen kein Wort
> und konnten es einfach nicht fassen.

Im Jahre 1929 begann in Berlin das Kabarett »Die Katakombe« zu spielen, dessen bekanntester Mitarbeiter WERNER FINCK wurde. Da diese Gruppe sich von Beginn an als politisches Kabarett verstand und besonders die zunehmende Macht der rechten Parteien und der Nationalsozialisten kritisierte, geriet sie schnell in Schwierigkeiten. Als Finck 1934 nach einer erzwungenen Schließung wieder auf die Bühne durfte, sagte er zu Anfang: »Gestern war die Katakombe zu. Heute ist sie wieder offen. Wenn wir morgen zu offen sind, sind wir übermorgen wieder zu.«

Diese Sätze sind typisch – wer die Gedichte und Vorträge von Finck liest, stellt schnell fest, mit welcher Brillanz Anspielungen auf die politische Lage eingearbeitet sind, ohne der Zensur Anlaß zur Beanstandung zu geben, etwa in den Texten *Der Wind steht drauf* (1936) oder *Der Reitz der Gymnastik* (1936).

Man spricht häufig von den »goldenen zwanziger Jahren« oder den »Roaring Twenties« und denkt dabei nicht nur an die Lieder und Couplets der bekannten Kabarett-Komponisten Friedrich Holländer, Oscar Straus, Rudolf Nelson und Mischa Spoliansky, sondern auch an die aufwendigen Revuen, die im Berliner Admiralspalast oder im Metropol-Theater liefen, und an die umjubelten Operetten von Walter Kollo, Emmerich Kálmán, Eduard Künneke oder Paul Abraham. Zur schnellen Verbreitung der eingängigen Melodien, der Schlager und hektischen Rhythmen trug das technische Medium bei, das damals aktuell war und bald eine eigenständige literarische Form, nämlich das Hörspiel, begründete: der Rundfunk. 1923 wurde in Berlin der erste deutsche Mittelwellensender in Betrieb genommen – das Radio erwies sich im Laufe der folgenden Jahre als wichtiges Instrument der Information und Unterhaltung, aber auch der Beeinflussung und Propaganda. Das zweite für die zwanziger Jahre aktuelle technische Medium, der Film, hatte schon eine kurze Geschichte: Am 28. Dezember 1895 zeigten die Brüder Lumière in Paris die erste Vorführung von »lebenden Photographien«, 1896 stellte Oskar Meßter in Berlin die ersten Projektoren vor, 1917 bereits wurde die Universum-Film-Aktiengesellschaft (UFA) gegründet, die alle weiteren Entwicklungen des deutschen Spielfilms entscheidend beeinflußte. Film und Literatur waren von Anfang an aufeinander bezogen, weil man Stoffe für die große Zahl von Filmen brauchte und daher die vorliegenden Werke fast aller literarischen Epochen benutzte, weil viele Autoren als Manuskriptschreiber verpflichtet wurden und weil der Film von kulturellen Zeitströmungen abhängig war und ist. Die ersten in Deutschland gedrehten Filme lassen eine aus der Neuromantik erklärbare Vorliebe für geheimnisvoll-groteske Ereignisse erkennen: »Der Student von Prag« (1913), »Der Golem« (1915), »Das Cabinet des Dr. Caligari« (1920). Die von Fritz Lang gedrehten Filme »Die Nibelungen« (1924) und »Metropolis« (1927) weisen auf expressionistische Theaterformen zurück, zur gleichen Zeit begannen die Ziele der Neuen Sachlichkeit auch das Medium Film zu beeinflussen. Der von Friedrich Wilhelm Murnau inszenierte Film »Der letzte Mann« (1924) zeigt den Abstieg eines Hotelangestellten vom Portier zum Toilettenwärter aus realistischer, nüchterner, kritischer Perspektive. Wenig später entstanden »Querschnittsfilme«, in denen keine spannende Handlung, sondern das realistische Nebeneinander alltäglicher Ereignisse dargestellt ist. Der 1927 von Walther Ruttmann gedrehte Streifen »Berlin. Die Sinfonie der Großstadt« vermittelt den Ablauf eines Werktages in der Reichshauptstadt, der ein Jahr später entstandene Film »Menschen am Sonntag« schildert das sonntägliche Leben in Berlin.

Abb. 91: Einladung zur Uraufführung 1927

ALFRED DÖBLIN (1878–1957) nannte den Film das »Theater des kleinen Mannes«, ihn faszinierten die optischen und publizistischen Möglichkeiten des neuen Mediums. Das ist zu bedenken, wenn man sich darum bemüht, sein bekanntestes Werk *Berlin Alexanderplatz* (1929) zu interpretieren. Der Roman kann keiner bestimmten Stilrichtung zugeordnet werden, weil Döblin die Stilmittel der Neuen Sachlichkeit neben vielen anderen einsetzte, zahlreiche literarische Formen und Strukturen der Vergangenheit aufnahm. Den Kern des Romans bildet die Geschichte des ehemaligen Zement- und Transportarbeiters Franz Biberkopf aus Berlin. Nach einer Gefängnisstrafe will er seinen »Lebensplan« verwirklichen, nämlich anständig, unauffällig und ruhig leben. Das gelingt nicht, seine Freunde Otto Lüders, Pums und Reinhold ziehen ihn in das alte Milieu zurück. Dreimal wird er von seinen Komplizen brutal getroffen und tief enttäuscht, zuletzt bedrohen ihn Wahnsinn und Tod. Aber seine Lebenskraft siegt, am Ende steht er wieder am Alexanderplatz,

»sehr verändert, ramponiert, aber doch zurechtgebogen«. Diesen Kern erweitern zahlreiche Digressionen und Exkurse, in denen Parallelhandlungen und Zeitbezüge dargestellt werden. In den kurzen Einführungen zu den einzelnen »Büchern« des Romans tritt ein auktorialer Erzähler in den Vordergrund, der in der Art eines Moritatensängers auf Wesentliches erklärend vorausdeutet. Dieser Erzähler bleibt überall erkennbar: allwissend, ordnend, die Sprachebene wechselnd, den Dialekt einsetzend. Döblin arbeitete in den Erzähltext eine Reihe von Textsorten ein, die das Einzelschicksal Biberkopfs mit der Stadt und der Zeit verknüpfen: Auszüge aus Wetterberichten, Nachrichten, Fahrplänen, religiösen Abhandlungen und wissenschaftlichen Werken sowie Reklame und Dialoge. Dadurch wechselt – wie im Film – dauernd die Perspektive der Darstellung, der Leser wird immer wieder gezwungen, das Geschehen aus anderer Sicht zu betrachten und zu werten. Hinzu kommen zahlreiche Anspielungen und Zitate, die den Roman als Leitmotive durchziehen, etwa Abraham und Isaak, Hiob, die Hure Babylon, der Schlachthof, das Lied vom Schnitter Tod. Sie verweisen auf die zentralen Motive Angst, Verzweiflung, Leiden, Opfer, Tod. Man hat auf die Verbindungen zwischen Döblins Werk und den Romanen *Ulysses* (1922) von James Joyce und *Manhattan Transfer* (1925) von John Dos Passos hingewiesen, um zu verdeutlichen, daß *Berlin Alexanderplatz* ein wichtiger Beitrag zur experimentellen Erzählkunst des 20. Jahrhunderts ist. Dieses schwierige, auf den ersten Blick geradezu rätselhafte Werk fordert viel von seinem Leser. Er muß behutsam, genau lesen, und er muß bereit sein, die strukturelle Vielfalt zu akzeptieren, den angebotenen Assoziationen zu folgen.

Autobiographie und Zeitlosigkeit

Während der Jahre, in denen die wichtigsten Werke der Neuen Sachlichkeit erschienen, schrieben zahlreiche Autoren, die weder politische noch gesellschaftliche Themen ihrer Zeit aufgriffen, die weder provozierend noch aggressiv sein wollten. Ihr Ziel war es vielmehr, allgemeingültige und daher zeitlose Probleme darzustellen, selbst Erfahrenes verallgemeinert und beispielhaft, gelegentlich auch in die Distanz des Historischen gerückt, weiterzugeben.
Persönliche Erfahrung und persönlicher Zweifel bestimmen das literarische Werk des Arztes HANS CAROSSA (1878–1956) in extremer Weise. Seine bekanntesten Bücher *Eine Kindheit* (1922), *Verwandlungen einer Jugend* (1928) und *Das Jahr der schönen Täuschungen* (1941) beschreiben schlicht und lehrhaft die wichtigsten Stationen seines Lebensweges, auch der Roman *Der Arzt Gion* (1931) sowie die Erzählung *Geheimnisse des reifen Lebens* (1936) sind von autobiographischen Details durchzogen. Carossa ging es darum, das Suchen des Individuums nach Harmonie, Einheit und innerem Frieden zu schildern, die Kraft der Humanität

hervorzuheben. Bezüge zu den Werken Goethes und Stifters erkennt man deutlich. Den Unterschied zu den Zielen der Neuen Sachlichkeit machen besonders die unter dem Titel *Rumänisches Tagebuch* (1924) veröffentlichten Aufzeichnungen aus dem Ersten Weltkrieg deutlich. Das Motto »Raube das Licht aus dem Rachen der Schlange!« erfaßt prägnant die Grundtendenz des Buches, das Grauen der Kämpfe nur am Rande anklingen zu lassen und das Positive zu akzentuieren: Naturverbundenheit, Kameradschaft und Freundschaft, gegenseitige Hilfe, ärztliches Ethos, religiöse Bindung.

Das wesentliche Ereignis im Leben der Autorin GERTRUD VON LE FORT (1876–1971) war die Konversion zum katholischen Glauben. Die *Hymnen an die Kirche«* (1924) entstanden als Ausdruck eines inneren Ringens, sie geben in feierlicher, von Metaphern und biblischen Formulierungen bestimmter Sprache ein »Zwiegespräch« wieder: »Der nach Gott verlangenden Seele antwortet Gott durch die Stimme der Heiligen Kirche.« Der an eine Legende erinnernde Roman *Der römische Brunnen* (1928) stellt die Erweckung des Mädchens Veronika zum katholischen Glauben dar; er wurde Jahrzehnte später durch den Roman *Der Kranz der Engel* (1946) ergänzt. Beide Werke erhielten den übergreifenden Titel *Das Schweißtuch der Veronika*. Zusammen stellen sie die wichtigsten Erfahrungen und Lebensstationen der Autorin dar: Rom als Mittelpunkt der heidnischen Antike und des christlichen Abendlandes; Heidelberg als Ort der Auseinandersetzung zwischen Ideen der Romantik und Thesen des modernen Nationalismus; die Kraft des Glaubens und der Kirche, wirksam in der Entwicklung der jungen Veronika, die demütig und fest allen Widerständen entgegentritt und die Erfüllung der christlichen Nächstenliebe sucht. Auch die historischen Werke, die Gertrud von le Fort verfaßte, greifen das Thema Glaube und Kirche auf. So schildert die durch Elemente des Briefromans strukturierte Erzählung *Die Letzte am Schafott* (1931) die letzten Tage der Karmeliterin Blanche de la Force, die angesichts des Schafotts jene Angst überwindet, die sie ihr Leben lang quälte, und in der Sicherheit des Glaubens stirbt. Die dramatisierte Bearbeitung des Stoffes durch den französischen Existenzialisten Georges Bernanos unter dem Titel *Die begnadete Angst* wurde durch Film und Bühne bekannt.

Religion und Kirche waren auch für RUDOLF ALEXANDER SCHRÖDER (1878–1962) bestimmende Mächte. Er begann sein literarisches Werk an der Jahrhundertwende, eine enge Freundschaft mit Hugo von Hofmannsthal beeinflußte Themen und Formen der frühen Lyrik: Verpflichtung gegenüber dem Erbe der Antike und der Klassik, Einbindung der nationalen Literatur in den Zusammenhang der europäischen Welt. Übersetzungen aus der griechischen, römischen, englischen, französischen und niederländischen Literatur weisen Schröder als umfassend gebildeten Humanisten aus, der immer wieder auf alte Formen wie Ode, Elegie oder Sonett zurückgriff. Unter dem Eindruck des Ersten Weltkrieges entschloß er sich dazu, den Glauben im tätigen Dienst für die Kirche zu beweisen – der Gedichtband *Mitte des Lebens* (1930) gibt Zeugnis von dieser Wende. Von 1936 an lebte er in Bergen am Chiemsee, wurde Mitglied der Bekennenden Kirche und wirkte als Lektor der Evangelisch-Lutherischen Kirche Bayerns. Werke wie *Dichtung und Dichter der Kirche* (1936), *Die Kirche und ihr Lied* (1937) oder *Ein Lobgesang* (1937) zeugen von diesem Engagement ebenso wie der späte Lyrikband *Die Geistlichen Gedichte* (1949).

Wie Schröder fühlte sich auch JOSEF WEINHEBER (1892–1945) der literarischen Tradition und dem europäischen Erbe verpflichtet. Er publizierte 1920 seinen ersten Gedichtband *Der einsame Mensch*, der von zahlreichen Autoren der Jahrhundertwende beeinflußt war. Die Lyrik Weinhebers reicht von antiken Formen wie Hymne und Ode – etwa in dem Band *Adel und Untergang* (1934) – über einfache, liedhafte Formen, die er in dem Gedichtband *Kammermusik* (1939) einsetzte, bis zu volksliedhaften Strophen und Sprüchen, wie man sie in den Sammlungen *Wien wörtlich* (1935) und *O Mensch, gib acht* (1937) finden kann.

Persönliche Erfahrungen und Erinnerungen prägen auch das Werk von RUDOLF G. BINDING (1867–1938), dessen Novelle *Opfergang* (1912) zu den meistgelesenen Texten der Insel-Bücherei gehörte und dessen Legenden, Novellen und Gedichte beliebte Lektüre des Bürgertums waren. Die heiter-besinnliche Erzählung *Moselfahrt aus Liebeskummer* (1932) wurde in der Nachkriegszeit durch eine Verfilmung erneut bekannt.

Ein breites geschichtliches Panorama der Zeit von 1783 bis 1813 – Revolutionskriege, Napoleonische Kriege, Freiheitskämpfe – mit aktuellen Bezügen zur Entstehungszeit des Werkes entfaltet der Roman *Das Wunschkind* (1930) von INA SEIDEL (1885–1974), der die Lebensgeschichte des »begnadeten« Christoph Echter von Mespelsbrun erzählt. In der von Franzosen besetzten Stadt Mainz wächst er auf, bis seine Mutter Cornelie ihn auf das Gut des Großvaters nach Preußen führt. Jahre später schließt er sich den Freiheitskämpfern gegen Napoleon an und fällt in der Schlacht bei Lützen. Thematik (Entwicklung eines jungen Menschen) und formale Elemente (auktorialer Erzähler, Briefroman) des Werkes weisen auf die Erzähltradition des 19. Jahrhunderts zurück. Die gegensätzlich-eindeutige Zeichnung der Figuren, die extrem positive, fast religiös überhöhte Darstellung des jungen Echter zeigen, daß die Autorin traditionelle Wertvorstellungen betonen und weitergeben wollte.

Eine eng eingegrenzte, bescheidene Welt außerhalb der politischen Ereignisse und religiösen Probleme entwarf ERNST WIECHERT (1887–1950) in vielen seiner Werke. Der Roman mit dem bezeichnenden Titel *Das einfache Leben* (1939) beschreibt den Weg des Korvettenkapitäns Thomas von Orla aus der Alltagswelt der Zivilisation in die Geborgenheit der Natur. Der Psalmvers »Wir bringen unsere Jahre zu wie ein Geschwätz« treibt ihn zum Bruch mit seiner Familie, er wird Fischer an den Masurischen Seen und lebt in einer alten Hütte, deren Ausstattung

Vergangenheit und Ideale des Besitzers symbolisiert. Wiechert erzählt in einer bilder- und metaphernreichen Sprache, die oft künstlich und gewollt einfach klingt und die keineswegs immer zu den dargestellten Figuren und Problemen paßt. Der Natur verbunden fühlten sich auch jene Autoren, die in dem 1929 als »Zeitung der jungen Gruppe Dresden« gegründeten Blatt »Kolonne« publizierten und die man heute zusammen mit Wilhelm Lehmann als »naturmagische Lyriker« bezeichnet: Hermann Hesse, Günter Eich, Peter Huchel, Georg Britting, Elisabeth Langgässer. Sie lehnten eine Auseinandersetzung mit aktuellen Themen ab, sie wollten wieder Dichter, nicht aber Reporter sein, sie betonten die Autonomie der Dichtung. Gedichte wie *Raubritter, Wetterwindischer Tag* und *Sommergefühl* von BRITTING oder *Altjahrsabend, Abgeblühter Löwenzahn* und *Die Signatur* von LEHMANN zeigen, daß Naturvorgänge genau und detailliert, aber auch ungewöhnlich und überraschend dargestellt werden, um den Leser zum Nachdenken, zu innerer Sammlung und zum Erkennen zu führen, zu der »Fähigkeit, gleichzeitig zu sehen, zu träumen, zu denken«.

Der bekannteste Autor dieser Gruppe ist HERMANN HESSE (1877–1962), der 1946 den Nobelpreis für Literatur erhielt und eine unabschätzbare Wirkung hatte: Übersetzungen in mehr als vierzig Sprachen, Weltauflage über 60 Millionen Exemplare, meistgelesener deutschsprachiger Schriftsteller des 20. Jahrhunderts. Auch Hesse stellte autobiographische Erfahrungen in seinen Werken dar, so die Erlebnisse der Kindheit in Calw und die erfolglose, vorzeitig abgebrochene Schulzeit in Maulbronn in dem Roman *Unterm Rad* (1906), so die Auseinandersetzung mit romantischen und antiken Mythologien in *Demian. Die Geschichte einer Jugend von Emil Sinclair* (1919), so die Eindrücke einer Indienreise und die anhaltende Beschäftigung mit der Religion dieses Landes in dem Entwicklungsroman *Siddhartha* (1922). Zentrales Thema Hesses war die Gegensätzlichkeit, die den Menschen bestimmt: Vernunft und Phantasie, Geist und Emotion, Zucht und Rausch, Gemeinschaft und Vereinsamung sowie – in Anlehnung an Thomas Mann – Bürgertum und Künstlertum. In dem Roman *Narziß und Goldmund* (1930) wird diese grundsätzliche Antinomie in den beiden Titelfiguren personifiziert, sie bestimmt auch Aussage und Struktur des Romans *Der Steppenwolf* (1927). Aus verschiedenen Perspektiven werden Lebensereignisse und Probleme des Einzelgängers Harry Haller dargestellt: von bürgerlichen Vorurteilen geprägt durch den fiktiven Herausgeber, persönlich-direkt durch die Aufzeichnungen Hallers, wissenschaftlich-allgemein durch den »Traktat vom Steppenwolf« und phantastisch-surreal durch das »Magische Theater«. Haller versucht, das »Menschliche« und das »Wölfische« in sich zur Harmonie zu bringen, in anderen Menschen Halt zu finden. Aber er findet immer nur sich und seine Verzweiflung wieder, immer nur seine ausgeprägte Subjektivität. Interessant ist die Rezeptionsgeschichte dieses Werkes. In den Jahren um 1960 entdeckte die amerikanische Subkultur die Romane *Siddhartha* und *Der Steppen-*

Ausstattung des Steppenwolf-Tractats in der Erstausgabe von 1927.

Abb. 92: *Steppenwolf-Tractat* – Erstausgabe 1927

wolf, in denen man Flucht aus der technisierten, bürokratisierten Realität, Beschreibung einer Welt der Möglichkeiten, Akzentuierung der persönlichen Bedürfnisse fand. Timothy Leary interpretierte beide Romane als Lehrbücher transzendentaler Erfahrungen und drogenbedingter Freiheit, er empfahl ihre Lektüre vor LSD-Sitzungen. Die in Amerika »entdeckten« Werke führten zu einer »Hesse-Renaissance« in Europa, vor allem in Deutschland. Erneut diskutiert wurde dabei auch der Versuch des Autors, mit dem während der nationalsozialistischen Herrschaft entstandenen Roman *Das Glasperlenspiel* (1943) eine Gegen-Welt, eine Utopie zu entwerfen. Hesse stellte die Provinz Kastalien als Raum der geistbestimmten Humanität und das Glasperlenspiel als Symbol geistiger Einheit, lebensvoller Tradition und individueller Entfaltung dar. Josef Knecht als Magister Ludi repräsentiert Leistung und Würde, Überlieferung und Erneuerung, er sieht auch die Gefahren, die Kastalien zerstören können: Selbstgefälligkeit, Überheblichkeit, esoterische Abgeschlossenheit. Der letzte große Roman zeigt noch einmal die wichtigsten Merkmale des Gesamtwerks: Betonung des Individuellen und Subjektiven, Verarbeitung autobiographischer Elemente, Rückgriff auf Kunst und Kultur der Vergangenheit, schematisierte Figurenzeichnung und Problemdarstellung, traditionelles Erzählen in einfacher, manchmal auch phrasenhaft-ungenauer Sprache.

Die Autoren, für die autobiographisch-zeitlose Probleme wichtig waren, standen in der Gefahr, das Idyllische, Einfache, Beschauliche zu betonen, Klischees zu erneuern, kritiklos den eigenen Entwurf einer heilen Welt zu verallgemeinern und dabei die politischen Ereignisse ihrer Zeit zu ignorieren. Carossa beschrieb diese Tendenz zur Einseitigkeit genau, als er in seinem späten Lebensbericht *Ungleiche Welten* (1951) bemerkte: »Übrigens war meine Lage so, daß mir meine privaten Ziele wichtiger sein mußten als alle politischen Vorgänge.« Eine solche Feststellung kann erklären, warum Autoren wie Ina Seidel, Carossa, Weinheber oder Binding sich, zumindest während der ersten Jahre der nationalsozialistischen Herrschaft, nicht distanzierten, sondern die neuen Machthaber begrüßten oder akzeptierten.

Heldisches und nationales Pathos

Im Jahre 1920 veröffentlichte ERNST JÜNGER (geb. 1895) die Kriegsaufzeichnungen *In Stahlgewittern*, in denen er seinen Weg vom Kriegsfreiwilligen zum hochdekorierten Stoßtruppführer beschrieb und die er im Laufe der folgenden Jahrzehnte immer wieder überarbeitete und veränderte. Auch Jünger veranschaulichte die grauenvollen Erfahrungen der Kämpfe, aber er gab ihnen eine ungewöhnliche Deutung. Für ihn war der Krieg eine faszinierende Maschinerie und gleichzeitig – das zeigt schon der Titel – ein elementares Urereignis, das den einzelnen Soldaten ergreift und erfüllt, weil er in einer Art wiedererstandener Ritterlichkeit mit dem Gegner kämpft, weil er auch im Blutrausch keinen Haß verspürt und weil er Fähigkeiten wie Mut, Tapferkeit und Hilfsbereitschaft unter Beweis stellen kann. Ähnliche Ansichten bestimmten auch die folgenden Werke: *Der Kampf als inneres Erlebnis* (1922), *Feuer und Blut* (1925), *Das Wäldchen 125* (1925). Der Literaturwissenschaftler Klaus Günther Just nannte die Werke Jüngers »Teile eines unermüdlich geführten öffentlichen Tagebuchs« und wies damit auf ein wesentliches Element hin, das auch für die Essays und fiktiven Texte gilt:
Der Autor ging stets von persönlichen Erlebnissen und Erfahrungen aus, stellte extrem subjektive Gedanken und Deutungen vor, verstand das eigene Schicksal als typisch für Zeit und Gesellschaft. Das gilt für den Bericht *Afrikanische Spiele* (1936), in dem Jünger seine Jugendjahre bei der Fremdenlegion beschreibt, ebenso wie für die Reisenotizen *Atlantische Fahrt* (1947) oder *Ein Vormittag in Antibes* (1960). Daher dominiert auch in den letzten Publikationen das Subjektive. In *Subtile Jagden* (1967) verbindet er seine Erfahrungen als Käfersammler und als Schriftsteller, in *Annäherungen* (1970) geht es um seine Erfahrungen mit »Drogen und Rausch«. Jünger vermied in allen Werken jede nationalistische oder chauvinistische Akzentuierung. Trotzdem boten seine frühen Werke Identifikationsmöglichkeiten für die extrem konservativen Kreise, die das Ende des Ersten Weltkrieges und die Politik des Ausgleichs als Schande empfanden, die in der Demokratie nur ein unkontrolliertes Gegeneinander von Gruppeninteressen sahen, die sich immer wieder auf die traditionellen Ideale Nation, Heimat, Vaterland, Ehre und Heldentum beriefen.

Die Literatur des heldischen und nationalen Pathos weist zurück auf die Jahrhundertwende, als Ernst Wachler, Friedrich Lienhardt, Carl Muth und Adolf Bartels die Heimatkunst forderten, die »dem waldfrischen Sinne des deutschen Volkes« entsprechen sollte. Zahlreiche Autoren folgten diesem Grundsatz, ihre Werke erreichten bereits in der Weimarer Republik hohe Auflagen und wurden später von den Nationalsozialisten akzeptiert und gerühmt.

Ein wichtiges Thema der konservativen Literatur war das Bauerntum, da man ländliches Leben und bäuerliche Arbeit als Sinnbild nationaler Aufgabe verstand. HERMANN STEHR (1864–1940) nahm dieses Thema bereits in der frühen Erzählung *Der Schindelmacher* (1899) auf, die unter dem Einfluß des Naturalismus entstand und alle wesentlichen Merkmale dieser Stilbewegung enthält: breite, detailgetreue Darstellung einfacher Menschen, einfache Sprache mit starker Verwendung des Dialekts. Der zweibändige Roman *Der Heiligenhof* (1918) erzählt die Geschichte der Bauernfamilie Sintlinger, deren Leben in naturverbundener Einfachheit abläuft, die aber auch von Ahnungen und Träumen, von Visionen und religiösen Erfahrungen beeinflußt wird. Stehr stellte das gleiche Geschehen in dem Roman *Peter Brindeisener* (1924) aus einer anderen Perspektive noch einmal dar. Der Wechsel vom personalen Erzählen zur direkten Darstellung durch einen Ich-Erzähler, von der Schilderung zum Bericht hebt besonders die ungewöhnliche Beziehung zwischen der blinden Helene Sintlinger und Peter Brindeisener hervor, relativiert aber auch die Ansichten des Lesers über Figuren und Geschehen.

Konservatives Denken bedeutet häufig Betonung, oft auch Überbetonung der nationalen Ideale. HERMANN BURTE (1879–1960) hob sie in einem Roman mit dem bezeichnenden Titel *Wiltfeber der ewige Deutsche* (1912) in expressionistisch-pathetischer und metaphernreicher Sprache gegenüber dem Jüdischen hervor und stellte die »Blonden« als noch verkannte Träger der Zukunft heraus. In dem Schauspiel *Katte* (1914), das auf historischen Ereignissen um den jungen Friedrich von Preußen basiert und offenbar von Kleists Schauspiel *Prinz Friedrich von Homburg* beeinflußt ist, stellte Burte das Pflichtbewußtsein und die Gesetzestreue des preußischen (und damit des deutschen) Menschen in den Mittelpunkt einer wirkungsvoll aufgebauten Handlung, die den großen Erfolg des Dramas – zehn Auflagen in wenigen Jahren – sicherte. Außerordentlich erfolgreich war auch die autobiographische Erzählung *Der Wanderer zwischen beiden Welten* (1917) von WALTER FLEX (1887–1917), die alle wichtigen bürgerlich-nationalen Vorstellungen der damaligen Zeit wiedergibt: Krieg und Opfer sind nötig für die Zukunft des deutschen Volkes und für die Erhaltung alter, bewährter Ideale, das Streben der deutschen Nation nach Führung und Herrschaft ist gottgewollt, der Krieg begründet Kameradschaft und Gemeinschaft. HANS GRIMM (1875–1959) veröffentlichte 1926 einen Roman, dessen Titel *Volk ohne Raum* später zu einem Leitbegriff der nationalsozialistischen Ostpolitik wurde. Das Werk schildert, an der Tradition des Erziehungsromans orientiert, die Lebensgeschichte des Bauernsohnes Cornelius Friebott, der Deutschland verläßt, in Südafrika am Burenkrieg teilnimmt und eine Farm aufzubauen versucht, die ihm am Beginn des Weltkrieges von den Engländern genommen wird. Er kehrt in die Heimat zurück und verteidigt eine Politik der Eroberung fremden, ungenutzten Raumes, bevor er durch den Steinwurf eines Arbeiters stirbt. Der Roman bündelt die wichtigsten Themen der völkisch-nationalen Literatur: einseitig positive Darstellung der Deutschen und ihrer politischen Forderungen, Abwertung der anderen Völker, hier der Juden und Engländer, Lob des bäuerlichen Lebens, der Gemeinschaft und des heldenhaften Kampfes. Diese Gedanken wurden auch in zahlreichen Gedichten plakativ und zugleich appellativ dargestellt, etwa in *Der deutsche Gott* (1915) von Will Vesper oder *Deutschland erwache* (1922) von Dietrich Eckart, dem späteren Parteidichter der Nationalsozialisten.

Der Rückgriff auf historische Ereignisse und Personen erlaubte es, aktuelle Probleme und nationale Ideale mehr oder weniger direkt zu spiegeln. ERWIN GUIDO KOLBENHEYER (1878–1962) stellte in der Trilogie *Die Kindheit des Paracelsus* (1917), *Das Gestirn des Paracelsus* (1921) und *Das dritte Reich des Paracelsus* (1925) das entscheidende »Schwellenzeitalter« Europas dar: den Übergang von dem durch die katholische Kirche geprägten Mittelalter zur naturwissenschaftlich orientierten Neuzeit, deren Vertreter der Philosoph, Arzt, Astronom und Alchimist Theophrast Bombast von Hohenheim ist. Die Gespräche zwischen Christus und Wotan, die jeden Teil der Trilogie einleiten, deuten auf die antikirchlich-nationale Tendenz der Romane, die auch in der bewußt altertümlichen, dialektgefärbten Sprache hervortritt. Das historische Schauspiel *Gregor und Heinrich* (1934), in dem der Gang nach Canossa als wohlüberlegter Schritt politischen Kalküls erscheint, vergegenwärtigt ebenfalls eine solche »Schwellenzeit«. Kolbenheyer wollte nämlich zeigen, daß der »mediterrane Geist« damals zurückgedrängt werden konnte: »Der Triumph des Südens über das deutsche Wesen wurde durch den Canossagang vereitelt.« HANNS JOHST (1890–1978) fiel mit dem Drama *Der Einsame* (1917) auf, in dessen Mittelpunkt der Dichter Christian Dietrich Grabbe steht und dessen pathetisch-emotionale Tendenz Brecht zu dem Stück *Baal* provozierte. Schon das epische Gedicht *Rolandsruf* (1919) zeigte, daß Johst den völkisch-nationalen Ideen der Zeit folgte. In der autobiographischen Schrift *Ich glaube!* (1928) forderte er ein neues Drama/Theater, das »Kultstätte eines heroischen Gefühles« werden und die Zuschauer ergreifen, zum Miterleben zwingen sollte. Exemplarisches Beispiel dieser emotionalisierenden, nationalen Dramatik wurde das Schauspiel *Schlageter* (1933), das allgemein bekannte Ereignisse aus dem Jahre 1923 aufnahm. Schlageter, als ehemaliger Freikorpskämpfer enttäuscht von der politischen Entwicklung und ein Feind der Republik, entschließt sich nach langem Zögern, seine alten Freunde im Kampf gegen die demokratische Ordnung und gegen die französische Besatzungsmacht zu unterstützen. Er wird gefangengenommen, zum Tode verurteilt und hingerichtet. Johst stellte dieses Geschehen als Kampf der Jungen gegen die Alten, der Treuen gegen die Verräter, der Mutigen gegen die Feigen, der Nationalisten gegen die Demokraten dar. Er brachte die Zuschauer durch den appellartigen Schluß und durch die letzten Worte Schlageters »Deutschland!!! Erwache! Entflamme!! Entbrenne! Brenn ungeheuer!!!« zu Anteilnahme und Identifikation, zur Einheit in der nationalen Idee.

Nationalsozialistische Literatur

Wer sich mit jener Literatur beschäftigt, die zwischen 1933 und 1945 erschien und die nationalsozialistische Ideologie darstellte oder verherrlichte, muß mehr politische als literarische Aspekte berücksichtigen und den Zusammenhang von Kultur und Politik bedenken. Kurz nach der Machtergreifung übernahm am 14. März 1933 Joseph Goebbels die Leitung des neuen Ministeriums für Volksaufklärung und Propaganda. Am 15. November 1933 wurde die Reichskulturkammer proklamiert, die aus sieben Einzelkammern – zuständig für Presse, Rundfunk, Theater, Film, Musik, bildende Künste und Literatur – bestand (siehe S. 410). Alle, die in irgendeiner Weise mit dem Buch zu tun hatten, mußten sich organisieren lassen, um kontrollierbar zu sein. Bereits 1939 zählte die Kammer 65 000 Mitglieder. Voraussetzung für die Aufnahme waren der Ariernachweis sowie die Verpflichtung, den NS-Staat zu fördern. Auch die Partei schuf ein zentrales Überwachungsorgan für die Literatur: die Reichsstelle zur Förderung des deutschen Schrifttums. Ihre Leitung erhielt ALFRED ROSENBERG, dessen Buch *Der Mythos des 20. Jahrhunderts* (1929) der nationalsozialistischen Ideologie wichtige Grundlagen gegeben hatte. Am 28. November 1936 wurde die Kunstkritik abgeschafft und durch die nach offiziell-parteilichen Grundsätzen zu schreibende Kunstbetrachtung ersetzt. Ab Mai 1939 erzwangen die Zeitschriftendienste des Ministeriums eine im gesamten Reich gültige Sprachregelung für die Berichterstattung über aktuelle Ereignisse in Zeitungen und Zeitschriften – die Lenkung der Öffentlichkeit war perfekt: normiertes, machtorientiertes Denken schuf eine normierte Sprache, die »Lingua Tertii Imperii« (Victor Klemperer).

Daß die Nationalsozialisten sich nicht scheuten, ihre kulturpolitischen Forderungen konsequent durchzusetzen, zeigt nichts so deutlich wie die Bücherverbrennungen in der Nacht des 10. Mai 1933, die überall in Deutschland stattfanden. Nach dem Aufmarsch der Parteiformationen warfen vor allem Jugendliche, von Parolen und Feuersprüchen erregt, belletristische und wissenschaftliche Werke, die im neuen Deutschland keinen Platz mehr haben sollten und deren Verfasser auf den »Schwarzen Listen« standen, auf den Scheiterhaufen. Zu diesen Autoren gehörten Karl Marx, Heinrich Mann, Alfred Kerr, Sigmund Freud, Stefan

REICHSSCHRIFTTUMSKAMMER

Präsidialrat
Staatsrat Hanns Johst, Schriftsteller (Präsident)
Dr. Hans Friedrich Blunck, Schriftsteller (Altpräsident)
Wilhelm Ihde (Geschäftsführer)
Wilhelm Baur, Verlagsbuchhändler
Karl Baur, Verlagsbuchhändler
Hugo Bruckmann, Verlagsbuchhändler
Theodor Fritsch, Verlagsbuchhändler
Martin Wülfing, Verlagsbuchhändler
Karl-Heinz Hederich, Hauptamtsleiter (Vizepräsident)
v. Krogmann, Regierender Bürgermeister
Gerhard Schumann, Schriftsteller

Zweig, Erich Maria Remarque, Egon Erwin Kisch, Erich Kästner, Kurt Tucholsky, Arnold Zweig, Lion Feuchtwanger.
Die Nationalsozialisten bejahten und pflegten die lange Tradition der nationalen und völkischen Literatur, Autoren wie Stehr, Eckart, Vesper, Johst, Grimm, Kolbenheyer wurden geschätzt und geehrt. Als besonders wichtig galten natürlich jene vor der Machtübernahme entstandenen Werke, mit denen sich Regierung und Partei völlig identifizierten: das von Horst Wessel geschriebene Kampflied *Die Fahne hoch* (1928) und das von Hitler verfaßte grundlegende programmatische Buch *Mein*

Kampf (1927), von dem der NS-Verlag Franz Eher Nachf. bis 1940 mehr als 6 Millionen Exemplare herausbrachte. Offizielles Organ der Partei blieb die Zeitung »*Der völkische Beobachter*«, die seit 1920 Programme, Forderungen und Aufrufe der Nationalsozialisten verbreitet hatte.
Wer eine Ideologie propagieren, wer möglichst breite Schichten der Bevölkerung ansprechen und beeinflussen will, pflegt die appellativen Formen der Literatur. Deshalb wurde die Lyrik der Jahre zwischen 1933 und 1945 beherrscht von Feier- und Bekenntnisliedern, von Marsch- und Kampfgesängen, die durch kurze Sätze, zahlreiche Wiederholungen, Imperative und einfache Rhythmen einprägsam und einhämmernd wirken. Auffällige, stereotyp wiederholte Metaphern/Symbole dienten dazu, Kraft, Einheit und Kampfbereitschaft zu betonen: die Fahne, die Standarte und die Trommel; die Fackel, die Flamme und das Blut. Bestimmte Themen wurden wieder und wieder aufgegriffen: Kampf und Heldentum, Unterwerfung und Aufopferung, Sendung und Erlösung, Führer und Reich, die Verbundenheit des einzelnen mit Heimat, Scholle, Volk, Rasse – Details einer Vorstellung, die Goebbels »die stählerne Romantik« nannte und die man aus den Titeln der Gedichtsammlungen ablesen kann: *Im Marschschritt der SA* (1933) und *Gedichte der Kameradschaft* (1936) von Herybert Menzel, *Die Fanfare* (1934) von Heinrich Anacker, *Des Blutes Gesänge* (1934) von Herbert Böhme, *Die Lieder vom Reich* (1935) oder *Wir dürfen dienen* (1937) von Gerhard Schumann. In fast allen Gedichten ist eine Tendenz zu Pathos und Maßlosigkeit zu erkennen. Unstimmigkeiten in der Syntax, der Metaphorik und der Rhythmik verdeutlichen eindringlich das Unechte, Gewollte, teilweise auch Primitive der damaligen Kultur und Kunst.
Möglichkeiten der Wirkung und Beeinflussung bot auch das Theater. Was das neue Drama leisten sollte, zeigt neben dem Stück *Schlageter* von Hanns Johst das Schauspiel *Jugend von Langemarck* (1933) von HEINRICH ZERKAULEN. Es verdeutlicht den Dienst für das Vaterland am Beispiel einiger junger Soldaten, die im November 1914 in Frankreich kämpfen und den Sieg für Deutschland erringen, die eine verschworene Gemeinschaft bilden, weil der nationale Aufbruch alle sozialen und gesellschaftlichen Unterschiede beseitigt hat. Beliebt waren Themen aus der preußischen Geschichte, denn man konnte Werte wie Pflicht, Ehre, Vaterland hervorheben und leicht erkennbare Parallelen zur nationalsozialistischen Gegenwart herstellen. Der Zyklus *Die Preußen-Dramen* von HANS REHBERG – *Der Große Kurfürst* (1934), *Friedrich I.* (1935), *Friedrich Wilhelm I.* (1935), *Kaiser und König* (1936), *Der Siebenjährige Krieg* (1937) – stellte die Entwicklung des preußischen Staates an herausragenden Persönlichkeiten und Ereignissen dar, den Weg zu der Großmacht Brandenburg-Preußen, die deutsches Wesen und nationale Größe entfaltete. Besonders Friedrich der Große galt als Verkörperung staatlicher Macht und strengen Willens. So erklärt sich, daß zwischen 1933 und 1945 auch zahlreiche Filme entstanden, in denen die Lebensstationen des Königs, vor allem die entscheidenden Schlachten seiner

Abb. 93: Thingplätze (Modelle) des nationalsozialistischen Theaters

Regierungszeit, im Mittelpunkt standen. Das moderne, populäre Medium sollte dazu beitragen, die politischen Ziele der Partei immer wieder bewußtzumachen, in der Vergangenheit Beispiele für aktuelles Handeln zu finden. Seit Beginn des Zweiten Weltkrieges wurden daher die Bereitschaft zu Kampf und Opfer sowie der Wille, durchzuhalten und zu gewinnen, mehr und mehr akzentuiert. Extrem deutlich zeigt sich diese Tendenz in dem Spielfilm *Das Fräulein von Barnhelm* (1940). Lessings Komödie war nur Anlaß, die Notwendigkeit des Krieges zur Sicherung von Freiheit und staatlicher Einheit hervorzuheben. Aus dem heiter-hintergründigen Lustspiel der Aufklärung wurde eine »Mobilisierungskomödie« (Karsten Witte).

Aus der nationalsozialistischen Ideologie entwickelte sich eine einzige literarische Form, die man als selbständig bezeichnen kann: das Thing-Spiel. Es wurde seit 1933 gefordert und gefördert, vor allem durch den Reichsdramaturgen Rainer Schlösser. Überall im Reich sollten an historisch bedeutsamen Orten Thingplätze entstehen – in Rundform angelegt, mit Sitzgelegenheiten für Tausende von Zuschauern, mit modernen bühnentechnischen Anlagen ausgestattet. Die Aufführungen sollten »kultische Veranstaltung und Staatsakt« (Günther Rühle) sein. Den ersten großen Erfolg brachte die *Deutsche Passion 1933* von Richard Euringer. Abschließender Höhepunkt wurde *Das Frankenburger Würfelspiel* von Eberhard Wolfgang Möller, die Uraufführung fand 1936 zur Eröffnung des olympischen Kulturprogramms auf der Dietrich-Eckart-Bühne in Berlin statt. Der Wechsel von Dialogen und chorischen Passagen, von Handlung und Reflexion, die pathetische Verssprache sowie die direkten oder indirekten Appelle an das Publikum als richtende und entscheidende Instanz dienten dazu, die Zuschauer in eine national-emotionale Volksgemeinschaft zu zwingen. Weil die Variationsmöglichkeiten dieser Form begrenzt waren und dem Dilettantismus viel Raum ließen, weil der Bau der Thingstätten nur langsam voranging, weil das Interesse der Massen bald nachließ, endete die Thingspielbewegung lange vor dem Zusammenbruch des Dritten Reichs.

Die Literatur der inneren Emigration

In der zweiten Hälfte des Jahres 1945 schrieb Walter von Molo einen offenen Brief an Thomas Mann, in dem er ihn aufforderte, so bald wie möglich »wie ein guter Arzt« zu »Rat und Tat« nach Deutschland zurückzukehren. Auf diesen Brief bezog sich Frank Thiess in einem kurzen Text, den er »Innere Emigration« überschrieb und mit dem er hervorheben wollte, daß ein Schriftsteller, der »aus den Logen und Parterreplätzen des Auslands der deutschen Tragödie zuschaute«, das Leid des deutschen Volkes niemals so gut verstehen könne wie jene Autoren, die in Deutschland gearbeitet und gelitten hätten. Thomas Mann antwortete am 7. September 1945 auf Molos Brief. In einem umfangrei-

chen Schreiben erläuterte er seine Haltung während des Dritten Reichs sowie seine Absichten für die Zukunft und erklärte: »Es mag Aberglaube sein, aber in meinen Augen sind Bücher, die von 1933 bis 1945 in Deutschland überhaupt gedruckt werden konnten, weniger als wertlos und nicht gut, in die Hand zu nehmen. Ein Geruch von Blut und Schande haftet ihnen an; sie sollten alle eingestampft werden.«
Man liest die drei Texte – und die weiteren Kommentare von Thiess – heute nicht ohne Erschrecken über die Mißverständnisse, die pathetisch formulierten Vorurteile und die Gegensätze, die so kurz nach dem Krieg eine tiefe Kluft zwischen den Autoren des Exils und jenen Schriftstellern aufrissen, die in Deutschland geblieben waren. Der Begriff »innere Emigration« wurde schon von 1933 an gebraucht, um eine mehr oder weniger offene innere Opposition gegen die Macht der Nationalsozialisten zu bezeichnen. Er ist bis heute nicht klar abgegrenzt und definiert – Reinhold Grimm wies in einem Aufsatz mit dem bezeichnenden Titel »Im Dickicht der inneren Emigration« darauf hin, man habe »stets eine gleitende Skala im Auge zu behalten, die vom aktiven Widerstand bis zur passiven Verweigerung reicht«, man könne den Begriff aber immer verwenden bei einer »Gegenhaltung, die erkennbar war«.
Leicht zu erkennen ist die »Gegenhaltung«, die aus politischer Motivation entstand. Anhänger der kommunistischen Partei bildeten Zellen und Gruppen des Widerstandes, die unter ständiger Lebensgefahr Klebezettel, Flugblätter, Aufrufe verfaßten, druckten und verteilten. JAN PETERSEN (1906–1969) führte von 1933 bis 1935 die Restgruppe des »Bundes proletarisch-revolutionärer Schriftsteller«, er gab die illegale Zeitung »Stich und Hieb« heraus und hielt den direkten oder indirekten Widerstand, den die Einwohner der Wallstraße in Berlin-Charlottenburg gegen die Machtübernahme leisteten, in dem romanhaften Bericht *Unsere Straße* (1934) fest. Die Bemühungen der Partei wurden durch camouflierte Literatur (Tarnschriften) aus dem Ausland unterstützt. Die aktuelle Betrachtung *Fünf Schwierigkeiten beim Schreiben der Wahrheit* (1940) von Brecht kam unter dem Titel »Praktischer Wegweiser für Erste Hilfe« nach Deutschland, eine Sammlung sozialistischer Kampflieder unter der Überschrift »An der schönen blauen Donau. Walzer von Johann Strauß. Opus 314«.
Leicht erkennbar ist auch die bürgerliche oder kirchliche »Gegenhaltung«. So hielt Ernst Wiechert zwei Reden – *»Der Dichter und die Jugend«* (1933), *»Der Dichter und die Zeit«* (1935) – an der Universität München, in denen er sich ohne Umschweife von der Brutalität und der barbarisch ausgeübten Macht distanzierte. Sein unerschrockenes Verhalten führte dazu, daß er 1938 in das Konzentrationslager Buchenwald kam und nach seiner Entlassung unter Gestapoaufsicht blieb. So predigte Clemens August Graf von Galen, Bischof in Münster, 1941/42 gegen den rücksichtslosen Machtanspruch der Parteiorgane sowie gegen die Verschleppung und Tötung der Geisteskranken. Die vielleicht bekanntesten Dokumente solcher »Gegenhaltung« sind die vier Flugblät-

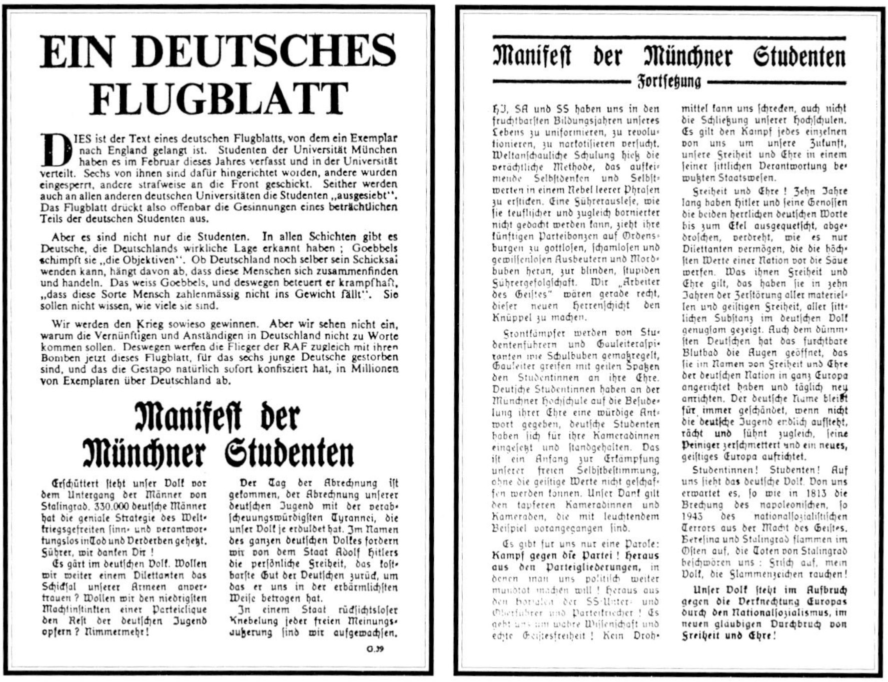

EIN DEUTSCHES FLUGBLATT

DIES ist der Text eines deutschen Flugblatts, von dem ein Exemplar nach England gelangt ist. Studenten der Universität München haben es im Februar dieses Jahres verfasst und in der Universität verteilt. Sechs von ihnen sind dafür hingerichtet worden, andere wurden eingesperrt, andere strafweise an die Front geschickt. Seither werden auch an allen anderen deutschen Universitäten die Studenten „ausgesiebt". Das Flugblatt drückt also offenbar die Gesinnungen eines beträchtlichen Teils der deutschen Studenten aus.

Aber es sind nicht nur die Studenten. In allen Schichten gibt es Deutsche, die Deutschlands wirkliche Lage erkannt haben; Goebbels schimpft sie „die Objektiven". Ob Deutschland noch selber sein Schicksal wenden kann, hängt davon ab, dass diese Menschen sich zusammenfinden und handeln. Das weiss Goebbels, und deswegen beteuert er krampfhaft, „dass diese Sorte Mensch zahlenmässig nicht ins Gewicht fällt". Sie sollen nicht wissen, wie viele sie sind.

Wir werden den Krieg sowieso gewinnen. Aber wir sehen nicht ein, warum die Vernünftigen und Anständigen in Deutschland nicht zu Worte kommen sollen. Deswegen werfen die Flieger der RAF zugleich mit ihren Bomben jetzt dieses Flugblatt, für das sechs junge Deutsche gestorben sind, und das die Gestapo natürlich sofort konfisziert hat, in Millionen von Exemplaren über Deutschland ab.

Manifest der Münchner Studenten

Erschüttert steht unser Volk vor dem Untergang der Männer von Stalingrad. 330.000 deutsche Männer hat die geniale Strategie des Weltkriegsgefreiten sinn- und verantwortungslos in Tod und Verderben gehetzt. Führer, wir danken Dir!

Es gärt im deutschen Volk. Wollen wir weiter einem Dilettanten das Schicksal unserer Armeen anvertrauen? Wollen wir den niedrigsten Machtinstinkten einer Parteiclique den Rest der deutschen Jugend opfern? Nimmermehr!

Der Tag der Abrechnung ist gekommen, der Abrechnung unserer deutschen Jugend mit der verabscheuungswürdigsten Tyrannei, die unser Volk je erduldet hat. Im Namen des ganzen deutschen Volkes fordern wir von dem Staat Adolf Hitlers die persönliche Freiheit, das kostbarste Gut der Deutschen zurück, um das er uns in der erbärmlichsten Weise betrogen hat.

In einem Staat rücksichtsloser Knebelung jeder freien Meinungsäußerung sind wir aufgewachsen.

G.39

Manifest der Münchner Studenten

Fortsetzung

HJ, SA und SS haben uns in den fruchtbarsten Bildungsjahren unseres Lebens zu uniformieren, zu revolutionieren, zu narkotisieren versucht. Weltanschauliche Schulung hieß die verächtliche Methode, das aufkeimende Selbstdenken und Selbstwerten in einem Nebel leerer Phrasen zu ersticken. Eine Führerauslese, wie sie teuflischer und zugleich bornierter nicht gedacht werden kann, zieht ihre künftigen Parteibonzen auf Ordensburgen zu gottlosen, schamlosen und gewissenlosen Ausbeutern und Mordbuben heran, zur blinden, stupiden Führergefolgschaft. Wir „Arbeiter des Geistes" wären gerade recht, dieser neuen Herrenschicht den Knüppel zu machen.

Frontkämpfer werden von Studentenführern und Gauleiteraspiranten wie Schulbuben gemaßregelt, Gauleiter greifen mit geilen Spaßen den Studentinnen an ihre Ehre. Deutsche Studentinnen haben an der Münchner Hochschule auf die Besudelung ihrer Ehre eine würdige Antwort gegeben, deutsche Studenten haben sich für ihre Kameradinnen eingesetzt und standgehalten. Das ist ein Anfang zur Erkämpfung unserer freien Selbstbestimmung, ohne die geistige Werte nicht geschaffen werden können. Unser Dank gilt den tapferen Kameradinnen und Kameraden, die mit leuchtendem Beispiel vorangegangen sind.

Es gibt fur uns nur eine Parole: **Kampf gegen die Partei! Heraus aus den Parteigliederungen,** in denen man uns politisch weiter mundtot machen will! Heraus aus den Hörsälen der SS-Unter- und Oberführer und Parteikriecher! Es geht uns um wahre Wissenschaft und echte Geistesfreiheit! Kein Drohmittel kann uns schrecken, auch nicht die Schließung unserer Hochschulen. Es gilt den Kampf jedes einzelnen von uns um unsere Zukunft, unsere Freiheit und Ehre in einem seiner sittlichen Verantwortung bewußten Staatswesen.

Freiheit und Ehre! Zehn Jahre lang haben Hitler und seine Genossen die beiden herrlichen deutschen Worte bis zum Ekel ausgequetscht, abgedroschen, verdreht, wie es nur Dilettanten vermögen, die die höchsten Werte einer Nation vor die Säue werfen. Was ihnen Freiheit und Ehre gilt, das haben sie in zehn Jahren der Zerstörung aller materiellen und geistigen Freiheit, aller sittlichen Substanz im deutschen Volk genugsam gezeigt. Auch dem dümmsten Deutschen hat das furchtbare Blutbad die Augen geöffnet, das sie im Namen von Freiheit und Ehre der deutschen Nation in ganz Europa angerichtet haben und täglich neu anrichten. Der deutsche Name bleibt für immer geschändet, wenn nicht die deutsche Jugend endlich aufsteht, rächt und sühnt zugleich, seine Peiniger zerschmettert und ein neues, geistiges Europa aufrichtet.

Studentinnen! Studenten! Auf uns sieht das deutsche Volk. Von uns erwartet es, so wie in 1813 die Brechung des napoleonischen, so 1943 des nationalsozialistischen Terrors aus der Macht des Geistes. Beresina und Stalingrad flammen im Osten auf, die Toten von Stalingrad beschwören uns: Frisch auf, mein Volk, die Flammenzeichen rauchen!

Unser Volk steht im Aufbruch gegen die Verknechtung Europas durch den Nationalsozialismus, im neuen gläubigen Durchbruch von Freiheit und Ehre!

Abb. 94: Letztes Flugblatt der Münchner Studentengruppe *Die Weiße Rose* (1943)

ter der »Weißen Rose« und die kurz darauf erschienenen zwei Appelle, mit denen die Münchner Studenten Hans und Sophie Scholl, Christoph Propst, Alexander Schmorell und Willi Graf sowie der Philosophieprofessor Kurt Huber die Studenten und die gesamte Bevölkerung zum Nachdenken und zur Gegenwehr aufriefen. Die Texte forderten passiven Widerstand und Sabotage, erinnerten durch Zitate aus Werken von Schiller, Goethe, Novalis, Aristoteles, Lao-tse und aus der Bibel an das Recht des einzelnen und an die Humanität, die in den Jahren der nationalsozialistischen Herrschaft verlorengegangen waren. Bei der Verteilung des letzten Aufrufes am 18. Februar 1943 entdeckte man die Gruppe. In zwei kurzfristig angesetzten Prozessen wurden die Mitglieder zum Tode verurteilt und wenig später hingerichtet.

Widerstand gegen ein übermächtiges System und gegen einen Alltag, den Elend und Tod bestimmten, war die Literatur, die in Gefängnissen und Konzentrationslagern entstand. Nicht alles, was Häftlinge aus innerer Auflehnung, Hoffnung oder Zukunftsgläubigkeit niederschrieben, wurde gerettet und nach dem Krieg veröffentlicht. Man weiß aber, daß Richard Scheid in Dachau schrieb, daß Georg Kafka, Hans Kolben und Gerty Spies in Theresienstadt literarisch arbeiteten. Bruno Apitz verfaßte in Buchenwald die Erzählung *Esther* (1944, erschienen 1959), das bekannte Lied *Die Moorsoldaten* entstand 1933/34 im Konzentrationslager Börgermoor. Es beschreibt die alltägliche Realität der Gefangenschaft, die durch die letzte Strophe in eine erhoffte bessere Zukunft geöffnet wird. Der Romanistikprofessor WERNER KRAUSS schrieb im Gefängnis Plötzensee den Roman *PLN. Die Passionen der halykonischen Seele* (1943/44), der, märchenhaft verschlüsselt, Personen und Geschehnisse des Dritten Reiches wiedergibt. Während der Wochen seiner Gefangenschaft im Winter 1944/45, wegen der Verbindung zu den Verschwörern des 20. Juli 1944, verfaßte ALBRECHT HAUSHOFER achtzig Gedichte, die kurze Zeit nach seiner Hinrichtung als *Moabiter Sonette* erschienen. Diese Sonette beziehen sich nur gelegentlich auf den Gefängnisalltag und auf den drohenden Tod, sie rufen vielmehr wichtige Erfahrungen – historische Ereignisse, familiäre Bindungen, Eindrücke von Kunst und Kultur – zurück, die das Leben des Autors prägten, so die Gedichte *Qui Resurrexit, Fidelio, Acheron, Wandlung* oder *Mythos*.

Schwer erkennbar als Ausdruck einer »Gegenhaltung« sind jene Werke, die in verschlüsselter Form Kritik üben, die in der »Sklavensprache« geschrieben sind, so daß dem Leser die Aufgabe der Übertragung und Aktualisierung zukommt. Die Darstellung historischer Ereignisse ermöglichte solche Kritik besonders gut. Die nationalsozialistischen Autoren heroisierten die Vergangenheit, um ihre Gegenwart zu feiern. Die Autoren der inneren Emigration thematisierten das Schreckliche oder entwarfen Gegen-Bilder. STEFAN ANDRES (1906–1970) beschrieb in der Novelle *El Greco malt den Großinquisitor* (1936) eine extreme Situation: Kunst muß sich in der niederdrückenden Atmosphäre der Angst behaupten. Für den Maler El Greco ist der Großinquisitor ein »heiliger Henker«, er porträtiert ihn daher als Inbegriff aller Bedrohung, um seine Furcht zu bannen. REINHOLD SCHNEIDER (1903–1958) zeichnete in der Biographie *Philipp II.* (1931) sowie in den historischen Überblicken *Die Hohenzollern* (1933) und *Das Inselreich. Gesetz und Größe der britischen Macht* (1936) herausragende, selbstherrliche, manchmal auch dämonische Persönlichkeiten, die Gesetze schaffen und durchsetzen. Sie beziehen ihr Handeln aber auf göttliche Gesetze, sie herrschen in dem Bewußtsein, daß alle Macht von Gott kommt und vor Gott verantwortet werden muß. Dieses Thema bestimmt auch die Novelle *Las Casas vor Karl V.* (1938), in der es um die Eroberung des Aztekenreiches geht und um die grundsätzliche Frage von Macht und Glaube. Bartolomé de Las Casas, von seinem Gegner Sepulveda als »Träumer« verspottet, vertritt in einer Disputation vor Kaiser Karl V. die These, ein Land dürfe nicht brutal erobert, unterdrückt und ausgebeutet werden, es gehe vielmehr darum, die Eigenart des fremden Volkes zu achten, den christlichen Glauben zu verbreiten und vorzuleben. Karl ernennt Las Casas zum Bischof des ärmsten Bistums von Südmexiko – es bleibt offen und zweifelhaft, ob der demütige Mönch seine Ideale der Humanität und des geleb-

ten Christentums durchsetzen kann. In der Beschreibung der Ereignisse, vor allem in der ausführlichen Disputation findet man Formulierungen, die mühelos auf die Aktualität des Nationalsozialismus zu beziehen sind.
Umstritten blieb bis heute, ob der Roman *Der Großtyrann und das Gericht* (1935) von WERNER BERGENGRUEN (1892–1964) zu den Werken der inneren Emigration gehört. Es geht um das Problem von Versuchung, Schuld und Gerechtigkeit: Der Großtyrann befiehlt seinem Polizeichef Nespoli, den Mord an dem Mönch Fra Agostino innerhalb von drei Tagen aufzuklären. Dadurch verändert sich das Leben in der Stadt Cassano völlig. Jeder verdächtigt jeden, falsche Anschuldigungen werden erhoben, falsche Geständnisse schaffen Unruhe und Verwirrung. Am Ende stellt sich heraus, daß der Herrscher selbst der Mörder ist, er wollte die Gesinnung seiner Untertanen prüfen. Der Priester Don Luca klagt nun ihn an: er habe sich Gott gleichgestellt, Gott versucht und damit Schuld auf sich geladen. Die knappe, metaphernreiche, häufig bewußt altertümliche Sprache erinnert an eine Chronik und verweist gerade dadurch auf Aktualität hinter der Zeitlosigkeit.
Zu der Widerstandsgruppe »Rote Kapelle«, die 1942 entdeckt wurde, gehörte der Schriftsteller GÜNTHER WEISENBORN (1902–1969). Er veröffentlichte sofort nach dem Krieg das Schauspiel *Die Illegalen* (1946) als Information über die konspirative Tätigkeit gegen die Nationalsozialisten und als »Denkmal der Schafottfront«, an der viele mutige Gegner des Regimes gefallen waren. Weisenborn wies auch später immer wieder auf die teilweise verzweifelten Bemühungen der inneren Emigration hin – in der Rede, die er am 11. Mai 1946 vor ehemaligen Häftlingen des Konzentrationslagers Sachsenhausen hielt, in einem Zeitungsartikel mit dem Titel »Es gab eine deutsche Widerstandsbewegung« (1946), in einer Rede an der Pariser Sorbonne über »Die Aufgaben der deutschen Schriftsteller« (1948) sowie mit der Dokumentation *Der lautlose Aufstand* (1953), in der er Materialien verarbeitete, die Ricarda Huch gesammelt hatte.

Die Literatur des Exils

Im Februar 1933 sprach Thomas Mann an der Universität München über »Leiden und Größe Richard Wagners«. Der Vortrag wurde kurze Zeit später in der Zeitschrift »Neue Rundschau« publiziert und löste heftige Proteste nationaler Kreise aus. Die Schärfe der Angriffe veranlaßte den Autor, von einer Auslandsreise nicht mehr nach Deutschland zurückzukehren. Er wählte das Exil, lebte zunächst in Belgien, Holland, Frankreich und in der Schweiz, bevor er 1939 nach Amerika ging. Er wollte Vertreter eines anderen, besseren Deutschland sein, wurde überall hoch geachtet und als Nobelpreisträger hoch geehrt. Man muß hervorheben, daß diese Form des Exils Ausnahme blieb und nur wenigen Autoren erreichbar war. Tausende von Autoren, Wissenschaftlern,

Künstlern, Tausende von Juden und Gegnern des Nationalsozialismus verließen Deutschland aus unterschiedlichen politischen und religiösen Gründen – in den meisten Fällen gingen sie einer unsicheren Zukunft und einem schweren Leben entgegen. Sie flüchteten zunächst in die Nachbarländer Holland, Österreich, Frankreich, Dänemark, Schweden, Tschechoslowakei, Schweiz. Die Machtpolitik des Dritten Reichs führte dazu, daß Exilland nach Exilland gefährlich wurde, so daß man am Ende Rußland oder Nord- und Südamerika als Exilländer bevorzugte. Man sah die aus Deutschland Gekommenen keineswegs gern. Sie erhielten keine Arbeitserlaubnis, mußten sich gegen übermächtige Bürokratien wehren, immer wieder Pässe und Aufenthaltsgenehmigungen erkämpfen. Oft wurden sie, wie in Rußland, in innenpolitische Machtkämpfe einbezogen oder, wie in Frankreich, in Lagern interniert. Hinzu kamen Kontakt- und Sprachschwierigkeiten, das Gefühl von Ausgeschlossensein und Hoffnungslosigkeit. Es ist verständlich, daß viele Autoren den Freitod wählten, weil sie die Sorgen des Alltags nicht mehr ertragen konnten, weil sie sich dem »üblen, seelenverzehrenden, entwesenden Geschäft des Exils«, wie Feuchtwanger schreibt, nicht gewachsen fühlten.
Andererseits gelang es vielen Autoren, mit Hilfe von Organisationen und Gönnern Zentren des Exils zu bilden, materielle und ideelle Hilfe anzubieten. In der Schweiz war es der Verlag Emil Oprecht, der den Exilautoren Publikationsmöglichkeiten schuf, hier erschien von 1937 bis 1940 eine von Thomas Mann und Konrad Falke herausgegebene Zeitschrift mit dem sprechenden Titel *»Maß und Wert«*. Das Züricher Schauspielhaus unter der Leitung von Oskar Wälterlin wurde berühmt durch die Uraufführungen der großen Dramen von Bertolt Brecht. Künstler wie der Bühnenbildner Teo Otto, die Regisseure Leopold Lindtberg und Kurt Hirschfeld oder die Schauspieler Therese Giehse, Wolfgang Langhoff und Leonard Steckel arbeiteten viele Jahre lang ungestört und erfolgreich an diesem Haus. In Amsterdam halfen die Verlage Querido und Allert de Lange, alte und neue Werke der Exilautoren herauszugeben. P. Walter Jacob gründete die Freie Deutsche Bühne Buenos Aires als Mittelpunkt des deutschen Theaters in Südamerika. Erwin Piscator gelang es, an der New School for Social Research in New York einen »Dramatic Workshop« einzurichten, manche seiner Schüler – etwa die Dramatiker Tennessee Williams und Arthur Miller oder die Schauspieler Marlon Brando, Harry Belafonte, Tony Curtis – wurden später berühmt. Bertolt Brecht, Willi Bredel und Lion Feuchtwanger gaben in Moskau die Zeitschrift *Das Wort* heraus, in der 1937/38 die aggressive »Expressionismusdebatte« erschien, eine Auseinandersetzung über die Frage, ob und inwieweit die expressionistischen Autoren – vor allem Gottfried Benn – Wegbereiter des Nationalsozialismus gewesen seien.
Fast alle Autoren, die das Exil gewählt hatten, sahen es als ihre wichtigste Aufgabe an, gegen die nationalsozialistische Ideologie und gegen die

Politik des Dritten Reiches zu arbeiten. In Briefen, Reden und Artikeln setzte man sich mit dem Gegner auseinander und versuchte eine Bestimmung der eigenen Position. Am 9. Mai 1933 schrieb Klaus Mann von Le Lavandou in Südfrankreich aus einen offenen Brief an Gottfried Benn, in dem er die Frage stellte, warum sich ein Autor solchen Ranges nicht eindeutig von den Nationalsozialisten distanziere. Benn verlas am 24. Mai 1933 im Rundfunk seine ironisch-scharfe »*Antwort an die literarischen Emigranten*«, in der er alle Vorwürfe zurückwies und in bewußtem Gegensatz zu den Exilautoren bekannte: »ich erkläre mich ganz persönlich für den neuen Staat, weil es mein Volk ist, das sich hier seinen Weg bahnt.« Später gab er zu, daß Klaus Mann im Recht gewesen sei und die politische Entwicklung genauer beurteilt habe als er. Heinrich Mann schrieb schon früh über die »*Aufgaben der Emigration*« (1933) und stellte fest, sie vertrete »das beste Deutschland«, sie sei »die Stimme ihres stumm gewordenen Volkes«. Thomas Mann führte 1936 eine Diskussion mit den Literaturkritikern Leopold Schwarzschild und Eduard Korrodi über Bedeutung und Aufgaben der Exilliteratur, sein Brief an die Universität Bonn gehört zu den bekanntesten appellativen Texten, die damals entstanden. Ende 1936 teilte die Universität Bonn Thomas Mann mit, man habe ihm die Ehrendoktorwürde aberkannt. In einem umfangreichen Schreiben an den Dekan der Philosophischen Fakultät umriß der »Verbannte« seine Haltung gegenüber Deutschland und seine Verantwortung gegenüber der deutschen Sprache und Literatur. Seine Darstellung gipfelte in der Zurückweisung der neuen Machthaber: »Sie haben die unglaubwürdige Kühnheit, sich mit Deutschland zu verwechseln! Wo doch vielleicht der Augenblick nicht fern ist, da dem deutschen Volke das Letzte daran gelegen sein wird, nicht mit ihnen verwechselt zu werden.« Sehr spät, nämlich 1943, hielt Lion Feuchtwanger eine Rede an der University of California über »*Arbeitsprobleme des Schriftstellers im Exil*«, in der Negatives und Positives einander gegenübergestellt werden: wirtschaftliche Not, Miseren des Alltags, Sprachschwierigkeiten und Isolation auf der einen Seite, erweiterte Möglichkeiten der Stoffwahl und der Form durch eine veränderte Umwelt auf der anderen Seite.

Wer die im Exil entstandenen literarischen Werke liest, kann feststellen, daß drei Stoffbereiche dominierten. Man erkennt zunächst den historischen Roman, der an Erzähltraditionen des 19. und des frühen 20. Jahrhunderts anknüpfte und den Autoren Kontinuität und behutsame Entwicklung garantierte. Thomas Mann schrieb zwischen 1933 und 1942 die Triologie *Joseph und seine Brüder* als Beschwörung tiefer Vergangenheit und biblischer Tradition. Sein Roman *Lotte in Weimar* (1939) greift in ironischer Distanziertheit auf die Situation des Briefromans *Die Leiden des jungen Werthers* zurück und schildert die Begegnung des alten, berühmten Geheimrats Goethe mit seiner betagten, zittrig gewordenen Jugendliebe Lotte Buff – ein Thema, das Thomas Mann noch einmal Anlaß bot, das zentrale Motiv seines Gesamtwerks, aufzunehmen und zu variieren: Aufgabe des Künstlers und Problematik des Künstlertums. Heinrich Mann veröffentlichte die umfangreichen biographischen Romane *Die Jugend des Königs Henri Quatre* (1935) und *Die Vollendung des Königs Henri Quatre* (1938). An ihnen kann man ablesen, wie sich die Erfahrungen der Entstehungszeit in dem historischen Ereignis spiegeln: in der Figur des draufgängerischen, beliebten, volkstümlichen, gerechten Königs Henri zeichnete Mann das Gegenbild zu diktatorischer Macht.

Die beiden anderen vorherrschenden Themen ergaben sich aus den persönlichen Problemen der Autoren. Sie wollten sowohl die Situation in Deutschland als auch die Situation des Exils beschreiben. So stellte OSKAR MARIA GRAF (1894–1967) in dem Roman *Die gezählten Jahre* (1934) am Beispiel der bayerischen Familie Hochegger die politischen Entwicklungen und Kontroversen des Jahres 1933 dar sowie den Beginn der Emigration, die einige Mitglieder der Familie nach Österreich führt. Andere Autoren gestalteten das Geschehen in Deutschland und die Erfahrungen des Exils getrennt, häufig ergänzen oder spiegeln sich dann zwei Werke. KLAUS MANN (1906–1949) beschrieb in dem Roman *Mephisto* (1936) an der Karriere des Schauspielers Hendrik Höfgen den Aufstieg und die verführerische Macht des Dritten Reichs. Die direktpolemische Form der Darstellung erklärt sich aus der Tatsache, daß die persönliche Feindschaft gegenüber dem damals bekannten Schauspieler Gustaf Gründgens, der durch die Protektion Hermann Görings zum Intendanten des Preußischen Staatstheaters Berlin aufstieg, bei der Konzeption des Werkes eine entscheidende Rolle spielte. Der »Roman unter Emigranten« mit dem Titel *Der Vulkan* (1939) schildert die Schwierigkeiten des Exils durch das Schicksal mehrerer Flüchtlinge, die – teils absichtlich, teils zufällig – in Paris zusammentreffen. Klaus Mann läßt mehrere Erzählstränge nebeneinanderlaufen, die sich immer wieder berühren und ergänzen und die von einem auktorialen Erzähler zusammengefaßt oder kommentiert werden, so daß allmählich das Panorama eines Lebens entsteht, das ständig vom verzehrenden Feuer des Vulkans, vom Untergang also, bedroht ist. ANNA SEGHERS (1900–1983) stellte in dem Roman *Das siebte Kreuz*, der zuerst 1942 in englischer Sprache in New York erschien, die Geschichte einer Flucht dar. Sieben Häftlinge fliehen aus dem Konzentrationslager Westhofen, der Kommandant Fahrenberg läßt daraufhin sieben Platanen als Kreuze herrichten, um die Insassen des Lagers abzuschrecken und um die wiedereingefangenen Flüchtlinge zur Schau stellen zu können. Sechs Häftlinge bezahlen die Flucht mit dem Tode, dem siebten Häftling, Georg Heisler, aber gelingt die Flucht – das siebte Kreuz bleibt leer als Zeichen des Widerstandes und der Hoffnung. Das in sieben Kapitel gegliederte, aus dauernd wechselnder Perspektive erzählte Geschehen verdeutlicht nicht nur eine ungewöhnliche Flucht, sondern auch den ungewöhnlichen Zustand eines Landes: Macht und Terror, Unterdrückung und Angst, aber auch Mitleid und Hilfsbereitschaft. Schauplatz des Romans *Transit*, der

1944 in spanischer Sprache erschien, ist Marseille, jene südfranzösische Hafenstadt also, die für viele Flüchtlinge letzte Möglichkeit der Rettung war, weil sie von hier aus nach Portugal und Amerika fliehen wollten. Der Ich-Erzähler, den Anna Seghers einsetzt, beschreibt direkt und persönlich die ungezählten Schwierigkeiten, denen sich der Emigrant gegenübersah: Bürokratie, Korruption, Wechsel zwischen Hoffnung und Verzweiflung, nie endender Kampf um Aufenthaltsgenehmigungen, Pässe, Bescheinigungen und, vor allem, um die begehrten Transitvisa für Schiffsplätze. Das Warten in Konsulaten, Büros, Schiffsagenturen und Hafencafés spiegelt das Warten aller, die ins Exil gehen mußten – auf Rettung, auf Sicherheit, auf ein Leben ohne Verfolgung und Angst.

Der Wartesaal

Die literarisch-politische Entwicklung von 1920 bis 1945 beschrieb LION FEUCHTWANGER (1884–1958) exemplarisch in der Trilogie *Der Wartesaal*, die den »Wiedereinbruch der Barbarei und ihren zeitweiligen Sieg über die Vernunft« zeigen sollte. Der Autor erzählt daher einfach und direkt, läßt keinen Zweifel an der provozierend-mahnenden Absicht seiner Werke. Der erste Roman, *Erfolg* (1930), hat den Untertitel »Drei Jahre Geschichte einer Provinz«, das Geschehen spielt während der zwanziger Jahre in München. Der Prozeß gegen den Museumsdirektor Dr. Martin Krüger sowie der Kampf um seine Rehabilitation und Freilassung sind lediglich der Anlaß dazu, die kulturellen und politischen Strömungen der Zeit zu verdeutlichen: konservatives Denken, Intoleranz, Korruption, beginnende Wirkung der nationalsozialistischen Ideologie. Der zweite Roman, *Die Geschwister Oppermann*, entstand 1933 in Sanary-sur-Mer, wo Feuchtwanger von 1933 bis 1940 im Exil lebte, bevor er nach Amerika fliehen mußte. Geschildert wird am Beispiel der großbürgerlichen jüdischen Familie Oppermann die Zeit von November 1932 bis zum Spätsommer 1933 in Berlin: der wachsende Erfolg der NSDAP, die Machtübernahme, die Veränderung des politischen Denkens und Handelns, die wachsende Brutalität gegenüber Andersdenkenden, vor allem gegenüber den Juden. Dr. Gustav Oppermann und Martin Oppermann verlieren ihr traditionsreiches Möbelhaus, der Chirurg Prof. Edgar Oppermann muß die Klinik verlassen, Freunde ziehen sich zurück, Gegnerschaft schlägt in haßerfüllte Feindschaft um. Besonders eindrucksvoll wird die Veränderung an dem Schicksal des Unterprimaners Berthold Oppermann deutlich, dessen Lieblingsfächer Deutsch und Geschichte sind und der für seinen verehrten Ordinarius Dr. Heinzius ein Referat über das Thema »Der Humanismus und das zwanzigste Jahrhundert« anfertigen möchte. Dr. Heinzius stirbt, der neue Klassenlehrer Dr. Bernd Vogelsang ändert Inhalt und Form des Unterrichts abrupt im Sinn seiner nationalsozialistischen Überzeugung. Er gewinnt mehr und mehr Macht in der Schule, setzt sich endlich auch gegen den liberalen

Rektor Alfred François durch. Berthold gerät in immer stärkere Isolation, man verletzt ihn durch Ironie oder direkte Beleidigungen, so daß er sich zuletzt tötet. Der dritte Roman, *Exil* (1939), schildert das Leben der Flüchtlinge in Paris. Zentrum der Ereignisse ist die Emigrantenzeitung »Pariser Nachrichten«. Ihr Redakteur Friedrich Benjamin wird in die Schweiz gelockt und nach Deutschland entführt. Der Komponist Sepp Trautwein vertritt ihn und versucht, durch aggressiv-ironische Artikel die Freilassung des Freundes zu erreichen. Nach vielen Enttäuschungen kommt der Erfolg: Benjamin kehrt nach Paris zurück. Diese Handlung erweiterte Feuchtwanger durch Exkurse, Nebenhandlungen und Schilderungen, in denen das gehetzte und unglückliche Leben im Exil deutlich wird, an dem viele endgültig zerbrechen. Trautwein findet nach dem Freitod seiner Frau Anna die Kraft, eine lange geplante Symphonie zu schaffen. Sie erhält den Titel »Der Wartesaal« und thematisiert das Warten – auf Züge, deren Ankunft die Direktion verhindert, auf Abfahrten, die niemals erlaubt werden. Und die Musik drückt noch mehr aus: »den Jammer der Wartenden, ihre Verzweiflung, ihre Flüche, ihre Resignation, ihren Zusammenbruch und ihre, trotz allen Enttäuschungen, immer neue Hoffnung«.

Nachwirkung

Von den literarischen Werken, die zwischen 1920 und 1945 erschienen, gehören heute die Gedichte, Erzählungen und Romane, in denen Autobiographisches oder Allgemeingültiges thematisiert wurde, fast schon zum »klassischen Bestand« der deutschen Literatur. Autoren wie Carossa, Gertrud von Le Fort, Hesse, Lehmann fanden und finden ein breites Publikum. Die völkische und nationalsozialistische Literatur analysierte man im Zusammenhang mit politisch-gesellschaftlichen Problemen der damaligen Zeit, sie gilt inzwischen als wichtiges Zeugnis für die Literatur als Mittel parteipolitischer Beeinflussung und tendenziöser Darstellung. Die im Exil entstandenen Bücher blieben bei uns lange so gut wie unbeachtet. Zahlreiche Autoren, die Deutschland wegen der Machtübernahme Hitlers verlassen hatten, kehrten nach dem Krieg in die DDR zurück, so Brecht, Anna Seghers und Arnold Zweig. Sie identifizierten sich bewußt und öffentlich mit dem marxistischen Sozialismus dieses Staates, so daß ihre Werke in der Bundesrepublik sehr distanziert betrachtet wurden. Durch Inszenierungen an vielen Theatern änderte sich dieses reservierte Verhalten zuerst gegenüber Brecht; inzwischen machen zahlreiche Taschenbuchausgaben mit Werken von Anna Seghers, Arnold Zweig, Klaus Mann und Lion Feuchtwanger deutlich, daß man die Bedeutung und den Wert der Exilliteratur erkannt hat. Eine Taschenbuchreihe wie »Bibliothek der verbrannten Bücher« bewies außerdem, daß noch manches bisher Vergessene, Übergangene oder Verdrängte bewußtzumachen ist. Abgesehen von einigen eher heiter-unverbindlichen Werken Tucholskys oder Kästners sind die literarischen Werke der Neuen Sachlichkeit kaum bekannt, obwohl gerade sie wichtige Aufschlüsse über die wesentlichen Probleme des Weimarer Staates geben. Hier müßte eine gezielte Rezeption so schnell wie möglich nachgeholt werden – die Bürger der Bundesrepublik sollten jene Literatur kennen, die sich kritisch, aber aus demokratischer Überzeugung mit der ersten deutschen Republik auseinandergesetzt hat.

Gegenwartsliteratur im Westen

Literatur unserer Zeit – Literatur der Moderne. Der Begriff des Modernen bleibt zugkräftig und faszinierend. Er wird und wurde strapaziert, zumindest seit dem »Modernismo« der südamerikanischen Literatur nach 1880. Im Laufe der Zeit häuften sich die Phasen »moderner« Literatur. Was aber folgt nach der Moderne? Die »Nachmoderne«, die »Postmoderne« wie nach der Avantgarde die »Transavantgarde«? Diese Begriffe aus der Kunst unserer Zeit sind nur zum Teil auf die Literatur angewandt worden. Wie in der Malerei, Bildhauerei, Architektur und Musik haben sich aber auch in der »Literaturszene« neue Tendenzen niedergeschlagen, auch schon rein äußerlich in den Mitteln der Verbreitung. So gehören neben dem Buch wohl auch die akustischen wie die optischen Medien zu den Vermittlern literarischer Produkte, obwohl sie den Fortbestand des Buches kaum wirklich zu gefährden scheinen.

Im Raum des Gesellschaftssystems im Westen ist Literatur im spontanen künstlerischen Schaffensprozeß bestimmt von dem autonomen Individualismus der Künstlerpersönlichkeit im Rahmen freiheitlichen Denkens. Ihre Förderung, Produktion und Rezeption sind zudem von marktwirtschaftlichen Gesichtspunkten geprägt. Das gilt für die Literatur in der Bundesrepublik Deutschland ebenso wie für die österreichische und die Schweizer Literatur, deren deutschsprachiger Teil mit jenen eng verbunden ist. Wie jede beliebige Ware richtet sich literarische Produktion, jedenfalls die der Verlage, nach den Gesetzen von Angebot und Nachfrage. Hohe Werbekosten müssen für Druckerzeugnisse wie für andere Waren veranschlagt werden, und ihr Verkauf ist aus dem früher so intimen Raum der Buchhandlungen mehr und mehr herausgetreten. Das gilt nicht nur für die Massenliteratur von Zeitschriften, Illustrierten, Groschenheften, Comic-, Pop- und Unterhaltungsliteratur, sondern auch für die »ernste« Belletristik in der Form des gebundenen Buches, des Paperback oder der aus den amerikanischen pocket-books entwickelten Vertriebsform des Taschenbuchs.

Der Anteil der schönen Literatur am Buchmarkt bleibt nach wie vor relativ hoch. So erschienen 1990 in der Bundesrepublik Deutschland und in Westberlin 61 015 Buch- und 10 302 Taschenbuchtitel; 14,7 Prozent dieser Neuerscheinungen waren belletristische Publikationen, das sind über 8 950 Titel, bei den Taschenbüchern sogar 48,6 Prozent oder über 5 000 Titel. Diese verteilen sich auf die verschiedenen Gebiete der schönen Literatur: Neuausgaben von Klassikern, Lyrikbände, alle Arten von Romanen, Kinder- und Jugendbücher, Märchenbände, Tierbücher, Biographien, Nachschlagewerke, Sammlungen von Kurzgeschichten, Theaterstücke aller Art, Hör- und Fernsehspiele, Essays, Rezensionen, Kritiken.

Für ihre Druckerzeugnisse müssen die Verlage Käufer finden. Das ging zwar auch schon früher nicht ohne Werbung, heute aber, bei der Unüberschaubarkeit des Literaturbetriebs, beschreitet die Reklame Wege, wie sie für das Buch noch vor wenigen Jahren nirgends üblich waren. Auch die Verlage sind der Entwicklung zur wirtschaftlichen Konzentra-

Spiegel Nr. 13/1993

Bestseller

BELLETRISTIK

1. Gordon: Der Schamane (1)
   Droemer; 44 Mark
2. Heller: Der Mann, der's wert ist (3)
   Droemer; 38 Mark
3. Pilcher: Die Muschelsucher (2)
   Wunderlich; 45 Mark
4. Wood: Das Paradies (5)
   Krüger; 49,80 Mark
5. King: Dolores (4)
   Hoffmann und Campe; 35 Mark
6. Grisham: Die Firma (6)
   Hoffmann und Campe; 44 Mark
7. Heidenreich: Kolonien der Liebe (7)
   Rowohlt; 28 Mark
8. Smith: Sommerträume (11)
   VGS; 25 Mark
9. Pilcher: Blumen im Regen (8)
   Wunderlich; 38 Mark
10. Pilcher: September (10)
    Wunderlich; 45 Mark
11. Gilden: Wo bitte geht's zum Strand? (9)
    VGS; 25 Mark
12. Allende: Der unendliche Plan (13)
    Suhrkamp; 45 Mark
13. Crichton: Nippon Connection (12)
    Droemer; 39,80 Mark
14. Follett: Nacht über den Wassern (14)
    Lübbe; 44 Mark
15. García Márquez: Zwölf Geschichten aus der Fremde
    Kiepenheuer & Witsch; 36 Mark

SACHBÜCHER

1. Gore: Wege zum Gleichgewicht (1)
   S. Fischer; 39,80 Mark
2. Brandt: Freundesland (3)
   Hoffmann und Campe; 35 Mark
3. Ogger: Nieten in Nadelstreifen (2)
   Droemer; 38 Mark
4. Carnegie: Sorge dich nicht, lebe! (4)
   Scherz; 42 Mark
5. Eisenman/Wise: Jesus und die Urchristen (7)
   C. Bertelsmann; 39,80 Mark
6. Hildebrandt: Denkzettel (6)
   Kindler; 34 Mark
7. Baigent/Leigh: Verschlußsache Jesus (5)
   Droemer; 39,80 Mark
8. Scholl-Latour: Unter Kreuz und Knute (8)
   C. Bertelsmann; 39,80 Mark
9. Kelder: Die Fünf „Tibeter" (11)
   Integral; 19 Mark
10. Hacke: Der kleine Erziehungsberater (9)
    Kunstmann; 19,80 Mark
11. Mahmoody: Aus Liebe zu meiner Tochter (10)
    Lübbe; 36 Mark
12. Dönhoff u. a. (Hrsg.): Ein Manifest – Weil das Land sich ändern muß (15)
    Rowohlt; 12 Mark
13. Janosch: Mutter sag, wer macht die Kinder? (14)
    Mosaik; 19,80 Mark
14. Riva: Meine Mutter Marlene (12)
    C. Bertelsmann; 58 Mark
15. Kennedy: In Vorbereitung auf das 21. Jahrhundert
    S. Fischer; 48 Mark

Im Auftrag des SPIEGEL wöchentlich ermittelt vom Fachmagazin *Buchreport*

tion in Mammutkonzernen gefolgt. Sicherung des Absatzes bleibt deren oberstes Ziel, mit allen Mitteln der Werbung, etwa auch durch die Lancierung sogenannter Bestseller. Trotz nicht abreißender Kritik in der Öffentlichkeit lebt das Bestsellerwesen weiter und findet in Form von Sellerlisten in der Wochenpresse seinen Niederschlag. Angesichts dieses harten Kampfes im Literaturbetrieb kann es nicht wundernehmen, wenn manches von der Intention des literarischen Werkes und dem persönlichen Engagement des Autors bedroht ist. Dennoch versteht sich Literatur, erst recht seit 1945, als Sprachrohr des Einzelmenschen und versucht, dessen individuelle, soziale und politische Ansprüche zu formulieren und zu gestalten.

Umbruch, Aufbruch, Engagement

Trotz einer Spanne von über vier Jahrzehnten ist in dem Zeitabschnitt von 1945 bis heute kein verbindliches Merkmal von literarischer Relevanz sichtbar geworden. Dabei haben die Werke dieser Jahre durchaus ihr spezifisches Gepräge. Als Zeitgenosse ist man nicht imstande, seine eigene Epoche unter abstrahierten Gesichtspunkten zu sehen, ihr wesentliches Kriterium zu erkennen. Vermutlich ist auch der angebliche Einschnitt von 1945 kein so entscheidender Umbruch, wie zunächst angenommen wurde. Viele der schon in den dreißiger und vierziger Jahren vorhandenen Tendenzen liefen weiter, ganz abgesehen von dem zunächst in vieler Hinsicht restaurativen Geist im deutschsprachigen Westen. Weder in der Schweiz noch in Westdeutschland oder Österreich schlug mit Kriegsende, mit Konsolidierung oder Neuformung zugleich die »Stunde Eins«.
Was sich dem Betrachter der Literatur dieser vier Jahrzehnte aufdrängt, ist zunächst ein Gewirr von Widersprüchlichem und Heterogenem. Literatur in diesen Jahren, im Gegensatz etwa zur Jahrhundertwende, ist dem eigentlichen geistigen Diskussionsmittelpunkt entrückt. Ihr fehlt insgesamt auch der leiseste Anklang an die Selbstgenügsamkeit der L'art pour l'art, ganz abgesehen davon, daß literarische Gruppen und Stilrichtungen im Sinne von »-ismen« in unseren Tagen praktisch keinen Einfluß ausüben. Was nach dem Krieg im literarischen Leben eine Rolle spielte, war ein fatalistisch getöntes Endzeitbewußtsein und, als Gegenpol, die Besinnung auf einen Neuanfang. Dieser galt der Suche nach einer noch nicht »weggedichteten« Wirklichkeit, der die Schreibenden wieder nahekommen wollten und die die Lesenden ersehnten. Doch schon wenige Jahre nach Umbruch und Neuorientierung, nach ersten Versuchen zur Bewältigung dessen, was hinter einem lag, setzte mit den späten sechziger Jahren eine erneute Hinterfragung ein, eine Kritik, die die Grundlagen aller zivilisatorischen und kulturellen Errungenschaften in Mittel- und Westeuropa aus den Angeln zu heben drohte und die auch Sinn und Nutzen von Literatur in Frage stellte. Im Sinne des »L'art est mort« der Studentenrevolte forderte oder prophezeite man den Tod der Literatur. Deren vages Fortleben sah man bestenfalls im gesellschaftspolitischen Engagement begründet: statt »artistischer« Kunst also die von Gottfried Benn schon in den zwanziger Jahren apostrophierte »kollektivistische«. Indes brachten bereits die späten siebziger Jahre nach manchen Täuschungen und Enttäuschungen im sozialpolitischen Engagement einen gewissen Rückzug in eine wiederaufgewertete Innerlichkeit, deren Literaturbegriff gleichwohl die utopischen, humanisierenden und nonkonformistischen Dimensionen von Literatur umschließt.
Aus dieser Sachlage wie aus Raumgründen rechtfertigt sich die Mischung verschiedener Ordnungsgesichtspunkte im vorliegenden Ab-

schnitt deutscher Literaturgeschichte. Folgen die Anfänge zunächst der Chronologie der Nachkriegsjahre, mußte im weiteren Verlauf, der Übersichtlichkeit wegen, auf traditionelle Gattungskriterien wie auf charakteristische ideologische Tendenzen als Einteilungsprinzipien zurückgegriffen werden. Strömungen wie die antibourgeoise Revolte, die Bürgerinitiativen, die sozialemanzipative wie die Friedensbewegung, Fragen der Ökologie, des Feminismus und alternativer Lebensmöglichkeiten, psychologische Beziehungs- und Kommunikationsprobleme, auch die angeblich »klassenlose Kunst« der Pop-art haben in nicht unbeträchtlichem Umfang auf das literarische Geschehen eingewirkt.

Nachgeholte Rezeption

Blick ins Ausland

Der Zusammenbruch, die Kapitulation am Ende des Zweiten Weltkriegs brachte Deutschland und dem wiedererstandenen Österreich die Aufteilung in Besatzungszonen. Die Siegermächte begannen mit einer Umerziehung der Besiegten im »demokratischen« oder »volksdemokratischen« Sinn. Alle Druckschriften in den Besatzungsgebieten bedurften der Zulassung durch die Militärregierungen. Unter deren Einfluß begann im deutschsprachigen Raum, mit Ausnahme der freien Schweiz, die Literaturrezeption nach 1945.

Da die Bücherbestände in großem Umfang vernichtet waren und die Verlagsarbeit fast gänzlich lahmlag, beschränkte sich die Lektüre an Schulen und Hochschulen zunächst auf noch vorhandene Bestände an Klassikern deutscher und ausländischer Literatur. Neuauflagen, auf billigem Papier und in leidlichem Druck, wurden bei älteren Titeln schnell zugelassen. Andererseits sorgten die Besatzungsmächte dafür, ihre eigene neue Literatur in Originaltexten und Übersetzungen im deutschen Raum zu verbreiten, und zwar nicht nur aus Absatzgründen.

Abgesehen von diesen Bemühungen um eine »reeducation« wurden aus dem Ausland jetzt auch Gedankensysteme im deutschsprachigen Raum wiederaufgenommen, die ursprünglich von hier ausgegangen waren: neben dem Gedankengut des Existentialismus vor allem Ergebnisse der Psychoanalyse, Elemente des Marxismus im politischen Bereich und des Surrealismus im literarischen. Neben der Rezeption der aktuellen ausländischen Literatur wurden vor allem auch Werke gelesen, die vor 1945 entstanden waren, zu denen im Verlauf der Kriegsjahre jedoch nur wenige Zugang hatten.

Der literarische Erfolg von ERNEST HEMINGWAY (1899–1961) hatte in den späten zwanziger Jahren begonnen. Von stärkster Wirkung war sein Roman aus dem Spanischen Bürgerkrieg *For Whom the Bell Tolls* (*Wem die Stunde schlägt*, 1940), nicht nur wegen der nüchternen Darstellung der Grausamkeiten dieses Guerillakrieges, sondern weil man im deutschsprachigen Raum den Blickpunkt der Gegenseite wahrnahm. Robert Jordans, der amerikanische Reporter, kämpft gegen die Faschisten Francos, die von Italien und der deutschen »Legion Condor« unterstützt werden.

Mit seinen Short stories beeinflußte Hemingway im westlichen Deutschland und in Österreich die Entwicklung einer Form, die die Nachkriegsjahre in der Literatur entscheidend prägen sollte: die Kurzgeschichte. Hemingways Short stories beeindruckten durch die schmucklose, lakonische Sprache und die Konzentration auf den Augenblick, der für die Figuren des Textes stets eine besondere Intensität hat. In sparsamster Weise skizziert der Autor das Geschehen in der Kurzgeschichte *Old Man at the Bridge* (*Alter Mann an der Brücke*) in *The First Forty-Nine Stories*, 1938, die er als Reporter im Spanischen Bürgerkrieg seiner Zeitschrift telegraphisch übermittelt hatte. Für den Alten, der vor der heranrückenden Front im Bürgerkrieg seine kleine Habe im Stich lassen muß, bleibt das Geschehen unfaßlich, erst recht im Hinblick auf das Schicksal seiner Tiere, die er zurücklassen mußte: erbarmungslos geht die Kriegsmaschinerie über die hilflose Kreatur hinweg. Zähes Ringen und Bewährung in der Auseinandersetzung mit der Umwelt zeichnet das vielgelesene Werk *The Old Man and the Sea* (*Der alte Mann und das Meer*, 1952). Die Handlung der dichten Erzählung ist zugleich Spiegel von Hemingways künstlerischem Bemühen; auch wenn Santiago, der alte Fischer, die mühsam errungene Beute den Haien preisgeben muß: die Reste des gefangenen Fisches sind Zeichen seiner Auseinandersetzung mit Natur und Kreatur.

Zur Erstrezeption ausländischer Werke gehörten auch die antiillusionistischen Theaterstücke von THORNTON N. WILDER (1897–1975), die von Schul- und Laienbühnen viel gespielt wurden. Neben einer Reihe von Einaktern hatte vor allem das Stück *Our Town* (*Unsere kleine Stadt*, 1938) viel Erfolg. Es verzichtet auf jedes illusionistische Beiwerk, ist eigentlich kein Schauspiel, vielmehr eine Art sparsam dialogisierter Pantomime, in der der Spielleiter alle Personen einführt und die Beziehungen zwischen ihnen herstellt. Auf Worte, Gesten und Geräusche reduziert, agieren die Personen auf der dekorationslosen Bühne. Das weitgehend »episch« vorgetragene Geschehen appelliert an die Phantasie des Zuschauers und zwingt ihn in seinen Bann.

Wilder hat, wie Brecht, vielfältigste Anregungen aus dem Theater aller Zeiten geschöpft, besonders auch aus dem chinesischen. Alle diese Einflüsse werden spürbar in seinem Stück *The Skin of our Teeth* (*Wir sind noch einmal davongekommen*, 1942), das, 1944 in Zürich in deutscher Übersetzung erstaufgeführt, in den Jahren 1946/47 in den Westzonen viele Inszenierungen erlebte und dessen Titel zum Schlüsselwort wurde für die Überlebenden der Kriegskatastrophe. Es ist ein Stück Welttheater mit allen Formen szenischen Spiels und in der Verwendung des antiillusionistischen Prinzips bereits auf dem Weg zum absurden Theater. Seine Hauptpersonen, das Ehepaar Antrobus, Sabina, Dienstmädchen und Verführerin, und Henry, der Sohn, repräsentieren die soziale Grundkonstellation der Genesis: Adam – Eva – Lilith –Kain. Dreimal bricht das Destruktive in Form von Katastrophen über die Menschen herein: Eiszeit – Sintflut – Krieg. Auch diese letzte, obwohl in seinem eigenen Willen begründet, kann der Mensch nicht aufhalten. Aber er kann sich, nach Wilders Überzeugung, wieder daraus befreien, er kann »davonkommen«. Als Sinnbild ihrer eigenen Lage hat das Stück die deutschen Zeitgenossen besonders angerührt.

Zum großen Anreger für die moderne Erzählkunst wurde der Ire JAMES JOYCE (1882–1941). Die Grenzen epischer Gestaltung sprengte sein weltberühmter Roman *Ulysses* (1922), ein »Riesenscherzbuch« (E. R. Curtius), in dem Parodie und Travestie, Anknüpfung an Homers *Odyssee* wie an die katholische Liturgie sowie lyrische und dramatische Elemente mit verwirrenden erzählerischen Techniken verknüpft werden. Der Alltag – ein einziger Tag, der 16. Juni 1904 – des Leopold Bloom aus Dublin gewinnt durch die Bezüge auf die Gesänge Homers die Kraft einer sinnbildlichen Gestaltung modernen Daseins. Sichtbar gemacht wird dieser Alltag mit Hilfe von fast allen nur denkbaren Erzähltechniken: Rückblende, Erinnerung, Wortspiel, Montage, innerer Monolog – all das in einer Detailtreue, bei der sich Erzählzeit und erzählte Zeit fast decken. Kein Epiker der Moderne konnte am *Ulysses* und am letztem Werk von Joyce vorbeigehen, dem Roman *Finnegans Wake*, an dem der Autor 17 Jahre gearbeitet hatte und das sich in seiner panlinguistischen Wortgestaltung der Übersetzung wie der Deutung zu entziehen scheint.

Auch aus dem französischen Raum wurde ein Romanwerk riesigen Ausmaßes, erschienen zwischen 1913 und 1927, erst nach dem Zweiten Weltkrieg im deutschen Sprachraum aufgenommen: MARCEL PROUSTS *A la recherche du temps perdu (Auf der Suche nach der verlorenen Zeit,* 7 Teile). Es gilt, neben dem *Ulysses* von Joyce, als grundlegender Roman der Moderne, der die Literatur unserer Gegenwart wesentlich beeinflußt hat. Grundlage für die »Suche« des Autors ist der Wechsel von Vergessen und unwillkürlicher Erinnerung (mémoire involontaire), die neuartige Erzählperspektive eines Ich-Erzählers ohne allwissenden Standpunkt, hinter dem ein erinnertes Ich steht, das die Ereignisse erlebt, sowie ein sich erinnerndes Ich, das diese nach Jahren durch Reflexion wiederbelebt. Die chronologische Zeitfolge der Erzählung wird aufgehoben zugunsten einer Darstellung, in der Vergangenheit und Gegenwart sich gegenseitig durchdringen und die sichtbar macht, daß der Mensch, da alle Wirklichkeit subjektiv bleibt, nur in der Kunst seine eigene Identität sowie den Zugang zum Mitmenschen finden kann.

Vor allem über das Theater verbreitete sich der von Frankreich in den deutschen Sprachraum wiedereingeführte Existentialismus, im geistigen Umfeld wie in der modischen Attitüde. Zum Lebensstil der davon berührten jungen Leute gehörte die Diskussion in Bistros und Kneipen, den sogenannten Existentialistenkellern, als »Erkennungsmarke« die lange enge »Röhrenhose«, wie die Chansonsängerin Juliette Gréco sie trug. JEAN-PAUL SARTRE (1905–1980) hatte, ausgehend von den deutschen Philosophen Edmund Husserl und Martin Heidegger, in seinem Hauptwerk *L'être et le néant* (*Das Sein und das Nichts*, 1943) die Grundlagen für den französischen Existentialismus geschaffen: aus der Erfahrung der Sinnlosigkeit der Welt ist der »zur Freiheit verurteilte« Mensch aufgerufen, sein Leben selbstverantwortlich zu »entwerfen«.

Der Veranschaulichung seines philosophischen Denkens diente sein dichterisches Werk. Am wirksamsten wurden darin die Dramen, in denen moderne Existenzprobleme individueller wie kollektiver Art im Mittelpunkt stehen. So vertritt Orest in dem Stück *Les mouches* (*Die Fliegen*, 1943) die Forderung nach absoluter Freiheit. Indem er sich zur rächenden Tat an Ägisth und zum Muttermord entschließt, entsühnt er die Bewohner von Argos von den ihnen durch Ägisth auferlegten Schuldvorstellungen und zieht die Fliegen – Bild der rächenden Erinnyen – auf sich. Im Vollzug seiner Tat wird er, im Sinne von Sartres Lehre, frei. Das Drama, zur Zeit der Besetzung Frankreichs im Zweiten Weltkrieg entstanden, ist zugleich als Aufruf zur freigestellten Entscheidung der Franzosen verfaßt, gehört somit zu der von Sartre so genannten »littérature engagée«.

Mit Sartre befreundet war der aus Algerien stammende ALBERT CAMUS (1913–1960). Dem Existentialismus verpflichtet (vor allem Karl Jaspers und Martin Heidegger), sprach er mit seinem ersten Roman *L'Etranger* (*Der Fremde*, 1942) die Generation an, die die Bindung an die überlieferten Werte und Wertvorstellungen verloren hatte. Stilistisch an klassische Vorbilder angelehnt wie an amerikanischen Mustern geschult, wird hier – nach einem authentischen Fall – die Geschichte des Algeriers Meursault erzählt, der inmitten der Gesellschaft ein Fremder bleibt. Grundlos und wider Willen zum Mörder geworden, wird er schließlich, auch aufgrund seiner Indifferenz allen Erscheinungen gegenüber (mit Ausnahme aller passiv empfundenen physischen Wahrnehmungen), zum Tode verurteilt. In einer Art Tagebuch versucht er in den wenigen Tagen, die ihm vor der Hinrichtung bleiben, sich die unausweichliche Verkettung der Umstände zu vergegenwärtigen. Meursault ist einer jener Unschuldigen, die die Gesellschaft empören, weil sie deren Spielregeln nicht akzeptieren. Wie er unter Fremden lebt, bleibt er auch für sie ein Fremder. Er stirbt, weil er die Lügen dieser Welt nicht anerkennen will. Der Gedanke der Revolte entsteht für Camus aus einem fast totalen Pessimismus und führt zum Begriff des Absurden, formuliert in seinem Essay *Le mythe de Sisyphe* (*Der Mythos von Sisyphos*, 1942). Die Beziehungen zwischen Welt und Mensch sind ihrem Wesen nach absurd. Die Sinnlosigkeit entsteht aus der Konfrontation von menschlichem Anruf und vernunftwidrigem Schweigen der Welt. Diese Erkenntnis führt den Menschen zur Revolte. Damit ist Camus aber nicht am Ende seiner Gedankengänge. Schon in dem Roman

La peste (*Die Pest*, 1947) tritt an die Stelle der Revolte des einzelnen gegen die Absurdität die Rebellion für einen Wert: die Freundschaft, die Kommunikation mit allen Menschen.

Bedeutenden Einfluß auf das Lesepublikum und die Literatur der Nachkriegsjahre hatten auch die Autoren der katholischen Erneuerungsbewegung in Frankreich (Renouveau catholique), allen voran PAUL CLAUDEL (1868–1955). Als Höhepunkt seines Schaffens, das in Lyrik und Drama um die Präsenz Gottes in dieser Welt kreist, betrachtete der Dichter sein vierteiliges Drama *Le soulier de satin* (*Der seidene Schuh*, 1929, erst 1943 uraufgeführt). In der Nachfolge von Calderón, dem spanischen Dramatiker aus dem 17. Jahrhundert, und von Goethes *Faust II* sollte das Drama ein Stück Welttheater sein, wie Wilders *The Skin of our Teeth*, und christliches Mysterium zugleich. Die Geschichte von der läuternden Liebe zwischen Dona Proeza und Don Rodrigo ist eingebettet in einen von Gott getragenen Kosmos, in dem alles, auch die Sünde, der Verwandlung des Menschen dient. Der Gedanke einer Wandlung des Menschen durch Katastrophen und Irrtümer hindurch hat Claudels Werken gerade angesichts der Ruinen und des Zusammenbruchs auch im deutschsprachigen Raum viel Gehör verschafft.

Die Literatur des Auslands – und zwar die der westlichen Kulturnationen, nicht allein der Siegermächte, wie etwa die Schriften des spanischen Philosophen JOSÉ ORTEGA Y GASSET (1883–1955), dessen *La rebelión de las masas* (*Der Aufstand der Massen* 1930), ihn weithin bekannt machte –, wurde in den Jahren nach dem Krieg, bei aller Verschiedenheit der gedanklichen wie der künstlerischen Ansätze, im deutschsprachigen Raum begierig rezipiert. Ihr Einfluß hat die literarische Entwicklung deutscher Literatur im Westen in einem beträchtlichen Ausmaß mitbestimmt.

Exilliteratur

Neben der ausländischen Literatur wurden nach und nach auch die Werke der Emigranten aufgelegt, deren Schubladen man, da die wenigen Originalausgaben in den USA, in England oder Schweden zunächst nicht greifbar waren, für leer gehalten hatte. Auch für eine ganze Reihe dieser Bücher war es eine nachgeholte Rezeption.

Im gespaltenen Deutschland und in dem ebenfalls in Besatzungszonen gegliederten Österreich teilte sich freilich auch das Interesse für die Emigranten. Werke der Exilautoren linksbürgerlicher oder sozialistischer Haltung wurden vor allem in der sowjetischen Besatzungszone aufgelegt und gelesen: Johannes R. Becher, Arnold Zweig, Heinrich Mann, Bertolt Brecht. Erst mehr als ein Jahrzehnt nach Kriegsende verbreiteten sich zum Beispiel das Werk Bert Brechts und seine Dramentheorie auch im Westen.

In der Bundesrepublik Deutschland fanden zunächst die Schriften der christlich oder liberal eingestellten Emigranten eine Leserschaft, die sich meist aus dem relativ kleinen Kreis des akademischen Bereichs und der literarisch Interessierten zusammensetzte. Nur wenigen dieser Autoren gelang ein Durchbruch in die Breite, zumal auch die Verlage sich erst nach und nach konsolidieren konnten.

Im Goethejahr 1949 verließ THOMAS MANN sein amerikanisches Exil, um in Frankfurt wie in Weimar die Gedenkrede zu Goethes 200. Geburtstag zu halten. Im Goethejahr 1982 gedachte man dieses Ereignisses in fast nostalgischer Rührung, denn schon zu jenem frühen Datum war die deutsch-deutsche Grenze ein Faktum, und Thomas Manns Haltung wurde auf beiden Seiten kritisiert. Er jedenfalls ließ sich in keinem der beiden deutschen Staaten nieder, sondern zog in die Schweiz. Sein Werk, das in der ersten Hälfte des Jahrhunderts eine so bedeutende Wirkung erzielt hatte (Nobelpreis 1929), wurde erneut gelesen, nun unter dem speziellen Blickwinkel der Sinnsuche nach der Katastrophe des Krieges. Größtes Aufsehen, wenig Zustimmung und viel empörten Protest erregte der 1947 fertiggestellte Roman *Doktor Faustus. Das Leben des deutschen Tonsetzers Adrian Leverkühn erzählt von einem Freunde*, dem 1949 noch ein *Roman eines Romans* über *Die Entstehung des Doktor Faustus* folgte, der auf Taschenbuchaufzeichnungen zurückgriff und Entwicklungsstrukturen von Thomas Manns Leben sichtbar machte, die zugleich als Rechtfertigung für das gesamte Unterfangen dienen konnten. Das Leben und der Untergang des an der Lues dahinsiechenden Komponisten und Teufelsbündlers Leverkühn sind eingebettet in die Geschehnisse des Zweiten Weltkriegs, über den der fiktive Rahmenerzähler, der Freisinger Altphilologe Dr. Serenus Zeitblom, in Parallelität zum Schicksal seines unglücklichen Freundes angsterfüllt und umständlich berichtet. Schicksal und Charakter dieses musikalischen Faust spiegeln in bewußter Typisierung Züge angeblich deutschen Wesens: von Luther über Richard Wagner und Nietzsche zu Hitler führt der Weg dieses Deutschland in die Barbarei. Bei vielen weckte das zunächst einige Entrüstung. Andererseits brilliert Thomas Mann in seinem Alterswerk in gewohnter Weise ironisch-verspielt, belehrend und mit essayistischem Esprit. Vor allem aber läßt der Musikliebhaber Mann die von seinem Tonsetzer gespielten wie die komponierten Werke in so eindringlicher Weise in seiner Erzählung »hörbar« werden, daß man seine Gestaltung geradezu »epische Symphonik« nennen kann. Dem Roman war freilich keine wirkliche Breitenwirkung beschieden.

Ähnlich erging es dem Spätwerk von HERMANN HESSE, seinem Roman *Das Glasperlenspiel* (1943), das in scharfer Kritik an der Kultur des »feuilletonistischen« Zeitalters das Bild eines utopischen, rein geistigen Reichs zeichnet und dessen Anspruch schließlich verwirft. Immerhin wurde das Buch ebenso wie die früheren Romane Hesses und seine Lyrik in den genannten literarisch interessierten Kreisen gelesen und diskutiert, auch wenn man fern war von dem Hesse-Kult, wie ihn die sech-

ziger Jahre in England und Amerika bei den sogenannten »Hippies« bringen sollten.
Erst nach allen Schrecken von Krieg und Terror konnte schließlich auch das Werk eines Dichters aufgenommen und begriffen werden, der schon 1924 verstorben war, das Werk von FRANZ KAFKA. Mit Ausnahme der Biographie Kafkas und der Deutung seines Werks durch seinen Prager Freund Max Brod ist die gesamte Sekundärliteratur zu seinen Schriften erst nach 1947 erschienen, ein Zeichen für den Drang nach Hinweisen auf Seinsfragen, nach Antworten, die man in dem letztlich unauslotbaren Werk des Dichters zu finden hoffte.

Nachkriegsliteratur

Eines ist unumstritten: Für Deutsche wie für Österreicher brachte das Jahr 1945 die sogenannte »Stunde Null«, die des endgültigen Zusammenbruchs, das Ende der Naziherrschaft, die schlimmstes physisches und psychisches Elend über Europa gebracht hatte. Von einer »Stunde Null« im Hinblick auf die geistige Situation zu sprechen, beruhte auf einem Mißverständnis und läßt sich von keiner Seite her rechtfertigen. Denn zunächst wurde neben der Literatur des Auslands die der Emigranten rezipiert, dazu kamen die Schriften der Autoren der »inneren Emigration«. Diese publizierten auch in den Jahren nach 1945 weiter und hatten eine große Leserschaft.
Dennoch gab es daneben so etwas wie einen Neuanfang, eine »Stunde Eins«, mit den Versuchen einer »jungen« Literatur. Diese knüpfte an das an, was seit dem Ende des Expressionismus als literarische Moderne bezeichnet wird. Als deren Kennzeichen galt das Ende der Epochenstile: eine pluralistisch-eklektische Kunstauffassung trat an die Stelle der Realisierung eines bestimmten Stils. Abgesehen von diesem Kriterium jedoch bezeichnen die Werke der jungen Autoren nach 1945 einen deutlichen Traditionsbruch im literarischen Leben, der besonders bei einem Vergleich des neuen Entwurfs mit den beiden »Emigrationsliteraturen« deutlich wird.
Die Generation, die aus dem Krieg kam, Frauen wie Männer ohne Unterschied, hatte die Zerstörung materieller und physischer Werte erfahren, Leiden und Sterben von Millionen mittelbar oder unmittelbar erlebt, an Fronten wie in Bombennächten. Das Pathos und die krude Unmenschlichkeit des nazistischen Propagandaapparats hatten ihnen eine korrumpierte Sprache hinterlassen, der sie sich kaum zu bedienen wagten. Hatte das Ende des Ersten Weltkriegs eine grundlegende Umwertung tradierter Wertvorstellungen zur Folge, stand jetzt am Ausgang des Krieges die offenbar endgültige Zerstörung aller Werte. Wie paradoxe Ironie mutet es an, daß WOLFGANG WEYRAUCH angesichts der

Ruinenlandschaften, der jetzt sichtbar gewordenen Greuel in den Konzentrationslagern, der endlosen Flüchtlingstrecks das unablässig nachgesprochene Wort vom »Kahlschlag« formulieren konnte. Kahlschlag der Sprache war gemeint, der nun die erste Position der Literatur dieser »lost generation« bezeichnen sollte, die bezeichnenderweise immer von Prosa sprach, obwohl sie sich zugleich auch in der Lyrik artikulierte. »Kahlschlag« meinte primär das Formale, den nüchternen, angeblich realistischen Stil; in zweiter Linie das politische Engagement, die »Auseinandersetzung mit den Widersachern des Geistes«. Leidenschaftlich suchte man nach einem Neubeginn.

Der auch rein vital bedingte Versuch, die Hybris und den Terror des Nationalsozialismus zu überwinden, mußte jedoch zu einer damals allen verborgenen Antinomie führen: im vollen Bewußtsein der Zerstörung aller bürgerlichen Werte klammerte man sich in seinem ganzen Denken an ebendiese tradierten Werte. Kaum etwas anderes blieb nach den Erfahrungen im Faschismus übrig, als sich an die Errungenschaften von Aufklärung und Humanismus, an Liberalismus und Demokratie oder an sozialistisches Gedankengut zu halten, sosehr alle bereits durch den Ersten Weltkrieg zumindest in Frage gestellt waren. Zugleich aber kehrte man sich ab vom Konzept der »Emigrationsliteraturen«, von deren primär ästhetischen Standpunkten, und forderte eine »neue realistische Dichtung«.

Der »Neorealismus« der »Stunde Eins«, wie ihn das Kahlschlagpostulat gefordert hatte, wurde freilich nicht lange durchgehalten, sofern er überhaupt Verwirklichung fand. Man glaubte ihn am deutlichsten realisiert in der sogenannten »Trümmerliteratur«, zu deren Prototyp ein Hörspiel wurde, das der NWDR Hamburg am 13. Februar 1947 zum erstenmal gesendet hatte und das sein Autor selbst nicht mit anhören konnte, weil sein Stadtteil infolge der Kohlennot von einer turnusmäßigen Stromsperre betroffen war: *Draußen vor der Tür* von WOLFGANG

Abb. 95: Theaterplakat zur Uraufführung 1947

BORCHERT. Die Theateruraufführung des Stücks am 21. November 1947 in den Kammerspielen seiner Geburts- und Heimatstadt Hamburg hat der 1921 geborene Borchert nicht mehr erlebt, er starb am Vortag an einem unheilbaren Leberleiden im Clara-Spital in Basel. Das Stück vom Heimkehrer Beckmann aber, der nach Hause kommt und kein Zuhause mehr findet, machte seinen Weg, als Hörspiel wie auf der Bühne. Es ist ein »Stationenstück« nach expressionistischem Muster zwischen Träumen und Bildern, in denen die Elbe auftritt und der Tod und der alte Mann, »der sich Gott nennt«, nach dem Beckmann in letzter Not und Einsamkeit ruft und der dann plötzlich nicht mehr da ist. Auf die Frage nach seinem Verbleib aber kommt keine Antwort. Borcherts Stück ist der Schrei der »Generation ohne Abschied«, die nach all dem Geschehenen noch nicht reflektierend fragen, Vergangenheit nicht anders bewältigen konnte. Das bricht auch in der Sprache ungezügelt heraus: in Ausrufen, in Satzfetzen, in Reihungen, in Wiederholungen. Aber realistisch im Sinne des »Kahlschlags« ist Borcherts Stil nicht. Neben Alltagswendungen und Jargonausdrücken, neben dem elliptischen Satzbau, dem Stakkato in der Intonation, dem abgehackten Rhythmus finden sich immer wieder lebendige Bilder, ungewöhnliche Metaphern und Symbole – Erbe vom Einfluß Rilkes, den Borchert verehrt hatte.

Schrei und Anklage beherrschen auch seine Kurzgeschichten, von denen viele Muster ihrer Gattung geworden sind: *An diesem Dienstag, Die Küchenuhr, Mein bleicher Bruder, Nachts schlafen die Ratten doch, Jesus macht nicht mehr mit.* Borcherts Kurzgeschichten sind komprimiert und knapp, auf das Wesentliche reduziert, vor allem aber gehetzt im Ton und ekstatisch, niemals aber kühl-distanziert. Bildwelt und Satzrhythmus stehen in starkem Kontrast zueinander. In allen, auch in den verhaltensten wie etwa *Das Brot,* ist die glühende Anteilnahme des Autors spürbar.

Was nach Borchert die »Stunde Eins« charakterisierte, war, wie bei ihm, die Anklage, der Anruf, der kurze Atem. Auch in der Form wird das offenbar: kleine Formen beherrschen das Feld, neben der Lyrik dieser Trümmerjahre vor allem zunächst eben die Kurzgeschichte.

Ihr Wesen ist gekennzeichnet durch die »Wiedergabe eines entscheidenden Lebensausschnittes (eines Schicksalsbruches)« (K. Doderer), durch ihre relative Kürze, den Verzicht auf Exposition und Motivation, die straffe, knappe, lineare Komposition, die »Offenheit« im Sinne moderner Gestaltungsweisen. Sie bietet ein herausgelöstes Stück aus einem größeren Ganzen, einen Ausschnitt, der auf einen pointierten Schluß hin komponiert ist und symbolische Bedeutsamkeit gewinnt, für den Helden des Textes wie für den Leser.

Borcherts Heimkehrer Beckmann ruft vergeblich nach Gott. Er erhält keine Antwort. Nach Nietzsches Vorgang gab WOLFDIETRICH SCHNURRE (1920–1989) Erzählung *Das Begräbnis* die Antwort: Gott ist tot. Das Erzähler-Ich berichtet darin von der Traueranzeige über Gottes Tod und seiner Beisetzung »in aller Stille«. Der Autor erzählt im Stil der Alltags-

Abb. 96: Tagung der *Gruppe 47* in Berlin 1965 (F. J. Raddatz, W. Höllerer, E. Fried, M. Reich-Ranicki, W. Mannzen, P. Weiss)

sprache, die eigentlich doch keine ist, deren Wendungen, Inversionen, Aussparungen sichtlich auf Bruch mit dem gewöhnlichen Sprachduktus zielen: aufbegehrend und widerborstig, um zu schockieren und um sich nicht von der Sprache korrumpieren zu lassen, die als politisches Instrument in so fataler Weise mißbraucht worden war. Die Erzählung bietet zwar inhaltlich nicht wirklich Neues, sie spiegelt aber die Intentionen des »Kahlschlags« und ist gewissermaßen zum historischen Dokument geworden: als erster Text nämlich, der in der Gründungssitzung der »Gruppe 47« vorgelesen wurde und der zu dem paradoxen Begriff des »magischen Realismus« führte. Diesen der Frühromantik entlehnten Begriff deutet Schnurre, der sich wiederholt zu seinen Schriften, zu seinem Stil wie zur Kurzgeschichte geäußert hat, im Hinblick auf eine Überhöhung der Wirklichkeit um einen »unwirklichen Zentimeter«, keineswegs als Flucht in einen poetischen Elfenbeinturm, sondern als eine Haltung, die sich angesichts der Katastrophe der Wirklichkeit nicht mehr sicher war.

Aus amerikanischer Gefangenschaft war HANS WERNER RICHTER (geb. 1908) gekommen, der im September 1947, zusammen mit ALFRED ANDERSCH (1914–1980), zu einem folgenreichen Autorentreffen am Bannwaldsee im Allgäu geladen hatte. Da die von den beiden redigierte Zeitschrift »Der Ruf« von den Besatzungsbehörden verboten worden war, wollte man über die Herausgabe einer satirischen Zeitschrift (»Der Skorpion«) beraten. Aus diesem und dem im November des gleichen

Jahres folgenden Treffen ging eine Einrichtung hervor, die zwanzig Jahre auf die deutschsprachige Literatur der Nachkriegsjahre entscheidend eingewirkt hat: die »Gruppe 47«. Sie blieb immer eine formlose Gruppierung ohne festgelegtes Programm, mit jährlichen Zusammenkünften, auf denen unveröffentlichte Manuskripte der geladenen Autoren vorgelesen und einer internen Kritik unterzogen wurden. Da nach und nach auch Verleger, Lektoren und Literaturkritiker zu den Tagungen zugezogen wurden, schließlich immer stärker darin dominierten, erschien die Gruppe, die einen jährlichen Preis an eines ihrer Mitglieder verlieh, als eine Art literarische Oligarchie.
In dem sich nach und nach herausbildenden Literaturbetrieb entwickelten sich schon in den fünfziger Jahren Absatz- und Vertriebsmechanismen der namhaften belletristischen Verlage, besonders in der Bundesrepublik, die auch heute noch weiterleben und ohne die der moderne Buchhandel unvorstellbar ist. Dazu gehört die Lancierung von Bestsellern ebenso wie die Festlegung arrivierter Autoren auf bestimmte »Hausverlage«. So bot der Verlag von Peter Suhrkamp in Frankfurt einer stattlichen Reihe von Autoren der »Gruppe 47« eine Plattform und blieb mit ihrer Fortentwicklung aufs engste verbunden. In den Buchreihen »Bibliothek« und »Edition« sowie »Suhrkamp-Taschenbücher« wurde unter anderem das Werk der folgenden Schriftsteller publiziert: Günter Eich, Ilse Aichinger, Ingeborg Bachmann, Hans Magnus Enzensberger, Max Frisch, Uwe Johnson, Karl Krolow, Hans Erich Nossack, Martin Walser, Peter Weiss, Peter Handke.
Die »Gruppe 47« konnte über 20 Jahre existieren, weil sie von einem pluralistischen Selbstverständnis getragen wurde und weil sowohl literarisch als auch ideologisch der Konsens weit genug gesteckt war. Politisch-ideologisch ging ihre Grundposition, wie sie vor allem Hans Werner Richter geschaffen hatte, von der Forderung eines »sozialistischen Humanismus« aus, der auf gemeinsamer antifaschistischer Haltung beruhte, aber weder eine politische Solidarisierung nach sich zog noch einen Verzicht auf individualistisch-elitäre Denkmuster. Kahlschlag und Neorealismus waren im Literarischen die Ausgangspositionen der Gruppe, zu der in der Kafka-Nachfolge bei Ilse Aichinger ein neuer Surrealismus trat. Hans Werner Richters Integrationstendenz gelang es, eine »ästhetische Synthese« zwischen den beiden Extrempositionen in der Gruppe akzeptabel zu machen. Weil die Gruppe aber politische Macht dämonisierte und Literatur aus der Politik fernzuhalten suchte, war ihr Fortbestand in der Politisierungswelle der späten sechziger Jahre, hervorgerufen durch APO und Studentenbewegung, unmöglich geworden: 1967 fand die letzte Tagung statt.
Sicher ist der Einfluß der Gruppe in vieler Hinsicht überschätzt worden. Die Existenz einer Literaturgruppe, die sich zu einem Neuanfang bekannte, belegt jedoch zusätzlich die Eigenständigkeit einer Literatur der »Stunde Eins«, einer deutschsprachigen Nachkriegsliteratur, denn Österreicher und Schweizer waren mit beteiligt. Eine ansehnliche Reihe

der bekanntesten Autoren der fünfziger, sechziger und siebziger Jahre sind, wenigstens zeitweise, Mitglieder oder Gäste der Gruppe gewesen. Sie waren es, die Terror und Schmerz, Problematik und Fragwürdigkeit aus der erlebten Katastrophe zu gestalten suchten.

Neben der Kurzgeschichte pflegte die Nachkriegsgeneration eine Form, die sich nicht ohne weiteres einer der Hauptgattungen der Literatur (Lyrik – Drama – Epik) unterordnen läßt, vielmehr Elemente von allen vereint: das Hörspiel. Seit der Sendung des ersten Hörspiels (*Danger* von Richard Hughes 1924 von BBC London) begann eine fruchtbare Produktion, die im deutschsprachigen Raum in den fünfziger Jahren, vor Einführung des Fernsehens, besonders intensiv aufgenommen und diskutiert wurde. Zwar ist das Hörspiel beschränkt auf den akustischen Bereich (Wort, Geräusch, Musik), auf den »Hallraum«, doch vermag das Medium des Funks, mit Hilfe der Blende und (bei Aufzeichnungen) der Montage, Räume zu eröffnen, über die das Bühnenspiel, mit dem man das Hörspiel im ersten Ansatz verglichen hat, nicht verfügt. Gerade die genannten Mittel binden das Hörspiel nicht mehr an rein dramatische Formen, im Gegenteil: im Nacheinander der Stimmen tritt Aktion zurück zugunsten von Vorgängen, Prozessen, Abläufen und Impressionen, die ebenso dem Lyrischen wie dem Epischen zuzuordnen sind.

Ihren Anfang nahm die deutsche Hörspieldichtung nach dem Krieg nicht in Borcherts *Draußen vor der Tür*, das alsbald zum Drama umgeschrieben wurde, sondern in der Ursendung von GÜNTER EICHS *Träume* im Jahre 1951, in dem die Gattung zunächst die ihr eigene Form fand: Stimmen im Dunkeln. Mit Hilfe von Tonvariation und Blende schieben sich Räume und Zeiten ineinander, Gegenständliches und Ideelles vermischen sich zu einem paradoxen, nur mit dem »inneren Auge« erschaubaren Ineinander von Realität und Traum: Alterslosigkeit und Geschlechtslosigkeit der Stimmen, wie etwa in den fünf Personen Alpha bis Epsilon in *Die Stunde des Huflattichs* (1956); es ist der gleiche Phantasieraum, in dem sich der Untergang der Schulklasse in Roms Katakomben vollzieht wie das Gespräch zwischen Großvater und Enkelin vor der Deportation in *Die Mädchen aus Viterbo* (1952, 1958). Eichs Hörspiele wollen keinesfalls, wie man dem Medium Funk unterstellen könnte, unterhalten, auch wenn sie allein schon mit dem Titel Neugier wecken, um den Hörer zu gewinnen. Eich will seine Hörer erschrecken, will sie betroffen machen, sie zugleich – so schon in seinem Nachtrag zu *»Träume«* – wachrütteln zu politischer Kritik: »Seid unbequem, seid Sand, nicht Öl im Getriebe der Welt.«

Um 1960 setzte, in der »Gruppe 47« beginnend, eine Reflexion über das Hörspiel ein, dem man vorwarf, daß es sich in seiner Primärform lediglich an der Realität orientiert und »reale Schallräume« nachgebildet habe. Das neue Hörspiel, von Heißenbüttel als »versuchsweises Sprechspiel« bezeichnet, aber noch kaum wirklich als »totales Schallspiel« realisiert, löste die Sprache aus ihrem Bezug der Verweisung auf logische Sinnbezüge. Wie in der gleichzeitig entstandenen »konkreten Poesie«

wurde Sprache zum handelnden Subjekt selbst. Durch Auflösung der konventionellen grammatischen Ordnung soll, statt Illusion und Poesie, ein Lerneffekt eintreten. Schon WOLF WONDRATSCHEKS *Paul oder Die Zerstörung eines Hörbeispiels* (1971) verzichtete auf konkrete Festlegungen in seinem Text. PETER HANDKES *Hörspiel* (1968) versuchte nicht, den Verlust der Identität psychologisch zu motivieren, sondern wollte sprachliche Phänomene in ihrem Verlauf und ihrer Wirkung sichtbar machen. Der »Dialog« zwischen den Sprechpartnern, zwischen dem Frager und dem Gefragten, die sich ständig unterbrechen, erweist die Unmöglichkeit von Kommunikation: Sprechen führt zum Verstummen.

Sinn des neuen Hörspiels war es, den Hörer zum aktiven Mitdenken anzuregen. Das geschieht durch Aufbereitung und Montage vorgefertigten oder abgebrauchten Sprachmaterials, von Redewendungen, Slogans, Zitaten. Mit dem scheinbar Banalen wird dann das Schockierende verknüpft, wie etwa in dem Hörspiel *Ein Blumenstück* (1968) von LUDWIG HARIG, das über Idylle, Volksliedton, Märchen hinführt zur Erkenntnis des Grauens von Auschwitz. Oder wie in FRANZ MONS Hörspiel *Das gras wies wächst* (1969), das über eine Liste von Namen, die alle mit »Ei-« beginnen, zum Namen »Eichmann« lenkt, der für alles Folgende vom Hörer impliziert werden muß.

Das neue Hörspiel stellt dem Hörer Sprache als Material dar, über das verfügt wird wie über Film oder Tonband, die man schneiden und kleben kann: Spiel mit semantischen Feldern, syntaktische Permutationen, Begriffs- oder Namenslisten, Slogans, Sprachklischees oder gar nur Alltagsgeräusche und Urlaute. Damit aber gerät lebendige Sprache, und sei sie noch so abgegriffen, abgenutzt und entleert, unter das Diktat einer »technologischen Ästhetik«, die, wäre sie oberstes Wertkriterium, erst recht die Fragwürdigkeit unserer Gesellschaft aufzeigen würde. Denn weder ist die Entwicklung auf dem Gebiet der akustischen Differenzierungsmittel mit der Stereophonie abgeschlossen, noch ist ihr Einflußbereich angesichts des Fernsehens unumstritten. Zudem ist kaum ernstlich anzunehmen, daß sich sämtliche Problemfragen des Menschlichen allein durch reflektierten Sprachgebrauch lösen lassen. Auch wenn das Hörspiel, wie alle Literatur, primär von der Sprache lebt und Sprachgebrauch spiegelt, bleibt fraglich, ob seine Reduktion auf die Kritik an kommunikativen Prozessen mit Hilfe von zerstückelten Wortfolgen nicht wieder eine für die Form unzuträgliche Einengung bedeutet.

Neben Kritik an Form und Experiment und trotz gewisser Einschränkungen bleibt das angesichts des Fernsehens anachronistische Hörspiel lebendig. Seit fast vier Jahrzehnten wird zudem in einem Wettbewerb der Preis der Kriegsblinden vergeben, den 1989 der Autor PETER JACOBI (geb. 1951) für sein Hörspiel *Wer Sie sind* erhielt, das medienkritisch und selbstironisch die eigene Gattung aufs Korn nimmt.

Bewältigung von Vergangenheit und Gegenwart: Roman und Erzählung

Erst in den frühen fünfziger Jahren setzte das Romanschaffen der Autoren ein, die »aus dem Krieg kamen« und die nun versuchten, die überstandene Katastrophe zu verarbeiten. Schonungslos griff zunächst WOLFGANG KOEPPEN (1906) die Nachkriegsgesellschaft an in seinem Roman *Tauben im Gras* (1951), der im amerikanisch besetzten München spielt. Noch viel schärfer attackierte er die politischen Strukturen der Nachkriegsjahre in *Das Treibhaus* (1953). Der sozialdemokratische Abgeordnete Keetenheuve erlebt »Restauration« im Bonn der gerade konstituierten Bundesrepublik. Verzweifelt über das Klima im Treibhaus nimmt er sich das Leben. In seinem nächsten Werk, dem Roman *Der Tod in Rom* (1954), stellt Koeppen die Rückkehr alter Nazis in Amt und Würden kritisch dar. Gegen die Milieukritik seiner Romane wurde in der Öffentlichkeit teils heftig polemisiert, teils ignorierte man sie: zur Aufnahme solcher Kritik war die Gesellschaft dieses Staates, fern von gefestigter Selbstsicherheit, nicht bereit. In seiner Prosa arbeitete Koeppen kunstvoll mit modernen Stilmitteln, die er bei Dos Passos, Joyce und Döblin vorfand: mit Montage und innerem Monolog. Auch bemühte er sich, den Stoff seiner Romane ins Allegorische zu transponieren. Angesichts der heftigen Opposition gegen sein episches Werk wandte er sich auf »empfindsamen Reisen« fremden Landschaften zu und hat viel zur Fortentwicklung des vom Autobiographischen ausgehenden, persönlich bestimmten, stimmungsvollen Reiseessays beigetragen: *Nach Rußland und anderswohin* (1958), *Amerikafahrt* (1959), *Reisen nach Frankreich* (1961). Seither, auch nach Erhalt des Georg-Büchner-Preises 1962, wartete man bis in die jüngste Gegenwart vergeblich auf das große Romanwerk, das, immer wieder angekündigt unter Titeln wie »Ein Maskenball« oder »In Staub mit allen Feinden Brandenburgs«, bis zu Koeppens 85. Geburtstag nicht erschienen ist. So enthält die Ausgabe der »Gesammelten Werke in sechs Bänden« (1986), herausgegeben von Marcel Reich-Ranicki, außer ein paar Fragmenten und Erzählungen nichts Neues. Sein früher Roman *Das Treibhaus* aber hat 1987 eine Verfilmung erfahren.

Nicht primär autobiographisch, vielmehr biographisch im Sinne von Teilnahme an der Zeitgeschichte versteht HEINRICH BÖLL (1917–1985) nach eigener Aussage sein Schreiben auch in seinen Romanen. Die Prägung des Autors durch einen christlich-personalen Existentialismus unter dem Einfluß der Autoren des »Renouveau catholique« und von Albert Camus spielt dabei eine bedeutende Rolle. Er hatte mit Satiren und Kurzgeschichten begonnen, die mit ihren Themen und Figuren von Kriegsheimkehrern, Flüchtlingen, Normalverbrauchern, Schwarzhändlern, Arbeitslosen die Atmosphäre der Trümmerjahre sehr anschaulich spiegelten. Sie schienen eigenem Erleben entsprungen: der Ich-Erzäh-

ler bleibt dominierend. Böll selbst bekannte sich in einem frühen Aufsatz zur Kriegs-, Trümmer- und Heimkehrerliteratur, die in seiner Erzählung *Der Zug war pünktlich* (1949), seinem aus neun Episoden zusammengefügten Roman *Wo warst du, Adam?* (1951) und einer Reihe von Kurzgeschichten ihren Niederschlag fand. Geradezu Musterbeispiele ihrer Gattung wurden Titel wie: *Wanderer, kommst du nach Spa – Damals in Odessa – So ein Rummel – Geschäft ist Geschäft – Der Tod der Elsa Baskoleit – Die Waage der Baleks*. Die Menschen in Bölls Werken sind nicht psychologisch zu fassen. Was ihn bewegt, ist die Beziehung zwischen Gesellschaft und Individuum: zu zeigen, wie dieses von jener beengt und bedrängt wird. Alle seine Personen bleiben im letzten passiv, erleben als schuldlos Schuldige Unrecht und Leid. Existentielle Strukturen eines so erfahrenen Daseins zeichnet der 1953 erschienene Roman *Und sagte kein einziges Wort*, durch den Bölls Name in eine breitere Öffentlichkeit trat. In sorgfältig gebautem Zeitgerüst wechseln darin die Erzählteile von Fred und Käthe Bogner kapitelweise miteinander ab. Die Situation der Nachkriegszeit mit Wohnungsnot in den zerbombten Städten, Eheproblemen und wirtschaftlichem Mangel trägt bei zur Kritik an dem »Milieukatholizismus« wie auch ansatzweise an der ökonomischen Struktur der Gesellschaft. Neben den Themen Liebe, Tod, Gott spielt auch das Problem von Geld und Markt eine Rolle. Das religiöse Zitat des Titels aus der Passion Christi nennt das Hauptthema des Buches: den Protest gegen Lüge und Sprachzerfall, die der Autor im Religiösen begründet sieht. Bölls Roman wurde in diesen Jahren nicht nur wahrgenommen, er hat viele Diskussionen angeregt, trotz mancher Schwächen, die gegenwärtig deutlicher zutage treten. Dazu gehören sein Provinzialismus, der weitgehend unreflektiert hingenommene Katholizismus und sein angeblich realistischer Stil, in dem die Klischees unübersehbar bleiben. Jedoch setzte mit diesem Roman Bölls gesellschaftliches Engagement ein. In der Folge wurde er zu einem Faktor der öffentlichen Meinungsbildung, zu einer »Institution«, gar zum »Gewissen der Nation«. Immer wieder äußerte er sich – auch außerhalb seines schriftstellerischen Werkes – zu kirchlichen, sozialen und politischen Problemen, in mutiger Stellungnahme und mit dem ehrlichen Willen, zur Besserung beizutragen. Seine »moralische Repräsentanz« war evident, wenn auch nicht unumstritten. Sie fand Bestätigung in der Verleihung des Nobelpreises für Literatur im Jahre 1972 und des Professorentitels an seinem 65. Geburtstag.
Ein stärkeres Echo als der Roman *Haus ohne Hüter* (1954) fand *Billard um halb zehn* (1959), ein »Zeitroman« nach Strukturmustern des *Ulysses* von Joyce. Die erzählte Zeit der Handlung umfaßt einen einzigen Tag in der Architektenfamilie Fähmel, den 6. September 1958. Doch greifen Rückblick und innerer Monolog bis in die Zeit des Kaiserreichs zurück. Da hatte der alte Fähmel den Neubau der Benediktinerabtei St. Anton durchgeführt, den sein Sohn Robert am Ende des Zweiten Weltkriegs sprengen ließ, nicht um besseres Schußfeld zu bekommen, wie verlau-

tete, sondern weil sogar Abt und Mönche dem »Sakrament des Büffels«, der Gewalt Hitlers, gedient hatten. Sein Sohn Joseph, der von den Umständen nichts weiß, ist dabei, die Abtei nach dem Krieg wieder aufzubauen. Bei viel Anerkennung fand der Roman auch manche Kritiker, die sicher nicht zu Unrecht an formalen Problemen Anstoß nahmen, nicht zuletzt an der simplifizierenden Symbolik in der Opposition Lamm contra Büffel, das heißt Christentum gegen Gewalt.

Außenseiter und Moralist wie sein Autor ist die Hauptfigur der *Ansichten eines Clowns* (1963), Hans Schnier. Persönlich und beruflich enttäuscht und verbittert, rechnet der Clown mit der Realität seiner Umwelt ab, mit Ehrgeiz, Machtstreben, Heuchelei, wobei es um mehr geht als um Zeitkritik, nämlich um die Verteidigung individueller Freiheit. Damit ergeben sich Parallelen zu Wolfgang Koeppens frühen Romanen wie zum Werk von Wolfdietrich Schnurre. Bölls 1971 erschienener Roman *Gruppenbild mit Dame* versucht, wie der Autor selbst angemerkt hat, das Schicksal einer Frau zu gestalten, »die die ganze Last dieser Geschichte zwischen 1922 und 1970 mit und auf sich genommen hat«. Er ist in der Thematik sowohl Uwe Johnsons Roman-Tetralogie *Jahrestage* (1970–1983) als auch Peter Härtlings Roman *Eine Frau* (1974) verwandt. Böll entwirft das Bild der Gesellschaft im 20. Jahrhundert, das er aus unterschiedlichen Quellen entstehen läßt. Die bewußt gesetzte Mehrdeutigkeit der Aussagen soll dabei den Leser dazu führen, seine eigene Geschichtserfahrung und sein eigenes Urteil in die Lektüre mit einzubringen.

In den Jahren des beginnenden Terrorismus hat Böll die Macht der Presse und des Journalismus in einer Erzählung angeprangert, die auch durch ihre Verfilmung weite Verbreitung fand: *Die verlorene Ehre der Katharina Blum oder: Wie Gewalt entstehen und wohin sie führen kann* (1974). Als Opfer der Sensationsmache und einer gesteuerten Hetze der Massen- und Boulevardpresse läßt sich die Titelheldin zur persönlichen Rache an dem Journalisten hinreißen. In dieser Erzählung überzeugten nicht nur der Inhalt, sondern auch die ausgefeilten epischen Mittel: Vorweisungen, Rückblenden, Verzögerungen. Sie trugen zur Entstehung eines abgerundeten und eindrucksvollen epischen Werks bei, das mit seiner Kritik an der modernen Gesellschaft nicht zurückhielt. Auch weiterhin hat Heinrich Böll in allen seinen Veröffentlichungen sein eigenes Land im Auge gehabt. Er kämpfte gegen jegliche Einschränkung persönlicher Freiheit, von welchem System auch immer diese ausging. Tapfer und aufrecht hat er auch in der Publizistik seinen Standpunkt vorgetragen. Sein Name und sein Auftreten gehören untrennbar zur Geschichte der Bundesrepublik Deutschland, auch wenn manche seiner belletristischen Schriften nicht überzeugen, z. B. die *Fürsorgliche Belagerung* (1979) oder der Roman *Frauen vor Flußlandschaft* (1985). Dies war das letzte Buch eines Autors, dem nach seinem Tode mit Recht sein stetes Bemühen um die »Bewahrung des Humanen« (H. J. Bernhard) nachgerühmt wurde.

Für ALFRED ANDERSCH (1914–1980), nicht nur Mitbegründer der »Gruppe 47«, sondern auch einer ihrer wichtigsten Autoren, war Schreiben die Suche nach einem Weg zur Sicherung der individuellen Freiheit. Nach dem autobiographisch bestimmten Prosawerk *»Die Kirschen der Freiheit«* (1952), in dem der Autor seine Desertion aus der Deutschen Wehrmacht im Jahre 1944 schildert, folgte 1957 sein wohl bedeutendster Roman *»Sansibar oder der letzte Grund«*. Die Technik des Perspektivenwechsels bestimmt die Komposition des Buches. Die »Stimmen« von sechs Menschen, die im Herbst 1937 zufällig in einem Ostseestädtchen zusammentreffen, umschreiben in vielfachen Brechungen Möglichkeiten des Weges in die Freiheit des einzelnen, besonders vor dem Hintergrund des Terrorregimes der Nationalsozialisten. Ähnlich gewinnt in einem der späteren Werke des Autors, dem Roman *»Die Rote«* (1960), die Heldin ihre Freiheit erst nach der Flucht aus ihrer bisherigen Existenz.

Die Romane von MARTIN WALSER (geb. 1927) entziehen sich anscheinend der üblichen Einordnung in die epische Großform. An Vorbildern des Auslands geschult, vor allem aber an Kafka, engagierte sich seine Prosa für zeitgeschichtliche Reflexion und politische Aktivierung des Lesers. Seine sprachliche Bravour jedoch scheint die Romanstruktur aufzulösen. Dennoch: Seinen Romanen und Erzählungen mangelt es weder an erzählerischer Disziplin noch an formalem Kalkül. Der Gesellschaftssatire wandte sich schon sein erster Roman zu: *Ehen in Philippsburg* (1957). In analytischer Schärfe kritisierte er Gewinnsucht, Hemmungslosigkeit und Unmoral der modernen Gesellschaft im Kapitalismus. Noch umfassender und bohrender gerät die Sozialkritik in seinem nächsten Roman *Halbzeit* (1960). Dessen Held und Ich-Erzähler, Anselm Kristlein, ist Vertreter und Werbefachmann, der Prototyp also zur Zeit der bundesrepublikanischen Wirtschaftswunderjahre, in denen, da mehr produziert als gebraucht wird, der Verkäufer wichtiger ist als der Hersteller. Der Werdegang des Handelsvertreters, sein Aufstieg in der *Halbzeit* des Jahrhunderts wie der seines Lebens, spiegelt den Zwang zur Anpassung an die »Restaurationsgesellschaft«. In seiner Sprache, seinen unablässig im schnoddrigen Jargon des Metiers abschnurrenden Erinnerungen, Assoziationen, Selbstreflexionen wird die Intention des Autors deutlich: die Bloßlegung der Fassadenhaftigkeit des Bürgertums. Diese geschieht nur zum Teil durch kritische Bewußtseinsprozesse des Helden, vielmehr wird gerade durch die Mangelhaftigkeit seiner Selbstreflexion die Korrektur durch den Leser provoziert. Walsers »Sprachakrobatik« steht damit im Dienst der ästhetischen Struktur des Romans, der keinen psychologischen Realismus bieten, sondern durch Verfremdung gewohnte Sehweisen aufbrechen will.

Fortgesetzt hat Walser die Sozialkritik in dem folgenden Roman *Das Einhorn* (1966). Auch hier scheitert der Held Anselm Kristlein, diesmal an dem Auftrag, ein Buch über die Liebe zu schreiben. Denn Sprache und Erinnerung versagen. Vergeblich versucht der Ich-Erzähler, seinem eigenen Ich und dessen Entwicklung auf die Spur zu kommen. Alle Versuche enden in der Umkehrung des idealistischen Bildungsromans wie, im Gegensatz zur Vergegenwärtigung von »verlorener Zeit« bei Proust, im absoluten Identitätsverlust. Mit dem Roman *Der Sturz* (1973) wurde die Kristlein-Trilogie zu Ende geführt.

Nach Anselm Kristleins »Ich-Oratorien«, wie Walser selbst die frühen Romane charakterisierte, folgte eine Phase der literarischen Versuche und des politischen Engagements für die kommunistische Seite mit bitteren Erfahrungen der Anfeindung, die in dem Roman *Seelenarbeit* (1979) kompensiert wurden. Danach wandelte sich zwar die Thematik seiner Romane nicht, wohl aber traten neue Figuren hinzu. Auch diese stellen für Walser bestimmte Verhaltensweisen dar, und sie bleiben allesamt Kleinbürgerexistenzen mit ihren Lebens- und Seelennöten, ihren Identitäts- und Selbstfindungsproblemen, Helden des Alltags also. Schon die beiden männlichen Figuren der Novelle *Ein fliehendes Pferd* (1978) befinden sich auf der Flucht vor der Wirklichkeit. Der eine, Studienrat Halm, ist auch Held des Romans *Brandung* (1985). Sein Lehrauftrag an einer kalifornischen Universität konfrontiert ihn mit einer anderen, ihm fremden Welt, die Liebe zu einer viel jüngeren Studentin mit dem Alter. Zu der erzählerischen Brillanz in seinen früheren Romanen treten in diesen neueren Werken die straffere Komposition und formale Strenge. Die deutsche Teilung, wenn auch weitgehend als Rahmen, kommt erstmals in der Novelle *Dorle und Wolf* (1987) ins Blickfeld. Auch Wolf hat primär mit Identitätsproblemen zu schaffen. Er ist in beiden Teilen Deutschlands beheimatet, deshalb aber ein »Halbierter«, der unter der »Trennung« im Politischen wie im Privaten leidet. Stärker noch wird das geteilte Deutschland zum Thema in Walsers Roman *Die Verteidigung der Kindheit* (1991) in der Figur des Alfred Dorn. Der Dresdner, der die DDR nur bedingt verläßt und über Westberlin nach Wiesbaden kommt, will immer wieder zur Mutter in die Heimat zurück. Aber weder hier noch dort kann er zu sich selbst finden, gelähmt von der Mutterbindung, zugleich ein Opfer der politischen Teilung. Parallel zu Dorns Geschichte präsentiert sich die Problematik des Landes Sachsen, das »sächsische Muster«: immer auf der Verliererseite zu stehen. Dorns Sich-Anklammern an die Vergangenheit durch Sammeln von persönlichen Souvenirs, von Fotos, Bildern aus Büchern, Aussprüchen der Eltern, dazu von »Saxonia«, von Erinnerungsstücken aus der sächsischen Vergangenheit, erweist sich erst recht als Hindernis, zu sich selbst zu kommen. Wie den meisten Helden Walsers ergeht es auch ihm: in der Alltäglichkeit mißlingt die Individuation des einzelnen.

Walsers Bedeutung für die deutsche Literatur der Gegenwart ist unumstritten. In erster Reihe sind es seine Romane und Erzählungen, daneben aber nicht minder seine literarischen Essays, die zu den Meisterwerken ihrer Gattung gehören, darunter: *Erfahrungen und Leseerfahrungen* (1965), *Heines Tränen* (1981), *Goethes Anziehungskraft* (1983). Politisches Engagement blieb entschiedener bei GÜNTER GRASS (geb.

1927), dessen 1959 erschienener Roman *Die Blechtrommel* ihn mit einem Schlag arrivieren ließ. Der Neigung, Romantexte zu »Trilogien« auszuweiten, konnte Grass ebensowenig widerstehen wie Koeppen, Walser und Johnson. Mit der Novelle *Katz und Maus* und dem Roman *Hundejahre* wurde *Die Blechtrommel* zur *Danziger Trilogie* vereinigt. Dabei sind die drei Teile nicht durch die gleiche Hauptperson verbunden, lose nur durch den Ausgangspunkt, das Danzig der dreißiger und vierziger Jahre und das Weichselgebiet mit seiner Mischbevölkerung von Deutschen, Polen und Kaschuben.

Man bewunderte an dem ersten Roman von Grass zunächst das urwüchsige Erzählertalent, übersah freilich das literarische Raffinement und seine ideologiekritische Position. Im Werdegang des zwergenhaften Oskar Matzerath spiegelt sich deutsche Geschichte zwischen 1930 und 1950: in Danzig, in Hitlerdeutschland und in der Bundesrepublik. Sein Lebenslauf bis zum Alter von dreißig Jahren ist Entwicklungsroman und dessen Perversion zugleich. Mit drei Jahren stellt Oskar sein Wachstum ein und schlägt auf seiner weiß-roten Blechtrommel zynisch, verzweifelt und anklagend gegen die Welt der Erwachsenen, die Welt der Normalwüchsigen an. Aus seiner Zwergperspektive erlebt er Krieg und Nachkriegsjahre, kommt über viele Stationen als Insasse in eine Heil- und Pflegeanstalt und schreibt hier seine Erinnerungen. So durchwandert er mehrere Erzählräume, von der Welt der kaschubischen Großmutter über die NS-Kundgebung, das Liliputaner-Fronttheater bis zu dem Ausgang in der Irrenanstalt. Das drastisch Abstoßende und Ekelerregende – spezifisch für die Prosa von Grass – hat jedoch nicht nur fabulierende Funktion, es begründet auch, warum Oskar, dieser moderne Kobold und Narr, sich nicht in Beziehung mit der Gesellschaft weiterentwickeln will. Auch der Held der Novelle *Katz und Maus* (1961), Joachim Mahlke, zeigt körperliche Deformation: er besitzt einen überdimensionalen Adamsapfel, die »Maus«. Für ihn, der unter schweren Komplexen leidet, scheint diese Anomalie die »Katz« der Umwelt herauszufordern. In seinem Kampf um Bestätigung versucht er, den »Fehler« zuerst mit einem gestohlenen, später mit dem als Panzerkommandant erworbenen Ritterkreuz, dem »Bonbon«, zu kaschieren. Aber die Rehabilitierung gelingt ihm nicht. In seiner unerträglich gewordenen Isolation entschließt er sich bei einem Fronturlaub zur Desertion. Vom Besuch der von ihm seinerzeit entdeckten Schiffskabine in einem Wrack, die man nur tauchend erreichen konnte, kehrt er nicht mehr wieder. Der Roman *Hundejahre* (1963) entwickelt die satirische Thematik aus der Jugendfreundschaft zwischen Walter Matern und Eduard Amsel, dem ewig gehänselten Halbjuden, der Vogelscheuchen baut. Aus drei verschiedenen Erzählperspektiven wird ein Kaleidoskop von Episoden, realen und allegorischen Szenen vorgeführt, wechselnd im Duktus der Sprache wie in der Polemik. Auch hier wird die Groteske zum Medium der Satire, die der kritischen Revision des deutschen Geschichtsbildes dienen soll. In der absurd-grotesken Konstellation des Romans

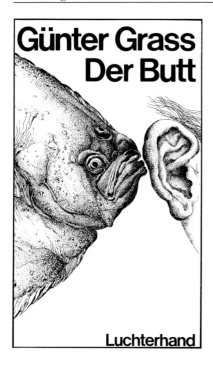

Abb. 97: Schutzumschlag der Erstausgabe 1977

läßt Grass die eigene zeitgeschichtliche Pathologie deutlich werden. Erst in den späten siebziger Jahren, nach Abklingen von Studentenrevolte und Universitätskritik, erschien sein nächster Roman *Der Butt* (1977), eine Montage aller literarischen Elemente von Stoff, Gattung und Stil, »märchenhafter« noch als der erste Roman, umfassender im Ansatz. Edek, der Prototyp des Männlichen, erzählt seiner schwangeren Frau Ilsebill alle seine Liebschaften seit der Steinzeit. Im Gegensatz zum leitmotivisch zitierten niederdeutschen Märchen »Von dem Fischer un syner Fru« ist es nicht Ilsebill, deren Wünsche sich steigern, vielmehr wird der Mann vom »Buttje« angestiftet. Deshalb machen diesem die Feministinnen einen Prozeß. In einem riesigen Tableau demonstriert der Roman das Paradoxon menschlich-historischer Abläufe und die Antinomie der Geschlechter bis hin zu der feministischen »Revolte« am Himmelfahrtstag, die im brutalen Sexualgewaltakt des »Rocker-Mannes« ein grausiges Ende nimmt. Mehr noch als Böll und Walser hat sich Günter Grass politisch engagiert, indem er eindeutig Stellung bezog für die Sozialdemokratische Partei. *Über das Selbstverständliche* nannte er die erste Sammlung politischer Reden (1968), *Widerstand lernen* die Sammlung von 1984. Erfahrungen aus dem Wahlkampf von 1969 verknüpfte Grass mit Elementen aus der Danziger Judenverfolgung in dem Band *Aus dem Tagebuch einer Schnecke* (1972). Dagegen bringt die Erzählung *Das Treffen in Telgte* (1979) einen Angriff auf die Fragwürdigkeit sogenannter authentischer Überlieferungen. Nicht die Politiker des

Westfälischen Friedens, deren Werk nur wieder neue Kriege bescherte, haben die Zeiten überdauert, sondern die Werke der Dichter zwischen Osnabrück und Münster, die Barockdichter dieses fiktiven Treffens: Martin Opitz, Andreas Gryphius und Grimmelshausen. Historisierend porträtiert wird in der Erzählung zugleich Hans Werner Richter, der mit deutschen Autoren die »Gruppe 47« gebildet hat: wie damals nach dem Dreißigjährigen Krieg so ist in unseren Tagen nach dem Zweiten Weltkrieg das, was die deutsche Nation ausmacht, in der Literatur sprich: in der Kultur zu finden. Der Roman *Die Rättin* (1986) bringt die Vision einer atomaren Katastrophe. In der wortgewaltigen Erzählung vom Untergang der Menschen und der posthumanen Welt, in der nur noch Ratten überleben, läßt der Autor viele Gestalten aus seinem früheren Figurenensemble wiederaufleben. Günter Grass hat auch auf dem Gebiet der Graphik gearbeitet und Zeichnungen, Radierungen und Lithographien veröffentlicht. Seine Schriften sind 1987 in einer »Werkausgabe in 10 Bänden« zusammengefaßt worden.

SIEGFRIED LENZ (geb. 1926), Nachkriegsautor in der Nachfolge von Hemingway, wurde erst durch den 1968 erschienenen Roman *Deutschstunde* bekannt, der inzwischen in mehr als sechs Millionen Exemplaren überall in der Welt Verbreitung fand. Dabei verwendet der Erzähler traditionelle realistische Gestaltungsmittel und trägt auch politisch kaum zu überzeugender Vergangenheitsbewältigung bei. Die Pflichtbesessenheit des holsteinischen Gendarmen Jepsen stützt grundsätzlich die Autorität. So vollstreckt er das Malverbot gegen den eigenen Freund Nansen, zu dessen Figur Emil Nolde das Muster gab, auch noch, als die Naziherrschaft längst zu Ende ist. Sein Sohn Siggi, durch dessen Mund und allgegenwärtige Perspektive der Leser die umfangreichen Erinnerungen an die Jahre von 1943 bis 1954 erfährt, ist der vom Über-Ich der Vaterfigur Gedemütigte und schließlich Zerstörte, Pervertierte. Bei ihm richtet sich die Erstarrung freilich auf die Schutzrolle dem Werk des Malers gegenüber, die ihn geradezu kriminell werden läßt: um sie zu schützen, entfernt er die Bilder aus einer Ausstellung nach Kriegsende. Dafür wird er in eine Jugendstrafanstalt gesteckt, gibt leere Blätter ab, als er ausgerechnet über die Freuden der Pflicht schreiben soll, und verfaßt in Einzelhaft das umfangreiche Opus seiner *Deutschstunde*, das zur sinnfällig-ironischen Widerlegung des aufgegebenen Themas führt. Das Buch ist wohl kalkuliert in allen Einzelheiten, die auf den bundesdeutschen Leser dieser Jahre, seine politischen wie literarischen Erwartungen, ihre Wirkung nicht verfehlen ließen. Zuwenig sichtbar werden darin aber die eigentlichen Probleme eines Lebens im Dritten Reich: die Greuel der Naziherrschaft, die Verführungskraft ihrer Ideologie und der Widerstand dagegen. In seinem nächsten Roman *Das Vorbild* (1973) geht es um die Frage, wer oder was als vorbildlich angesehen werden kann für die Darstellung in einem neuen Lesebuch für die deutsche Jugend. Die Ursachen des Vorbildverlustes in der modernen Gesellschaft treten dabei jedoch nicht ins Blickfeld. In fünfzehn Protokollen soll der Held des folgenden Romans *Heimatmuseum* (1978) einsichtig machen, warum er das von ihm aufgebaute Museum wieder zerstört hat. Wie jenes Museum in Lucknow, an dessen Aufbau er 1933 mitgearbeitet hatte und das zum »Vorposten des Deutschtums im Osten« gemacht wurde, soll das jetzige Museum in Schleswig-Holstein revanchistischen Zwecken dienen. Er zündet es an, um dem Wort »Heimat« seine »Unbescholtenheit« zurückzugeben. Der Roman *Der Verlust* (1981) geht in thematischer wie erzähltechnischer Hinsicht über die früheren epischen Werke hinaus. In dem gedrängten psychologischen Raum einer Zweierbeziehung gelingen dem Autor Momente überzeugender epischer Kunst. Ähnlich in dem 1985 erschienenen Roman *Exerzierplatz* mit der Geschichte einer ostpreußischen Familie, die in Schleswig-Holstein eine neue Existenz begründet hat.

Das Spektrum des deutschen Romans unserer Gegenwart rundet sich mit dem Werk eines Autors aus Mecklenburg: UWE JOHNSON (1934–1984). Trotz bestandener Diplomprüfung in Germanistik schien er den Amtsträgern der DDR als »nicht geeignet für Beschäftigung in staatlichen Institutionen«. Auch sein erster Roman *Ingrid Babendererde* wurde zur Veröffentlichung nicht angenommen. Er erschien ein Jahr nach dem Tod von Johnson, statt 1957 also 1985, und zeigt bereits seine große epische Begabung. Vor allem aber werden in diesem frühen Werk Umstände kritisch geschildert, wie sie dann weiterhin charakteristisch blieben für die Verhältnisse im Osten: Verfolgung der protestantischen »Jungen Gemeinde« durch die Partei, Unterdrückung jeglicher geistigen Freiheit und die beginnende Fluchtbewegung nach dem Westen. Als sein Roman *Mutmaßungen über Jakob* 1959 erschien, war Uwe Johnson schon nach Westberlin geflohen. Das Problem der Teilung hat er darin wohl als erster thematisiert. Das Unkonventionelle dieses Buches bestand zunächst im Formalen: der Leser selbst war aufgerufen, sich Jakobs Geschichte aus den verschiedenen Quellen zu rekonstruieren. Die Grundthese seines Ausgangspunkts, die bereits im Titel zum Ausdruck kommt, nämlich die Negation einer letztgültigen Wahrheit, ist auch politisch zu verstehen. So bleibt alles, was über den Tod des Reichsbahnbeamten Jakob Abs berichtet wird, ohne Gewißheit. Sein Schicksal, sein Hin und Her zwischen Ost und West und sein seltsamer Tod lassen nur »Mutmaßungen« zu. Ein zweites Mal wird das Bestehen zweier deutscher Staaten zum Thema in dem nächsten Roman *Das dritte Buch über Achim* (1961). Der fiktive Erzähler, der westdeutsche Journalist Karsch, sieht sich außerstande, ein Buch über den ostdeutschen Rennfahrer Achim zu schreiben, weil die Perspektiven zwischen Ost und West sich schon so verändert haben, daß ein gemeinsamer Blickpunkt nicht mehr möglich ist. Johnsons Romantetralogie *Jahrestage. Aus dem Leben von Gesine Cresspahl* (1970–1983) übertraf die beiden genannten Romane in mancher Hinsicht. Das umfangreiche Erzählwerk beschreibt das Leben von Gesine, der Geliebten des Jakob Abs aus dem ersten Roman. Mit Hilfe von Rückblenden spiegelt es zugleich deutsche Vergangenheit, auch über 1933 hinaus, und Weltgeschichte der späten sechziger Jahre. Gesine lebt in dieser Zeit mit ihrer 10jährigen Tochter in New York. Notwendige Erfahrungen hatte Johnson selbst ein paar Jahre davor in den Vereinigten Staaten gesammelt. In einem Reichtum an Szenen und in gebändigter Sprache bietet der stets um Sachlichkeit besorgte Autor, dessen früher Tod ein Verlust für die moderne deutsche Epik ist, ein eindringliches Bild eines Lebens zwischen Mecklenburg und dem amerikanischen Osten.

In starkem Kontrast zu Johnsons Werk stehen die von extremer Subjektivität getragenen episch-essayistischen Schriften des Einzelgängers ARNO SCHMIDT (1914–1979). Krieg und Nachkriegszeit in ihren Auswirkungen auf den »kleinen Mann« als Thema der ersten Romane – *Brand's Haide, Schwarze Spiegel* (1951), *Aus dem Leben eines Fauns* (1953) – hat er 1963 zur Romantrilogie *Nobodaddy's Kinder* zusammengeschlossen. Einen umfangreichen Leserkreis konnte der Autor freilich nicht finden, schon weil sein literarischer »Pointillismus« sich dem Lesen im Sinne von Aufnahme eines fortlaufenden Gedankens widersetzt. Seine »Rastermethode« reiht Absätze verschiedener Länge, die durch einen am Rand knapp vorspringenden, kursiv gesetzten Satz oder Begriff eingeleitet werden. Was dann folgt, sind Gedanken, Ideenfetzen, Assoziationen, Kalauer, skurrile Einfälle, Zitate (oft mundartlich, englisch oder französisch), Reflexionen über grammatische und orthographische Fragen, Polemiken gegen Dudenregeln, Manierismen, durchsetzt von Klammern, Punkten, Kommata – ein Spiel, das oft auf einen bestimmten Satzspiegel hinarbeiten muß, um etwa gegen eine Trennungsregel zu verstoßen.

Letzte Konsequenz dieses Verfahrens war das selbstgesetzte typographische Bild, wie es in dem *Roman in acht Büchern*, genannt *Zettels Traum* (1970), realisiert ist: ein Opus von über 1 300 mehrspaltigen Seiten im Format DIN A3, das fotomechanisch vervielfältigt werden mußte. Als Quintessenz von Schmidts Gesamtwerk faßt es nicht nur die Aufzeichnungen eines Zettelkastens von über 120 000 Notize zusammen, sondern ist Summe seiner epischen und literaturtheoretischen Bemühungen. Sowenig wie bei seinem Vorbild *Finegans Wake* von James Joyce ist eine Ausdeutung bis in Einzelelemente zunächst überhaupt abzusehen. Nur 400 Leser, meinte Schmidt, würden das Buch nach vieler Mühe verstehen können.

In Österreich brachte der Roman auch bei den jüngeren Autoren der fünfziger und der frühen sechziger Jahre mitten in der Realität der Zweiten Republik immer noch die Präsenz des alten Donaustaates, der vergangenen Welt des Adels und des Schlosses als Schauplatz oder Metapher. Die Konsolidierung der Republik geschah im Zeichen eines integren Staates Österreich, der, um sein Selbstbewußtsein zu erlangen, alle einschränkenden, fatal scheinenden Beziehungen zu einer außerösterreichischen Abkunft leugnen mußte. Das in diesen Jahren herausgegebene »Österreichische Wörterbuch« ist ein sprechender Beleg für die be-

wußte Abkapselung: die »österreichische Kulturidee« der Ersten Republik wurde weiter beschworen.
Die Geschichte des österreichischen Romans der Nachkriegszeit hätte eigentlich schon im Jahre 1948 beginnen können, als der im Amsterdamer Exil arbeitende Bermann-Fischer-Verlag in seiner Wiener Filiale ein Buch herausbrachte, das Verwirrung und Vernichtung eines Mädchenlebens inmitten von Judenverfolgung und KZ-Staat zum Thema hat, mit dem Roman *Die größere Hoffnung* von ILSE AICHINGER (geb. 1921). Tatsächlich hat der Roman der jungen Wienerin, die nachher eine so bedeutende Rolle in der deutschen Nachkriegsliteratur spielte, nur sehr geringen Widerhall gefunden, obwohl ihm von der Kritik »traumsichere, visionäre Kunst« und ein »hohes Maß an poetischer Intensität« bescheinigt wurde. Erstaunlicherweise trat er auch nach einem Neudruck im Jahre 1960 nicht wirklich ins Bewußtsein der Leserschaft. Dabei hatten inzwischen angstmachende Bilder, wie die von der Halbjüdin Ellen, die sich den Judenstern anheftet, obgleich sie ihn nicht zu tragen braucht, längst einen reflexionsbereiten Leserkreis erreicht: das *Tagebuch der Anne Frank* (zuerst 1946 erschienen) war damals in aller Munde. Anläßlich eines Wiener Symposions der literarischen Gesellschaft »Die Schmiede« im Herbst 1980 hielt es der Schriftsteller Peter Härtling immer noch für nötig, eine Lanze für Ilse Aichingers Roman zu brechen. *Die größere Hoffnung* konnte kaum auf die weitere Entwicklung der Nachkriegsliteratur in Österreich einwirken. Dabei hatte die Autorin in der Zeitschrift »Plan« (seit 1945 herausgegeben von Otto Basil) schon 1946 einen *Aufruf zum Mißtrauen* publiziert, der eine neue Generation von Schriftstellern anregen sollte.
Zu diesen gehört GERHARD FRITSCH (1924–1969), dessen Roman *Moos auf den Steinen* (1956) zwar die österreichische Kontinuität feiert, aber auch die vielfach verfälschende Restauration im Lande kritisiert. Sein zweites Werk *Fasching* (1967) ist ein Beispiel für den pikarischen, den Schelmenroman in Österreich, der den weit verbreiteten Konservatismus in der Provinz angreift.
Der Existenzroman fand in Österreich einen Repräsentanten, dessen episches Werk wie seine Dramen um die Themen von Krankheit und Tod, Wahnsinn und Selbstmord kreiste: THOMAS BERNHARD (1931–1989). Er war selbst von Jugend an von Krankheit gezeichnet, deren Geschichte er in seinen autobiographischen Texten in erschütternd kühler, distanzierter Form vortrug (besonders auch in: *Die Kälte – eine Isolation*, 1981). Die allgemeine Todesverfallenheit des Menschen und sein Leiden in einer Welt, die für sich und in allen sozialen Formen als Hölle erlebt wird, bestimmte die qualvolle Eintönigkeit der Thematik auch der folgenden Romane: *Frost* (1963), *Verstörung* (1967), *Das Kalkwerk* (1970). Deren Charakteristika sind: Antinomie und paradoxer Widerspruch, Variation und Wiederholung, bohrend, hämmernd und insistierend. Dabei liegen Fiktion und Autobiographie stets nahe beisammen, in Erzählungen und Romanen, bis zuletzt: *Wittgensteins Neffe* (1982),

Beton (1982), *Holzfällen. Eine Erregung* (1984), *Auslöschung. Ein Zerfall* (1986), *In der Höhe* (1989). Das alles, dazu noch seine zahlreichen Theaterstücke, brachte Thomas Bernhard in ungemein raschem Produktionstempo.

Mit der Brüskierung seiner Schriftstellerkollegen von der »Gruppe 47« betrat der Österreicher PETER HANDKE (geb. 1942) das literarische Podium. Er warf ihnen samt und sonders vor, »Beschreibungsprosa« zu verfassen, der jegliche Inspiration fehle. Zunächst wurde er durch Theaterstücke und Hörspiele bekannt. Dabei hatte er mit Romanen begonnen: *Die Hornissen* (1966), *Der Hausierer* (1967). In der Erzählung *Die Angst des Tormanns beim Elfmeter* (1970) schilderte er in Geist und Nachfolge von Albert Camus wie vom Nouveau roman der Franzosen den Fall eines absurden Mordes. Wie in Camus' *L'Etranger* (*Der Fremde*, 1942) vollzieht sich die Tat des Josef Bloch losgelöst vom eigenen Willen. Sie wird zum Beispiel einer »schizoiden Bewußtseinsstruktur« im System der Schematismen in der Gesellschaft. Auch die weiteren Erzählungen Handkes richten sich gegen »Systeme« aller Arten: die von Tradition und Entwicklung (*Der kurze Brief zum langen Abschied*, 1972), Gewohnheiten und Rollenzwang des Kleinbürgertums (*Wunschloses Unglück*, 1972), das Schema von Liebe und Partnerschaft (*Die Stunde der wahren Empfindung*, 1975; *Die linkshändige Frau*, 1976). In den folgenden Jahren vollzog Handke eine »transzendentale Wende«, schrieb »verklärende Bekenntnisprosa« mit sakralem Vokabular, lieferte Beschreibung statt Erzählung in *Langsame Heimkehr* (1979). *Die Lehre der Sainte-Victoire* (1980) setzt den Weg auf der Suche nach neuen Wertsetzungen fort. Sinndeutungen und Zeichen, wie der von Cézanne gemalte Höhenzug in der Provence, sollen zu eigenem Sehen und Erleben hinführen. Auch in der *Kindergeschichte* (1981) wird diese Suche von Handke fortgeführt. Einen erzählerischen Neubeginn hat er dann mit dem Text *Der Chinese des Schmerzes* (1983) versucht. In seiner Nebentätigkeit als Archäologe sucht der Held Andreas Loser Abdrucke von Türschwellen, um daraus ehemalige Anlagen von verlorenen Bauwerken zu erschließen: »Schwellenbewußtsein« als Weg zu menschlicher Erfahrung im Lauschen (losen) und Wartenkönnen. Unterschiedliche Erfahrensweisen der Wahrnehmung behandeln Handkes vielfältige »Versuch«: *Versuch über die Müdigkeit* (1989), *Versuch über die Jukebox* (1990) und *Versuch über den geglückten Tag* (1991), alles Ansätze, wie Handke selbst formuliert, eine Sprache wiederzufinden, in der erzählt werden kann, was eine Idee ist, was beispielsweise diese Idee vom geglückten Tag ist.

Aus der Schweiz kommt einer der bedeutendsten Autoren der deutschsprachigen Nachkriegsliteratur, MAX FRISCH (1911–1991). Wie bei Thomas Bernhard steht die existentielle Problematik im Mittelpunkt seiner Romane. Um Objektivierung seiner persönlichen Erfahrungswelt geht es Frisch zunächst in seinen Tagebüchern (*Blätter aus dem Brotsack. Tagebuch eines Kanoniers*, 1940, *Tagebuch 1946–1949* [1950], *Tagebuch*

1966–1971 [1972]), die Beobachtungen zur politischen Lage im Krieg und in der Nachkriegszeit enthalten, dazu, in aphoristischer Abstraktion, Erkenntnisse über Fragen modernen Daseins, Reflexionen über Literatur und Theater, Entwürfe zu epischen und dramatischen Werken.

In dem Roman *Stiller* (1954) geht es um das Problem der Identität des Menschen in unserer Zeit. Der angebliche Amerikaner White kämpft gegen seine objektive Existenz als Bildhauer Anatol Ludwig Stiller und um seine subjektive Identität. In Beruf und Ehe gescheitert, war er nach Amerika geflohen. In der Hoffnung, ein neues Leben beginnen zu können, kehrt er mit falschem Paß in seine Schweizer Heimat zurück. Doch die Zeugenaussagen und die Beweise, die wegen Verwicklung Stillers in eine Agentenaffäre von der Staatsanwaltschaft gesammelt werden, widerlegen ihn: die Sehnsucht nach einem anderen Ich bleibt unerfüllbar. Stiller muß seine Identität in dem Augenblick akzeptieren, wo er subjektiv ein anderer geworden ist. »Sich selbst anzunehmen«, ist er aber erst nach Julikas Tod bereit, mit der er einen erneuten Eheversuch unternommen hat. In vielfältigen epischen Formen der Tagebuchnotiz, des Essays, des Berichts und der Erzählung wird das erzählende Ich durch die Zeugenaussagen und -erzählungen, die Whites Identität mit Stiller nachweisen sollen, objektiviert.

Das folgende epische Werk von Max Frisch, *Homo faber* (1957), wiederholt das Existenzproblem und rückt es ins Allgemeine. Walter Faber, dem als Techniker unserer Welt alles berechenbar erscheint, wird durch »Fügung« mit antiker Schuldproblematik konfrontiert. Eine eigene, ihm freilich unbekannte Tochter begegnet ihm auf einer Schiffsreise und wird auf der anschließenden Autofahrt, die sie zu ihrer Mutter bringen soll, seine Geliebte. Offen bleiben die Fragen, ob ihr Tod durch einen unglücklichen Sturz nach einem Schlangenbiß, dazu die Wiederbegegnung zwischen ihrer Mutter Hanna und Faber, ihren Eltern also, tatsächlich eine Wandlung des »Homo faber« bewirkt haben. Als Blinder gibt sich der Held des nächsten Romans aus, in dem erneut das Problem von Identität und Rolle, und zwar spielerisch und in Variationen, vorgetragen wird. *Mein Name sei Gantenbein* (1964) deutet schon im Titel an, daß die Fiktion der auswechselbaren Rollen der Frage nach dem Sinn von Existenz nachgehen soll. Erdachte Variationen des Ich sollen den Möglichkeiten nach Änderung der eigenen Existenz auf die Spur kommen, Spielmöglichkeiten, die jedoch keine Wandlung bringen. Die Frage »Wie macht man aus sich selber einen Roman?«, die Friedrich Dürrenmatt als Erfolgsrezept von Max Frischs *Stiller* zu erkennen glaubte, wiederholte sich nach dem *Gantenbein* viel privater und direkter in der Erzählung *Montauk* (1975), einer kritischen Bilanz seines Lebens und Schaffens. Das Wochenende, das ein alternder Schriftsteller namens Max mit einer jungen Amerikanerin am Strand von Montauk auf Long Island verbringt, läßt in seiner Erinnerung vieles aus seinem problembeladenen Leben wiederauftauchen, das die aktuelle Gemein-

samkeit behindert und stört. In der plötzlichen Isolation inmitten eines Alpentals (im Tessin, wo auch Max Frisch sein Haus hatte) bei einem Gewitter mit unaufhörlichem Regen wird dem Protagonisten der Erzählung *Der Mensch erscheint im Holozän* (1979), einem Herrn Geiser, Rentner, beim Gedanken an die Jahrmillionen währenden geologischen Epochen die Relativität menschlichen Seins bewußt, mehr noch: die Fragwürdigkeit des Anspruchs der Menschheit auf Sinn und Ordnung des Daseins. Mit *Blaubart* kommt im Jahre 1982 die Epik von Max Frisch zu ihrem Schlußpunkt; erneute Selbstreflexion in der Figur des sechsmal geschiedenen Mediziners Dr. Felix Schaad angesichts des Mordes an einer der ehemaligen Frauen, die dennoch nicht zu dem führt, was er sich ersehnt: die Wahrheit über sich selbst zu erfahren. Traditionslosigkeit und Indifferenz des Menschen, die Brüchigkeit des Ich und die Verlorenheit des Individuums in einer Welt voller Umbrüche und Wandlungen kennzeichnen die Thematik fast aller Autoren und Romane dieser Phase. Sie leiten sich vielfach ab aus der unterbrochenen Tradition der zwanziger und dreißiger Jahre, führen jedoch in entschiedener Weise darüber hinaus in die Weltsicht der Gegenwart. Angesichts der schier unüberschaubaren Produktion muß sich die Darstellung auf einige Namen und Titel beschränken.
So entsteht bei dem Österreicher PETER ROSEI (geb. 1946) das Bild der Existenz als einer Reise ohne Ende und ohne Ziel (*Die Milchstraße*, 1981) oder als Schauspiel voller Untergangsvisionen (*Der Aufstand*, 1987). Die Suche nach neuem Selbstverständnis und nach Selbstverwirklichung bestimmt die Romane von GERHARD ROTH (geb. 1942):*Winterreise* (1978), *Der Stille Ozean* (1980), *Landläufiger Tod* (1984) und von BRIGITTE SCHWAIGER (geb. 1949): *Wie kommt das Salz ins Meer* (1977), *Mein spanisches Dorf* (1978), *Lange Abwesenheit* (1980). Die Erzählungen von JULIAN (vorher: JUTTA) SCHUTTING (geb. 1937) – *Parkmord* (1970), *Sistiana* (1977), *Der Vater* (1980) – setzen sich mit dem Tod auseinander und mit menschlichem Leid, besonders hervorgerufen durch die jüngste Vergangenheit. Neben Kinderbüchern und Puppenspielen – *Der Pluderich* (1969), *Die Prinzessin in der Zwirnspule* (1972) – hat BARBARA FRISCHMUTH (geb. 1941) auch Romane verfaßt, in denen sie die Situation der Frau und die Suche nach neuen Lebensmodellen gestaltet: *Kai und die Liebe zu den Modellen* (1979), *Die Frau im Mond* (1982), *Kopftänzer* (1984).
Typische Erzählungen und Romane von Schweizer Autoren, die sich zunächst auf ihre Heimat und deren Probleme beschränkten, waren *Der Stumme* (1959) und *Herr Tourel* (1962) von OTTO F. WALTER (geb. 1928), des Pfarrers KURT MARTI (geb. 1921) *wohnen zeitaus. Geschichten zwischen Dorf und Stadt* (1965) und *Bürgerliche Geschichten* (1981), PETER BICHSELS (geb.1935) populäre, an Johann Peter Hebels *Kalendergeschichten* gemahnende 21 Geschichten in dem Band *Eigentlich möchte Frau Blum den Milchmann kennenlernen* (1964) und der Erzählungsband *Der Busant* (1985), von ADOLF MUSCHG (geb. 1934) der Roman *Ge-*

genzauber (1967), dazu die Erzählungen *Alois* (1968) und *Liebesnacht* (1982) von URS WIDMER (geb. 1938).
Mit autobiographischen Leitthemen setzte sich das Romanschaffen in Westdeutschland fort bei HERMANN LENZ (geb. 1913): *Der innere Bezirk* (1980), *Der Wanderer* (1986), *Seltsamer Abschied* (1988) und bei PETER HÄRTLING (geb. 1933): *Eine Frau* (1974), *Das Windrad* (1983). Nachzeichnungen poetischer Existenzen brachte er in den Romanen *Niembsch oder Der Stillstand* (1964) über den Dichter Nikolaus Lenau, *Hölderlin* (1976), *Die dreifache Maria* (1983) über Eduard Mörike und *Schubert* (1992). Kinderromane als Bücher wiederentdeckter Phantasie und Poesie, die ihren Leserkreis auch bei den Erwachsenen suchen, hat Härtling ebenso verfaßt: *Theo haut ab* (1977), *Jakob hinter der blauen Tür* (1983) und andere. Seit den siebziger Jahren hatten Romane für Kinder auch über das Medium Film an Verbreitung gewonnen, so von MICHAEL ENDE (geb. 1929) *Momo* (1973) und *Die unendliche Geschichte* (1979). Auch ELISABETH ALEXANDER (geb. 1932) hat sich des Kindes angenommen, unter anderem in dem Kinderroman *Fritte Pomm* (1976), in ihrem Buch *Ich will als Kind Kind sein* (1978) und in Aufsätzen; weiter setzte sie sich ein für die »Randgruppe« Mütter in ihrem Roman mit dem aggressiven Titel *Sie hätte ihre Kinder töten sollen* (1982). Attacken auf die westliche Gesellschaft, auf Kleinbürgertum und gedankenlos gelebten Wohlstand, mehr oder minder boshaft und zynisch, finden sich bei LUDWIG FELS (geb. 1946) in den Romanen *Ein Unding der Liebe* (1981) und *Rosen für Afrika* (1987), bei GISELA ELSNER (geb. 1937) in dem »Beitrag«, *Die Riesenzwerge* (1964) und in dem Roman *Das Windei* (1987), ebenso bei ELISABETH PLESSEN (geb. 1944) in dem »aktuellen historischen« Roman *Kohlhaas* (1979), der den von Heinrich Kleist behandelten Fall von Auflehnung noch einmal aufnimmt, und bei GABRIELE WOHMANN (geb. 1932) in unzähligen Kurzgeschichten und Erzählungen *Mit einem Messer* (1958), *Ländliches Fest* (1968) sowie Romanen *Paulinchen war allein zu Haus* (1974), *Ach wie gut, daß niemand weiß* (1980), *Der Flötenton* (1987).
Die Fortentwicklung von Erzählung und Roman scheint gegeben, betrachtet man die epische Gestaltung nach dem, freilich verfremdeten, Muster des klassischen Bildungsromans in BOTHO STRAUSS' (geb. 1944) *Der junge Mann* (1984) sowie Komposition und stilistische Prägnanz in dem Roman *Berittener Bogenschütze* (1986) von BRIGITTE KRONAUER (geb. 1940). Schreiben als Versuch, persönlichstes Schicksal zu meistern, wird am stärksten offenbar bei zwei Autoren, die in den späten dreißiger Jahren geboren sind und belastet von der Fracht deutscher Vergangenheit und der gesellschaftlichen Gegenwart. Das Werk des früh verstorbenen NICOLAS BORN (1937–1979) ist gekennzeichnet von der Suche nach Selbstorientierung und Identifikationsmöglichkeiten in Gedichten und in den Romanen *Die erdabgewandte Seite der Geschichte* (1976) und *Die Fälschung* (1979). Letzte autobiographische Konsequenz, »intellektueller Höhepunkt der Bewegung des Jahres 68« nach Meinung des

Dramatikers Peter Weiss, ist der Romanessay *Die Reise* von BERNWARD
VESPER (1938–1971), ein Versuch epischer Konzentration, die er selbst
ein »Schreiben zum Tode« nannte, zum Tod, der dem Autor in seiner
scheiternden Identitätssuche als einzige, letzte Möglichkeit erschien.

Vom Parabelstück zum Antitheater: Deutschsprachiges Drama seit 1945

Was nach dem Krieg von den Theatern in der Bundesrepublik Deutschland und Österreich übriggeblieben war, wurde zunächst vom ausländischen Drama beherrscht. Doch wurde keineswegs nur Nachholbedarf befriedigt. Das westdeutsche und das österreichische Publikum, das in den zerstörten Städten trotz spärlichster Nahrung und ohne den geringsten Komfort zu den zufällig stehengebliebenen oder provisorisch zusammengebauten Bühnen hinfand, »goutierte« keineswegs, wie oft oberflächlich bemerkt wurde, die Eschatologien und die Problematisierungen der ausländischen Stückeschreiber. Vielmehr fühlte man sich von diesen im tiefsten angerührt, von äußerer Not ebenso betroffen wie von den bohrenden Schuldfragen. Die ersten deutschen Dramen der Nachkriegszeit kamen aus der Emigration oder aus der Schweiz, deren Boden frei geblieben war vom Zugriff der Nazis und wo man sich mit dem Theater der Emigranten auseinandergesetzt hatte. So erschienen in dem bewußt antitotalitären Programm des Schauspielhauses Zürich in den Kriegsjahren unter anderen folgende Dramen: 1940 *Der Soldat Tanaka* von Georg Kaiser, 1941 Brechts *Mutter Courage*, 1943 Brechts *Der gute Mensch von Sezuan* und *Galileo Galilei* sowie Fritz Hochwälders *Das heilige Experiment*, 1946 *Des Teufels General* von Carl Zuckmayer, 1948 Brechts *Herr Puntila und sein Knecht Matti*. Brechts Stücke beherrschten die Züricher Bühne, und er selbst kam Ende 1947 in die Schweiz. Die Einreise nach Westdeutschland wurde ihm verwehrt, Rezeption und Aufführung seiner Stücke begannen hier erst nach seinem Tod, in den späten fünfziger Jahren.

Unter Brechts Einfluß stand GÜNTHER WEISENBORN (1902–1969). Er hatte in den späten zwanziger Jahren mit Brecht zusammengearbeitet. Sein Stück *Die Illegalen* wurde 1946 in dem von ihm mitbegründeten Berliner Hebbel-Theater uraufgeführt. Es gestaltet die vom Dichter selbsterlebte Widerstandsbewegung als realistisches Zeitdrama, das jedoch nur in Äußerlichkeiten, beispielsweise in den eingelegten Songs, an Brecht anschließt.

CARL ZUCKMAYERS (1896–1977) Stück aus der Widerstandsbewegung *Des Teufels General* bot realistisches Theater im traditionellen Sinn. Nach seiner Uraufführung 1946 in Zürich erlebte es zahllose Inszenierungen, wurde schließlich auch verfilmt und immer heftig diskutiert.

Das Drama um den General Harras, dessen Figur der des Weltkriegsfliegers und späteren Generals Ernst Udet nachgebildet war, zeigte, daß eine Tragödie im Stil des »aristotelischen« Theaters nicht mehr möglich war: Heldentum in der Sinnlosigkeit des Zweiten Weltkriegs war zur totalen Farce geworden. Der Dichter löste sich danach auch von der rein realistischen Darstellung, doch konnten seine weiteren Stücke in ihrer Mischung aus realistischen und symbolistischen Elementen auch nicht überzeugen: *Der Gesang im Feuerofen* (1950), *Das kalte Licht* (1955).

Parabelstücke

Der erste Beitrag eines Autors der jüngeren Generation war das Stück *Nun singen sie wieder* von MAX FRISCH, das 1945 seine Uraufführung in Zürich erlebte. Die Handlung vereinigt nach einem Krieg die toten Feinde im Jenseits: Soldaten und Geiseln, Henker und Opfer suchen ein »Leben« der gemeinsamen Möglichkeiten, das jedoch im Kontrast zur Realität steht, auch zu der der Nachkriegszeit. Tyrannei und geknechtetes Volk sind Thema der parabolisch gemeinten Farce *Die Chinesische Mauer* (1946), die das Problem von Macht und Schuld in kabarettistischen Formen und anachronistisch verfremdet. Die Parabel präsentiert wie die barocken »Haupt- und Staatsaktionen« groteske Epochenkontraste: Pilatus, Kolumbus, Don Juan und Napoleon treten darin auf. Bekannter wurde Frischs Stück *Biedermann und die Brandstifter* (1958), in dem der Autor Blindheit und Konformismus des saturierten Bürgertums bloßlegen will. Als Haarwasserfabrikant kalter Geschäftsmann, ist Jakob Biedermann dem Anarchismus der eindringenden Vagabunden gegenüber blind und zum Kompromiß bereit. Vor der Realität des Bösen versagt konformistisches Denken: Biedermann selbst bietet den Brandstiftern die Streichhölzer an. Ob freilich das Schauspiel – in manchem Kontrast zu Brecht – ein »Lehrstück ohne Lehre« ist, bleibt in vieler Hinsicht fraglich. Lehrhaft wirkt die Parodie der antiken Tragödie mit dem eingesetzten Chor der Feuerwehrmannen. Auch die Brechtschen Typenklischees mit den redenden Namen sind deutlich belehrend: »Biedermann«, der Bourgeois und Ausbeuter, die Witwe von »Knechtling«, dem ausgebeuteten Angestellten. Frischs Parabelspiele, sosehr der Autor selbst an der politischen Wirkung des Theaters zweifeln mochte, entbehren keineswegs des Didaktischen. Das aber liege, sagt Frisch, der diese Antinomie selbst erkannt hat, an der Parabel, die grundsätzlich eine Lehre impliziere. Das gilt in besonderem Maß auch für das Drama *Andorra*, das, nach fünfmaliger Umarbeitung 1961 uraufgeführt, Frischs größter Bühnenerfolg wurde, zugleich aber ein heftig umstrittenes Stück blieb. Das am Antisemitismus exemplifizierte Identitätsproblem des Stücks ist oft falsch verstanden worden, als ob es sich um den Versuch einer Bewältigung des Judenproblems im Hitlerdeutschland handelte, die doch ein Schweizer nur schwer leisten konnte. Dabei hatte

Abb. 98: Max Frisch *Andorra* – Szenenfotos von der Uraufführung am Zürcher Schauspielhaus 1960

Frisch selbst, schon in seinem *Tagebuch 1946–1949*, auf den Zugang zum »Andorranischen Juden« über das Bibelwort »Du sollst dir kein Bildnis machen« hingewiesen. Andri, der Held des Stückes, ist kein Jude, er wird bloß für einen solchen gehalten. Suggestion und Wahn seiner Umwelt verändern seine Existenz. Zuletzt ist es sein eigener Wille, anders zu sein, damit akzeptiert er aber auch sein tödliches Schicksal. Frisch ging es um das gesellschaftliche Vorurteil, die Nationalstereotypen, die Prägung durch das soziale Umfeld und die Frage nach der menschlichen Identität, ein Grundthema, das auch in seinen Romanen eine entscheidende Rolle spielt. Die Absicht, ein Modell gesellschaftlichen Vorurteils zu geben, wurde in seinem Stück durch den Rahmen mit seinem konkreten Zeitbezug auf jeden Fall verstellt.

Parallel zu Frisch in der Brecht-Nachfolge und im Zweifel zugleich an der Wirksamkeit der Thesen des »epischen Theaters« ist das dramatische Werk von FRIEDRICH DÜRRENMATT (1921–1990) entstanden und mit diesem eng verwandt in den Zügen des grotesken Parabelstücks. Der Pfarrerssohn Dürrenmatt hatte mit theologischen Themen begonnen. Parabelstück im Sinne von Brecht ist sein erstes bekanntes Drama *Romulus der Große*, in der ersten Fassung 1956, in der fünften Fassung 1980 erschienen. Das unheroische Heldentum des letzten römischen Kaisers, der zugunsten der Würde des einzelnen und zugunsten einer pazifistischen Haltung auf Macht verzichtet, hat für den Zuschauer Beispielcharakter. Durch bewußtes Nichtstun wollte Romulus das Römische Reich dem seiner Meinung nach verdienten Untergang zutreiben. Beim Eindringen der Germanen und von Odoaker muß er aber erkennen, daß er sich getäuscht hat, daß auch der Feind ein Mensch ist, der recht handeln will, und daß auch der Mächtige nur Macht hat über die Gegenwart, nicht aber über die Zukunft. Er wird zum Leben »verurteilt«, weil Odoaker ihn als Leitfigur des Reichs belassen will. Seine Tragik liegt, wie Dürrenmatt selbst erläutert hat, in der »Komödie seines Endes, in der Pensionierung«. Daß er diese annimmt, zeigt, daß er die Zerstörung seiner Illusion anerkennt, und darin liegt seine Größe. Der hühnerzüchtende letzte römische Kaiser in seiner grotesk-komischen Attitüde ist Exempel für Dürrenmatts Figur des »ironischen Helden«, dessen, der nachgedacht hat und nicht mehr mitmacht. Die Komödie aber – wie Dürrenmatt in *Theaterprobleme* (1955) erläutert – sei die einer Welt in Umbruch und Chaos allein adäquate Dramenform. Die Tragödie als »gestrengste Kunstgattung« setze nämlich eine gestaltete Welt voraus. Das Groteske, Teil unserer Welt wie die Atombombe, ist nur das »Gesicht einer gesichtslosen Welt«, ein sinnliches Paradoxon, »die Gestalt nämlich einer Ungestalt«. Daher sei das Tragische dieser Gegenwart nur aus der Komödie heraus zu erzielen. Komödie aber lebe vom Einfall, mit dessen Hilfe das heutige anonyme Publikum dazu verführt werden kann, sich Dinge anzuhören, die es sich sonst nicht so leicht anhören würde.

Vom Einfall also lebt das Geschehen in seinen Komödien. Dabei dienen die grotesken Züge, die kabarettistischen Effekte, die farcenhaften Elemente und die Schockwirkungen, die Zitate und Pervertierungen hergebrachter Redensarten und Wendungen der Distanzierung von Schmerz, Tragik und Ohnmacht der Menschen in dieser Welt. In manchem knüpft Dürrenmatt an Brecht an, wie etwa bei den eingeschobenen Songs in *Frank V., Oper einer Privatbank* (1960) nach dem Muster der *Dreigroschenoper* oder der Thematik in *Ein Engel kommt nach Babylon* (1954) im offenbaren Anschluß an das Stück *Der gute Mensch von Sezuan*. Jedoch baut er das epische Theater Brechts nicht nach, verzichtet auf Elemente wie den Illusionsbruch durch Auftritt eines Erzählers mit direkter Anrede an das Publikum oder das verfremdende Heraustreten des Schauspielers aus seiner Rolle. Seine Komödien sind nach altem Muster aufgebaut, auch wenn statt der ungeraden Aktzahl des »aristotelischen« Theaters oft Zwei- oder Vierteiligkeit steht. Ein solcher Einfall ist in der »tragischen Komödie« *Der Besuch der alten Dame* (1956) das Eintreffen der Milliardärin Claire Zachanassian in der Kleinstadt Güllen. Sie will sich an Ill, dem einstigen Liebhaber, rächen, weil er sie seinerzeit im Stich gelassen hatte. Die scheinbare Wiederherstellung der Moral bewirkt eine ökonomische wie moralische Korrumpierung aller Bürger, die schließlich bis zum scheinheilig verbrämten Mord an dem Mitbürger Ill geht. Zeitkritik bringt auch das Stück *Die Physiker* (1962), das die Frage nach der Verantwortung des Forschers am Beispiel der Kernphysik demonstriert. Der gespielte Irrsinn der drei Atomwissenschaftler wird durch den echten der Anstaltsleiterin aufgehoben. Die Aufzeichnungen über Atomgeheimnisse sind längst kopiert, so daß der Versuch des Forschers Möbius, die Welt vor seiner Erfindung zu schützen, fehlschlägt. Die Gesetze des Daseins, die göttlichen wie die gesellschaftlichen, sind für Dürrenmatt undurchschaubar: der Zufall regiert, die Welt fällt in die Hand einer irrsinnigen Irrenärztin.

Das Thema »Irrenhaus« hat Dürrenmatt noch einmal aufgenommen, und zwar in der dritten Fassung des Stücks *Achterloo* (*Rollenspiele,* 1986), in der die Rollentherapie nach seiner Meinung die zwar »banalste, aber einzig mögliche Metapher für unsere Welt der selbstverschuldeten Mündigkeit des unmündigen Menschen« sei. In allen seinen Stücken probiert der Dramatiker Dürrenmatt verschiedenste Tonarten aus und spielt Theaterformen durch. In diesem Sinne sind auch seine Bearbeitungen zu verstehen; sie sind in erster Linie Experimente theaterpraktischer Art: *Play Strindberg* (1969) nach dem 1901 erschienenen Stück *Totentanz* des Schweden August Strindberg; *König Johann* (1968) und *Titus Andronicus* (1970) nach Shakespeare.

Von Brechts Parabelspielen kam auch PETER WEISS (1916–1982) her, dem der künstlerische Durchbruch auf der Bühne freilich erst in den sechziger Jahren mit seinem Marat/Sade-Stück gelang, das den barocken Titel trägt: *Die Verfolgung und Ermordung Jean Paul Marats, dargestellt durch die Schauspielgruppe des Hospizes zu Charenton unter Anleitung des Herrn de Sade* (1964). Das Stück erfuhr in fünf Bearbei-

Abb. 99: Peter Weiss *Die Ermittlung* – Szenenfoto von der Uraufführung in der Freien Volksbühne Berlin, 1965

tungen eine allmähliche Veränderung, die die Wandlung des Autors kennzeichnet: vom ursprünglichen Individualismus, dem »dritten Standpunkt«, den Weiss zunächst mit dem Marquis de Sade gemeinsam hat, bis hin zu einem aktivistisch verstandenen Sozialismus, den Marats

Haltung meint. In einem imaginären Gespräch zwischen dem »Regisseur« de Sade und dem Protagonisten seines Stückes, dem Revolutionär Marat, werden die konträren ideologischen Positionen deutlich gemacht. Das Ganze ist eingebettet in die Welt der Heilanstalt Charenton, in der der historische de Sade die letzten Jahre seines Lebens verbringen mußte, verfremdet durch das groteske »Theater auf dem Theater«, durch eine Fülle auch kabarettistischer Bühnenmittel, durch den Wechsel zwischen Knittelvers und freien Rhythmen, durch Musik, Tanz und Pantomime und vor allem durch das Rollenspiel von Irren, die mit bestimmten Leiden behaftet sind, wie etwa die somnambule Darstellerin der Charlotte Corday. Das Stück traf in der Phase der Rezeption von Herbert Marcuses Thesen über eine Verbindung zwischen Marxschem und Freudschem Gedankengut den Tenor und den Trend dieser Jahre: die Veränderung der Gesellschaft über ein befreites Triebleben. Das verhalf dem Drama, nach der Uraufführung im Berliner Schiller-Theater, zu weitem Echo auf vielen deutschen und ausländischen Bühnen. Peter Weiss hatte sich bereits in diesem Stück teilweise auf authentisches Akten- und Quellenmaterial gestützt, auch wenn das Ganze dann zum phantasmagorischen Appell geriet. In seiner Darstellung des Frankfurter Auschwitz-Prozesses *Die Ermittlung* (1964/65) wählte er in den Grundelementen bereits eine Form, die für das folgende Jahrzehnt bestimmend werden sollte, das dokumentarische Stück. Dennoch bleibt bei ihm die Neigung zu rituellen und oratorischen Ausdrucksmöglichkeiten, in der Struktur wie in den sprachlichen Elementen. Das Stück ist als ein »Oratorium in elf Gesängen« konzipiert. Die dreiteiligen »Gesänge« darin, die die Stationen der Vernichtung dokumentieren, sind nach Brechts Vorbild in freien Versen stilisiert: Gesang von der Rampe – Gesang von der Möglichkeit des Überlebens – Gesang von der Schwarzen Wand – Gesang von der Schaukel – Gesang vom Zyklon B – Gesang von den Feueröfen. Über die Ermittlung der grauenhaften Vernichtungsmethoden hinaus stellt Peter Weiss die Frage nach den Ursachen. So wird das Stück zur Anklage des politischen Systems, zur Anklage über die nicht bewältigte Vergangenheit.

Dokumentartheater

Als eigentlicher Vorkämpfer des dokumentarischen Theaters gilt ROLF HOCHHUTH (geb. 1931), dessen heißumstrittenes Drama *Der Stellvertreter* (1963) ihn weltbekannt machte. Auf authentischem Quellenmaterial beruhend, dem sogenannten Gerstein-Bericht, gestaltet es in klassischer Struktur und freien Rhythmen das Schicksal des Jesuitenpaters Riccardo. Als dessen Versuche scheitern, den Nuntius in Berlin und späteren Papst Pius XII. zu einem Protest gegen die Judenvernichtung zu bewegen, folgt er einem Transport römischer Juden ins Todeslager Auschwitz. Doch ist Hochhuths christliches Trauerspiel nicht eigentlich dokumentarisch. Der Kritik gegenüber rechtfertigt der Autor die Mischung aus authentischen und fiktiven Personen und Sachverhalten mit seinem Bemühen, »zur Wahrheit, zum Symbol vorzustoßen«. Wie in *Marat/Sade* von Peter Weiss wird hier Geschichtliches zur zeitkritischen Provokation, die der Vergangenheitsbewältigung wie der aktuellen Gesellschaftskritik dienen soll. Aus noch umfangreicheren Quellen schöpfte Hochhuth Personen und Handlung seines zweiten Stückes *Soldaten. Nekrolog auf Genf* (1967), das ebenfalls lebhafte Diskussionen hervorrief und umstritten blieb. Im Zentrum der Handlung stehen der vom britischen Premierminister Winston Churchill verordnete Luftkrieg gegen deutsche Städte und das angeblich von ihm angezettelte Attentat gegen den Führer der polnischen Exilregierung in London, General Sikorski. Sowenig Hochhuth durch sein Drama den historischen Wahrheitsbeweis antreten konnte, sowenig vermochte das Prinzip des Dokumentarischen allein auf dem Theater Wirkung zu erzielen. Daß zudem der moderne Mensch alles andere ist als »frei in der Einsicht in die Notwendigkeit ... menschenwürdigen Handelns«, konnte Hochhuths auf die Klassik gebannter Blick nicht erkennen.

Ebenfalls auf Akten gestützt, wenn auch »die Worttreue durch Sinntreue« ersetzend, war das Dokumentarstück *In der Sache J. Robert Oppenheimer* (1964) von HEINAR KIPPHARDT (1922–1982). Es handelt von dem Prozeß gegen den amerikanischen Physiker, unter dessen Leitung 1943 die erste Atombombe in Los Alamos hergestellt wurde. In engem Anschluß an Brechts *Galileo Galilei* und an Dürrenmatts Stück *Die Physiker* wird hier erneut die brennende Frage nach der Verantwortung des Forschers gestellt. Auch das nächste Drama *Joel Brand* (1965) ist dokumentarisch begründet: Adolf Eichmanns Versuch, für die Freilassung ungarischer Juden Lastwagen von den Alliierten einzuhandeln. Heftig umstritten blieb das Stück *Bruder Eichmann* (1983), in dem es nicht nur um Vergangenheitsbewältigung geht, sondern, wie der Autor selbst noch kurz vor seinem Tod erklärte, um die Frage nach Gleichgültigkeit, Kälte, Menschenverachtung in jedem einzelnen von uns.

Wie Hochhuth erkannte auch Kipphardt nicht, daß allein schon das Arrangement von Sachverhalten und Personen im Dokumentarstück die Wahrheit »beschädigt«. Und auch er wandte sich mit seinem Stück *März, ein Künstlerleben* (1980) Außenseiterproblemen zu. Teils nach authentischen Aufzeichnungen und Gedichten eines Schizophrenen wird die existentielle Situation der Insassen von Heilanstalten in schockierenden Szenen sichtbar.

Unübersehbar bleibt, daß in der Scheinobjektivität aller Dokumentarstücke der Stoff die Gestaltung überwiegt, daß folglich diese Stücke »wie die Kolportage von der Sensation des geschichtlichen Ereignisses, nicht von seiner Durchdringung« (M. Kesting) leben.

Realistisches Theater

Neben Parabel- und Dokumentarstücken der sechziger Jahre bestand auch das realistische Stück auf der Bühne weiter, verfremdet freilich durch karikierende Überzeichnung oder Persiflage.
Einer der Hauptvertreter dieses Theaters war der Österreicher THOMAS BERNHARD (1931–1989). Zunächst als Epiker hervorgetreten, ist er tatsächlich durch seine Stücke bekannt, ja berühmt geworden, favorisiert auch von einigen Regisseuren. In engem Anschluß an Samuel Beckett und dessen *Fin de partie* (*Endspiel*) brachte er sein erstes Stück *Ein Fest für Boris* (1970). Seine späteren Stücke, monologisch im Grunde, mit einem Protagonisten und wenigen »Statisten« meist, stützten sich aufs Komödiantische, bauten auf Lächerlichkeit und Hohn: *Der Ignorant und der Wahnsinnige* (1972). Bernhards Perspektive macht die ganze Welt zur Karikatur, macht vor nichts halt: *Alte Meister* (1985), ein »Komödie«, genannter Prosatext, ist ein monotoner Redestrom der Hauptfigur, des Musikschriftstellers Reger, dessen Methode es ist, alles lächerlich zu machen, um es zu beherrschen. Wohl gibt es bei Bernhard auch politisch-zeitkritische Ansätze (*Vor dem Ruhestand*, 1979), meist aber herrscht die Suada (*Der Theatermacher*, 1984; *Einfach kompliziert*, 1986), dazu treten Beschimpfung und Anklage, vor allem an die Adresse seiner Landsleute, zuletzt zum Jahrestag von Hitlers Einmarsch in Österreich in dem Stück *Heldenplatz* (1988).
Der Rückgriff auf ältere Formen des realistischen Volkstheaters führte zu einer neuen Gattung, dem »kritischen Volksstück«. Wider alle Erwartung war im ersten Ansatz nicht Brecht das Vorbild, dessen Stücken man vorwarf, sie lieferten Lösungen, während es darauf ankäme, soziale Situationen und Verhältnisse zu zeigen, die nach Veränderung verlangen. Die Autoren des neuen Volksstückes orientierten sich an zwei Autoren der zwanziger Jahre: an Ödön von Horváth und Marieluise Fleißer.
MARTIN SPERR (geb. 1944) brachte schon 1966 den ersten Teil seiner *Bayrischen Trilogie*. Im Dorfmilieu der *Jagdszenen aus Niederbayern* wird sarkastische Kritik geübt an menschlichen Verhaltensweisen in der Nachkriegswirklichkeit, die keineswegs auf Bayern beschränkt sein soll. Die in dem Stück geschilderte Menschenjagd auf Abram, den Sohn der Landarbeiterin, erregte – trotz der Parallelsituation zu Max Frischs *Andorra* – auch deswegen Aufsehen, weil das Stück ausdrücklich die westdeutsche Gesellschaft und darin die bisher verschonte Landbevölkerung meinte.
Wichtigster Vertreter des kritischen Volksstücks wurde FRANZ XAVER KROETZ (geb. 1946). Sprache als soziales Phänomen: das hatte er bei Horváth vorgefunden. Während aber der Grad der Entfremdung der Horváthschen Kleinbürger am Gebrauch von Formeln, Floskeln und Klischees erkennbar wird, stellte Kroetz das »Proletariat der Sprachlosen« auf die Bühne. Seine frühen Stücke gestalteten das Schicksal von

Menschen aus sozialen Randgruppen. Um jedoch voll verstanden zu werden, wandte er sich vom »Extremen« in seinen Stücken ab und dem »Durchschnitt« zu, der großen Masse der »Fliesbandarbeiter«, repräsentiert etwa in den beiden Personen des Stücks *Oberösterreich* (entstanden 1972). Heinz und Anni, in der gleichen Firma als Fahrer und Verkäuferin tätig, demonstrieren die vom Autor dann wiederholt auf die Bühne gebrachte Stereotypie von Lebensabläufen. Vergeblich mühen sich diese Paare, aus der Anonymität der Masse auszubrechen. Ihre geistige Hilflosigkeit, die im »restringierten Code« ihres Jargons hörbar wird, hindert sie an der Formulierung ihres individuellen Problems. Kroetz mußte freilich bald erkennen, daß die reine Darstellung der »Sprach- und Perspektivelosen« keine Folgen hatte: bei der Wiederfindung einer natürlichen Kommunikationsmöglichkeit war der großen Masse auf diese Weise nicht zu helfen. Er suchte daher seine Sprache dahingehend zu modifizieren, daß sie der Zielgruppe »Volk« Hilfen an die Hand geben, also als Mittler seiner Einsichten an den Zuschauer dienen konnte. Diese Konzeption führte schließlich zur Anwendung von Brechts Lehrstücktheorie: »Arbeiteraufklärung« von der Bühne herab mit Hilfe einer pädagogischen Dramaturgie. Die kritisch-aufklärerische Zielsetzung als Brecht-Erbe hatte das Theater von Kroetz mit den Stücken und Filmen von Rainer Werner Fassbinder und Herbert Achternbusch gemeinsam: zum Nachdenken über die Problematik gesellschaftlichen Daseins, dessen Hintergründe und dessen Veränderbarkeit zu führen.

Sprechtheater – Antitheater

Die Spielpläne der frühen neunziger Jahre zeigen, daß der immer wieder behauptete Tod des Theaters nicht eingetreten ist. Dabei hatte das Antitheater der sechziger Jahre mit dem Kärntner PETER HANDKE (geb. 1942) einen Repräsentanten gefunden, dessen Ruf dem des jungen Goethe vergleichbar war. Im Anschluß an die Sprachexperimente der Gertrude Stein und die Infragestellung des Theaters bei Luigi Pirandello kam Handke über seine »Sprechstücke« (*Selbstbezichtigung/Weissagung/Hilferufe*/1967) zur Problematisierung der Kunstgattung des »Theater-Theaters«. In seiner *Publikumsbeschimpfung* (1966) werden die Zuschauer selbst zum Gegenstand der »Aufführung«. Denn Theater ist für Handke Wirklichkeit und kein Vehikel zur Demonstration »fremder« Fabeln und Bedeutungen. Da auf der Bühne alles zum Spiel werde, meint er, müsse jedes Anliegen, jedes Engagement, alle Eindeutigkeit »rettungslos verspielt« werden. Daher sei das Theater, das selbst eine gesellschaftliche Einrichtung ist, für eine Änderung gesellschaftlicher Einrichtungen ungeeignet. Engagiertes Theater finde nicht in Theaterräumen statt, sondern in der realen Öffentlichkeit als Straßentheater (aber nicht solches von bestimmten Spielgruppen), als Hörsaal-

theater, Kirchentheater, Kaufhaustheater, bis auch »die Wirklichkeit ein einziger Spielraum geworden« sei. Seine weiteren Stücke sind Versuche, die so verstandene Wirklichkeit des Theaters zu demonstrieren. Wie der österreichische Philosoph Ludwig Wittgenstein die Verfügungsmacht der Sprache bekämpft hat, so bekämpft Handke deren Bildungs- und Zerstörungskraft, etwa in seinem bekanntesten Stück *Kaspar* (1967). In Parallelität zu den Autoren der gleichzeitigen »Konkreten Poesie« will er durch Reduktion seines Stückes auf die darstellerischen Mittel das reine Spiel ohne Bedeutung auf die Bühne bringen. Aber ebensowenig wie der Mitteilungscharakter von Sprache kann der Bedeutungsraum der Bühnenszene einfach eliminiert werden. Gegen den Willen seines Autors wird der rein »theatralische Vorgang« zur Parabel: von seinen Regisseuren geführt und von den Einsagern indoktriniert, kommt Kaspar zum Sprechen, zur Adaption von vorgegebenen Satzstrukturen und damit zur sozialen Anpassung. Ähnlich konnte aus der theatralischen Pantomime *Das Mündel will Vormund sein* (1969) eine Parabel über die antiautoritäre Haltung der Jugend herausgelesen werden. Dabei bemühte sich Handke, so in seinem Hörspiel *Wind und Meer* (1970), dem Hörer keine Geschichte aufzuzwingen. Dieser sollte vielmehr bei den Sätzen, Satzfetzen, Gesprächen, die keine äußere Abfolge herstellen, die Geschichte selbst erfinden oder zumindest einen Bewußtseinszustand, hier den von Trauer und Verlassenheit, nachzubilden versuchen. Auch sein Stück *Der Ritt über den Bodensee* (1971) ist der gleiche Versuch, den vorgeprägten Sprachklischees zu entrinnen: ein »einziger anarchischer Protest gegen die eingebürgerten Gewohnheiten der Bühne wie des Alltags« (M. Kesting).
In den folgenden Jahren trat die dramatische Produktion bei Handke hinter seiner Prosa stark zurück. Die beiden »Filmbücher« *Chronik der laufenden Ereignisse* (1971) und *Der Himmel über Berlin* (1987, zusammen mit dem Regisseur Wim Wenders) sind wohl eher den epischen Werken zuzuordnen, erst recht die »Filmerzählung« *Falsche Bewegung* (1975), die im Kontrast zu Goethes Bildungsroman *Wilhelm Meisters Lehrjahre* die Unmöglichkeit einer Veränderung des Romanhelden bei der Kontaktaufnahme mit Menschen demonstriert. Dramatisch im engeren Sinn ist das »Stück« *Die Unvernünftigen sterben aus* (1974), ebenso das »Dramatische Gedicht« *Über die Dörfer* (1981). Auf der Folie eines Erbfalles, der die Geschwister entzweien könnte, werden grundsätzliche Gegensätze zwischen den Mitgliedern einer Familie dargestellt, ihre Widersprüche, ihr Auseinandertreiben. Zwischen Verzweiflung und Hoffnung, Verdammung und Erlösung schwanken die Personen hin und her, erfahren schließlich als »Heilsprogramm« (M. Durzak) den Weg zurück zum dörflichen Ursprung, zurück in die Natur: »Haltet euch an dieses dramatische Gedicht«, heißt es in dem Text zuletzt. »Geht ewig entgegen. Geht über die Dörfer.« Bei den Salzburger Festspielen 1982 hat das Drama seine Uraufführung erlebt. Sosehr Handke bisheriges Theater immer wieder in Frage stellte, jene

Form, die sich seit der Studentenbewegung von 1968 entwickelt hatte, hat er nicht anerkannt: das Antitheater in seinen verschiedenen Spielarten.

Experimentelles Antitheater waren die »variablen Stücke« und »Mit-Spiele« von PAUL PÖRTNER (geb. 1925). Sie boten als »Spontantheater« eine Gegenposition zum etablierten Theater mit seiner immer noch weithin verbreiteten Guckkastenbühne. Auch in seinen folgenden Stücken können die Schauspieler improvisieren, die Zuschauer aber sollen eingreifen und damit den Handlungsablauf verändern. Ähnliche Versuche wurden vielerorts gemacht, etwa in Kelle Riedls »Off-Off-Theater« in München.

Die Gedanken der »Frankfurter Schule«, besonders von Herbert Marcuse, wirkten sich nicht nur im politischen Bereich aus. Die »Außerparlamentarische Opposition« und die Manifeste und Pamphlete der Studentenunruhen von 1968 griffen auch in den Bereich von Ästhetik und Kunst. Dazu trat die seit den frühen sechziger Jahren aus den Vereinigten Staaten importierte Pop-art, die den Weg zu einer »klassenlosen« Kunst anzubahnen schien: Abwendung von allen elitären Ansprüchen, Hinwendung zu den Objekten des täglichen Konsums, deren Reproduktionen auf Massenwirkung und Massenverbreitung aus sind. »All is pretty«, hatte einer der Protagonisten, Andy Warhol, formuliert, und so erfaßte die Bewegung den gesamten Bereich des Banalen, Trivialen, leicht Genießbaren, serienmäßig Hergestellten als Stoff und Motiv in allen »Kunst«-Gattungen: neben der Popmusik auch in der bildenden und der darstellenden Kunst, deren Grenzen sich auflösten, und in der Literatur. Auf der »Documenta« in Kassel demonstrierten sich die neuen Tendenzen, wenn auch wieder im elitären Museumsrahmen. Die Grundidee war: Realität als Kunst zu bieten. So wurden Objekte des Alltags verfremdet oder parodiert, indem man sie isolierte, in neue Umfelder stellte oder Ausschnitte, Reihungen, Vergrößerungen, Collagen bot. So führten zwei durchaus verschiedene Ausgangspunkte zu dem Ruf vom Tod der Kunst, zu einer Antikunst. In der »Aktionskunst«, im Happening, in Fluxus oder Performance griff Pop-art am stärksten über den Rahmen tradierter Kunstgattungen hinaus: der Ablauf von Aktion und Rezeption in der realen Zeit verband Elemente der bildenden Künste mit solchen des Theaters. Die Aktionskunst, die eine Reihe unterschiedlichster Sonderrichtungen hervorbrachte, wollte den Zuschauer in Situationen, Ereignisse, Demonstrationen einbeziehen und ihm dadurch schockierende Erlebnisse und neuartige Erkenntnisse vermitteln. Im Literarischen kam all das zur Sprache, was bisher im Rahmen der Kunst unausgesprochen blieb, das Alltägliche oder das bewußt Ausgesparte: Vulgarität und Intimbereich. Im Slang und im »dirty speech« des Jargons suchte man Sensibilität zu unterlaufen, machte Enthemmung und Enttabuisierung geltend. Was vor allem geleugnet wurde, war die Trennung von E- und U-Literatur, von »hoher«, esoterischer Kunst, die die Intellektuellen für sich beanspruchten, und der Konsum- und Massenli-

teratur des »Volkes«, eine Trennung, die man als undemokratisch und ungerecht empfand. Mit seiner »Wegwerfpoesie« versuchte zum Beispiel BAZON BROCK (geb. 1936), in Manifesten, Happenings und »Film-Lehr-Theater-Stücken« auch auf literarischem Gebiet eine neue Ästhetik zu begründen.
Von diesem Antitheater ist das politisch bestimmte kollektivistische Tendenztheater abzusetzen, das freilich auch Elemente der Popszene aufnahm. Es bildeten sich Formen heraus wie Agitprop, Song- und Wandergruppen, sozialistische Straßentheatergruppen, proletarische Kinderbühnen. Diese Gruppen verstanden sich als eine Art »Gegenöffentlichkeit«, als »bewußtseinsbildende Vermittler«, die in populärer Form präsentiertes Wissen über »Klassenkampf« verbreiteten, wobei Politkampagnen initiiert werden sollten. In den Kellertheatern der Großstädte und auf Theaterfestivals kamen ihre Aufführungen zur Geltung, doch blieben ihre Inhalte durch den notwendigen Bezug zu aktuellen Fragen äußerst kurzlebig. Schon an den Titeln solcher Stücke konnte man das ablesen: etwa Josef Büschers *Das Ereignis des Jahres*, Hans Christoph Buchs *Wirtschaftskonjunktur* (1968/69) oder die *Ordinarienbeschimpfung* von Roman Ritter und Uwe Timm. Die Agitprop-Stücke arbeiteten mit plakativ-episodischen Formen, mit Klischees und

Abb. 100: Botho Strauß *Kalldeway Farce* – Szenenfoto der Münchner Aufführung 1983

simplifizierten Typisierungen, mit Schlagzeilenmontagen, Songs und Minimalrequisiten.

Wirkung auf die Revolutionierung der Gesellschaft konnten all diese Formen des Antitheaters wohl nur in sehr beschränktem Maße ausüben. An der Funktion des etablierten Schauspiels haben sie kaum etwas geändert: das Antitheater hat den Staats- und Staatstheaterbetrieb mit der, trotz Brecht, zementierten Erwartungshaltung seines Publikums in Frage gestellt, aber nicht beseitigt. So lebt Theater in den beschriebenen Formen weiter, nimmt Anregungen auf und versucht durch provozierende oder sensible Dramaturgie und Regie neue Dimensionen zu gewinnen. Auch die Autoren fehlen wohl nicht, selbst wenn die Stücke unserer Jahre viel vom Experiment an sich haben mögen. »Handlungsdramen« alter realistischer Schule mit durchgängiger Fabel sind der Darstellung statischer Situationen gewichen.

So bei BOTHO STRAUSS (geb. 1944), der Redakteur der Zeitschrift »Theater heute« war und dramaturgischer Mitarbeiter des Regisseurs Peter Stein an der »Schaubühne am Halleschen Ufer« in Berlin, die in der »Schaubühne am Lehniner Platz« fortlebt.

Er trat zunächst mit Theaterstücken hervor, in denen die Isolation des modernen Menschen, seine Neurosen und Miseren, die Kälte und Lieblosigkeit dieser Welt in Momentaufnahmen nach Art der filmischen »Blendentechnik« manifest werden. Sein Stationendrama *Groß und klein* (1978) fügt zehn Szenen aneinander, die allein durch die Hauptfigur zusammengehalten werden. Selbst isoliert und auf der Suche nach Verständnis, geht Lotte als Samariterin durch die Szenen, in deren Kontrast zwischen Milde und Schrecken das Jammertal unserer Welt und die seelische Verkrüppelung der Menschen offenbar werden.

Von Becketts *Warten auf Godot* scheint das 1981 erschienene Stück *Kalldewey, Farce* angeregt zu sein, das die Schwierigkeit von Beziehungen im kleinsten Kreis demonstriert mit allen Symptomen unserer Tage: Tod der Ehe, Frauenkneipe, Feminismus. Ein Stück, das zuletzt in Klamauk ausartet: hintersinnige Kritik an einer Gesellschaft, deren Mitglieder in ihrem narzißtischen Selbstverwirklichungswahn nur noch in der Groteske zu fassen sind.

Die Unfähigkeit zur wirklichen Beziehung trotz Mitwirkung der Shakespeareschen Geisterwelt von Oberon und Titania führt das fünfaktige Schauspiel *Der Park* (1983) vor, lose gefügt in den Szenen, aber bühnenwirksam. Auch in der Komödie *Der Besucher* (1988) ist das zentrale Thema die Egomanie des einzelnen, seine mangelnde Sensibilität für die Verletzlichkeit der Mitmenschen.

Lyrik:
Von der Naturmagie zum Zeitgedicht

Stärker als in der Epik, direkter als im Drama artikuliert sich Dichtung, als Anrede oder Appell psychologischer, affektiver oder politischer Natur, in der modernen Lyrik. Dabei stößt man bei der Frage nach der Aufnahme von »Gedichten« auf Achselzucken und Lächeln. Tatsächlich ist die Verbreitung lyrischer Texte nur schwer plausibel zu machen, denn Lyrikbände, selbst die arrivierter Autoren, erreichen kaum höhere Auflageziffern. Dem Lyriker stehen außer Buch und Periodika auch keine anderen Medien zur Verfügung; die gelegentlichen Dichterlesungen tragen wohl zur Verbreitung nicht allzuviel bei. In der eigentlichen Buchlektüre, in Theater, Film und Fernsehen beherrschen objektivierte, handlungsbestimmende Texte erzählender oder dramatischer Natur das Feld. Es bleibt schwierig, den Weg von Lyrik zum Leser und den Leserkreis selbst zu beschreiben. Neben den Originaleditionen von Gedichtbänden sind es vor allem Textsammlungen, Lesebücher, Anthologien, Jahrbücher und Almanache, die Lyrik abdrucken. Aufgenommen wird diese von den Rezensenten, der Literaturkritik, dem Einzelleser, besonders aber von literarischen Arbeitsgemeinschaften, den Arbeitsstätten in Universität, Volkshochschule und Schule. Deren multiplikatorische Wirkung ist nicht zu unterschätzen, auch wenn der Schülerrezeption meist Widerwillen gegen das Gebotene nachgesagt wird. Gedichte sind überschaubarer als alle anderen Sprachgebilde, und sie prägen sich ein.
Die Jahre nach 1945 mit den beschränkten Druck- und Verlagsmöglichkeiten förderten diese Verbindung zum Gedicht. Anthologien verbreiteten Lyrik in ihrer ganzen Breite, so die Sammlung *Ergriffenes Dasein*, herausgegeben von Hans Egon Holthusen und Friedhelm Kemp (1953), die *Expeditionen* von Wolfgang Weyrauch, *Flügel der Zeit* von Curt Hohoff (1956) mit Rückgriff auch in die Jahre vor dem Dritten Reich. Neben den Anthologien waren es periodisch oder unregelmäßig erscheinende Kulturzeitschriften, die nach 1945 geradezu aus dem Boden schossen. Die ersten dienten primär der »Umorientierung«, das deuteten schon ihre Namen an: *Der Ruf – Plan Die Wandlung – Das goldene Tor – Die Fähre*. Kaum ein Fünftel dieser Blätter überlebte die Währungsreform von 1948. Von den Neugründungen literarischer Zeitschriften erlangten vor allem die von Hans Bender und Walter Höllerer herausgegebenen »*Akzente*« Verbreitung und Bedeutung, seit 1954 »Zeitschrift für Dichtung«, seit 1968 als »Zeitschrift für Literatur«. Bewußt pluralistisch konzipiert, suchten die »*Akzente*« den Anschluß an die Vor-Nazizeit, diskutierten sie die Autoren der verfemten und verbotenen Literatur und förderten zugleich Literaturtalente. So wurden sie zum Forum junger Autoren, Kritiker, Essayisten und Germanisten. Seit 1965 ließ Hans Magnus Enzensberger sein »*Kursbuch*« erscheinen, wo-

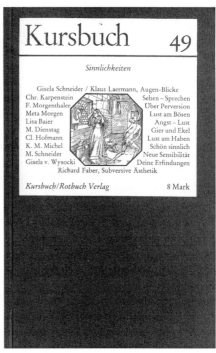

Abb. 101   Abb. 102

mit er der »heimatlosen Linken« in der Bundesrepublik ein politisch engagiertes Organ bieten wollte. Auch der seit 1965 erscheinende *»Kürbiskern«* von Christian Geißler, Yaak Karsunke u. a. sowie der seit 1967 publizierte *»Tintenfisch«* von Michael Krüger und Klaus Wagenbach sahen und sehen Literatur als Ansatzmöglichkeit zur Gesellschaftskritik, ähnlich die Vierteljahresschrift *»Freibeuter«* mit Themenschwerpunkten in jedem Heft. In der in Graz erscheinenden Zeitschrift *»Manuskripte«* (Verlag Forum Stadtpark), dem in Zürich publizierten *»Spektrum«* und anderen (*»Der Rabe«*, *»Litfass«* bis 1989) sowie in den Literaturteilen von Tages- und Wochenzeitungen wurde und wird Literatur abgedruckt, kritisiert und diskutiert.

Unter den poetischen Texten bleibt für die Lyrik auch darin nur ein relativ beschränkter Raum.

»Bessere Zeiten für Lyrik« begannen in den siebziger und achtziger Jahren mit der Publikation von Jahrbüchern. Seit 1979 erschien im Athenäum-Verlag das *»Jahrbuch für Lyrik«* (als Herausgeber im Wechsel: Karl Otto Conrady, Beate Pinkerneil, Günter Kunert), im Claassen-Verlag das *»Jahrbuch der Lyrik«* (als Herausgeber Christoph Buchwald und im Wechsel Harald Hartung, Christoph Meckel, Rolf Haufs und andere). In den Jahren 1967 bis 1977 gab Bernd Jentzsch (geb. 1940 in Plauen und seit 1977 in Zürich lebend) die Lyrikreihe *»Poesiealbum«* mit monatlich erscheinenden Heften heraus. Neben weiteren jährlichen

Auswahlbänden von Lyrik hat Jentzsch auch eine dreiteilige Anthologie von lyrischen Gedichten betreut, die sich mit dem Dritten Reich und seinen Folgen auseinandersetzten. Inzwischen gibt es auch einen »Lyrikkatalog Bundesrepublik«, und die Publikation des ersten Lyrikertreffens 1981 in Münster hieß »*Lyrik von allen Seiten*«.

Nach dem Krieg formulierten die ersten lyrischen Texte die Abwendung vom Politischen und versprachen Trost bei der Frage nach der Schuld an dem Geschehenen. Im Sinne alter humanistischer Ideale riefen die Lyriker auf zu Geistigkeit, Reinheit und zu gewaltloser Menschlichkeit. Die Autoren der »inneren Emigration« und auch die jüngeren Lyriker orientierten sich dabei an klassischen und romantischen Vorbildern, als ob all das, was dazwischen lag, gar nicht existiert hätte. Sie führten auch die alten tradierten Formen weiter: den Reim, die Strophe, die antiken Versmaße, das Sonett. Die *Moabiter Sonette* von ALBRECHT HAUSHOFER (1903–1945) fand man in der Hand des im Berliner Gefängnis Erschossenen, der in der Folge der Verschwörung des 20. Juli verhaftet worden war. Aus 35 Sonetten bestand auch der Gedichtband *Venezianisches Credo* von RUDOLF HAGELSTANGE (1912–1984), das der Autor auf einer Handpresse in Verona drucken konnte und das schon 1946 als Buchausgabe in Deutschland erschien. Aus christlich-humanistischer Grundhaltung erfolgte darin der Aufruf zur Wandlung. Die Frage nach Gewissen und Verantwortung des Menschen bewegte WERNER BERGENGRUEN in seinem Band *Dies irae* (1945), dessen Gedichte durchweg traditionelle Formen wiederaufnahmen. Ausgewählte Sonette legte schließlich REINHOLD SCHNEIDER (1903–1958) in seinem 1946 erschienenen Band *Die neuen Türme* vor: Verse über das Ringen des Christen in moderner Zeit. Schneider, 1938 zum katholischen Glauben übergetreten, war wegen seiner offenen Gegnerschaft zum herrschenden Regime als Hochverräter vor Gericht gestellt worden. War es Eskapismus, der die Werke dieser Autoren kennzeichnete? HANS EGON HOLTHUSEN (geb. 1913), als Lyriker von einem christlichen Existentialismus geprägt, sprach in seinem Essayband *Der unbehauste Mensch* (1951), dessen Titel zum Schlagwort wurde, von »Flucht in eine geistige Bodensee-Idylle«. Die Schriftsteller, die er meinte, lebten im überzeugten Bewußtsein vom Wert einer humanistisch bestimmten Tradition. Von Bedeutung für die folgende Lyrikergeneration aber wurden drei Autoren, sowohl durch ihre theoretischen Schriften wie durch ihr Werk: OSKAR LOERKE, GOTTFRIED BENN und BERTOLT BRECHT. Ihre Nachfolge bestimmt die Gruppierungen der Lyrik nach 1945, obwohl neben den deutschen auch ausländische Vorbilder mit eingewirkt haben.

Naturmagie

Dem »Naturgefühl« der individuellen Erlebnislyrik, wie sie sich seit der Zeit der »Empfindsamkeit« und des »Sturm und Drang« gebildet hatte, machten Naturalismus und Expressionismus ein Ende. Dafür lebte eine andere Form der Naturlyrik auf, und zwar im Gefolge des Expressionismus. Sowohl OSKAR LOERKE als auch GEORG BRITTING, die der naturmagischen Richtung entscheidende Impulse gaben, hatten unter seinem Einfluß begonnen. Im späteren Werk fanden sie und Loerkes Freund WILHELM LEHMANN den Weg zu einer Lyrik, in der die Natur weder als Kulisse diente, wie im Mittelalter und Barock, noch als primärer Erlebnisinhalt, wie in der Lyrik seit dem jungen Goethe. Loerke bewegte die Vergänglichkeit des Menschen gegenüber der dauernden Natur. Für Britting offenbarte sich in ihr die schicksalhaft-dämonische Verflochtenheit des Daseins. Lehmann sah sie mit fast wissenschaftlicher, aber sinnenhafter Genauigkeit und in Korrelation zu Mythos und Dichtung. Es war bei allen drei Autoren eine realistisch gesehen Naturlandschaft unter stärkster Zurückdrängung des lyrischen Ich oder, nach Loerke, »mehr der Gesang der Dinge als meine Stimme«. Eine beachtliche Zahl von Lyrikern schloß sich diesen Vorbildern an, um so mehr, als die »Objektivierung« des lyrischen Standpunkts manche Möglichkeit der Entfaltung bis hin zum politisch-gesellschaftskritischen Akzent bot.

So erweiterte KARL KROLOW (geb. 1915), intellektuell gewandt, den Blick auf Landschaft und Jahreszeiten in einer zunächst noch klangvoll gereimten Strophe, wie in seiner *Ode 1950*. Der eigenartige Schwebezustand der Metaphern zwischen realem Zugriff und abstrakter geistiger Imagination gibt seinen frei gestalteten »offenen Gedichten« poetische Leuchtkraft. Die nur scheinbar einem L'art pour l'art verschriebenen Lyrikbände geben ballastfrei und unverkrampft Bilder und Aspekte moderner Existenz. Ohne flinke Anpassung an modernistische Effekte bleibt sein Gedicht aktuell und lebendig, mit dem tönend-rhythmischen Elan überzeugender Sprachgewalt in allen folgenden Bänden: *Die Zeichen der Welt* (1952), *Fremde Körper* (1959), *Zeitvergehen* (1972), *Herbstsonett mit Hegel* (1981), *Schönen Dank und vorüber* (1984). Daneben hat Krolow Übersetzungen und Nachdichtungen aus dem Französischen und Spanischen veröffentlicht, hat eine große Zahl von Essays und Schriften zur modernen Lyrik verfaßt, hat schließlich auch drei Romane publiziert und ist Mentor und Leitbild vieler junger Autoren geblieben.

In den Umkreis der naturmagischen Lyrik gehört, neben den schon Genannten, eine große Zahl von Autoren aus dem gesamten deutschen Sprachraum: von ROSE AUSLÄNDER (1907–1988) bis CRISTINE LAVANT (geb. 1915) und WALTER HELMUT FRITZ (geb. 1929). Trotz oft kühner Methaphorik fehlt ihrer Lyrik, wie auch der von WOLFDIETRICH SCHNURRE (1920–1989), das Dunkle, Hermetische. Schnurre hatte 1956 mit dem Band *Kassiber* angefangen und wiederholte diesen Titel auch noch 1980 in einer »Überschau« seiner Gedichte aus 34 Jahren. Sie stehen wohl noch im Bann der Naturmagie, sind zugleich aber Symbol einer Situation, die der Geheimzeichen bedarf.

Zeichen und Chiffren

Fließend ist der Übergang vom naturmagischen Gedicht zum hermetischen. Dies kam von der »Bewußtseinslyrik« des Symbolismus her, die eigentlich im Gegensatz zur Naturlyrik stand. Wenn GOTTFRIED BENN (1886–1956) sich radikal von dem bisherigen Lyrikbegriff löste, setzte er fort, was der französische Symbolimus an »hermetischer« und »absoluter« Lyrik geschaffen hatte: die Verbindung von Intuition und Bewußtheit. In seinem Vortrag *Probleme der Lyrik* (1951) brach er den Stab über den ich-bezogenen Lyrismus, den »seraphischen Ton« wie das »Allgefühl«, Elemente, die – so meinte er – nur auf die Sentimentalität des Lesers spekulierten und eine Flucht vor dem Irdischen darstellten. Nicht Flucht, sondern Überwindung des Irdischen aber sei Aufgabe des Dichters, der als »poetischer Ingenieur« ein »großer Realist« bleiben müsse.

Das alles hatte er schon in seiner expressionistischen Phase demonstriert. 1912 erschien sein Gedichtband *Morgue*, der den harten Bruch mit der Tradition vollzog. Seine Lyrik, die er nach Kriegsende veröffentlichte, fand ein großes Echo: *Statische Gedichte* (1948), *Fragmente* (1951), *Destillationen* (1953). Man sprach später von einem »Benn-Rausch«, dem auch viele junge Lyriker verfielen. Dennoch fand er keine unmittelbare Nachfolge, weil sein besonderer Stil der Integration einer klassisch-humanistischen Begriffswelt mit wissenschaftlicher Terminologie und Alltagsjargon einem spezifischen Grundgedanken entsprang: dem Versuch, einer als zerbrochen erfahrenen Welt die formale Vollkommenheit des Gedichts entgegenzusetzen. Benns Gedicht ist angeblich nüchtern konstruiert, es vermeidet sicher jede Gefühlsseligkeit, nicht aber das Pathos. Die lyrische Diktion wird zu einem Amalgam aus mythologischen Bildern, kulturhistorischen Anspielungen und Zitaten, Objekten der modernen Industriewelt, Fremdwörtern, wobei Naturelemente, besonders auch exotische, nicht fehlen. Dominierend wird das Substantiv, das Verbum tritt stark zurück, der Satzbogen verfällt. Damit reduziert sich das syntaktische Gesamtbild des Gedichts auf mehr oder minder elementare »Zeichen«. Das gilt in der Nachfolge Benns für die gesamte deutsche Lyrik unserer Tage.

Für GÜNTER EICH (1907–1972) waren Zeichen lebensnotwendige »Definitionen«. Nach seiner naturmagischen Phase entstanden Gedichte, die die lyrische Aussage auf formelhafte Zeichen reduzierten: »Das Zeichen suchen // statt der Metapher // und also den einzigen Ort, // wo immer du bist.« Anknüpfend an den Ding-Kult fernöstlicher Anschauungen fragte der Dichter nach dem, was hinter den Erscheinungen liegt. Verrätselt und bruchstückhaft markierten die »Zeichen« seiner späten Gedichte umgrenzte Elemente. Der Seinszusammenhang ist nicht faßbar, denn Ding und Wort fallen nicht mehr in eins. Der Dichter aber sucht die verlorengegangene Kongruenz zwischen Wort und Welt. Diese ist gegeben in einer Sprache, die sich zwar rings um uns befindet, deren

Urtext wir gleichwohl nicht besitzen. Des Dichters Aufgabe ist es daher, zu »übersetzen«. Sprache beginnt für ihn erst dort, wo die Übersetzung sich dem Original nähert. Seine poetische Welt steht zwischen Greifbarem und Erahntem, das deuten schon die Titel seiner Lyrikbände an: *Botschaften des Regens* (1955), *Zu den Akten* (1964), *Anlässe und Steingärten* (1966).

Zeichen im Sand hieß ein Band szenischer Dichtungen der jüdischen Lyrikerin NELLY SACHS (1891–1970), der mit Hilfe der Schwedin Selma Lagerlöf im Jahre 1940 die Flucht aus Berlin gelang. Ihre Lyrik ist bestimmt von der Auseinandersetzung mit den Psalmen, der Kabbala, dem Chassidismus und Jakob Böhme, dem frühbarocken Mystiker und Denker. Sie gestaltet in visionären Bildern Verfolgung und Leid des Menschen, des Heimatlosen, getragen vom Schicksal ihres Volkes, dem sie in dem Band *In den Wohnungen des Todes* (1947) ein erschütterndes Requiem sang.

Wie Nelly Sachs wuchs auch GERTRUD KOLMAR (1894–1943), Tochter des Rechtsanwalts Chodziesner aus Kolmar, in Berlin auf. Ihr widerfuhr das grausige Schicksal von Verschleppung und Vernichtung, seit 1943 blieb sie verschollen. Ihre Lyrik, meist noch in der Reimstrophe, kreiste um die mystische Beziehung zum lebendigen Wesen, zum Mitmenschen und zum Tier. Sie wird bestimmt von einer Sprache, die »die Bilder nie bis zur Metapher gedeihen läßt, sondern sie auffängt in einzelnen Zeichen« (M. Seidler). Schon 1917, obwohl sie selbst dem Literaturbetrieb fernblieb, erschienen *Gedichte*, später *Die Frau und die Tiere* (1938). Der Zyklus *Welten* und die Auswahl *Tag- und Tierträume* sind posthum herausgegeben worden.

PAUL CELAN (1920–1970), eigentlich Paul Anczel, Sohn einer deutschsprachigen Familie aus chassidischem Umkreis, wurde in Czernowitz geboren, der Hauptstadt der bis 1918 österreichischen Bukowina, die dann an Rumänien fiel und 1944 von der Sowjetunion annektiert wurde. Er hatte in Frankreich studiert, lebte kurze Zeit nach dem Krieg in Bukarest, dann in Wien und schließlich in Paris, wo er nach dem Studium der Germanistik als Dozent, Übersetzer und freier Schriftsteller tätig war. Seine Dichtungen genossen hohes Ansehen, Literaturpreise, unter anderem der Georg-Büchner-Preis, wurden ihm zuteil. Still und rätselhaft wie sein Leben war sein Ende: im späten April 1970 fand er den Tod in der Seine. Neben seinem lyrischen hat er ein umfangreiches übersetzerisches Werk hinterlassen, das von Shakespeare bis Emily Dickinson, von Ungaretti bis Jewtuschenko reicht. Mit Rilke und Trakl aufgewachsen, nahm Celan alsbald auch die Lyrik des französischen Symbolismus auf. Wie Nelly Sachs hatte er mit seiner Lyrik, besonders mit der *Todesfuge* (1945 oder wenig später), das Grauen der Vernichtungslager sprachlich zu fassen versucht. Neben Gottfried Benns Gedicht *Verlorenes Ich* war es die klagend-melodiöse Polyphonie dieser Verse, die seit den fünfziger Jahren in einem als aktuell verstandenen Literaturunterricht landauf, landab widerhallen: »... der Tod ist ein

Meister aus Deutschland«. Schon Celans erste Gedichtbände: *Der Sand aus den Urnen* (1948), *Mohn und Gedächtnis* (1952), *Von Schwelle zu Schwelle* (1955) boten kühne Vexierbilder in esoterischen Metaphernkombinationen. Dennoch wandte sich Celan immer gegen den Vorwurf, verrätselt zu schreiben. Für ihn war, wie aus einem Gespräch berichtet wurde, alles verständlich: nur wurde beim Verstehen viel vorausgesetzt.
Die Metaphern seiner Verse umgreifen mystische Gottesbilder der Kabbala, Hebräisches, Kirchenlatein und Mittelhochdeutsch und fügen dies alles zur »Gitterung«, zu freilegender Erkenntnis und Verschlüsselung zugleich. Der immer stärker spürbare Rückzug ins Hermetische wurde in den folgenden Jahren auch aus den Titeln der Sammelbände deutlich: *Sprachgitter* (1959), *Die Niemandsrose* (1963), *Atemwende* (1967), *Fadensonnen* (1968), *Lichtzwang* (1970), *Schneepart* (1971).
Celans Verse kreisen um ein einziges Thema: die Zerbrochenheit und die Fremdheit des Menschen in der Welt. Der Metaphernbezug und die syntaktische Reduktion zugunsten kühner Wortkombinationen (Kummerbojenspalier, Schneewimperschatten) führen zur »absoluten Chiffre«, in der sich das »objective correlative« oder das »evokative Äquivalent« realisiert. Dieses schafft Dunkelheit und Mehrdeutigkeit durch Komposition paradoxer Bildelemente, durch Kombination von Widersprüchlichem und Heterogenem, von abstrakten und konkreten Elementen sowie durch Inkongruenz von Bild und Vorstellungswelt.
Der Anteil des Subjektiven bei Rezeption und Interpretation solcher Lyrik ist bedeutend. Die absolute Chiffre evoziert Parallelvorstellungen beim Leser, sie wächst über die traditionelle Metapher mit Vergleichscharakter hinaus. Doch ist sie nicht nur Manierismus und wohl auch keine Schöpfung der Moderne. Für die grübelnden Sucher und Seher, die tiefgründigen Sprachschöpfer war sie Weg und Versuch, die Kluft zwischen Welt und Sprache zu überwinden: für den späten Goethe und den späten Rilke, für Hölderlin und Trakl.
Dunkelheit der Aussage in hermetischen Metaphern charakterisiert auch die Lyrik der Klagenfurterin INGEBORG BACHMANN (1926–1973). Mit dem Band *Die gestundete Zeit* (1953) hatte sie begonnen. Nur schmal blieb ihr Werk, dafür kontrastreich im Denkansatz: Beschäftigung mit den Philosophen Heidegger und Wittgenstein einerseits und andererseits sprachgewaltige Verse in mythischen Bildern zu Schicksal und Untergang des gefährdeten Menschen, des suchenden Ich. Mit dem Band *Anrufung des großen Bären* (1956) schloß sie ihre Lyrik ab, schrieb noch bis 1973, dem Jahr ihres geheimnisvollen Todes in einem römischen Hotel, wenige Erzählungen, den Roman *Malina* und die Opernlibretti *Der Prinz von Homburg* (1960), *Der junge Lord* (1965), die der Komponist Hans Werner Henze vertonte.
Auf Ingeborg Bachmanns Spuren geht FRIEDERIKE MAYRÖCKER (geb. 1924), die sich nie gern einklemmen ließ zwischen »den beiden Monstren Dadaismus und Surrealismus«, in deren Umfeld sie anfangs zu

schreiben schien. In einer als rätselhaft erfahrenen Welt ist für sie die Sprache das einzige und letzte, was dieses Ich als Halt besitzt. In ihrer Lyrik (*Retour an dich mein totes Kind, das Anheben der Arme bei Feuersglut*, 1982) wie ihrer Prosa (*Reise durch die Nacht*, 1984; *mein Herz, mein Zimmer, mein Name*, 1988) spiegelt sich Welt in ihrer Widersprüchlichkeit.

Herb, eigenwillig, oft stockend, lakonisch – das sind Äußerungen über die lyrische Sprache von SARAH KIRSCH (1935 als Ingrid Bernstein geboren). Einfach, einprägsam sind ihre Verse: Landschaft – seit ihrem Übergang in den Westen die von Schleswig-Holstein –, Idylle scheinbar, gleichzeitig der »sanfte Schrecken« immer wieder und die dunklen Töne, die lebensvollen Metaphern und Chiffren, die in Verhaltenheit und Treffsicherheit an die geistesverwandte Ingeborg Bachmann gemahnen. Auch die Prosagedichte (*La Pagerie*, 1980) stehen sprachlich den lyrischen nahe (*Zaubersprüche*, 1973; *Drachensteigen*, 1979; *Erdreich*, 1982; *Schneewärme*, 1989).

Die Lyrik des hermetischen Bildes hat bis in unsere Tage im deutschsprachigen Raum viele Repräsentanten gefunden. Nach dem Verlust aller metaphysischen Bezüge des Menschen von heute wird die Chiffre zum adäquaten Ausdrucksmittel für die Situationen in einer schutzlos preisgegebenen und fragwürdig gewordenen Existenz.

Konkrete Dichtung

An der »Grenze des Verstummens« und »in der Nähe des Schweigens« befanden sich schon die lyrischen Monologe von Arthur Rimbaud und Stéphane Mallarmé. Für sie war Dichtung ein »schweigender Ausflug ins Abstrakte« und ihr Text ein »Erlösen«. Man übertreibt nicht bei der Feststellung, daß diese Reduktion zu einem Grundprinzip poetischen Sprechens in unserer Zeit wurde: Reduktion in der Sprache, in Syntax und Formen, aber auch in Inhalten. Als »Rückführung« konnte sie Rückbesinnung sein, Hinwendung zu einfachen Formen, vor allem aber, aus tiefem Mißtrauen gegenüber dem »großen Wort«, bewußte Verknappung, Verkleinerung, Schrumpfung. Das »schweigende Gedicht« im Sinne Mallarmés bedeutet Auflösung des literarischen Bestandes an Inhalten und Formen. Auf die Gefahren, die dadurch einer Kunstgattung drohen, deren Medium die Sprache ist, wies 1965 Walter Höllerer hin und trat für das »lange Gedicht« ein. In dem Reduktionsprozeß der Symbolisten wurde überdies die Aussageweise, das Formale wichtiger als der Gehalt, wohl aus der Erkenntnis eines fragwürdig gewordenen Wirklichkeitsbezugs und einer tiefen Skepsis der Sprache gegenüber. Die radikalste Loslösung von Fragen des Gehalts zugunsten neuer Möglichkeiten in der Lyrik vollzog wohl der »Konkretismus«. Theorie und Namen dieser Richtung waren im Anschluß an die bildende Kunst entstanden. »Konkrete Kunst« nannten die Maler des Krei-

Abb. 103: max bill, *ohne Titel*, 1972

ses »De Stijl« um Piet Mondrian oder der Schweizer Max Bill ihre Versuche der Konzentration und Reduktion auf die darstellerischen Mittel von Linie, Farbe, Fläche, Raum. Sie gingen damit noch einen Schritt weiter als die »abstrakte Kunst«, die zwar die Illusion des Naturbildes verwarf und »gegenstandsfreie«, aber nicht inhaltsfreie Kompositionen schuf. Die konkrete Dichtung – deren Organ, die Zeitschrift »konkrete poesie – poesia concreta«, von 1960 bis 1965 in Frauenfeld erschien – sah ihr Ziel in der Reduktion des Sprachkunstwerks auf das sprachliche Material, besonders auf das Einzelwort. Die Sprache selbst war damit Thema, und zwar unter größtmöglicher Ausschaltung des Gehalts. Von Anfang an hatte die Richtung zugleich sozialkritische und politische Tendenzen: durch Zerschlagung sprachlicher Hierarchien wollte sie soziale Herrschaftsstrukturen abbauen helfen.
So formulierte HELMUT HEISSENBÜTTEL (geb. 1921): »Die Opposition ist aggressiv. Sie reduziert den Inhalt und löst die Form in ihren traditionellen Erscheinungsweisen auf.« Das bedeutet Auflösung der Grenzen zwischen den Darstellungsweisen von Prosa und Vers, zwischen den literarischen Formen – statt Roman, Schauspiel, Ballade jetzt: Texte, Projekte, Demonstrationen –, ja selbst zwischen den Künsten. Da Sprache Klang ist und bildlich-graphische Figur zugleich, kommt es zu gleitenden Übergängen zwischen Dichtung und Musik wie zwischen Dichtung und Graphik. Heißenbüttels Texte gehen deutlich auf Musikalisches zu. Er beschreibt das so: »Inhaltlich bedeutungslose Sprachetüden. Reine Schönheit ohne den Ballast von Bedeutung und Gehalt. Sprache, im Sinne von Tönen und musikalischen Phrasen verwendet.« Von realen Bezugspunkten sollen seine Texte also gelöst werden.

Abb. 104: Piet Mondrian, *Komposition mit Rot, Gelb und Blau*, 1921

Bei aller individuellen Verschiedenheit lautet die theoretische Grundlegung der konkreten Poesie bei EUGEN GOMRINGER (geb. 1925) ähnlich. Als Sekretär des Malers Max Bill hatte er die konkrete Malerei aus erster Hand kennengelernt. In seinen *Konstellationen* (1953) übertrug er das Attribut auf seine Texte. Im gleichen Jahr hatte auch der Schwede Öyvind Fahlström in seinem »*Manifest für konkrete Poesie*« die Bezeichnung für Sprachkunstwerke dieser Art verwendet. Zweck seiner konkreten Poesie war für Gomringer, »der dichtung wieder eine organische funktion in der gesellschaft zu geben«. Angesichts der Vereinfachung aller Erscheinungen in der modernen Welt müsse auch das Gedicht einfach und überschaubar sein, zudem universell verständlich. Einfachste Gestaltungsmöglichkeit der auf dem Wort beruhenden Dichtkunst stellt die »Konstellation« dar. Sie ist »eine realität an sich und kein gedicht über«. Mit Hilfe der »Kombinatorik« gestaltet er aus Einzelwörtern angeblich universell verständliche »Konstellationen«, deren Druckanordnung die reduzierte Syntax ersetzt. Sie wollen das Erlebnis einer bestimmten Ordnung vermitteln, sollen »überschaubar, nachvollziehbar, provozierend und (...) einfach, d. h. rätselhaft und poetisch« bleiben. Auch für Gomringer ist dabei das sprach- und gesellschaftskritische Moment von Bedeutung. In seiner Anthologie *konkrete poesie* (1972) sind in den »definitionen zur visuellen poesie« die neben den »konstellationen« noch möglichen Formen konkreten Dichtens angeführt: Ideo-

```
ordnung     ordnung
ordnung     ordnung
ordnung     ordnung
ordnung     ordnung
ordnung     ordnung
ordnung     unordn  g
ordnung     ordnung
ordnung     ordnung
ordnung     ordnung
ordnung     ordnung
ordnung     ordnung
```

```
n   t
n ↑ t
n ↑ t
n   t
nicht
nicht
nicht
nicht
nicht
nicht
nicht
nicht
nicht
nicht
nicht
nicht
nicht
nicht
ich
ich
ich
ich
ich
```

Links: Piktogramm von Timm Ulrichs
Rechts: Gedicht von Ernst Jandl

gramme, Dialektgedichte, Palindrome, Typogramme und – bereits als »randerscheinungen« der Poesie – Piktogramme.

FRANZ MON (eigentlich Franz Löffelholz, geb. 1926) hat seinen theoretischen Ausgangspunkt in mehreren Schriften und Zeitschriftenbeiträgen erläutert. In seinem *lesebuch* (1967/1972) legte er die vielfältigen Möglichkeiten der Serie, der Permutation, des Ideogramms, des Zitats und der Montage vor. Dabei geht er aus von der »poesie der fläche«: wie bei der Betrachtung eines Bildes könne auch bei einem Text die »gegliederte fläche« als Ganzes gelesen werden. Was hier umschrieben wird, ist »visuelle« Dichtung, die sowohl Graphisches wie Begriffliches zur Darstellung bringt.

Über die »audiovisuellen Gedichte« von Carlo Belloli führen die *Laut- oder Sprechgedichte* der Wiener Gruppe zu der primär akustisch strukturierten konkreten Literatur, die an Hugo Ball, Gertrude Stein und Cummings anknüpfte. In den Dialekt- und Lautgedichten von Friedrich Achleitner, Oswald Wiener, Hans Carl Artmann und anderen verdrängt die akustische Dimension weitgehend die semantische des Einzelmorphems. Da das Klangelement im Vordergrund steht, ersetzt die Tonaufzeichnung oft den Druck, wie auf ERNST JANDLS (geb. 1925) Schallplatte *sound poems* (1965) und in dem Band *Laut und Luise* (1966), in *Sprechblasen* (1968) sowie in mehreren Sammelbänden (*Alle freut, was alle freut*, 1975; *Die bearbeitung der mütze* 1978).

> schweigen schweigen schweigen
> schweigen schweigen schweigen
> schweigen   schweigen
> schweigen schweigen schweigen
> schweigen schweigen schweigen

Gedicht von
Eugen Gomringer

Die konkrete Dichtung hatte ihre Blütezeit in knappen zwei Jahrzehnten bis zur Mitte der siebziger Jahre. Den Charakter des Experimentellen konnte sie nie ganz abstreifen, und auch ihre bekanntesten Vertreter haben sich inzwischen von ihr abgewandt. Relativ starke Wirkung hat sie indes auf sozialkritischer und politischer Ebene entfalten können: Agitations- und Protestlyrik haben seit den späten sechziger Jahren eine Reihe von Elementen der Serie und der Permutation aus der konkreten Poesie adaptiert.

Protest und Agitation

Politische Lyrik als »Tendenzdichtung« zu definieren, wie es lange geschah, läßt sich heute nur dahingehend differenzieren, daß Tendenz darin deutlicher, offener, ungeschminkter zutage tritt. Wenn auch alle Lyrik politische Relevanz besitzt: Warnung, Protest, Agitation repräsentiert die politische Lyrik jedenfalls unmittelbar und unverhüllt. Erste Warnrufe in der Lyrik nach 1945 waren die Schreckensvisionen des Atomtods. WOLFGANG WEYRAUCH (1907–1980) (*Atom und Aloe*) und der Kärntner MICHAEL GUTTENBRUNNER (*Krisis*) warnten vor den Greueln radioaktiver Verseuchung. Ungenannt darin blieben freilich die Verursacher all der Schrecken. In seiner Anthologie *Expeditionen* (1959) bekannte sich Weyrauch dann ausdrücklich zu jener Art von Versen, »welche die Dichtung – und also den Menschen – vom Fleck befördern, aus der Bewegungslosigkeit, aus der überholten Ordnung«.

Den Anstoß dazu gab seit den frühen fünfziger Jahren die Beschäftigung mit dem Werk von Bert Brecht. Seinem Einfluß auf die Entwicklung des Theaters ging der in der Lyrik parallel: Satire, Parodie und Verfremdungseffekt der eingestreuten Songs in seinen Stücken konnten ihre Wirkung nicht verfehlen. Der gestaute Rhythmus seiner Verse, die lässig-präzise Diktion, die Treffsicherheit seiner simplifizierenden Sentenzen, der proletarisch-populäre Gestus, der hinreißende Schwung – das alles lud nicht nur zum Mitsingen ein. Seine *Hauspostille* von 1927 wurde wiederentdeckt und fand manche Nachahmer. Auch sie trug

Züge von Brechts grundlegendem Stilprinzip und seinem Grundthema: dem des kritischen Umdenkens und der Veränderung. Sarkasmus, Parodie und »Umfunktionierung« von Form und Aussage sind die Stilmittel, die seinen politischen Versen den Impetus gaben. So wurde die parodierende »Kontrafaktur« der »Hitler-Choräle« in der Agitationslyrik der sechziger Jahre wiederaufgenommen in HILDEGARD WOHLGEMUTHS *Lobet die Herren* oder dem *Kapitalunser* des Werkkreisdichters OBERLERCHER.

An die Spitze der »engagierten« Lyriker trat HANS MAGNUS ENZENSBERGER (geb. 1929) mit seiner Gesellschaftskritik in dem Gedichtband *verteidigung der wölfe* (1957). Er blieb indes nicht bei Brechts epigrammatischem Sprachgestus. In spürbarem Anschluß an Gottfried Benn montierte Enzensberger anspruchsvolle Metaphern und Inhalte aus Elementen, die vom antiken Mythos über das Arsenal moderner Technik und Verwaltung sowie den historisch-politischen Bereich bis hin zu Alltagsbildern reichen und, in der Diktion, zum Jargon und zum Vulgären. Die Frage blieb, ob seine grimmig-provozierenden, aber mitreißenden Anrufe in ihrer bildungsbeladenen Chiffrierung all jene erreichen konnten, »die Gedichte nicht lesen«. Zwar schrieb er *Ins Lesebuch für die Oberstufe*: »Lies keine Oden, mein Sohn, lies die Fahrpläne, sie sind genauer« und nannte seine Zeitschrift »*Kursbuch*«, erwartete aber zugleich von seinen Lesern die Auflösung gelehrter Zitate, Anspielungen und Metaphern. So verrätselte seine Chiffrierung die gemeinte Bezugsebene der Polemik, in der Enzensberger gegen die Auswüchse der Konsumgesellschaft mit ihren Statussymbolen und ihrer Verbraucherideologie anrannte. Näher am »epischen Lakonismus« Brechts und seiner Epigrammtechnik blieb der in Wien geborene ERICH FRIED (1921–1989) zuerst mit seinem Band *Warngedichte* (1964). »Serielle« Verse und poetische Wort- und Satzpermutationen, von der konkreten Poesie angeregt, waren seine Waffen im Kampf gegen Unterdrückung und Unrecht in unserer Zeit. Scharfsinnig und pointiert in der Formulierung, kritisierten seine Gedichte die gesellschaftlichen Probleme von heute und zwangen zur Reflexion, etwa in den Bänden *und Vietnam und* (1966), *Die bunten Getüme* (1977), *Vorübungen für Wunder* (1987), *Am Rand unserer Lebenszeit* (1987) und den Auswahlbänden *100 Gedichte ohne Vaterland* (1978) und *Gründe* (1989).

Schon seit den späten fünfziger Jahren trat das politische Gedicht als Song auf, damit anknüpfend an eine lange Tradition, die spätestens im Mittelalter mit den kulturkritischen Gedichten und der politischen Spruchdichtung Walthers von der Vogelweide begonnen hatte. WOLF BIERMANN (geb. 1936) sang zu seiner *Drahtharfe* (1965), auch nach seiner Ausweisung aus der DDR, seine faszinierenden rauhen Lieder: *Mit Marx- und Engelszungen* (1968). Er wurde der bekannteste Repräsentant der sich selbst »Liedermacher« nennenden Poetensänger. Zu ihnen zählt auch der in Hamburg ansässige Rechtsanwalt FRANZ JOSEF DEGENHARDT (geb. 1931). Er hatte mit antibürgerlichen Chansons begonnen.

Im Verlauf der Radikalisierung politischen Engagements verschärften sich seine Protestsongs wie bei Biermann zu »Haßgesängen«: *Laßt nicht die roten Hähne flattern, ehe der Habicht schreit* (1974). Die Tendenz zur Vermarktung brachte angesichts der Verbreitung des politischen Songs über Kabarett, Folksong-Lokale, Klubs und »Konzerte« oder über die Schallplatte eine wahre Schwemme von Liedermachern hervor. Neuss, Hüsch, Süverkrüp tendierten in ihren Protestliedern zum Kabarettistischen, die Österreicher Danzer, Hirsch, Ambros zum Rhythmisch-Musikalischen.
Natürlich konnte die literarische Parodie, sofern sie von den Lesern oder Hörern begriffen wurde, durch ihre Distanzierung von dem attackierten Gegenstand politisch wirken, auch wenn sie keine direkte politische Quintessenz enthielt. Breitenwirkung war aber gerade den ästhetisch anspruchsvolleren Versen nur in beschränktem Umfang beschieden. Wirksame Agitation, die sich an viele richten mußte, konnte folglich nur über eine »progressive Kunst« stattfinden: daher auch der Angriff vieler Autoren gegen Traditionelles im Kunstwerk. Die »Polit-Barden«, wollten sie politisches Echo finden, mußten die Sprache der Massen lernen. Hier setzt die Produktion von Protestlyrik (Agitprop) an, die sich als Teil einer organisierten politischen Praxis verstand. Um nicht als »bürgerlich« zu gelten, schritt sie zur »Bildzerstörung«, das Ästhetische galt ihr als Verschleierung der sozialen Klassenkämpfe. Die Lyrik des Agitprop war einfach in der Struktur und tendierte zum Plakativen: Flugblätter, Straßensongs, Losungen. Zugleich aber wurde sie simpel, trocken und monoton. In metaphorisch-chiffrierter Form blieb also politische Lyrik für die Breitenwirkung ungeeignet, in unchiffrierter, antiästhetischer Form wurde sie langweilig. Das war das Dilemma, aus dem heraus im »*Kursbuch*« das Ende der Literatur gefordert wurde.
Die Lyrik unserer Tage hat die Position von Anruf, Warnung, Kritik und Protest nicht aufgegeben. Aber was Epik und Theater nicht leisteten, konnte auch den Lyrikern nicht glücken: der direkte Eingriff in den politischen Bereich, die »Aktion«. Nicht unterschätzen sollte man jedoch die vielfachen Impulse und Anstöße, die von Lyrik ausgegangen sind und ausgehen, sofern sie sich nicht in leerer Rhetorik verliert. Hans Bender hat seiner Anthologie moderner Lyrik den Anfang von Biermanns *Hölderlin-Lied* zum Titel gegeben: *In diesem Lande leben wir* (1978). Dabei, so heißt es im Nachwort, seien »zwei Deutschland« angesprochen, denen die Gedichte aus vier Jahren vor 1980 sagen sollen, »was nicht stimmt« und »was nicht sein kann«. Von hüben und drüben stammen die ausgewählten Verse der mehr als hundert Autoren, ein repräsentativer Querschnitt. Sie alle – auch die Liebeslieder – nennt Bender in Anlehnung an Horst Bingels Anthologie *Deutsche Gedichte nach 1945* (1963) »Zeitgedichte«, das heißt »mit einer Erfahrung gesättigt, die wir als politisch oder gesellschaftlich bestimmt erkennen«.

Literatur der Emanzipation

Der seit der Aufklärung einsetzende Prozeß der Loslösung des Menschen aus »Unmündigkeiten« sozialer und geistiger Natur gewann im Laufe von zweihundert Jahren immer mehr an Brisanz. Die »Genies« der Sturm-und-Drang-Bewegung und die Frauen und Männer der Romantik, das Junge Deutschland und der Naturalismus, der Expressionismus und die Neue Sachlichkeit forderten die Befreiung des Menschen von allen Abhängigkeiten. Zu den politischen Impulsen von Liberalismus und Sozialismus standen sie in mehr oder minder starker Relation. Der Begriff der »Emanzipation«, der Befreiung und Gleichstellung, meinte seit dem 18. Jahrhundert sehr verschiedene Zielgruppen: die Katholiken in Irland, die Juden in aller Welt, die Neger in Amerika. In unseren Tagen hat er sich zum Schlagwort entwickelt, das die geistige und politische Mündigkeit des Individuums schlechthin bezeichnet. Darüber hinaus blieb er seit den »Gründerjahren« an zwei Bereiche enger gebunden: die Verselbständigung des Arbeiterstandes und die Gleichstellung der Frau.

Arbeiterliteratur

Unter dem Begriff »Arbeiterliteratur« subsumiert man sowohl Werke über den vierten Stand und seine Arbeitswelt als auch solche von Autoren, die aus der Arbeiterklasse kommen. Ihre Entstehung verlief, wie nicht anders zu erwarten, zeitlich parallel zur Ausbildung der Arbeiterschaft im Industriezeitalter. Sie begann im Umfeld von Naturalismus und Expressionismus mit der Darstellung des Arbeitermilieus, als soziale Dichtung des Mitleids und der Anklage oder als pathetische »Arbeiterdichtung«, die der Überhöhung und Verklärung der Arbeit diente. Ihren eigentlichen Anfang sieht die Arbeiterliteratur von heute aber erst in den Jahren nach dem Ersten Weltkrieg: mit der Begründung des »Bundes proletarisch-revolutionärer Schriftsteller«, dem der Werftarbeiter Willi Bredel angehörte, aber auch die »Nicht-Arbeiter« Anna Seghers, Franz Jung, Ludwig Renn und Johannes R. Becher, der darin den Vorsitz führte.
In der DDR hatte die literarische Produktion nach dem Krieg mit der Doktrin des Sozialistischen Realismus begonnen. Erst die erste Bitterfelder Konferenz von 1959 setzte Ziele zur Förderung einer sozialistischen Literatur im engeren Sinn. Die Arbeiterliteratur in Westdeutschland begann mit der Dortmunder »Gruppe 61«, begründet von Fritz Hüser. In deutlicher Gegenposition zur »Gruppe 47« vereinigte sie Arbeiter, Handwerker, Angestellte, Beamte, aber auch Reporter und freie Schriftsteller wie Max von der Grün, Angelika Mechtel, Günter Wallraff, Erwin Sylvanus. Die Autoren der Gruppe publizierten Reportagen, Fern-

seharbeiten, Bühnenwerke, Romane, Satiren, Kurzgeschichten, Dokumentationen, Lyrik, Glossen, Zeitungsessays und Hörspiele zur Arbeitswelt. Auf Tagungen und bei Lesungen stellten sie ihre Werke auch persönlich vor. Die Gruppe übernahm zudem die Förderung noch unbekannter Autoren. Ihr breites Spektrum an Schreibweisen hatte als gemeinsamen Ausgangspunkt den Hegelschen Begriff der »Entfremdung« in seiner Auffächerung durch Marx und dessen Theorie der Ausbeutung des Menschen durch den Menschen, unter anderem durch den »Mehrwert« und das Privateigentum an Produktionsmitteln. HANS GÜNTER WALLRAFF (geb. 1942) bot in seinen Schriften engagierte Berichte zur Aufdeckung vielfacher Mißstände in Industrie und Wirtschaft in nüchterner, ungelenker Prosa und mit scharfer Polemik. Er hatte sich als Arbeiter in verschiedene Betriebe eingeschleust, dort recherchiert und darüber in seinen *Industriereportagen* (1970) berichtet. Hinter der »Agitation der Fakten« trat in seinen Büchern das Literarische bewußt zurück. Dagegen schilderte der ehemalige Maurer, Kohlenhauer und Grubenlokführer MAX VON DER GRÜN (geb. 1926), Mitbegründer der Gruppe 61, in Romanen, Erzählungen und Dramen spannend und literarisch anspruchsvoll das Milieu der Bergarbeiter im Ruhrgebiet. In dem Roman *Irrlicht und Feuer* (1963) wird das Problem des sozialen Aufstiegs eines Kumpels gezeigt und zugleich herbe Kritik geübt an Wirtschaftsform und Konsumgesellschaft der Nachkriegszeit. Auch die Skizzen und Erzählungen des Bandes *Am Tresen gehn die Lichter aus* (1972) und sein »politischer Zeitroman« *Flächenbrand* (1979) stellen den Arbeiter und sein Milieu in den Mittelpunkt.

Sobald die Autoren dieser Arbeiterliteratur allerdings literarische Ansprüche an ihr Werk stellten, konnten sie die große Masse der Arbeiter nicht erreichen. Eine Krise innerhalb der Gruppe 61, deren Mitglieder nicht auf einen gemeinsamen Grundkonsens zu bringen waren, führte zur Spaltung: 1970 wurde der »Werkkreis Literatur der Arbeitswelt« begründet. Angesichts seiner Grundtendenzen blieb allerdings fraglich, ob seine Arbeit sich je literarisch profilieren konnte. Mehr als in der Gruppe 61 förderte der Werkkreis eine Literatur von Arbeitern und für Arbeiter. Zugleich versuchte er, Literatur zum Vehikel für politische und soziale Ziele zu machen. Durch Wettbewerbe mobilisierte man begabte Schreiber aus den Arbeiterkreisen und schloß sie in »Werkstätten« zusammen. In über fünfundzwanzig Großstädten der Bundesrepublik, Österreichs und der Schweiz sind Werkstätten eingerichtet. Das Werkkreis-Lektorat, mit Sitz in Köln, redigiert und publiziert die Schriften mit Titeln wie *Arbeitersongbuch – Liebe Kollegin – Stories für uns – Schichtarbeit – Dieser Betrieb wird bestreikt – Weg vom Fenster – Zwischen den Stühlen*. Es handelt sich um Schriften einzelner Autoren, meist in Sammelbänden zusammengefaßt. Wichtiges Anliegen ist der Verzicht auf Fiktion und Überhöhung oder, wie es ein Vorwort ausdrückt: »Hier werden nicht Handlungen hervorragender Menschen berichtet. Die Autoren sind uns nicht unerreichbar fern, sondern wohnen nebenan.« Literatur also der Nicht-Literaten, die hinführt zu einer »Laienkultur«, wie sie – freilich ohne überindividuelle Zielsetzung – auch in den zahllosen privaten Kreisen von Sonntagsmalern, Freizeittöpfern, Feierabenddichtern gepflegt wird. Trotz dieses Neuaufbruchs zeigt der Werkkreis dann aber auch wieder den Versuch, sein literarisches Unternehmen historisch und in der Tradition zu fundieren: »*Der rote Großvater erzählt. Berichte und Erzählungen von Veteranen der Arbeiterbewegung aus der Zeit von 1914 bis 1945.* Herausgegeben von Erasmus Schöfer mit der Düsseldorfer Werkstatt des Werkkreises und dem Werkkreis-Lektorat« (1974). Der »rote Großvater« ist, zum Beispiel, der Mecklenburger CARL WÜSTHOFF (geb. 1903), der Ernst Thälmann und Willi Bredel noch kannte, ältester Mitarbeiter des Werkkreises, doch kein »Klischee-Opa im Pantoffel-Look«. Er hat die meisten Beiträge geliefert. Neben ihm stehen eine Reihe von Autoren der älteren Generation, die sich ausdrücklich als »Agitpropmen« sehen. Und wie bei der Agitationslyrik wird hier das Dilemma deutlich, das aus der Vernachlässigung ästhetischer Kategorien entstehen muß. Da die Werkkreisliteratur bewußt auf Kunstkriterien verzichtet, verbaut sie sich den Weg in die literarische Öffentlichkeit. Denn unwiderlegt bleibt weiterhin der Satz, daß die Kunst eines Werkes sich in dem manifestiert, »was über den Anlaß zum Schreiben hinauswächst«.

Frauenliteratur

Die Identitätsfrage der modernen Frau im Kampf um Geichstellung mit dem Mann ist, wie die Literatur der Arbeitswelt, eine Frage des Schreibanlasses, keine literarisch-ästhetische. Doch hat die neue Emanzipationsbewegung die Gemüter, besonders seit den späten sechziger Jahren, so sehr bewegt, daß sich eine Würdigung ihrer literarischen Präsentation rechtfertigen läßt.
Frauenliteratur gab es schon seit eh und je, und auf Emanzipation hatten die Frauen der Romantik ebenso gepocht wie später die Suffragetten. Neuansätze der Frauenbewegung begannen nach dem Zweiten Weltkrieg unter dem Einfluß der theoretischen Schriften von Simone de Beauvoir (*Le deuxième sexe*, 1949) und der amerikanischen Sozialwissenschaftlerin Betty Friedan (*The feminine mystique*, dt. 1963). Denn trotz der allgemeinen rechtlichen Gleichstellung mit den Männern (in der Bundesrepublik Deutschland seit 1958) sind Zurücksetzung, Benachteiligung, ja Diskriminierung der Frau in vielen Bereichen des öffentlichen Lebens nicht beseitigt. Begreiflich also, daß die Frauenbewegung zum Teil in extremen »Feminismus« fiel, der über die äußerliche Emanzipation hinaus ein neues Selbstverständnis der Frau und ihrer Kultur in Opposition zu »männlicher Kultur« postulierte. Literarisch manifestierten sich die Aktionen der Frauengruppen zunächst in Zeitschriften – *Courage* (seit 1976), *Emma* (seit 1977), *Kassandra*

(seit 1977) – und in der Förderung von Literatur durch eigene Frauenverlage und -buchhandlungen.

Wohl zur bedeutendsten Vertreterin der feministischen Richtung in der Belletristik wurde CHRISTA REINIG (geb. 1926), die schon früh mit Lyrik, Prosa und Hörspielen hervorgetreten war. Von tiefem Pessimismus gekennzeichnet, bewegen sich ihre Texte um die Problematik von Vereinsamung und Tod. Selbst von schweren körperlichen Leiden betroffen, verarbeitet in *Das große Bechterew-Tantra* (1970), kämpft die Autorin für eine psychologische Befreiung der Frau aus der Fixierung auf den Mann. Im Verlag »Frauenoffensive« erschien ihre Lyrik, erschienen Erzählungen und Essays als »Anweisungen für Frauen, die sich gegen eine von Männern dominierte Welt zu behaupten suchen« (*Entmannung*, 1978). Im gleichen Verlag erschienen die *Häutungen* (1975) der Schweizerin VERENA STEFAN (geb. 1947). Darin versucht die Autorin, den Loslösungsprozeß der modernen Frau zu schildern. Hinter dem Stofflich-Thematischen von Selbstreflexion (autobiographische Aufzeichnungen, Gedichte, Träume, Analysen) und Aktion in der Frauengruppe »Brot ♀ Rosen« trat die literarische Formung deutlich zurück.

Auch URSULA KRECHEL (geb. 1947) hat sich mit Gedichten (*Nach Mainz*, 1977; *Vom Feuer lernen*, 1985), Berichten, Erzählungen und einem Roman (*Zweite Natur*, 1981) für die Frauenbewegung eingesetzt. Die Steiermärkerin ELFRIEDE JELINEK (geb. 1946) kritisiert in Theaterstücken und Romanen schonungslos die Klassengesellschaft (*Die Ausgesperrten*, 1985; *Die Klavierspielerin*, 1986), vor allem die Männervorherrschaft darin (*Die Liebhaberinnen*, 1975; *Lust*, 1989).

Das Werk von MARLEN HAUSHOFER (1920–1970) aus Oberösterreich, der trotz zahlreicher Auszeichnungen der Durchbruch zu Lebzeiten nie gelang, ist ein Beispiel für verspätete Rezeption. Ihr (dritter) Roman *Die Wand* erschien 1963, dann folgte 1968 eine zweite Ausgabe. Doch erst die Neuauflage von 1983 (als Taschenbuch 1985) brachte das Werk der Autorin ins öffentliche Bewußtsein. Offensichtlich mußten erst Elemente wie Frauenliteratur, Bedrohung der Umwelt durch den Menschen, Fragen der Ökologie zum allgemein anerkannten Problem werden, bis der Alptraum ihres Romans, die totale Isolierung der Ich-Erzählerin, rezipiert werden konnte. In Reminiszenz an Kafka oder Beckett entziehen sich Geschehen und Gehalt dieses Romans einer eindeutigen Interpretation.

Offen bleibt, ob weitere Werke und Autorinnen, die im Zusammenhang mit der Emanzipation gesehen und aufgenommen wurden, Beispiele für die Selbstfindung der Frau sind oder nur Teile jener autobiographisch bestimmten Literatur der siebziger und achtziger Jahre, die man als Rückzug nach den Mißerfolgen im politisch-gesellschaftlichen Bereich gedeutet hat, den auch männliche Autoren vollzogen. Die Zahl der Frauen in dieser autobiographischen Literatur ist jedenfalls groß. An der Spitze steht die in Ostberlin lebende CHRISTA WOLF (geb. 1929), deren Romane *Nachdenken über Christa T.* (1968), *Kindheitsmuster* (1976) und *Kein Ort. Nirgends* (1979) auch im Westen erschienen sind und hohe Würdigung fanden. In *Kassandra* (1983), einer Schlüsselerzählung, deren Entstehung die Autorin in ihrer Poetik-Vorlesung an der Universität Frankfurt/M. selbst beschrieben hat, wird am Schicksal der trojanischen Seherin mit der Anklage an Krieg und »Vatergesellschaft« der Prozeß der Loslösung der Frau aus emotionalen und sozialen Bindungen gegenwärtig.

Als »Chronistin mit dem Tonbandgerät« hatte ERIKA RUNGE (geb. 1939) die Lohnabhängigen in Sozialreportagen zu Wort kommen lassen. Ihre *Bottroper Protokolle* (1968) sollten ein Bild der entfremdenden mechanischen Industriearbeit und des monotonen Arbeitsalltags zeichnen sowie Erklärung sein für die aktuelle soziale Lage der Gesellschaft. Ihre nächste Publikation *»Frauen. Versuche zur Emanzipation«* (1970) brachte die Wiedergabe von nur wenig redigierten Interviews mit Arbeiterinnen. Sekretärinnen und Hausfrauen als Spiegel der desolaten Situation der Frau auch in der modernen Welt.

Sarah Kirsch, als Lyrikerin schon vor ihrem Umzug nach Westdeutschland bekannt, ließ in dem Band *Die Pantherfrau* (1973) fünf Frauen aus der DDR von ihrem Alltag berichten. Die Probleme der Frau in der Diktatur kommen im Werk der aus dem rumänischen Banat stammenden HERTA MÜLLER (geb. 1953) zu Worte, besonders in ihrem Text *»Reisende auf einem Bein«* (1989) und in ihrem Roman *»Der Fuchs war damals schon der Jäger«* (1992).

Der Trend zur modernen Frauenliteratur fiel alsbald der Vermarktung anheim. »Frauen-Reihen« verschiedenster Verlage schossen aus dem Boden, unbekümmert um Anlaß, Thema oder Form ihrer Produktion. Deutsche und ausländische Texte, Sachbücher, Reportagen, Bekenntnisse, Romane – alles schien willkommen, wenn es sich um das zentrale Thema handelte: »die Beziehung der Geschlechter und das Selbstverständnis der Frau«. Brennend aktuell bleibt weiterhin der Kampf um Frauenrechte. Wieweit sich jedoch Frauenliteratur im Stil von bisherigem Schreibstil unterscheidet und in welcher Weise sie spezifische Kreativität entwickelt, diese primär literarisch-ästhetische Frage kann heute noch nicht beantwortet werden.

Die Literatur in der DDR (1949–1990): Ein Rückblick

Seit dem 3. Oktober 1990 gibt es die Literatur der DDR nicht mehr, weil die »Deutsche Demokratische Republik« an diesem Tage aufhörte zu existieren und nach Artikel 23 des Grundgesetzes Teil der Bundesrepublik Deutschland wurde. Alle, die politisch interessiert sind, konnten die bedeutsamen und bewegenden Ereignisse, die zu diesem Tage führten, in den Medien verfolgen und den Ablauf eines Jahres miterleben, das man sicher als historisch einmalig bezeichnen darf.
Mit dem Beginn einer Politik der Öffnung und Kooperation durch Michail Gorbatschow in der UdSSR begann vor einigen Jahren ein Prozeß politischer Umwälzungen in den Staaten des Warschauer Paktes, zuerst in Ungarn. Durch den Abbau der Grenzbefestigungen zu Österreich wurde der »Eiserne Vorhang«, der Europa jahrzehntelang geteilt hatte, durchbrochen. Im September 1989 öffnete Ungarn die Grenzen auch für DDR-Bürger, so daß innerhalb von drei Tagen mehr als 15 000 Menschen in die Bundesrepublik flüchteten. Über die bundesrepublikanischen Botschaften in Prag und Warschau kamen bis Ende September noch einmal 15 000 DDR-Bürger, damit war deutlich und unabweisbar, in welchem Maße die Bevölkerung Staatsführung und Einheitspartei ablehnte. Am 9. Oktober nahmen mehr als 70 000 Bürger an einer Großdemonstration in Leipzig teil; von da an entlarvte der Ruf »Wir sind das Volk« die Errungenschaften des »real existierenden Sozialismus« als Lüge. Am 18. Oktober mußte Erich Honecker nach achtzehnjähriger Amtszeit als Staats- und Parteichef zurücktreten, ihm folgte zunächst Egon Krenz, dann Hans Modrow. Am 9. November fielen die Grenzen zur Bundesrepublik, am 22. Dezember war mit der Öffnung des Brandenburger Tors in Berlin das Symbol für die weitere Entwicklung gesetzt. Nach den ersten freien und demokratischen Wahlen in der DDR am 18. März 1990 folgten die Wirtschafts- und Währungsunion am 1. Juli 1990 und als letzter Schritt des Einigungsprozesses der Beitritt am 3. Oktober 1990.
Mit der DDR wurde ein Staat aufgelöst, in dem vierzig Jahre lang eine Partei alle Entscheidungen traf und alles kontrollierte: Politik, Gesellschaft, Wirtschaft, Medien, Kultur und Kunst. So stand auch die Literatur unter einem Anspruch, dem sie nicht entgehen konnte, mit dem sie sich also ständig auseinandersetzen mußte. Am Ende, nach diesen vierzig Jahren, kann man zurückblicken und darstellen, wie sie sich unter solchen Bedingungen entwickelte und wie die Autoren auf politische Forderungen, strikte Verbote und ständige Kontrollen reagierten.

Zur Frage: Gab es eine gesonderte Literaturentwicklung in der DDR?

Der Literaturwissenschaftler Hans Mayer hat vor ungefähr fünfundzwanzig Jahren die These aufgestellt, nach dem Zweiten Weltkrieg hätten sich in der Bundesrepublik Deutschland und in der Deutschen Demokratischen Republik zwei unterschiedliche Literaturen entwickelt, die im allgemeinen zum »Überbau über divergierende Gesellschaftsordnungen« gehörten und im besonderen entgegengesetzte politische Standpunkte ihrer Verfasser verrieten. Diese These wurde in der Folgezeit vor allem mit der Sprachentwicklung in den beiden deutschen Staaten begründet: Viele Begriffe des gesellschaftlichen und politischen Lebens wurden in Wörterbüchern und Lexika unterschiedlich definiert, zahlreiche Wörter gab es nur in der DDR oder nur in der Bundesrepublik, wie etwa ein Vergleich der beiden Duden-Ausgaben verdeutlichte. Hinzu kamen einerseits Einflüsse aus dem Osten, besonders aus der UdSSR, und andererseits Einflüsse aus dem Westen, vor allem aus den anglo-amerikanischen Ländern. Zudem hatte die Literatur in der DDR eine verordnete, allgemein verpflichtende »sozialaktivistische« Aufgabe, die es in der Bundesrepublik nie gab.

Die Diskussion über die zwei deutschen Literaturen hatte natürlich auch eine politische Dimension. Noch in den fünfziger Jahren wurde in der DDR die Einheit der deutschen Literatur betont. Johannes R. Becher, von 1954 bis 1958 Minister für Kultur, sah 1956 die »nationale Sendung« der DDR-Literatur darin, »den Charakter der gesamtdeutschen Literatur wesentlich zu bestimmen«.

> Sogar die einstige Gemeinsamkeit der Sprache ist in Auflösung begriffen. Zwischen der traditionellen deutschen Sprache Goethes, Schillers, Lessings, Marx' und Engels', die von Humanismus erfüllt ist, und der vom Imperialismus verseuchten und von den kapitalistischen Monopolverlagen manipulierten Sprache in manchen Kreisen der westdeutschen Bundesrepublik besteht eine große Differenz. Sogar gleiche Worte haben oftmals nicht mehr die gleiche Bedeutung. Wenn wir zum Beispiel von Gleichberechtigung und Nichtdiskriminierung sprechen, dann meinen wir eben echte Gleichberechtigung und Nichtdiskriminierung. Wenn jedoch manche politische Führer in Bonn von Gleichberechtigung sprechen, dann verstehen sie darunter Unterwerfung der DDR. Und wenn sie Nichtdiskriminierung predigen, dann meinen sie Verewigung der Diskriminierung der DDR und ihrer Bürger. Vor allem aber müssen wir feststellen: Die Sprache der Hitlergenerale, der Neonazis und Revanchepolitiker gehört nicht zu unserer deutschen Sprache, zur Sprache der friedliebenden Bürger der Deutschen Demokratischen Republik, die wir lieben, schätzen und weiterentwickeln.

Walter Ulricht über die deutsche Sprache. Schlußwort auf der 13. Tagung des Zentralkomitees der SED, 1970.

Erst seit dem Mauerbau 1961 wurde offiziell von zwei deutschen Literaturen gesprochen, die man immer wieder mit der »Existenz zweier deutscher Staaten« begründete.
Tatsächlich bestanden in bezug auf Entstehung, Verbreitung und Aufnahme erhebliche Unterschiede zwischen der Literatur in der DDR und der im deutschsprachigen Westen. Auf der einen Seite – in der Bundesrepublik, in Österreich und in der Schweiz – galt das individuelle, oft auch individualistische Schaffen im Rahmen des modernen freiheitlichen Denkens, dazu das marktwirtschaftlich geprägte Umfeld von Verlagen und Medien. Auf der anderen Seite – in der DDR – bestimmte die Auffassung von einem Prozeß tiefgreifender sozialer und kultureller Veränderungen mit dem Ziel einer neuen »Literaturgesellschaft« alles, besonders in den ersten Jahren nach der Gründung des Staates. In die homogene, weil klassenlose sozialistische Gesellschaft, so verlangte es die Einheitspartei SED, war auch der Autor einbezogen. Von seinen Lesern »gefordert und gefördert«, mußte er die Vorgaben, die ihm die »führende Kraft im Sozialismus« (also die Partei) setzte, übernehmen. Nicht nur die Literaturkritiker im Westen, sondern auch viele Autoren in der DDR verstanden eine solche »Organisiertheit« als einseitig betriebene Planung, als Lenkung und Gängelung. Sie zogen Konsequenzen – die Reaktionen reichten vom Rückzug in die Stille bis zur Ausreise. So darf man nicht übersehen, daß es seit dem Ende der fünfziger Jahre stets einen »literarischen Fluß« von der DDR in die Bundesrepublik gab. Viele Werke bedeutender DDR-Autoren erschienen in westlichen Verlagen, seit Gründung der »Gruppe 61« und der Werkkreise »Literatur der Arbeitswelt« entstand eine wirkungsvolle sozialaktive Literatur auch im Westen. Hinzu kommt, daß sich etwa mit dem Beginn der achtziger Jahre die Situation entscheidend veränderte. Zahlreiche Autoren der DDR kamen in die Bundesrepublik. Hier veröffentlichten sie ihre neuen Werke, hier meldeten sie sich in den Medien zu Wort, von hier aus kritisierten sie die politischen Zustände des Staates, den sie – freiwillig oder gezwungen – verlassen hatten. Da Form und Struktur der literarischen Werke in Ost- und Westdeutschland ohnehin niemals wesentliche Unterschiede aufwiesen, kann man sagen, daß es die Einheit der deutschen Literatur schon lange gab, als die staatliche Einigung vollzogen wurde. Dieser Feststellung entspricht, daß viele Schriftsteller die Existenz von zwei deutschen Literaturen ablehnten. Für Hans Joachim Schädlich war die Bezeichnung »DDR-Literatur« ein »propagandistischer Hokuspokus«, für Stefan Heym gehörten alle Werke aus beiden Teilen des Landes »zu der gleichen deutschen Literatur«.

Literaturpolitik und Literatur in der DDR

Die Nachkriegszeit bis zur Gründung der DDR (1945–1949)

Die frühe Nachkriegszeit vor der Gründung der beiden deutschen Staaten war auch in der damaligen sowjetischen Besatzungszone durch das Bestreben nach wirtschaftlichem und kulturellem Aufbau gekennzeichnet. Die literarischen Emigranten, soweit sie nach Deutschland zurückkehrten und in ihrer Haltung linksbürgerlich oder proletarisch waren, nahmen ihren Wohnsitz zumeist im östlichen Teil Deutschlands, so Johannes R. Becher, Bertolt Brecht, Willi Bredel, Ludwig Renn, Anna Seghers, Friedrich Wolf und Arnold Zweig. Ihr Beitrag zur Erneuerung des literarischen Lebens ist nicht zu überschätzen. Sowjetische Militäradministration, zugeordnete deutsche Organe, die Parteien und vor allem die SED suchten im Zeichen einer antifaschistisch-demokratischen Einheitsfront Intellektuelle unterschiedlicher Herkunft und Überzeugung für den kulturellen Wiederaufbau zu gewinnen: »Die besten Deutschen aller Berufe und Schichten gilt es in dieser schweren Notzeit deutscher Geschichte zu sammeln, um eine deutsche Erneuerungsbewegung zu schaffen, die auf allen Lebens- und Wissensgebieten die Überreste des Faschismus und der Reaktion zu vernichten gewillt ist und dadurch auch auf geistig kulturellem Gebiet ein neues, sauberes, anständiges Leben aufbaut.« So hieß es in dem Manifest, mit dem am 4. Juli 1945 der »Kulturbund zur demokratischen Erneuerung Deutschlands« gegründet wurde der bereits zwei Jahre später 93000 Mitglieder zählte. Unter seinem Präsidenten Johannes R. Becher entwickelte er sich zu einem der wichtigsten Instrumente der neuen Kulturpolitik, ihm nahestehende oder angeschlossene Publikationen und Verlage propagierten seine Ziele. Der Aufbau-Verlag etwa übernahm die Förderung der Exilliteratur, aber auch einer kommunistisch interpretierten humanistischen Überlieferung. So erschienen Neuauflagen deutscher Klassiker als Wahrung einer Tradition, »die seit Karl Marx und Friedrich Engels die Arbeiterbewegung auszeichnete« (Wilhelm Pieck). In dieser Phase des kulturellen Wiederaufbaus hatte die Rücksichtnahme auf bürgerliche Intellektuelle einen taktisch verstandenen Stellenwert, ausgedrückt etwa in der Entschließung des SED-Parteivorstandes, die Überparteilichkeit des Kulturbundes zu respektieren. Während die sowjetische Administration weiterhin flexibel taktierte, waren in der SED schon früh dirigistische Tendenzen zu erkennen. Noch wurden ästhetische und thematische Erwartungen der Partei nur als »Anregungen« an die Autoren herangetragen, aber schon im September 1948 nahm Walter Ulbricht auf einer »Arbeitstagung der Genossen Schriftsteller und Künstler« das »Bitterfelder Programm« vorweg mit der Anregung, Betriebsromane zu verfassen. Bereits vor Gründung der DDR wurden hier die Umrisse der künftigen Kulturpolitik sichtbar.

Von der Gründung der DDR bis 1956

Mit der Spaltung Deutschlands und der Gründung von Bundesrepublik und DDR endete unter den Einwirkungen des kalten Krieges und des Stalinismus in der UdSSR die Ära einer liberalen Kulturpolitik im östlichen Teil Deutschlands. Die schon früh erkennbare Politik der SED wurde die des neuen Staates, die kulturellen Probleme waren allerdings dem Streben nach ökonomischer Aufbauleistung und Sicherung der Macht untergeordnet. Die erste Parteikonferenz der SED (25.–28. Januar 1949) beschloß »Maßnahmen zur Durchführung der kulturellen Aufgaben im Rahmen des Zweijahresplanes«. Noch relativ pauschal wurde der Kampf gegen »die Überreste des Nazismus in Literatur, Wissenschaft und Kunst« gefordert. Der politische Gehalt dieser Forderung zeigte sich in der hier wie später immer wieder ausgesprochenen Erwartung, Kunst und Literatur könnten die politische und ökonomische Entwicklung beeinflussen, indem sie »Arbeitsfreude und Optimismus bei den Arbeitern in den Betrieben entwickeln«. Solcher Einschätzung, wenn nicht gar Überschätzung literarischer Wirkungen entsprechend, versuchte die SED, die Schriftsteller nicht bloß ideologisch in Dienst zu nehmen, sondern ihnen auch gesellschaftliche und materielle Vorteile einzuräumen. Angebote und Forderungen wurden damals häufig so unverblümt vorgetragen, daß der Literaturhistoriker Alfred Kantorowicz eine auf oberflächlichen Optimismus festgelegte Literatur »eine primitive Form der Psychotechnik« nannte.

Zum Instrument machtpolitischer Steuerung der Literatur wurde zunächst die »Staatliche Kommission für Kunstangelegenheiten« mit der ihr untergeordneten »Literaturkommission« die – für Verlage, Sortiment und Büchereien zuständig – die Buchproduktion vor allem durch die Papierkontingentierung beeinflußte. Der Dirigismus dieser Kommission rief den Widerstand des Kulturbundes und der Akademie der Künste hervor und führte zu einer Pressekampagne, die nachdrücklich die Wiederherstellung der »Verantwortung des Künstlers vor der Öffentlichkeit« forderte. Im Januar 1954 wurde die Kommission durch ein Kulturministerium ersetzt. An dessen Spitze stand zunächst Johannes R. Becher, der wie Bertolt Brecht zu den Befürwortern einer Liberalisierung gehört hatte.

Der Arbeiteraufstand vom 17. Juni 1953 sowie die Reaktionen der Regierung und der SED bildeten für die DDR nicht nur eine politische, sondern auch eine wichtige kulturpolitische Zäsur. Brecht schrieb einen Brief an Walter Ulbricht, von dem nur der zustimmende Schlußsatz veröffentlicht wurde. In dem Gedicht »*Die Lösung*« formulierte er dann mit der berühmt gewordenen Schlußfrage »Wäre es da / nicht doch einfacher, die Regierung / löste das Volk auf und / wählte ein anderes?« das Dilemma der Machthaber angesichts einer Situation, die den Anspruch des sozialistischen Staates ad absurdum führte. Erwin Strittmatter übte Kritik an der offiziellen »Sprachregelung«, wonach die Arbeitererhebung als Werk westlicher Agenten anzusehen sei, und Günther Cwojdrak schrieb in einem Aufsatz: »Wenn ein Schriftsteller merkt, daß die Stimme des Volkes und die Stimme der Regierung nicht mehr übereinstimmen, dann darf er einfach nicht schweigen.« Um die im Zusammenhang mit den Ereignissen des 17. Juni aufbrechenden Differenzen zwischen Literaturadministration und Schriftstellern zu verstehen, muß man berücksichtigen, daß die Theoriediskussion mit den politischen Maßnahmen, die selbst theoretisch begründet wurden, nicht Schritt gehalten hatte. Die Partei forderte im Namen theoretischer Positionen Dinge, ohne daß Grund und Berechtigung ihrer Forderungen zureichend untermauert waren. Wie stand es in den fünfziger Jahren überhaupt um die ästhetische Diskussion in der DDR?

Wichtige Äußerungen der marxistischen Klassiker waren schwer zugänglich und kaum bekannt. Eine erste Ausgabe von Texten »Über Kunst und Literatur« von Marx/Engels erschien erst 1950, die entsprechenden Texte Lenins erst 1960. Dagegen spielte Stalins Aufsatz »Zum Marxismus in der Sprachwissenschaft« eine große Rolle. Seiner These, Sprache sei Unterkategorie der ökonomischen Basis, entsprach die Auffassung von Literatur als Unterkategorie der Erkenntnistheorie, quasi als Lebenshilfe. Die damalige ästhetische Diskussion wurde zumeist mit Negativbegriffen wie »Formalismus« und »Kosmopolitismus« bestritten, die ebenfalls aus sowjetischen Quellen stammten und ohne Rücksicht auf literarische Qualitäten eingesetzt wurden. So traf der Formalismus-Vorwurf unter anderem auch Brechts Bearbeitung *Die Antigone des Sophokles* (1948). Der für alle Diskussionen entscheidende Begriff des Realismus blieb lange ohne zureichende Absicherung durch Kenntnis der Quellen. Die »Realismus-Diskussion« litt besonders daran, daß die Auseinandersetzungen der zwanziger Jahre im »Bund proletarisch-revolutionärer Schriftsteller« und die 1937/38 in der Moskauer Exilzeitschrift »Das Wort« geführte »Expressionismus-Debatte« sowie die daran anschließenden Äußerungen von Anna Seghers und Bertolt Brecht nur zum Teil zugänglich oder in ihrem Stellenwert abzuschätzen waren. Der Begriff des Sozialistischen Realismus blieb für alle ästhetischen Diskussionen in der DDR von zentraler Bedeutung; auch er erhielt seine Prägung wesentlich in den dreißiger Jahren und wurde unter Stalin zum ästhetischen Dogma in der Sowjetunion. Im Statut des Verbandes der Sowjetschriftsteller von 1934 hieß es: »Der sozialistische Realismus, der die Hauptmethode der sowjetischen schönen Literatur und Literaturkritik darstellt, fordert vom Künstler wahrheitsgetreue, historisch konkrete Darstellung der Wirklichkeit in ihrer revolutionären Entwicklung. Wahrheitstreue und historische Konkretheit der künstlerischen Darstellung muß mit den Aufgaben der ideologischen Umgestaltung und Erziehung der Werktätigen im Geiste des Sozialismus verbunden werden.« Nach der Liquidierung der Kunstexperimente der zwanziger Jahre blieb der Sozialistische Realismus in der Sowjetunion und später in der DDR an den traditionellen Formen bürgerlicher Literatur des

19. Jahrhunderts orientiert. Für die ästhetische Diskussion in der DDR wurden dann die Schriften von Georg Lukács zum entscheidenden Bezugspunkt. Lukács, der mit seinen Aufsätzen für die Zeitschrift »Die Linkskurve« (1931/32) und im Moskauer Exil bei der Vorbereitung des ersten Sammelbandes über marxistische Ästhetik die Wendung zu einem an tradierten Formen orientierten Realismus-Begriff hatte vorbereiten helfen, brachte wichtige Impulse in die literarische Debatte. Tragende Begriffe seiner Ästhetik wie »Widerspiegelung«, »Besonderheit« oder »das Typische« erfüllten einerseits klärende Funktion, engten andererseits den Freiheitsraum, den ästhetischen Spielraum der Kunst aber auch ein, indem sie die künstlerische Subjektivität und Phantasie allzusehr an gesellschaftlich-verbindliche Forderungen banden. Wegen seines Engagements im Ungarn-Aufstand 1956 fiel Lukács zeitweilig in Ungnade; trotzdem beeinflußte er sowohl hohe Funktionäre als auch eine Gruppe von Intellektuellen, die sogenannte »Plattform« von Wolfgang Harich, und ihre Vorschläge zu einer Neuorientierung von Politik und Kultur. Ihre Vorstellungen von einem »Dritten Weg« gehörten schon bald zu den »Abweichungen«, die besonders inkriminiert wurden.

Von 1956 bis zum Ende der DDR

Auf dem IV. Schriftstellerkongreß (10.–14. Januar 1956) wandten sich einige Autoren gegen die Doktrin des Sozialistischen Realismus: »Die scholastische Schreibart ist Gift.« (Anna Seghers) Aber erst nach dem XX. Parteitag der KPdSU, der die Entstalinisierung und das »Tauwetter« in Polen und Ungarn einleitete, wurde auch in der DDR die Kritik deutlicher. Auf dem zweiten Kongreß junger Künstler in Karl-Marx-Stadt (heute wieder Chemnitz) polemisierten junge Autoren wie Manfred Bieler, Jens Gerlach, Heinz Kahlau und Manfred Streubel gegen den Dirigismus der Administration. In der Zeitschrift »Sonntag« unterzog der Leipziger Germanist Hans Mayer das Niveau der DDR-Literatur einer schonungslosen Kritik.
Nach der Niederschlagung des Ungarn-Aufstandes und der Verhaftung Wolfgang Harichs blieb der passive Widerstand vieler Autoren bestehen. Durch Schweigen widersetzten sie sich den geforderten Loyalitätsbekundungen und der Verurteilung der sogenannten »Revisionisten« Ernst Bloch, Wolfgang Harich, Georg Lukács und anderer. Johannes R. Becher wurde als Vorsitzender des Kulturbundes abgelöst und als Kulturminister kaltgestellt. Als Weisungs- und Kontrollinstanz für das Kulturministerium bildete man die »Kulturkommission beim ZK der SED«, die Alfred Kurella leitete. Kurella war es auch, der die Autoren dazu bewegen wollte, in die Industrie zu gehen.
Die erste »Bitterfelder Konferenz« (24. April 1959) griff diese »Anregung« auf und empfahl allen Autoren, Werkverträge abzuschließen. Die

Parole lautete: »Schriftsteller an die Basis«. Mit dem Appell »Greif zur Feder, Kumpel!« startete man eine breit angelegte Kampagne mit dem Ziel, eine sozialistische Laienliteratur zu entwickeln. Schon 1958 hatte der Verlag für Nationale Verteidigung einen zentralen Literaturzirkel für Angehörige der Nationalen Volksarmee eingerichtet. Ähnliche Zirkel, die einen Kontakt zwischen Schriftstellern und schreibenden Arbeitern herstellen sollten, wurden nun in zahlreichen Betrieben gegründet.

Beschluß der Konferenz

Nach der Aussprache über die vorgetragenen Probleme der Entwicklung der sozialistischen Nationalkultur in Verbindung mit den Grundfragen des sozialistischen Aufbaus in der DDR und des friedlichen Wettbewerbs mit Westdeutschland beschließt die Konferenz, der Sozialistischen Einheitspartei Deutschlands, dem Ministerrat der DDR, dem Deutschen Schriftstellerverband und den Gewerkschaften folgende Maßnahmen zu empfehlen:
1. Die Bewegung des lesenden Arbeiters weiter zu entwickeln und sie zu ergänzen durch eine Bewegung des schreibenden Arbeiters.
2. Die Schriftsteller, die sich die literarische Gestaltung von Problemen der sozialistischen Umwälzung in der DDR zum Thema nehmen, bevorzugt zu fördern.
3. Die Verlage aufzufordern, ihre Arbeit mit den Autoren und ihre Verlagstätigkeit in dieser Richtung zu ändern.
4. Die Mittel des Kulturfonds so zu verwenden, daß vor allem die künstlerische Tätigkeit unterstützt wird, die der sozialistischen Kultur dient.
5. Die in der Aussprache unterbreiteten Vorschläfie zur Entwicklung der Kunst, der Unterhaltung und der heiteren Muse zu einem ganzen System wirksamer Maßnahmen zusammenzufassen.
6. Der Kulturkommission beim Politbüro des ZK der SED vorzuschlagen, diese Maßnahmen sinngemäß auf die anderen Künste auszudehnen.

Beschluß der 1. Bitterfelder Konferenz, 24. April 1959

Walter Ulbricht interpretierte diesen »Bitterfelder Weg« als einen Versuch, »die aus der Klassengesellschaft übernommene Trennung zwischen Kunst und Volk zu überwinden«. Er sollte auch dazu führen, das Erbe der deutschen Klassik produktiv aufzunehmen und die »Einheit von Weimar und Bitterfeld« zu betonen. Das Bitterfelder Programm erfüllte weder die gesellschafts- und kulturpolitischen noch die literarischen Erwartungen. Nur wenige von den zahlreichen Autoren, die sich am Einsatz beteiligten, veröffentlichten Arbeiten, die im Zusammenhang mit dieser Kampagne entstanden waren, etwa Franz Fühmann, H.A.W. Kasten und Karl Mundstock. Die Reportagen und Brigadetagebücher der schreibenden Arbeiter, aber auch ihre poetischen Texte stießen wegen ihrer Gleichförmigkeit auf Kritik. So warnte der Literaturwissenschaftler Hans Koch vor einer »Woge des Dilettantismus«. Der V. Schriftstellerkongreß vom Mai 1961 brachte eine Revision des Bitterfelder Programms. Erwin Strittmatter forderte, man solle »über dem schreibenden den lesenden Arbeiter nicht vergessen«. Später wurde – in der offiziellen »Geschichte der Literatur der Deutschen Demokratischen Republik« – die Auffassung, die schreibenden Arbeiter seien eine Hauptquelle der sozialistischen Nationalliteratur, eine »Fehlorientierung« genannt.
Nach dem Schock, den die Errichtung der Mauer am 13. August 1961 für viele Autoren bedeutet hatte, belebten der XXII. Parteitag der KPdSU und das sowjetische »Tauwetter« wieder einmal die Hoffnung auf Liberalisierung. In verschiedenen Formen wurden Kritik und die Forderung nach größerer geistiger Freiheit laut, denen die offiziellen Stellen durch Repressionen antworteten. So wurde der in der DDR spielende Fernsehfilm *Monolog für einen Taxifahrer* (1962) von Günter Kunert sofort vom Programm gestrichen, weil die Hauptfigur – nach einer Auseinandersetzung mit einer Anzeige bedroht – bemerkt: »Melde, Mensch, immer melde. Ein Volk von verhinderten und nicht verhinderten Polizisten, das sind wir und sind wir immer schon gewesen. Heil uns!« Nicht weniger Anstoß erregte Kunerts politisch orientierte Lyrik, etwa das Gedicht *Interfragmentarium / Zu Franz Ks Werk*, das mehr ist als eine Anspielung auf den bis dahin in der DDR verbotenen Franz Kafka. Die Lyrik erwies sich 1962 – und zum Teil auch später – als eine bevorzugte Form der versteckten Kritik, der literarischen »Sklavensprache« – übrigens ein Ausdruck Lenins. »Politisch feindliche Zielsetzungen«, so stellte Kurt Hager, der Vorsitzende der ideologischen Kommission des Politbüros, fest, »werden in die Form von Träumen gehüllt, aktuelle Kritik wird ins historische Gewand oder in Parabelform gekleidet, und es wuchert von neuen Symbolismen.« Bei den jüngeren Autoren machte sich der Generationskonflikt bemerkbar. In dem Gedicht *»Meinen Freunden, den alten Genossen«* formulierte Reiner Kirsch die kritische Ungeduld der Jungen: »Denn es träumt sich leicht von Glückssemestern, / Aber Glück ist schwer in diesem Land. / Anders lieben müssen wir als gestern / Und mit schärferem Verstand. / Und die

Träume ganz beim Namen nennen, / Und die ganze Wahrheit kennen.« Gedichte wie dieses, aber auch schärfer attackierende wie *Das Parteiabzeichen ist mein Käfig* von Wolf Biermann wurden am 11. Dezember 1962 auf einem von Stephan Hermlin veranstalteten Lyrikabend in der Ostberliner Akademie der Künste vorgetragen. Diese Veranstaltung erregte den besonderen Zorn der Parteiführung. Obwohl es auch in anderen Städten der DDR ähnliche Dichterlesungen gegeben hatte, wurde hier ein Exempel statuiert: Hermlin mußte seine Aufgabe als Akademiesekretär abgeben. Chruschtschows Kritik an sowjetischen »Tauwetter«-Autoren wie Ehrenburg, Nekrassow oder Jewtuschenko gab Walter Ulbricht die Gelegenheit, die bisher geübte Zurückhaltung gegenüber den aufbegehrenden Kulturschaffenden fallenzulassen. Der VI. Parteitag der SED im Januar 1963 zog die Konsequenzen für die DDR. Der »Bitterfelder Weg« wurde bestätigt, im folgenden Jahr fand eine zweite »Bitterfelder Konferenz« statt, auf der Ulbricht unter Bezug auf die erste Konferenz und ihre Folgen sagte: »Dadurch ist in unserem Staat die Kluft zwischen Kunst und Volk überwunden worden. Es hat sich ein neues Verhältnis der Freundschaft und der Zusammenarbeit zwischen der Macht der Arbeiter und Bauern und dem sozialistischen Künstler herausgebildet, und die Arbeiterklasse ist zur bestimmenden Kraft auch im kulturellen Bereich geworden«. Schriftsteller und Künstler wurden gemaßregelt oder verloren ihre Posten; so etwa Wolfgang Langhoff vom Deutschen Theater, der das mehrfach verbotene und später vom Spielplan abgesetzte Stück *Die Sorgen und die Macht* von Peter Hacks inszeniert hatte. Peter Huchel verlor die Leitung der Zeitschrift »Sinn und Form«, die er zwischen 1949 und 1962 zu einer der führenden deutschsprachigen Publikationen gemacht hatte. Das letzte unter Huchels Redaktion erschienene Heft enthielt unter anderem eine Arbeit aus dem Nachlaß Brechts, deren Titel *Rede über die Widerstandskraft der Vernunft* bereits ein Protest war. In Huchels eigenem Gedicht *Winterpsalm* stand die Frage: »Atmet noch schwach, / durch die Kehle des Schilfrohrs, / der vereiste Fluß?« Er lebte bis 1971 in unfreiwilliger Isolation in Wilhelmshorst bei Potsdam, dann durfte er aufgrund internationaler Petitionen die DDR verlassen.

Auch in den Jahren nach 1962 blieb als verbindendes Moment die Auseinandersetzung zwischen den Autoren und den Funktionären der Partei. Die Diskussion über die Literatur litt dabei nicht selten unter Verschleißerscheinungen. Die wichtigen Begriffe wie »Sozialistischer Realismus« oder »Bitterfelder Weg« strapazierte man, ohne daß sie deutlicher und handhabbarer wurden. Die Schriftsteller verwandten sie eigentlich nur noch, um ihre individuelle Schreibart zu rechtfertigen. Das Wahrheitsmonopol, das die Partei beanspruchte, wurde dabei immer stärker in Frage gestellt. Die Konsolidierung der DDR – nicht zuletzt durch den Bau der Mauer – ließ zunächst einen größeren Spielraum für die Kulturpolitik und die Literatur zu. Der Prozeß der Liberalisierung vollzog sich aber nicht ohne Rückschläge. Die Partei suchte zwar den Dialog mit den Schriftstellern und reagierte während der frühen siebziger Jahre flexibler gegenüber Oppositionellen, gab aber den generellen Führungsanspruch niemals auf und griff auch weiter zu spürbaren Restriktionen.

Der ungebrochene Wille des Staates und der Partei, die eigene Position durchzusetzen, zeigte sich in zwei spektakulären Ereignissen. Im Oktober 1976 wurde Reiner Kunze aus dem Schriftstellerverband ausgeschlossen. Er hatte 1968 nach dem Einmarsch der Warschauer-Pakt-Staaten in die Tschechoslowakei sein SED-Parteibuch zurückgegeben und war seitdem andauernden Repressalien ausgesetzt gewesen, die nun ihren Höhepunkt erreichten. Im November 1976 verbot die Regierung dem Liedermacher Wolf Biermann, der in der Bundesrepublik gastierte, die Rückkehr und bürgerte ihn aus, obwohl er als junger Mann freiwillig in die DDR gekommen war und immer wieder die Notwendigkeit eines sozialistischen Staates betont hatte: »Ich bin sehr glücklich, daß es diesen Staat in Deutschland gibt – und wenn er noch so jämmerlich wäre.«

Am 17. November 1976 verfaßten und unterzeichneten 12 DDR-Autoren folgenden Offenen Brief:

> »Wolf Biermann war und ist ein unbequemer Dichter – das hat er mit vielen Dichtern der Vergangenheit gemein. – Unser sozialistischer Staat, eingedenk des Wortes aus Marxens ›18. Brumaire‹, dem zufolge die proletarische Revolution sich unablässig selber kritisiert, müßte im Gegensatz zu anachronistischen Gesellschaftsformen eine wichtige Unbequemlichkeit gelassen nachdenkend ertragen können. – Wir identifizieren uns nicht mit jedem Wort und jeder Handlung Biermanns und distanzieren uns von Versuchen, die Vorgänge um Biermann gegen die DDR zu mißbrauchen. Biermann selbst hat nie, auch nicht in Köln, Zweifel daran gelassen, für welchen der beiden deutschen Staaten er bei aller Kritik eintritt. – Wir protestieren gegen seine Ausbürgerung und bitten darum, die beschlossene Maßnahmen zu überdenken.«

Die Erstunterzeichner waren
Sarah Kirsch, Christa Wolf, Volker Braun, Franz Fühmann, Stephan Hermlin, Stefan Heym, Günter Kunert, Heiner Müller, Rolf Schneider, Gerhard Wolf, Jurek Becker, Erich Arendt.

Entschließung

Die Mitglieder der Parteiorganisation der Berliner Schriftsteller erklären entschieden ihre Verbundenheit mit ihrem sozialistischen Vaterland, der Deutschen Demokratischen Republik. Wir stehen hinter den Beschlüssen des VIII. und IX. Parteitages unserer Sozialistischen Einheitspartei Deutschlands. Wir bekunden nach ausführlicher, offener und prinzipieller Diskussion in unserer Mitgliederversammlung unsere volle Zustimmung zu der Entscheidung, Wolf Biermann wegen seines feindseligen Auftretens gegen die DDR und wegen grober Verletzung der staatsbürgerlichen Pflichten die Erlaubnis zum Aufenthalt in unserem Land zu entziehen und ihm die Staatsbürgerschaft der DDR abzuerkennen. Zugleich protestieren wir gegen die Hetzkampagne, die von der BRD aus gegen die Deutsche Demokratische Republik und gegen das bewährte Bündnis der Arbeiterklasse, der Genossenschaftsbauern und der Intelligenz in unserem Staat entfacht wurde. Wir wehren uns gegen jegliche Einmischung in die inneren Angelegenheiten der DDR.

Wir haben das Verhalten der Mitglieder unserer Parteiorganisation Jurek Becker, Volker Braun, Stephan Hermlin, Sarah Kirsch, Günter Kunert, Christa Wolf, Gerhard Wolf sowie Reimar Gilsenbach und Karl-Heinz Jakobs, die sich in Sachen Biermann an imperialistische Nachrichtenagenturen gewandt und damit objektiv der antikommunistischen Hetze unserer Gegner gedient haben, prinzipiell kritisiert und verurteilt. Wir haben sie aufgefordert, ihr unparteimäßiges Verhalten zu revidieren.

Wir werden alles tun, um die vom IX. Parteitag beschlossene gute und zielklare Politik auf allen Gebieten verwirklichen zu helfen und unseren Beitrag zur Durchführung der Kulturpolitik der Partei zu leisten.

Entschließung der Parteiorganisation der Berliner Schriftsteller, 26. 11. 1976

Beide Ereignisse führten dazu, daß Unverständnis und Empörung wuchsen. Bernd Jentsch, der in der Schweiz die Herausgabe einer Anthologie vorbereitete, schrieb am 21. November 1976 einen offenen Brief an Erich Honecker, in dem er gegen das repressive Vorgehen der Behörden protestierte und »Fürsorge, Wachstum, Geduld, Toleranz, Spielraum für unterschiedliche Schreibweisen, Vielfalt der Meinungen« einklagte. Die bekanntesten Schriftstellerinnen und Schriftsteller der DDR distanzierten sich von der Ausbürgerung Biermanns und forderten eine Rücknahme, nämlich Sarah Kirsch, Christa Wolf, Volker Braun, Franz Fühmann, Stephan Hermlin, Stefan Heym, Günter Kunert, Heiner Müller, Rolf Schneider, Gerhard Wolf, Jurek Becker, Erich Arendt. Ihr Protest wurde in den folgenden Monaten von mehr als hundert DDR-Künstlern unterstützt, ein Einlenken der Behörden oder eine Änderung der Kulturpolitik erreichte man nicht. So begann eine Zeit der Resignation, zahlreiche Autoren sahen keine Möglichkeit mehr, in ihrem Staat arbeiten und wirken zu können, und verließen die DDR. 1977 bat Reiner Kunze um die »Entlassung aus der Staatsbürgerschaft« und reiste in die Bundesrepublik, im gleichen Jahr verließ Jürgen Fuchs nach mehreren Verhören und Verhaftungen das Land. Als Angehöriger einer neuen Generation wollte er freie Entscheidung und Eigenständigkeit: »Ich bin jung / Ich habe keine Stalin-Oden geschrieben / Ich muß nicht vornehm schweigen / Oder in Andeutungen sprechen / Ich kann lachen / Und weggehen / Wenn die Versammlung beginnt.« Während der nächsten zehn Jahre folgten zahlreiche andere Autoren, aber auch Maler, Theater- und Fernsehschauspieler, Regisseure und Wissenschaftler. Noch im Februar 1988 zwang man den Liedermacher Stephan Krawczyk und seine Frau, die Regisseurin Freya Klier, zum Verlassen der DDR. Die Aufzeichnungen *Abreiß-Kalender. Versuch eines Tagebuchs* (1988) von Freya Klier zeigen erschreckend und bedrückend, wie Angehörige der Friedensbewegung und des Umweltschutzes, Künstler und kirchliche Mitarbeiter beobachtet, schikaniert, finanziell und moralisch unter Druck gesetzt wurden, bis sie – verzweifelt und hoffnungslos – aufgeben mußten.

Formen und Tendenzen der Literatur in der DDR

Roman und Erzählung

Nur wenigen Autoren der Emigration gelang es, ihrem oft bedeutenden Exilwerk auch nur annähernd gleichwertige Leistungen in der DDR folgen zu lassen. Zumeist konnten sie die neue Wirklichkeit, die oftmals die in der Emigration genährten Hoffnungen auf die Verwirklichung des Sozialismus schmerzlich enttäuschte, nicht mehr bewältigen. In der Epik, die eine breite Wirklichkeitsdarstellung ermöglicht und fordert, zeigt sich diese Problematik besonders deutlich. Die von den heimgekehrten Emigranten verfaßten Romane und Erzählungen wandten sich zumeist zurück zu Solidarität, Bedrängnis und Hoffnung des antifaschistischen Kampfes, um darin einen Abglanz früherer Lebensfülle zu finden. ARNOLD ZWEIG beendete seinen *Grischa*-Zyklus und paraphrasierte oder bearbeitete alte Entwürfe und Texte, *Die Feuerpause* (1954) etwa ist eine Variation des Romans *Erziehung vor Verdun* (1935). LUDWIG RENN, berühmt geworden durch seinen Roman *Krieg* (1928), schrieb lehrhafte Kinderbücher. ANNA SEGHERS erreichte nie mehr das Niveau ihres bekannten Romans *Das siebte Kreuz* (1942), ihr umfangreiches Nachkriegswerk wirkt zwiespältig. Sooft sie an die Erfahrungen ihres mexikanischen Exils anknüpfte und in Erzählungen wie *Karibische Geschichten* (1962) die Hoffnung auf ein besseres Leben artikulierte, erreichte sie die frühere Kraft von Ausdruck und Vision. Dagegen blieben ihre weit ausholenden Entwürfe, deutsche Vergangenheit und DDR-Wirklichkeit erzählend zu verknüpfen, lehrhaft und eindimensional, schwarz-weiß-malend. In dem Roman *Die Entscheidung* (1959) ging sie auf Figuren aus *Die Toten bleiben jung* (1949) zurück: Schauplatz der Handlung sind zwei Betriebe, die bis zum Kriegsende zu einem Konzern gehörten. Das auf dem Gebiet der DDR gelegene Stahlwerk Kossin ist in Volkseigentum überführt worden. Die individuellen und gesellschaftlichen Konflikte, die gezeigt werden, sollen die weltweite Auseinandersetzung zwischen Sozialismus und Imperialismus widerspiegeln. In dem folgenden Band *Das Vertrauen* (1968) werden die Ereignisse des 17. Juni 1953 unter dem Aspekt des Vertrauens in die Macht und Weisheit der Partei gesehen, die Darstellung bleibt ermüdend lehrhaft und abstrakt.

Auch die proletarischen Autoren der Weimarer Zeit zeigten ein deutliches Qualitätsgefälle, je mehr ihre Schilderungen und Konflikte sich der Gegenwart näherten. WILLI BREDEL (1901–1964) beschloß seine Romantrilogie *Verwandte und Bekannte*, die am Schicksal einer Hamburger Arbeiterfamilie den Weg der Arbeiterklasse im 20. Jahrhundert nachzeichnet, mit den Werken *Die Söhne* (1949) und *Die Enkel* (1953). HANS MARCHWITZA beendete *Die Kumiaks* (1934/1952/1959) und schrieb mit dem Industrieroman *Roheisen* (1955) die Chronik vom Bau des Kombinats Ost in Eisenhüttenstadt, die auf Kritik stieß, obwohl sie mit dem Nationalpreis ausgezeichnet wurde.

In der Generation, die erst nach dem Kriege zu publizieren begann, dominierte die Erfahrung von Krieg, Verfolgung und Exil. BRUNO APITZ (1900–1979) beschrieb in dem Roman *Nackt unter Wölfen* (1958), der zu einem der meistgelesenen Bücher in der DDR und in etwa dreißig Sprachen übersetzt wurde, die letzten Monate des Konzentrationslagers Buchenwald. Kurz vor dem Ende des Krieges gelingt es den Häftlingen, ein polnisches Kind zu verbergen und durch Solidarität zu retten – damit ist ein Zeichen gesetzt für die Zukunft. Apitz verwertete eigene Erfahrungen und verstand sein Werk als Erinnerung und Mahnung an schreckliche Leiden: »Ich grüße mit dem Buch unsere toten Kampfgenossen aller Nationen, die wir auf unserem opferreichen Weg im Lager Buchenwald zurücklassen mußten. Sie zu ehren, gab ich vielen Gestalten des Buches ihre Namen.« DIETER NOLL stellte in dem zweibändigen Entwicklungsroman *Die Abenteuer des Werner Holt* (1960/63) die Erfahrungen der noch zuletzt von den Nationalsozialisten »verheizten« Jugend aus sozialistischer Sicht dar. Die Ich-Erzählungen *Das Judenauto* (1962) von FRANZ FÜHMANN (1922–1984) schildern in chronologischer Folge vierzehn Tage von zwanzig Lebensjahren aus der Perspektive des Kindes, des Schülers, des Soldaten, des Kriegsgefangenen und des Heimkehrers. Den in der Aufbauphase der DDR beliebten Industrieromanen stellte ERWIN STRITTMATTER (geb. 1912) mit *Ole Bienkopp* (1963) eine sozialistische Variante des Bauernromans zur Seite, der nach dem

Muster des Schelmen- und des Entwicklungsromans die Kollektivierungsprobleme der Landwirtschaft behandelte und weniger literarische als vielmehr ideologische Diskussionen auslöste. Ole, »stark, arbeitsfroh und lebenslustig«, ist Vorsitzender der »Gegenseitigen Bauernhilfe«; gegen den Widerstand seiner habgierigen Frau Anngret und mit Unterstützung seines ideologischen Leitbildes, des Parteisekretärs Anton Dürr, kämpft er für die Einrichtung einer LPG. Der Roman ist farbig und phantasiereich geschrieben, enthält aber allzuviele naiv geschnitzte Typen – der Förster heißt Stamm, der befehlsempfängerische Parteisekretär Wunschgetreu, das Konsumfräulein Danke und der Klassenfeind, ein republikflüchtig gewordener Großbauer und Sägewerksbesitzer, Julian Ramsch.

Erst mit den sechziger Jahren wurde es möglich, aktuelle Probleme der DDR-Gesellschaft vergleichsweise ungeschminkt zu schildern und vorher tabuisierte Themen zu behandeln. Die Erzählung *Die Kommandeuse* (1954) von STEPHAN HERMLIN (geb. 1915) spiegelte die Ereignisse des 17. Juni 1953 noch unter einer eher verzerrenden Perspektive: Eine ehemalige KZ-Aufseherin wird am 17. Juni von streikenden Arbeitern aus dem Gefängnis befreit und hält eine Rede, die mit der Anrede »Volksgenossen« beginnt. Ein Werk von STEFAN HEYM (geb. 1913) zum gleichen Thema, das bereits 1959 geschrieben wurde, erschien – in einer revidierten Fassung – erst 1974 in der Bundesrepublik, immer noch nicht in der DDR. Heyms weit ausgreifende Darstellung *5 Tage im Juni* beschreibt, wie sich der Streik in einem Ostberliner Industriebetrieb nach Ankündigung der Normerhöhung entwickelt, wie er sich ausbreitet und am Ende zusammenbricht. Der Held des Buches ist SED-Genosse und Gewerkschafter, der sich gegen die Normerhöhungen ausspricht und so das Mißtrauen der Parteibürokratie erregt; dann aber stemmt er sich mit allen Kräften dem Streik entgegen. Bei aller Kritik an der stalinistischen Parteienhierarchie übernahm Heym die offizielle Lesart der DDR, wonach der 17. Juni von westlichen Geheimdiensten organisiert und beeinflußt worden sei. Er konzentrierte seine folgenden Werke immer mehr darauf, Mißstände in der DDR und Fehlentwicklungen des Sozialismus aufzuweisen. In dem Roman *Der König David Bericht* (1972) geschieht das verdeckt durch den biblischen Stoff: Der Historiker Ethan ben Hoshaja bekommt von König Salomo den Auftrag, Leben und Regierungszeit des Königs David darzustellen. Durch Nachforschungen, Gespräche und Erinnerungen der Beteiligten stellt er fest, daß David im Gegensatz zu der offiziellen Version ein brutaler Machtmensch war, der rigoros seine eigenen Interessen durchsetzte. Der Ethan-Bericht bleibt wirkungslos, weil er und sein Verfasser »zu Tode geschwiegen werden« – Bezüge zum Personenkult und zur Geschichtsschreibung in kommunistischen Staaten sind bis in Details erkennbar. Die Handlung des Romans *Ahasver* (1981) geht auf die Legende vom ewigen Juden zurück, den Heym umdeutet zu einer Verkörperung des ruhelos-revolutionären, auf das Gute gerichteten Menschen. In dem Roman *Collin* (1979) wird die Entwicklung der DDR direkt thematisiert. Die stille und zähe Auseinandersetzung zwischen dem Staatsfunktionär Urack und dem Schriftsteller Collin, der nach einem Herzinfarkt im Krankenhaus liegt und angesichts des Todes seine Memoiren fertigstellen möchte, macht Probleme des sozialistischen Staates und seiner Führung deutlich. Der Roman *Schwarzenberg* (1984) ist bezeichnenderweise die Darstellung einer Utopie: Überlebende der Nazi-Herrschaft um den Genossen Ernst Kadletz versuchen 1945 in einer kleinen Stadt im Erzgebirge, ihre Idee von Demokratie und Sozialismus in die Realität umzusetzen. Stefan Heym, dessen Werke wegen eines DDR-Publikationsverbotes in der Bundesrepublik erschienen und der inzwischen zu den bekanntesten Autoren der deutschsprachigen Gegenwartsliteratur gehört, setzt virtuos alle Mittel des Erzählens ein: auktoriale Erzählhaltung, Perspektivenwechsel, Wechsel der Sprachebenen, Herausgeberfiktion, Einfügung von vermeintlich authentischen Tagebuchaufzeichnungen, Tonbandprotokollen, Briefen. Er erreicht damit ein hohes Maß an Realitätsnähe, die den Leser anspricht und zum kritischen Mitdenken bringt. Seine unter dem Titel *Nachruf* (1988) erschienene Autobiographie beschreibt die Schwierigkeiten eines Menschen, der kritisch gegenüber der Gesellschaft und den Herrschenden lebt und immer wieder seine persönliche Freiheit erkämpfen muß angesichts von Normen, Vorschriften, direkter oder indirekter Unterdrückung.

Mit der Republikflucht setzte sich CHRISTA WOLF in der bekannten Erzählung *Der geteilte Himmel* (1963) auseinander. Erzählt wird die Geschichte einer jungen Frau, deren Freund nach Westberlin ging. Dieser Manfred Herrfurth entspricht nicht den offiziellen Klischees, er ist kein »gekauftes Subjekt« und kein »Agent des Imperialismus«, sondern ein selbstbewußter, fast eigenbrötlerischer Naturwissenschaftler. Rita Seidel, die am S-Bahn-Fahrkartenschalter schwankt, ob sie eine einfache oder eine Rückfahrkarte kaufen soll, erkennt die Situation der geteilten Stadt vor dem Bau der Mauer deutlich: »Darin also unterschied diese Stadt sich von allen anderen Städten der Welt: Für vierzig Pfennig hielt sie zwei verschiedene Leben in der Hand.« Gegen Scheinwidersprüche setzte Christa Wolf die Möglichkeit der wirklichen Entscheidung: Rita kehrt trotz aller Schwierigkeiten und Ängste in die DDR zurück und verzichtet auf Sicherheit und Glück – der Himmel, dieses »ganze Gewölbe von Hoffnung und Sehnsucht, von Liebe und Trauer«, wird von nun an wie die Stadt geteilt sein. Die Erzählung wurde, nicht zuletzt durch die Verfilmung, ein großer Erfolg. Sie löste aber auch heftige Debatten aus, in denen man bemängelte, daß die nationale Frage nicht als Frage des Klassenkampfes dargestellt worden sei und daß die führende Rolle der marxistisch-leninistischen Partei beim Aufbau des Sozialismus in der DDR nicht sichtbar werde. Das in der frühen Erzählung angeschlagene Thema, die Frage nach dem Verhältnis von Individuum und Gesellschaft im Sozialismus, wurde in dem Roman *Nachdenken über Christa T.* (1968) präzisiert und vertieft. In diesem Buch forscht die Ich-

Erzählerin ihrer verstorbenen Freundin nach, ihrem Leben und ihrem Tod, ihren Problemen in Familie und Gesellschaft und ihrem mißglückten Versuch der Selbstverwirklichung. Christa T. ist Außenseiterin von Anfang an; sie stirbt an Leukämie, geht aber in Wahrheit an der sie umgebenden Wirklichkeit zugrunde. Sie sieht sich umgeben von den »Phantasielosen« und den »Tatsachenmenschen« und erkennt: »Was soll ich es mir länger verbergen: Keine Lücke für mich.« Christa Wolf hat in einem Selbstinterview geschrieben, die Literatur nehme sich, wie die sozialistische Gesellschaft, gerade der Unruhigen an. Ihr Roman hat seine Bedeutung nicht nur darin, daß er die Spannung zwischen dem suchenden, fragenden Individuum und einer Gesellschaft darstellt, die sich nicht ohne Stolz eine »sozialistische Menschengemeinschaft« nannte, er bringt dieses kritische, skeptische und authentische Moment auch in seiner Erzählform zum Ausdruck. Die sogenannten »avantgardistischen« Kunstformen waren jahrzehntelang in der DDR tabu. Christa Wolf nun benutzte die Errungenschaften des modernen europäischen Romans mutig und umsichtig zugleich. Sie arbeitet mit Vor- und Rückblenden, läßt empfindsame mit dokumentarischen Passagen abwechseln, ergänzt Zitate aus den nachgelassenen Papieren der Freundin durch die Erinnerungen der Erzählerin. In dem Roman *Kindheitsmuster* (1976) erzählt Christa Wolf die Kindheit und Jugend der Hauptfigur Nelly Jordan, die in den Jahren des Nationalsozialismus aufwächst und mit den alltäglichen Formen des Faschismus in Familie, Nachbarschaft und Schule groß wird. Hinzu kommen ein Erinnerungsbesuch in Polen im Jahre 1971 sowie die Entstehungszeit des Werkes von 1972 bis 1975 mit zahlreichen politischen Begebenheiten in Ost und West sowie den persönlichen Erfahrungen der Erzählerin. Die Autorin, die diese Zeit- und Erlebnisräume ständig miteinander verbindet, will »in der dritten Person leben lernen« und stellt in der Figur der Jenny eigene Probleme und Entwicklungen dar, durch die sie ein einfaches und ganz persönliches, aber um so eindringlicheres Bild der Zeit von 1933 bis 1945 entwirft. Die Erzählung *Kassandra* (1983) verbindet in dem monologischen Sprechen der Priesterin und Seherin aus Troja die Absage an den Krieg mit der Absage an Traditionen und Zwänge der abendländischen Vatergesellschaft. Da Frauen eine andere Wirklichkeit erlebten als Männer, könnten sie nach Meinung der Autorin »aufhören, sich an dem Versuch abzuarbeiten, sich in die herrschenden Wahnsysteme zu integrieren«. Durch zahlreiche auffällige Formulierungen wird deutlich, daß die Ereignisse um den Fall von Troja, daß Verrat, Grausamkeit und Haß immer auch die Gegenwart meinen und auf gegenwärtige Ängste zielen. Christa Wolf hat in den vier Frankfurter Poetik-Vorlesungen *Voraussetzungen einer Erzählung: Kassandra* (1983) erläutert, welche Erfahrungen und Studien zur Ausarbeitung der Erzählung führten. In der dritten Vorlesung »Ein Arbeitstagebuch über den Stoff, aus dem das Leben und die Träume sind«, vor allem in den Aufzeichnungen »Berlin, 2. Januar 1981« und »Meteln, 16. Juni 1981« gibt sie wichtige Hinweise zur Interpretation des Werkes, das sie zunächst als »Lehrstück« plante, das sich dann zu einer »Schlüsselerzählung« entwickelte, in der das »Ringen um Autonomie« zentrales Thema wurde. Auf ein Ereignis, das Europa aufrüttelte, geht der Roman *Störfall. Nachrichten eines Tages* (1987) ein. Die Ich-Erzählerin verbindet die allgemeine Katastrophe – den Reaktorunfall von Tschernobyl – mit der persönlichen Katastrophe, der Hirnoperation ihres Bruders. Dadurch kann sie nach den Möglichkeiten einer hochtechnisierten Welt und nach der Zukunft des Individuums angesichts überwältigender Bedrohungen und Ängste fragen. Wie in den vorausgegangenen Werken benutzt Christa Wolf auch hier eine Erzählform, die sie selbst als »Erinnerungsstruktur« bezeichnet hat: Eine Erzählerin schafft sich in einem großen Erzählmonolog Gesprächs- und Ansprechpartner, um Vergangenheit und Gegenwart, Erinnerung und Reflexion, Darstellung und mehr oder weniger offene Kritik miteinander zu verbinden und dem Leser als Anlaß eines Nach-Denkens anzubieten. Da in alle Werke starke autobiographische Bezüge eingearbeitet sind, darf man die monologische Grundstruktur auch als Zeichen der Isolation und der Vereinsamung in einer Gesellschaft deuten, die dem Anspruch des Sozialismus nicht gerecht geworden ist, so daß sich Thematik und Form in ungewöhnlicher Weise entsprechen.

Kritik an gesellschafltichen Verhältnissen erschien häufig unter dem Vorbehalt grundsätzlicher Zustimmung. Gelegentlich kann solche Kritik zur leeren Scheinkritik werden, sie wurde nur geübt, um Affirmation auszudrücken und die Bestätigung des Bestehenden glaubwürdiger zu machen. HERMANN KANT (geb.1926), einer der erfolgreichsten DDR-Autoren, verstand es, in seinen Romanen ein auf Zustimmung und »happy end« angelegtes Erzählmuster mit so viel Ironie und Detailkritik anzureichern, daß dieser Anschein von Skepsis und Kritik dem angestrebten Überzeugungs- und Erziehungseffekt zugute kam. Sein bekanntester Roman *Die Aula* (1965) verfolgt die auseinanderstrebenden Lebenswege von Studenten einer »Arbeiter- und Bauernfakultät« (ABF), wie sie nach dem Kriege an Universitäten der DDR gegründet wurden, um jungen Menschen aus bisher benachteiligten sozialen Schichten Abitur und Studium zu ermöglichen. Die Hauptfigur des Romans, der Journalist Robert Iswall, bekommt den Auftrag, eine Rede als Nachruf auf seine ABF zu halten, deren Schließung vorgesehen ist, weil ihre Aufgabe erfüllt wurde. Bei seinen Recherchen für diese Rede erfährt er, was aus den Kommilitonen von damals geworden ist. Das Resultat scheint überwältigend, die neue Gesellschaft ganz und gar bestätigend: »Beim heiligen Lenin, was haben wir es doch weit gebracht! Alle, alle sind etwas geworden! Der eine ein berühmter Arzt und der andere ein berühmter Chemiker, der auch im Westen anerkannt ist, der dritte Oberst im Staatssicherheitsdienst und der vierte Abteilungsleiter im Ministerium für Land- und Forstwirtschaft! O, wie herrlich hat sich doch alles gefügt! Wie herrlich ist unsere Deutsche Demokratische Republik!« Das klingt ironisch, ist aber letztlich ganz ernst gemeint. Andererseits fördert die Befragung und Beschreibung der Vergangenheit Ergebnisse zutage, die nicht in das Konzept sozialistischer Mustergültigkeit passen: Fälle von Republikflucht und Intrige. Kants Roman löste das Problem, die Inanspruchnahme des Individuums durch den Staat, in Optimismus und Amüsement auf, die auch den Stil bestimmen: Witzige, gelegentlich auch schnoddrige Passagen folgen auf ernste oder pathetische Abschnitte, die Erzählperspektive wechselt andauernd, Fragen und Anreden vereinnahmen den Leser, flotte Dialoge und eigenwillige Monologe charakterisieren die Figuren. Sein Anliegen, Kritisches durch Komik zu artikulieren, prägte auch die Texte der Bände *Der dritte Nagel* (1981) und *Bronzezeit. Geschichten aus dem Leben des Buchhalters Farßmann* (1986), in denen Fehler des sozialistischen Staates aufgezeigt werden: ausufernde Bürokratie, Tauschhandel, Beziehungen, Literaturbetrieb, Reisebeschränkungen, Aufarbeitung der Vergangenheit. Die satirischen Einfälle sind nicht immer überzeugend, die auf Witz und Komik zielende Form des Erzählens ermüdet in der Wiederholung – der in zahlreichen Texten als Erzähler fungierende Buchhalter Farßmann unterscheidet sich stilistisch kaum von dem Journalisten Robert Iswall; letztlich fabulierte immer Hermann Kant. Er übte komisch-ironische Kritik an Details, ohne Ziele und Ordnung des sozialistischen Staates grundsätzlich in Frage zu stellen, den er seit 1978 als Präsident des Schriftstellerverbandes auch offiziell vertrat und verteidigte. So ist es durchaus treffend, wenn man ihn »Hofnarr der Volksdemokratie« genannt hat.

Auch wenn gesellschaftliche Probleme deutlich gezeigt wurden wie in der Erzählung *Die neuen Leiden des jungen W.* (1972) von ULRICH PLENZDORF (geb. 1934), wirkte die Kritik stimmungshaft, nicht fundamental: Edgar Wibeau zieht sich in die Laube einer Kolonie zurück, wo er den Briefroman »Die Leiden des jungen Werthers« findet, sich in die ungewohnte Gedankenwelt einliest und gleichzeitig an einer technischen Erfindung arbeitet. Seine persönlichen Beziehungen zu Charlie und Dieter entwickeln sich als Parallele zu der Handlung des Sturm-und-Drang-Romans, nach seinem tödlichen Unfall kommt die »Nachwelt« zu der Erkenntnis, daß Wibeau eine für die Gesellschaft wichtige Erfindung gemacht hat. Plenzdorf entdeckte den Goethe-Roman für die jüngere Generation in der DDR neu. Das gelang vor allem durch die ungewöhnliche Struktur seiner Erzählung. Zeitungsanzeigen, Berichte und Gespräche der mit Edgar befreundeten oder bekannten Figuren, Zitate aus dem Roman, besonders der in burschikos-direkter Sprache gehaltene »Jenseitskommentar« der Hauptfigur lassen für die Leser allmählich das Bild eines Außenseiters entstehen, der keinen Platz in der sozialistischen Gesellschaft finden kann und zuletzt wohl auch nicht finden will. Da der Text, nach Plenzdorfs eigener Aussage, »bewußt auf Auslegbarkeit geschrieben« wurde, begann eine heftige Diskussion, an der sich Kritiker, Theaterschaffende, Literaturwissenschaftler und

Abb. 105:
Edgar Wibeau,
der junge W.

Ulrich Plenzdorf
Die neuen Leiden des jungen W.
Er schmeißt die Lehre, rennt von zu Hause fort und versteckt sich in einer Wohnlaube. Hier fühlt er sich frei, keine Sauberkeit, Ordnung, Pünktlichkeit, ohne Mutter, die das Briefgeheimnis bricht. Hier macht er Musik, »nicht irgendeinen Händelsohn Bacholdy, sondern echte Musik«, singt und spielt ein Lied auf Blue Jeans. Schläft, malt und tanzt mit sich allein. Auf dem Nachbargrundstück lernt er Charlie kennen, die zwanzigjährige Kindergärtnerin.

Suhrkamp

selbstverständlich auch Parteifunktionäre beteiligten. Dabei wies man die Zeichnung »subkultureller Aktivitäten« als untypisch und schädigend zurück – gerade dieser Aspekt machte das Werk in der Bundesrepublik bekannt. Die dramatisierte Fassung war in der Spielzeit 1974/75 das meistgespielte Stück der Gegenwartsliteratur. Nach dem ungewöhnlichen Erfolg der modernen »Werther«-Variation galt Plenzdorf als Autor, der Gefühle und Wünsche der Jugendlichen artikulieren konnte, etwa in dem Film *Die Legende von Paul und Paula* (1974) und dem darauf aufbauenden Roman *Legende vom Glück ohne Ende* (1979) sowie

Abb. 106: Titelblatt der Erstausgabe von 1774

in der Erzählung *Kein runter, kein fern*, für die er 1978 den Ingeborg-Bachmann-Preis erhielt.

Erich Honecker hat Plenzdorf vorgeworfen, er habe seine »eigenen Leiden der ganzen Gesellschaft aufoktroyiert«. Daß Plenzdorf kein Einzelfall war, daß seine »Leiden« die vieler Autoren und – wenn man die Resonanz betrachtet – auch sehr vieler Leser waren, zeigte eine Reihe anderer DDR-Erzähler wie VOLKER BRAUN (geb. 1939) mit seinen Erzählungen *Das ungezwungene Leben Kasts* (1972) und *Unvollendete Geschichte* (1975) sowie KLAUS SCHLESINGER mit *Alte Filme. Eine Berliner Geschichte* (1975). JUREK BECKER hat in seinem Roman *Irreführung der Behörden* (1973) das Schwanken des Schriftstellers zwischen den Forderungen nach gesellschaftlich relevanter Literatur und den eigenen privaten Schreibbedürfnissen zum Thema gemacht. Dieses Problem blieb auch in den folgenden Jahren offen und bot Stoff für weitere Erzählungen und Romane.

Daß die kritische Darstellung der sozialistischen Realität bei Kant und Plenzdorf zurückhaltend, auch stimmungshaft war, zeigt ein Vergleich mit dem Erstlingsroman einer jüngeren Autorin: *Flugasche* (1981) von MONIKA MARON (geb. 1941). Es geht um einen Bericht, den die Journalistin Josefa Nadler nach einem Besuch der Industriestadt B. (= Bitterfeld) schreiben möchte und dessen erster Satz lauten soll: »B. ist die schmutzigste Stadt Europas.« Sie möchte nichts verschleiern und schreiben, was sie erlebte: Vertuschung, Inkompetenz, Krankheit, Schmutz, Dreck, Rauch, Windladungen voller Schwefeldioxyd und »hundertachtzig Tonnen Flugasche«. Die Kritik an der Umweltzerstörung wird verbunden mit einer Abrechnung mit dem linientreuen Journalismus. In der Redaktionskonferenz der Zeitschrift »Illustrierte Woche« bestimmen die Parteifunktionäre, ihnen gelingt es immer, die Wahrheit zu vertuschen und die Realität zu verfälschen. Auch die Reportage über B. wird unterdrückt, die Verfasserin gerät zunehmend unter den Druck des Parteiapparats. So zieht sie sich am Ende resigniert zurück, weil sie als kritisch-selbständige Persönlichkeit keine Möglichkeit mehr sieht, angemessen zu arbeiten. Sie fühlt sich um Leben und Beruf betrogen und möchte nicht »in die Zukunft emigrieren« – so bleiben ihr nur Resignation und Vereinsamung.

Drama

Das Drama in der DDR bedeutete Theater nach Brecht. Seine Stücke, seine Theorie des epischen Theaters, insbesondere auch seine Theaterarbeit mit dem »Berliner Ensemble« im Theater am Schiffbauerdamm und die dort entwickelten Modellinszenierungen haben der Dramatik in der DDR entscheidende Impulse gegeben. In der Aufbauphase des Staates beherrschten die sowjetische Theaterpraxis unter dem Einfluß der Theorien von Stanislawski und Theaterstücke aus der Sowjetunion die Bühnen, die Aufarbeitung der Exildramatik behinderte die Entfaltung der jungen Dramatiker zusätzlich. Als sie sich zu Wort meldeten, war das Vorbild sofort deutlich: Die von Brecht übernommene Verfremdungstechnik diente der Entmythologisierung der bürgerlichen Geschichtsauffassung und der Darstellung eines neuen Individuums, das notwendige Geschichtsprozesse im Denken und Handeln vorwegnimmt oder sie in der Gegenwart schon trägt.

Die ersten Ansätze, Stoffe und Probleme der DDR-Wirklichkeit zu behandeln, finden sich in dem Stück *Bürgermeister Anna* (1950) von Friedrich Wolf, der schon in der Weimarer Republik durch aktuelle »Zeitstücke« bekannt geworden war, sowie in dem Drama *Katzgraben* (1953) von Emil Strittmatter, das die Bodenform thematisierte. PETER HACKS (geb. 1928), der 1955 nach einer Einladung Brechts in die DDR übersiedelte, benutzte die Form des historischen Bilderbogens, um an individuellen Konflikten gesellschaftliche Entwicklung und geschichtliche Notwendigkeit zu demonstrieren, etwa in den Werken *Eröffnung des indischen Zeitalters* (1954), *Die Schlacht bei Lobositz* (1956), *Der Müller von Sanssouci* (1958), *Das Volksbuch vom Herzog Ernst* (1967), *Margarete in Aix* (1969), und *Omphale* (1970). Mit dem frühen Stück *Die Sorgen und die Macht*, das zwischen 1959 und 1962 in drei verschiedenen Fassungen erschien, nahm Hacks Probleme seiner Zeit direkt auf. Er läßt die Figuren im Sinne des Brechtschen Lehrstücks eine Entwicklung durchmachen, dadurch gelingt die Auflösung der gesellschaftlichen Widersprüche. Ausgangsposition ist, daß die Arbeiter einer Glasfabrik unter dem Durchschnitt verdienen, weil die Kollegen in der Brikettfabrik Schundware produzieren, um Prämien einzustreichen. Die Lösung des Widerspruchs wird dadurch eingeleitet, daß sich der Brikett-Arbeiter Fidorra in die Glas-Arbeiterin Hede Stoll verliebt. Das Stück wirkte brisant, weil es den Widerspruch von sozialistischer Phrase und unsozialistischer Praxis auf die Bühne brachte. Die umstrittenste Passage war folgende Äußerung der SED-Genossin Emma Holdefleiß: »Kollegen, Kommunismus, wenn ihr euch/ Den vorstellen wollt, dann richtet eure Augen/ Auf, was jetzt ist, und nehmt das Gegenteil;/ Denn wenig ähnlich ist dem Ziel der Weg./ Nehmt soviel Freuden, wie ihr Sorgen kennt,/ Nehmt soviel Überfluß wie Mangel jetzt/ Und malt euch mit den grauen Tinten/ Der Gegenwart der Zukunft buntes Bild.« Hacks erläuterte 1960 die Prinzipien seiner Arbeit so: »Vielleicht sollten wir von Aufhebung reden, von Aufhebung der revolutionären Tradition in der klassischen. Die Harmonie der sozialistischen Gesellschaft hat doch eine andere Qualität als die früheren: sie ist stabiler. Sie hält mehr aus, auch mehr Kritik.« Freilich hat er später seinen Klassizismus entschärft, indem er aus der dialektisch-kritischen Nachfolge Brechts zu einem eher harmlosen sozialistischen Rokoko überging. Grund dafür war nicht zuletzt die scharfe Kritik, die seine Komödie *Moritz Tassow* – 1961 geschrieben, erst 1965 an der Volksbühne unter der Regie von Benno Besson uraufgeführt – auslöste, weil Hacks mit dem vermeintlich taubstummen Tassow, der nach zwölf Jahren Naziherrschaft plötzlich wieder zu sprechen beginnt, eine anarchistisch-selbstsichere Zentralfigur aufbaute, die den kommunistischen Funktionären Mattukat und Blasche menschlich überlegen ist und die nicht zufällig an die Titelfigur des klassischen Dramas »Torquato Tasso« erinnert.

HARTMUT LANGE (geb. 1937), der bis 1965 in der DDR lebte, griff das Thema der »großen Person« in seiner Komödie *Marski* (1963) auf. Marski, ein Großbauer, »übt außer der Tätigkeit riesenhaften Verdauens auch die Tätigkeit riesenhaften Anpflanzens« aus. Er verändert sich im Laufe der Handlung nicht, der Lernprozeß – Besitz ist ein Anachronismus – findet sozusagen im Moment des Sich-Aufhängens statt, er ist also nicht Entwicklung, sondern Sprung. Auch dieses Drama durfte nicht gespielt werden, weil die Titelfigur »als Mensch ein Kerl, als gesellschaftliches Wesen eine Null« (Hacks) war und weil Lange nach seiner Übersiedlung in den Westen als unerwünschter Autor galt. HELMUT

BAIERL (geb. 1926), ebenfalls von Brecht beeinflußt, zeigte in der Komödie *Frau Flinz* (1961) eine neue Mutter Courage, die sich und ihre fünf Söhne durch die Nazizeit mogelt und, widerstrebend zunächst, in der DDR als LPG-Vorsitzende »ihre kleine Familie gegen die große eintauscht«. In Umkehrung des Courage-Modells darf die Flinz ihre Wünsche und Hoffnungen verwirklichen, weil sie mit den Interessen der Gesellschaft übereinstimmen: »Wie herrlich ist es zu beschreiben die Klugheit einer Partei, die sich mit der Weisheit des Volkes verbunden hat.« Dieses Drama wurde nicht zuletzt auch deshalb ein Erfolg, weil Helene Weigel, die berühmte Darstellerin der Mutter Courage, die Titelrolle übernommen hatte.

Auch VOLKER BRAUN, der vor allem als Lyriker bekannt wurde, nahm den Konflikt zwischen dem kraftvollen Individuum und den Forderungen der Gesellschaft auf. Mehrere Fassungen des »Kipper«-Stoffes zeigen seine Schwierigkeiten, eine überzeugende dramatische Lösung zu finden: auf *Kipper Paul Bauch* (1963/65) folgten *Die Kipper* (1965) und eine weitere Version mit demselben Titel 1972. Gezeigt wird, wie Paul Bauch in seinem Bestreben, Leben, Arbeit und Lust zu vereinen, die Arbeitskollegen und den Betrieb durch Rekordsucht und Antreibermethoden schädigt. Da er sich nicht wandeln kann, verläßt er den Betrieb, in dem er viele positive Veränderungen anregte. Dieser Kipper Bauch soll im Zuschauer eine freie Haltung provozieren, »die sich nicht nur in der Kritik der Figur erschöpft, sondern auch die Kritik der Umstände ermöglicht, an denen Paul Bauch scheitert, die aber andererseits in den Kippern jene Haltungen freisetzt, die in unserer Gesellschaft gebraucht werden«. Die Bearbeitungen von Volker Braun haben die Tendenz, die anarchische Individualität des Helden zunehmend in das Kollektiv einzubetten und die Bedeutung der sozialistischen Gemeinschaft hervorzuheben.

HEINER MÜLLER (geb. 1929) begann als Dramatiker mit einfach gebauten, teils lehrstückhaften, teils realistischen Werken. Der Stoff des Dramas *Der Lohndrücker* (1958) stammte aus der DDR-Realität: Es ist die Ringofen-Reparatur durch den ersten DDR-Aktivisten Hans Garbe. In dem Stück von Müller repariert der Arbeiter Balke einen Ringofen in einer Hochleistungsschicht, er wird deshalb von den Kollegen als »Lohndrücker« diffamiert, weil ihnen die durch Balke vorgegebene Norm als Ausbeutung erscheint. Balkes Loyalität gegenüber dem Sozialismus entspricht seiner früheren Loyalität gegenüber dem Faschismus; sie ist nunmehr positiv, weil das neue System positiv ist. Die gesellschaftliche Notwendigkeit – der Aufbau des Sozialismus – erscheint als das Übergeordnete, dem sich das Individuum unterzuordnen hat. Müller schildert die Annäherung der Arbeiter an den Sozialismus nicht als Ineinssetzen von Ich und Gesellschaft, sondern als einen schmerzhaften und gewaltsamen Anpassungsprozeß. Da seine folgenden Dramen mit Themen aus der DDR nicht aufgeführt oder verboten wurden, wandte er sich mit den Stücken *Philoktet* (1965), *Herakles 5* (1966) und *Promet-*

Abb. 107: Volker Braun *Die Kipper* – Szenenfoto aus der Berliner Aufführung von 1973

heus (1968) antiken Stoffen zu, die er durch Veränderungen der zentralen Fabel durchsichtig machte für die Geschichte und ihr Zusammenspiel von Zufall und Notwendigkeit. Müller arbeitete als Dramaturg am Maxim-Gorki-Theater, beim »Berliner Ensemble« und an der Volksbühne in Ostberlin. Über die Künstleragentur der DDR bekam er allerdings häufig die Möglichkeit, in der Bundesrepublik zu gastieren. So inszenierte er in der Spielzeit 1981/82 an den Kammerspielen des Schauspielhauses Bochum die Uraufführung seines Stückes *Der Auftrag. Erinnerung an eine Revolution*, das sich mit der Auswirkung der Französischen Revolution auf Jamaica befaßt. Das verhältnismäßig kurze Stück macht deutlich, daß Müller sich einen weiteren Themenbereich erschlossen hatte: die Geschichte. Da er wohl kaum noch an die verändernde Wirkung von Theater durch Aktualität glaubt, wandte er sich im Laufe der siebziger Jahre auch der deutschen Geschichte und der Bewältigung dieser Vergangenheit zu, wobei er frühere Konzepte aufnahm und zu Ende führte. Dabei entstanden Werke, die außerordentlich schwierig sind und breites Wissen der Leser/Zuschauer voraussetzen, wie etwa das Stück *Germania Tod in Berlin*. Müller schrieb es zwischen 1956 und 1971, es wurde 1978 an den Münchner Kammerspielen uraufgeführt und in der Spielzeit 1988/89 in einer virtuosen und wirkungsvollen Inszenierung durch Frank-Patrick Steckel im Schauspielhaus Bochum erneut zur Diskussion gestellt. Wichtiges Strukturelement ist die Doppelung: In jeweils zwei zusammengehörigen Szenen werden Ereignisse aus der deutschen Geschichte mit Ereignissen aus der DDR konfrontiert, nur einige Szenen stehen für sich allein, so der grotesk-wilde Höhepunkte »Die Heilige Familie«, in der Germania mit Hitler und Goebbels zusammengebracht wird. Die Uraufführung des Stückes *Leben Gundlings Friedrich von Preußen Lessings Schlaf Traum Schrei* (1977) fand 1979 in Frankfurt/Main statt, eine weitere Inszenierung kam 1983 in Westberlin heraus, während die erste Aufführung in der DDR erst 1988 folgte. Wie schon der verfremdende Titel andeutet, prangert diese historische Collage an, was landläufig unter preußischer Geschichte verstanden wird: Disziplinierung, Zwang, Menschenverachtung. Mit dem Stück *Die Hamletmaschine* (1977) erfüllte Müller die Erwartung, die man – besonders im Westen – in ihn gesetzt hatte, durch den Rückgriff auf das Existentielle. Als Tragödienfarce des 20. Jahrhunderts spiegelt es die Problematik des modernen Schriftstellers in der Hamlet-Figur wider: sich mitschuldig fühlend am Elend der Zeit, möchte er sich am liebsten als Maschine sehen, ohne Gewissen und ohne Schmerzen, sprachlos und ohne Tod. Die anspielungsreiche monologische Textvorlage ist Aggression und Vision in einem, Erinnerungsstrom, Schrei, Anklage, Demaskierung: »Ich war Hamlet. Ich stand an der Küste und redete mit der Brandung BLABLA, im Rücken die Ruinen von Europa.«
Anders als Heiner Müller entschloß sich THOMAS BRASCH (geb. 1945) schon 1976 dazu, nach Westberlin umzusiedeln, nachdem er bereits als

junger Mann die Repressalien des Staates erfahren hatte und 1968 zu einer längeren Gefängnisstrafe verurteilt worden war. In der Zeit seiner persönlichen Entscheidung, zwischen 1976 und 1977, entstand *Rotter. Ein Märchen aus Deutschland*, das im Dezember 1977 am Württembergischen Staatstheater Stuttgart uraufgeführt wurde. Brasch zeigte mit der Titelfigur – im Gegensatz zu seiner eigenen Biographie – den Mitläufer, der immer und in allen Systemen dabei ist und alle politischen Veränderungen an sich vorüberziehen läßt, ohne Stellung zu beziehen.

Die literarische Form »Drama« ist nicht für die individuelle Lektüre gedacht, sondern für die Aufführung, für ein interessiertes und engagiertes »Präsenzpublikum«, das reagiert und diskutiert. Die mit jeder Inszenierung verbundene öffentliche Kritik durch die Medien verstärkt die Resonanz. Es ist daher nicht verwunderlich, daß Staat und Partei gerade die Dramatik aufmerksam prüften und versuchten, mißliebige, weil kritische Werke zu unterdrücken. Behinderung von Proben, Zensureingriffe, Absagen vor oder kurz nach der Premiere unter fadenscheinigen Gründen, in vielen Fällen auch direkte Verbote führten dazu, daß wichtige dramatische Texte in der DDR unbekannt blieben. Viele übertrieben aktuelle Stücke zu gerade diskutierten politischen Vorgängen wurden dagegen protegiert, sie und ihre Autoren sind in der Bundesrepublik weitgehend unbekannt geblieben. So mag es wie eine Ironie der Geschichte wirken: Die eindeutigste und schonungsloseste Abrechnung mit dem real existierenden Sozialismus wurde durch ein Drama vollzogen.

CHRISTOPH HEIN (geb. 1944) hatte nur wenige Werke veröffentlicht und war weithin unbekannt, als ihm 1982 der Heinrich-Mann-Preis verliehen wurde. Eine ungewöhnlich starke Resonanz hatte dann die Novelle *Der fremde Freund* (1982), die zunächst in Ostdeutschland und wenig später unter dem Titel *Drachenblut* in der Bundesrepublik erschien. Die neununddreißigjährige geschiedene Ich-Erzählerin Claudia berichtet von ihrem Leben, das bestimmt ist durch die Arbeit in der Klinik, durch die Isoliertheit in einem Berliner Hochhaus, durch oberflächliche Bekanntschaften und durch die letztlich unbefriedigende Beziehung zu Henry. Im Verlaufe des monologischen Erzählens wird deutlich, daß Claudia völlig vereinsamt lebt, keine Beziehung zu anderen Menschen herstellen kann und will, Angst und Mißtrauen empfindet: »Ich bin unverletzlich geworden. Ich habe in Drachenblut gebadet, und kein Lindenblatt ließ mich irgendwo schutzlos.« Die im Sozialismus immer wieder beschworene Bindung an die Gesellschaft fehlt ganz, sie wird nicht einmal mehr erwähnt. In dem Roman *Horns Ende* (1985) geht es um den Freitod des Museumsdirektors Horn, der durch Maßnahmen der Partei in die Provinzstadt Guldenberg strafversetzt wurde und hier an den erneuten Repressalien zerbricht. Das aus fünf verschiedenen Perspektiven als Rückschau erzählte Geschehen kritisierte die Methoden, mit denen der Sozialismus aufgebaut wurde und die rigoros über den einzelnen hinauswiesen. Wesentlich aggressiver und direkter ging Hein in dem Schauspiel *Cromwell* (1980) vor. Die Szenenfolge zeichnet die Puritaner-Revolution in England zwischen 1644 und 1658 nach. Das Drama ist, wie Hein schrieb, »ein Stück über eine erfolgreich durchgeführte Revolution, die letztlich verendet. Sie krepiert an der Unzulänglichkeit der revolutionären Führer.« Dieser verallgemeinernden Interpretation entspricht im Text eine Fülle von Wörtern, die auf die Gegenwart der DDR verweisen, etwa Ideologen, Agitatoren, Armeerat, Konterrevolution. Sie machen deutlich, daß man das gesamte Stück unter dem Aspekt lesen kann, was es über die Entwicklung und die Zustände in der DDR aussagt. Heins bisher letztes Drama, die Komödie *Die Ritter der Tafelrunde* (1989) nimmt zwei für die Literatur des Mittelalters wichtige Sagenkreise auf: Gral und Artus. Mit dieser Wahl verweist er auch auf eine dramatische Tradition, die in den sozialistischen Ländern Kritik und Widerspruch signalisierte. Sie geht zurück auf das Märchen *Der Drache* des russischen Autors Jewgenij Schwarz; zu ihr gehören in der DDR das Stück *Drachenoper* (1968) von Heiner Müller, das als Libretto der Oper *Lanzelot* von Paul Dessau diente, sowie die Drachentöterschau *Der Dra-Dra* (1970) von Wolf Biermann. Für die Tafelrunde des Königs Artus ist es Endzeit geworden. »Hinfällige Männer, alt gewordene Frauen« leben isoliert und dumpf vor sich hin, den Erinnerungen an die Ideale der Vergangenheit ergeben. Die Jugend, verkörpert in dem Artus-Sohn Mordret, hält den Gral für ein Phantom, nach dem man vergeblich gesucht hat. Der kritische Parzival erkennt als einziger, daß die Alten die Jungen unterdrückt und entmündigt haben, daß sie einen »Frieden der Krämerseelen, eine Ordnung der Polizeikaserne« schufen. Gegen Ende stellt Lancelot, der jahrelang unterwegs war und nirgends auf der Welt den Gral finden konnte, resigniert fest: »Ach, Artus, weißt du denn, daß die Leute da draußen nichts mehr vom Gral und der Tafelrunde wissen wollen?« Der Satz beweist: Mit dieser Komödie schrieb Christoph Hein das End-Spiel für die DDR und den real existierenden Sozialismus.

Lyrik

Gegenüber den anderen beiden Gattungen reagierte die Lyrik tiefer und empfindlicher auf die gesellschaftlichen und kulturpolitischen Entwicklungen in der DDR. Der Spielraum dessen, was und wie etwas gesagt werden konnte, war naturgemäß größer, bedingt durch die geringere öffentliche Resonanz von Gedichten; Theaterstücke und Romane wurden von Partei und Öffentlichkeit entschieden aufmerksamer betrachtet. Die Lyrik hat von der damit gegebenen Freiheit gelegentlich so viel Gebrauch gemacht, daß ihre politische Funktion unübersehbar wurde.
Auch für die Lyrik und ihre ästhetischen Probleme galt der Bezug zum

»kulturellen Erbe« der Vergangenheit. Auch hier veränderte sich im Laufe der Jahre die Auffassung, was diesem Erbe zuzurechnen sei. Der Expressionismus etwa kam erst in den sechziger Jahren ins Gespräch. Für die Lyriker der DDR gab es im wesentlichen drei Möglichkeiten, an Traditionen anzuknüpfen:

1. Sie konnten sich an der Kampf- und Agitationslyrik der Arbeiterbewegung orientieren mit dem Vorbild ERICH WEINERT (1890–1953), dem kommunistischen Revolutionslyriker und Rezitator aus der Weimarer Zeit. In dieser Tradition entstand die Fülle politischer Gebrauchs- und Gemeinschaftsdichtung, die vor allem in der Aufbauphase der DDR produziert und benötigt wurde: Lieder, Kantaten, Agitations- und Spruchdichtung, die man im Westen gern als »Traktorenpoesie« verspottete.

2. Die traditionelle Lyrik der Subjektivität konnte aufgenommen und weitergeführt werden in Richtung auf eine persönlich getönte Poesie mit gesellschaftlichem Bezug. JOHANNES R. BECHER (1891–1958) war der bekannteste Autor dieser Gruppe, seine Biographie weist zurück bis in die Zeit des Expressionismus. In der von Kurt Pinthus herausgegebenen Lyrikanthologie »Menschheitsdämmerung« (1920), die wichtige Werke des Expressionismus sammelte, war er mit vierzehn Gedichten vertreten. Dieser subjektiv-politische Anfang blieb in den Publikationen der folgenden Jahrzehnte immer zu spüren, Becher glaubte: »Indem der lyrische Dichter sich selbst gestaltet, gestaltet er das Problem seines Jahrhunderts.« Seine politische Tätigkeit als Präsident des Kulturbundes und der Deutschen Akademie der Kunst sowie als Minister für Kultur sah er als »Verteidigung der Poesie«, weil er dadurch als Autor zu einem repräsentativen Charakter werden konnte, »worin das Zeitalter seine eigene poetische Gestalt wiederfindet«.

3. Man konnte zurückgehen auf die lyrische Dialektik Brechts mit ihren antiklassisch-plebejischen und neusachlichen Traditionen, die auf François Villon und den Bänkelsang zurückweisen. Zusammen mit ausländischen Vorbildern einer poésie impure, also einer engagierten Poesie (Majakowski, Neruda), und Elementen der westdeutschen Lyrik (H. M. Enzensberger) wurde dieser Einfluß seit den frühen sechziger Jahren wirksam.

Von den Autoren der Weinert-Nachfolge überzeugte KUBA (= KURT BARTHEL) (1914–1967) in seinem *Gedicht vom Menschen* (1948) allenfalls durch rhetorischen Schwung. Deklamatorisch-allgemein blieb auch die Nachkriegslyrik *Stalin* (1949), *Mansfelder Oratorium* (1950) und *Der Flug der Taube* (1952) von STEPHAN HERMLIN. Die am französischen Surrealismus geschulte Sprache, die seine Widerstandsgedichte in den dreißiger Jahren getragen hatte, versagte offenbar vor der neuen Realität. Wie unterschiedlich ihm die Darstellung aktueller Ereignisse gelang, macht ein Vergleich der Gedichte *Wilhelm Pieck* (1951) und *Die Vögel und der Test* (1957) deutlich. Problematisch auch waren fast alle monumentalisierenden, zumeist zyklischen Versuche des »großen Poems« wie

Die Fahrt nach Stalingrad (1953) von FRANZ FÜHMANN oder *Gesänge der Zeit* (1948) von GEORG MAURER. Nach Versuchen in volkstümlichen Formen im *Dreistrophenkalender* (1961) kehrte Maurer in Zyklen wie *Variationen* (1965) und *Gespräche* (1967) zu einer Art sozialistischer Bildungspoesie zurück. PETER HUCHEL, der die Tradition deutscher Naturlyrik fortsetzte, gab den Versuch auf, im Sinne des Sozialistischen Realismus ein Gedicht, *Das Gesetz*, über die Bodenreform zu schreiben; seine einzige Buchpublikation in der DDR blieb der Band *Gedichte* (1948). Auf Huchel und die Naturlyrik, vor allem aber auf ältere Vorbilder wie Klopstock bezog sich JOHANNES BOBROWSKI (1917–1965). Seine Bände *Sarmatische Zeit* (1961), *Schattenland Ströme* (1962) und *Wetterzeichen* (1966) zeigen ihn als Schilderer von osteuropäischer Landschaft und Geschichte, als Erneuerer der lyrischen Sprache. Bobrowski wollte »das unglückliche und schuldhafte Verhältnis« seines Volkes zu den Völkern des europäischen Ostens gestalten. Sein poetisches »Sarmatien« ist die östliche Weite, »das Land zwischen Weichsel und Ural«, mit Ebene, Strom, Wald, Vogel, Fisch, Licht und Finsternis, dazu gehören die Schicksale einfacher Menschen, von Bauern, Fischern, jüdischen Händlern, aber auch die Bereiche von Geschichte, Religion, Musik, Kunst und Poesie, von denen zahlreiche Bekenntnis- und Widmungsgedichte zeugen. Landschaft und Dingwelt werden im Gedicht durch substantivische Setzung aufgebaut. Bezeichnende Gedichtanfänge sind: »Strom, schwer,/ den die Lüfte umdrängen, alt« oder »Dämmerung./ Wie das Grasland/ hertreibt, die breite Strömung,/ Ebenen«. Bobrowskis poetisches Programm ist das Bezeichnen und Beschwören von Wirklichkeit: »Immer zu benennen:/ den Baum, den Vogel im Flug.« Dazu gehört auch die Einsicht in die mögliche Unverbindlichkeit eines Spiels mit Worten. Wie fern dieser Autor jeder bloßen Phraseologie und unverbindlicher Menschenfreundlichkeit war, zeigt das späte Gedicht *Das Wort Mensch*, in dem es heißt: »Wo Liebe nicht ist,/ sprich das Wort nicht aus.«

Seit den sechziger Jahren trat eine neue Generation von Lyrikern in Erscheinung. GÜNTER KUNERT (geb. 1929), von seinen Anfängen her Schüler und Nachfolger Brechts, sah seine Lyrik – etwa *Wegschilder und Mauerinschriften* (1950), *Der ungebetene Gast* (1965) oder *Offener Ausgang* (1972) – vom »dialektischen Paradoxon« bestimmt. Lyrik ist für ihn »ein sinnvoller Widersinn«, der »Zweck« des Gedichtes ist der Leser, »der, indem er sich mit dem Gedicht befaßt, sich mit sich selber zu befassen genötigt wird«. Kunerts Gedichte beschreiben den Widerspruch menschlicher Existenz, ihre Gesellschaftlichkeit, die zugleich »krank von Individualität« ist. Er war fasziniert von der Idee der Utopie. In dem Gedicht *Ikarus 64* heißt es: »Dennoch breite die Arme aus und nimm / einen Anlauf für das Unmögliche«; einen Gedichtband aus dem Jahre 1977 nannte er *Unterwegs nach Utopia*. Dann folgte sein *Platzwechsel* – so lautet der Titel des ersten Gedichtes in dem Band *Abtötungsverfahren* (1980). Kunert zog von Berlin nach Schleswig-Holstein.

Was sich in den folgenden Jahren nicht »abtöten« ließ, war der Schmerz über die verlorene Heimat. So blieb die fortdauernde Klage, einfach und sarkastisch in Bild und Klang: »Wo mein Körper lebt / kann mein Kopf nicht leben / und weiß es.«

Das Verhältnis von Ich und Gesellschaft wurde von zahlreichen Lyrikern der DDR mit sehr unterschiedlichen Akzenten thematisiert. WOLF BIERMANN (geb. 1936), der lange vor seiner Ausbürgerung 1976 Auftritts- und Publikationsverbot hatte, setzte gegen den Bürokratismus und dessen Anspruch, das Kollektiv zu vertreten, die These: »Das Kollektiv hat sich von mir getrennt!« Als Liedermacher bevorzugte er Balladen und liedartige Gedichtformen, in denen Aggressivität und direkt formulierte Kritik an gesellschaftlichen Mißständen dominieren und die häufig von umgangssprachlichen Formulierungen geprägt sind. Zahlreiche Balladen der Sammlung *Die Drahtharfe* (1965) machen den Einfluß Brechts deutlich, etwa die inzwischen berühmt gewordenen Texte *Die Ballade von dem Drainage-Leger Fredi Rohsmeisl* oder *Die Ballade von dem Briefträger William L. Moore*. In dem Band *Mit Marx- und Engelszungen* (1968) findet man eine Gruppe *Hetzlieder gegen den Krieg und Lobpreisung des Friedens*, aber auch Texte, in denen der Autor ganz persönliche Erfahrungen und Erinnerungen darstellt, so in der *Moritat auf Biermann seine Oma Meume in Hamburg*. Bei HEINZ KAHLAU hat der Versuch des Lyrikers, ein neues Gemeinschaftsgefühl zu artikulieren, den Charakter des Imperativs: »Bilde alle Sätze mit wir. / Auch in den Wüsten, / auch in den Träumen, – / auch in den Finsternissen. / Alle Sätze / bilde mit WIR.« Vereinzelung erscheint unter solchen Bedingungen als Krankheit, die Rückkehr ins Kollektiv als »Genesung«. Bei VOLKER BRAUN (geb. 1939) hat das Pathos des »Wir« – *Wir und nicht sie* heißt ein Gedichtband von 1970 – am ehesten Überzeugungskraft: »Wir arbeiten uns hinüber in die freie Gesellschaft.« Selbst die Liebe erscheint nicht als die Privatsache zweier Menschen, sondern als Regeneration von Produktivkraft und als Verbündete bei der Umgestaltung der Gesellschaft; sie ist eine »glückliche Verschwörung« für das »Land, das wir belagern / Aus Lust, das wir einnehmen Elle für Elle«. Nicht minder kraftvoll ist die Lyrik von KARL MICKEL (geb. 1935) in den Bänden *Vita nova mea – Mein neues Leben* (1966) und *Eisenzeit* (1975). Er verbindet starke Subjektivität, Frische, ja Derbheit des Tons gelegentlich mit manieristischer Verschlüsselung. Sein Gedicht *Der See* stand 1966 im Mittelpunkt einer Lyrikdebatte, die in der Zeitschrift »Forum« geführt wurde. Im Bild eines Sees, dargestellt als »schartige Schüssel, gefüllt mit Fischleibern«, der von einem übermächtigen Ich auszusaufen ist, wird – in Anlehnung an Karl Marx – die Arbeit als ein Prozeß zwischen Mensch und Natur gesehen. Gegen die offiziell-harmonisierende Geschichtsbetrachtung der DDR setzte Mickel das Subjekt beinahe kraftgenialisch wieder in seine Rechte ein. Diese neue Subjektivität hat die Lyrik der Folgezeit mehr und mehr bestimmt.

Karl Mickel:
Der See

See, schartige Schüssel, gefüllt mit Fischleibern
Du Anti-Himmel unterm Kiel, abgesplitterte Hirnschal
Von Herrn Herr Hydrocephalos, vor unsern Zeitläuften
Eingedrückt ins Erdreich, Denkmal des Aufpralls
Nach rasendem Absturz: du stößt mich im Gegensinn
Aufwärts, ab, wenn ich atemlos nieder zum Grund tauch
Wo alte Schuhe zuhaus sind zwischen den Weißbäuchen.

Totes gedeiht noch! An Ufern, grindigen Wundrändern
Verlängert sichs wächsts, der Hirnschale Haarstoppel
Borstiges Baumwerk, trägfauler als der Verblichene
(Ein Jahr: ein Schritt, zehn Jahr: ein Wasserabschlagen
Ein Jahrhundert: ein Satz). Das soll ich ausforschen?
Und die Amphibien. Was sie reinlich einst abschleckten
Koten sie tropfenweis voll, unersättlicher Kreislauf
Leichen und Laich.

        Also bleibt einzig das Leersaufen
Übrig, in Tamerlans Spur, der soff sich aus Feindschädel-
Pokalen eins an (»Nicht länger denkt der Erschlagene«
Sagt das Gefäß, »nicht denke an ihn!« sagt der Inhalt).

So faß ich die Bäume (»hoffentlich halten die Wurzeln!«)
Und reiße die Mulde empor, schräg in die Wolkenwand
Zerr ich den See, ich saufe, die Lippen zerspringen
Ich saufe, ich saufe, ich sauf – wohin mit den Abwässern!
See, schartige Schüssel, gefüllt mit Fischleibern:
Durch mich durch jetzt Fluß inmitten eurer Behausungen!
Ich lieg und verdaue den Fisch

REINER KUNZE (geb. 1933) hatte in seinem Gedichtband *Sensible Wege* (1969) die paradoxe Situation des Sozialisten im Sozialismus auf die Formel gebracht: »Eingesperrt in dieses Land / das ich wieder und wieder wählen würde.« Wegen seines Protestes gegen die Intervention der Ostblockländer in Prag 1968 hatte er jahrelang Publikationsschwierigkeiten, deshalb erschien der Band *Zimmerlautstärke* 1972 in der Bundesrepublik. Das Motto des Werkes übernahm der Autor von Seneca: »... bleibe auf deinem Posten und hilf durch deinen Zuruf; und wenn man dir die Kehle zudrückt, bleibe auf deinem Posten und hilf durch dein Schweigen.« Der erste Teil dieses Bandes hat den Titel »monologe mit der tochter«, die extrem verknappten Texte verweisen darauf, daß Kunze immer wieder Erlebnisse und Probleme seiner Tochter Marcela darstellte. Sein erfolgreichstes Buch *Der Löwe Leopold. Fast Märchen, fast Geschichten* (1970) ist »Für Marcela, diesen Plagegeist« geschrieben. Der Prosaband *Die wunderbaren Jahre* (1976) gibt in kurzen, eindringlichen Texten Details der Erziehung und der Schule in der DDR, so daß mosaikartig ein Bild der dortigen Realität entsteht: Erziehung zu Haß und Krieg, Ausrichtung auf vorgegebene Ideen und Ideale, Zwang und Einschüchterung. Deshalb wachsen die Kinder und Jugendlichen ohne die innere und äußere Freiheit auf, die für ihr weiteres Leben entscheidend ist – ein Zitat von Truman Capote als Motto des Teils »Verteidigung einer unmöglichen Metapher« unterstreicht das: »Ich war elf, und später wurde ich sechzehn. Verdienste erwarb ich mir keine, aber das waren die wunderbaren Jahre.« 1977 konnte Kunze die DDR verlassen. Er ließ sich in der Nähe von Passau nieder und bekannte: »auch dies ist mein land.« In dem Band *auf eigene hoffnung* (1981) verzeichnet ein *tagebuchblatt 80* wohl im Rückblick auf die Situation in seiner Heimat die kritischen Worte: »Auch die landschaft, werden sie behaupten, dürfe / nicht mehr nur sein, auch sie / müsse dafür sein oder dagegen.« Sie zeigen, daß die Erinnerung an die Vergangenheit wach blieb.

SARAH KIRSCH (geb. 1935) demonstrierte in ihren Gedichtbänden *Landaufenthalt* (1967), *Zaubersprüche* (1973) und *Rückenwind* (1976) ein sensibles, aber kräftiges Welt- und Selbstgefühl. Ihre Landschafts- und Liebeslyrik enthält oft politische und zeitkritische Bezüge. Assoziativ gefügte Gedichte wachsen zu lyrischen Reportagen aus, ob sie nun ein Dichtertreffen in Mazedonien oder eine Reise in die Provence zum Gegenstand haben. Sarah Kirsch siedelte zunächst von Ost- nach Westberlin über, seit 1981 lebt sie in einem Dorf bei Bremen. Ihre Gedichtbände *Erdreich* (1982), *Katzenleben* (1984), *Irrstern* (1986) und *Schneewärme* (1989) erschienen in der Bundesrepublik, erst 1989 konnte Gerhard Wolf unter dem Titel *Die Flut* eine Auswahl aus diesen Werken im Aufbau-Verlag herausbringen. Immer wieder findet man in den späteren Texten Hinweise darauf, daß der erzwungene Ortswechsel Spuren hinterlassen hat, daß Gedanken in die Vergangenheit zurückgehen. So steht in einem der Gedichte, die Erfahrungen einer Amerika-Reise darstellen, plötzlich die drastische Formulierung: »Die Vogelfreiheit entzückte mich / Es war mir früher in meinem Land / So viel eingeblasen und vorgeschrieben / Daß ich die Scheißarbeit auf mich genommen / Ein bißchen davon zu glauben.« Sicher ist es auch kein Zufall, daß in zahlreichen Gedichten der Winter zentrales Motiv ist: Schnee, Frost, Kälte und zuletzt die *Schneewärme*.

Viele Autoren verließen im Laufe der achtziger Jahre die DDR. ERICH ARENDT (1903–1985), der »stille Klassiker« der Lyrik, blieb. Im Jahr 1950 war er aus dem Exil, zuletzt in Kolumbien, nach Ostberlin zurückgekehrt. Vom Expressionismus herkommend und beeinflußt von den Werken des Chilenen Pablo Neruda und des Spaniers Rafael Alberti, von deren Gedichten er bedeutende Übersetzungen vorlegte, schuf er ein lyrisches Werk, dessen Bilderreichtum und existentieller Ernst beeindrukken. Seine Gedichtbände *Gesang der sieben Inseln* (1957), *Unter den Hufen des Winds* (1966), *Feuerhalm* (1973) und *Starrend von Zeit und Helle. Gedichte der Ägäis* (1980) erschienen auch im Westen. Außerhalb der deutschen Grenzen, auf Kreta und den Ägäischen Inseln, suchte Arendt die Spuren einer älteren Kultur, die erfüllte Utopie im Reiche der Geschichte und des Mythos. Vielleicht liegt darin der Grund, daß seine Werke auf die junge Generation der Lyriker in der DDR so stark eingewirkt haben.

Nachdenken über Christa Wolf

Wenn ein politisches Machtsystem zerfallen ist, beginnt die Auseinandersetzung um das, was es bewirkt, begünstigt und verhindert hat, beginnt jener Prozeß, den man Vergangenheitsbewältigung nennt. Autoren reagieren in diesem Falle dadurch, daß sie sich mit Büchern, Aufrufen und Zeitungsartikeln zu Wort melden und so Öffentlichkeit für ihre Meinungen und Wertungen herstellen. An einzelnen Beispielen läßt sich verdeutlichen, welche Emotionen das Ende der DDR freisetzte.

Der in Berlin lebende Schriftsteller LUTZ RATHENOW (geb. 1952) schrieb am 15. Juli 1990 einen offenen Brief an den Kulturminister Herbert Schirmer, in dem er verlangte, die Unterlagen des Staatssicherheitsdienstes auf keinen Fall zu vernichten, um Beweise zu sichern und beschlagnahmte, bisher unterdrückte Literatur zu bewahren: »Auch mir sind mindestens zwei Texte und ein Interview durch Hausdurchsuchungen und Zollbeschlagnahme ersatzlos abhanden gekommen. Bei anderen sind es ganze Romanentwürfe, halbe Lebenswerke.«

Einen anderen Weg wählte ERICH LOEST (geb. 1926). Er hatte, nachdem er 1957 wegen »konterrevolutionärer Gruppenbildung« verhaftet worden war und siebeneinhalb Jahre im Zuchthaus verbracht hatte, die DDR im März 1981 verlassen. Seine Biographie *Durch die Erde ein Riß* (1983) und sein Roman *Völkerschlachtdenkmal* (1984) machten ihn in der Bundesrepublik schnell bekannt. Er ging sofort bei Öffnung der Grenzen nach Leipzig zurück. Dort erfuhr er, daß der Staatssicherheitsdienst ihn seit 1975 ununterbrochen observiert hatte, und fand bei seinen Recherchen etwa 9000 Blätter, auf denen die Bespitzelung detailliert dokumentiert war. Loest verarbeitete Teile seines Fundes in dem Buch *Der Zorn des Schafes* (1990), um Wut und Enttäuschung über den Verrat von Bekannten und Freunden, über die raffinierten Methoden des Apparates zu artikulieren.

JUREK BECKER, der seit 1979 in der Bundesrepublik lebt, verallgemeinerte in dem Artikel *Zum Bespitzeln gehören zwei* das Problem der jahrzehntelangen Unterdrückung durch den Staatssicherheitsdienst, indem er

auf eine »Bevölkerung von hoher Unterwerfungsbereitschaft« verwies, deren »hauptsächliche Widerstandshandlung darin bestand, sich zu ärgern«. Er betonte, daß im Grunde jeder Bewohner der DDR über die Mißstände und über die Arbeit der Kontrollorgane informiert gewesen sei: »In jeder Behörde saßen die Stasi-Leute, in jedem Verein, in jeder Schule, in jedem Kindergarten, in vielen Familien. Man gewöhnte sich daran, sie als lästigen Teil der Umwelt hinzunehmen, wie Smog.«
WOLF BIERMANN schrieb in dem Artikel *Nur wer sich ändert, bleibt sich treu* über die »tapferfeigen Intellektuellen« der DDR und charakterisierte eine Reihe von Autoren, die den Staat nicht verlassen hatten, mit abqualifizierenden Formulierungen. Er kam insgesamt zu einer negativen Bewertung der politischen Veränderungen seit Oktober 1989 und schloß: »Die Sehnsucht der Menschenkinder nach einer gerechteren Gesellschaft wird mit jeder Generation neu geboren. Wir können gar nicht anders und wolln es auch nicht.«
Biermanns Artikel entstand als Beitrag zu einem Streit, der mehrere Wochen lang in den Feuilletons der deutschen Zeitungen ausgetragen wurde, vor allem in der Wochenzeitung »Die Zeit«: zu dem Streit um Christa Wolf. Anlaß der Auseinandersetzung war die im Juni 1990 erschienene Erzählung *Was bleibt*, in der die Autorin darstellte, wie sie am Ende der siebziger Jahre vom Staatssicherheitsdienst überwacht wurde und welche Ängste sie damals zu überwinden hatte. In den Rezensionen warf man – wie etwa Ulrich Greiner – ihr Taktlosigkeit vor, bezeichnete sie als »Staatsdichterin der DDR«, die versucht habe, mit ihren Werken »literarische Fluchtburgen« zu bauen, die schon immer von der Realität im Lande abgelenkt und wesentlich zu ihrem Erfolg beigetragen hätten – Christa Wolf als »Malerin des Idylls«. Mehr oder weniger direkt liefen die meisten Kritiken auf den Vorwurf hinaus, sie habe durch ihr Bleiben und durch ihre Arbeit den kommunistischen Staat und seine Führung gestützt. Günter de Bruyn wies in dem Artikel *Jubelschreie, Trauergesänge* den Ansatz solcher Kritik zurück und schrieb: »Wer heute entdeckt und vorwurfsvoll anmerkt, daß Christa Wolfs Denken und das anderer Autoren sozialistische Prägungen aufweist, gibt damit zu, sie vorher nicht richtig gelesen zu haben.« So wird es, wie in jeder Zeit rückwärtsgerichteter Besinnung, nötig sein, genau zu prüfen und ohne Vorurteile die Tatsachen zusammenzustellen, um angemessen urteilen zu können. Nachdenken über Christa Wolf bedeutet Nachdenken über viele Autoren der DDR, weil ihre Biographie typisch ist.
CHRISTA WOLF wurde am 18. März 1929 in Landsberg/Warthe geboren. Am Ende des Zweiten Weltkrieges floh sie mit ihrer Familie nach Mecklenburg. 1949 machte sie das Abitur und trat in die SED ein. Dies war die Konsequenz aus der Tatsache, daß »die erste befreiende und erhellende Bekanntschaft mit der marxistischen Theorie und Sehweise« zu einer »frühen entschiedenen Veränderung« ihres Lebens und ihrer Ziele geführt hatte. Nach dem Studium der Germanistik in Jena und

Leipzig arbeitete sie von 1953 bis 1962 als Redakteurin und Lektorin, danach als freie Schriftstellerin. Sie übernahm bis zum Ende der siebziger Jahre offizielle Aufgaben. Von 1963 bis 1967 war sie Kandidatin für das Zentralkomitee der SED, von 1955 bis 1977 Mitglied im Vorstand des Schriftstellerverbandes der DDR. In einem Gespräch mit Aafke Steenhuis, das am 11. Dezember 1989 stattfand, hat Christa Wolf dargelegt, welche Ereignisse sie von Partei und Staat distanzierten: der Einmarsch der Warschauer-Pakt-Staaten in die Tschechoslowakei 1968 sowie die Ausbürgerung von Wolf Biermann, gegen die sie gemeinsam mit anderen Autoren protestiert hatte. Sie ging mehr und mehr in den Bereich des Privaten zurück, um sich »innerlich völlig frei zu machen von allen Abhängigkeiten« und um aus familiären und persönlichen Gründen in der DDR bleiben zu können: »Ich bin eigentlich nur an diesem Land brennend interessiert gewesen. Die scharfe Reibung, die zu produktiven Funken führt, fühlte ich nur hier mit aller Verzweiflung, dem Kaltgestelltsein, den Selbstzweifeln, die das Leben hier mit sich bringt. Das war mein Schreibgrund.« Das beweist auch der 1968 erschienene Roman *Nachdenken über Christa T.*, in den viele Details des eigenen Lebensweges eingingen. Als letzte Konsequenz dieser Biographie unterschrieb sie – wie Volker Braun, Christoph Hein und Ulrich Plenzdorf – den Aufruf der Bürgerinitiativen vom 8. November 1989 zur demokratischen Erneuerung der DDR sowie den Aufruf »Für unser Land« vom 28. November 1989 zur Unterstützung des Versuchs, »eine sozialistische Alternative zur Bundesrepublik zu entwickeln«. Der politische Gang der folgenden Monate verlief anders, weil die durch freie Wahlen zum ersten Male bestimmende Bevölkerung mit großer Mehrheit einen anderen Weg wünschte. Wie viele Künstler mußte Christa Wolf erneut erkennen, daß Kunst und Literatur politisches Geschehen nur wenig bestimmen und daß sie nur indirekt wirken können – als Anstoß zu Zweifeln und als Anstoß zum Nachdenken.

Das Problem der Literaturgeschichtsschreibung

Wagnis der Beschränkung

Wer versucht, eine Geschichte der deutschen Literatur für Schülerinnen und Schüler der Sekundarstufen zu schreiben, sollte die Zielgruppe kennen und das Vorwissen der zukünftigen Leser berücksichtigen können. In den sechs Jahren der Sekundarstufe I lernen die Schüler zunächst elementare Methoden der Textanalyse, wesentliche Merkmale von expositorischen und fiktionalen Textarten sowie grundsätzliche Interpretationsansätze für die umfangreichen »Ganzschriften« kennen. Literaturgeschichtliche Aspekte müssen in den Jahrgangsstufen acht bis zehn zunehmend berücksichtigt werden, wenn man einen Autor oder ein Werk in historische Zusammenhänge einordnen möchte. In den drei Jahren der Sekundarstufe II gehören literaturgeschichtliche Fragen und Methoden zu den selbstverständlichen Themen des Unterrichts – auch wenn viele Schülerinnen und Schüler Deutsch nicht als wichtigstes Fach ansehen und durch die Wahl der Leistungskurse zu verstehen geben, daß ihre Interessen auf anderen Gebieten liegen. Welche Konsequenzen ergeben sich aus dieser Tatsache?

Um literarische Epochen, ihre Entwicklung und ihren Zusammenhang zu beschreiben, genügt es nicht, einen einzelnen Autor oder ein einzelnes Werk stellvertretend für das Ganze zu erläutern, weil damit die Vielfalt innerhalb der Epocheneinheit verlorengeht. Andererseits ist es auch nicht möglich, alle Autoren und alle Werke zu berücksichtigen, weil damit der Rahmen einer didaktisch sinnvollen, für den Unterricht geeigneten Darstellung gesprengt würde. Somit blieb der schwierige Mittelweg. Aus der Fülle der deutschen Literatur wurden jene Autoren und jene Werke ausgewählt und exemplarisch vorgestellt, an denen die Schüler wesentliche Merkmale einer Epoche erkennen können. Diese Auswahl orientiert sich einmal an der literaturgeschichtlichen Bedeutung – Texte wie der *Parzival* oder das *Buch von der deutschen Poeterey* oder *Faust* oder *Die Leiden des jungen Werthers* oder *Bahnwärter Thiel* sind so wichtig für die Beschreibung der zugehörigen Epoche, daß sie nicht übergangen werden dürfen. Zum anderen wurden Texte berücksichtigt, die Ideen, Gedanken und Formelemente einer Epoche in konzentrierter Fülle enthalten und damit für den Unterricht besonders geeignet sind: *Simplicissimus* und das Barock, *Nathan der Weise* und die Aufklärung, *Iphigenie auf Tauris* und die Klassik, *Heinrich von Ofterdingen* und die Romantik, *Soll und Haben* und der bürgerliche Realismus, *Die Weber* und der Naturalismus, *Menschheitsdämmerung* und der Expressionismus. Drittes Auswahlkriterium war das mögliche Schülerinteresse. In den Erziehungsromanen der Romantik und des Realismus, in den psychologischen Erzählungen und Dramen der Jahrhundertwende, in vielen Werken der Neuen Sachlichkeit, in dem Roman *Die Geschwister Oppermann*, in Dramen, Kurzgeschichten, Erzählungen und Romanen der Nachkriegszeit geht es um Probleme junger Menschen, die in der Auseinandersetzung mit Familie, Gesellschaft und Umwelt ihren Weg finden und eigene Entscheidungen treffen müssen, so daß jugendliche Leser direkt und fordernd angesprochen werden. Natürlich fehlen bei einer solchen didaktisch orientierten Konzeption manche Autoren und manche Werke, die man aus unterschiedlichen Gründen für wichtig halten kann. Diese Tatsache sollte man nicht als Mangel, sondern als pädagogische Aufforderung sehen – sie ermöglicht es nämlich, daß die Schüler fehlende Werke selbst analysieren, in den Epochenzusammenhang einordnen und die Ergebnisse ihrer Arbeit durch Referate in die Diskussion der Klasse bzw. des Kurses einbringen.

Die didaktisch begründete Auswahl und Darstellung führte dazu, daß drei Zeiträume besonders ausführlich beschrieben werden. Der erste Akzent liegt auf der mittelalterlichen Literatur, auf der Entfaltung der deutschen Sprache und Dichtung bis hin zur mittelhochdeutschen Blütezeit, in der zum ersten Male das komplexe Wert- und Ordnungssystem einer Epoche in literarisch bedeutsamen Werken gespiegelt und weiterentwickelt wird. Der zweite Akzent hebt die Entwicklung von der Aufklärung über den Sturm und Drang und die Klassik bis zur Romantik hervor, weil in diesen Jahrzehnten wesentliche Voraussetzungen für Denken und Literatur der Neuzeit geschaffen wurden. Der dritte Akzent betont die Literatur der Moderne, von ihren Anfängen am Ende des 19. Jahrhunderts bis zur Gegenwart, die dadurch bestimmt ist, daß zwei gegensätzliche politische Systeme die literarische Produktion beeinflußten und in vielfacher Hinsicht auch prägten.

Um die kontinuierliche Beschäftigung mit der Literaturgeschichte zu erleichtern, wurde eine grundsätzliche Ordnung festgelegt. Die Kapitel beginnen mit einer kurzen Einleitung, die neugierig machen soll – durch Verbindungen zur Gegenwart, durch Problematisierung von zentralen Begriffen, durch Hinweise auf andere Kunstformen. Danach folgt ein allgemeiner Überblick über Themen, Formen, historische Ereignisse und ungelöste Forschungsprobleme der jeweiligen Epoche. Der umfangreichste Teil stellt dann Autoren und Werke vor, danach gibt ein kurzer Schlußteil Anmerkungen zur Rezeptionsgeschichte. Die beiden Kapitel über die Gegenwartsliteratur variieren diese Grundstruktur, weil sie von anderen Voraussetzungen her konzipiert wurden. Alle Kapitel sind so angelegt, daß kein Autor und kein Werk als bekannt vorausgesetzt, sondern vorgestellt und dann mehr oder weniger ausführlich erläutert wird, so daß sich allmählich das Bild der literarischen Epoche aufbaut.

Zweifellos macht es den Reiz vieler Literaturgeschichten aus, eine Fülle von Verweisen zu geben, Querverbindungen herzustellen, auf in- und ausländische Vorbilder, Parallelen oder Nachfolgewerke aufmerksam zu machen. Diese Art der Darstellung setzt ausgedehnte Lektüre, umfangreiches Detailwissen sowie außergewöhnliches Interesse für literarische Entwicklungen voraus – Bedingungen also, die Schülerinnen und Schüler normalerweise nicht mitbringen. Daher wurden solche Hinweise nur gelegentlich aufgenommen. Sie sind dann entweder aus dem Gesamtzusammenhang der Literaturgeschichte zu verstehen oder als eine zusätzliche Aufgabe für den Unterricht: Die Schüler müssen durch eigene Lektüre und durch Sammeln von Informationen zu einer Klärung beitragen.

Mit Blick auf die Zielgruppe haben sich die Verfasser darum bemüht, so einfach und klar wie möglich zu schreiben. Damit ist nicht gesagt, daß die Literaturgeschichte keinerlei Lesewiderstand bietet. Fachbegriffe aus der Literaturwissenschaft und aus anderen wichtigen Bereichen wie Theologie, Philosophie, Geschichte, Soziologie wurden ohne nähere Erklärungen benutzt, um die Schüler zu selbständiger, wissenschaftspropädeutischer Arbeit anzuregen.

Die Auswahl der Bilder richtet sich nach dem Grundsatz, keine Porträts abzudrucken, sondern für die jeweilige Epoche typische und für den Unterricht sinnvolle Illustrationen: Autographen, Titelblätter, Plakate, Textauszüge, Gemälde, Szenenbilder aus Filmen, Fernsehspielen, Theateraufführungen. Aus dem Zusammenhang des Textes ergeben sich Hinweise für die Auswertung der Bilder und damit für weiterführende Überlegungen der Schülerinnen und Schüler.

Die fachwissenschaftliche und fachdidaktische Diskussion der letzten beiden Jahrzehnte hat nicht nur zu einer Erweiterung des Textbegriffes, sondern auch zu einer Erweiterung der Interpretationsansätze geführt. Die Reflexion über den historischen Hintergrund und die gesellschaftlich-politische Dimension eines Werkes, über das Verhältnis von »hohen« und »trivialen« Texten, über Rezeptionsgeschichte und Leseverhalten zeigte neue Fragestellungen auf und erschloß neue Untersuchungsmethoden. Solche Überlegungen setzen Kenntnis und Interpretation der literarischen Werke voraus, weil sonst über Probleme und Tatsachen diskutiert wird, die man nicht oder nur ungenau kennt. Aus diesem Grunde stehen die literarischen Texte, die für die Ausprägung und Entwicklung einer Epoche wichtig waren, im Mittelpunkt der Darstellung. An vielen Stellen kommen aber ergänzende Hinweise auf geschichtliche Ereignisse, auf Verlage, Buchhandel und Theater, auf zeitgenössische und spätere Rezeption hinzu, um den Lesern ergänzende Ansätze und Aspekte zu vermitteln.

Es gibt, das wissen alle Autoren dieses Bandes, keine Epoche der deutschen Literatur, deren Abgrenzung, Beschreibung und Benennung nicht umstritten ist. Die zumeist auf hohem wissenschaftlichem Niveau geführten Auseinandersetzungen sind in der Schule nicht nachzuvollziehen, weil die umfangreichen Kenntnisse fehlen, die hier vorausgesetzt werden müssen. Eine für die Schülerinnen und Schüler geschriebene Darstellung kann sich nur auf elementare Formen und Themen, auf allgemein akzeptierte Merkmale und Absichten einer Epoche konzentrieren, um dadurch die Ausgangsposition für weiterführende Überlegungen und kritische Fragen überhaupt erst zu schaffen.

Hilfen für alle ergänzenden, selbständigen Arbeiten innerhalb der Klassen bzw. Kurse sollen die im Anhang abgedruckten Literaturverzeichnisse sein. Sie enthalten eine notwendigerweise knappe Auswahl wissenschaftlicher Literatur. Für die Schule gedachte Text- und Materialienbände wurden grundsätzlich nicht aufgenommen, weil sie ohne Mühe in Verlagsverzeichnissen auszumachen sind.

Eine Literaturgeschichte, die aus didaktischer Verantwortung entstanden ist, verdeutlicht in besonderer Weise das Wagnis der Beschränkung. Manches nicht unwichtige Werk, mancher Autor mußte nach langem Überlegen und langem Zögern übergangen, manche wesentliche Leseerfahrung dem Anspruch des Ganzen geopfert werden. Trotzdem haben sich alle Verfasser die Freiheit genommen, persönliche Entscheidungen außerhalb der traditionellen Wertungen und Auswahlkriterien zu treffen und weniger bekannte Werke darzustellen, von deren Bedeutung sie überzeugt sind. So bleibt auch in der Beschränkung das wichtigste Element einer Literaturgeschichte gewahrt: Aus subjektiver Perspektive und durch subjektive Auswahl eine Epoche möglichst objektiv zu beschreiben.

Über die Schwierigkeit, Literaturgeschichte zu schreiben

Die systematische und umfassende Literaturgeschichtsschreibung entstand mit dem Aufstieg des gebildeten Bürgertums im 18. und 19. Jahrhundert – vorher hatte es Dichter- und Werkkataloge gegeben, mit denen sich Literaturliebhaber einen Überblick über bestimmte Literaturformen schaffen wollten. Häufig dienten diese Kataloge auch als Besitznachweise oder als Entscheidungsgrundlage bei Buchaufträgen und Buchkäufen. Umfassende Darstellungen wurden nicht erarbeitet – sie lagen außerhalb der Literaturpraxis früherer Epochen. Der Literaturbegriff, der den meisten Literaturgeschichten zugrunde liegt, ist im 18. Jahrhundert erstmals formuliert und in der Folgezeit mehrfach abgewandelt worden. Stark vereinfacht und ohne auf Vollständigkeit der literaturwissenschaftlichen Argumentation zu sinnen, können einige

wissenschaftstheoretische Ansätze genannt werden, die für alle Literaturgeschichtsschreibung seit der Aufklärung bestimmend geworden sind:
1. Das städtische Bürgertum Europas entfaltete im 18.Jahrhundert eine eigenständige Kultur, die sich zum einen an der höfischen Repräsentation des Spätbarock und Rokoko orientierte, zum anderen eine eigene Wertordnung entwickelte, die von den Tugenden Fleiß, Sparsamkeit, Dienstbereitschaft und Toleranz geprägt war und ihr Ziel in einer persönlich individuellen Charakterentwicklung des einzelnen sah. Gemeinsame Kulturbasis dieser Gesellschaft wurde bald die literarische Kommunikation und Produktion, wobei besonders jene Werke als wertvoll erachtet wurden, die die bürgerlichen Tugenden bestärkten. Bis in das 18.Jahrhundert wurde Literatur – wie Kunst im allgemeinen – für ein ästhetisch kompetentes Publikum produziert: so musizierten die Adligen des Hofes in der barocken Hofkapelle mit und beschränkten sich nicht auf den rezeptiven Genuß, so dichteten sich die Handwerker ihre Fastnachtsspiele selbst, so nahm das höfisch-ritterliche Publikum des Mittelalters an den Texten des Minnesangs und der höfischen Epik gestaltend Anteil, so richtete sich die lateinische Dichtung über Jahrhunderte an einen speziell gebildeten Kreis. Mit dem Bürgertum des 18.Jahrhunderts traten an die Stelle ästhetischer Forderungen ethische Wertungen. Vom Dichter wurde erwartet, daß er mit seinem Werk Tugenden bestätige und stärke. Literarische Erziehung wurde ein Teil der bürgerlichen Werterziehung, Literaturgeschichtsschreibung wurde zur Aufzählung jener Werke, die diesem didaktischen Programm entsprachen.
2. Die bürgerliche Gesellschaft des 18. Jahrhunderts in Deutschland lebte in landesherrlichen Territorialstaaten, in freien Reichsstädten und anderen überschaubaren, historisch gewachsenen staatlichen Gebilden. Dieses Bürgertum war praktisch – handwerklich – orientiert und fand im Kaufmannsstand seine vorbildliche Verwirklichung. Diesem aufstrebenden Wirtschaftszweig entsprachen die territorial beschränkten Handelsmöglichkeiten nicht. Die Kaufleute forderten Liberalisierung, Beseitigung der nationalen Zölle und einen innerdeutschen Freihandel. Liberalismus und nationalstaatliches Denken verbanden sich eng, wobei die »Nationalliteratur« als Utopie auf einen in Zukunft geeinten Staat verwies. Bereits in den Anfängen berief sich die nationalstaatliche Bewegung (Herder, Romantiker) auf die Einheit der deutschen Sprache. Ernst Moritz Arndt dichtete von einem deutschen Vaterland, das so weit reiche, wie die deutsche Sprache gesprochen werde. Mochte der alte Goethe auch darauf hinweisen, daß an die Stelle der nationalen Dichtung nunmehr die Weltliteratur treten müsse, das Publikum liebte das Nationale, und im Sinne der nationalen Tradition, die einzelne Gruppen sehr unterschiedlich verstanden, wurden die nationalen Literaturgeschichten geschrieben.
3. Einen ersten Höhepunkt erreichte die theoretische Diskussion der Li-

teraturgeschichtsschreibung zu Beginn des 19. Jahrhunderts, als die Romantiker der Kunst eine höhere Wirklichkeit als den täglichen Erfahrungen zusprachen, als sie den Traum als Realität und Kunst als Vollendung der Natur deuteten. Getragen von den Gedanken des deutschen Idealismus, von Schellings Identitätsphilosophie und dem Wunsch nach einer »progressiven Universalpoesie«, erschien die Kunst – vornehmlich die Literatur – als höchste Vollendung des Seins, das nur im Denken des bewußten Menschen ahnend erfahren werden könne. Die Trennung von erfahrbarer, gestaltbarer Natur, die in der Naturgeschichte erforscht wurde, und der freien Gestaltung der Natur in der Kunst führte dazu, daß man Kunst und Literatur zunehmend einem eher unverbindlichen ästhetischen Lebensbereich zuordnete. Sie wurden als »höchste Güter« zwar stets feierlich in politischen Erklärungen beschworen, verloren aber zunehmend an Eigenständigkeit sowie Verantwortung gegenüber der Gesellschaft und konnten jeder Ideologie dienstbar gemacht werden – Künstler und Literaten biederten sich zuletzt auch bei unmenschlichen politischen Systemen an. Dieser Prozeß ist auch dadurch zu erklären, daß die moderne Gesellschaft zum Teil Kunst zur »Dekoration« benötigt.

Diese drei grundlegenden Positionen der Literaturgeschichtsschreibung änderten sich auch nicht, als drei methodische Ansätze seit dem ausgehenden 19. Jahrhundert wirksam wurden. Die Vereinfachung der methodischen Vielfalt auf drei Richtungen erfolgt aus Gründen der Übersichtlichkeit. Die didaktische Verkürzung ist wissenschaftstheoretisch durch die Erkenntnis gerechtfertigt, daß sich alle Methoden stets nur auf die Deutung des Erklärungszusammenhangs zwischen den literaturhistorischen Fakten, niemals auf die Wertung der Texte selbst beziehen können. Die Interpretationsmethode ist ein erkenntnisleitender Teil der Deutung und muß in jeder Interpretation mitgedacht werden. Hier wird ein grundlegender Gegensatz zu den Naturwissenschaften deutlich, da diese ihr Deutungssystem in der Regel voraussetzen und nicht als erkenntnisleitendes Prinzip in die Deutung einbeziehen.

a. Auguste Comte (1798–1857) begründete den neuzeitlichen Positivismus, der sich gegen Mythos, Religion und Metaphysik wandte und nur die positiv erfahrbare Wirklichkeit als einzige Wahrheit erkennen wollte. Während im Bereich der Naturforschung auf der Basis von Comtes Gedanken ein unvorstellbarer Erkenntniszuwachs erfolgte, war der Positivismus für die Kunstwissenschaften wenig hilfreich. Die Erforschung jeder Autorenbiographie und jedes literarischen Werkes hinsichtlich aller nur erdenkbaren Fakten führte einmal zu der nicht selten in die Irre führenden biographischen Methode, die jedes künstlerische Detail aus der Lebensgeschichte des Künstlers zu erklären suchte, zum anderen entwickelte sich eine Stoffülle absurden Ausmaßes, die das literarische Werk zuletzt sogar aus dem Blick verlor. Die anscheinend voraussetzungslose Methode des Positivismus konnte zwischen literarischem Anspruch und Trivialliteratur nicht unterscheiden und bereitete so auch einem problematischen Wertrelativismus den Weg: in Joseph Nadlers »Literaturgeschichte der deutschen Stämme und Landschaften« (erstmals 1912) erreichte der Positivismus, verbunden mit heimatlichem Stammeskult und zeittypischen Rassegedanken, einen ersten perfiden Höhepunkt.

b. Das 19. Jahrhundert war auch die Epoche, in der sich die kritische Geschichtswissenschaft entwickelte. Leopold von Rankes (1795–1886) Forderung, in der Geschichte zu erzählen, »wie es gewesen ist«, führte in Verbindung mit den Möglichkeiten der positivistischen Stoffsammlung zu einem historischen Relativismus: je nach Materialbestand, nach zeitgeschichtlicher Interessenlage, nach politischem Bedürfnis und Publikumsgeschmack schreibt sich jede Generation die Geschichte neu. Die Objektivität der Darstellung reduzierte sich auf die intersubjektive Nachprüfbarkeit der Materialien.

Da alles Sein als historisch gewordenes Sein verstanden wurde, forderte der »Historismus« die Erforschung der Vergangenheit als erkenntnisleitendes Prinzip. Wie stark der Einfluß des Positivismus auf den Historismus war, läßt sich etwa an dem Glauben an »historische Gesetze«, auf die sich die neuzeitliche Geschichtsphilosophie gerne beruft, verdeutlichen. In der Literaturgeschichtsschreibung führte die historische Betrachtung dazu, daß man in literarischen Texten nur noch geschichtliche Dokumente sah. Die überzeitlich ansprechenden ästhetischen Reize wurden bei einer solchen Betrachtung methodisch eliminiert, letztlich machte man die Texte für jede Weltanschauung verfügbar.

c. Die dritte bedeutende wissenschaftstheoretische Position, die um die Jahrhundertwende auf die Literaturgeschichtsschreibung zu wirken begann, wurde von Wilhelm Dilthey (1833–1911) begründet. In seiner Schrift *Einleitung in die Geisteswissenschaften* (1883) – die bekannte, nur methodisch begründbare Trennung von Natur- und Geisteswissenschaften, die mehr zur Verwirrung als zur Klärung des Wissenschafts- und Kulturverständnisses beigetragen hat, geht auf Dilthey zurück – forderte er, das literarische Kunstwerk als Ganzheit historisch zu erfassen. Dilthey ging von zeitgenössischen Strömungen aus, die sich besonders in der jungen Psychologie niederschlagen, und sah im Kunstwerk wie im Menschen eine »Ganzheit«. Der hermeneutische Prozeß, der sich bei der Auseinandersetzung eines Rezipienten mit einem Kunstwerk vollzieht, wirkt nach dem Verständnis Diltheys notwendig auf die Ganzheitsstruktur des erlebenden, erkennenden Individuums zurück (*Das Erlebnis und die Dichtung*, 1905). Für Dilthey hatte das erlebende Verstehen der Dichtung nur als eine Methode der Selbsterkenntnis Bedeutung. Mit der übersteigerten Instrumentalisierung der Kunst zur »Lebenshilfe« wurde jegliche verbindliche ästhetische Norm relativiert. Kunstgenuß dient nach dieser Konzeption ausschließlich zur Steigerung des Gefühls und Erlebens beim einzelnen und bei der Gesellschaft. Bis in die Gegenwart bestimmt Diltheys »Geisteswissenschaftliche Methode« den Zugang zu und den Umgang mit dem Kunstwerk.

Nach 1945 wirkten diese drei methodischen Ansätze besonders stark in der sogenannten werkimmanenten Methode, die alle gesellschaftlich-politischen Bezüge eines Kunstwerks unbeachtet ließ und eigentlich nur als eine Reaktion auf die Politisierung der Literaturwissenschaft im Nationalsozialismus verstanden werden kann. Nunmehr wurde das literarische Werk nur noch aus sich selbst gedeutet, d. h., man versuchte den schönen Schein des Textes aus diesem selbst zu erklären. Die Idylle der werkimmanenten Literaturbetrachtung, die Emil Staiger 1966 in einer denkwürdigen Rede (*Literatur und Öffentlichkeit*) zu retten und zu bewahren suchte, zerbrach mit den Studentenunruhen von 1968, als alle Literatur als Herrschaftsmittel des Kapitalismus diffamiert und die Literaturwissenschaft als Ideologie eines »faschistoiden Bürgertums« attackiert wurde. Der Umbruch, den die geistigen Erschütterungen 1968 auslösten, ist bis heute nicht abgeschlossen.

Wer es heute – nach 1933, 1945, 1947, 1966, 1968 und 1989 – unternimmt, eine Literaturgeschichte zu schreiben, kann sich nicht auf Materialpräsentation, immanente Deutung, allgemeinen Biographismus und geisteswissenschaftliche Erbauung beschränken. Zu drängend stellen sich prinzipielle Fragen: Gibt es eine Kontinuität literarischer Traditionen, oder sind diese Traditionen nur durch das erkennende/erlebende Subjekt konstituiert? Wenn letzteres akzeptiert wird, so stellt sich die Problematik des Vorverständnisses neu, d. h., es muß danach gefragt werden, welche Weltanschauungen das Vorverständnis bestimmen und damit die ästhetische Wertung leiten. Eng mit dieser Fragestellung ist die Diskussion um die sogenannte exemplarische Methode verbunden: Läßt sich an ausgewählten Beispielen die Fülle des Geschichtlichen verdeutlichen, oder leistet jede exemplarische Methode einer diskontinuierlichen Betrachtung und Enthistorisierung Vorschub? Läßt sich mit den Methoden der Literaturwissenschaft aus der Funktion der Literatur ein Begriff der Trivialliteratur ableiten? Wie ist die so bestimmte Trivialliteratur in den traditionellen Literaturbetrieb und Literaturbegriff zu integrieren? Wie muß ein zeitgemäßer Literaturbegriff beschaffen sein, der auch die Bereiche der Wirkung und Rezeption von Literatur umfaßt, d. h. neben die herkömmliche Werkästhetik eine neue Rezeptionsästhetik stellt und gleichzeitig Möglichkeiten einer methodisch begründeten ästhetischen Wertung aufweist? Wie ist das Verhältnis von Gebrauchsliteratur und fiktionaler Literatur zu bestimmen?

Die Autoren der vorliegenden Literaturgeschichte haben sich diesen Problemen bewußt gestellt, wobei die Gestaltungen und Antworten zum einen von der zu beschreibenden Literaturepoche und deren speziellen Literaturbegriffen, zum anderen aber auch vom Autor und seinem Zugang zur Literatur bestimmt sind. Uneinheitlichkeiten der Darstellung in einzelnen Abschnitten sind daher ein bewußter Ausdruck dieser Probleme; eine didaktisch noch so gut gemeinte Vereinheitlichung hätte vielleicht den Zugang zu den einzelnen Epochen erleichtert – aber sicher auch verfälscht.

Die Anfänge der hier vorliegenden Literaturgeschichte reichen als Planungen in die Mitte der siebziger Jahre zurück. Damals glaubten die Herausgeber in noch jugendlichem Eifer daran, daß sich eine Literaturgeschichte, die die aufgeworfenen Fragen ernst nimmt und doch motivierend lesbar bleibt, mit Hilfe qualifizierter Kollegen aus Universität und Schule in kürzerer Zeit verwirklichen ließe. Bald mußten sie jedoch die bittere Erfahrung machen, daß kenntnisreiche Autoren nicht notwendigerweise motivierend genug schreiben, daß formulierungsgewandte Philologen nicht immer deutlich genug für die Schule reduzieren können, daß Kenntnis und Problembewußtsein, Darstellungstechnik und methodische Sicherheit selten in einer Person vereinigt sind. So wechselten die Beiträger und auch manches wissenschaftliche Paradigma. Was modisch schien, erwies sich mit der Zeit als beständig, manches auch als unbeständig; viele Abschnitte wurden im Laufe der Jahre umgeschrieben. Alle Autoren haben sich dabei wechselseitig geholfen und viel voneinander gelernt – auch Toleranz!
1974 hat Hugo Kuhn gefordert, daß jede Literaturgeschichtsschreibung einmal die Phänomenologie der Texte (Überlieferung, Sprache, Autorbindung) und zum anderen die Typologie der Texte (Stoff, Form, Aussage) voraussetze. Erst eine genaue Beachtung dieser Dimensionen ermögliche eine Literaturgeschichte, die am Text orientiert dem Text verpflichtet bleibt. Dieser Auffassung fühlen sich die Autoren über methodische Divergenzen hinweg verbunden: »Jenseits aller hermeneutischen und funktionalistischen Zugangsprobleme ist die überdauernde Existenz der Texte, bei all ihrer phänomenologischen Problematik, diejenige Instanz, die jedem Methodenstreit, auch radikaler Umwertung und sogar Vernichtung von Literatur standhält als überdauernde Aufgabe: sie an uns und uns an ihr zu erproben.«

Anhang

Literaturverzeichnis

Allgemeine weiterführende Literatur

De Boor, Helmut und *Newald*, Richard: Geschichte der deutschen Literatur von den Anfängen bis zur Gegenwart. 10 Bde. München 1949ff.
Burger, Heinz Otto (Hrsg.): Annalen der deutschen Literatur. Stuttgart ²1962
Friedrich, Wolf-Hartmut/*Killy*, Walter (Hrsg.): Literatur. 3 Bde. Frankfurt 1964
Kindlers Literatur Lexikon. 25 Bde. München 1974
Knaur Lexikon der Weltliteratur – Autoren, Werke, Sachbegriffe. Hrsg. v. D. *Krywalski*. München ³1992
Krywalski, Diether (Hrsg.): Handlexikon zur Literaturwissenschaft. München ²1976
Metzler Literatur Lexikon – Stichwörter zur Weltliteratur. Hrsg. v. G. und I. *Schweikle*. Stuttgart 1984
Metzler Autoren Lexikon – Deutschsprachige Dichter und Schriftsteller vom Mittelalter bis zur Gegenwart. Stuttgart 1986
Meyers kleines Lexikon – Literatur. Mannheim/Wien/Zürich 1986
Meyers Handbuch Literatur. Ein Lexikon der Dichter und Schriftsteller aller Literaturen. Mannheim/Wien/Zürich ²1970
Propyläen Geschichte der Literatur – Literatur und Gesellschaft der westlichen Welt. 6 Bde. Berlin 1981ff.
Reallexikon der deutschen Literaturgeschichte. Hrsg. v. W. *Kohlschmidt* und W. *Mohr*. Seit Bd. 4 hrsg. v. K. *Kanzog* und A. *Masser*. Berlin 1958ff.
Stammler, Wolfgang (Hrsg.): Deutsche Philologie im Aufriß. 3 Bde. Berlin 1957ff.
Wilpert, Gero von: Lexikon der Weltliteratur. Bd. I. Autoren, Bd. II. Werke. Stuttgart ³1988
Žmegač, Viktor (Hrsg.): Geschichte der deutschen Literatur vom 18. Jahrhundert bis zur Gegenwart. 3 Bde. Königstein 1984

Die deutsche Literatur von den Anfängen bis zum Ende des Mittelalters

Die Deutsche Literatur des Mittelalters. Verfasserlexikon. Hrsg. v. W. *Stammler* und K. *Langosch.* 5 Bde. Berlin u. a. 1933–55. 2., völlig neu bearb. Aufl. hrsg. v. K. *Ruh*/W. *Schröder*/B. *Wachinger*/F.-J. *Worstbrock.* Berlin/New York 1977 ff.
Lexikon des Mittelalters. München/Zürich 1977 ff.
Bertau, Karl: Deutsche Literatur im europäischen Mittelalter. 2 Bde. München 1972 ff.
Ehrismann, Gustav: Geschichte der Deutschen Literatur bis zum Ausgang des Mittelalters. 4 Bde. München 1932 ff.
Heinzle, Joachim (Hrsg.): Geschichte der Deutschen Literatur von den Anfängen bis zum Beginn der Neuzeit. 3 Bde. Frankfurt 1984 ff.
Schmitt, Ludwig Erich (Hrsg.): Grundriß der germanischen Philologie bis 1500. Bd. 2: Literaturgeschichte. Berlin 1971
Schwietering, Julius: Die Deutsche Dichtung des Mittelalters. Potsdam o. J. In: Handbuch der Literaturwissenschaft. Hrsg. v. O. *Walzel.*
Walz, Herbert: Die deutsche Literatur im Mittelalter – Geschichte und Dokumentation. München 1976
Wapnewski, Peter: Deutsche Literatur des Mittelalters. Göttingen 1960
Wehrli, Max: Geschichte der Deutschen Literatur vom frühen Mittelalter bis zum Ende des 16. Jahrhunderts. Stuttgart 1980

Renaissance, Humanismus, Reformation

Burger, Heinz Otto: Renaissance, Humanismus, Reformation. Deutsche Literatur im europäischen Kontext. Bad Homburg v. d. H./Berlin/Zürich 1969
Erzgräber, Willi (Hrsg.): Neues Handbuch zur Literaturwissenschaft. Bd. 8: Europäisches Spätmittelalter. Wiesbaden 1979
Friedell, Egon: Kulturgeschichte der Neuzeit. Die Krisis der europäischen Seele von der Schwarzen Pest bis zum Weltkrieg. Bd. 1: Einleitung, Renaissance, Reformation. München 1929 (zahlreiche Neuauflagen)
Grimm, Gunter E.: Die Suche nach der eigenen Identität. Deutsche Literatur im 16. und 17. Jahrhundert. Propyläen Geschichte der Literatur 3. 1984
Heger, Hedwig (Hrsg.): Spätmittelalter – Humanismus – Reformation. 2 Bde. München 1975/1978
Huizinga, Johan: Herbst des Mittelalters. Stuttgart 1961
Koenneker, Barbara: Die deutsche Literatur der Reformationszeit. Kommentar zu einer Epoche. München 1975
Romano, Ruggiero/*Tenenti*, Alberto: Die Grundlegung der modernen Welt. Spätmittelalter, Renaissance, Reformation. Frankfurt 1967
Stammler, Wolfgang: Von der Mystik zum Barock, 1400–1600. Stuttgart 1950
Wehrli, Max: Geschichte der deutschen Literatur vom frühen Mittelalter bis zum Ende des 16. Jahrhunderts. Stuttgart 1980

Barock

Alewyn, Richard (Hrsg.): Deutsche Barockforschung. Dokumentation einer Epoche. Köln/Berlin 1965

Alewyn, Richard/ *Sälzle*, Karl: Das große Welttheater. Die Epoche der höfischen Feste in Dokument und Deutung. Hamburg 1959
Barner, Wilfried: Barockrhetorik. Untersuchungen zu ihren geschichtlichen Grundlagen. Tübingen 1970
Barner, Wilfried (Hrsg.): Der literarische Barockbegriff. Darmstadt 1975
Beißner, Friedrich: Deutsche Barocklyrik. In: Formkräfte der deutschen Dichtung vom Barock bis zur Gegenwart. Hrsg. v. H. *Steffen.* Göttingen 1963, S. 33 ff.
Buck, August (Hrsg.): Renaissance und Barock II (= Neues Handbuch der Literaturwissenschaft 10). Frankfurt 1972
Emrich, Wilhelm: Deutsche Literatur der Barockzeit. Königstein 1981
Fischetti, Renate (Hrsg.): Barock. Die deutsche Literatur in Text und Darstellung. Stuttgart 1975
Fleming, Willi: Das Jahrhundert des Barock. 1600–1700. In: Annalen der deutschen Literatur. Hrsg. v. H. O. *Burger.* Stuttgart 1952, S. 339–404
Hoffmeister, Gerhard: Deutsche und europäische Barockliteratur. München 1987
Meid, Volker: Der deutsche Barockroman. Stuttgart 1974
Müller, Günther: Deutsche Dichtung von der Renaissance bis zum Ausgang des Barock. Darmstadt 1957
Otto, Karl F.: Die Sprachgesellschaften des 17. Jahrhunderts. Stuttgart 1972
Rötzer, Hans Gerd: Roman des Barock. 1600–1700. Kommentar zu einer Epoche. München 1972
Schöne, Albrecht: Emblematik und Drama im Zeitalter des Barock. München 1968
Steinhagen, Harald/ *v. Wiese*, Benno (Hrsg.): Deutsche Dichter des 17. Jahrhunderts. Berlin 1984
Szyrocki, Marian: Die deutsche Literatur des Barock. Eine Einführung. Reinbek 1968
Trunz, Erich: Weltbild und Dichtung im deutschen Barock. In: Aus der Welt des Barock. Stuttgart 1957, S. 1–35
Wentzlaff-Eggebert, Friedrich Wilhelm: Die deutsche Barocktragödie. In: Formkräfte der deutschen Dichtung vom Barock bis zur Gegenwart. Göttingen 1963, S. 4–20

Aufklärung

Anger, Alfred: Literarisches Rokoko. Stuttgart 1962
Arntzen, Helmut: Die ernste Komödie. Das deutsche Lustspiel von Lessing bis Kleist. München 1968
Cassirer, Ernst: Die Philosophie der Aufklärung. Tübingen 1932
Frühsorge, Gotthardt u. a. (Hrsg.): Digressionen. Wege zur Aufklärung. Heidelberg 1984
Goldmann, Lucien: Der christliche Bürger und die Aufklärung. Neuwied/Berlin 1968
Greiner, Martin: Die Entstehung der modernen Unterhaltungsliteratur. Studien zum Trivialroman des 18. Jahrhunderts. Hrsg. u. bearb. v. Th. *Posser.* Reinbek 1964
Guthke, Karl, S.: Das deutsche bürgerliche Trauerspiel. Stuttgart 1976

Hinck, Walter: Das deutsche Lustspiel des 17. und 18. Jahrhunderts und die italienische Komödie. Stuttgart 1967
Ders. (Hrsg.): Europäische Aufklärung I (= Neues Handbuch der Literaturwissenschaft 11). Darmstadt 1974
Kimpel, Dieter: Der Roman der Aufklärung. Stuttgart 1967
Müllenbrock, Heinz Joachim (Hrsg.): Europäische Aufklärung II. Darmstadt 1984
Stackelberg, Jürgen v. (Hrsg.): Europäische Aufklärung III. Darmstadt 1980
Steinmetz, Horst: Die Komödie der Aufklärung. Stuttgart 1972
Vietta, Silvio: Literarische Phantasie. Theorie und Geschichte. Barock und Aufklärung. Stuttgart 1986
Wessels, Hans-Friedrich (Hrsg.): Aufklärung: Ein literaturwissenschaftliches Studienbuch. Königstein 1984
Wuthenow, Ralph-Rainer: Das Bild und der Spiegel. Europäische Literatur im 18. Jahrhundert. München 1984
Zeman, Herbert: Die deutsche anakreontische Dichtung. Stuttgart 1972

Sturm und Drang – Klassik

Beutler, Ernst: Essays um Goethe. Zürich–München ^{7}1980
Buch, Hans Christoph (Hrsg.): Von Goethe lernen? Fragen der Klassikrezeption. Reinbek b. Hamburg 1974
Burger, Heinz Otto (Hrsg.): Begriffsbestimmung der Klassik und des Klassischen. Darmstadt 1972 (= Wege der Forschung. 210)
Conrady, Karl Otto (Hrsg.): Deutsche Literatur zur Zeit der Klassik. Stuttgart 1977
Conrady, Karl Otto: Goethe – Leben und Werk. Königstein/Ts. 1982
Doktor, Wolfgang/*Sander*, Gerhard (Hrsg.): Empfindsamkeit. Theoretische und kritische Texte. Stuttgart 1976
Eisner, Kurt R.: Goethe. Eine psychoanalytische Studie. Basel/Frankfurt a. M. 1983/85
Glaser, Horst Albert: Zwischen Revolution und Restauration: Klassik, Romantik (= *Glaser*, Deutsche Literaturgeschichte. Eine Sozialgeschichte. Bd. 5). Reinbek b. Hamburg 1980
Greiner, Martin: Die Entstehung der modernen Unterhaltungsliteratur. Studien zum Trivialroman des 18. Jahrhunderts. Hrsg. u. bearb. von Therese Poser. Reinbek b. Hamburg 1964
Göres, Jörn (Hrsg.): Deutsche Schriftsteller im Porträt. Bd. 3: Sturm und Drang, Klassik, Romantik. München 1980
Guthke, Karl S.: Das deutsche bürgerliche Trauerspiel. Stuttgart 1976
Halm, Heinrich: Deutsche Klassik. Geschichte, Analyse, Kritik. Freiburg/Basel/Wien 1981
Herold, Theo/*Wittenberg*, Hildegard: Aufklärung. Sturm und Drang. Stuttgart 1983 (= Geschichte der deutschen Literatur. Hrsg. v. J. *Bark*/D. *Steinbach*/H. *Wittenberg*. Bd. 1)
Hinck, Walter (Hrsg.): Sturm und Drang: ein literaturwissenschaftliches Studienbuch. Kronberg 1978
Karthaus, Ulrich (Hrsg.): Sturm und Drang und Empfindsamkeit. Stuttgart 1977

Korff, Herrmann August: Geist der Goethezeit. Teil einer ideellen Entwicklung der klassisch-romantischen Literaturgeschichte. Teil I: Sturm und Drang. Darmstadt ¹¹1979. Teil II: Klassik. Darmstadt ¹¹1979
Kratt, Werner: Wiederholte Spiegelungen aus fünf Jahrzehnten. München 1986
Lange, Victor: Das klassische Zeitalter der deutschen Literatur. 1740–1815. München 1983
Lecke, Bodo: Literatur der deutschen Klassik. Rezeptionsästhetik und Rezeptionsgeschichte. Heidelberg 1980
Loewenthal, Erich/ *Schneider*, Lambert (Hrsg.): Sturm und Drang. Dramatische Schriften. Heidelberg ³1972
Mandelkow, Karl Robert: Goethe im Urteil seiner Kritiker. München 1975
Müller, Peter (Hrsg.): Sturm und Drang. 2 Bde. Berlin/Weimar 1978
Newald, Richard: Von Klopstock bis zu Goethes Tod. 1750–1832. München ⁶1973 (= Geschichte der deutschen Literatur, hrsg. v. Helmut de *Boor* und Richard *Newald*. Bd. VI, 1)
Pascal, Roy: Der Sturm und Drang. Stuttgart 1963
Sander, Gerhard: Empfindsamkeit. 3 Bde. Stuttgart 1974 ff.
Staiger, Emil: Goethe. 3 Bde. Zürich/München 1957–1959
Ders.: Friedrich Schiller. Zürich 1967
Wiese, Benno von (Hrsg.): Deutsche Dichter des 18. Jahrhunderts. Ihr Leben und Werk. Berlin 1977
Ders.: Friedrich Schiller. Stuttgart 1959
Wirsich-Irwin, Gabriele (Hrsg.): Klassik. Stuttgart 1978
Wuthenow, Ralph-Rainer (Hrsg.): Zwischen Absolutismus und Aufklärung: Rationalismus, Empfindsamkeit, Sturm und Drang. 1740–1786 (= *Glaser*, Deutsche Literatur. Eine Sozialgeschichte Bd. 4)

Romantik

Benz, Richard: Die deutsche Romantik. Geschichte einer geistigen Bewegung. Stuttgart ⁵1956
Brinkmann, Richard (Hrsg.): Romantik in Deutschland. Ein interdisziplinäres Symposion. Stuttgart 1978
Busse, Günther: Romantik. Personen – Motive – Werke. Freiburg/Basel/Wien 1982
Eichendorff, Joseph Freiherr von: Geschichte der poetischen Literatur Deutschlands. Paderborn 1857 (Nachdruck Paderborn 1987)
Günzel, Klaus: Romantikerschicksale. Gestalten einer Epoche. München 1988
Heine, Heinrich: Die romantische Schule. Erste endgültige Textausgabe Hamburg 1836
Huch, Ricarda: Die Romantik. Ausbreitung – Blütezeit – Verfall. Tübingen/Stuttgart 1951
Kluckhohn, Paul: Das Ideengut der deutschen Romantik. Tübingen ⁵1953
Schmitt, Hans-Jürgen (Hrsg.): Romantik. 2 Bde. In: Die deutsche Literatur in Text und Darstellung. Stuttgart 1981
Steffen, Hans (Hrsg.): Die deutsche Romantik. Poetik, Formen und Motive. Göttingen 1967
Strich, Fritz: Deutsche Klassik und Romantik oder Vollendung und Unendlichkeit. Bern/München ⁵1962

Wiese, Benno von (Hrsg.): Deutsche Dichter der Romantik. Ihr Leben und Werk. Unter Mitarbeit zahlreicher Fachgelehrter. Berlin 1971

Junges Deutschland und Vormärz

Alker, Ernst: Die deutsche Literatur im 19. Jahrhundert. Stuttgart 1981
Denkler, Horst: Restauration und Revolution. Politische Tendenzen im deutschen Drama zwischen Wiener Kongreß und Märzrevolution. München 1973
Koopmann, Helmut: Das Junge Deutschland. Analyse eines Selbstverständnisses. Stuttgart 1970
Koopmann, Helmut: Zweckliteratur im frühen 19. Jahrhundert. In: *Hinck*, Walter (Hrsg.): Textsortenlehre – Gattungsgeschichte. Heidelberg 1977, S. 77–92
Hermand, Jost: Von Mainz nach Weimar (1793–1919). Stuttgart 1969
Hermand, Jost/*Windfuhr*, Manfred (Hrsg.): Zur Literatur der Restaurationsepoche 1815–1848. Stuttgart 1970
Mattenklott, Gert/*Scherpe*, Klaus R.: Demokratisch-revolutionäre Literatur in Deutschland: Vormärz. Kronberg 1975
Reisner, Hans-Peter: Literatur unter der Zensur. Die politische Lyrik des Vormärz. Stuttgart 1975
Rosenberg, Rainer: Literaturverhältnisse im deutschen Vormärz. München 1975
Stein, Peter: Epochenproblem »Vormärz« (1815–1848). Stuttgart 1974
Wülfing, Wulf: Junges Deutschland. Texte – Kontexte, Abbildungen, Kommentar. München 1978

Biedermeier und Realismus

Aust, Hugo: Literatur des Realismus. Stuttgart 1981
Brinkmann, Richard (Hrsg.): Begriffsbestimmung des literarischen Realismus. Darmstadt 1969
Bucher, Max/*Hahl*, Werner/*Jäger*, Georg/*Wittmann*, Reinhard (Hrsg.): Realismus und Gründerzeit. Manifeste und Dokumente zur deutschen Literatur 1848–1880. 2 Bde. Stuttgart 1981
Grimm, Reinhold/*Hermand*, Jost (Hrsg.): Realismustheorien. Stuttgart 1975
Hamann, Richard/*Hermand*, Jost: Gründerzeit. München 1971
Himmelheber, Gerorg (Hrsg.): Kunst des Biedermeier 1815–1835. München 1988
Hein, Jürgen: Die Dorfgeschichte. Stuttgart 1976
Just, Klaus Günther: Von der Gründerzeit bis zur Gegenwart. Geschichte der deutschen Literatur seit 1871. Bern/München 1973
Köster, Udo: Literatur und Gesellschaft in Deutschland 1830–1848. Stuttgart/Berlin/Köln/Mainz 1984
Lauer, Reinhard (Hrsg.): Europäischer Realismus. Wiesbaden 1980
Mahal, Günther (Hrsg.): Lyrik der Gründerzeit. Tübingen 1973
Martini, Fritz: Deutsche Literatur im bürgerlichen Realismus, 1848–1898. Stuttgart 1962
Müller, Klaus-Detlev (Hrsg.): Bürgerlicher Realismus. Grundlagen und Interpretationen. Königstein 1981

Obenaus, Sibylle: Literarische und politische Zeitschriften 1830–1848. Stuttgart 1986
Obenaus, Sibylle: Literarische und politische Zeitschriften 1848–1885. Stuttgart 1986
Preisendanz, Wolfgang: Wege des Realismus. Zur Poetik und Erzählkunst im 19. Jahrhundert. München 1977
Sengle, Friedrich: Biedermeierzeit. Deutsche Literatur im Spannungsfeld zwischen Restauration und Revolution, 1815–1845. 3 Bde. Stuttgart 1970/72/80
Widhammer, Helmuth: Die Literaturtheorie des deutschen Realismus (1848–1860). Stuttgart 1977

Jahrhundertwende

Anz, Thomas/*Stark*, Michael (Hrsg.): Expressionismus. Manifeste und Dokumente zur deutschen Literatur 1910–1920. Stuttgart 1982
Hamann, Richard/*Hermand*, Jost: Epochen deutscher Kultur von 1870 bis zur Gegenwart. Bd. 1: Gründerzeit. München ²1971. Bd. 2: Naturalismus. München ²1972. Bd. 3: Impressionismus. München ³1972. Bd. 4: Stilkunst um 1900. München ²1973
Hermand, Jost: Der Schein des schönen Lebens. Studien zur Jahrhundertwende. Frankfurt a. M. 1972
Hoefert, Sigfrid: Das Drama des Naturalismus. Stuttgart ²1973
Hoffmann, Paul: Symbolismus. München 1987
Just, Klaus Günther: Von der Gründerzeit bis zur Gegenwart. Geschichte der deutschen Literatur seit 1871. Bern/München 1973
Ketelsen, Uwe-K.: Völkisch-nationale und nationalsozialistische Literatur in Deutschland 1890–1945. Stuttgart 1976
Knilli, Friedrich/*Münchow*, Ursula: Frühes deutsches Arbeitertheater 1847–1918. München 1970
Kutzbach, Karl August: Paul Ernst am Schauspielhaus Düsseldorf und die neuklassische Bewegung um 1905. Emsdetten 1972
Mahal, Günther: Naturalismus. München ²1982
Philipp, Eckhard: Dadaismus. München 1980
Pross, Harry: Literatur und Politik. Geschichte und Programme der politisch-literarischen Zeitschriften im deutschen Sprachgebiet seit 1870. Olten/Freiburg i. B. 1963
Rossbach, Karlheinz: Heimatkunstbewegung und Heimatroman. Stuttgart 1975
Ruprecht, Erich (Hrsg.): Literarische Manifeste des Naturalismus 1880–1892. Stuttgart 1962
Ruprecht, Erich/*Bänsch*, Dieter (Hrsg.): Literarische Manifeste der Jahrhundertwende. Stuttgart 1970
Schlawe, Fritz: Literarische Zeitschriften 1885–1910. Stuttgart ²1965
Schlawe, Fritz: Literarische Zeitschriften 1910–1933. Stuttgart ²1973
Steffen, Hans (Hrsg.): Der deutsche Expressionismus. Formen und Gestalten. Göttingen 1965
Vietta, Silvio/*Kemper*, Hans-Georg: Expressionismus. München ⁴1990
Winkler, Michael: George-Kreis. Stuttgart 1972
Wunberg, Gotthart (Hrsg.): Die literarische Moderne. Dokumente zum Selbstverständnis der Literatur um die Jahrhundertwende. Frankfurt a. M. 1971

Sachlichkeit und Pathos

Bremer, Thomas (Hrsg.): Europäische Literatur gegen den Faschismus 1922–1945. München 1986
Brenner, Hildegard: Die Kunstpolitik des Nationalsozialimus. Reinbek 1973
Denkler, Horst/*Prümm*, Karl (Hrsg.): Die deutsche Literatur im Dritten Reich. Stuttgart 1976
Durzak, Manfred (Hrsg.): Die deutsche Exilliteratur 1933–1945. Stuttgart 1973
Engelmann, Bernt (Hrsg.): Literatur des Exils. Eine Dokumentation über die PEN-Jahrestagung in Bremen vom 18. bis 20. September 1980. München 1981
Fähnders, Walter: Proletarisch-revolutionäre Literatur der Weimarer Republik. Stuttgart 1977
Greve, Ludwig/*Pehle*, Margot/*Westhoff*, Heidi: Hätte ich das Kino! Katalog der Ausstellung des Deutschen Literaturarchivs im Schiller-Nationalmuseum Marbach 1976
Grimm, Reinhold/*Hermand*, Jost (Hrsg.): Die sogenannten Zwanziger Jahre. Bad Homburg 1970
Hinck, Walter: Das moderne Drama in Deutschland. Göttingen 1973
Hopster, Norbert/*Nassen*, Ulrich: Literatur und Erziehung im Nationalsozialismus. Paderborn 1983
Just, Klaus Günther: Von der Gründerzeit bis zur Gegenwart. Geschichte der deutschen Literatur seit 1871. Bern/München 1973
Ketelsen, Uwe-K.: Völkisch-nationale und nationalsozialistische Literatur in Deutschland. 1890–1945. Stuttgart 1976
Rothe, Wolfgang (Hrsg.): Die deutsche Literatur in der Weimarer Republik. Stuttgart 1974
Rühle, Günther: Theater in unserer Zeit. Aufsätze 1976. Frankfurt a. M. 1976
Serke, Jürgen: Die verbrannten Dichter. Weinheim 1977
Schütz, Erhard: Romane der Weimarer Republik. München 1986
Vondung, Klaus: Völkisch-nationale und nationalsozialistische Literaturtheorie. München 1973
Walter, Hans-Albert: Deutsche Exilliteratur 1933–1950. Bisher erschienen: Bd. 4: Exilpresse (1978). Bd. 2: Europäisches Appeasement und überseeische Praxis (1984). Bd. 3: Internierung, Flucht und Lebensbedingungen im Zweiten Weltkrieg. Stuttgart 1988

Gegenwartsliteratur im Westen

Arnold, Heinz Ludwig: Kritisches Lexikon zur deutschsprachigen Gegenwartsliteratur. München 1978f.
Arnold, Heinz Ludwig: Literaturbetrieb in Deutschland. München 1971
Arnold, Samuel: Provozierte Schweiz. Zürich 1970
Durzak, Manfred: Die deutsche Kurzgeschichte der Gegenwart. Autorenporträts – Werkstattgespräche – Interpretationen. Stuttgart 1980
Durzak, Manfred (Hrsg.): Die deutsche Literatur der Gegenwart. Aspekte und Tendenzen. Stuttgart 1971
Durzak, Manfred: Der deutsche Roman der Gegenwart (Böll, Grass, Johnson, Wolf). Stuttgart ³1979
Endres, Elisabeth: Die Literatur der Adenauerzeit. München 1980

Dies.: Fragespiele mit Literatur. Übungen im produktiven Umgang mit Texten. Frankfurt 1985
Franzen, Erich: Formen des modernen Dramas. Von der Illusionsbühne zum Antitheater. München 1974
Ders.: Frauen. Sprache. Literatur. Paderborn 1982
Ders.: Die deutsche Gegenwartsliteratur – Kräfte und Formen. München 1969
Görtz, Franz J.: Innenansichten. Über Literatur als Geschäft. Frankfurt a. M. 1987
Habecker, Sonja/*Hofmann*, Annelies: Theorien – Texte – Analysen: Das deutschsprachige Theater seit 1945. München 1974
Kesten, Hermann: Dichter im Café. Von literarischen Salons und Cafés vom 17. Jahrhundert bis heute. Berlin 1983
Kesting, Marianne: Das epische Theater. Zur Struktur des modernen Dramas. Stuttgart ^{7}1978
Koebner, Thomas: Tendenzen der deutschen Gegenwartsliteratur. Darmstadt 1984
Kranz, Gisbert: Was ist christliche Dichtung? Thesen, Fakten, Daten. München 1987
Kunisch, Hermann (Hrsg.): Handbuch der deutschen Gegenwartsliteratur. München ^{2}1968
Kurz, Paul Konrad: Zwischen Widerstand und Wohlstand. Zur Literatur der frühen 80er Jahre. Frankfurt a. M. 1986
Ludwig, Martin H.: Arbeiterliteratur in Deutschland. Stuttgart 1976
Marti, Kurt: Die Schweiz und ihre Schriftsteller – die Schriftsteller und ihre Schweiz. Zürich 1966
Mecklenburg, Norbert (Hrsg.): Literarische Wertung. Tübingen 1977
Moser, Dietz-Rüdiger: Neues Handbuch der deutschsprachigen Gegenwartsliteratur seit 1945. München 1990
Motekat, Helmut: Das zeitgenössische deutsche Drama. Stuttgart 1977
Nayhauss, Hans-Christoph von (Hrsg.): Theorie der Kurzgeschichte. Stuttgart 1980
Nusser, Peter: Romane für die Unterschicht. Groschenhefte und ihre Leser. Stuttgart ^{5}1981
Oberholzer, Otto: Die Literatur der Gegenwart in der Schweiz, in: Die deutsche Literatur der Gegenwart. Hrsg. v. Manfred Durzak. Stuttgart 1971
Reich-Ranicki, Marcel: Deutsche Literatur in West und Ost. München 1983
Renner, Gerhard: Österreichische Schriftsteller und der Nationalsozialismus (1933–1940). Frankfurt a. M. 1986
Rieder, Heinz: Österreichische Moderne. Bonn 1968
Ross, Werner: Mit der linken Hand geschrieben. Der deutsche Literaturbetrieb. Zürich 1984
Schütz, Hans J.: Ein deutscher Dichter bin ich einst gewesen. Vergessene und verkannte Autoren des 20. Jahrhunderts. München 1988
Stanzel, Franz K.: Typische Formen des Romans. Göttingen ^{3}1967
Trommler, Frank: Sozialistische Literatur in Deutschland. Ein historischer Überblick. Stuttgart 1976
Weiss, Walter/*Rossbacher*, K./*Donnerberg*, Josef/*Haslinger*, Adolf: Gegenwartsliteratur. Zugänge zu ihrem Verständnis. Stuttgart ^{2}1978
Weiss, Walter: Die Literatur der Gegenwart in Österreich. In: Die deutsche Literatur der Gegenwart. Hrsg. v. Manfred Durzak. Stuttgart 1971

Zimmermann, Werner: Deutsche Prosadichtungen unseres Jahrhunderts. Interpretationen für Lehrende und Lernende. 2 Bde. Düsseldorf ⁶1981

Die Literatur in der DDR (1949–1990): Ein Rückblick

Blumensaat, Heinz und *Übach*, Christel: Einführung in die DDR-Literatur. 2., überarbeitete und erweiterte Ausgabe. Stuttgart 1983
Brettschneider, Werner: Zwischen literarischer Autonomie und Staatsdienst. Die Literatur in der DDR. Berlin 1972
Emmerich, Wolfgang: Kleine Literaturgeschichte der DDR. Darmstadt/Neuwied ⁴1987
Franke, Konrad: Die Literatur der Deutschen Demokratischen Republik. München/Zürich 1974
Geerdts, H.J.: Literatur der DDR in Einzeldarstellungen. Stuttgart 1972
Greiner, Bernhard: Von der Allegorie zur Idylle. Die Literatur der Arbeitswelt in der DDR. Heidelberg 1974
Haase, Horst/ *Geerdts*, Hans Jürgen/ *Kühne*, Erich/ *Pallus* und Autorenkollektiv: Geschichte der Literatur der Deutschen Demokratischen Republik. Berlin 1976
Hartung, Harald: Deutsche Lyrik seit 1965. Tendenzen, Beispiele, Porträts. München 1985
Helwig, Gisela (Hrsg.): Die DDR-Gesellschaft im Spiegel ihrer Literatur. Köln 1986
Hohendahl, Peter U./ *Herminghouse*, Patricia (Hrsg.): Literatur und Literaturtheorie in der DDR. Frankfurt/Main 1976
Jäger, Manfred: Sozialliteraten. Funktion und Selbstverständnis der Schriftsteller in der DDR. Düsseldorf 1973
Köhler-Hausmann, Reinhild: Literaturbetrieb in der DDR. Schriftsteller und Literaturinstanzen. Stuttgart 1984
Raddatz, Fritz Joachim: Traditionen und Tendenzen. Materialien zur Literatur in der DDR. Frankfurt/Main 1972
Reich-Ranicki, Marcel: Deutsche Literatur in West und Ost. München 1983
Schmitt, Hans-Jürgen (Hrsg.): Einführung in Theorie, Geschichte und Funktion der DDR-Literatur. Stuttgart 1975
Schivelbusch, Wolfgang: Sozialistisches Drama nach Brecht. Darmstadt/Neuwied 1974
Serke, Jürgen: Das neue Exil. Die verbannten Dichter. Frankfurt/Main 1985
Trommler, Frank: Sozialistische Literatur in Deutschland. Ein historischer Überblick. Stuttgart 1976

Personenregister

Abraham a Sancta Clara 125
Achleitner, Friedrich 481
Achternbusch, Herbert 466
Äsop 79
Africanus, Sextus Iulius 11
Aichinger, Ilse 439, 452
Aischylos 341
Albert, Heinrich 104
Alberti, Rafael 524
Alberus, Erasmus 79
Albrecht von Eyb 76
Albrecht von Johan(n)sdorf 40
Albrecht von Scharfenberg 41
Alemán, Matteo 121
Alexander, Elisabeth 456
Alighieri, Dante 45, 161, 325
Alkuin 22
Allert de Lange 417
Altenberg, Peter 356, 360
Ambrosius von Mailand 11
Amman, Jost 71
Anacker, Heinrich 411
Andersch, Alfred 438, 445
Andres, Stefan 416
Anzengruber, Ludwig 318
Apitz, Bruno 415, 505
Archipoeta 27
Arendt, Erich 502, 503, 524
Arent, Wilhelm 335
Aristoteles 101, 161, 241, 385, 415
Arndt, Ernst Moritz 168, 254, 281, 532
Arnim, Achim von 244, 247, 248, 250, 252, 253, 281
Arnim, Bettina von 250, 277
Arp, Hans 347
Artmann, Hans Carl 481
Auerbach, Berthold 318
Augustinus, Aurelius 11
Ausländer, Rose 474

Bach, Johann Sebastian 97
Bachmann, Ingeborg 439, 477
Bahr, Hermann 344
Baierl, Helmut 514
Balde, Jakob 106, 107
Ball, Hugo 347, 481
Barclay, John 101
Bartels, Adolf 407
Basedow, Johannes Bernhard 170
Basil, Otto 452
Baudelaire, Charles 348
Bebel, Heinrich 86

Becher, Johannes R. 433, 485, 493, 495, 496, 498, 520
Bechstein, Ludwig 266
Becker, Jurek 502, 503, 525
Becker, Nikolaus 284
Beckett, Samuel 465, 470, 488
Beer-Hofmann, Richard 356
Beer, Johann 114, 140
Bender, Hans 471, 484
Benn, Gottfried 366, 367, 370, 371, 417, 419, 428, 473, 475, 476, 483
Bergengruen, Werner 417, 473
Berg, Leo 336
Bernanos, Georges 402
Bernhard, Thomas 452, 453, 465
Bernhard von Clairvaux 55, 65
Bertaux, Pierre 210
Berthold von Regensburg 63
Bichsel, Peter 455
Bidermann, Jakob 110
Bieler, Manfred 498
Biermann, Wolf 483, 484, 501, 502, 503, 519, 522, 526, 527
Binding, Rudolf G. 404, 407
Bingel, Horst 484
Blanckenburg, Christian Friedrich von 140
Bleibtreu, Carl 335
Bobrowski, Johannes 521
Boccaccio 57, 66, 76, 89
Bodmer, Johann Jacob 68, 134
Böhme, Herbert 411
Böhme, Jakob 244, 475
Böll, Heinrich 442, 443, 444, 448
Bölsche, Wilhelm 336, 343, 350
Börne, Ludwig 276, 277, 278, 280
Bohse, August 141
Boie, Heinrich Christian 140, 167
Bonaventura 246, 247
Bondi, Georg 349
Boner, Ulrich 63
Borchert, Wolfgang 436, 440
Born, Nicolas 456
Boron, Robert de 41
Bosse, Friedrich 342
Bote, Hermann 90, 92
Bräker, Ulrich 175
Brahm, Otto 326, 338, 350
Brahms, Johannes 168
Brant, Sebastian 77, 78, 144
Brasch, Thomas 517
Braun, Volker 502, 503, 515, 522, 527

Brecht, Bertolt 152, 162, 163, 205, 384, 385, 386, 392, 397, 418, 422, 430, 433, 457, 458, 460, 461, 463, 464, 465, 466, 473, 482, 483, 495, 496, 497, 513, 514, 515, 520
Bredel, Willi 418, 485, 487, 495, 505
Breitinger, Johann Jakob 68, 134
Brentano, Clemens 246, 247, 248, 249, 250, 251, 252, 253, 256, 257, 268, 281
Britting, Georg 404, 474
Broch, Hermann 380
Brock, Bazon 469
Brockes, Barthold Hinrich 136
Bronnen, Arnolt 376
Bruckner, Ferdinand 391
Bruyn, Günter de 526
Buch, Hans Christoph 469
Buchholtz, Andreas Heinrich 112
Buchwald, Christoph 472
Büchner, Georg 290, 292, 293, 294, 295, 336, 376
Bürger, Gottfried August 140, 168, 169
Büscher, Josef 469
Buff, Charlotte 178
Buonarotti, Michelangelo 240
Burkhart von Hohenfels 56
Burte, Hermann 407

Calderón 354, 433
Camus, Albert 432, 442, 453
Carl August 178
Carlyle, Thomas 194
Carossa, Hans 401, 405, 406, 422
Casanova 129
Celan, Paul 476
Celtis, Konrad 85, 86
Cervantes 61
Chamisso, Adelbert von 253, 255, 257
Chardin, Teilhard de 268
Chaucer 57
Christian von Stolberg 171
Christian zu Stolberg 167
Claudel, Paul 433
Claudius, Matthias 169
Cola di Rienzo 67
Colin, Philipp 41
Comte, Auguste 533
Conradi, Hermann 335
Conrad, Michael Georg 335
Conrady, Karl Otto 472
Cotta 274, 289
Courths-Mahler, Hedwig 363
Cramer, Carl Gottlob 220, 221
Cwojdrak, Günther 497

Dach, Simon 104
Dahn, Felix 320, 350

Darwin, Charles 268
Dedekind, Friedrich 80
Defoe, Daniel 141
Degenhardt, Franz Josef 483
Der Stricker 58
Der von Kürenberg 39
Devrient, Eduard 257
Dickens, Charles 316
Dickinson, Emily 476
Diederichs, Eugen 351, 376
Dietmar von Aist 39
Dietrich von Bern 19
Dilthey, Wilhelm 534
Dingelstedt, Franz 287, 289
Döblin, Alfred 400, 401, 442
Dorst, Tankred 371
Dos Passos, John 401, 442
Dostojewski, Fjodor 212, 317
Droste-Hülshoff, Annette von 300, 330
Dürer, Albrecht 240
Dürrenmatt, Friedrich 454, 460, 461, 464
Dulk, Albert 287

Echtermeyer, Ernst Theodor 283
Eckart, Dietrich 408, 410
Eckermann, Johann Peter 194
Edschmid, Kasimir 369, 370
Eichendorff, Joseph Freiherr von 232, 238, 251, 252, 253, 254, 257, 281, 300
Eich, Günter 404, 439, 440, 475
Eichrodt, Ludwig 299
Eike von Repgow 59
Eilhart von Oberge 35, 40, 45
Eleonore von Österreich 90
Elisabeth von Nassau-Saarbrücken 90
Elsner, Gisela 456
Emmerick, Anna Katharina 248
Ende, Michael 456
Engels, Friedrich 284, 495, 497
Ense, Rahel Varnhagen von 253, 263
Enzensberger, Hans Magnus 247, 268, 439, 471, 483, 520
Erasmus von Rotterdam 81
Ernst, Paul 351
Euringer, Richard 413
Euripides 183, 341
Ezzo 29

Fahlström, Öyvind 480
Falke, Konrad 418
Fallada, Hans 394, 395
Fallersleben, Heinrich August Hoffmann von 168
Fassbinder, Rainer Werner 330, 466
Fels, Ludwig 456
Feuchtwanger, Lion 410, 418, 419, 421, 422

Fichte, Johann Gottlieb 200, 208, 235, 237, 239, 244, 245, 253
Fielding, Henry 143, 316
Finck, Werner 387, 398, 399
Fischart, Johann 79
Fischer, Samuel 338, 376
Flaubert, Gustave 317
Fleißer, Marieluise 465
Fleming, Paul 105
Flex, Walter 407
Fock, Gorch 362
Folz, Hans 62, 66, 85
Fontane, Theodor 253, 326, 327, 328, 359
Forster, Georg 219, 220
Forte, Dieter 94
Fort, Gertrud von le 402, 422
Frau Ava 30
Freidank 56
Freiligrath, Ferdinand 286, 289
Freud, Sigmund 238, 268, 355, 409
Freytag, Gustav 309, 310, 321, 326, 330, 351
Fried, Erich 438, 483
Friedrich, Caspar David 227
Friedrich der Große 175
Friedrich I. 33
Friedrich II. 33, 55
Friedrich Leopold Graf zu Stolberg 168
Friedrich Leopold von Stolberg 219
Friedrich Leopold zu Stolberg 167
Friedrich von Hausen 39, 40
Friedrich von Stolberg 171
Friedrich, Wilhelm 335
Frischlin, Nikodemus 87
Frisch, Max 206, 439, 453, 454, 455, 458, 459, 460
Frischmuth, Barbara 455
Fritsch, Gerhard 452
Fritz, Walter Helmut 474
Fuchs, Jürgen 504
Fuetrer, Ulrich 61, 68
Fühmann, Franz 500, 502, 503, 505, 521
Fugger, Jakob 71

Ganghofer, Ludwig 363
Geibel, Emanuel 322
Geißler, Christian 472
Gellert, Christian Fürchtegott 142, 145
Geoffrey von Monmouth 35
George, Stefan 347, 349, 350
Gerhardt, Paul 107
Gerlach, Jens 498
Gerstenberg, Heinrich Wilhelm von 161, 195
Gervinus 274
Gilsenbach, Reimar 503
Glassbrenner, Adolf 287

Gleim, Johann 137, 157
Gluck, Christoph Willibald 97
Goering, Reinhard 368, 388
Goethe, Johann Wolfgang von 38, 84, 94, 100, 129, 130, 136, 139, 141, 150, 156, 157, 158, 159, 172, 176, 177, 178, 180, 181, 182, 183, 184, 185, 186, 187, 188, 189, 190, 192, 193, 194, 195, 200, 201, 205, 208, 212, 213, 220, 223, 225, 226, 237, 239, 240, 247, 251, 266, 277, 278, 288, 290, 293, 300, 304, 305, 306, 341, 402, 415, 419, 434, 446, 466, 467, 474, 477, 510, 532
Görres, Johann Joseph 232, 250, 251, 252, 260
Götz, Johann 137
Gogol, Nikolaj 224
Goldsmith, Oliver 316
Gomringer, Eugen 480
Gontard, Susette 208, 209
Gottfried von Neifen 56
Gottfried von Straßburg 13, 37, 45, 46, 47, 57
Gotthelf, Jeremias 318
Gottsched, Johann Christoph 131, 132, 133, 134, 145, 146, 147, 150
Gozzi 241
Grabbe, Christian Dietrich 94, 305, 306
Graf Baudissin 241
Graf, Oskar Maria 420
Graf, Willi 415
Grass, Günter 116, 126, 446, 447, 448, 449, 450
Gregor I. der Große 11
Grillparzer, Franz 249, 253, 278, 304, 329, 330
Grimmelshausen, Hans Jakob von 61, 115, 116, 120, 121, 122, 123, 449
Grimm, Hans 407, 410
Grimm, Jacob 232, 250, 262, 263, 274
Grimm, Wilhelm 232, 250, 253, 262, 263, 274
Gross, Erhart 76
Grün, Max von der 484, 485
Gryphius, Andreas 116, 117, 118, 119, 120, 126, 449
Günderode 268
Günther, Johann Christian 135, 136
Gundolf, Friedrich 349
Gutenberg, Johann 71
Guttenbrunner, Michael 482
Gutzkow, Karl 274, 275, 276, 278, 285, 293

Hacks, Peter 166, 501, 513
Hadlaub, Johannes 61
Händel, Georg Friedrich 97
Härtling, Peter 268, 444, 452, 456

Hätzlerin, Klara 60
Hagedorn, Friedrich von 137
Hagelstange, Rudolf 473
Hagen, Friedrich von der 264
Halbe, Max 342
Haller, Albrecht von 136
Hallmann, Johann Christian 98
Hamann, Johann Georg 157, 278
Handke, Peter 439, 441, 453, 466, 467
Hanstein, Adalbert von 340, 343
Hardenberg, Friedrich von 239, 244
Harden, Maximilian 338
Hardt, Ernst 350, 368
Harich, Wolfgang 498
Harig, Ludwig 441
Harsdörffer, Georg Philipp 103, 104
Hart, Heinrich 334, 336
Hart, Julius 334, 336
Hartmann von Aue 36, 37, 40, 57, 68
Hartung, Harald 472
Hasenclever, Walter 368, 376
Hauff, Wilhelm 265
Hauf, Rolf 472
Hauptmann, Gerhart 41, 166, 326, 336, 339, 340, 341, 342, 360, 370, 371, 376
Haushofer, Albrecht 416, 473
Haushofer, Marlen 488
Haydn, Joseph 129
Hebbel, Friedrich 54, 150, 166, 238, 239, 315, 329, 330, 390
Hebel, Johann Peter 59, 259, 265, 266, 455
Hegel, Georg Wilhelm Friedrich 283, 284, 289
Hein, Christoph 518, 527
Heine, Heinrich 253, 275, 276, 277, 278, 279, 280, 281, 282, 288, 295, 350, 446
Heinrich Anshelm von Ziegler und Kliphausen 112
Heinrich der Glîchezaere 37
Heinrich VI. 33
Heinrich VII. 55
Heinrich von Freiberg 45
Heinrich von Meißen, genannt Frauenlob 56, 62
Heinrich von Morungen 40
Heinse, Wilhelm 171, 172, 208
Heißenbüttel, Helmut 439, 478
Hellingrath, Norbert von 349
Hemingway, Ernest 388, 429, 430, 449
Henckell, Karl 335
Hennings, Emmy 347
Hensel, Luise 248
Herder, Johann Gottfried 129, 133, 158, 159, 162, 229, 243, 293, 532
Hermes, Johann 141
Hermlin, Stephan 501, 502, 503, 506, 520

Herwegh, Georg 285, 286, 291
Herzfelde, Wieland 381
Herz, Henriette 253
Herzog Anton Ulrich von Braunschweig 112
Herzogin Anna Amalia 179
Herzog, Wilhelm 392
Hesse, Hermann 404, 405, 422, 434
Heym, Georg 367
Heym, Stefan 494, 502, 503, 506
Heyse, Paul 310, 322, 323, 326
Hieronymus 11
Hildebrand 19
Hiller, Kurt 364, 370
Hindemith, Paul 260
Hirth, Georg 334
Hochhuth, Rolf 384, 463, 464
Hochwälder, Fritz 457
Hoddis, Jacob van 365
Hölderlin, Johann Christian Friedrich 207, 208, 209, 210, 211, 218, 245, 265, 289, 456, 477
Höllerer, Walter 438, 471, 478
Hölty, Heinrich 140
Hölty, Ludwig 167, 168
Hoffmann, Ernst Theodor Amadeus 246, 253, 255, 256, 257, 258, 259, 260, 3003
Hoffmann und Campe 275, 276, 278, 279, 281, 287
Hoffmann von Fallersleben, August Heinrich 279, 285
Hofmannsthal, Hugo von 259, 353, 354, 371, 376, 378, 402
Hofmann von Hofmannswaldau, Christian 108
Hohoff, Curt 471
Holthusen, Hans Egon 471, 473
Holz, Arno 326, 336, 343, 344, 345, 347, 351, 376
Homer 149, 158, 167, 168
Horaz 92, 101, 168, 182
Horváth, Ödön von 393, 394, 465
Huber, Kurt 415
Huchel, Peter 404, 501, 521
Huch, Ricarda 350, 417
Huelsenbeck, Richard 347
Hüser, Fritz 485
Hughes, Richard 440
Hugo, Victor 212
Hugo von Hofmannsthal 94
Hugo von Montfort 62
Hugo von Orleans 27
Hugo von St. Victor 55
Hugo von Trimberg 13, 56
Humboldt, Alexander von 219, 237
Humboldt, Wilhelm von 250, 273

Hunold, Christian Friedrich 141

Ibsen, Henrik 338, 342
Iffland, August Wilhelm 224, 225, 251
Immermann, Karl 41
Immermann, Karl Leberecht 303
Innozenz III. 33
Isidor von Sevilla 23

Jacobi, Friedrich Heinrich 172, 250
Jacobi, Peter 441
Jacobsohn, Siegfried 395
Jahnn, Hans Henny 376
Jakobs, Karl-Heinz 503
Janco, Marcel 347
Jandl, Ernst 481
Jelinek, Elfriede 488
Jentsch, Bernd 503
Jentzsch, Bernd 472, 473
Jeßner, Leopold 376, 377
Jewtuschenko 476
Jhering, Herbert 384
Johann von Neumarkt 67
Johann von Tepl 67, 74
Johnson, Ben 241
Johnson, Uwe 439, 444, 447, 450, 451
Johst, Hanns 408, 409, 410, 411
Joyce, James 401, 431, 442, 451
Jünger, Ernst 406
Julian 455
Jung, Franz 485
Jung-Stilling, Johann Heinrich 172, 173

Kästner, Erich 398, 410, 423
Kafka, Franz 369, 371, 435, 439, 445, 488
Kafka, Georg 415
Kahlau, Heinz 498, 522
Kaiser, Georg 368, 370, 457
Kalb, Charlotte von 207, 212
Kalff, Peter 65
Kant, Hermann 509
Kant, Immanuel 128, 199, 200, 207, 230, 235, 237, 244
Karl der Große 22
Karl IV. 66
Karlstadt, Liesl 397
Karsunke, Yaak 472
Kasten, H. A. W. 500
Kauffmann, Angelika 182
Kaufmann, Christoph 165
Keller, Gottfried 125, 213, 311, 313, 326, 330
Kemp, Friedhelm 471
Kerckmeister, Johann 86
Kerner, Justinus 237, 263, 264
Kerr, Alfred 342, 384, 387, 409

Kestner, Johann Christian 178
Kiepenheuer, Gustav 385
Kippenberg, Anton 358
Kipphardt, Heinar 163, 384, 464
Kirsch, Reiner 500
Kirsch, Sarah 478, 489, 502, 503, 524
Kisch, Egon Erwin 396, 410
Klaj, Johann 103
Klein, Carl August 349
Kleist, Heinrich von 214, 215, 216, 217, 218, 237, 252, 253, 268, 278, 408, 456
Klier, Freya 504
Klietmann, Franz Arthur 388
Klinger, Friedrich Maximilian 164, 165, 175, 176
Klopstock, Friedrich Gottlob 129, 137, 138, 139, 140, 157, 167, 235, 305, 521
Knigge 129
Koeppen, Wolfgang 442, 444, 447
Körner, Christian Gottfried 198
Körner, Theodor 254
Kolben, Hans 415
Kolbenheyer, Erwin Guido 408, 410
Kolmar, Gertrud 476
Konrad II. 33
Konrad von Würzburg 56, 57
Kopisch, August 266
Kotzebue, August von 273, 287
Kotzebue, Friedrich Ferdinand von 223, 224
Kraus, Karl 356
Krauss, Werner 416
Krawczyk, Stephan 504
Krechel, Ursula 488
Kretzer, Max 336
Kroetz, Franz Xaver 465, 466
Krolow, Karl 439, 474
Kronauer, Brigitte 456
Krüger, Johann Christian 145
Krüger, Michael 472
Kuba 520
Kudrun 68
Kühn, Dieter 41
Kühn, Sophie von 244
Küster, Konrad 336
Kunert, Günter 472, 500, 502, 503, 521
Kunze, Reiner 502, 504, 523
Kußmaul, Adolf 299
Kyot 41

Lachmann, Karl 264
Lafontaine 59
Lagerlöf, Selma 341, 476
Lampel, Peter Martin 391
Langbehn, Julius 362
Lange, Hartmut 514

Lange, Samuel 137
Lang, Fritz 399
Langgässer, Elisabeth 404
Lao-tse 415
Laroche, Sophie von 141
Lasker-Schüler, Else 365
Laßberg, Joseph Freiherr von 264
Laube, Heinrich 275, 276, 277, 278, 287
Lavant, Christine 474
Lavater, Johann Kaspar 157, 165
Lehmann, Wilhelm 404, 422
Leibniz, Gottfried Wilhelm 128, 207
Leisewitz, Johann Anton 163, 164, 165, 167
Lenau 267, 268
Lenau, Nikolaus 456
Lengefeld, Charlotte von 199
Lenz, Hermann 456
Lenz, Jakob Michael Reinhold 162, 293, 305
Lenz, Siegfried 449
Lessing, Gotthold Ephraim 94, 125, 129, 145, 146, 147, 148, 149, 150, 151, 152, 161, 162, 195, 235, 278, 315, 413
Lichtenberg, Georg Christoph 142, 158
Lienhardt, Friedrich 362, 407
Liliencron, Detlev von 326, 344
Lillo, George 146
Lips, Johann Heinrich 182
Loeben, Graf Heinrich Otto von 281, 282
Loerke, Oskar 473, 474
Loest, Erich 525
Löns, Hermann 362
Logau, Friedrich von 125
Lohenstein, Daniel Caspar von 111, 126
Lord Byron 277
Lortzing, Albert 224, 255
Lublinski, Samuel 351
Ludwig der Bayer 55
Ludwig, Otto 309, 318
Lukács, Georg 214, 498
Luther, Martin 65, 67, 72, 73, 74, 79, 81, 82, 83, 84, 85, 87

Macpherson, James 158
Magnus, Albertus 33, 55
Mahler, Gustav 266
Mair, Hans 61
Mallarmé, Stéphane 347, 478
Mann, Heinrich 358, 360, 361, 371, 376, 379, 409, 419, 420, 433
Mann, Klaus 419, 420, 422
Mann, Thomas 45, 94, 126, 152, 240, 259, 358, 360, 361, 371, 376, 404, 413, 417, 418, 419, 434
Mannzen, W. 438

Manuel, Niklaus 87
Marchwitza, Hans 505
Maron, Monika 513
Marsilius von Padua 55
Marti, Kurt 455
Martin, Karl Heinz 376
Marx, Karl 284, 385, 409, 486, 495, 497, 522
Maupassant, Guy de 317
Maurer, Georg 521
Maurus, Hrabanus 22, 25
Maximilian 54, 68
May, Karl 351
Mayröcker, Friederike 477
Mechtel, Angelika 485
Mechthild von Magdeburg 64
Meckel, Christoph 472
Mehring, Franz 340
Mehring, Walter 384, 397
Meister Eckhart 64
Mendel, Gregor 268
Mendelssohn, Moses 147
Menzel, Herybert 411
Menzel, Wolfgang 274
Mesmer, Franz Anton 237
Meyer, Conrad Ferdinand 323, 324, 325, 330
Meyer, Heinrich 182
Mickel, Karl 522
Milton, John 134, 138
Möller, Eberhard Wolfgang 413
Mönch von Salzburg 61
Mörike, Eduard 213, 300, 326, 330, 456
Möser, Justus 159
Molo, Walter von 413
Mon, Franz 441, 481
Montesquieu 129
Morgenstern, Christian 347
Moritz, Karl Philipp 173, 174, 175, 182
Morus, Thomas 81
Moscherosch, Johann Michael 124
Motte-Fouqué, Friedrich de la 253, 255
Mozart, Wolfgang Amadeus 129
Müller 188
Müller, Adam 238, 253
Müller, Heiner 502, 503, 515, 517, 519
Müller, Herta 489
Müller, Wilhelm 254
Müntzer, Thomas 73
Mundstock, Karl 500
Mundt, Theodor 275, 276, 277
Murnau, Friedrich Wilhelm 399
Murner, Thomas 78, 79
Musäus, Johann August 179
Muschg, Adolf 455
Musil, Robert 374, 379
Muskatblüt 62

Muth, Carl 362, 407

Nadler, Joseph 534
Naogeorg, Thomas 87
Neidhart von Reuental 48, 55, 56, 66
Neruda, Pablo 524
Nestroy, Johann 224, 307, 308, 330
Neuber, Friederike Caroline 133
Neumann, Balthasar 97
Nicolai, Friedrich 147, 178
Niembsch, Nikolaus Franz 267
Nietzsche, Friedrich 84, 325, 434, 437
Niklas von Wyle 76
Noker 30
Noll, Dieter 505
Nossack, Hans Erich 439
Notker der Deutsche 26
Novalis 228, 239, 244, 245, 246, 350, 415

Offenbach, Jacques 260
Opitz, Martin 30, 99, 100, 101, 102, 104, 111, 113, 124, 449
Oprecht, Emil 418
Orff, Carl 27, 211
Ossietzky, Carl von 396
Oswald von Wolkenstein 62
Otfrid von Weißenburg 23, 25
Otloh 26
Otten, Karl 370
Otto von Freising 31
Ovid 168, 182

Paquet, Alfons 384
Pauli, Johannes 80
Paul, Jean 211, 212, 213, 218, 246, 259, 278
Petersen, Jan 414
Petrarca 66, 67
Pfaffe Konrad 32
Pfefferkorn, Johann 82
Pfemfert, Franz 364, 376
Philipp von Schwaben 48
Picard, Louis-Benoit 223
Piccolomini, Enea Silvio 76
Pindaro 211
Pinkerneil, Beate 472
Pinthus, Kurt 370, 376, 520
Pirandello, Luigi 466
Piscator, Erwin 382, 383, 384, 386, 391, 418
Platen-Hallermünde, August von 267
Plautus 86, 182
Plenzdorf, Ulrich 510, 527
Plessen, Elisabeth 456
Pörtner, Paul 468
Poggio 66
Poitou, Eleonore von 34
Propst, Christoph 415

Proust, Marcel 431, 446
Prutz, Robert 220, 287
Pückler-Muskau, Hermann von 276, 279
Püterich von Reichertshausen 68
Pyra, Immanuel 137

Quintilian 101

Raabe, Wilhelm 213, 316, 317, 330
Racine, Jean 182
Raddatz, F. J. 438
Raffael 240
Raimund, Ferdinand 306, 307, 308, 330
Ranke, Leopold von 260, 534
Rathenow, Lutz 525
Reclam, Anton Philipp 287, 290, 291
Rehberg, Hans 411
Rehfisch, Hans 392
Reich-Ranicki, Marcel 278, 438, 442
Reinhardt, Max 350, 353, 392
Reinig, Christa 488
Reinmar der Alte 40, 47, 48
Reinmar der Fiedler 13
Reinmar von Zweter 56
Remarque, Erich Maria 388, 390, 410
Rembrandt 97
Renn, Ludwig 485, 495, 504
Reuchlin, Johann 82, 86
Reuter, Christian 115, 140
Reuter, Fritz 274
Richardson, Samuel 114, 141, 142
Richter, Hans Werner 438, 439
Richter, Johann Paul Friedrich 211
Richter, Ludwig 233, 234
Ried, Hans 60, 68
Rilke, Rainer Maria 245, 356, 357, 358, 371, 436, 475, 476
Rimbaud, Arthur 348, 478
Rist, Johann 104
Ritter, Roman 469
Roberthin, Robert 104
Rollenhagen, Georg 79
Ronsard 101
Rosei, Peter 455
Rosenberg, Alfred 409
Rosenplüt, Hans 62, 66, 85
Rossini, Gioacchino 206
Roth, Gerhard 455
Roth, Joseph 377, 378
Rousseau, Jean-Jacques 141, 156, 157, 198
Rowohlt, Ernst 364, 367, 369, 376
Rubeanus, Crotus 82
Rubens 97
Rudolf von Ems 13, 57
Rückert, Friedrich 184, 266
Ruge, Arnold 283, 284

Runge, Erika 489
Ruttmann, Walther 399

Sachs, Hans 62, 66, 71, 79, 85, 89
Sachs, Nelly 476
Sartre, Jean-Paul 432
Savigny, Carl von 232, 260
Scaliger 101
Schädlich, Hans Joachim 494
Schede, Paul Melissus 100
Scheffel, Viktor von 266
Scheffler, Johann 107
Scheid, Richard 415
Scheidt, Kaspar 80
Schelling, Friedrich Wilhelm Joseph 235, 236, 237, 533
Schenkendorf, Max von 254
Schickele, René 364
Schikaneder, Emanuel 129
Schiller, Friedrich 150, 155, 166, 185, 195, 196, 197, 199, 200, 201, 202, 204, 205, 206, 207, 208, 225, 226, 242, 277, 278, 304, 305, 315, 321, 376, 415
Schlaf, Johannes 326, 336, 343, 344
Schlegel, August Wilhelm 220, 225, 232, 239, 241, 242, 243, 244, 253, 263, 281
Schlegel, Dorothea 252
Schlegel, Friedrich 149, 228, 232, 239, 242, 243, 244, 252, 260, 274
Schlegel, Johann Elias 145
Schleiermacher, Friedrich 235, 236, 237, 239, 244, 250
Schlenther, Paul 326
Schlösser, Rainer 413
Schmidt, Arno 213, 451
Schmorell, Alexander 415
Schnabel, Johann Gottfried 141
Schneckenburger, Max 284
Schneider, Reinhold 416, 473
Schneider, Rolf 502, 503
Schnitzler, Arthur 354, 355, 370, 371, 378
Schnurre, Wolfdietrich 310, 437, 428, 444, 474
Schöfer, Erasmus 487
Scholl, Hans 415
Scholl, Sophie 415
Scholz, Wilhelm von 351
Schopenhauer, Arthur 238
Schottel, Justus Georg 102
Schröder, Rudolf Alexander 402
Schubart, Christian Daniel 166, 167, 195
Schubert, Franz 169, 254
Schubert, Gotthilf Heinrich von 237, 238, 257
Schütz, Heinrich 111
Schumann, Gerhard 411

Schumann, Robert 260
Schupp, Johann Balthasar 125
Schutting Juliane 455
Schwab, Gustav 265
Schwaiger, Brigitte 455
Schwarz, Jewgenij 519
Schwitters, Kurt 347
Scott, Sir Walter 265, 320
Scotus, Duns 33, 55
Seemann, Otto 287
Seghers, Anna 420, 422, 485, 495, 497, 504
Seidel, Ina 403, 406
Seneca 74, 86
Seuse, Heinrich 65
Shakespeare, William 120, 152, 159, 186, 242, 278, 286, 305, 312, 341, 376, 461, 476
Shaw, Bernard 205
Sigfusson, Saemund 19
Silesius, Angelus 107
Simrock, Karl 264
Soergel, Albert 340, 364
Solger, Karl Wilhelm Ferdinand 238
Sophokles 211
Sorge, Johannes Reinhard 368
Spee von Langenfeld, Friedrich 105, 106
Speners, Philipp Jacob 173
Sperr, Martin 465
Spielhagen, Friedrich 309, 326
Spies, Gerty 415
Spiess, Christian Heinrich 222
Spinoza 207
Stadler, Ernst 41
Stefan, Verena 488
Stehr, Hermann 407, 410
Stein, Charlotte von 183
Stein, Gertrude 466, 481
Steinhöwel, Heinrich 76, 79
Steinmar 56, 61
Sterne, Laurence 144, 316
Sternheim, Carl 368, 370, 376
Stifter, Adalbert 213, 253, 301, 302, 402
Stinde, Julius 338
Stolberg 140
Storm, Theodor 313, 314, 319, 326, 330
Strabo, Walahfried 22
Strachwitz, Moritz von 266
Strauß, Botho 456, 469, 470
Strauss, Richard 354, 371
Streubel, Manfred 498
Strindberg, August 461
Strittmatter, Emil 513
Strittmatter, Erwin 496, 505
Stucken, Eduard 350, 368
Sturluson, Snorri 19
Suchensinn 62
Sudermann, Hermann 342, 371

Suhrkamp, Peter 439
Swift, Jonathan 129
Sylvanus, Erwin 485

Tacitus 18
Tannhäuser 56
Tasso 138
Tatian 23, 25
Tauler, Johannes 65
Telemann, Georg Philipp 97
Terenz 86
Theoderich 21
Thiess, Frank 413, 414
Thoma, Ludwig 363
Thomasin von Zerclaere 56
Thomasius, Christian 128
Thomas von Aquin 33, 55
Tieck, Dorothea 242
Tieck, Ludwig 94, 231, 238, 239, 240, 241, 250, 305
Tilemann Elhen von Wolfshagen 61
Timm, Uwe 469
Tischbein, Wilhelm 182
Toller, Ernst 368, 371, 376, 384, 388
Trakl, Georg 118, 367, 475, 477
Troyes, Chrétien de 36, 41
Tschaikowski, Peter 260
Tscherning, Andreas 104
Tucholsky, Kurt 396, 397, 410, 423
Turek, Ludwig 381
Turgenjew, Iwan 317
Tzara, Tristan 347

Uhland, Ludwig 41, 263, 264, 274
Ulrich von dem Türlin 41
Ulrich von Hutten 82, 85
Ulrich von Lichtenstein 56, 61
Ulrich von Türheim 41, 45
Ulrich von Winterstetten 56
Ungaretti 476
Uz, Johann 137

Valentin, Karl 397
Vega, Felix Lope de 203
Veit, Dorothea 242
Veldeke, Heinrich von 34, 35
Vergil 35, 101, 148, 182
Verlaine, Paul 348
Vesper, Bernward 457
Vesper, Will 408, 410
Villon, François 520
Vinci, Leonardo da 240
Vogel, Henriette 214
Vollmoeller, Karl Gustav 350
Voss, Johann Heinrich 140, 167, 168
Vulpius, Christian August 223

Vulpius, Christiane 183

Wace 36
Wachler, Ernst 362, 407
Wackenroder, Wilhelm 230, 239, 240
Wagenbach, Klaus 472
Wagner, Heinrich Leopold 165, 166
Wagner, Richard 19, 41, 45, 54, 260, 268
Walden, Herwarth 364
Waldis, Burkhard 79
Wallraff, Günter 485, 486
Walser, Martin 439, 445, 446, 447, 448
Walter, Otto F. 455
Walther von Chatillon 27
Walther von der Vogelweide 40, 47, 48, 49, 50, 55, 285
Washington 129
Wassermann, Jakob 392
Weckherlin, Georg Rudolf 100, 104
Wedekind, Frank 364, 371, 376
Weerth, Georg 311
Weichert, Richard 376
Weidig, Friedrich Ludwig 291
Weinert, Erich 520
Weinheber, Josef 403, 406
Weise, Christian 115, 140
Weisenborn, Günther 417, 457
Weiß, Ferdl 397
Weiss, Peter 384, 438, 439, 457, 461, 462, 463, 464
Weiße, Christian Felix 145
Werfel, Franz 366, 377, 378
Werner, Abraham Gottlob 244
Wernher 31
Wernher der Gartenaere 56, 59
Wessel, Horst 410
Weyrauch, Wolfgang 435, 482
Wickram, Jörg 80, 93
Widmer, Urs 456
Wiechert, Ernst 403, 414
Wieland, Christoph Martin 130, 143, 144, 152, 171, 179, 235
Wienbarg, Ludolf 275, 276, 279
Wiener, Oswald 481
Wilder, Thornton N. 430, 433
Wilhelm von Occam 55
Wille, Bruno 336, 337, 345
Williram Abt von Ebersberg 23
Wimpheling, Jakob 86
Winckelmann, Johann Joachim 148, 159, 160
Wirnt von Grafenberg 57
Wisse, Claus 41
Wittenwiller, Heinrich 61
Wölfflin, Heinrich 96
Wohlgemuth, Hildegard 483

Wohmann, Gabriele 455
Wolf, Christa 268, 488, 502, 503, 507, 525, 526, 527
Wolfenstein, Alfred 392
Wolff, Christian 129
Wolff, Eugen 336
Wolff, Kurt 364, 369, 376
Wolf, Friedrich 386, 392, 495, 513
Wolf, Gerhard 502, 503
Wolfger von Passau 47
Wolfram von Eschenbach 37, 39, 40, 41, 42, 43, 48
Wolfskehl, Karl 349, 387
Wolters, Friedrich 349
Wolzogen, Ernst von 396

Wondratschek, Wolf 441
Wüsthoff, Carl 487
Wulfila 18

Zenge, Wilhelmine von 214
Zerkaulen, Heinrich 411
Zesen, Philipp von 113, 114
Zimmermann, Bernd Alois 163
Zincgref, Julius Wilhelm 100
Zola, Emile 335, 336, 392
Zuckmayer, Carl 392, 393, 457
Zweig, Arnold 389, 390, 410, 422, 433, 495, 504
Zweig, Stefan 377, 378, 410

Sachregister

Abdias 302
Abendlied 311
Abentheuerliche Simplicissimus Teutsch 120
Abhandlung über die Künste und Wissenschaften 156
Abrogans 22
Ästhetische Feldzüge 276
Agathon 171
Agnes Bernauer 315
Ahnung und Gegenwart 252
Alemannische Gedichte 266
Alexander 57
Alexanderlied 31
Also sprach Zarathustra 325
Altdeutsche Minnelieder 232
Amadis 111
Ambraser Heldenbuch 54, 60
Amphitryon 215
Anastasia und das Schachspiel 171
Anatol 355
An den Mond 184
Andorra 458, 459
Andreas Hartkopf 174
Anekdote aus dem letzten preußischen Kriege 217
An meinen Sohn Johannes 169
Annolied 30
Anrede an die Gesellschaft der Freunde der Freiheit und Gleichheit am Neujahrstage 1793 219
Ansichten der Natur 237
Ansichten vom Niederrhein, von Brabant, Flandern, Holland, England und Frankreich, im April, Mai und Junius 1790 219
Ansichten von der Nachtseite der Naturwissenschaft 237, 257
Antigonae 211
Anton Reiser 173, 174
Aplaßkremer 87
Aquis submersus 315
Ardinghello 208
Ardinghello und die glückseligen Inseln 171
Argenis 101
Artusdichtung 36
Athenäum 244
Atli- und Sigurdlieder 51
Atriden-Tetralogie 341
Aufbruch 254
Auf der Suche nach der verlorenen Zeit 431

Aufstieg und Fall der Stadt Mahagonny 385
Aus dem Leben eines Taugenichts 252
Aus Eduard Allwills Papieren 172
Aus meinem Leben. Dichtung und Wahrheit 194
Aussichten in die Ewigkeit 158
Auszug aus einem Briefwechsel über Oßian und die Lieder alter Völker 158

Badischer Kalender 265
Bahnwärter Thiel 339, 528
Barlaam und Josaphat 57
Bauern, Bonzen und Bomben 394
Beichte eines Mannes 169
Bekenntnisse des Hochstaplers Felix Krull 126
Bemerkungen und Ansichten auf einer Entdeckungsreise 255
Beowulf 19
Berlin Alexanderplatz 400
Berliner Abendblätter 244
Bescheidenheit 56
Biblia, das ist, die gantze Heilige Schrifft Deutsch 83
Biblische Geschichten für die Jugend bearbeitet 266
Biedermann und die Brandstifter 458
Biedermeiers Liederlust 299
Billard um halb zehn 443
Biographien der Wahnsinnigen 222
»Blätter für die Kunst« 349, 353
Blütenstaub 245
Blumen-, Frucht- und Dornenstücke oder Ehestand, Tod und Hochzeit des Armenadvokaten F. St. Siebenkäs im Reichsmarktflecken Kuhschnappel 212
Briefe aus Paris 278, 280
Briefe, die neueste Literatur betreffend 147
Briefwechsel zwischen Schiller und Goethe 201
Brigitta 302
Buch der Abenteuer 60, 68
Buch der göttlichen Tröstung 64
Buch der Lieder 281
Buch von der deutschen Poeterey 101, 528
Buch von Troja 61
Buddenbrooks 359

Canterbury Tales 57
Cantilena de miraculis Christi 29
Cardenio und Celinde 119

Cardillac 260
Carmen ad Deum 23
Carmina Burana 27, 66
Catharina von Georgien 117, 118, 119
Causerien über Theater 326
Cenodoxus 110
Chanson de geste 32, 43, 90, 250
Cherubinischer Wandersmann 107
Cimplicissimus 121
Clara von Hoheneichen 222
Clavis Fichtiana 213
Clemens Brentanos Blütenkranz 250
Cligès 36
Codex argenteus 18
Collin 507
Confessiones 11
Contrat Social 198
Cromwell 519
Ça ira! 286

Dafne 111
Dantons Tod 292, 295
Darstellung der Revolution in Mainz 219
Das Begräbnis 437
Das Bettelweib von Locarno 217
Das einfache Leben 403
Das Einhorn 445
Das Erdbeben in Chili 217
Das Fähnlein der sieben Aufrechten 313
Das fließende Licht der Gottheit 64
Das Fräulein von Scuderi 258
Das geistliche Jahr 300
Das Gewitter 265
Das Glasperlenspiel 405, 434
Das Glückhafft Schiff von Zürich 79
Das Göttliche 184
Das Käthchen von Heilbronn 215, 237
Das kalte Herz 265
Das Kloster bei Sendomir 304
Das Lalebuch 250
Das Landleben 168
Das Leben der schwedischen Gräfin von G... 142
Das Lied der Deutschen 285
Das Lied von Bernadette 378
Das Lied von der Glocke 201
Das liederliche Kleeblatt 307
Das Majorat 259
Das Marmorbild 252
Das Narrenschiff 77, 78
Das Schloß am Meer 263
Das Schloß Dürande 252
Das schöne irre Judenmädchen 222
Das siebte Kreuz 420
Das Sinngedicht 125, 313
Das Treffen in Telgte 448

Das Wiener Osterspiel 65
Das Wirtshaus im Spessart 265
Das wunderbarliche Vogel-Nest 120
Das Wunschkind 403
Decamerone 57, 89, 150
De civitate Dei 11
De fide catholica contra gudaeos 23
De Heinrico 26
Demetrios 351
Demetrius 207
Der Ackermann aus Böhmen 74, 76
Der alte Landmann an seinen Sohn 168
Der arme Heinrich 37, 262
Der arme Spielmann 305
Der Besuch der alten Dame 461
Der betrogene Ehemann 59
Der Bettler 367
Der Biberpelz 340
Der Biedermann 134
Der blonde Eckbert 240, 241
Der böse Geist Lumpazivagabundus 307
Der braune Robert und das blonde Nandchen 222
Der Butt 448
Der Condor 302
Der Edelstein 63
De remediis fortuitorum 74
Der Erlkönig 185
Der Fall Maurizius 392
Der farend Schüler im Paradeiß 89
Der Freimütige 224
Der Fremde 432
Der fröhliche Weinberg 392
Der Geiger zu Gmünd 265
Der Genius 201
Der gestiefelte Kater 238, 241
Der geteilte Himmel 507
Der goldene Spiegel oder Die Könige von Scheschian 144
Der goldene Topf 257, 258
Der Gott, der Eisen wachsen ließ 254
Der Groß-Cophta 129
Der Großtyrann und das Gericht 417
Der grüne Heinrich 311
Der guote Gêrhart 57
Der gute Mensch von Sezuan 386
Der Hauptmann von Köpenick 393
Der Heiligenhof 407
Der Hessische Landbote 291
Der Hofmeister oder Vorteile der Privaterziehung 162
Der Hügel und der Hain 140
Der Jungen Knaben Spiegel 93
Der Kampf mit dem Drachen 201
Der kleine Muck 265
Der König David Bericht 506

Der Kranz der Engel 402
Der Lohndrücker 515
Der Mann ohne Eigenschaften 379
Der Messias 138, 139
Der Mond ist aufgegangen 169
Der Nachsommer 302
Der Narrenfreßer 89
Der Pawrenknecht wil zwo Frauen haben 89
Der Prozeß 370
Der Rehbock oder die schuldlos Schuldbewußten 224
Der Reiter und der Bodensee 265
Der Revisor 224
Der Ring 61
Der Ring der Nibelungen 19, 54
Der römische Brunnen 402
Der romantische Ödipus 267
Der Rosenkavalier 354
Der Sandmann 259
Der Scheik von Alexandria und seine Sklaven 265
Der schelmen Zunft 79
Der Schimelreiter 315
Der seidene Schuh 433
Der seltsame Springinsfeld 120
Der siebente Ring 348
Der siebzigste Geburtstag 168
Der Sieg der Natur über die Schwärmerei oder Die Abenteuer des Don Sylvio von Rosalva 144
Der Spaziergang 201
Der Stechlin 328
Der Stellvertreter 463
Der Steppenwolf 404
Der sterbende Cato 133, 146
Der Streit um den Sergeanten Grischa 390
Der Talisman 307
Der Taucher 201
Der Tod des Empedokles 210
Der Tod des Kleinbürgers 377
Der Tod fürs Vaterland 210
Der Tod im Stock 89
Der Tod in Venedig 359
Der Tod und das Mädchen 169
Der tolle Invalide auf dem Fort Ratonneau 247
Der Triumph der Liebe 201
Der Trompeter von Säckingen 266
Der Untertan 361, 379
Der Verschwender 307
Der Wandsbecker Bote 169
Der Weinschlund 59
Der Welsche Gast 56
Der wilde Jäger 169
Der Wildschütz 224

Der Zauberberg 360
Der Zauberlehrling 185
Der zerbrochne Krug 214
Der Zwerg Nase 265
Des Knaben Wunderhorn 106, 247, 260
Des Sängers Fluch 263
Des Teufels General 457
Deutsche Chronik 166
Deutsche Grammatik 263
Deutsche Mythologie 263
Deutsche Rechtsaltertümer 263
Deutscher Sinn-Gedichte Drey Tausend 125
Deutsche Schaubühne nach den Regeln und Exempeln der Alten 132
Deutsches Herz verzage nicht 254
Deutsches Märchenbuch 266
Deutsches Museum 244
Deutschland – Ein Wintermärchen 282
Deutschstunde 449
Dichter und ihre Gesellen 252
Dichtung und Wahrheit 172
Die Abderiten 144
Die Ahnen 321
Die Alpen 136
Die Asiatische Banise oder Das blutig-doch mutige Pegu 112
Die Aufzeichnungen des Malte Laurids Brigge 358
Die Aula 509
Die Bergwerke zu Falun 259
Die Betschwester 145
Die Biene 224
Die Blechtrommel 116, 126, 447
Die Braut von Messina 205
Die Bürgschaft 201
Die Christenheit oder Europa 245
Die christliche Mystik 251
Die deutsche Gelehrtenrepublik 167
Die deutschen Kleinstädter 223, 224
Die deutschen Volksbücher 265
Die drei Töchter 222
Die Durchleuchtige Syrerinn Aramena 112
Die Ehre 342
Die Elixiere des Teufels 257, 258
Die Entscheidung 505
Die Epigonen 303
Die Ermittlung 462, 463
Die Familie Selicke 343
Die Fliegen 432
Die Freier 238
Die Fürstengruft 167
Die Gartenlaube 320
Die Geschichte vom braven Kasperl und dem schönen Annerl 248
Die Geschichte vom Kalif Storch 265

Die Geschwister Oppermann 421, 529
Die Gesellschaft 335
Die Geuchmatt 79
Die Glücksritter 252
Die Götter Griechenlands 201, 277
Die goldene Schmiede 57
Die Größe der Welt 201
Die Gründung Prags 249
Die Günderode 250
Die Hamletmaschine 517
Die heilige Johanna 205
Die heilige Johanna der Schlachthöfe 205
Die Hermannsschlacht 216
Die Hochzeit des Mönchs 325
Die Horen 200
Die Juden 145
Die Judenbuche. Ein Sittengemälde aus dem gebirgichten Westfalen 300
Die Jungfrau von Orleans 203, 204
Die Kapuzinergruft 379
Die Karawane 265
Die Kindermörderin 165, 166
Die Kraniche des Ibykus 201
Die Kronenwächter 248
Die Kunst. Ihr Wesen und ihre Gesetze 344
Die Kurzweiligen Sommer-Täge 114
Die Lehrlinge zu Sais 245
Die Leiden des jungen Werthers 130, 158, 178, 528
Die Letzte am Schafott 402
Die letzten Tage der Menschheit 356
Die Leute von Seldwyla 312
Die Liebesproben 223
Die lustigen Musikanten 256
Die Mainacht 168
Die Marquise von O. 218
Die Meistersinger von Nürnberg 260
Die Metamorphose der Pflanzen 180
Die naturwissenschaftlichen Grundlagen der Poesie, Prolegomena einer realistischen Aesthetik 336
Die neuen Leiden des jungen W. 510
Die Nibelungen 54, 316
Die papierne Passion 343
Die Physiker 461, 464
Die Piccolomini 202
Die politische Wochenstube 287
Die Räuber 195, 225
Die Ratten 341
Die Ritter der Tafelrunde 519
Die Römische Octavia 112
Die romantische Schule 253, 283
Die Schatzgräber 169, 185
Die Schaubühne als eine moralische Anstalt betrachtet 196, 199
Die Schiltbürger 94

Die schlesischen Weber 283
Die schöne Magelone 90, 250
Die schöne Melusine 90
Die schöne Müllerin 254
Die schönsten Sagen des klassischen Altertums 265
Die Seelenwanderung 223
Die Seherin von Prevost 237, 265
Die seligen Augenblicke an Laura 201
Die Serapionsbrüder 258, 259
Die Soldaten 163
Die Sonette an Orpheus 358
Die Sorgen und die Macht 514
Die Technik des Dramas 309
Die Toten bleiben jung 505
Dietrich-Epik 21
Die unsichtbare Loge 212
Die Verbrecher 391
Die Verfolgung und Ermordung Jean Paul Marats 461
Die verhängnisvolle Gabel 267
Die verkehrte Welt 241
Die Verlobung in St. Domingo 218
Die verlorene Ehre der Katharina Blum 444
Die vernünftigen Tadlerinnen 134
Die versunkene Glocke 340
Die Verteidigung der Kindheit 446
Die Verwandlung 369
Die Verwirrungen des Zöglings Törleß 379
Die Vier Haimonskinder 90
Die Wände 287
Die Wahlverwandtschaften 186
Die Wand 488
Die Wandlung 368
Die Weber 339, 342, 528
Die Weise von Liebe und Tod des Cornets Christoph Rilke 357, 358
Die Weisheit der Brahmanen 266
Die wunderbaren Jahre 524
Die wunderbaren Reisen des Freiherrn von Münchhausen 169
Die Zauberflöte 129
Die Zwillinge 165
Dies Buch gehört dem König 250
Diotima 208
Doktor Faustus. Das Leben des deutschen Tonsetzers Adrian Leverkühn erzählt von einem Freunde 434
Don Carlos 198
Don Carlos, Infant von Spanien. Ein dramatisches Gedicht 197
Don Juan und Faust 306
Don Quijote 61
Dort unten in der Mühle 265
Dr. Faustus 90

Drachenblut 518
Draußen vor der Tür 436, 440
Dreigroschenoper 385, 461
Driu liet von der maget 31
Duineser Elegien 358

Edda 19
Effi Briest 328
Egmont 181
Ein anderer K. 214
Ein Brief 353
Eine Leichenphantasie 201
Ein Glaubensbekenntnis. Zeitdichte 286
Ein Kampf um Rom 320
Ein Sommernachtstraum 120
Eisenacher Spiel von den zehn Jungfrauen 66
Elegie 50
Elegie auf einen Dorfkirchhof 168
El Greco malt den Großinquisitor 416
Emilia Galotti 149
Eneit 35
Epistolae chlarorum vivorum 82
Epistolae obscurorum virorum 82
Erec 36, 37, 60, 68
Erec et Enide 36
Erfolg 421
Erziehung vor Verdun 390
Esch oder die Anarchie 380
Eulenspiegel 90, 92, 94
Europa 244
Euryolus und Lucretia 76
Evangelienharmonie 25
Ewig währender Calender 121
Exil 422
Exodus 30
Ezzolied 29
Émile 157
Exhortatio ad plebem christianam 23

Fabeln und Erzählungen 142
Falkenlied 39
Faust 92, 147, 176, 187, 189, 190, 192, 193, 290, 528
Faust, der Tragödie erster Teil 188
Faust. Ein Fragment 188
Fausts Leben, Thaten und Höllenfahrt 175
Fewrige Freystadt 117
Flugasche 513
Fortunatus 90, 91, 92, 93, 250
Fräulein Runkunkel und Baron Sturmdrang 222
Fragment eines Briefes an einen deutschen Schriftsteller über Schillers ›Götter Griechenlands‹ 219
Franz Sternbalds Wanderungen 240

Frauendienst 56
Frauenliebe und -leben 255
Frauenzimmer-Gesprächsspiele 103
Frau Flinz 515
Frau Jenny Treibel 327
Freie Bühne für modernes Leben 338
Freiheit, die ich meine 254
Freiheit in Krähwinkel 224
Freiheitslied eines Kolonisten 166
Freisinger Petruslied 25
Freuden des jungen Werthers und Leiden und Freuden Werthers des Mannes 178
Friedenspredigt an Deutschland 213
Froschmevseler 79
Frühlings Erwachen 364, 371

Galileo Galilei 464
Ganymed 184
Gedanken über die Nachahmung der griechischen Werke in der Malerei und Bildhauerkunst 159
Gedichte eines Lebendigen 285
Geharnischte Sonette 266
Geist der Zeit 254
Geistreichen Sinn- und Schlußreime 107
Genesis 24
Georgslied 25
Germania Tod in Berlin 517
Gesang der Deutschen 210
Geschichte der deutschen Sprache 263
Geschichte der Kunst des Alterthums 160
Geschichte der Leibeigenschaft in Pommern 254
Geschichte der poetischen Literatur Deutschlands 253
Geschichte des Abfalls der Vereinigten Niederlande 198
Geschichte des Agathon 143
Geschichte des deutschen Reiches 224
Geschichte des Dreißigjährigen Krieges 199
Geschichte des Fräuleins von Sternheim 141
Geschichten aus dem Wienerwald 394
Geschichte vom braven Kasperl und dem schönen Annerl 246
Gespräche mit Goethe in den letzten Jahren seines Lebens 194
Gesta Romanorum 57
Glaube und Wissen 250
Godwi 248
Goethes Briefwechsel mit einem Kinde 250
Göttinger Musenalmanach 167
Göttliche Komödie 45
Götz von Berlichingen mit der eisernen Hand 177

Goldene Bulle 60
Gregorius 37
Grenzen der Menschheit 184
Grobianus 80
Grönländische Prozesse oder satirische Skizzen 211
Grundlegung einer deutschen Sprachkunst 133
Güldenes Tugend-Buch 105
Guzmán de Alfarache 121

Halbzeit 445
Hamburger Dramaturgie 147
Hamdirlied 19
Hamlet 186
Hans Clauerts werkliche Historien 250
Hasper a Spada. Eine Sage aus dem 13. Jahrhundert 220
Heerebericht 388
Heimatmuseum 450
Heinrich von Ofterdingen 245, 246, 528
Heinzelmännchen von Köln 266
Heldensagen 31, 32
Heliand 24
Henno 82
Henrich Stillings Jünglingsjahre 173
Henrich Stillings Jugend 172
Henrich Stillings Wanderschaft 173
Herbstlied 56
Hermanns Schlacht 138
Hermann und Dorothea 186
Hermann von Nordenschild 222
Herr Peter Squentz 120
herzeliebez frouwelîn 48
Herzensergießungen eines kunstliebenden Klosterbruders 240
Herzog Ernst 32, 90
Hesperus 212
Hildebrandslied 19, 21, 262
Hildegard von Hohenthal 171
Historia Britonum 35
Historia Regum Britanniae 35
Historia von D. Johann Fausten 92, 94, 188, 250, 251
Historie von dem gehörnten Siegfried 250
Histori vom keuschen Joseph 120
Histori von den vier Heymonskindern 250
Hoffmanns Erzählungen 260
Hofmeister 163
Homo faber 454
Horns Ende 518
Huguenau oder die Sachlichkeit 380
Hundejahre 447
Hunnenschlachtlied 19
Hymne an die Freiheit 210
Hymne an die Menschheit 210

Hymnen an die Nacht 245
Hyperion oder der Eremit in Griechenland 208, 210

Ighigenie auf Tauris 304
Ilias 167, 168
Im Kampf 342
Immensee 314
Im Westen nichts Neues 388, 389
Im Westen wohl was Neues 389
Indische Bibliothek 244
Innsbrucker Osterspiel 65
Insel Felsenburg 141
In Stahlgewittern 406
Iphigenie auf Tauris 182, 213, 528
Iphigenie bei den Taurern 183
Irdisches Vergnügen in Gott 136
Irrungen, Wirrungen 327
Isabella von Ägypten 247
Italienische Reise 182
Iwein 36

Jahrestage. Aus dem Leben von Gesine Cresspahl 450
Jedermann 87, 88, 94
Journal meiner Reise im Jahre 1769 158
Jud Süß 265
Jugend 334, 342, 363
Jugend von Langemarck 411
Julie ou La Nouvelle Héloïse 157
Julius von Tarent 163, 165

Kabale und Liebe 150, 166, 196, 197
Kaiserchronik 30, 31
Kaiser Octavian 241
Kalldeway Farce 469, 470
Kaplied 167
Kaspar 467
Kassandra 489, 508
Kater Murr 260
Katte 407
Katz und Maus 447
Kein Ort – nirgends 268
Kindertotenlieder 266
Kinder- und Hausmärchen 262
Kindheitsmuster 488, 508
Kipper Paul Bauch 515
Kirchhoffs-Gedanken 118
Kleider machen Leute 312
Kleiner Mann – was nun? 394
Klein Zaches genannt Zinober 259
König Rother 32
Krankheit der Jugend 391
Krieg 388
Kritik der praktischen Vernunft 199

Kritik der reinen Vernunft 199, 230
Kritische Abhandlung von dem Wunderbaren in der Poesie 134
Kritische Dichtkunst 134
Kritische Waffengänge 334
Kudrun 54, 60

La Divina Commedia 161
Lalebuch 92
Lancelot 36, 57
Laokoon 149
Laokoon oder Über die Grenzen der Mahlerey und Poesie 148
La petite ville 223
Las Casas vor Karl V. 416
Lazarillo de Tormes 121
Leben des Galilei 386
Leben des vergnügten Schulmeisterleins Maria Wuz in Auenthal 212
Lebensansichten des Katers Murr nebst fragmentarischer Biographien des Kapellmeisters Johannes Kreisler in zufälligen Makulaturblättern – Herausgegeben von E. T. A. Hoffmann 259
Lebensgeschichte und natürliche Ebentheuer des Armen Mannes im Tockenburg 175
Leben und Meinungen, auch seltsamliche Abentheuer Erasmus Schleichers, eines reisenden Mechanikus 220
Lenore 140, 169
Lenz 163, 293, 294
Leo Armenius 117, 118
Leonce und Lena 294
Leuten im Lachswassertal 19
Leutnant Gustl 355
Levana oder Erziehlehre 213
Libussa 249
Lichtenstein 265
Liebesfrühling 266
Lied der Deutschen 168
Liederbuch aus Heinrich von Ofterdingens Zeit 266
Lieder eines kosmopolitischen Nachtwächters 287, 289
Lied und Gebilde 184
Limburger Chronik 61
Literarisches Wochenblatt 224
Lob der Torheit 81
Lochamer Liederbuch 60
Loreley 281
Lorscher Bienensegen 21
Lotte in Weimar 419
Lucidarius 59
Lucinde 242
Ludus de Antichristo 27

Ludwigslied 25
Lützows wilde Jagd 254
Luftschlösser 223
Luise 168
Lureley 250
Luther-Dramen 93

Magazin zur Erfahrungsseelenkunde 175
Magdeburger Schöppenchronik 63
Mahomets Gesang 184
Maler Nolten 301
Manifest der Kommunistischen Partei 284
Mann ist Mann 384
Maria Magdalena 150, 166, 316, 327
Maria Stuart 203, 204
Marienbader Elegie 194
Mariensequenz von Muri 31
Marski 514
Martini Opicii teutsche Poemata und Aristarchus 100
Martin Luther & Thomas Münzer oder Die Einführung der Buchhaltung 94
Meeresstrand 313, 314
Meier Helmbrecht 56, 59
Meine Reisen durch die Höhlen des Unglücks und Gemächer des Jammers 222
Mein Vaterland 168
Mein Wort über das Drama 316
Meister Floh 259
Meister Martin der Küfner und seine Gesellen 259, 260
Meister Timpe 336
Melancholie an Laura 201
Memento mori 30
Menschenhaß und Reue 223
Menschheitsdämmerung 370, 376, 528
Mephisto 420
Merseburger Zauberspruch 21
Michael Kohlhaas 218
Minna von Barnhelm 145
Miss Sara Sampson 146
Moabiter Sonette 416
Moderne Dichtercharaktere 335
Morgenblatt für die gebildeten Stände 244
Morgue und andere Gedichte 366
Moritz Tassow 514
Moritz von Craôn 57
Mozart auf der Reise nach Prag 301
Musenalmanach 200
Muspilli 24
Mutmaßungen über Jakob 450
Mutter Courage und ihre Kinder 385
Muttersprache, Mutterlaut 254
Mythengeschichte der asiatischen Welt 250

Nachdenken über Christa T. 488, 507, 527
Nachtwachen 246, 247
Nackt unter Wölfen 505
Napoleon oder die hundert Tage 306
Narrenbeschwörung 79
Narrenschiff 144
Nathan der Weise 150, 528
Nibelungenlied 13, 19, 50, 51, 52, 53
Niembsch oder der Stillstand 268
Nußknacker und Mäusekönig 260

Oberon 144
Odyssee 167, 168
Oedipus der Tyrann 211
Ole Bienkopp 505
Orendel 32
Ossian 158
Osterspiele 31
Osterspiel von Muri 65

Pamela 142
Pammachius 87
Papa Hamlet 343
Paradise Lost 134
Parzival 41, 42, 43, 45, 62, 528
Pasenow oder die Romantik 380
Passional 59
Penthesilea 215
Perceval 36, 41
Peter Brindeisener 407
Peter Schlemihls wunderbare Geschichte 255
Pfaffe Amîs 58
Phantasien über die Kunst für Freunde der Kunst 240
Phantasiestücke in Callots Manier 258
Phantasus 240, 344, 345
Philander von Sittewald 124
Philippston 48
Phoebus 214, 244
Physiognomische Fragmente 158
Physiologus 23
Pia desideria 173
Poetisches Journal 244
Polenlieder 267, 273
Ponce de Leon 249
Preislied 48
Preußens ältere Geschichte 224
Prinzessin Brambilla 259
Prinz Friedrich von Homburg 217
Prinz von Homburg 237
Probleme der Lyrik 475
Professor Unrat 361
Prometheus 184

Radetzkymarsch 378
Rasereien der Liebe 222
Rat Krespel 258
Reden an die deutsche Nation 235, 253
Reden der Unterscheidung 64
Redentiner Osterspiel 65
Reden über die Religion an die Gebildeten unter ihren Verächtern 236
Reichston 48
Reigen 355
Reineke Fuchs 187
Reinhart Fuchs 37, 38
Reisebilder 281
Reiseschatten 265
Reitergeschichte 353
Renaut de Montauban 250
Renner 56
Revolte im Erziehungshaus 391
Revolution der Litteratur 335
Rheinischer Hausfreund 265
Rheinischer Merkur 250
Rheinlieder 284
Rinaldo Rinaldini 223
Ritter Blaubart 241
Ritterholds von Blauen Adriatische Rosemund 113
Robinson Crusoe 141
Römische Elegien 183
Rolandslied 32
Rollwagenbüchlein 80
Romeo und Julia auf dem Dorfe 312
Romulus der Große 460
Rose Bernd 166
Rumänisches Tagebuch 402
Ruodlieb 27

Sachsenspiegel 59
Sächsische Weltchronik 59
Salman und Morolf 32
Sansibar oder der letzte Grund 445
Satyrischer Pilgram 120
Schatzkästlein des Rheinischen Hausfreundes 265
Schedelsche Weltchronik 63
Schelmuffskys 115
Scherz, Satire, Ironie und tiefere Bedeutung 305
Schilflieder 267
Schiltbürger 90, 92, 144
Schimpf und Ernst 80
Schlageter 408, 411
Schwabenspiegel 59
Schwäbische Kunde 263
Schwarzenberg 507
Schwertlied 254
Servatiuslegende 35

Sesenheimer Liederbuch 177, 184
Simplicissimus 115, 122, 123, 124, 126
Sinnreiche Helden-Briefe 108
Situation aus Fausts Leben 188
Sokratische Denkwürdigkeiten 157
Soldaten. Nekrolog auf Genf 464
Soll und Haben 310, 330, 528
Sonn- und Feiertagssonette 117, 118
Sophiens Reise von Memel nach Sachsen 141
Spielmannsdichtung 32
Spiel von Frau Jutten 66
St. Oswald 32
Ständebuch 71
Sternstunden der Menschheit 378
Stiller 454
Stimmen der Völker 230
Stimmen der Völker in Liedern 158
Stine 327
Störfall. Nachrichten eines Tages 509
Stopfkuchen 317
Straßburger Blutsegen 21
Streitgespräche zwischen dem Ackermann und dem Tod (Der Ackermann aus Böhmen) 67
Sturm und Drang 165, 175
Südöstlicher Bildersaal. Griechische Leiden 276
Svendborger Gedichte 386

Teuerdank 68
Teutsche Poemata 105
Teutscher Merkur 144
Teutsche Winter-Nächte 114
Teutschland und die Revolution 251
The London Merchant 146
Theodizee 128
Theodoricus 98
Theophilus 66
Theorie der Geisterkunde 173
Theorie der Schauspielkunst 225
Thidrekssaga 51
Titan 213
Titurel 43
Tom Jones 143
Tonio Kröger 359
Torquato Tasso 184, 185
Träume 440
Transit 420
Translaten 76
Tristan 35, 359
Tristant und Isalde 90
Tristan und Isolde 45, 46, 47
Tristram Shandy 144
Trösteinsamkeit 244
Trommeln in der Nacht 384

Trost Gedichte in Widerwertigkeit desz Krieges 101
Trutz Nachtigal 105, 106
Trutz Simplex 120
Tyl Ulenspiegel 250

Über allen Gipfeln 184
Über Anmut und Würde 199
Über das Verhältnis der Mainzer gegen die Franken 219
Über den Granit 180
Über die ästhetische Erziehung des Menschen in einer Reihe von Briefen 199
Über die Dörfer 467
Über die ethische und religiöse Bedeutung der neueren romantischen Poesie in Deutschland 253
Über die Sprache und Weisheit der Inder 242
Über dramatische Kunst und Literatur 253
Über Grundlage, Gliederung und Zeitenfolge der Weltgeschichte 251
Über naive und sentimentalische Dichtung 200
Über schöne Literatur und Kunst 253
Ugolino 161, 162
Ulysses 431
Under der linden an der heide 50
Undine 255
Und sagte kein einziges Wort 443
Unerwartlich grosse Verbesserung in der Kunst, lesen zu lehren, nebst einem Buchstabirbüchlein 170
Ungeduld des Herzens 378
Unsere kleine Stadt 430
Unverhofftes Wiedersehen 259
Urfaust 187, 188

Väterbuch 59
Venezianische Epigramme 183
Verdi. Roman der Oper 377
Verliebte und Galante Welt 141
Vermächtnis 168
Versuch, die Metamorphose der Pflanzen zu erklären 180
Versuch einer Critischen Dichtkunst vor die Deutschen 132
Versuch einer Witterungslehre 180
Versuch über den Roman 140
Völsungasaga 19, 51
Völuspá 19
Volk ohne Raum 407
Volksbuch vom Hürnen Seyfried 51
Volksbücher 232
Vom Beruf unserer Zeit für Gesetzgebung und Rechtswissenschaft 260

Vom durstigen Einsiedler 59
Vom edlen Menschen 64
Vom Nutzen und Nachteil der Historie für das Leben 325
vom Skalden Egil 19
vom weisen Njal 19
Von dem großen Lutherischen Narren 79
Von der Freiheit eines Christenmenschen 82
Von deutscher Art und Kunst 159
Von Guten und Bösen Nachbaurn 93
Von zwei wunderbaren Sprachen und deren geheimnisvolle Kraft 230
Vor dem Sturm 326
Vorschule der Ästhetik 211, 213
Vor Sonnenaufgang 338, 339, 343
Vor Sonnenuntergang 341
Vulgata 11, 84
Vulkan 420

Wallenstein 202, 204
Wallensteins Lager 202
Wallenstein-Trilogie 203
Wally, die Zweiflerin 274
Waltharilied 266
Wanderers Nachtlied 184
Wanderungen durch die Mark Brandenburg 327
Was blasen die Trompeten? 254
Was heißt und zu welchem Ende studiert man Universalgeschichte? 198
Was ist des Deutschen Vaterland? 168, 254
Weh dem, der lügt 304, 329
Weißkunig 68
Weltchronik 57
Weltende 365
Wer einmal aus dem Blechnapf frißt 394

Wessobrunner Gebet 24
West-Östlicher Divan 184
Wieland der Schmied 19
Wiener Genesis 30
Wiener Hundesegen 21
Wigalois 57, 90
Wilhelm Meisters Lehrjahre 185, 240
Wilhelm Meisters theatralische Sendung 185
Wilhelm Meisters Wanderjahre oder Die Entsagenden 186
Wilhelm Tell 205, 206
Wilhelm von Orlens 57
Willehalm 43
Winterreise 254
Wirrwarr 165, 175
Wir sind noch einmal davongekommen 430
Wissenschaftslehre 235
Wölundlied 19
Wohlauf noch getrunken 265
Wolf unter Wölfen 394
Wormser Rosengarten 57
Woyzeck 163, 294, 295

Xenien 201

Yvain 36

Zeitgeist und Berner Geist 318
Zeitung für Einsiedler 244, 250
Züricher Novellen 313
Zur Farbenlehre 180
Zur Geschichte des menschlichen Herzens 195

Verzeichnis der Abbildungen

Die deutsche Literatur von den Anfängen bis zum Ende des Mittelalters (Seite 9): *Walther von der Vogelweide*, Miniatur aus der Großen Heidelberger Liederhandschrift (um 1300)
Renaissance, Humanismus, Reformation (Seite 69): Ausschnitt der ersten Druckseite der 42zeiligen lateinischen Gutenbergbibel mit dem Hieronymus-Brief als Prolog (Main, 1456)
Barock (Seite 95): Pierre Patel *Schloß in Versailles* (1668) (Archiv für Kunst und Geschichte, Berlin)
Aufklärung (Seite 127): Aufnahme in eine *Wiener Freimaurerloge* nach einem zeitgenössischen Gemälde des 18. Jahrhunderts (Archiv für Kunst und Geschichte, Berlin)
Sturm und Drang – Klassik (Seite 153): Johann Heinrich Wilhelm Tischbein *Goethe in der Campagna* (1786/87)
Romantik (Seite 227): Caspar David Friedrich *Der Sommer* (Ölgemälde, 1808 vollendet)
Junges Deutschland und Vormärz (Seite 271): Holzstich nach einer Zeichnung von F. Kaiser
Biedermeier und Realismus (Seite 297): Schreibunterlage von Gottfried Keller. Aus der Graphischen Sammlung der Zentralbibliothek Zürich.
Jahrhundertwende (Seite 331): Ludwig von Zumbusch, Titelblatt für die Zeitschrift *Jugend* Nr. 40 (1897)
Sachlichkeit und Pathos (Seite 373): Die Schauspielerin Therese Ghiese in Bertolt Brechts *Mutter Courage* (Foto: Hildegard Steinmetz, Deutsches Theatermuseum, München)
Gegenwartsliteratur im Westen (Seite 425): Szene aus dem Film *Die Blechtrommel* (1979) nach dem Roman von Günter Grass, Drehbuch von Jean-Claude Carrière, Volker Schlöndorff. Aus: Die Blechtrommel als Film, Verlag Zweitausendeins, Frankfurt/Main 1979. Bioscop, München
Die Literatur in der DDR: Ein Rückblick (Seite 491): Szene aus dem Film *Der Himmel über Berlin* von Wim Wenders. Aus: Der Himmel über Berlin. Ein Filmbuch von Wim Wenders und Peter Handke, Frankfurt/Main o. J.

Bildquellennachweis
S. 150, 191, 329 (unten), 469: Oda Sternberg
S. 151: Hildegard Steinmetz, Deutsches Theatermuseum, München
S. 190: Clausen
S. 308: Bildarchiv Handke
S. 329 (oben): Barbara Pflaum
S. 371: Fritz Wolle, Theater heute
S. 377: ThM, München
S. 382 und S. 383: Erwin-Piscator-Center im Archiv der Akademie der Künste, Berlin
S. 412: aus: Neubau des deutschen Theaters. Schlieffen Verlag, Berlin 1934
S. 438: Renate von Mangold, Berlin
S. 459: Hanry
S. 462: Ilse Buhs, Berlin
S. 479: bäumer foto und design, Bremen; jens willebrand, Neuss. Aus: Bauhaus-Malerei, Verlag der Zeitschrift »symbol«, Köln 1988
S. 480: VG Bild-Kunst, Bonn 1993
S. 516: Willi Saeger
Vorsatz: Ausschnitt der Handschrift E (Würzburger Handschrift), Universitätsbibliothek München
Nachsatz: »schule 138 und schule 139«, aus: Arno Schmidt, Die Schule der Atheisten, © S. Fischer Verlag GmbH, Frankfurt/Main 1972